AF740868

DICTIONNAIRE
de droit de la concurrence

DICTIONNAIRE
de droit de la concurrence

Sous la direction de

Muriel Chagny
Emmanuel Combe

Avant-propos de Benoît Cœuré
Préface d'Olivier Guersent

Concurrences, 1ère édition

Ouvrages Concurrences

La version électronique de ces ouvrages est disponible sur le site concurrences.com.

Mélanges

Laurence Idot Liber Amicorum, Vol. I & II, *Christophe Lemaire, Francesco Martucci (dir.), 2022*

Eleanor M. Fox – Antitrust Ambassador to the World, *2022*

Frédéric Jenny – Standing Up for Convergence and Relevance in Antitrust, Vol. I & II, *2021*

Herbert Hovenkamp – The Dean of American Antitrust Law, *2021*

Albert A. Foer – A Consumer Voice in the Antitrust Arena, *2020*

Richard Whish – Taking Competition Law Outside the Box, *2020*

Wang Xiaoye – The Pioneer of Competition Law in China, *Adrian Emch, Wendy Ng (eds.), 2019*

Douglas H. Ginsburg – An Antitrust Professor on the Bench, Vol. I & II, *2018 & 2021*

Ian S. Forrester – A Scot Without Borders, Vol. I & II, *Assimakis Komninos et al. (eds.), 2015*

William E. Kovacic: An Antitrust Tribute, Vol. I & II, *Nicolas Charbit et al. (eds.), 2013 & 2014*

Thèses

Bargaining Power, Competition and Innovation, *Morgane Guignard, 2023*

Abuse of Platform Power: Leveraging Conduct in Digital Markets under EU Competition Law and Beyond, *Friso Bostoen, 2023*

Reform of Chinese State-owned enterprises: What China Can Learn From the Practice of Competitive Neutrality Policy in Australia, *Xue Bai, 2023*

La soumission des banques au droit de la concurrence, *Antonin Pitras, 2022*

L'entreprise contrevenante en droit des pratiques anticoncurrentielles, *Etienne Thomas, 2021*

Droit de la commande publique et droit de l'Union européenne : Étude sur une dynamique commune, *Vincent Bridoux, 2021*

Competition and Regulation in Network Industries: Essays in Industrial Organization, *Jean-Marc Zogheib, 2021*

La faute lucrative en droit de la concurrence, *Godefroy de Moncuit de Boiscuillé, 2020*

The Role of Media Pluralism in the Enforcement of EU Competition Law, *Konstantina Bania, 2019*

Les accords de report d'entrée (Pay-for-delay), *Walid Chaiehloudj, 2019*

Buyer Power in EU Competition Law, *Ignacio Herrera Anchustegui, 2017*

Google, la presse et les journalistes, *Guillaume Sire, 2015*

L'Union européenne et le droit international des subventions, *Loïc Wagner, 2015*

Pratiques

Dictionnaire de droit de la concurrence, *Muriel Chagny, Emmanuel Combe (dir.), 2023*

Global Dictionary of Competition Law, *Deborah Healey, William E. Kovacic, Pablo Trevisán, Richard Whish (eds.), 2023*

Judicial Review of Competition Cases, *Tim Eicke, Douglas H. Ginsburg, Nicholas Forwood (eds.), 2023*

Antitrust in Life Sciences, *Michael Cowie, George G. Gordon, Mélanie Thill-Tayara (eds.), 2023*

State Aid & National Enforcement, *Jacques Derenne, Denis Jouve, Christophe Lemaire, Francesco Martucci (dir.), 2023*

State Aid & the Energy Transition, *Dirk Buschle, Leigh Hancher, Marie-Therese Richter-Kuhnert (eds.), 2023*

Legal Standards for Digital Markets, *Yannis Katsoulacos (ed.), 2023*

Grands arrêts du droit de la concurrence – Pratiques anticoncurrentielles – Volume I : Règles de fond, Nouvelle édition, *Laurence Idot (dir.), 2023*

Grands arrêts du droit de la concurrence – Pratiques anticoncurrentielles – Volume II : Mise en œuvre, Nouvelle édition, *Laurence Idot (dir.), 2023*

Grands arrêts du droit de la concurrence – Concentrations, Nouvelle édition, *Laurence Idot (dir.), 2023*

Grands arrêts du droit de la concurrence – Aides d'État, Nouvelle édition, *Laurence Idot (dir.), 2023*

Grands arrêts du droit de la concurrence – Régulations, *Francesco Martucci (dir.), 2019*

Grands arrêts du droit de la concurrence – Distribution & Pratiques commerciales déloyales, *Nicolas Ferrier & Frédéric Buy (dir.), 2019*

Competition Law Treatment of Joint Ventures, *Benedict Bleicher, Neil Campbell, Andrea Hamilton, Niko Hukkinen, Arshad (Paku) Khan, Alastair Mordaunt (eds.), 2022 (in collaboration with the IBA)*

Information Exchange and Related Risks – A Practical Guide, *Zoltán Marosi & Marcio Soares (eds.), 2022 (in collaboration with the IBA)*

Rulemaking Authority of the US Federal Trade Commission, *Daniel A. Crane (ed.), 2022*

The International Competition Network at Twenty, *Dave Anderson & Paul Lugard (eds.), 2022*

Competition Case Law Digest – 5th Edition, *Frédéric Jenny, Nicolas Charbit (eds.), 2022*

Competition Inspections in 21 Jurisdictions – A Practitioner's Guide, *Nathalie Jalabert-Doury (ed.), 2022*

Perspectives on Antitrust Compliance, *Anne Riley, Andreas Stephan, Anny Tubbs (eds.), 2022 (in collaboration with the ICC)*

Turkish Competition Law, *Gönenç Gürkaynak, 2021*

Les pratiques commerciales déloyales, *Erwann Kerguelen, Jean-Louis Fourgoux, Leyla Djavadi (dir.), 2021*

Les inspections de concurrence des autorités françaises, *Nathalie Jalabert-Doury, 2e édition, 2021*

Competition Law, Climate Change & Environmental Sustainability, *Simon Holmes, Dirk Middelschulte, Martijn Snoep (eds.), 2021*

La réparation des préjudices causés par les pratiques anticoncurrentielles, *Rafael Amaro, Jean-François Laborde, 2e édition, 2020*

Competition Inspections under EU Law – A Practitioner's Guide, *Nathalie Jalabert-Doury, 2020*

Merger Control in Latin America – A Jurisdictional Guide, *Paulo Burnier da Silveira, Pamela Sittenfeld (eds.), 2020*

Gun Jumping in Merger Control, A Jurisdictional Guide, *Catriona Hatton, Yves Comtois, Andrea Hamilton (eds.), 2019*

Choice – A New Standard for Competition Analysis ?, *Paul Nihoul et al., 2016*

Ouvrages généraux

Great Antitrust Enforcers, *William Kovacic, 2023*

Chroniques (décalées) d'un économiste, *Emmanuel Combe, 2022*

Women & Antitrust – Voices from the Field, Vol. I & II, *Evelina Kurgonaite & Kristina Nordlander (eds.), 2020*

Petit manuel (irrévérencieux) d'économie, *Emmanuel Combe, 2018*

A quoi sert la concurrence ?, *Martine Behar-Touchais et al. (ed.), 2014*

Colloques

Antitrust in Emerging and Developing Countries, Vol I & II, *Eleanor Fox, Harry First (eds.), 2015 & 2016*

Global Antitrust Law – Current Issues in Antitrust Law and Economics, *Douglas Ginsburg, Joshua Wright (eds.), 2015*

Competition Law on the Global Stage: David Gerber's Global Competition Law in Perspective, *David Gerber, 2014*

ISBN 979-10-94201-47-3

Muriel **CHAGNY**

Muriel Chagny est professeur de droit à l'Université de Versailles Saint-Quentin-en-Yvelines où elle dirige le Master Droit des contrats et de la Concurrence. Elle enseigne le droit de la concurrence, notamment en lien avec le droit des contrats et de la responsabilité civile ou avec les nouvelles technologies, ainsi que le droit français et européen des contrats. Elle s'intéresse particulièrement aux interactions entre le droit de la concurrence et le droit civil et en a fait le sujet de sa thèse (2002). Elle a publié plusieurs articles et notes de jurisprudence sur le droit de la concurrence. Elle est également l'un des directeurs du Laboratoire de droit des affaires et des nouvelles technologies (DANTE) de son université, où elle organise des recherches sur le droit européen, le droit français et l'économie.

Emmanuel **COMBE**

Emmanuel Combe a été vice-président de l'Autorité de la concurrence française de 2012 à 2022. Spécialiste de la concurrence, et des nouveaux modèles économiques, il a publié de nombreux articles et ouvrages sur ces sujets, comme « Économie et politique de la concurrence » (2020, Dalloz) et « La concurrence » (PUF 2022). Il est l'auteur de plusieurs articles, ouvrages et conférences pour Concurrences. Il a publié plusieurs études pour la Fondapol, notamment « Vers des prix personnalisés à l'heure du numérique » (2019), « Souveraineté économique, entre désirs et réalité » (2021). Emmanuel Combe est ancien élève de l'École Normale Supérieure (LSH), agrégé de sciences sociales, docteur en économie et agrégé des Facultés de droit et sciences économiques. Il est professeur à l'Université Paris I Panthéon-Sorbonne et professeur affilié à Skema Business School.

NOTE DES DIRECTEURS SCIENTIFIQUES

Tout ouvrage quel qu'il soit est une aventure au long cours. Le Dictionnaire de droit de la concurrence, dont la première édition en version imprimée trouve son aboutissement en ce début d'année 2023, ne fait pas exception à la règle.

L'idée du Dictionnaire, née à l'occasion d'un déjeuner avec l'éditeur, trouve son origine dans la constatation commune d'une absence à combler. En effet, si les ouvrages de différents formats – depuis les traités aux manuels, en passant par les monographies et les thèses –, consacrés au droit de la concurrence dans son entièreté ou sous certains aspects, sont nombreux, il manquait à cette matière un ouvrage qui, dépassant le glossaire ou le lexique, propose à ses lecteurs un véritable dictionnaire, selon le sens qu'en donnent… les dictionnaires et, en particulier, celui de l'Académie Française.

Dans la conception, l'élaboration et la rédaction, l'objectif a donc été de réaliser, un recueil qui, de façon méthodique et dans l'ordre alphabétique, recense et définisse, en fournissant pour chacun un certain nombre d'informations, l'ensemble des mots relatifs au droit français et européen de la concurrence.

Le défi majeur consistait ainsi à embrasser de manière exhaustive, dans un volume limité, une matière complexe, foisonnante, dont les textes et la mise en œuvre, sont en perpétuel mouvement.

Les choix effectués pour y répondre font l'originalité, sur le plan du contenant comme du contenu, de ce premier dictionnaire de droit français et européen de la concurrence, pour lequel Olivier Guersent et Benoit Coeuré nous ont fait l'honneur de rédiger respectivement la préface et l'avant-propos.

Consacré au droit français et européen de la concurrence dans toute sa diversité et son étendue, le Dictionnaire ne se limite pas au seul « noyau dur » de la matière constitué par le droit des pratiques anticoncurrentielles, le contrôle des concentrations et des aides d'État ; il s'étend au droit des pratiques restrictives et à la concurrence déloyale ; il fait par ailleurs une large place au compagnon de route, à la fois naturel et ancien, du droit de la concurrence : l'économie de la concurrence. A ce stade, ce sont 216 mots qui composent le Dictionnaire dont la direction duale, concrétisant une rencontre amicale de plus de quinze ans d'âge entre un économiste et une juriste, reflète aussi et surtout à quel point droit et économie sont indissociablement liés en cette matière.

Le format, volontairement limité de façon à rester dans l'épure de ce que doit être un dictionnaire spécialisé, permet cependant différents niveaux de lecture matérialisé par la coexistence d' un « premier aperçu » et d'un « pour aller plus loin ». Cette modulation de l'information en fait un outil destiné aussi bien à un public d'initiés qu'à des lecteurs moins avertis auprès desquels il pourra contribuer à diffuser la culture de concurrence.

La spécificité du Dictionnaire tient aussi à ce que celui-ci, proposé simultanément en version imprimée et en ligne, a vocation à être complété au fil des évolutions de la matière ainsi que des propositions de ceux qui en sont aujourd'hui ses lecteurs et pourront, dans un futur proche, en être aussi les auteurs.

Il a d'emblée été décidé de constituer une équipe d'auteurs très étoffée, représentative de la communauté de la concurrence dans toute sa diversité, et de ne confier qu'un nombre très restreint d'entrées à une même personne. Magistrats français et européens, représentants de la Commission européenne, de l'Autorité de la concurrence, de la DGCCRF, universitaires chevronnés et jeunes docteurs, avocats, juristes d'entreprises ou de fédérations professionnelles, et bien entendu économistes. Les définitions réunies dans le Dictionnaire sont celles de plus de 200 experts qu'il convient de remercier ici comme il se doit pour leur contribution.

Au moment où cet ouvrage trouve son achèvement provisoire, qu'il soit permis à ses directeurs de le dédier à l'ensemble de ses auteurs et, plus largement, à la communauté du droit de la concurrence, ainsi que de façon plus personnelle à leurs proches qui se reconnaitront.

Muriel Chagny
Université de Versailles Saint-Quentin-en-Yvelines

Emmanuel Combe
Université Paris I Panthéon-Sorbonne

TERMES

A

B

C

J

K

L

M

N

O

P

R

S

T

V

CONTRIBUTEURS

Les opinions exprimées dans cet ouvrage sont celles des auteurs et n'engagent pas l'institution à laquelle ils appartiennent.

Linda Arcelin
Gillian Arnoux
Charles Aronica
Ossman Badir
David Bailey
Jaime Barahona
Catherine Barreau
Pierre Barthelmé
Laurence Bary
Alain Bazot
Virginie Beaumeunier
Martine Behar-Touchais
Pascal Belmin
Umberto Berkani
Jérémy Bernard
Frédérique Berrod
Lucas Bettoni
Florian Bien
Gabriel Bleser
Kélig Bloret-Dupuis
Adrienne Bonnet
Jean-Pierre Bonthoux
Valentin Botteron
Lena Boucon
Christian Bovet
Marcel Boyer
Mathilde Brabant
Sophie Bresny
Vincent Bridoux
Maija Brossard
Angélique de Brousse
Emmanuelle Broussy
Antoine Burin Des Roziers
Guy Canivet
Adriano Capuocciolo
Alexandre Carbonnel
Chloé Carchiolo
Marie Cartapanis
Muriel Chagny
Walid Chaiehloudj
Gaël Chantepie
Étienne Chantrel
Béatrice Charlier-Bonatti
Sibylle Chaudouet
Benjamin Cheynel
Eshien Chong
Jean-Philippe Christienne
Emmanuelle Claudel
Philippe Coen
Quentin Colombier
Emmanuel Combe
Eléa Corlet
Paul Csiszar
Alban Curral
Marie-Laure Dallery
Lise Damelet
Sara Darley-Reygner
Morgan De Walsche

Michel Debroux
Georges Decocq
Dominique Dedieu
Noé Delaunay
Malo Depincé
Jacques Derenne
Pauline Desservre
Daniel Diot
Loraine Donnedieu De Vabres-Tranié
Laure Dosogne-Varaire
Vincent Doumergue
Valérie Durand
Nicolas Éréséo
Liliana Eskenazi
Thomas Fagart
Romain Ferla
Nicolas Ferrier
Rebekka Flamind
Peter Freeman
Olivier Fréget
Sven Frisch
Marie-Anne Frison-Roche
Giuliana Galbiati
Laure Gauthier
Patrice Geoffron
Alexandre Geulette
Philipp Girardet
Alexandre Glatz
Lénaïc Godard
Grégory Godiveau
Loïc Grard
Aude Guyon
Hakim Hadj-Aissa
Sophie Harnay
Maxime Hauviller
Marie-Pascale Heusse
Patrick Hubert
Christian Huveneers
Laurence Idot
Emmanuelle Inacio
Marc Ivaldi
Alice Jacquin
Frédéric Jenny
Philippe Jouvet
Cédric Kaczmarek
Michaël Karpenschif
Erwann Kerguelen
Corinne Khayat
Julie Klein
Thibaut Kleiner
Jean-Philippe Kovar
Anne Krenzer
Alexandre Lacresse
Stéphane De La Rosa
Bruno Lasserre
Kyle Le Croy
Erwan Le Noan
Lionel Lesur
François Lévêque
Marc Levy
Nicolas Ligneul
Liza Lovdahl Gormsen
Irène Luc
Anne-Cécile Martin
Sébastien Martin
Frédéric Marty
Fayrouze Masmi-Dazi
Nicolas Mathey
Joana Mbioka
Rodolphe Mesa

Alice Mollot
Aymeric de Moncuit
Godefroy de Moncuit de Boiscuillé
Julien Neto
Valérie Noël
Cyril Nourissat
Richard Panquiault
Gilbert Parleani
Hugues Parmentier
Jérôme Passa
Thierry Pénard
Olivier Péronnet
Guillaume Perret
Michel Petite
Johanne Peyre
Etienne Pfister
Cynthia Picart
Fabrice Picod
Yves Picod
Silvia Pietrini
Mathias Pigeat
Julien Pillot
Thomas Piquereau
Valérie Pironon
Antonin Pitras
Marco Plankensteiner
Théodore Plat
Sylvaine Poillot-Peruzzetto
Michel Ponsard
Marjolaine Potin
Catherine Prieto
Pierre Régibeau
Patrice Reis
Fabrice Riem
Alexandre Riéra
Ricardo Riesco
Jacqueline Riffault-Silk
Catherine Robin
Stéphane Rodrigues
Bernard Roy
Rahul Saha
Iñaki Saint-Esteben
Robert Saint-Esteben
Emma Salemme
Jean-Luc Sauron
Thibault Schrepel
Julien Simond
Fabienne Siredey-Garnier
Wladimir Soltmann
Jacques Steenbergen
Natasha Tardif
Vivien Terrien
Fabien Tesson
Mélanie Thill-Tayara
Caroline Torbay
Jean-Paul Tran Thiet
Elisabeth Van Hecke-De Ghellinck
Enrique Vergara Vial
Mathilde Vergnaud
Faustine Viala
Jérôme Vidal
Hugues Villey-Desmeserets
David Viros
Raphaël Vuitton
Anne Wachsmann
Benjamin Wan
Pascal Wilhelm
Carol Xueref
Jean-Marc Zogheib
Aurélie Zoude-Le Berre

AVANT-PROPOS

Les règles du droit de la concurrence ont ceci de remarquable qu'elles tiennent en peu de mots.

Elles ont une portée universelle, en ce qu'elles s'appliquent à tous les acteurs économiques, de toute taille, de toute forme sociale, dans tous les secteurs d'activité, et en tout lieu, puisque c'est la localisation géographique des effets des pratiques litigieuses qui gouverne la compétence de l'autorité chargée de leur application, et non celle du siège de l'entreprise considérée.

Et pourtant, ces règles de concurrence, d'une si large empreinte, sont d'un énoncé bref, presque succinct. Inscrites au Traité sur le fonctionnement de l'Union européenne ou dans le code de commerce, elles sont rédigées en termes ramassés – les articles L. 420-1 et L. 420-2 comportent chacun moins de 150 mots, quand la dernière édition du code de commerce français compte quelque 3.800 pages.

Cette concision n'est-elle pas du reste une raison de leur succès ?

Parce qu'il vise, en termes « généraux et impersonnels », des pratiques désignées comme nocives, sans chercher à épuiser la description du détail des comportements par lesquels elles sont effectivement mises en œuvre, le droit de la concurrence parvient à embrasser tout le champ du réel, dans toute sa variété et son caractère mouvant, donnant ainsi de manière pérenne une base solide à la lutte contre ces pratiques d'entente illicite ou d'abus de position dominante. Il échappe ainsi à la critique de Montesquieu, selon qui les lois inutiles affaiblissent les lois nécessaires.

Alors, si le droit positif se passe d'une trop grande abondance de mots, pourquoi un dictionnaire ?

Précisément, l'ouvrage que Concurrences a entrepris de constituer, en s'assurant du concours des meilleurs praticiens, doit sa pertinence et son utilité à ce mode d'élaboration du droit de la concurrence, qui procède de l'apport continu de la pratique décisionnelle et de la jurisprudence plutôt que de l'inflation des normes. Les infractions au droit de la concurrence sont, bien entendu, déterminées par les textes. Mais les pratiques qui sont constitutives de telles infractions, les paramètres de l'analyse qui permet de les qualifier, les outils conceptuels maniés par les autorités de concurrence, sont en réinvention constante. Soumises au test de la réalité évolutive du comportement des acteurs, des mouvements qui recomposent le paysage économique, les notions en jeu dans la mise en œuvre du droit de la concurrence s'affermissent et se déploient, sous le contrôle du juge. C'est à cette pluralité de sources, plutôt qu'à celle du seul droit positif, que puise le vocabulaire du droit et de la politique de concurrence.

Dès lors, les caractéristiques de cette branche du droit rendent d'autant plus nécessaire qu'elle soit dotée d'un ouvrage présentant un état des lieux de sa terminologie propre. Mais le lexicographe qui s'empare de ce sujet ne saurait être un observateur lointain de la matière. Le vocabulaire de la concurrence n'est pas désincarné. Il se définit et se comprend dans le contexte des cas qui ont matérialisé les différentes notions à l'œuvre.

C'est en cela que l'approche retenue pour élaborer le dictionnaire proposé par Concurrences est particulièrement judicieuse.

Les auteurs en sont des praticiens de la concurrence qui, pour chacune des entrées, proposent une définition du terme en cause et la relient aux décisions qui en ont établi l'existence, fixé le périmètre et nourri le contenu. Le lecteur bénéficie ainsi d'un outil non seulement aisé à consulter – la version en ligne étant d'accès libre – mais aussi directement utile à ses travaux, car reflétant la matière du droit de la concurrence telle qu'elle s'élabore, concrètement.

Il en est d'autant plus ainsi que le lexique du droit de la concurrence lui-même n'est en réalité pas seulement celui du droit !

S'il est acquis que le corpus normatif n'épuise pas l'ensemble des mots du droit de la concurrence, c'est aussi parce que sa terminologie emprunte à d'autres champ qu'au juridique. Pour délimiter des marchés, dérouler un scénario contrefactuel, ou bien apprécier les conséquences de l'émergence de nouveaux modèles d'affaires, la théorie économique vient au soutien du droit. De manière croissante, les apports de la régulation sectorielle, notamment en matière de protection des données personnelles, mais aussi dans le champ des télécoms, des médias ou de l'énergie, sont également intégrés. Établi par ceux-là mêmes qui enseignent, plaident ou appliquent les règles de concurrence, ce dictionnaire de la revue Concurrences sait inclure ces autres dimensions, sans exclusive. Par cette approche pragmatique et à large spectre, cet outil est ainsi le reflet de la préoccupation constante de la communauté des maîtres d'œuvre de la régulation concurrentielle d'en garantir la pertinence, au bénéfice de tous les acteurs de l'économie.

Benoît CŒURÉ
Président de l'Autorité de la concurrence

PRÉFACE

Si je suis particulièrement heureux de contribuer à ce dictionnaire du droit de la concurrence, c'est qu'il ne s'agit pas simplement, selon moi, d'une initiative bienvenue, mais d'une entreprise nécessaire. Pourquoi une telle nécessité ? Car cette première édition coïncide avec une phase de renouvellement des textes européens de droit de la concurrence, entreprise afin d'adapter l'action des autorités compétentes à un environnement économique qui connaît d'importantes transformations sous l'effet conjugué des transitions numérique et climatique. Or, ces transformations profondes sont accompagnées de changements majeurs dans le lexique du droit de la concurrence dont ce dictionnaire va permettre de rendre compte.

Avant toute chose, précisons que l'accélération des échanges et la complexification des relations entre les acteurs économiques liées à la digitalisation de l'économie n'ont pas, loin s'en faut, rendu les termes d'« ententes » et d'« abus de position dominante » ou d'« opération de concentration » obsolètes. Au contraire, ces évolutions ont révélé à quel point il est aujourd'hui essentiel de rappeler le contenu et de délimiter les contours de ces notions qui ont toute leur place dans ce dictionnaire tant elles ont fait la preuve de leur pertinence pour saisir des comportements anticoncurrentiels parfois nouveaux.

Pour autant, pourquoi le nier, l'élargissement de notre vocabulaire s'avère également une nécessité pour appréhender certaines situations inédites auxquelles entreprises et consommateurs font face au quotidien notamment du fait de l'émergence d'acteurs tels que les géants de l'économie numérique. À cet égard, la rapidité avec laquelle des mots tels que « gardien numérique », « plateforme » ou encore « donnée » ont pu se trouver intégrés dans notre arsenal juridique, notamment par le biais de la Législation sur les marchés numériques (ou « DMA »), mais aussi dans les règlements sur les restrictions horizontales et verticales, démontre, une fois encore, la grande plasticité du droit de la concurrence, ainsi que sa capacité à s'adapter pour répondre au mieux aux préoccupations des acteurs du marché.

Dans le même temps, en incluant la notion de « durabilité » dans l'analyse des aides d'État et des accords entre entreprises, les autorités de concurrence ont clairement affiché leur volonté de contribuer activement à la réalisation du pacte vert pour l'Europe qui vise notamment à transformer les défis liés au changement climatique en opportunités économiques. Si certaines des modalités concrètes de l'appréciation du caractère « durable » de ces aides et de ces accords restent à préciser, cette évolution n'est pas que sémantique mais témoigne d'une réelle prise de conscience de la nécessité d'inscrire l'analyse concurrentielle dans le temps long en y incluant la préservation de ressources qui ne sont pas illimitées.

Très récemment, ce sont les mots « Covid » et « pandémie » qui se sont imposés dans notre vocabulaire. Ces phénomènes ont mis à l'épreuve l'aptitude des autorités de concurrence à veiller au strict respect des règles de concurrence tout en les adaptant rapidement pour soutenir les entreprises dans un contexte de crise sans précédent. C'est en particulier dans le domaine des aides d'État que cette réactivité s'est illustrée à travers l'adoption en un temps record d'un encadrement temporaire des mesures d'aide d'État visant à assurer la continuité de l'économie et à permettre aux aides de parvenir au plus vite aux entreprises confrontées aux répercussions économiques de la crise sanitaire.

Notre vocabulaire procédural s'est lui aussi enrichi à la faveur des évolutions de la politique de concurrence. L'une de ces évolutions procède du passage d'une logique du tout répressif, fondée essentiellement sur la « sanction », à une approche visant à offrir aux entreprises la possibilité de jouer un rôle plus actif et, moins purement défensif, dans la procédure de concurrence, en optant pour des voies procédurales alternatives telles que la « coopération », la « transaction » ou les propositions « d'engagement ».

Bien sûr, il ne s'agit nullement de revenir dans cette préface sur la définition des mots qui figurent dans ce dictionnaire. Cela se peut d'autant moins que cet ouvrage ne vise pas à en donner une définition académique, mais repose sur une logique « collaborative » selon laquelle chaque auteur, en apportant sa contribution subjective et son expertise sur l'entrée qui lui a été confiée, participe ainsi à la richesse de l'ouvrage dans son ensemble et à une réflexion plus large sur les fondements du droit de la concurrence.

De même, il ne s'agit pas de fournir une liste exhaustive des différentes entrées contenues de ce dictionnaire. Cette préface peut d'autant moins y prétendre qu'en adjoignant à l'édition papier une version en ligne, les initiateurs du projet ont fait le choix judicieux d'un ouvrage qui peut être mis à jour au gré des évolutions de la matière. Ce dictionnaire laisse ainsi une place à tous les mots qui ne font pas encore partie de notre lexique mais devront nécessairement venir l'enrichir pour garantir que le droit de la concurrence reste en prise avec les besoins des entreprises en s'adaptant à un environnement économique en constante mutation.

Olivier GUERSENT
Directeur Général de la Direction Générale de la Concurrence

LISTE DES ABRÉVIATIONS

AAI	autorité administrative indépendante
ACCC	Australian Competition and Consumer Commission
AISC (règle)	absence d'incidence sensible sur le commerce
ACNC	Autorité de la concurrence de la Nouvelle-Calédonie
ACPR	Autorité de contrôle prudentiel et de résolution
ADLC	Autorité de la concurrence
AELE	Association européenne de libre-échange
AFA	Agence française anticorruption
AG	Avocat général
AGCM	Autorità Garante della Concorrenza e del Mercato
ANC	autorité nationale de concurrence
ANSM	Agence nationale de sécurité du médicament
APC	Autorité polynésienne de la concurrence
ARAFER	Autorité de régulation des activités ferroviaires et routières
ARCEP	Autorité de régulation des communications électroniques et des postes
ARCOM	Autorité de régulation de la communication audiovisuelle et numérique
ARN	autorité de régulation nationale
Aut. conc.	Autorité de la concurrence
BEN	brevet essentiel à une norme (SEP)
BEUC	Bureau européen des unions de consommateurs
BGH	Bundesgerichtshof (Cour fédérale de justice)
BIEC	Brigade interdépartementale d'enquête concurrence
CC2E	Code des communications électroniques européen de 2018
CCNUCC	Convention-cadre des Nations Unies sur les changements climatiques

CE	Conseil d'État
CEDH	Cour européenne des droits de l'Homme
CEE	Communauté économique européenne
CEM	coût évitable moyen
CEPC	Commission d'examen des pratiques commerciales
CESDH	Convention européenne de sauvegarde des droits de l'Homme
CGV	conditions générales de vente
CJCE	Cour de justice des Communautés européennes
CJIP	convention judiciaire d'intérêt public
CJUE	Cour de justice de l'Union européenne
CLCV	Consommation Logement Cadre de Vie
CMA	Competition and Markets Authority
CMILT	coût moyen incrémental de long terme
CNIL	Commission nationale de l'informatique et des libertés
CNMC	Comisión Nacional de los Mercados y la Competencia
CNUCED	Conférence des Nations Unies sur le commerce et le développement
Comm. CE	Commission des Communautés européennes
Cons. conc.	Conseil de la concurrence
Cons. const.	Conseil constitutionnel
CONSOB	Commissione Nazionale per le Società e la Borsa
Contrats, conc., consom.	*Contrats, concurrence, consommation*
conv.	convention
CPC	code de procédure civile
CPI	code de la propriété intellectuelle
CPJI	Cour permanente de justice internationale
CRE	Commission de régulation de l'énergie
CSA	Conseil supérieur de l'audiovisuel
CSP	code de la santé publique
D.	*Recueil Dalloz*
D. aff.	*Droit des affaires*
déc.	décision

décl.	déclaration
décr.	décret
DGCCRF	Direction générale de la concurrence, de la consommation et de la répression des fraudes
dir.	directive ou sous la direction
DOJ	Department of Justice
Dr. fisc.	*Revue de Droit fiscal*
Dr. pén.	*Droit pénal*
e.a.	et autres
ECLR	*European Competition Law Review*
EEE	Espace économique européen
égal.	également
Énergie – Env. – Infrastr.	*Énergie – Environnement – Infrastructures*
EPIC	établissement public à caractère industriel et commercial
et coll.	et collaborateurs
EStAL	*European State Aid Law Quarterly*
et s.	et suivant
ETSI	European Telecommunications Standards Institute / Institut européen des normes de télécommunication
fasc.	fascicule
FCCC	Fijian Competition & Consumer Commission
FTAIA	Foreign Trade Antitrust Improvements Act
FTC	Federal Trade Commission
GAFAM	Google, Apple, Facebook, Amazon et Microsoft
GATT	Accord général sur les tarifs douaniers et le commerce
GIE	groupement d'intérêt économique
GIP	groupements d'intérêt public
GRECO	Groupe d'États contre la corruption
GUPPI	generalized upward pricing pressure index
HHI	indice de Herfindahl-Hirschman
ICCC	Independent Consumer & Competition Commission

ICN	International Competition Network
INC	Institut national de la consommation
LEDC	*L'Essentiel droit des contrats*
LEDICO	*L'Essentiel droit de la distribution et de la concurrence*
LPA	*Les Petites Affiches*
Marq. L. Rev.	*Marquette Law Review*
Min. Éco.	ministre de l'Économie
not.	notamment
nouv.	nouvel
NZCC	New Zealand Commerce Commission
obs.	observations
OCDE	Organisation de coopération et de développement économiques
OLAF	Office européen de lutte antifraude
OMC	Organisation mondiale du commerce
ONU	Organisation des Nations Unies
ord.	ordonnance
OSP	obligations de service public
p.	page
p. ex.	par exemple
para.	paragraphe
PCR	Pratiques commerciales restrictives de concurrence
PI	propriété intellectuelle
PIBD	*Propriété Industrielle – Bulletin Documentaire*
PME	petite ou moyenne entreprise
Propr. industr.	*Propriété industrielle*
prot.	protocole
pt, pts	point, points
PTOM	pays et territoires d'outre-mer
QPC	question prioritaire de constitutionnalité
R&D	recherche et développement
RAE	*Revue des affaires européennes (Law & European Affairs)*

Rappr.	Rapprocher
RDAI	*Revue de droit des affaires internationales*
RDC	*Revue des contrats*
RGEC	règlement général d'exemption par catégorie
RGPD ou GDPR	règlement général sur la protection des données
RIC	Réseau international de concurrence
SIEC	significant impediment to effective competition
SIEG	service d'intérêt économique général
SSNIP	small but significant and non-transitory increase in price
SU	service universel
TFUE	Traité sur le fonctionnement de l'Union européenne
TPICE	Tribunal de première instance des Communautés européennes
Trib. UE	Tribunal de l'Union européenne
TRV	tarifs réglementés de vente
TUE	traité sur l'Union européenne
UNCTAD	United Nations Conference on Trade and Development
UPP	upward pricing pressure
VBER	Vertical Block Exemption Regulation – règlement d'exemption par catégorie des accords verticaux
VRP	voyageur représentant placier

ABUS D'EXPLOITATION

Hakim HADJ-AISSA
Université de Versailles St-Quentin-en-Yvelines

Premier aperçu

L'abus qui découle d'une position dominante se subdivise en deux grandes catégories : d'une part, l'abus d'éviction et, d'autre part, l'abus d'exploitation. Bien que ces deux catégories ne soient pas totalement étanches (cf. pratique du ciseau tarifaire), la première consiste à exclure un concurrent du marché alors que la seconde consiste, pour une entreprise, à profiter de sa position dominante pour imposer à ses partenaires commerciaux des conditions tarifaires ou commerciales injustifiées.

En l'état actuel du droit positif, il convient d'opérer une distinction entre, d'un côté, les pratiques relatives au prix et, d'un autre côté, les pratiques relatives aux conditions commerciales.

Les pratiques relatives au prix concernent, en premier lieu, celles qui ont trait au prix excessif. Leur appréhension pose de sérieuses difficultés à la fois juridiques (conditions à vérifier) et économiques (tests à effectuer), car les autorités de concurrence n'ont pas vocation à intervenir sur le processus de formation du prix, de même que prohiber en soi le prix excessif reviendrait à interdire toute position monopolistique. Le prix excessif est défini comme étant celui qui est « *sans rapport raisonnable avec la valeur économique de la prestation fournie* » (CJCE, 13 novembre 1975, *General Motors Continental*, aff. C-26/75 ; CJCE, 14 février 1978, *United Brands et United Brands Continentaal*, aff. C-27/76 ; CJUE, 27 février 2014, *Kanal 5 et TV 4*, aff. C-351-12 ; CJUE, 14 septembre 2017, *Autortiesību un komunicēšanās konsultāciju aģentūra / Latvijas Autoru apvienība*, aff. C-177/16). L'appréciation s'effectue de manière *in concreto* et il est nécessaire, pour l'autorité poursuivante, d'apporter la preuve non seulement du caractère excessif du prix, mais également du lien causal entre la pratique litigieuse et l'état de position dominante de la personne poursuivie (CA Paris, 4 novembre 2019, RG 18/23992). Les solutions varient donc selon le secteur concerné et la situation d'espèce dont les juges et les autorités sont saisis. Pour caractériser l'abus, un faisceau d'indices peut néanmoins être utilisé, tel que la hausse forte et brutale du prix, l'évolution du prix dans le temps, le comportement de la personne poursuivie, la structure du marché, la comparaison avec les prix pratiqués par l'entreprise dans d'autres territoires ou par ses concurrents pour des produits identiques, etc.

Les pratiques relatives au prix peuvent concerner, en second lieu, le prix discriminatoire. Il existe, à ce titre, les pratiques discriminatoires de premier rang et celles de second rang. Les premières sont celles qui conduisent à un effet d'exclusion des concurrents alors que les secondes sont celles qui affectent la concurrence entre les clients qui se situent sur un autre marché que celui sur lequel opère l'entreprise en position dominante. Néanmoins, en matière de prix, les pures discriminations de second rang semblent rares. Le contentieux se concentre surtout sur les avantages tarifaires consentis à certains partenaires plutôt qu'à d'autres (v. not. CJCE, 15 mars 2007, *British Airways*, aff. C-95/04 P). Pour caractériser l'existence d'une pratique discriminatoire, l'article 102, c) TFUE exige que celle-ci inflige « *un désavantage dans la concurrence* », autrement dit une distorsion de concurrence entre les partenaires commerciaux. Néanmoins, s'il s'agit bien d'apporter la preuve d'un effet anticoncurrentiel, celui-ci n'a nul besoin d'être avéré mais peut seulement être potentiel (CJUE, 19 avril 2018, *MEO*, aff. C-525/16). Cette constatation doit ainsi « *se fonder sur une analyse de l'ensemble des circonstances pertinentes de l'espèce qui permet de conclure que ledit comportement a une influence sur les coûts, sur les bénéfices, ou sur un autre intérêt pertinent d'un ou de plusieurs desdits partenaires* » (*ibid.*) de nature à affecter leur position concurrentielle.

L'abus d'exploitation peut, également, se concrétiser par des pratiques relatives aux conditions commerciales. Il peut s'agir, là encore, de traitements discriminatoires. Dans le secteur des plateformes numériques, ont ainsi pu être appréhendées, à côté de discriminations de premier rang (Aut. conc., déc. n° 21-D-11 du 7 juin 2021), de pures discriminations de second rang, à condition qu'un lien de connexité suffisant soit établi entre le marché sur lequel l'entreprise détient sa position dominante et le marché sur lequel opèrent les partenaires (Aut. conc., déc. n° 19-D-26 du 19 décembre 2019). Il peut également s'agir de conditions de transaction non équitables au sens de l'article 102, a) TFUE, telles que la mise en place de règles contractuelles qui manquent de transparence et d'objectivité. Les notions de non-équité et de discrimination ne doivent pas être confondues, car la première est plus large que la seconde et vise l'ensemble des partenaires commerciaux (*ibid.*, pt 355 et s.). En revanche, il n'est pas exigé que l'auteur ait obtenu un avantage disproportionné pour que la pratique soit constituée (*ibid.*, pt 367).

■ Pour aller plus loin

Bien que le traité de Rome ait initialement envisagé l'abus d'exploitation au titre de l'abus de position dominante, ce que l'article 102 TFUE reprend également dans son contenu, il faut noter que la communication de 2009 sur les priorités de la Commission s'est entièrement concentrée sur les abus d'éviction. En outre, pendant de nombreuses années (1970-2000), les abus d'exploitation n'ont pas toujours été efficacement condamnés malgré quelques décisions remarquées. L'influence de l'École de Chicago, qui soutenait que les abus d'exploitation ne posaient pas de problèmes concurrentiels, n'était sans doute pas indifférente à ce résultat. Les juristes ont également emboîté le pas de ces économistes. Ainsi, des positions doctrinales ont émergé selon lesquelles seuls les abus d'éviction seraient de l'ordre des pratiques anticoncurrentielles alors que les abus d'exploitation, d'ordre plutôt contractuel, devraient davantage être sanctionnés sur le fondement du droit français des pratiques restrictives de concurrence (art. L. 442-1 et s. C. com.), voire sur le fondement du droit commun.

Toutefois, l'émergence d'entreprises ayant une position dominante exceptionnelle telles que les GAFAM a conduit les autorités de concurrence ainsi que les juges à se réapproprier avec force la notion d'abus d'exploitation. Néanmoins, même si l'analyse par les effets n'est pas négligée, les critères de qualification d'un tel abus restent encore à définir : il faut donc suivre de près la manière dont le contentieux va évoluer.

Bibliographie

Bosco (D.), « L'ère de la "post-modernisation" ouverte par l'Autorité de la concurrence », *Contrats, conc., consom.* 2020, comm. 46

Cartapanis (M.), « Amendes : L'Autorité de la concurrence sanctionne une entreprise à une amende de 150 millions d'euros pour abus d'exploitation sur le marché de la publicité en ligne liée aux recherches (*Google*) », *Concurrences* n° 2-2020, art. n° 94661, p. 87

Choné (A.-S.), *Les abus de domination : essai en droit des contrats et en droit de la concurrence*, Paris, Economica, coll. « Recherches Juridiques », 2010

Combe (E.), de Bure (F.) et Chapsal (A.), « Abus d'exploitation : quels sont les nouveaux risques pour les entreprises ? », Conférence-déjeuner Droit et Économie, *Concurrences*, 6 mars 2018, www.concurrences.com

Mallen (G.), *L'appréhension des pratiques restrictives par les autorités françaises et européennes de la concurrence : analyse des pratiques contractuelles abusives entre professionnels à l'épreuve du droit des pratiques anticoncurrentielles*, Paris, L'Harmattan, coll. « Logiques juridiques », 2014

Prieto (C.), Regain d'intérêt pour l'abus d'exploitation appliqué à des prix excessifs imposés par des entreprises dominantes, *RDC* 2018, n° 115s0, p. 595

A

ABUS DE DÉPENDANCE ÉCONOMIQUE

Frédéric MARTY, Patrice REIS
Université Côte d'Azur

■ Premier aperçu

L'abus de dépendance économique est un abus de domination au même titre que l'abus de position dominante. Néanmoins, si l'abus de position dominante incarne une domination absolue (art. 102 TFUE et L. 420-2 C. com.), l'abus de dépendance économique est, lui, un abus de domination relatif qui ne s'applique qu'aux relations verticales se situant donc au croisement du droit des obligations et du droit de la concurrence (art. L. 420-2, al. 2 C. com). Il a été intégré en droit interne par l'ordonnance du 1 décembre 1986 en suivant le modèle allemand et faisant suite à l'avis de la commission de la concurrence de 1985 relatif aux centrales et super-centrales d'achat et de référencement. Si la notion d'abus de dépendance économique n'apparaît pas dans le droit originaire de l'Union européenne depuis le traité de Rome, il constitue une disposition propre aux droits internes des États membres de l'UE (not. en droit allemand, para. 26, al. 2 de la loi du 27 juillet 1957 ; en droit belge, depuis la loi du 4 avril 2019, art. IV.2/ 2 du code de droit économique ; ou encore en droit italien, en vertu de l'art. 9 de la loi 18 juin 1998 n° 192).

Prévu initialement pour appréhender les abus de la grande distribution dans ses relations contractuelles avec ses fournisseurs grâce à sa puissance d'achat, il permet aussi d'appréhender la puissance de vente et s'applique ainsi à toutes les relations contractuelles dites « business-to-business » (BtoB).

L'abus de dépendance économique n'a cependant pas permis d'appréhender les abus de la grande distribution à l'égard des fournisseurs (Cons. conc., déc. n° 93-D-21 du 8 juin 1993, *Cora* (affaire de la corbeille de la mariée), approuvée par CA Paris, 25 mai 1994, *BOCC* 24 juin 1994, p. 236 et Cass. com., 10 octobre 1996, n° 94-16.192 ; Cons. conc., déc. n° 94-D-60 du 13 février 1994, affaire des lessives ou Aut. conc., déc. n° 10-D-08 du 3 mars 2010, *Carrefour*). En revanche, il a été utilisé avec succès pour appréhender des abus de puissance de vente à l'égard d'acheteurs professionnels (Aut. conc., déc. nº 20-D-04 du 16 mars 2020, *Apple*). En dépit d'interventions législatives visant à assouplir les conditions de mise en œuvre de cette disposition (suppression de la condition de solution alternative à l'art. L. 420-2, al. 2 par la loi NRE du 15 mai 2001) afin d'en assurer une plus grande effectivité, la jurisprudence n'a pas donné à cette disposition la place qu'elle aurait méritée, notamment en précisant qu'il est bien nécessaire de démontrer que l'entreprise qui se dit dépendante ne dispose d'aucune solution équivalente et que le fait de réaliser une part importante de son chiffre d'affaires avec son fournisseur ne suffit pas à établir cette preuve (Cass. com., 3 mars 2004, *SA Concurrence c/ Sony*, nº 02-14.529 ; *Contrats, conc., consom.* 2004, nº 108, note M. Malaurie-Vignal ; *LPA* 18 novembre 2004, p. 11/12, note P. Arhel ; *RTD com.* 2004, p. 463, note E. Claudel). Cette interprétation restrictive a justifié, à partir de la loi du 1 juillet 1996 sur la loyauté et l'équilibre des relations commerciales, des réformes multiples du droit des pratiques restrictives de concurrence afin de pouvoir sanctionner civilement des pratiques qui incarnent en réalité un abus de dépendance économique.

Application dans la jurisprudence

L'utilisation récente de l'abus de dépendance économique par l'Autorité de la concurrence dans l'affaire *Apple* du 16 mars 2020 illustre la volonté des autorités de traiter les abus de puissance de vente dont la problématique est renouvelée par les effets de silo des écosystèmes numériques où opèrent des pouvoirs privés économiques tels que les GAFAM. En effet, ces acteurs à la fois verrouillent l'accès à leurs écosystèmes respectifs et exercent sur ces derniers un pouvoir de régulation d'ordre privé. Leurs partenaires contractuels sont très souvent placés dans des situations de dépendance économique. Ainsi dans le cas d'Apple, l'Autorité rappelle que pour sanctionner l'abus de dépendance économique, il faut prouver tout d'abord l'existence d'une situation de dépendance économique, ensuite un abus et enfin une incidence actuelle ou potentielle sur la concurrence.

■ Pour aller plus loin

Dépendance économique

L'abus de dépendance économique suppose tout d'abord la preuve de la dépendance économique : sans cette preuve, même s'il y a pratique abusive, il n'y aura aucune sanction, comme l'a illustré l'affaire *Cora* dite « de la corbeille » de la mariée. La preuve de la dépendance économique suppose la réunion de quatre conditions cumulatives dans les deux hypothèses de dépendance que sont la puissance de vente et la puissance d'achat.

Dans l'hypothèse de la dépendance d'un distributeur – l'acheteur professionnel – envers un fournisseur

– le vendeur professionnel –, comme c'est le cas dans les affaires *Sony* ou *Apple*, les autorités de concurrence considèrent que cette dépendance « *s'apprécie en tenant compte de la notoriété de la marque du fournisseur, de l'importance de sa part dans le marché considéré, de l'importance de sa part dans le chiffre d'obtenir, d'autres fournisseurs, des produits équivalents* », cette dernière condition étant dénommée solution alternative (Cons. conc., déc. n° 90-D-23 du 3 juillet 1990, *société JVC Vidéo France*).

Dans l'hypothèse inverse de dépendance d'un fournisseur envers un distributeur, visant ainsi la puissance d'achat, les autorités de concurrence considèrent que cette dépendance « *s'apprécie en tenant compte de l'importance du chiffre d'affaires réalisé par ce fournisseur avec le distributeur, de l'importance du distributeur dans la commercialisation du produit concerné, dans les facteurs ayant conduit le fournisseur à concentrer ses ventes auprès du distributeur et de l'existence et de la diversité éventuelle de solutions alternatives* ». Ici encore, la dernière condition relative à la solution alternative s'avère primordiale pour appréhender un abus de dépendance économique par la puissance d'achat, mais cette dernière condition n'a jamais été démontrée ici du fait d'une interprétation restrictive (CA Paris, 25 mai 1994, *BOCC* 24 juin 1994, p. 236 et Cass. com., 10 octobre 1996, *Cora*, n° 94-16.192) d'autant plus que le partenaire doit être obligé ou subi, et non pas choisi, ce qui exclut la dépendance en vertu du troisième critère (Cass com., 10 décembre 1996, n° 94-16.192 ; Cass. com., 6 juin 2001, n° 99-20.831 ; *RTD civ.* 2001, p. 587, obs. J. Mestre et B. Fages ; Cass. com., 3 mars 2004, n° 02-14.529 ; *D.* 2004, p. 1661, note Y. Picod ; *RTD com.* 2004, p. 463, obs. E. Claudel ; CA Paris, 3 décembre 2015, RG 2014/18125 ; *AJCA* 2016, p. 88, obs. R. Amaro).

La charge de la preuve de ces quatre conditions dans les deux hypothèses de dépendance repose sur l'entreprise qui invoque son état de dépendance économique. Dans l'hypothèse de la puissance de vente, la preuve de la dépendance économique et des quatre conditions cumulatives s'avère plus aisée dès lors qu'il y a le plus souvent des conditions contractuelles, voire dans certains cas techniques, qui créent des barrières à la sortie pour le distributeur dépendant. Les situations de dépendance ont dans ces cas été constatées dans le cadre de réseaux de distribution intégrés notamment par le biais de clauses d'exclusivité asymétriques où le fournisseur dispose de plusieurs canaux de distribution alors que le distributeur est, lui, tenu par l'exclusivité, comme l'illustre la décision *Apple* de l'Autorité de la concurrence en 2020.

La seule démonstration d'une situation de dépendance économique ne permet pas de caractériser une pratique anticoncurrentielle ; il faut en plus prouver un abus dans la mesure où le droit antitrust incarne un contrôle des comportements et ne vise pas à corriger des déséquilibres contractuels en tant que tels.

Exploitation abusive

La dépendance économique n'est pas interdite en elle-même en ce qu'elle est inhérente aux relations commerciales. Seule son exploitation abusive est prohibée par l'article L. 420-2, alinéa 2, C. com. La preuve d'un abus s'avère nécessaire et est conditionnée à la démonstration préalable d'une dépendance économique. Le texte fournit des exemples non limitatifs d'abus en visant notamment le refus de vente, les ventes liées, les pratiques discriminatoires visées aux articles L. 442-1 à L. 442-3 C. com. ou encore les accords de gamme. Ainsi, l'abus de dépendance économique recouvre d'une part des pratiques d'exploitation, qui permettent à l'entreprise en situation de domination relative d'obtenir de manière générale des avantages indus ou encore de soumettre l'autre partie à des déséquilibres significatifs dans les droits et obligations, et d'autre part des pratiques d'éviction liées notamment à des discriminations à l'égard de ses partenaires commerciaux pouvant se traduire par la rupture brutale de relations commerciales établies.

Enfin, l'exploitation abusive n'est sanctionnée que si elle constitue ou est susceptible de constituer une entrave à la concurrence. En effet, l'abus de dépendance économique en tant que pratique anticoncurrentielle doit avoir pour objet ou pour effet d'empêcher, de restreindre ou de fausser le jeu de la concurrence sur un marché pertinent.

Affectation actuelle ou potentielle de la concurrence sur un marché pertinent

La condition d'atteinte à la concurrence limite la notion d'abus de dépendance économique et vient réduire le domaine d'application de l'article L. 420-2, alinéa 2, dans la mesure où il est conçu comme un pur concept de droit de la concurrence préoccupé par la seule régulation des mécanismes du marché, n'intervenant donc qu'en cas d'entrave à la concurrence. Il n'est pas conçu, comme avait pu le souhaiter une partie de la doctrine, comme un instrument autonome efficace de moralisation, voire de rééquilibrage des relations de dépendance économique. Ainsi, par exemple, un éventuel abus de dépendance économique dans le cadre des relations entre la grande distribution et ses fournisseurs pourrait ne pas être sanctionné dans la mesure où l'atteinte à la concurrence ne serait pas suffisamment sensible sur le marché amont du fait de la faible part de marché du ou des fournisseurs victimes.

L'interprétation restrictive de l'abus de dépendance économique a limité l'application pratique de la disposition et a conduit au développement des pratiques restrictives de concurrence sanctionnées civilement *per se*. En effet, une part importante de ces pratiques correspond substantiellement à des abus de dépendance économique sanctionnés civilement au titre du petit droit de la concurrence et non pas au titre du droit antitrust, afin de ne pas avoir d'une part à caractériser la condition d'entrave à la concurrence et d'autre part à satisfaire les quatre conditions cumulatives de la dépendance économique, notamment l'absence de solution alternative et le caractère involontaire de la concentration des transactions auprès d'un seul partenaire.

En droit de l'Union européenne, le raisonnement sous-jacent se traduit aussi par le développement d'une régulation de pratiques comparables aux pratiques restrictives de concurrence sanctionnées civilement avec d'une part le numérique (règlement (UE) 2019/1150 du 20 juin 2019 promouvant l'équité et la transparence pour les entreprises utilisatrices de services d'intermédiation en ligne) et d'autre part la filière agroalimentaire (directive (UE) 2019/633 du 17 avril 2019 sur les pratiques commerciales déloyales dans les relations interentreprises au sein de la chaîne d'approvisionnement agricole et alimentaire).

Bibliographie

Boy (L.), « Abus de dépendance économique : reculer pour mieux sauter ? » *RLC* 2010/23, étude 93

Cartapanis (M.), « Abus de dépendance économique : L'Autorité de la concurrence sanctionne une entreprise pour abus de dépendance économique dans le secteur de la distribution de produits informatiques et d'équipements électroniques grand public (*Apple / Tech Data / Ingram Micro*) », *Concurrences* n° 4-2020, art. n° 97362, p. 134

Choné-Grimaldi (A.-S.), « Les géants du numérique face à l'interdiction des abus de dépendance économique : les Français contre-attaquent », *Concurrences* n° 4-2020, art. n° 97016, p. 84.

Claudel (E.), « L'abus de dépendance économique : un sphinx renaissant de ses cendres ? » *RTD com.* 2016, p. 460

Farjat (G.), *Pour un droit économique*, Paris, PUF, 2004, spéc. p. 107

Marty (F.) et Reis (P.), « Une approche critique du contrôle de l'exercice des pouvoirs privés économiques par l'abus de dépendance économique », *RIDE* 2013/4, p. 579

Pirovano (A.) et Salah (M.), « L'abus de dépendance économique, une notion subversive ? » *LPA* 21 septembre 1990, p. 4

Racine (J.-B.) et Siiriainen (F.), « Retour sur l'analyse substantielle en droit économique », *RIDE* 2007/3, p. 259

Règlement (UE) 2019/1150 du Parlement européen et du Conseil du 20 juin 2019 promouvant l'équité et la transparence pour les entreprises utilisatrices de services d'intermédiation en ligne, *JOUE* n° L 186 du 11 juillet 2019, p. 57

Directive (UE) 2019/633 du Parlement européen et du Conseil du 17 avril 2019 sur les pratiques commerciales déloyales dans les relations interentreprises au sein de la chaîne d'approvisionnement agricole et alimentaire, *JOUE* n° L 111 du 25 avril 2019, p. 59

Ordonnance n° 86-1243 du 1 décembre 1986 relative à la liberté des prix et de la concurrence, *JORF* du 9 décembre 1986

Voir aussi

Avantages manifestement disproportionné - Déséquilibre significatif - Pratiques discriminatoires - Rupture brutale de relations commerciales établies.

A

ABUS DE POSITION DOMINANTE

Lena BOUCON
Freshfields Bruckhaus Deringer

Patrick HUBERT
Orrick, Herrington & Sutcliffe

■ Premier aperçu

L'article 102 du traité sur le fonctionnement de l'Union européenne et l'article L. 420-2 du code de commerce interdisent le fait, pour une entreprise, d'exploiter abusivement sa position dominante, la détention d'une telle position n'étant pas en elle-même fautive. L'article 102 fournit des illustrations d'abus qui ne constituent que des « exemples » (CJCE, 21 février 1973, *Europemballage Corporation et Continental Can Company Inc. c/ Commission*, aff. C-6/72) dépourvus de caractère limitatif ou exhaustif. Il en est de même de l'article L. 420-2 du code de commerce, qui, bien qu'il ne se réfère pas toujours aux mêmes abus, est interprété de manière largement semblable par l'Autorité de la concurrence et les juridictions françaises.

Pour prouver qu'une entreprise a commis un abus, il faut, au préalable, établir qu'elle détient une position dominante sur le marché. Si tel est le cas, il faut ensuite établir qu'elle a recours à des moyens qui ne relèvent pas de la concurrence par les mérites.

Il existe deux catégories d'abus.

- L'abus d'exclusion consiste à empêcher un concurrent de se développer ou d'entrer sur le marché, voire à l'en exclure. Cette catégorie inclut notamment les accords d'exclusivité (comme les obligations d'approvisionnement exclusif), les rabais de fidélité, les ventes liées/ventes groupées, la prédation tarifaire, le refus de vente ou la compression de marges (ou ciseau tarifaire) – cette dernière suppose que le dominant fournisse seul un intrant indispensable tout en étant concurrent du dominé sur un marché aval ; il y a ciseau si la marge du concurrent qui s'aligne sur le prix aval du dominant est exagérément comprimée du fait du prix de l'intrant. Pour apprécier si un comportement est un abus d'exclusion, on recourt généralement au test du « concurrent aussi efficace », dit « test AEC » (pour « *as efficient competitor* ») : est abusive, non l'exclusion de n'importe quel concurrent, mais seulement celle du concurrent aussi efficace que le dominant.

– L'abus d'exploitation consiste à conserver une part excessive de la valeur, par exemple en pratiquant des prix sans rapport raisonnable avec la valeur économique de la prestation fournie, ou en imposant des conditions inéquitables ou commercialement injustifiées à ses clients.

■ Pour aller plus loin

Depuis longtemps, les autorités de concurrence se sont concentrées sur les abus d'exclusion. Par exemple, la seule communication de la Commission relative à l'article 102 TFUE (Orientations sur les priorités retenues par la Commission pour l'application de l'article 82 du traité CE aux pratiques d'éviction abusives des entreprises dominantes (2009/C 45/02)) traite exclusivement des abus d'éviction.

Toutefois, les autorités de concurrence ont récemment montré un regain d'intérêt pour les abus d'exploitation consistant en des prix excessifs, particulièrement dans le secteur pharmaceutique.

L'autorité italienne de concurrence a ainsi sanctionné Aspen en 2016 après avoir constaté des augmentations de prix situées entre 300 % et 1 500 % pratiquées en Italie à l'égard de produits d'importance vitale et irremplaçables, sans qu'elles puissent être justifiées économiquement. La Commission a examiné ces mêmes pratiques dans d'autres États membres, soulignant que patients et médecins n'avaient d'autre choix que de recourir aux médicaments concernés et que, lorsque les autorités sanitaires tentaient de résister, Aspen menaçait de ne plus assurer un approvisionnement normal du marché.

De même, l'autorité anglaise a condamné Pfizer et Flynn à une amende en raison de prix qu'elle a qualifiés d'excessifs, car ils excédaient un retour sur investissement raisonnable (défini à 6 %) et ils étaient substantiellement supérieurs à d'autres niveaux. Mais les juridictions anglaises ont annulé cette décision, qui n'aurait pas correctement mis en évidence le caractère excessif des prix pratiqués.

En l'absence de lignes directrices dédiées aux abus d'exploitation, ces affaires posent la question de la méthode d'identification du caractère excessif des prix. La jurisprudence a apporté certaines clarifications. Selon l'affaire *United Brands*, il faut rechercher une disproportion excessive entre le coût et le prix et, dans l'affirmative, examiner s'il y a imposition d'un prix inéquitable, soit au niveau absolu, soit par comparaison avec les produits concurrents (CJCE, 14 février 1978, *United Brands Company et United Brands Continentaal BV c/ Commission des Communautés européennes*, aff. 27/76, pt 252). D'autres affaires ont validé une méthode fondée sur une comparaison des prix appliqués dans l'État membre concerné à ceux appliqués dans d'autres États membres (CJCE, 13 juillet 1989, *Tournier*, aff. 395/87, pt 38, ainsi que CJCE, 13 juillet 1989, *Lucazeau e.a.*, aff. jtes 110/88, 241/88 et 242/88, pt 25), à condition que les États membres de référence soient sélectionnés selon des critères objectifs, appropriés et vérifiables (CJUE, 14 septembre 2017, *Autortiesību un komunicēšanās konsultāciju aģentūra / Latvijas Autoru apvienība c/ Konkurences padome*, aff. C-177/16, pt 41).

Plusieurs leçons sont à tirer d'affaires récentes d'abus d'exclusion.

L'arrêt *Intel* (CJUE, 6 septembre 2017, *Intel Corp. Inc. c/ Commission européenne*, aff. C-413/14 P), dont les implications ne sont pas univoques, a néanmoins permis à la Cour de préciser la portée de la jurisprudence *Hoffmann-La Roche* (CJCE, 13 février 1979, *Hoffmann-La Roche & Co. AG c/ Commission des Communautés européennes*, aff. 85/76). La Cour a énoncé que si le fait, pour une entreprise en position dominante, d'appliquer un système de rabais de fidélité, « *c'est-à-dire de remises liées à la condition que le client, quel que soit par ailleurs le montant de ces achats, s'approvisionne exclusivement pour la totalité ou pour une partie importante de ses besoins auprès de l'entreprise en position dominante* » (pt 137), constitue une présomption d'abus, il s'agit d'une présomption simple.

Par conséquent, lorsque l'entreprise en position dominante soutient que son comportement n'a pas eu les effets d'éviction reprochés, la Commission est tenue d'analyser l'importance de la position dominante de l'entreprise sur le marché pertinent, le taux de couverture du marché par la pratique contestée, ainsi que les conditions et les modalités d'octroi des rabais en cause, leur durée et leur montant. Elle doit également apprécier l'existence éventuelle d'une stratégie visant à évincer les concurrents au moins aussi efficaces.

La Cour a également souligné que l'analyse de la capacité d'éviction de l'entreprise en position dominante est pertinente pour déterminer si les pratiques peuvent être objectivement justifiées, semblant adopter en ce sens une approche de l'article 102 TFUE fondée sur les effets et s'éloignant par conséquent d'une approche formaliste.

Enfin, la Cour a estimé que, le test AEC ayant revêtu une importance réelle dans l'appréciation par la Commission de la capacité de la pratique de rabais en cause de produire un effet d'éviction de concurrents aussi efficaces, le Tribunal était tenu d'examiner l'ensemble des arguments d'Intel sur ce point. Cela relativise l'approche fondée sur les effets puisque, pris *a contrario*, cela pourrait signifier que si la Commission n'avait pas analysé les arguments d'Intel relatifs au test AEC, le Tribunal n'aurait pas été tenu de les examiner.

Par ailleurs, le Tribunal a récemment confirmé la décision de la Commission sanctionnant Google pour avoir abusé de sa position dominante sur le marché des moteurs de recherche en conférant un avantage illégal à un autre de ses produits, son service de comparaison de prix (Trib. UE, 10 novembre 2021, *Google LLC c/ Commission européenne*, aff. T-612/17). Cette affaire impliquait des pratiques de référencement sélectif et montre la capacité du droit de la concurrence à utiliser l'article 102 TFUE afin d'appréhender de nouvelles pratiques.

Bibliographie

Akman (P.), « The Theory of Abuse in *Google Search*: A Positive and Normative Assessment Under EU Competition Law », *Journal of Law, Technology & Policy*, 2017, vol. 2017, n° 2, p. 301

Akman (P.), *The Concept of Abuse in EU Competition Law: Law and Economic Approaches*, Oxford, Hart Publishing, 2012

Behrens (P.), « The Ordoliberal Concept of "Abuse" of a Dominant Position and its Impact on Article 102 TFEU », in *Abusive Practices in Competition Law*, F. Di Porto et R. Podszun (dir.), Cheltenham, Edward Elgar Publishing, 2018, p. 5

Bellis (J.-F.), « Article 102 TFEU: The case for a remedial enforcement model along the lines of Section 5 FTC Act », *Concurrences* n° 1-2013, art. n° 50358, p. 54

Ibáñez Colomo (P.), « What is an Abuse of a Dominant Position? Deconstructing the Prohibition and Categorizing Practices », in *Research Handbook on Abuse of Dominance and Monopolization*, P. Akman et K. Stylianou (dir.) (à paraître)

Parcu (P. L.), Monti (G.) et Botta (M.), *Abuse of Dominance in EU Competition Law: Emerging Trends*, Cheltenham, Edward Elgar Publishing, 2017

Petit (N.), *Droit européen de la concurrence*, chapitre IV – section III : « L'abus », 3e éd., Paris-La Défense, LGDJ, 2020

Prieto (C.), « Abus de position dominante – Notion d'abus en droit communautaire », *JCL. Concurrence – Consommation*, fasc. 561, 2018

Voir aussi

Position dominante

A

ACCÈS À UNE FACILITÉ ESSENTIELLE

Gabriel BLESER, Chloé CARCHIOLO
Bonn & Schmitt

Premier aperçu

Une entreprise en situation de position dominante doit garantir à ses concurrents l'accès à ses installations essentielles sous certaines conditions.

En refusant d'accorder l'accès sans raison objective ou en accordant l'accès à des conditions défavorables, le propriétaire d'une facilité essentielle agit en violation de l'article 102 TFUE.

Aux termes de la décision *Sealink* rendue par la Commission européenne, « *[u]ne entreprise en situation de position dominante pour la mise à disposition d'une installation essentielle, qui utilise elle-même cette installation (c'est-à-dire des installations ou des équipements sans l'utilisation desquels les concurrents ne peuvent servir leur clientèle), et qui refuse à d'autres entreprises l'accès à ces installations sans raison objective ou ne le leur accorde qu'à des conditions moins favorables que celles qu'elle réserve à ses propres services, commet une infraction à l'article [106] si les autres conditions prévues audit article sont réunies. Une entreprise occupant une position dominante ne peut exercer de discrimination en faveur de ses propres activités sur un marché apparenté. Le propriétaire d'installations essentielles qui utilise son pouvoir sur un marché pour protéger ou renforcer sa position sur un autre marché apparenté, en particulier en refusant d'accorder l'accès à ces installations à un concurrent ou en lui accordant l'accès à des conditions moins favorables que celles dont bénéficient ses propres services, et donc impose un désavantage concurrentiel au concurrent, commet une infraction à l'article [106 TFUE]* ».

La théorie des facilités essentielles a notamment eu vocation à s'appliquer dans des décisions relatives à des infrastructures portuaires, aéroportuaires ou ferroviaires.

▪ Pour aller plus loin

Une entreprise en position dominante détenant l'accès à une installation essentielle sans l'utilisation de laquelle les concurrents se trouvent dans l'impossibilité d'exercer leur activité, doit accorder l'accès à son installation dans des conditions équitables, raisonnables et non discriminatoires. En effet, elle ne peut imposer des conditions discriminatoires à l'avantage de ses propres activités.

Il est de principe qu'une entreprise, dominante ou non, devrait être en droit de choisir ses partenaires commerciaux et de disposer librement de ses biens.

L'obligation de donner accès à une installation essentielle constitue donc une atteinte à la liberté de commerce et aux droits de propriété intellectuelle de l'entreprise qui la détient.

Pour cette raison, la théorie des facilités essentielles a largement été débattue en doctrine, notamment lorsque la facilité en cause est protégée par un droit de propriété intellectuelle, puisque les autorités de concurrence doivent arbitrer entre les bénéfices escomptés à la suite de l'octroi d'une licence, les innovations possibles par la divulgation d'informations, tout en prenant en compte l'impact de l'octroi d'une telle licence sur l'innovation.

Par ailleurs, l'accès est uniquement prononcé lorsque le titulaire a bénéficié du temps nécessaire pour rentabiliser son investissement. Dans le cas contraire, un « monopole temporaire » est accordé au titulaire de la facilité en cause.

Ainsi, une restriction à la liberté de commerce sera nécessaire et justifiée à des fins de garantie de la concurrence sur le marché toutes les fois où les conditions suivantes seront réunies :

- l'entreprise est en situation de position dominante ;
- l'accès à l'infrastructure est indispensable pour exercer une activité concurrente sur un marché amont, aval ou complémentaire de celui sur lequel le détenteur de l'infrastructure détient une position dominante ;
- il n'existe aucun substitut réel ou potentiel à l'infrastructure, qui ne peut être reproduite dans des conditions économiques raisonnables par les concurrents de l'entreprise qui la détient ;
- l'accès à cette infrastructure est refusé ou autorisé dans des conditions défavorables.

La condition d'application fondamentale de la théorie des facilités essentielles consiste donc à reconnaître un refus d'accès opposé à un opérateur économique par le titulaire de la facilité essentielle.

Pour qu'une installation soit jugée « essentielle », son accès doit être strictement nécessaire à l'exercice de l'activité des concurrents potentiels du propriétaire de la facilité en cause, de sorte qu'il ne doit exister aucune alternative. La facilité en cause doit donc être indispensable et non substituable.

Toutefois, le refus d'accès à l'installation essentielle est justifié lorsque (i) le caractère indispensable de la facilité n'est pas déterminé ou

(ii) lorsque le propriétaire se trouve dans l'impossibilité d'accorder l'accès à la facilité en cause.

À ce jour, la théorie des facilités essentielles trouve principalement à s'appliquer dans les décisions d'engagements adoptées par la Commission européenne en vertu de l'article 9 du règlement (CE) n° 1/2003, qui lui permet de rendre les engagements proposés par les entreprises obligatoires.

Très fréquemment, les entreprises détentrices d'infrastructures essentielles choisissent de concéder un accès à leurs concurrents.

De nombreuses décisions ont été adoptées dans le secteur de l'énergie et des nouvelles technologies.

La voie de cette procédure « négociée » est souvent privilégiée lorsqu'apparaît un problème d'interopérabilité.

Bibliographie

Areeda (Ph.), « Essential Facilities: An Epithet in Need of Limiting Principles », *Antitrust Law Journal*, 1990, vol. 58, n° 3, p. 841

Bergman (M. A.), « The role of the essential facilities doctrine », *The Antitrust Bulletin*, Summer 2001, vol. 46, p. 403

Claudel (E.) « Les droits de propriété intellectuelle confrontés au droit communautaire de la concurrence : l'histoire d'une soumission croissante », *RTD com.* 2004, p. 460

Dezobry (G.), *La théorie des facilités essentielles : essentialité et droit communautaire de la concurrence*, Paris, LGDJ-Lextenso, 2009

A

ACCÈS AU DOSSIER

Irène LUC
Autorité de la concurrence

Premier aperçu

L'accès au dossier de l'Autorité de la concurrence, par l'auteur supposé de pratiques anticoncurrentielles, constitue une garantie essentielle résultant des droits de la défense. Mais il concerne aussi les plaignants ainsi que toutes les procédures devant l'Autorité et il est impacté par les secrets d'affaires.

Accès de l'auteur supposé des pratiques

Le Conseil constitutionnel, dans sa décision n° 88-248 DC du 17 janvier 1989, a jugé qu'aucune sanction administrative ne peut être prononcée par une autorité administrative indépendante (en l'espèce le CSA), sans que, conformément au principe du respect des droits de la défense, la personne concernée « *ait été mis[e] à même tant de présenter ses observations sur les faits qui lui sont reprochés que d'avoir accès au dossier le concernant* ».

L'accès au dossier permet à l'entreprise à laquelle des griefs sont notifiés de connaître les pièces du dossier constitué par les rapporteurs de l'Autorité durant leur instruction. Cet accès lui permet de débattre contradictoirement, voire de contester, les preuves qui y figurent.

Toutefois, cet accès, qui est également ouvert à la partie plaignante, ne l'est qu'après la notification de griefs, aucun accès au dossier n'étant ménagé aux parties pendant la phase d'enquête, non contradictoire, antérieure à la notification de griefs.

Selon l'article L. 463-2 du code de commerce, « *[s]ans préjudice des mesures prévues à l'article L. 464-1, le rapporteur général ou un rapporteur général adjoint désigné par lui notifie les griefs aux intéressés ainsi qu'au commissaire du Gouvernement, qui peuvent consulter le dossier sous réserve des dispositions de l'article L. 463-4 et présenter leurs observations dans un délai de deux mois* ».

Les rapporteurs, désignés par le rapporteur général pour instruire une affaire, procèdent à des actes d'instruction, comme, par exemple, des auditions des personnes concernées ou des tiers, qui sont consignés dans des procès-verbaux versés au dossier. Par ailleurs, les pièces recueillies au cours de l'enquête sont également versées au dossier.

Ce dossier est consultable au siège de l'Autorité selon des modalités prévues dans le règlement intérieur de l'Autorité.

La consultation s'opère en présence d'un agent du service de la procédure et de la documentation, qui permet à la partie ou à son conseil d'accéder à la totalité du dossier à l'exception des informations, documents ou parties de documents ayant fait l'objet, à l'égard de cette partie, d'une mesure de protection des secrets d'affaires. Les parties et leurs conseils peuvent réaliser une copie de documents ou de parties de documents, à condition que cette opération soit compatible avec les moyens matériels de l'Autorité.

Accès des parties saisissantes

Les parties saisissantes ont accès au dossier non seulement dans les cas où des griefs ont été notifiés, mais également en cas de rejet de leur saisine pour défaut d'éléments probants (art. L. 462-8 C. com.) ou de proposition de non-lieu (art. L. 464-6 C. com.).

Secret des affaires

L'accès au dossier est effectué sous réserve du respect du secret des affaires. Il s'agit notamment d'éviter que les parties ne saisissent l'Autorité que dans le but d'accéder à des secrets d'affaires de concurrents.

Le dossier auquel accèdent les parties doit donc être expurgé de ces secrets. Le rapporteur général de l'Autorité statue sur les demandes de protection des parties (art. L. 463-4 et R. 463-13 à 15-1 C. com.) et ses décisions sont susceptibles de recours immédiat devant la cour d'appel de Paris (art. L. 464-8-1 C. com.), les ordonnances de cette juridiction pouvant, à leur tour, faire l'objet d'un pourvoi. Un usage dilatoire de ces dispositions peut constituer une source d'allongement considérable des procédures de l'Autorité.

Conseiller auditeur

Le conseiller auditeur de l'Autorité, dont les compétences sont prévues à l'article R. 461-9 du code de commerce, peut être saisi de difficultés d'accès au dossier, après la notification de griefs. Ses pouvoirs, non coercitifs, font de lui un médiateur de procédure. Il peut, notamment, appeler l'attention du collège dans son rapport, sur une question d'accès au dossier.

■ Pour aller plus loin

Signalons que l'accès au dossier des entreprises parties aux dossiers de concentration s'effectue également dans le respect du secret des affaires (art. R. 463-15-1 C. com.).

S'agissant de la procédure d'engagement, l'accès au dossier de l'Autorité est rappelé dans les lignes directrices de l'Autorité, selon lesquelles les parties à la procédure doivent, sous réserve de l'article L. 463-4 du code de commerce (secret des affaires), avoir accès à l'intégralité des documents sur lesquels s'est fondé le rapporteur pour établir l'évaluation préliminaire et à l'intégralité de ceux soumis à l'Autorité pour statuer sur les engagements (v. le communiqué de procédure du 2 mars 2009 relatif aux engagements en matière de concurrence).

Enfin, l'accès direct au dossier de l'Autorité n'est pas ouvert aux tiers à la procédure, même après la clôture des dossiers. En effet, conformément à l'article L. 311-5 du code des relations entre le public et l'administration, les documents élaborés ou détenus par l'Autorité dans le cadre de l'exercice de ses pouvoirs d'enquête, d'instruction et de décision ne sont pas communicables.

Les parties à la procédure (plaignant et mis en cause) devant l'Autorité peuvent, quant à elles, faire usage des pièces auxquelles elles ont eu un accès direct, pour la défense de leurs droits, par exemple, lorsqu'elles intentent une action en réparation pour les pratiques anticoncurrentielles dont elles ont été victimes. Les tiers doivent obtenir du juge une injonction de communication des pièces qui leur sont utiles, dans les conditions et sous les réserves prévues aux articles L. 483-4 à L. 483-11 du code de commerce.

Bibliographie

Lacresse (A.) et Monti (B.), « Accès au dossier : La Cour de justice de l'Union européenne confirme l'annulation de la décision de la Commission européenne interdisant une concentration en raison de la non-communication aux parties du modèle économétrique sur lequel cette décision reposait (*UPS, TNT*) », *Concurrences* n° 2-2019, art. n° 90464, p. 149

Aut. conc., Communiqué de procédure du 2 mars 2009 relatif aux engagements en matière de concurrence

Voir aussi

Conseiller auditeur - Droits de la défense

ACCORD

Alice JACQUIN
Tribunal de l'Union européenne

■ Premier aperçu

L'« accord » est l'une des formes d'entente visées, avec la « décision d'association » et la « pratique concertée », à l'article 101, premier alinéa, TFUE. Cet article énonce que sont interdits tous les accords entre entreprises susceptibles d'affecter le commerce entre États membres et qui ont pour objet ou pour effet d'empêcher, de restreindre ou de fausser le jeu de la concurrence à l'intérieur du marché intérieur. Il en est de même de l'article L. 420-1 du code de commerce, qui, sans employer expressément le terme « accord », prohibe les « conventions », « ententes expresses ou tacites » ou « coalitions » lorsqu'elles ont pour objet ou peuvent avoir pour effet d'empêcher, de restreindre ou de fausser le jeu de la concurrence sur un marché.

La notion d'accord est axée sur l'existence d'un concours de volontés. Ainsi, pour qu'il y ait accord, il suffit que deux entreprises au moins aient exprimé leur volonté commune de se comporter sur le marché d'une manière déterminée (arrêt du 15 juillet 1970, *ACF Chemiefarma c/ Commission*, aff. 41/69, pt 112).

Un concours de volontés portant seulement sur le principe même de la restriction de concurrence suffit pour caractériser l'existence d'un accord, même si les modalités concrètes de la restriction envisagée ne sont pas définies et font encore l'objet de négociations (arrêt du 16 juin 2011, *Bavaria c/ Commission*, aff. T-235/07, pts 35 et 175).

L'« accord » est une notion autonome qui se distingue de la notion juridique de contrat. La forme ou la qualification juridique de l'accord est indifférente. Il n'est pas nécessaire qu'il s'agisse d'un accord juridiquement valide et contraignant (arrêt du 11 janvier 1990, *Sandoz prodotti farmaceutici c/ Commission*, aff. C-277/87, pt 13). Il peut s'agir d'un accord écrit, verbal ou même tacite. Ainsi, un accord au sens de l'article 101 TFUE peut se matérialiser, par exemple, sous la forme d'un contrat, d'une transaction judiciaire, de conditions générales de vente, d'un « gentleman's agreement », ou encore lors de réunions secrètes.

Par ailleurs, la notion d'« accord » ne se limite pas à des accords entre entreprises concurrentes opérant sur le même marché (accords dits « horizontaux ») ; elle vise également des accords entre entreprises opérant à des stades différents du processus économique (accords dits « verticaux »).

■ Pour aller plus loin

L'accord implique nécessairement au moins deux entreprises autonomes.

La jurisprudence retient le critère de l'unité économique, soit l'unité de comportement sur le marché, et non celui de la personnalité juridique distincte, pour déterminer si les relations entre deux entités sont susceptibles d'être constitutives d'un accord entre deux entreprises (arrêt du 12 janvier 1995, *Viho c/ Commission*, aff. T-102/92, pt 51). Il est considéré que, en l'absence de concours de volontés indépendantes, les relations au sein d'une unité économique ne peuvent être constitutives d'un accord.

Il en découle que les comportements entre des entreprises appartenant à un même groupe de sociétés ne sont pas nécessairement susceptibles de constituer un accord. Tel est le cas, en particulier, des rapports entre une filiale et sa société mère lorsque cette filiale ne jouit pas d'une autonomie réelle dans la détermination de la ligne d'action sur le marché (arrêt du 14 juillet 1972, *Imperial Chemical Industries c/ Commission*, aff. 48/69, pt 134). À cet égard, il existe une présomption réfragable qu'une filiale constitue une seule unité économique avec sa société mère qui la contrôle à 100 % (arrêt du 10 septembre 2009, *Akzo Nobel e.a. c/ Commission*, aff. C-97/08 P, pt 60). En l'absence de détention du capital à 100 %, l'existence d'une unité économique peut être déduite d'un faisceau d'éléments concordants (arrêt du 1er juillet 2010, *Knauf Gips c/ Commission*, aff. C-407/08 P, pt 65).

De même, une société qui agit au nom et pour le compte de son commettant forme une unité économique avec celui-ci si elle ne détermine pas son comportement de manière autonome. Ainsi lorsqu'un agent applique les instructions données par son commettant, sans assumer de risques, un accord ne peut être caractérisé dans le cadre de ce rapport (arrêt du 15 septembre 2005, *DaimlerChrysler c/ Commission*, T-325/01, pt 88).

Par ailleurs, la jurisprudence opère une distinction entre les décisions adoptées unilatéralement par une entreprise, lesquelles ne relèvent pas de la notion d'accord, et celles qui ne sont qu'en apparence unilatérales, et reflètent en réalité un concours de volontés entre plusieurs entreprises. En particulier, a été développée la thèse selon laquelle, dans le cadre de relations commerciales continues entre un fabricant et ses distributeurs, la politique commerciale décidée par le fabricant pouvait révéler un accord entre ces entreprises. Il a, par exemple, été jugé que la poursuite des relations contractuelles en dépit de l'envoi par le fournisseur de factures sur lesquelles figurait la mention « exportations interdites » pouvait caractériser un accord tendant à restreindre les importations parallèles (*Sandoz prodotti farmaceutici c/ Commission*, préc., pt 11).

Le Tribunal et la Cour de justice de l'Union européenne ont néanmoins clarifié qu'une invitation et une acceptation, tacite ou expresse, étaient nécessaires pour conclure à l'existence d'un accord (arrêts du 6 janvier 2004, BAI et *Commission c/ Bayer*, aff. jtes C-2/01 P et C-3/01 P, pt 141 et du 26 octobre 2000, *Bayer c/ Commission*, aff. T-41/96). En conséquence, lorsque le cocontractant refuse l'invitation ou adopte un comportement contraire, il ne peut être conclu à l'existence d'un accord. Ainsi, le seul fait qu'une mesure adoptée par une entreprise s'inscrive dans le cadre de relations commerciales continues avec une autre entreprise ne suffit pas à établir un concours de volontés entre ces entreprises. Par exemple, une évolution illégale de conditions contractuelles ne peut être qualifiée d'accord sans que soit établi l'acquiescement du cocontractant (arrêt du 3 décembre 2003, *Volkswagen c/ Commission*, aff. T-208/01, pt 45).

Bibliographie

DECOCQ (A.) et (G.), *Droit de la concurrence : droit interne et droit de l'Union européenne*, 7e éd., Issy-les-Moulineaux, LGDJ-Lextenso, 2016

DESAUNETTES-BARBERO (L.) et THOMAS (E.), *Droit matériel européen des abus de position dominante : textes et commentaires*, Bruxelles, Bruylant, 2019

PETIT (N.), *Droit européen de la concurrence*, Paris, Montchrestien-Lextenso, 2013

A

ACCORD DE COOPÉRATION

Marco PLANKENSTEINER, Pauline DESSERVRE,
Alice MOLLOT, Mathilde VERGNAUD
Kramer Levin Naftalis & Frankel

■ Premier aperçu

Issu d'une collaboration motivée par des gains d'efficience, l'accord de coopération entre entreprises indépendantes constitue un instrument efficace pour réaliser des économies de coûts, améliorer la qualité d'un produit, qu'il s'agisse d'un bien ou d'un service, ou lancer un nouveau produit sur le marché.

Le champ d'application ainsi que la durée d'un tel accord sont plus ou moins variables en fonction de l'objet de la coopération, l'accord pouvant porter sur la recherche et le développement, l'achat groupé, la production ou encore la commercialisation et la distribution d'un produit, ou combiner ces différents stades de l'activité économique.

L'accord de coopération peut prendre différentes formes et se matérialiser, par exemple, par un simple contrat, qui devra être analysé sous l'angle de l'interdiction des ententes, ou bien par la création d'une entreprise commune qui pourra relever de la réglementation sur les concentrations entre entreprises.

L'accord de coopération est dit horizontal lorsqu'il est conclu entre des entreprises concurrentes (actuelles ou potentielles) sur un marché, et vertical lorsqu'il est conclu entre des acteurs n'opérant pas au même niveau de la chaîne de production ou de distribution. Parce qu'il est conclu entre concurrents, l'accord de coopération horizontale est davantage susceptible d'entraîner des problèmes de concurrence et de tomber sous le coup de l'interdiction des ententes (art. 101 TFUE et L. 420-1 C. com.) que l'accord de coopération verticale (sauf lorsque ce dernier est conclu entre concurrents et produit des effets similaires à un accord horizontal).

L'accord de coopération conclu entre concurrents peut notamment avoir un objet anticoncurrentiel en ce qu'il permet aux entreprises de s'entendre sur la fixation des prix ou sur la réduction des volumes de production, ou bien de se répartir les marchés. Il peut également avoir des effets restrictifs de concurrence lorsqu'il contribue à renforcer le pouvoir de marché des entreprises parties à l'accord, de manière à engendrer des effets négatifs sur le marché en impactant le prix, la production, la qualité, la diversité ou l'innovation du produit objet de la coopération.

En dépit de ses effets anticoncurrentiels, un accord de coopération conclu entre concurrents doit être considéré comme conforme au droit de la concurrence si les effets proconcurrentiels de l'accord l'emportent sur les effets anticoncurrentiels qu'il produit ou est susceptible de produire. Dans une telle hypothèse, bien que comportant des effets restrictifs de concurrence, l'accord de coopération pourra bénéficier d'une exemption permettant d'échapper à la nullité de l'accord.

■ Pour aller plus loin

Depuis la fin de la notification préalable et obligatoire des accords de coopération à la Commission européenne, cette dernière a publié des lignes directrices proposant une grille d'analyse qui permet aux entreprises d'autoévaluer la compatibilité de l'accord horizontal envisagé avec l'article 101 TFUE. Elles présentent une méthode pour appliquer les règles du droit de la concurrence de l'Union qui éclaire également l'application des différents droits nationaux de la concurrence en Europe.

Dans ce cadre, il appartient aux entreprises de déterminer si l'accord de coopération envisagé est restrictif de concurrence et, dans l'affirmative, d'évaluer si les effets bénéfiques de l'accord sur la concurrence l'emportent sur les effets restrictifs afin que l'accord de coopération puisse bénéficier d'une exemption au titre de l'article 101, paragraphe 3, TFUE (ou L. 420-4 C. com.).

Dans un premier temps, les entreprises, parties à l'accord de coopération, doivent évaluer les effets nocifs de leur coopération sur le marché en tenant compte de la nature et du contenu de l'accord, d'une part, et de leur pouvoir de marché, d'autre part. Afin de déterminer leur pouvoir de marché, elles doivent définir le marché de produit et le marché géographique concerné par l'accord de coopération et établir leur part de marché cumulée sur ce marché. Plus cette part de marché cumulée sera faible et moins l'accord de coopération sera susceptible de produire des effets restrictifs de concurrence. Les lignes directrices précisent qu'« *il n'est pas possible de définir un seuil de part de marché général à partir duquel on pourrait présumer l'existence d'un pouvoir de marché suffisant pour causer des effets restrictifs sur la concurrence* » (lignes directrices n° 2011/C 11/01, pt 44). Partant, ce seuil peut varier de 15 % à 25 % selon le type d'accord, conformément à ceux analysés dans les lignes directrices.

Toutefois, en dehors des accords examinés dans lesdites lignes directrices, dans sa communication *de minimis*, la

Commission estime que les accords de coopération sont peu susceptibles de restreindre sensiblement le jeu de la concurrence lorsque les parties à l'accord ont des parts de marché cumulées ne dépassant pas 10 % en cas d'accords conclus entre concurrents et 15 % pour les accords conclus entre non-concurrents.

Dans un second temps, les entreprises doivent évaluer si les effets négatifs induits par l'accord de coopération sur le marché peuvent être contrebalancés par des effets favorables à la concurrence. Pour ce faire, elles doivent déterminer si les conditions cumulatives suivantes sont réunies pour bénéficier de l'exemption :

- l'accord entraîne des gains d'efficacité en contribuant à améliorer la production ou la distribution du produit, ou à promouvoir le progrès technique ou économique ;
- l'accord est indispensable pour atteindre leurs objectifs et il n'existe pas d'alternatives moins restrictives de concurrence que la conclusion de l'accord de coopération envisagé ;
- les gains d'efficacité engendrés par l'accord de coopération sont répercutés de manière suffisante sur les consommateurs ;
- l'accord ne tend pas à éliminer la concurrence sur le marché.

Cette grille d'analyse est applicable à tous les accords de coopération horizontale, et particulièrement à ceux analysés dans les lignes directrices de la Commission.

Toutefois, pour certains types d'accords, il convient également de se référer aux différents règlements d'exemption par catégorie adoptés par la Commission qui déterminent les conditions dans lesquelles ces accords sont présumés compatibles avec le droit de la concurrence et, partant, bénéficient d'une exemption. Ces règlements d'exemption portent sur les accords de recherche et de développement (règl. (UE) n° 1217/2010), les accords de spécialisation (applicable aux accords de production – règl. (UE) n° 1218/2010) et les accords de transfert de technologie (règl. (UE) n° 316/2014).

Dans certains cas, comme pour les accords de coopération portant sur l'achat groupé de produits, l'analyse de la compatibilité avec le droit de la concurrence doit également se faire au regard des règles applicables aux accords verticaux (règl. (UE) n° 2022/720 et lignes directrices sur les restrictions verticales), dans la mesure où ils sont susceptibles d'affecter tant le marché amont que le marché aval de l'objet de la coopération. Cette analyse suit la même logique que pour les accords horizontaux dans le sens où les entreprises doivent déterminer si l'accord comporte des restrictions verticales et, dans l'affirmative, si elles peuvent bénéficier d'une exemption.

Les lignes directrices ne s'appliquent pas aux accords conclus dans certains secteurs dont l'application des règles de concurrence est régie par des règlements spécifiques : le secteur des produits agricoles (règl. (CE) n° 1184/2006) et celui des transports (règl. (CE) n° 169/2009).

Bibliographie

« Accords de coopération interentreprises », *Dictionnaire permanent Droit européen des affaires*, octobre 2022, www.elnet.fr

Bailey (D.) et John (L. A.) (dir.), *Bellamy & Child: European Union Law of Competition*, 8e éd., Oxford University Press, 2018

Moreau (F.), « Restrictions horizontales de concurrence », *D.* 2020

Prieto (C.), « Article 101 TFUE et les restrictions horizontales », *JCL. Europe Traité*, fasc. 1425

Whish (R.) et Bailey (D.), *Competition Law*, 10e éd., Oxford University Press, 2021

Communication de la Commission, Lignes directrices sur les restrictions verticales, C(2022) 4238 final, 28 juin 2022

Communication de la Commission, Communication concernant les accords d'importance mineure qui ne restreignent pas sensiblement le jeu de la concurrence au sens de l'article 101, paragraphe 1, du traité sur le fonctionnement de l'Union européenne (communication *de minimis*), *JOUE* n° C 291 du 30 août 2014, p. 1

Communication de la Commission, Lignes directrices sur l'applicabilité de l'article 101 du traité sur le fonctionnement de l'Union européenne aux accords de coopération horizontale, *JOUE* n° C 11 du 14 janvier 2011, p. 1

Communication de la Commission, Lignes directrices concernant l'application de l'article 81, paragraphe 3, du traité, *JOUE* n° C 101 du 27 avril 2004, p. 97

Règlement (UE) n° 2022/720 de la Commission du 10 mai 2022 concernant l'application de l'article 101, paragraphe 3, du traité sur le fonctionnement de l'Union européenne à des catégories d'accords verticaux et de pratiques concertées, *JOUE* n° L 134 du 11 mai 2022, p. 4

Règlement (UE) n° 316/2014 de la Commission du 21 mars 2014 relatif à l'application de l'article 101, paragraphe 3, du traité sur le fonctionnement de l'Union européenne à des catégories d'accords de transfert de technologie, *JOUE* n° L 93 du 28 mars 2014, p. 17

Règlement (UE) n° 1218/2010 de la Commission du 14 décembre 2010 relatif à l'application de l'article 101, paragraphe 3, du traité sur le fonctionnement de l'Union européenne à certaines catégories d'accords de spécialisation, *JOUE* n° L 335 du 18 décembre 2010, p. 43

Règlement (UE) n° 1217/2010 de la Commission du 14 décembre 2010 relatif à l'application de l'article 101, paragraphe 3, du traité sur le fonctionnement de l'Union européenne à certaines catégories d'accords de recherche et de développement, *JOUE* n° L 335 du 18 décembre 2010, p. 36

Règlement (CE) n° 169/2009 du Conseil du 26 février 2009 portant application de règles de concurrence aux secteurs des transports par chemin de fer, par route et par voie navigable, *JOUE* n° L 61 du 5 mars 2009, p. 1

Règlement (CE) n° 1184/2006 du Conseil du 24 juillet 2006 portant application de certaines règles de concurrence à la production et au commerce des produits agricoles, *JOUE* n° L 214 du 4 août 2006, p. 7

A

ACCORD DE DISTRIBUTION

Nicolas FERRIER
Université de Montpellier

Premier aperçu

La distribution désignant l'ensemble des opérations matérielles et juridiques qui permettent de commercialiser des produits ou des services auprès de distributeurs et de consommateurs professionnels ou non professionnels, les accords de distribution peuvent être définis comme ceux qui organisent les rapports entre professionnels en vue de la commercialisation de produits ou services.

Pour aller plus loin

Cette première approche est, à certains égards, déjà restrictive, car elle limite les accords de distribution aux seules relations entre professionnels (BtoB), excluant ainsi leurs relations avec les consommateurs (BtoC). Or, considéré de manière plus globale, le droit de la distribution, en ce qu'il intéresse les règles applicables à l'opérateur « pivot » qu'est le distributeur, inclut, en amont, ses relations avec le fournisseur et, en aval, ses relations avec les consommateurs. Au demeurant, l'approche reste, à d'autres égards, assez large, car même ainsi définis, les accords de distribution ont un domaine étendu et recouvrent des réalités multiples, confortées par le principe de la liberté contractuelle qui invite les opérateurs à faire œuvre d'inventivité. Le choix d'une formule contractuelle dépend de nombreux facteurs tenant aux conditions techniques et commerciales de distribution imposées par le produit ou service, aux besoins exprimés par les consommateurs, à la politique de développement choisie par le fournisseur, aux conditions de concurrence résultant du marché, au cadre juridique et au contexte économique de l'opération envisagée. La diversité des formules contractuelles pratiquées dans un même secteur d'activité, pour une même opération, voire un même produit (selon la distribution dite « multicanale »), ainsi que l'évolution constante de ces formules démontrent qu'il n'existe pas d'accord idéal de distribution. Pour autant, au-delà de la diversité des accords, certaines catégories émergent qui conduisent aux distinctions suivantes :

- L'accord de distribution peut être vertical ou horizontal, selon que les parties opèrent ou non au même stade de la chaîne économique (accord horizontal entre fournisseurs ou entre distributeurs tels les regroupements à l'achat au travers des centrales ; accord vertical entre fournisseur et distributeur, ou entre distributeurs placés à un échelon distinct tels un grossiste et un détaillant). Cette distinction emporte des conséquences surtout en droit de la concurrence, où l'accord horizontal est généralement considéré comme potentiellement plus nocif.
- L'accord de distribution peut concerner la vente ou la revente, selon que le distributeur soit prospecte une clientèle ou commercialise les produits pour le compte du fournisseur (il intervient alors en qualité de mandataire, agent commercial, VRP, commissionnaire, courtier, etc.), soit achète et revend pour son compte. Cette distinction emporte de nombreuses conséquences évidemment en droit des contrats (puisqu'en dépend la qualification et, partant, le régime applicable), mais également en droit de la concurrence, puisque fondée sur l'action pour le compte d'autrui, la relation entre le distributeur et le fournisseur est susceptible d'être qualifiée de relation d'agence au sens du droit des pratiques anticoncurrentielles et d'échapper alors, dans une certaine mesure, au droit des ententes.
- L'accord de distribution peut soit se ramener à de simples ventes ponctuelles dont la succession caractérise tout au plus une « relation commerciale » soumise à des règles particulières (v. *infra*), soit instaurer une relation privilégiée, renforcée et stable – en somme plus complexe que le simple achat-vente – entre les parties et reposer alors sur la combinaison d'un contrat-cadre de distribution qui définit les principales règles auxquelles sera soumise la relation, et des contrats d'applications qui correspondent aux ventes successives. Dans une conception étroite, la notion d'accord de distribution désigne d'ailleurs ces contrats-cadres et vise, à titre principal, le contrat d'approvisionnement exclusif (par lequel le distributeur s'engage à s'approvisionner qu'auprès d'un seul fournisseur), le contrat de distribution sélective (par lequel le fournisseur s'engage à vendre les produits uniquement à des distributeurs sélectionnés sur la base de critères définis), le contrat de distribution exclusive – ou concession exclusive – (par lequel le fournisseur accepte de ne vendre ses produits qu'à un seul distributeur en vue de la revente sur un territoire déterminé) et le contrat de franchise (par lequel un franchiseur qui réussit dans une activité de distributeur notamment permet à des franchisés de réitérer les éléments de cette réussite moyennant rémunération). Ces accords sont souvent destinés à mettre en place un réseau de distribution qui se caractérise par la multiplicité et la similarité des contrats qui le composent et

dans lequel l'activité des distributeurs est ordonnée à celle du fournisseur. Dans l'ordre juridique international, en règle générale, ces contrats-cadres sont assimilés à des contrats de prestation de services, tandis que les contrats d'application correspondent à des contrats de vente.

La considération juridique des accords de distribution répond notamment à un objectif de protection du contractant ou du marché.

D'une part, la protection du contractant placé dans une situation de faiblesse précédant l'accord et/ou en découlant, face à un contractant en situation de force. La protection a d'abord été recherchée, avec plus ou moins de succès, du côté du droit commun des contrats et en particulier du devoir général de bonne foi (obligation d'information précontractuelle, contrôle de l'abus dans l'usage d'une prérogative unilatérale, obligation de renégocier, d'accorder un préavis ou d'indemniser en cas de rupture, etc.). Au-delà, les accords de distribution ont fortement nourri la réflexion relevant de la théorie générale du contrat, où a été défendue l'idée que ces accords relevaient d'une catégorie plus générale qualifiée, selon les auteurs, de contrat de situation, de contrat de durée, de contrat de dépendance, de contrat relationnel ou encore de contrat d'intérêt commun, appelant un devoir renforcé de coopération. La jurisprudence s'y est toutefois montrée peu sensible. La protection a ensuite été recherchée du côté du droit spécial des contrats à travers des dispositions visant à informer le distributeur intégrant un réseau (art. L. 330-3 C. com.), limiter la durée de l'exclusivité à laquelle il est soumis (art. L. 330-1 et s. C. com.), faciliter sa sortie du réseau (art. L. 341-1 et s. C. com.) ou encore créer des statuts applicables à certains distributeurs, principalement des intermédiaires du commerce, souvent inspirés du droit social (VRP, gérant de succursale, agent commercial, etc.). La protection a enfin été recherchée du côté du droit des pratiques restrictives de concurrence, qui vient lutter contre les abus de puissance dans les rapports entre professionnels (obtention d'un avantage manifestement excessif au regard de sa contrepartie, soumission à un déséquilibre significatif, rupture brutale d'une relation commerciale établie, etc.). Au demeurant, ce droit spécial a inspiré la réforme du droit commun des obligations (sanction de la violence économique, du déséquilibre significatif dans les contrats d'adhésion, etc.).

D'autre part, la protection du marché contre des accords de distribution qui, par la lourdeur des engagements qu'ils instaurent, telle l'obligation d'exclusivité, peuvent affecter le jeu de la concurrence. Le droit de la concurrence, national et européen, s'attache alors à réglementer ou à contrôler les conditions d'établissement et de mise en œuvre des accords de distribution pour en modérer la portée anticoncurrentielle, à travers le droit des ententes, des abus de domination et des concentrations.

Bibliographie

Buy (F.), Lamoureux (M.) et Roda (J.-C.), *Droit de la distribution*, 2e éd., Issy-les-Moulineaux, LGDJ, 2019

Chagny (M.) (dir.), *Lamy droit économique : concurrence, relations commerciales, distribution, consommation*, Paris, Wolters Kluwer, 2020

Dissaux (N.) et Loir (R.), *Droit de la distribution*, Issy-les-Moulineaux, LGDJ, 2017

Éréséo (N.), « Les contrats de distribution et la réforme du droit des obligations », in *Les contrats spéciaux et la réforme du droit des obligations*, L. Andreu et M. Mignot (dir.), Institut universitaire Varenne, 2017, p. 363

Ferrier (D.) et (N.), *Droit de la distribution*, 9e éd., Paris, LexisNexis, 2020

Ferrier (D.), « L'impact de la réforme sur le droit économique », in *La réforme du droit français des contrats*, B. Fauvarque-Cosson et G. Wicker (dir.), Paris, Société de législation comparée, vol. 31, 2019, p. 199

Ferrier (D.), « La consécration du contrat cadre : de la reconnaissance à la méconnaissance », in *Étude à la mémoire de Philippe Neau-Leduc : le juriste dans la cité*, Issy-les-Moulineaux, LGDJ, 2018, p. 459

Ferrier (D.), « La considération juridique du réseau », in *Mélanges Christian Mouly*, Paris, Litec, 1998, t. II, p. 95

Ferrier (D.), « V° Accords de distribution », *Rép. communautaire Dalloz*

Ferrier (N.) et Sautonie-Laguionie (L.), « La distribution parallèle à l'épreuve de l'opposabilité du réseau », *RTD civ.* 2011, p. 225

Ferrier (N.), « L'impact de la réforme du droit des obligations sur les contrats de distribution », in *La réforme du droit des contrats. Incidences sur la vie des affaires*, Paris, LexisNexis, coll. « Act. dr. entr. », t. 32, 2017, p. 127

Grignon (Ph.), « Le concept d'intérêt commun dans le droit de la distribution », in *Mélanges Michel Cabrillac*, Paris, Litec-Dalloz, 1999, p. 127

Malaurie-Vignal (M.), *Droit de la distribution*, 4e éd. 2018, Paris, Sirey, 2017

Vogel (L.) et (J.), *Traité de droit économique, t. 2 : Droit de la distribution : droits européen et français*, Paris, Lawlex, 2015

Voir aussi

Approvisionnement exclusif - Déséquilibre significatif - Distribution exclusive - Distribution sélective - Ententes - Franchise

A

ACCORD DE RECHERCHE ET DÉVELOPPEMENT

Marie CARTAPANIS
Aix-Marseille Université

Premier aperçu

La recherche et développement couvre les activités de recherche fondamentale (contribution théorique ou expérimentale à la résolution des problèmes techniques), les activités de recherche appliquée (applications possibles ou nouvelles des résultats d'une recherche fondamentale) et les activités de développement expérimental (production de nouveaux matériaux, dispositifs, produits, procédés, systèmes, services).

Dans certains cas, la recherche et le développement et/ou l'exploitation des résultats obtenus sont effectués de manière conjointe. C'est notamment le cas lorsque les tâches sont exécutées par une équipe, une organisation ou une entreprise commune, sont confiées en commun à un tiers, ou sont réparties entre plusieurs parties en fonction d'une spécialisation dans la recherche, le développement, la production ou la distribution.

Dans ce contexte, les acteurs sont amenés à conclure des accords qui portent sur les conditions dans lesquelles ces parties assurent ou exploitent ces activités. Au sens du droit de la concurrence, et en vertu de l'article 1er, sous a), du règlement (UE) nº 1217/2010, un accord de recherche et développement est donc un contrat conclu entre deux ou plusieurs parties qui porte sur les conditions dans lesquelles ces parties assurent :

- des activités conjointes de recherche et de développement ainsi que l'exploitation en commun de leurs résultats ;
- l'exploitation en commun des résultats issus d'un accord conclu antérieurement par les mêmes parties ;
- des activités conjointes de recherche et de développement, à l'exclusion de l'exploitation en commun de leurs résultats ;

– des activités rémunérées de recherche et de développement ainsi que l'exploitation en commun de leurs résultats ;
– l'exploitation en commun des résultats issus de la recherche et du développement rémunérés – ou non – en vertu d'un accord conclu antérieurement par les mêmes parties.

■ Pour aller plus loin

Ces accords font l'objet d'un règlement d'exemption et le droit de la concurrence leur réserve un accueil relativement bienveillant. La Commission reconnaît ainsi que de tels accords ne relèvent « généralement pas » de l'article 101 TFUE.

Ainsi, le règlement (UE) n° 1217/2010 de la Commission du 14 décembre 2010 relatif à l'application de l'article 101, paragraphe 3, TFUE à certaines catégories d'accords de recherche et de développement octroie une exemption catégorielle aux accords qui, sous réserve de répondre à l'ensemble des conditions positives fixées par le règlement, portent sur le processus amont d'innovation : il s'agit donc des accords qui permettent aux entreprises d'organiser, très tôt dans le processus, la recherche, le développement et l'exploitation des résultats sur le marché.

Ainsi, sont couverts par le règlement d'exemption :
- les accords qui prévoient que les parties soit procèdent à la recherche et au développement en commun de produits ou de procédés et exploitent en commun leurs résultats, soit effectuent l'une de ces activités isolément ;
- la recherche et le développement qui ne seraient pas l'objectif premier de l'accord en cause, mais seraient directement liés et nécessaires à sa mise en œuvre (art. 2).

Toutefois, lorsque les entreprises parties sont des entreprises concurrentes, l'exemption n'est plus automatique si la part de marché cumulée des entreprises participantes est supérieure à 25 % du marché des produits susceptibles d'être améliorés ou remplacés par les produits contractuels (art. 4).

L'approche bienveillante de la Commission se manifeste également dans les lignes directrices, qui ajoutent une sphère de sécurité supplémentaire, car les accords de R&D génèrent des gains d'efficience importants dans le processus d'innovation (mise en commun de compétences et d'actifs complémentaires, diffusion plus vaste des connaissances, etc.). Si un accord de R&D ne répondait pas aux conditions de l'exemption, et dès lors qu'il est indispensable et que ses effets se répercutent à terme sur le consommateur, l'accord est exempté (Lignes directrices sur l'applicabilité de l'article 101 du traité sur le fonctionnement de l'Union européenne aux accords de coopération horizontale.

En dehors du droit des ententes, il faut également noter que les accords de recherche et développement peuvent faire l'objet d'une approche favorable en matière d'aides d'État, qu'il s'agisse de la recherche fondamentale, de la recherche industrielle ou du développement expérimental (v., en ce sens, Encadrement des aides d'État à la recherche, au développement et à l'innovation.

Bibliographie

Azéma (J.), « Le nouveau règlement d'exemption concernant les accords de recherche et de développement », *RLC* 2001/38, p. 5

Hawk (B. E.), « La recherche et le développement en droit communautaire et en droit antitrust américain », *RIDE* 1987/1, p. 211

Le Cohennec (F.), « Accords de recherche et de développement et pratiques anti-concurrentielles », *LPA* 11 août 1999, n° PA199915904, p. 25

Prieto (C.), « Le progrès technologique dans le traitement des ententes contractuelles », *RIDE* 2007/3, p. 317

Ruble (R.) et Versaevel (B.), « Quel rôle pour un critère de part de marché dans la réglementation de la coopération en recherche et développement ? » *RLC* 2012/31, p. 199

Vergès (E.), « La loi sur l'innovation et la recherche, une révolution douce du droit de la recherche ? », in *L'innovation et la recherche en France : analyse juridique et économique*, A. Robin (dir.), Bruxelles, Larcier, 2010, p. 17

Communications de la Commission, Lignes directrices sur l'applicabilité de l'article 101 du traité sur le fonctionnement de l'Union européenne aux accords de coopération horizontale, *JOUE* n° C 11 du 14 janvier 2011, p. 1

Communications de la Commission, Encadrement des aides d'État à la recherche, au développement et à l'innovation, *JOCE* n° C 198 du 27 juin 2014, p. 1

Règlement (UE) n° 1217/2010 de la Commission du 14 décembre 2010 relatif à l'application de l'article 101, paragraphe 3, du traité sur le fonctionnement de l'Union européenne à certaines catégories d'accords de recherche et de développement, JOUE n° L 335 du, 18 décembre 2010, p. 36

A

ACCORD DE REPORT D'ENTRÉE

Walid CHAIEHLOUDJ
Université de Perpignan

Premier aperçu

Les accords de report d'entrée sont des accords ayant pour objet ou pour effet de retarder l'entrée d'entreprises concurrentes sur le marché en contrepartie d'un transfert de valeur. Ce transfert de valeur prend le plus souvent la forme d'une somme d'argent très significative (des millions d'euros), mais peut également dans certains cas se présenter sous des formes plus subtiles, notamment sous des formes d'incitations non monétaires. En somme, l'objectif de ces accords est de repousser la guerre économique dans le temps et de convaincre les entreprises actuellement rivales (ou potentiellement rivales) d'une trêve concurrentielle en leur offrant de gigantesques sommes d'argent. Ainsi, ces sommes d'argent récompensent-elles les entreprises concurrentes pour les années où elles se sont engagées à s'abstenir de commercialiser leurs produits sur le marché. En termes juridiques, ces accords révèlent une obligation bien connue des contractualistes, la célèbre obligation de ne pas faire. Dans le cas des accords de report d'entrée, il s'agit précisément d'obligation « de ne pas faire concurrence ».

Pour aller plus loin

En pratique, l'expression « accord de report d'entrée » n'est pas exclusive. Elle cohabite avec d'autres expressions anglaises traduisant le même phénomène contractuel et concurrentiel.

Pour nommer ces accords, l'on parle volontiers dans la doctrine anglophone de *pay-for-delay agreements* ou encore de *reverse payment patent settlements*. Ces formules anglaises, au-delà d'être très euphoniques, sont bien plus évocatrices que la traduction retenue par la doctrine française. Elles expriment dès leur énoncé le dessein concurrentiel d'une des parties à l'accord : payer pour évincer ou écarter temporairement la concurrence. En outre, ces expressions anglaises trahissent grossièrement leur origine. En effet, avant d'avoir une vie juridique dans l'Union, les accords de report d'entrée sont d'abord apparus aux États-Unis. C'est à la fin des années 1980 qu'on assista outre-Atlantique à l'éclosion de ces pactes de non-agression dans le secteur pharmaceutique. Souhaitant dynamiser la concurrence sur ce marché, le législateur américain adopta une loi, le Hatch-Waxman Act, laquelle prévoyait des dispositions incitant les fabricants de génériques à contester les brevets pharmaceutiques détenus par les laboratoires princeps. Or, cette loi a fait l'objet d'une instrumentalisation par les laboratoires. Au lieu d'accroître la concurrence, la loi a contribué à scléroser les monopoles sur le marché assis parfois sur des brevets contestables. Forts de capacités financières hors-norme, les laboratoires princeps réussirent à éteindre les actions judiciaires des génériques tendant à contester la validité de leurs brevets pharmaceutiques. Pour ce faire, les laboratoires princeps ont eu l'ingénieuse idée de conclure des accords transactionnels. Aux termes de ces accords, les sommes d'argent proposées aux fabricants de génériques pour mettre un terme au contentieux de brevet couvrent très largement les coûts liés au procès et ceux liés à la non-commercialisation des médicaments génériques. Aussi, le prix payé par les laboratoires princeps leur permet-il de maintenir une barrière juridique à l'entrée, à savoir le brevet litigieux qui leur confère un monopole légal. Pour dire les choses autrement, la récompense privée – le paiement réalisé par les laboratoires princeps – est bien plus attractive que la récompense publique – celle du législateur. Car en contestant les brevets pharmaceutiques, la loi Hatch-Waxman offre un moindre avantage aux fabricants de génériques. Cette loi prévoit une exclusivité de marché de six mois. Concrètement, pendant cette période, le fabricant de génériques ayant remporté son contentieux de brevet est le seul autorisé à commercialiser son médicament générique. De cette manière, la structure monopolistique du marché prend fin et laisse place à une structure duopolistique limitée dans le temps.

Dans l'Union, les accords de report d'entrée ont été découverts plus tardivement. C'est l'enquête sectorielle réalisée en 2009 dans le secteur pharmaceutique par la Commission européenne qui a permis de mettre au jour cette pratique. Bien que semblables en apparence, les accords de report d'entrée « unionistes » se distinguent sensiblement de leurs homologues « états-uniens ». En Europe, il n'y a guère d'équivalent au Hatch-Waxman Act. Aussi, les accords transactionnels conclus dans l'Union sont-ils plus suspects. Cette suspicion est exacerbée dans la mesure où le succès d'une contestation de brevet ne déclenchera aucune exclusivité pour le fabricant de génériques dans le marché intérieur. Obtenir l'invalidation ou l'annulation judiciaire d'un brevet permet d'ouvrir le marché à tous les fabricants de génériques, alors même que les autres fabricants n'ont pas participé à la bataille judiciaire. Aussi, l'intérêt de conclure un accord de report d'entrée dans l'Union paraît plus important, car un succès judiciaire expose potentiellement davantage le fabricant de génériques à une concurrence féroce sur le marché.

Cette différence entre ces accords explique certainement en partie les approches opposées des autorités de contrôle des deux côtés de l'Atlantique. Aux États-Unis, la Cour suprême a imposé une analyse substantielle. Il s'agit en pratique d'une analyse très économique. Dans son désormais fameux arrêt *Actavis* rendu en 2013, la plus haute juridiction américaine a estimé que le contexte brevetaire dans lequel se meuvent les accords de report d'entrée devait conduire à écarter l'application d'une règle *per se*. Elle a jugé que ces accords devaient bénéficier de l'application de la *rule of reason*. La Cour suprême a justifié son choix par le fait qu'en principe, en cas de doute sur le caractère anticoncurrentiel d'une pratique, la jurisprudence américaine impose l'application de la *rule of reason*. Elle a également ajouté que la *rule of reason* permettait de trouver un juste équilibre entre le droit des brevets et le droit antitrust, car la règle de raison ne fait ni prévaloir le droit de la propriété intellectuelle sur le droit antitrust ni le droit antitrust sur le droit de la propriété intellectuelle.

En revanche, dans l'Union, la Commission européenne n'a guère tenu ces accords en respect. Celle-ci a privilégié l'adoption d'une analyse formelle. Pour l'institution bruxelloise, les accords de report d'entrée doivent être qualifiés d'accords de répartition des marchés et, en ce sens, doivent être considérés comme des accords restreignant la concurrence par leur objet. Pour l'heure, le Tribunal a confirmé son approche et considère également que les accords de report d'entrée, à tout le moins ceux comportant des contreparties financières substantielles, peuvent être qualifiés de restrictions par l'objet. Autre différence avec les États-Unis, la Commission européenne a soutenu le raisonnement selon lequel la conclusion d'accords de report d'entrée pouvait alternativement être qualifiée d'abus de position dominante. Alors qu'outre-Atlantique les accords de report d'entrée sont essentiellement contrôlés sous l'angle de la section 1 du Sherman Act, l'affaire *Servier* a montré que l'article 102 TFUE pouvait aussi être une arme efficace pour dissuader les entreprises dominantes de conclure de tels accords. Cependant, les juridictions de contrôle exigent une grande rigueur de la part de la Commission. Pour preuve, le Tribunal n'a pas hésité à partiellement censurer la décision *Servier*, jugeant dans cette affaire que la délimitation du marché pertinent était erronée. Est-ce à dire que le contentieux de l'abus de position dominante n'a aucun avenir dans l'Union ? Assurément non. Dans un arrêt préjudiciel dit *Generics* rendu en 2020, la Cour de justice a jugé que la conclusion d'une série d'accords de report d'entrée peut s'inscrire dans une stratégie d'ensemble ayant pour but de retarder l'entrée des génériques sur le marché. Dans cet arrêt, la Cour de justice a implicitement transposé à l'article 102 TFUE la théorie de l'effet cumulatif élaborée pour appréhender les accords verticaux à l'aune de l'article 101 TFUE. En définitive, l'heure du tarissement du contentieux des accords de report d'entrée est loin d'avoir sonné.

Bibliographie

Ancelin (O.), « Quelques questions juridiques de principe sur la condamnation d'accords de report d'entrée dans le domaine pharmaceutique », in « *Pay for delay* : Les accords de report d'entrée dans le secteur pharmaceutique », *Concurrences* n° 2-2014, art. n° 65476, p. 15

Athanasiadou (A.), *Patent Settlements in the Pharmaceutical Industry under US Antitrust and EU Competition Law*, Alphen-sur-le-Rhin, Wolters Kluwer, 2018

Bosco (D.), « Introduction », in « *Pay for delay* : Les accords de report d'entrée dans le secteur pharmaceutique », *Concurrences* n° 2-2014, art. n° 65476, p. 12

Bruguière (J.-M.), « La validité des *pay for delay* », in *Les nouveaux usages du brevet d'invention : entre innovation et abus*, J.-P. Gasnier et N. Bronzo (dir.), Aix-en-Provence, PUAM, 2014, p. 47

Carrier (M. A.), « Payment after *Actavis* », *Iowa L. Rev.* 2014, vol. 100, n° 1, p. 7

Cervetti (D.), « Les accords de report d'entrée : une stratégie méconnue du secteur pharmaceutique », *Propr. industr.* 2013, étude 9

Chaiehloudj (W.), « Innovation et préparation du marché à l'entrée de concurrents », in *L'articulation des droits de propriété intellectuelle et du droit de la concurrence*, P. Tréfigny (dir.), Paris, Dalloz, 2020, p. 75

Chaiehloudj (W.), *Les accords de report d'entrée : contribution à l'étude de la relation du droit de la concurrence et du droit des brevets*, Paris, Concurrences, 2019

Chaiehloudj (W.), « Les accords injectant de la concurrence sur un marché distinct, le nouveau moyen de retarder l'entrée des génériques sur le marché », *Concurrences* n° 1-2016, art. n° 77528, p. 73

Drexl (J.), « Les règlements amiables de type *pay-for-delay* : plaidoyer pour une réforme du système réglementaire des brevets pharmaceutiques en Europe », in *Droit, économie et valeurs : hommage à Bernard Remiche*, A. Autenne, V. Cassiers et A. Strowel (dir.), Bruxelles, Larcier, 2015, p. 413

Ibáñez Colomo (P.), « The Legal Status of Pay-for-Delay Agreements in EU Competition Law: *Generics* (Paroxetine) », *Common Market L. Rev.*, 2020, vol. 57, n° 6, p. 1933

Shapiro (C.), « Antitrust Analysis of Patent Settlements Between Rivals », *Antitrust*, Summer 2003, p. 70

A

ACCORD VERTICAL

Umberto BERKANI
Ministère de la Transition écologique et solidaire

■ Premier aperçu

La Commission européenne définit un accord vertical comme « *un accord ou une pratique concertée entre deux ou plusieurs entreprises opérant chacune, aux fins de l'accord ou de la pratique concertée, à un niveau différent de la chaîne de production ou de distribution, et relatif aux conditions auxquelles les parties peuvent acheter, vendre ou revendre certains biens ou services* » (art. 1er, para. 1, pt a, du règl. (UE) 2022/720 du 10 mai 2022). Les accords de distribution passés entre des fabricants et des grossistes ou des détaillants sont des exemples typiques d'accords verticaux. Un accord de fourniture industrielle conclu entre le fabricant d'un composant et le fabricant d'un produit qui utilise ce composant constitue également un accord vertical.

Les accords verticaux qui se bornent à fixer les conditions d'une transaction précise de vente et d'achat ne restreignent normalement pas la concurrence. Néanmoins, lorsque l'accord impose des limitations à la liberté du fournisseur ou à celle de l'acheteur, il peut y avoir restriction de la concurrence.

Les accords verticaux sont de manière générale moins préjudiciables à la concurrence que les accords horizontaux entre entreprises concurrentes. Tout d'abord, la complémentarité des activités exercées par les parties à un accord vertical fait que ces dernières sont plutôt incitées à mettre en place des actions vertueuses, sur les prix ou la qualité de service, qui seront au bénéfice des consommateurs et augmenteront la demande pour les biens faisant l'objet de l'accord. Ensuite, en ce qui concerne les réseaux de distribution, la limitation de la concurrence entre distributeurs à l'intérieur d'un réseau (concurrence intramarque) peut avoir pour effet positif de renforcer la concurrence entre les différents réseaux (concurrence intermarques). Enfin, des restrictions verticales permettent de réaliser des gains d'efficience et de résoudre des problèmes d'externalités. Elles peuvent, par exemple, empêcher un distributeur d'exploiter de façon opportuniste les efforts promotionnels d'un autre distributeur ou permettre à un fournisseur d'amortir un investissement précis.

Cependant, compte tenu notamment de la nature des restrictions mises en place ou du pouvoir de marché des entreprises concernées, des accords verticaux peuvent conduire à évincer des acteurs du marché ou à atténuer le jeu de la concurrence au détriment des consommateurs, dès lors qu'ils entraîneraient, par exemple, une augmentation des prix ou une diminution de la qualité, du choix ou de l'innovation. La pratique décisionnelle des autorités de concurrence et la jurisprudence de leurs cours de contrôle ont permis de dégager un certain nombre de restrictions pouvant être considérées comme contraires à l'article 101, paragraphe 1, TFUE ou à l'article L. 420-1 du code de commerce, dont la fixation de prix de revente imposés par le fournisseur, certains types de restrictions de ventes, de territoire ou de clientèle ou encore certains types d'obligations de non-concurrence.

Un accord vertical dont il a été établi qu'il contient une restriction de concurrence peut bénéficier d'une exemption au titre du règlement d'exemption par catégorie ou d'une exemption individuelle, en application de l'article 101, paragraphe 3, TFUE ou de l'article L. 420-4 du code de commerce.

La qualification d'une pratique verticale anticoncurrentielle nécessite ainsi de prendre en considération l'intégralité des paramètres de concurrence (prix, variété des produits, parts de marché, etc.) sur un marché. Dans certains cas, un accord vertical pourrait ne pas produire, à lui seul, d'effet anticoncurrentiel sur le marché, mais produire un tel effet en combinaison avec d'autres accords semblables. La Cour de justice a précisé à cet égard que l'appréciation des effets d'un accord de distribution impliquait « *la nécessité de prendre en considération le contexte économique et juridique au sein duquel celui-ci se situe et où il peut concourir, avec d'autres, à un effet cumulatif sur le jeu de la concurrence* » (CJCE, 28 février 1991, *Stergios Delimitis*, aff. C-234/89, pt 14). Dans le cas particulier des effets cumulatifs, le bénéfice du règlement d'exemption par catégorie peut être retiré, sans effet rétroactif, par la Commission européenne ou par une autorité nationale de concurrence (art. 6 du règl. (UE) 2022/720, conformément à l'art. 29 du règl. (CE) nº 1/2003).

■ Pour aller plus loin

Pour pouvoir qualifier une entente, la preuve de l'existence d'un accord de volontés entre deux ou plusieurs entreprises doit être apportée.

C'est la raison pour laquelle ne relèvent pas des articles 101 TFUE et L. 420-1 du code de commerce, les contrats d'agence dans lesquels l'agent ne supporte aucun risque financier ou commercial important en rapport avec les contrats qu'il conclut ou négocie au nom du commettant. En effet, l'agent n'agit alors plus en tant qu'opérateur économique indépendant, de sorte que le contrat d'agence ne constitue pas un accord entre des entreprises différentes.

De manière plus générale, la pratique décisionnelle des autorités de concurrence et la jurisprudence de leurs cours de contrôle ont permis de préciser les conditions de preuve d'un accord de volontés dans une relation verticale. Les principes ressortant de la jurisprudence sont, notamment, rappelés dans les lignes directrices de la Commission européenne sur les restrictions verticales du 28 juin 2022 (pts 53 à 55) ainsi que dans les décisions de l'Autorité de la concurrence n° 21-D-20 du 22 juillet 2021 relative à des pratiques mises en œuvre dans le secteur des lunettes et montures de lunettes (pts 566 à 578) et n° 21-D-26 du 8 novembre 2021 relative à des pratiques mises en œuvre au sein du réseau de distribution des produits de marque Mobotix (pts 141 à 152).

Il en résulte en substance que :

- pour démontrer un accord au sens de l'article 101 TFUE ou de l'article L. 420-1 du code de commerce, il suffit que les parties aient exprimé leur intention commune de se comporter d'une manière particulière sur le marché (CJCE, 15 juillet 1970, *ACF Chemiefarma c/ Commission*, aff. 41-69, pt 112), indépendamment de la forme de cette expression (CJUE, 14 janvier 2021, *Kilpailu-ja kuluttajavirasto*, aff. C-450/19, pt 21) ;
- doivent être établis « *l'invitation d'une partie à l'accord à mettre en œuvre une pratique illicite et l'acquiescement de l'autre à cette invitation* » (CA Paris, 28 janvier 2009, *Epsé Joué Club*, RG 2008/00255, p. 9) ;
- la preuve de l'accord peut être établie par tout moyen, la cour d'appel de Paris ayant à cet égard précisé « *qu'elle peut être constituée par des preuves directes (tel qu'un écrit) ou indirectes (tel qu'un comportement) et qu'en présence de preuves documentaires ou contractuelles, il n'est pas besoin de recourir, au surplus, à l'étude de preuve de nature comportementale* » (CA Paris, 6 octobre 2022, *Apple*, RG 20/08582, pt 168) et que « *rien ne s'oppose à ce que la démonstration de l'existence d'une telle pratique résulte de la combinaison de différents éléments de preuve, directs et indirects, notamment en présence de pratiques sophistiquées reposant sur des mécanismes qui, pris isolément, pourraient revêtir l'apparence de la légalité, pour autant qu'ils constituent, ensemble, un faisceau d'indices graves, précis et concordants* » (*ibid.*, pt 456) ;
- plus précisément, « *si le mode de preuve le plus généralement utilisé du concours de volontés en matière d'entente verticale sur les prix s'articule autour de la réunion de trois indices, qualifiée de "faisceau à trois branches" (diffusion de prix, mise en œuvre d'une police des prix et application significative des prix diffusés), la preuve de ce concours de volontés peut également résulter d'autres indices, documentaires ou comportementaux, permettant d'établir, d'une part, l'invitation du fabricant, et d'autre part, l'acquiescement des distributeurs à la pratique litigieuse* » (*ibid.*).

Bibliographie

Règlement (UE) 2022/720 de la Commission du 10 mai 2022 concernant l'application de l'article 101, paragraphe 3, du traité sur le fonctionnement de l'Union européenne à des catégories d'accords verticaux et de pratiques concertées, *JOUE* n° L 134 du 11 mai 2022, p. 4

Communication de la Commission, Lignes directrices sur les restrictions verticales, C(2022) 4238 final, 28 juin 2022

A

ACTION ET RECOURS PRIVÉS

Jacqueline RIFFAULT-SILK
Cour de Cassation

■ Premier aperçu

Les dommages résultant d'atteintes au droit de la concurrence, national ou communautaire, peuvent faire l'objet d'actions en réparation et/ou en cessation portées devant les juridictions des États membres, sur le fondement des règles de la responsabilité civile délictuelle et quasi délictuelle. Celles-ci, de même que l'organisation juridictionnelle et les règles procédurales applicables devant les juridictions nationales, relèvent, aux termes du traité, de la souveraineté des États membres. Ainsi, en France, le choix d'une spécialisation des juridictions a prévalu, mais seulement devant les juridictions consulaires et judiciaires, les juridictions administratives ayant compétence sans restriction comparable pour connaître de ces litiges lorsqu'ils ont un lien avec l'attribution ou l'exécution d'un contrat public. Enfin, le droit commun de cette responsabilité, dans les États membres, requiert habituellement la preuve, rapportée par le demandeur, d'une faute, d'un préjudice et d'un lien de causalité entre les deux.

La complexité de ces affaires, qui requièrent une analyse tant économique que juridique, le coût des procédures, la situation inégale des parties, enfin les difficultés tenant à la charge de la preuve, qu'il s'agisse de la faute imputée aux auteurs de pratiques anticoncurrentielles ou du préjudice subi à titre individuel par les victimes, expliquent la démarche poursuivie depuis les années 2000 par les institutions communautaires pour parvenir à une mise en œuvre effective des droits subjectifs détenus par les ressortissants de l'Union européenne en dépit de ces obstacles, au prix d'exceptions parfois radicales apportées à ces principes.

La Cour de justice des Communautés européennes a posé dès 2001, dans l'arrêt *Courage* (C-453/99), les principes d'efficience et d'équivalence du droit européen de la concurrence, qui seront la pierre angulaire de cette construction, et rappelé la responsabilité partagée des juridictions nationales et des autorités de concurrence dans la mise en œuvre des règles de concurrence. Ce rôle complémentaire a été souligné à son tour par le règlement (CE) n° 1/2003 du

Conseil du 16 décembre 2002 relatif à la mise en œuvre des règles de concurrence prévues aux articles 101 et 102 TFUE, notablement par l'institution d'un effet liant, pour les juridictions nationales, des décisions définitives prises par la Commission européenne dans les actions en réparation consécutives (actions dites de « *follow-on* »), et par le rôle d'*amicus curiae* dévolu à cette dernière.

C'est au vu des mêmes principes d'efficience et d'équivalence que la CJCE a défini dans sa décision *Manfredi* (C-295/04) des standards communs à tous les États membres pour la détermination des préjudices résultant de pratiques anticoncurrentielles, puis aménagé, dans ses décisions *Pfleiderer* (C-360/09) et *Donau Chemie* (C-536/11), un équilibre délicat entre les contraintes du *public enforcement*, en approuvant la nécessaire confidentialité accordée aux demandeurs de clémence en contrepartie de leur contribution à la mise au jour des infractions les plus graves, et celles, non moins exigeantes, du *private enforcement*, pour permettre aux victimes de pratiques anticoncurrentielles d'obtenir la réparation de leurs préjudices par un meilleur accès aux preuves, y compris celles détenues par les autorités de concurrence.

▪ Pour aller plus loin

La directive 2014/104/UE du 26 novembre 2014 relative à certaines règles régissant les actions en dommages-intérêts en droit national pour les infractions au droit de la concurrence national et communautaire (« la directive Dommages »), transposée en France par l'ordonnance n° 2017-303 et le décret n° 2017-305 du 9 mars 2017, a consacré ces avancées, et ces compromis, en posant des règles nouvelles et parfois révolutionnaires tout en veillant à respecter les équilibres définis par la CJUE.

Seuls ses traits essentiels seront rappelés ici.

La directive facilite l'accès aux preuves détenues par les tiers et notamment les autorités de concurrence, tout en instituant une interdiction absolue de communication des déclarations aux fins de clémence ainsi que des transactions. Il appartient au juge saisi de la demande de communication de documents – ou de catégories de documents – de mettre en balance les intérêts en jeu au vu du principe de proportionnalité, ainsi que l'a rappelé la Cour de cassation (Cass com., 8 juillet 2020, *Renault Trucks*, n° 19-25.065).

Elle crée une série de présomptions propres à alléger le fardeau de la preuve pour chacun des trois éléments constitutifs de la responsabilité civile :

- la constatation de l'infraction par une autorité de concurrence constitue une présomption irréfragable de la faute au sens de la responsabilité civile lorsque cette autorité est située dans le même État membre que celui de la juridiction saisie de l'action en réparation, ou une preuve *prima facie* dans le cas contraire ;

- une deuxième présomption, réfragable, s'applique au lien de causalité entre faute et préjudice dans les affaires d'entente horizontale ;
- deux autres présomptions, également susceptibles de preuve contraire, portent sur l'existence du préjudice, l'une en faveur de l'acheteur direct ou indirect qui est présumé ne pas avoir transféré le surcoût résultant d'un cartel, l'autre en faveur de l'acheteur indirect qui est présumé – sous certaines conditions – être la victime d'un tel transfert de surcoût.

La directive innove, enfin, en posant des règles originales de nature à « récompenser » les bénéficiaires de mesures de clémence, en décidant qu'ils échappent au mécanisme de la solidarité civile vis-à-vis des victimes de pratiques anticoncurrentielles – spécialement dans le cas des cartels –, sauf pour les victimes à apporter la preuve que leur action en réparation engagée contre les autres cartellistes a été vaine.

S'agissant de l'évaluation du dommage, la directive rappelle le principe unanimement adopté en Europe de la compensation intégrale du dommage, écartant le choix états-unien des dommages punitifs.

Plusieurs guides et recommandations non contraignants élaborés par la Commission européenne complètent ce nouvel ensemble :
- communication relative à la quantification du préjudice (2013/C 167/07) ;
- guide pratique relatif à cette quantification (C(2013) 3440) ;
- orientations à l'intention des juridictions nationales sur la façon d'estimer le surcoût répercuté « *passing-on* » sur les acheteurs indirects (2019/C 267/07).

Ils se caractérisent par une nouvelle approche, économique, de la détermination du préjudice, où la construction d'un scénario contrefactuel joue un rôle essentiel.

Les mécanismes d'actions collectives aux fins de réparation de préjudices de masse sont absents de la directive Dommages, bien qu'ils aient fait l'objet d'une communication de la Commission européenne (COM(2013) 401) complétée par une recommandation (2013/396/UE) relative à des principes communs applicables aux mécanismes de recours collectifs en réparation et en cessation dans les États membres de l'UE. Les États membres ont tous comblé cette lacune dans leur législation nationale. Ce sera, en France, la loi Hamon n° 2014-344 du 17 mars 2014.

La mise en œuvre de la directive a donné lieu à de nouvelles décisions, majeures, de la CJUE. Ainsi, l'affaire *Cogeco* (C-637/17) a été l'occasion, pour la CJUE de se prononcer sur l'application dans le temps des règles nouvelles applicables à la prescription énoncées dans la directive, au visa, une fois de plus, du principe d'effectivité du droit de la concurrence européen dont elle préserve l'effet utile. La Cour se montrera tout aussi novatrice dans sa décision *Skanska* (C-724/17) en déclarant le principe de continuité économique applicable aux actions en réparation de sorte qu'une société mère peut être déclarée civilement responsable des conséquences d'une infraction aux règles de concurrence commise par sa filiale, écartant ainsi le principe de la responsabilité personnelle dans ce domaine spécifique de la responsabilité civile délictuelle et quasi délictuelle. L'affaire *Sumal* (C-882/19) sera pour la Cour l'occasion d'approfondir cette notion d'entité économique unique dans le domaine de la responsabilité civile, en décidant, symétriquement, qu'une filiale peut aussi être déclarée civilement responsable des préjudices résultant d'infractions aux règles de concurrence dont sa société mère a été reconnue coupable.

Bibliographie

AMARO (R.) et LABORDE (J.-F.), *Réparation des préjudices causés par les pratiques anticoncurrentielles : recueil de décisions commentées*, 2e éd., Paris, Concurrences, 2021

AMARO (R.) et LABORDE (J.-F.), *Réparation des préjudices causés par les pratiques anticoncurrentielles : recueil de décisions commentées*, 1re éd., Paris, Concurrences, 2019

CHAGNY (M.) et DEFFAINS (B.), *Réparation des dommages concurrentiels*, Paris, Dalloz, 2015

Communication de la Commission, Orientations à l'intention des juridictions nationales sur la façon d'estimer la part du surcoût répercutée sur les acheteurs indirects, *JOUE* n° C 267 du 9 août 2019, p. 4

Ordonnance n° 2017-303 du 9 mars 2017 relative aux actions en dommages et intérêts du fait des pratiques anticoncurrentielles et décret n° 2017-305 du 9 mars 2017 relatif aux actions en dommages et intérêts du fait des pratiques anticoncurrentielles, *JORF* n° 0059 du 10 mars 2017

Directive 2014/104/UE du Parlement européen et du Conseil du 26 novembre 2014 relative à certaines règles régissant les actions en dommages et intérêts en droit national pour les infractions aux dispositions du droit de la concurrence des États membres et de l'Union européenne, *JOUE* n° L 349 du, 5 décembre 2014, p. 1

Loi n° 2014-344 du 17 mars 2014 relative à la consommation, *JORF* n° 0065 du 18 mars 2014

Communication de la Commission relative à la quantification du préjudice dans les actions en dommages et intérêts fondées sur des infractions à l'article 101 ou 102 du traité sur le fonctionnement de l'Union européenne, *JOUE* n° C 167 du 13 juin 2013, p. 19

Comm. eur., « Guide pratique concernant la quantification du préjudice dans les actions en dommages et intérêts fondées sur des infractions à l'article 101 ou 102 du traité sur le fonctionnement de l'Union », 2013

Communication de la Commission, « Vers un cadre horizontal européen pour les recours collectifs », COM(2013) 401 final, 11 juin 2013

Recommandation de la Commission du 11 juin 2013 relative à des principes communs applicables aux mécanismes de recours collectif en cessation et en réparation dans les États membres en cas de violation de droits conférés par le droit de l'Union, *JOUE* n° L 201 du 26 juillet 2013, p. 60

Règlement (CE) n° 1/2003 du Conseil du 16 décembre 2002 relatif à la mise en œuvre des règles de concurrence prévues aux articles 81 et 82 du traité, *JOCE* n° L 1, 4.1.2003, p. 1

A

ADVOCACY

Bruno LASSERRE
Commission d'accès aux documents administratifs

Premier aperçu

Une autorité de concurrence n'est pas qu'un gendarme : elle est aussi un arbitre, par exemple lorsqu'elle négocie des engagements en contrôle des concentrations, et une « avocate » chargée de faire la promotion et la pédagogie de la concurrence auprès des pouvoirs publics, des entreprises et du grand public. Cette fonction d'*advocacy* est utile pour développer les gisements de croissance et joue un rôle préventif essentiel en contribuant à limiter les restrictions de concurrence liées aux réglementations, en éclairant les entreprises sur les risques concurrentiels et en permettant à celles souhaitant jouer la carte de la conformité d'appréhender précisément les comportements conformes ou non au droit de la concurrence.

Pour aller plus loin

En France, l'*advocacy* de l'Autorité de la concurrence repose avant tout sur ses attributions consultatives, qui sont allées croissant et s'ouvrent progressivement à de nouveaux champs.

Premier pilier historique de la régulation concurrentielle – exercée dès 1953 par la Commission technique des ententes, c'est elle qui, en 1986, a donné son nom au « Conseil » de la concurrence –, la fonction consultative a réellement revêtu toute sa portée lorsqu'elle a été conjuguée avec les autres instruments de cette régulation. Les avis de l'Autorité peuvent en effet constituer des mises en garde ou des leviers de conformité, mais ils sont entendus par les opérateurs économiques à la mesure des pouvoirs contraignants qu'elle détient.

Les saisines pour avis sont soit obligatoires, soit facultatives, étant entendu que les institutions disposant de cette faculté n'ont cessé de se diversifier. Près d'un septième des saisines de l'Autorité sont en effet facultatives, et de plus en plus d'administrations, pas seulement le ministère de l'Économie, sont demandeuses de diagnostics concurrentiels. Surtout, depuis 2009, l'Autorité peut s'autosaisir, ce qui lui permet de s'exprimer spontanément sur toute question de concurrence d'intérêt public. Elle s'est notamment intéressée, dans ce cadre, à des problématiques émergentes comme la publicité en ligne ou les algorithmes, anticipant l'avenir pour asseoir ses décisions ultérieures sur de solides réflexions.

Quatre besoins motivent généralement les demandes d'avis. Le premier cas est celui d'une demande d'analyse, très en amont, du fonctionnement concret d'un marché pour nourrir la réflexion en vue de l'adoption d'une réglementation : ainsi les avis de 2009 sur les circuits d'importation et de distribution dans les départements d'outre-mer, qui ont débouché sur la loi du 20 novembre 2012 dite « Lurel ». Une deuxième hypothèse est celle dans laquelle les pouvoirs publics souhaitent évaluer des pratiques commerciales et tester l'intérêt d'une réglementation pour des motifs concurrentiels : ainsi l'avis de 2009 sur le livre numérique, demandé par le ministre de la Culture, dans lequel l'Autorité avait recommandé, à ce stade, de ne pas légiférer. Les saisines peuvent également viser à recueillir une expertise sur un avant-projet de loi ou de décret. Certains avis sont enfin sollicités pour établir le bilan concurrentiel d'une réglementation, comme ce fut le cas, par exemple, au sujet de la loi dite « Galland », l'avis de l'Autorité ayant notamment conduit à réformer le mode de calcul des reventes à perte.

L'*advocacy* a récemment conquis de nouveaux terrains avec l'essor de l'enquête sectorielle et le développement de l'évaluation de l'impact concurrentiel des textes normatifs.

Inspirée par la Commission européenne, l'Autorité a en effet développé une pratique de l'enquête sectorielle qui lui permet de dépasser l'approche casuistique en traitant des questions générales de concurrence, ainsi que de cibler des priorités et de détecter des gisements de croissance, comme elle a pu le faire, en 2014, au sujet du transport longue distance par autocar, formulant des recommandations largement reprises par la loi du 7 août 2015 pour la croissance, l'activité et l'égalité des chances économiques. L'enquête sectorielle constitue par ailleurs une opportunité pour les opérateurs économiques en leur offrant un cadre analytique complet qui les guide dans leurs démarches de conformité. Elle facilite, enfin, l'appropriation par le juge du raisonnement concurrentiel.

La définition d'une méthodologie approfondie en matière d'évaluation concurrentielle des textes normatifs a également contribué à enrichir l'*advocacy* de l'Autorité. Cette démarche, inscrite dans le cadre de l'obligation constitutionnelle des études d'impact, répond non seulement à des besoins de sécurité juridique et de prévention des contentieux européens, mais aussi à trois préoccupations. Il s'agit, d'abord, d'une exigence démocratique visant à donner aux pouvoirs publics les informations nécessaires pour qu'ils arbitrent en prenant en considération tous les objectifs d'intérêt général, dont la concurrence. Elle garantit, ensuite, l'efficacité de l'État à long terme en contribuant à la stabilité et à la légitimité du droit. Elle contribue enfin à garantir la compétitivité et l'attractivité de la France. Pour ces raisons, l'Autorité a cherché à faire de l'évaluation d'impact un outil de légistique de référence en publiant, par exemple, un guide spécifique destiné aux rédacteurs de textes normatifs et en copilotant la préparation de Recommended Practices dans le cadre de l'International Competition Network.

Prenant acte de l'essor de l'activité consultative des autorités de régulation et, s'agissant de l'Autorité de la concurrence, de la pratique des enquêtes sectorielles, le Conseil d'État est venu préciser, par deux décisions du 21 mars 2016, le régime contentieux des actes de droit souple en ouvrant le recours pour excès de pouvoir contre les actes des autorités de régulation qui sont de nature à produire des effets notables, ou qui ont pour objet d'influer de manière significative sur les comportements des personnes auxquelles il s'adresse. Cette jurisprudence doit encore être affinée, mais elle confirme les pouvoirs de l'Autorité et va dans le sens d'une amélioration de la pratique consultative au bénéfice des entreprises.

D'autres actions plus ponctuelles participent enfin de l'*advocacy* de l'Autorité. Les infographies, études thématiques et guides qu'elle publie sur son site internet visent à promouvoir la culture de la concurrence au-delà des acteurs traditionnels. Consciente que cette culture est souvent absente hors des grandes entreprises, l'Autorité a ainsi récemment confectionné un guide spécifique à l'attention des PME. Deux fois par an, des « Rendez-vous de l'Autorité » réunissent experts et acteurs économiques autour de thèmes d'actualité et leur donnent la parole, le cas échéant, sur des projets de lignes directrices. Ces efforts de sensibilisation visent également les acteurs publics et, c'est notable, les responsables politiques, administratifs et économiques de demain : à l'instigation de l'Autorité, le droit de la concurrence fait en effet aujourd'hui partie du programme des filières SES au lycée.

Bibliographie

Combe (E.) et Théophile (D.), « Emmanuel Combe (Autorité de la concurrence) : La politique de la concurrence – Au-delà des sanctions, une adaptation aux nouvelles réalités économiques », *Concurrences* n° 2-2018, art. n° 86621, p. 19

ICN, « Pratiques recommandées en matière d'évaluation de la concurrence », 2014

Lasserre (B.), « La culture de la concurrence : La démonstration par la preuve », in *À quoi sert la concurrence ?*, M. Behar-Touchais, N. Charbit et R. Amaro (dir.), Paris, Concurrences, 2014, p. 711

OCDE, *Recommandation du Conseil sur l'évaluation d'impact sur la concurrence*, OECD/LEGAL/0455, 2021

Spilliaert (P.), « Les avis de l'Autorité de la concurrence », *Concurrences* n° 3-2010, art. n° 31700, p. 58

Aut. conc., *Mieux comprendre les règles de la concurrence. Guide à destination des PME*, 2020

Aut. conc., « Lignes directrices de l'Autorité de la concurrence relatives au contrôle des concentrations », 2020

Aut. conc., *Guide d'évaluation de l'impact concurrentiel de projets de textes normatifs*, Paris, La Documentation française, 2012.

A

AIDE D'ÉTAT

Jacques DERENNE
Sheppard Mullin

■ Premier aperçu

Définir les contours de la notion d'aide d'État requerrait un traité en soi de plusieurs centaines de pages. Ce qui suit ne peut donc qu'être très largement simplifié et le résultat d'une sélection des questions pertinentes.

Le contrôle des « aides d'État » fait partie « *des règles de concurrence [qui sont] nécessaires au fonctionnement du marché intérieur* » (art. 3 TFUE). La seconde section du chapitre « Les règles de concurrence » du TFUE est intitulée « Les aides accordées par les États ». Ce sont donc les États qui sont destinataires de ces règles. Mais, les entreprises bénéficiaires sont directement concernées (p. ex., obligation de remboursement des aides « illégales et incompatibles », réparation des dommages causés aux tiers affectés) et devraient en fait en être les premiers juges étant donné les risques juridiques et économiques qu'elles prennent en recevant des aides d'État. Le contrôle des aides d'État est la clé de voûte du marché intérieur sans quoi celui-ci serait vain puisque les États membres pourraient avantager indûment leurs entreprises. C'est la Commission qui s'est vue investie du pouvoir exclusif du contrôle de fond des aides d'État (leur « compatibilité avec le marché intérieur », qui ne sera pas abordée ici).

Le traité ne donne pas de définition « fermée » de la notion d'aide d'État. En suivant le rapport Spaak de 1956, les auteurs du traité n'ont pas voulu s'enfermer dans une définition qui aurait été vite dépassée par l'inventivité infinie des États membres, sans cesse enclins à succomber à leur mal naturel de protectionnisme nationaliste. En ce sens, la définition des contours de l'« aide d'État » est le siège d'une lutte stratégique entre la Commission (qui souhaite élargir au maximum la notion pour protéger sa compétence exclusive de contrôle de compatibilité) et les États membres (qui visent le résultat inverse).

Dans ce contexte, bien identifié par les auteurs du traité, qui ont eu la sagesse de se méfier d'eux-mêmes (les États membres), l'article 107, paragraphe 1, TFUE ne donne qu'une liste de critères cumulatifs développés par la jurisprudence européenne : « *Sauf dérogations prévues par les traités, sont incompatibles avec le marché intérieur, dans la mesure où elles affectent les échanges entre États membres, les aides accordées par les États ou au moyen de ressources d'État sous quelque forme que ce soit qui faussent ou qui menacent de fausser la concurrence en favorisant certaines entreprises ou certaines productions.* »

Il s'agit là d'une notion « juridique objective » qui échappe à toute marge discrétionnaire que pourrait avoir la Commission européenne dans son application. Son contrôle juridictionnel est plein et entier (CJCE, 22 décembre 2008, *British Aggregates c/ Commission*, aff. C-487/06 P, pts 111 et 112), sauf lorsque la question implique une « *appréciation économique complexe* », auquel cas le contrôle de l'appréciation de la Commission demeure mais devient plus marginal (CJUE, 2 septembre 2010, *Commission c/ Scott*, aff. C-290/07 P, pt 64). L'analyse requise est toutefois plus financière qu'économique. Lorsque l'application de la notion suppose des analyses financières fines (notamment s'agissant des « conditions normales de marché »), il serait vain pour un économiste de chercher à disqualifier une mesure définie juridiquement comme une aide au moyen d'une quelconque théorie économique portant notamment sur les effets concrets de la mesure, hormis les analyses financières liées à l'identification de « l'opérateur en économie de marché ». Si l'article 107, paragraphe 1, TFUE ne distingue pas selon les causes ou les objectifs des interventions visées, mais les définit en fonction de leurs effets (CJCE, 2 juillet 1974, *Italie c/ Commission*, aff. 173/73, pt 27), ceux-ci peuvent n'être que potentiels, théoriques, mais non hypothétiques.

Le juge national dispose de compétences concurrentes à la Commission pour la définition de la notion d'aide d'État vu son caractère objectif (sauf à la suite d'une décision d'ouverture de la procédure formelle d'examen qui se prononce sur cette notion : CJUE, 21 novembre 2013, *Deutsche Lufthansa AG c/ Flughafen Frankfurt-Hahn GmbH*, aff. C-284/12, pt 45).

Après presque cinquante années de jurisprudence, la Commission a tenté de synthétiser celle-ci dans une communication interprétative qui se veut objective mais contient néanmoins quelques prises de position illustrant également sa pratique décisionnelle (v. communication de la Commission relative à la notion d'« aide d'État »).

En substance, l'aide d'État correspond à toute mesure qui remplit cumulativement les critères suivants, qu'on peut identifier à partir des mots du texte même de l'article 107, paragraphe 1, TFUE : (i) avantage (« *en favorisant* », « *sous quelque forme que ce soit* ») (ii) sélectif (« *certaines entreprises ou certaines productions* ») (iii) à une entreprise ou à une catégorie d'entreprises (iv) imputable à l'État et engageant les ressources d'État (« *accordées par les États ou au moyen de ressources d'État* ») ayant pour effet (v) une (potentielle) distorsion de concurrence (« *qui faussent ou qui menacent de fausser la concurrence* ») et (vi) une (potentielle) affectation des échanges entre États membres (« *dans la mesure où elles affectent les échanges entre États membres* »).

Pour aller plus loin

L'absence de l'un quelconque de ces critères est suffisante pour le rejet de la qualification comme « aide d'État ». Leur analyse ci-après suivra un ordre logique pour cette qualification (la Cour de justice commence souvent son énoncé des critères par l'origine étatique et donne l'impression de télescoper les critères d'avantage et de sélectivité en employant l'expression d'« avantage sélectif »).

« Entreprise »

Le prérequis pour constituer une aide est que la mesure vise comme bénéficiaire une « entreprise », c'est-à-dire toute entité exerçant une activité économique (offre de biens et services sur un marché donné), indépendamment de son statut juridique et de son mode de financement (CJCE, 12 septembre 2000, *Pavlov e.a.*, aff. jtes C-180/98 à C-184/98, pts 74 et 75), même si l'activité est sans but lucratif (CJCE, 1er juillet 2008, *MOTOE*, aff. C-49/07, pts 27 et 28). En principe, si des mécanismes de marché n'existent pas (comme pour la gestion immobilière de prisons dans certains États membres, par exemple), les activités qui font intrinsèquement partie des prérogatives de puissance publique ne constituent pas des activités économiques (notamment, l'armée ou la police, la sécurité et le contrôle de la navigation aérienne, le contrôle et la sécurité du trafic maritime, la surveillance antipollution, l'organisation, le financement et l'exécution des peines d'emprisonnement, la valorisation et la revitalisation de terrains publics par des autorités publiques – v. communication de la Commission préc., pt 17). Des activités comme la sécurité sociale ou la santé relèvent de l'activité économique selon qu'elles sont fondées sur le principe de solidarité ou sur des régimes économiques (v. *ibid.*, pts 19 à 27). Les mesures étatiques visant à développer de grands projets d'infrastructure (aéroports, routes, chemins de fer, stades, etc.) peuvent également relever des aides d'État selon la position des différents acteurs concernés (développeur/propriétaire, opérateur/exploitant, utilisateurs finals – v. *ibid.*, pts 199 à 228 – cette dernière catégorie concerne également les conditions décrites ci-après).

« Favorisant », « sous quelque forme que ce soit »

La mesure doit procurer un « avantage » économique qu'une entreprise n'aurait pas pu obtenir dans les conditions normales du marché, c'est-à-dire en l'absence d'intervention de l'État (CJCE, 11 juillet 1996, *SFEI e.a. c/ La Poste e.a.*, aff. C-39/94, pt 60). La notion d'aide est « *plus générale que la notion de subvention parce qu'elle comprend non seulement des prestations positives telles que les subventions elles-mêmes, mais également des interventions qui, sous des formes diverses, allègent les charges qui normalement grèvent le budget d'une entreprise et qui, par là, sans être des subventions au sens strict du mot, sont d'une même nature et ont des effets identiques* » (CJCE, 23 février 1961, *De Gezamenlijke Steenkolenmijnen in Limburg c/ Haute Autorité de la CECA*, aff. 30-59, p. 39).

Ce critère fait souvent appel à des analyses financières dans le cadre de l'application de la notion « d'opérateur en économie de marché » pour déterminer si des interventions étatiques dans l'économie (lorsque l'État investit, octroie du crédit ou une garantie, achète ou vend des biens ou des services sur le marché, privatise, etc.) doivent être qualifiées d'aides d'État (v. not. communication de la Commission préc., pts 73 à 114). À cette fin, il y aura lieu d'apprécier si, *ex ante*, dans des circonstances similaires, un opérateur privé d'une taille comparable, opérant dans les conditions normales du marché, aurait pu être amené à réaliser les opérations en cause.

La conformité de ces opérations avec ces conditions normales de marché peut être établie directement sur la base des données du marché spécifiques à cette opération (opération effectuée *pari passu* par des entités publiques et des opérateurs privés ou appels d'offres concurrentiels, transparents, non discriminatoires et inconditionnels en cas de vente et d'achat). En l'absence de telles données, cette conformité est appréciée en fonction d'autres méthodes disponibles, en examinant les conditions dans lesquelles des opérations comparables réalisées par des opérateurs privés comparables se sont déroulées dans des situations comparables (analyse comparative) ou sur la base d'une méthode d'évaluation standard communément acceptée (en se fondant sur des données disponibles objectives, vérifiables et fiables, suffisamment détaillées pour refléter la situation économique au moment où l'opération a été décidée et en tenant compte du niveau de risque et des attentes pour l'avenir). On fera intervenir dans ce cas des outils financiers comme le taux de rendement interne, la valeur actuelle nette, le coût du capital, le « *capital asset pricing model* », l'expertise indépendante, etc. (Trib. UE, 25 janvier 2018, *Brussels South Charleroi Airport (BSCA) c/ Commission*, aff. T-818/14 ; Trib. UE, 3 juillet 2014, *Espagne, Ciudad de la Luz, e.a. c/ Commission*, aff. jtes T-319/12 et T-321/12). Ces analyses ne tiendront pas compte d'éléments non pertinents comme ceux liés aux revenus provenant de prérogatives de l'État (fiscalité, économies sur allocations de chômage), aux externalités positives (développement régional et industriel, politique de l'emploi) et aux considérations philanthropiques ou sociales.

« Certaines »

Seules peuvent constituer des aides les mesures sélectives, qui confèrent un avantage à certaines entreprises ou catégories d'entreprises ou à certains secteurs économiques.

La sélectivité peut être « matérielle » quand la mesure ne s'applique qu'à certaines entreprises (ou catégories d'entreprises) ou qu'à certains secteurs de l'économie dans un État membre donné. Ce caractère sélectif peut être établi *de jure* ou *de facto*. Les mesures fiscales présentent des difficultés particulières s'agissant du critère de sélectivité. Progressivement, la jurisprudence a développé un test en trois étapes à ce sujet : (i) la définition du cadre de référence pertinent (le système « normal » d'imposition), (ii) la dérogation (avantage non ouvert à toutes les entreprises se trouvant dans des situations comparables), et (iii) l'absence de justification par la nature ou l'économie générale du régime en cause (CJUE, 21 décembre 2016, *Commission c/ World Duty Free*, aff. jtes C-20/15 P et C-21/15 P ; CJUE, 21 décembre 2016, *Commission c/ Lübeck*, aff. C-524/14 P).

La sélectivité peut également être « géographique » ou « régionale » (CJCE, 19 septembre 2000, *Allemagne c/ Commission*, aff. C-156/98, pt 23) selon le système de référence (des mesures qui ne s'appliquent qu'à certaines parties du territoire d'un État membre ne sont pas toutes automatiquement sélectives). Des mesures de portée régionale ou locale peuvent ne pas être considérées comme sélectives en cas d'autonomie institutionnelle, procédurale et financière de l'autorité régionale qui a décidé de la mesure (CJCE, 6 septembre 2006, *Portugal c/ Commission*, aff. C-88/03, pts 62 à 67).

« Accordées par les États ou au moyen de ressources d'État »

L'avantage doit impliquer des ressources d'État ou opérer un transfert de ces ressources, ou, lorsqu'un tel transfert n'est pas effectif (notamment en matière d'exemption fiscale, de garantie étatique), constituer une charge supplémentaire ou un risque suffisant d'une telle charge pour le budget de l'État au sens large (CJCE, 13 mars 2001, *Preussen-Elektra*, aff. C-379/98, pt 62 ; CJUE, 19 mars 2013, *Bouygues et Bouygues Télécom c/ Commission e.a.*, aff. jtes C-399/10 P et C-401/10 P, pts 137, 138 et 139), sans toutefois que cette charge ou ce risque doive être étroitement lié et corresponde à, ou ait pour contrepartie, un avantage spécifique (arrêt *Bouygues* préc., pt 105). Le contrôle étatique doit être d'un degré suffisant, quelles que soient les circonstances (CJCE, 15 juillet 2004, *Pearle*, aff. C-345/02, pts 36 à 39 ; CJUE, 28 mars 2019, *Allemagne c/ Commission*, aff. C-405/16 P). En outre, contrairement au mot « ou » du texte du traité, la mesure doit également être « imputable » à l'État, ce qui suppose, lorsque l'avantage est octroyé par l'intermédiaire d'entreprises publiques ou même privées, que les autorités publiques aient été impliquées, d'une manière ou d'une autre, dans l'adoption de la mesure (CJCE, 16 mai 2002, *France c/ Commission (Stardust)*, aff. C-482/99, pts 52 à 57). L'octroi de l'avantage directement ou indirectement au moyen de ressources d'État et son imputabilité à l'État sont deux conditions distinctes et cumulatives mais souvent examinées conjointement, car elles sont toutes deux liées à l'origine de la mesure.

« Faussent ou qui menacent de fausser la concurrence » et « dans la mesure où elles affectent les échanges entre États membres »

L'avantage doit avoir pour effet, réel ou potentiel, de fausser la concurrence et doit affecter, réellement ou potentiellement, les échanges entre États membres. Ces deux critères, distincts et nécessaires, sont dans la pratique souvent traités conjointement, car ils sont généralement considérés comme indissociablement liés. Leur caractère potentiel, sans nécessité de démonstration d'effet réel et concret (et donc d'étude économique quelconque), doit être souligné. Il suffit de démontrer que la mesure est de nature à renforcer la position concurrentielle du bénéficiaire par rapport à d'autres entreprises concurrentes, il n'est pas requis que la distorsion de concurrence ou l'affectation des échanges entre États membres soit sensible ou substantielle, mais seulement potentielle, à condition de ne pas être hypothétique ou présumée (CJCE, 17 septembre 1980, *Philip Morris Holland c/ Commission*, aff. 730/79). Cette possibilité n'est pas pour autant automatiquement établie et elle doit donc être démontrée (TPICE, 6 septembre 2006, *Italie et Wam c/ Commission*, aff. jtes T-304/04 et T-316/04, pt 63, confirmé par CJCE, 30 avril 2009, *Commission c/ Italie et Wam*, aff. C-494/06 P). On notera une tendance récente du Tribunal, à la suite d'une série de décisions de la Commission, à réduire quelque peu l'étendue de la notion d'affectation potentielle des échanges entre États membres s'agissant d'aides à des bénéficiaires de dimension locale qui doivent faire l'objet d'une démonstration au cas par cas. Les effets prévisibles de certaines mesures peuvent en effet s'avérer marginaux compte tenu de la dimension locale de l'activité concernée ou de la faiblesse du chiffre d'affaires en cause, à titre d'indice d'activité économique très réduite (Trib. UE, 14 mai 2019, *Marinvest c/ Commission*, aff. T-728/17, pt 109 ; communication de la Commission préc., pt 192).

Par ailleurs, on notera que l'article 107, paragraphe 1, TFUE commence par les mots « *Sauf dérogations prévues par les traités, sont incompatibles avec le marché intérieur* » : l'interdiction des aides d'État n'est donc pas absolue (d'où l'emploi du mot « incompatibles », qui sous-entend que certaines aides peuvent être déclarées compatibles avec le marché intérieur). C'est l'objet des paragraphes 2 (aides compatibles de plein droit) et 3 (aides compatibles selon l'appréciation exclusive et discrétionnaire de la Commission) de l'article 107 TFUE.

Bibliographie

Bacon (K.), *European Union Law of State Aid*, 3e éd., Oxford University Press, 2017

Barents (R.), *Directory of EU Case Law on State Aids*, 3e éd., Alphen-sur-le-Rhin, Wolters Kluwer, 2019

Dony (M.), *Aides d'État*, Bruxelles, Larcier, 2019

Karpenschif (M.), *Manuel de droit européen des aides d'État*, 3e éd., Bruxelles, Bruylant, 2019

Pesaresi (N.), Van de Casteele (K.), Flynn (L.) et Siaterli (Ch.), *EU Competition Law Volume IV: State Aid, Book One*, 2e éd., Deventer/Leuven, Claeys & Casteels, 2016

Quigley (C.), *European State Aid Law and Policy*, 3e éd., Oxford/Portland, Hart Publishing, 2015

Säcker (F.) et Montag (F.), *European State Aid Law: A Commentary*, Munich, Beck-Hart-Nomos, 2016

Werner (Ph.) et Verouden (V.) (dir.), *EU State Aid Control: Law and Economics*, Alphen-sur-le-Rhin, Wolters Kluwer, 2016

Communication de la Commission relative à la notion d'« aide d'État » visée à l'article 107, paragraphe 1, du traité sur le fonctionnement de l'Union européenne, *JOUE* n° C 262 du 19 juillet 2016, p. 1

Voir aussi

Aide d'État (compatibilité) - Aide d'État (existante) - Aide d'État (légalité) - Aide d'État (récupération) - Entreprise (notion) - Objet ou effet anticoncurrentiel

A

AIDE D'ÉTAT (COMPATIBILITÉ)

Faustine VIALA
Willkie Farr & Gallagher

■ Premier aperçu

L'aide d'État est un concept spécifiquement européen qui a pour objectif de maintenir un fonctionnement normal du marché, en permettant le contrôle des interventions de l'État. Ces dernières prennent la forme de faveurs consenties à un opérateur ou à un ensemble d'opérateurs – généralement sous forme de subventions, mais pas uniquement – qui faussent ou menacent de fausser la concurrence sur le marché de référence et affectent le commerce entre les États membres.

La réglementation des aides d'État est essentiellement contenue dans les articles 107 et 108 TFUE, qui identifient les critères de l'aide d'État sans les enfermer dans une définition trop restrictive. Ces textes posent l'incompatibilité de principe des aides et organisent les modalités de contrôle de la Commission sur les aides qui sont compatibles de plein droit ou peuvent le devenir si elles répondent aux conditions posées par les organes européens et après notification des États membres auprès de la Commission européenne.

Les termes généraux de l'article 107 TFUE permettent de couvrir la quasi-totalité des situations pouvant être rencontrées en matière d'aides d'État. Ce système confère un très large pouvoir d'appréciation à la Commission, sous le contrôle de la Cour de justice, et permet une souplesse non négligeable du mécanisme. Au-delà des subventions, le régime peut viser dès lors des interventions qui allègent les charges qui grèvent le budget des entreprises, telles que les exonérations fiscales ou les facilités de paiement.

Ce même texte permet d'adapter le régime des aides d'État pour tenir compte de situations exceptionnelles. Pour contrer l'impact du Covid-19, la Commission a adopté le 19 mars 2020 une communication portant cadre temporaire pour l'adoption de mesures assouplissant le régime des aides d'État pour tenir compte de l'impact du Covid-19 sur le territoire de l'Union européenne. Par la suite, et dans le cadre de cette communication, la Commission a approuvé le 3 avril 2020, 29 mesures présentées par les 16 États membres, dont deux mesures françaises.

■ Pour aller plus loin

L'article 107 TFUE dans son mécanisme repose sur un principe d'incompatibilité avec le marché commun des aides d'État et identifie quatre critères cumulatifs pour caractériser une aide : (i) l'aide est accordée par un État ou au moyen de ressources d'État ; (ii) elle avantage une ou des entreprises ou un ou des secteurs d'activité économique ; (iii) elle fausse ou menace de fausser la concurrence sur le marché ; et (iv) elle affecte le commerce entre les États membres.

S'agissant du premier critère, il suppose non seulement que les avantages aient été « *accordés directement ou indirectement au moyen de ressources d'État* », mais aussi qu'ils soient « *imputables à l'État* » (CJCE, 16 mai 2002, *France c/ Commission*, aff. C-482/99).

Ensuite, concernant le deuxième critère, la mesure en cause doit être susceptible de constituer un avantage consenti à l'entreprise bénéficiaire. Il ressort d'une jurisprudence bien établie que sont ainsi concernées toutes les interventions qui, sous quelque forme que ce soit, sont susceptibles de favoriser directement ou indirectement des entreprises ou qui sont à considérer comme un avantage économique que l'entreprise bénéficiaire n'aurait pas obtenu dans des conditions normales de marché (CJCE, 11 juillet 1996, *SFEI e.a. c/ La Poste et Chronopost*, aff. C-39/94). Cet avantage doit également être sélectif, de sorte que, dans une situation juridique et factuelle comparable, les mesures visées constituent un avantage uniquement pour certaines des entreprises (CJCE, 6 septembre 2006, *Portugal c/ Commission*, aff. C-88/03).

Les deux derniers critères sont interprétés largement par la jurisprudence. La concurrence est ainsi faussée dès lors que l'intervention de l'État provoque un changement de certains éléments du coût de production ou d'exploitation de l'entreprise bénéficiaire de nature à renforcer sa position par rapport aux entreprises concurrentes (CJCE, 17 septembre 1980, *Philip Morris c/ Commission*, aff. 730/79). S'agissant de l'affectation des échanges entre États membres, il n'est pas nécessaire d'établir une incidence réelle de l'aide sur les échanges (CJCE, 30 avril 2009, *Commission c/ Italie et Wam*, aff. C-494/06 P), ce qui permet d'inclure des aides même relativement faibles ou des entreprises de taille relativement modeste.

Toutefois, les règlements européens prévoient des aides *de minimis*, dont le montant est considéré comme suffisamment faible pour que ces aides ne puissent satisfaire à tous les critères de l'article 107 TFUE. Tel est le cas des aides n'excédant pas un plafond de 200 000 euros sur une période de trois ans, qui sont réputées ne pas menacer de fausser la concurrence. De même, les aides de faible importance (500 000 euros sur les trois exercices fiscaux) et accordées à des entreprises chargées d'un service d'intérêt économique général (SIEG) sont dispensées de l'obligation de notification (v. les règlements (UE) n° 360/12 et n° 1407/2013).

Selon l'article 108 TFUE, la Commission européenne constitue l'organe principal de contrôle de la compatibilité des aides d'État pour l'Union européenne. Elle procède non seulement au contrôle des aides existantes, mais aussi à l'examen préalable des aides nouvelles, notifiées par les États membres.

Pour les aides nouvelles, l'article 108, paragraphe 3, TFUE impose une obligation de notification pour tout projet d'aide par l'État membre concerné, dès lors qu'elle entre dans le champ d'application du régime et ne peut bénéficier d'une exemption. Cette notification a pour effet de suspendre la mise en exécution du projet au cours de la procédure d'examen préliminaire jusqu'à la décision d'autorisation.

Pour les aides existantes (p. ex. une aide octroyée avant l'entrée en vigueur du régime de contrôle des aides d'État), il existe une présomption de compatibilité. Elles peuvent être ainsi régulièrement exécutées tant que la Commission n'a pas constaté leur incompatibilité (CJUE, 16 avril 2015, *Trapeza Eurobank Ergasias*, aff. C-690/13). Sur la base des rapports annuels dressés par les États membres, et avec le concours de ces derniers, la Commission peut procéder à l'examen des aides existantes et proposer si besoin est certaines mesures pour les modifier ou supprimer.

Toute aide nouvelle mise à exécution en violation de l'article 108, paragraphe 3, TFUE est à considérer comme une « aide illégale ». La Commission peut alors enjoindre à l'État membre concerné de suspendre ou de récupérer provisoirement une aide qu'elle juge illégale, jusqu'à ce qu'elle statue sur la compatibilité avec le marché intérieur. Si à l'issue de cette procédure la Commission adopte une décision dite « négative », alors l'État membre concerné devra prendre toutes les mesures nécessaires pour récupérer « sans délai » l'aide auprès de son bénéficiaire, à moins que cela heurte un principe général de droit. L'absence ou l'insuffisance des actions entreprises par les autorités nationales pourra conduire à une procédure en manquement devant la Cour de justice.

Bibliographie

BACON (K.), *European Union Law of State Aid*, 2e éd., Oxford University Press, 2013

GIRARDET (Ph.), VIALA (F.), ZUEHLKE (S.), DE L'ESTANG (M.), « State aid & COVID-19: An overview of EU and national case law », 8 juin 2020, *e-Competitions State aid & Covid-19*, art. n° 95173

KARPENSCHIF (M.), *Droit européen des aides d'État*, 2e éd., Bruxelles, Bruylant, coll. « Competition law », 2017

Communication de la Commission, Encadrement temporaire des mesures d'aide d'État visant à soutenir l'économie dans le contexte actuel de la flambée de COVID-19 (2020/C 91 I/01) publiée au JOUE le 20 mars 2020

Règlement (UE) n° 360/2012 de la Commission du 25 avril 2012 relatif à l'application des articles 107 et 108 du traité sur le fonctionnement de l'Union européenne aux aides de minimis accordées à des entreprises fournissant des services d'intérêt économique général, *JOUE* n° L 114 du 26 avril 2012, p. 8

Règlement (UE) n° 1407/2013 de la Commission du 18 décembre 2013 relatif à l'application des articles 107 et 108 du traité sur le fonctionnement de l'Union européenne aux aides *de minimis*, *JOUE* n° L 352 du 24 décembre 2013, p. 1

A

AIDE D'ÉTAT (EXISTANTE)

Raphaël VUITTON
Tribunal de l'Union européenne

Premier aperçu

Une aide existante se définit, conformément à l'article 1er, sous b), du règlement (UE) 2015/1589, comme étant une aide, c'est-à-dire tout régime d'aides ou toute aide individuelle,

- soit qui a été mise à exécution avant l'entrée en vigueur du TFUE dans l'État membre concerné et qui est toujours applicable après ;
- soit qui a été autorisée par la Commission ou le Conseil ;
- soit qui est réputée avoir été autorisée tacitement selon les modalités prévues par ce règlement ;
- soit à l'égard de laquelle un délai de prescription de dix ans suivant la date à laquelle elle a été accordée a expiré ;
- soit qui ne constituait pas une aide au moment de sa mise en vigueur, mais qui l'est devenue par la suite en raison de l'évolution du marché intérieur et sans avoir été modifiée par l'État membre.

L'aide existante se distingue, tant s'agissant du régime juridique que de la procédure de contrôle, de l'aide nouvelle. Celle-ci se définit d'ailleurs comme étant toute aide qui n'est pas une aide existante, y compris toute modification d'une aide existante. La modification d'une aide existante, définie à l'article 4, paragraphe 1, du règlement (CE) n° 794/2004, peut ainsi impliquer la qualification d'aide nouvelle non seulement de la modification elle-même, mais également de l'aide concernée par celle-ci.

Pour aller plus loin

Les aides existantes peuvent être régulièrement exécutées tant que la Commission n'a pas constaté leur incompatibilité, à la différence des aides nouvelles, qui doivent lui être notifiées et ne peuvent être mises à exécution avant que la procédure n'ait abouti à une décision finale. Les aides existantes ne peuvent ainsi faire l'objet, le cas échéant, que d'une décision d'incompatibilité produisant des effets pour l'avenir et leur récupération ne peut être ordonnée. Quant aux juridictions nationales, elles n'ont pas compétence pour interdire leur exécution.

Afin d'assurer le contrôle des régimes d'aides existants, la Commission procède avec les États membres à un examen permanent de ceux-ci, conformément à l'article 108, paragraphe 1, TFUE. Cet examen peut la conduire à proposer des mesures utiles et, le cas échéant, à décider la suppression ou la modification du régime en cause. La procédure relative aux régimes d'aides existants est détaillée aux articles 21 à 23 du règlement (UE) 2015/1589. Ainsi, si la Commission considère qu'un tel régime n'est pas, ou n'est plus, compatible avec le marché intérieur, elle informe l'État membre concerné de cette conclusion préliminaire et l'invite à présenter ses observations. Après avoir reçu celles-ci, si la Commission demeure sur sa position, elle peut adresser à cet État membre une recommandation proposant l'adoption de mesures utiles visant, par exemple, à modifier le régime en cause, à introduire des exigences procédurales, ou à le supprimer. Si l'État membre accepte ces mesures, il est tenu de les mettre en œuvre. S'il les refuse, la Commission peut alors ouvrir une procédure formelle d'examen. Lorsque la Commission décide de traiter une mesure dans le cadre de la procédure d'examen permanent des aides existantes, la situation juridique de cette mesure ne change pas jusqu'à l'acceptation éventuelle par l'État membre concerné de propositions de mesures utiles ou jusqu'à l'adoption d'une décision finale par la Commission.

Tous les ans, les États membres doivent communiquer à la Commission des rapports sur tous les régimes d'aides existants. À défaut, la Commission peut adresser à l'État défaillant des recommandations concernant le régime concerné.

Bibliographie

Dony (M.), *Aides d'État*, Bruxelles, Larcier, 2019

Karpenschif (M.), *Manuel de droit européen des aides d'État*, 3e éd., Bruxelles, Larcier, 2019

Keppenne (J.-P.), *Guide des aides d'État en droit communautaire : réglementation, jurisprudence et pratique de la Commission*, Bruxelles, Bruylant, 1999

Vogel (L.), *Contrôle des aides d'État*, Bruxelles, Bruylant, 2017

Règlement (UE) 2015/1589 du Conseil du 13 juillet 2015 portant modalités d'application de l'article 108 du traité sur le fonctionnement de l'Union européenne, *JOUE* n° L 248 du 24 septembre 2015, p. 9

Règlement (CE) n° 794/2004 de la Commission du 21 avril 2004 concernant la mise en œuvre du règlement (CE) n° 659/1999 du Conseil portant modalités d'application de l'article 93 du traité CE, *JOUE* n° L 140 du 30 avril 2004, p. 1

A

AIDE D'ÉTAT (LÉGALITÉ)

Pascal BELMIN
Airbus

■ Premier aperçu

Une mesure de soutien publique est qualifiée d'aide d'État si les conditions cumulatives suivantes sont réunies :

- l'aide doit être accordée par l'État et au moyen de ressources d'État ;
- elle doit procurer un avantage à une ou plusieurs entreprises ou secteurs économiques ;
- son octroi doit être susceptible de fausser le jeu de la concurrence et le commerce entre États membres.

Une fois la qualification établie au regard de ces conditions, la question de la légalité de l'aide se pose dans les termes suivants : l'aide nouvelle en question relève-t-elle d'un règlement d'exemption par catégorie (règlement (UE) 2021/1237), ou constitue-t-elle une aide *de minimis* au titre du règlement (UE) n° 1407/2013 ?

Si l'aide remplit une de ces conditions, elle peut être accordée. Si tel n'est pas le cas, elle doit impérativement faire l'objet d'une notification à la Commission européenne, afin de solliciter une décision de compatibilité au fond.

L'obligation de notification emporte également celle de suspension : l'aide notifiée ne peut être octroyée par l'État tant que l'autorisation de la Commission n'a pas été accordée.

Toute aide octroyée sans autorisation de la Commission est juridiquement considérée comme illégale. L'illégalité se caractérise dès l'octroi inconditionnel de l'aide par l'État, c'est-à-dire avant même son versement.

■ Pour aller plus loin

Un tribunal national qui conclut à l'existence d'une aide et à son illégalité au regard des éléments précédents n'a pas compétence pour apprécier la compatibilité de l'aide au fond et et statuer sur celle-ci . Il ne peut que reconnaître l'illégalité procédurale et doit, à ce stade, imposer la cessation ou le remboursement de l'aide.

La situation est différente en ce qui concerne la Commission européenne. Celle-ci peut examiner de sa propre initiative ou sur plainte une mesure d'aide illégale. Le fait que l'aide soit procéduralement illégale n'implique pas, en effet, qu'elle soit nécessairement incompatible avec le marché commun au fond. La Commission peut ainsi conclure à la compatibilité de l'aide. On notera cependant que dans le cadre de son analyse, la Commission n'a pas l'obligation de démontrer l'effet réel sur la concurrence et les échanges de la mesure de soutien, alors qu'elle doit le faire s'agissant de mesures qui lui ont été spontanément notifiées.

La procédure d'examen qui s'applique aux aides illégales est également structurée en deux temps (examen préliminaire et approfondi), mais la Commission n'est ici tenue par aucun délai de procédure spécifique.

La Commission a la possibilité d'enjoindre officiellement à l'État de suspendre l'octroi de l'aide, voire de procéder à une récupération provisoire, afin de « geler » la situation le temps de l'examen.

Si, au terme de son analyse, la Commission conclut à l'incompatibilité de l'aide avec le marché intérieur, elle peut enjoindre à la récupération de l'aide (ainsi que des intérêts). L'État membre qui a octroyé une aide a l'obligation de procéder à la récupération. Les modalités de cette récupération sont précisées par le règlement de procédure (règlement (UE) 2015/1589).

Bibliographie

Règlement (UE) 2021/1237 de la Commission du 23 juillet 2021 modifiant le règlement (UE) n° 651/2014 déclarant certaines catégories d'aides compatibles avec le marché intérieur en application des articles 107 et 108 du traité, *JOUE* n° L 270 du 29 juillet 2021, p. 39

Règlement (UE) 2015/1589 du Conseil du 13 juillet 2015 portant modalités d'application de l'article 108 du traité sur le fonctionnement de l'Union européenne, *JOUE* n° L 248 du 24 septembre 2015, p. 9

Règlement (UE) n° 1407/2013 de la Commission du 18 décembre 2013 relatif à l'application des articles 107 et 108 du traité sur le fonctionnement de l'Union européenne aux aides *de minimis*, *JOUE* n° L 352 du 24 décembre 2013, p. 1

A

AIDE D'ÉTAT (NOTIFICATION)

Emmanuelle BROUSSY
Cour de justice de l'Union européenne

■ Premier aperçu

Le droit de l'Union soumet les aides d'État à un régime d'autorisation préalable afin que seules les aides d'État compatibles avec le marché intérieur, selon les critères qu'il fixe, soient octroyées.

Ce contrôle préventif se fonde sur l'article 108, paragraphe 3, TFUE, qui, selon des termes inchangés depuis le traité instituant la Communauté économique européenne de 1957, prévoit : « *La Commission est informée, en temps utile pour présenter ses observations, des projets tendant à instituer ou à modifier des aides. Si elle estime qu'un projet n'est pas compatible avec le marché intérieur, aux termes de l'article 107, elle ouvre sans délai la procédure prévue au paragraphe précédent. L'État membre intéressé ne peut mettre à exécution les mesures projetées, avant que cette procédure ait abouti à une décision finale.* »

Les projets d'aide d'État doivent par conséquent être notifiés à la Commission pour pouvoir être mis en œuvre.

La Commission est seule compétente pour autoriser l'octroi d'une aide d'État dans ce cadre, l'article 108, paragraphe 2, alinéa 3, TFUE conférant toutefois une compétence particulière au Conseil, lui permettant, sur demande d'un État membre, de considérer une aide instituée ou à instituer par un État membre comme compatible avec le marché intérieur, en dérogation aux dispositions de l'article 107 TFUE ou aux règlements prévus à l'article 109 TFUE, si des circonstances exceptionnelles le justifient.

La notification emporte nécessairement la suspension du projet, jusqu'au feu vert éventuel de la Commission : la logique du système est que les États membres ne mettent pas en œuvre une mesure d'aide tant que la Commission n'a pas pris position d'une manière ou d'une autre (CJCE, 11 décembre 1973, *Gebrüder Lorenz*, aff. 120/73).

En cas de violation de ces exigences, l'aide d'État octroyée est soumise au régime des aides illégales et l'entreprise bénéficiaire sera tenue, en principe, de la rembourser.

Il revient à l'État membre concerné d'apprécier si un financement constitue une aide d'État au sens de l'article 107, paragraphe 1, TFUE, soumise à notification. De même, il appartient à une juridiction saisie de la légalité d'une aide de se prononcer sur le point de savoir s'il s'agit d'une aide au sens du traité afin de déterminer si elle devait ou non être notifiée à la Commission. En revanche, une juridiction n'a aucune compétence pour se prononcer sur sa compatibilité avec le marché intérieur, cet examen relevant de la compétence exclusive de la Commission européenne.

Les États membres disposent, afin de les guider dans leur appréciation, de certains textes de droit dérivé qui précisent les critères de l'analyse.

Tel est le cas en ce qui concerne la question de savoir si des aides de petits montants, dites « *de minimis* », sont réputées ne pas affecter les échanges entre les États membres et ne pas fausser ou menacer de fausser la concurrence, au sens de l'article 107, paragraphe 1, TFUE, et ne sont donc pas soumises à l'obligation de notification préalable.

En application de la faculté qui lui est offerte par l'article 109 TFUE, le Conseil a également défini plusieurs catégories d'aides dites « horizontales » qui peuvent être « dispensées » ou « exemptées » de la procédure d'autorisation préalable. À la différence des aides *de minimis*, ces aides relèvent de l'article 107, paragraphe 1, TFUE, mais, si les conditions du règlement général d'exemption par catégorie (RGEC) de la Commission du 17 juin 2014 sont remplies, elles peuvent échapper à l'obligation de notification préalable et être octroyées directement.

Les aides destinées à « compenser » les coûts des obligations de service public peuvent également échapper à l'obligation de notification préalable en application de textes de droit dérivé.

■ Pour aller plus loin

Que notifier ?

Tous les projets d'aides nouvelles – par opposition aux aides existantes –, qu'ils portent sur des aides individuelles ou des régimes d'aides, doivent être notifiés.

Une modification d'une aide existante, autre qu'un changement de caractère purement formel ou administratif, qui ne serait pas de nature à avoir d'influence sur l'évaluation de sa compatibilité avec le marché commun, doit être notifiée. Une augmentation du budget initial d'un régime d'aides existant n'excédant pas 20 % n'est pas considérée par la Commission comme devant être soumise à notification (cf. art. 4 du règlement (CE) n° 794/2004).

Déterminer ce qui doit être notifié n'est pas un exercice aisé pour les États membres puisqu'il implique non seulement de vérifier si tous les critères énoncés à l'article 107, paragraphe 1, TFUE sont remplis, mais aussi, le cas échéant, si l'aide d'État peut être considérée comme compatible avec le marché intérieur. En cas de doute, la notification présente en tout état de cause l'intérêt de sécuriser juridiquement le projet.

S'agissant des aides *de minimis*, le règlement (UE) n° 1407/2013 de la Commission du 18 décembre 2013 fixe un seuil de 200 000 euros sur une période de trois ans pour l'entreprise bénéficiaire, pour les secteurs auxquels il s'applique, qui est réduit à 100 000 euros pour les aides octroyées aux activités de transport de marchandises par route. Ce texte impose des obligations aux États membres permettant à la Commission d'en contrôler le respect. Dans le secteur de l'agriculture, le règlement (UE) n° 1408/2013 de la Commission du 18 décembre 2013 fixe un seuil bien moins élevé, de 20 000 euros. S'agissant des aides destinées à « compenser » les services publics, le régime des aides *de minimis* est établi par le règlement (UE) n° 360/2012 de la Commission du 25 avril 2012, qui fixe un seuil de 500 000 euros sur une période de trois ans pour l'entreprise bénéficiaire. Ce texte prévoit notamment qu'une aide *de minimis* octroyée au titre de ce règlement n'est pas cumulable avec une compensation financière octroyée pour le même service d'intérêt économique général, que celle-ci constitue ou non une aide d'État.

Les aides d'État dites « exemptées » relèvent, en revanche, de l'article 107, paragraphe 1, TFUE, mais échappent à l'obligation de notification préalable. Le règlement général d'exemption par catégorie de la Commission de 2014 vise à cet égard un très large éventail de catégories de mesures, telles que les aides à finalité régionale, aux petites et moyennes entreprises, à la recherche, au développement ou à l'innovation. Ce régime d'exemption constitue un pilier de la réforme sur la modernisation des aides d'État de la Commission, entreprise en 2012. L'objectif poursuivi est d'alléger la charge administrative des États membres pour l'octroi d'aides qui peuvent être aisément considérées, *ex ante*, comme compatibles avec le marché intérieur, et de permettre à la Commission de se concentrer sur les projets d'aides d'État plus problématiques. En pratique, depuis 2015, plus de 95 % des nouvelles aides seraient ainsi dispensées de notification.

De même, des aides d'État « *sous forme de compensations de service public* » peuvent être considérées comme compatibles avec le marché intérieur (en application de l'art. 106, para. 2, TFUE) et échapper à l'obligation de notification préalable lorsqu'elles respectent les critères fixés par la décision 2012/21/UE de la Commission du 20 décembre 2011. Pour les compensations des coûts de service public dans le domaine du transport de voyageurs par chemin de fer et par route, un régime similaire est prévu par le règlement (CE) n° 1370/2007 du Parlement européen et du Conseil du 23 octobre 2007.

Quand ?

La notification doit intervenir en temps utile pour que la Commission ait le temps nécessaire de l'examiner et nécessairement avant la date d'octroi de l'aide notifiée, qui est susceptible de varier en fonction de la nature de l'aide en cause.

Cette notification peut être utilement précédée, en pratique, d'une phase de prénotification entre les autorités nationales et la Commission, dont le déroulement a été formalisé par la Commission dans un code de bonnes pratiques. Il s'agit d'une étape préalable permettant aux services de cette institution de procéder à un premier examen du projet et d'en faciliter la notification et l'examen ultérieurs. Dans ce cadre, la Commission peut convenir avec l'État membre d'une « planification amiable » fixant la durée probable de la procédure d'examen.

Par qui et comment ?

La notification est faite par l'État membre qui octroie l'aide.

Elle doit être complète et comprendre tous les renseignements nécessaires pour permettre à la Commission de prendre une décision. Si la Commission considère que tel n'est pas le cas, elle demande tous les renseignements complémentaires dont elle estime avoir besoin. Lorsque l'État membre ne fournit pas les informations requises dans les délais fixés, y compris après un rappel de la Commission, la notification pourra être réputée avoir été retirée.

La Commission a précisé les modalités pratiques de la notification dans le règlement (CE) n° 794/2004 du 21 avril 2004, qui comporte notamment un formulaire type. Pour certaines modifications d'aides existantes, ce texte prévoit l'utilisation d'un formulaire de notification simplifiée.

Conséquences attachées à la violation de l'obligation de notification (absence de notification, notification irrégulière ou notification non suspensive)

L'aide accordée en violation de l'obligation de notification est dite « illégale », ce qui doit être distingué de la question de savoir si elle est compatible ou incompatible avec le marché intérieur. Le régime juridique des aides illégales est relativement complexe compte tenu des compétences respectives des différents acteurs concernés (État membre, juridictions nationales, Commission). Il a fait l'objet d'une communication de la Commission, publiée en 2019. Dans les grandes lignes, il revient à l'État membre concerné de récupérer l'aide qu'il a octroyée illégalement et aux juridictions nationales de tirer les conséquences de la violation de l'obligation de notification préalable. Cependant, si la Commission a décidé que cette aide illégale est compatible avec le marché intérieur, les juridictions nationales ne sont pas tenues d'en ordonner la récupération mais doivent exiger le paiement d'intérêts sur les sommes mises illégalement à la disposition de l'entreprise concernée (CJCE, 12 février 2008, *Centre d'exportation du livre français (CELF) et Ministre de la Culture et de la Communication*, aff. C-199/06).

Bibliographie

DONY (M.), *Aides d'État*, Bruxelles, Larcier, 2019

KARPENSCHIF (M.), *Manuel de droit européen des aides d'État*, 4e éd., Bruxelles, Bruylant, 2021

KEPPENNE (J.-P.), *Guide des aides d'État en droit communautaire : réglementation, jurisprudence et pratique de la Commission*, Bruxelles, Bruylant, 1999.

Ministère de l'Économie, des Finances et de la Relance, « Vade-mecum des aides d'État : édition 2020 », 2019

VOGEL (L.), *Contrôle des aides d'État*, Paris, LawLex / Bruxelles, Bruylant, 2017

Communication de la Commission relative à la mise en œuvre des règles en matière d'aides d'État par les juridictions nationales *JOUE* n° C 305 du 30 juillet 2021, p. 1

Communication de la Commission sur la récupération des aides d'État illégales et incompatibles avec le marché intérieur *JOUE* n° C 247 du 23 juillet 2019, p. 1

Code de bonnes pratiques pour la conduite des procédures de contrôle des aides d'État, *JOUE* n° C 253 du 19 juillet 2018, p. 14

Règlement (UE) 2015/1589 du Conseil du 13 juillet 2015 portant modalités d'application de l'article 108 du traité sur le fonctionnement de l'Union européenne, *JOUE* n° L 248 du 24 septembre 2015, p. 9

Règlement (UE) 2015/1588 du Conseil du 13 juillet 2015 sur l'application des articles 107 et 108 du traité sur le fonctionnement de l'Union européenne à certaines catégories d'aides d'État horizontales, *JOUE* n° L 248 du 24 septembre 2015, p. 1

Règlement (UE) n° 651/2014 de la Commission du 17 juin 2014 déclarant certaines catégories d'aides compatibles avec le marché intérieur en application des articles 107 et 108 du traité, *JOUE* n° L 187, du 26 juin 2014, p. 1

Règlement (UE) n° 1408/2013 de la Commission du 18 décembre 2013 relatif à l'application des articles 107 et 108 du traité sur le fonctionnement de l'Union européenne aux aides *de minimis* dans le secteur de l'agriculture, *JOUE* n° L 352 du 24 décembre 2013, p. 9.

Règlement (UE) n° 1407/2013 de la Commission du 18 décembre 2013 relatif à l'application des articles 107 et 108 du traité sur le fonctionnement de l'Union européenne aux aides *de minimis*, *JOUE* n° L 352 du 24 décembre 2013, p. 1

Règlement (UE) n° 360/2012 de la Commission du 25 avril 2012 relatif à l'application des articles 107 et 108 du traité sur le fonctionnement de l'Union européenne aux aides *de minimis* accordées à des entreprises fournissant des services d'intérêt économique général, *JOUE n° L 114 du 26 avril 2012, p. 8*

Règlement (CE) n° 1370/2007 du Parlement européen et du Conseil du 23 octobre 2007 relatif aux services publics de transport de voyageurs par chemin de fer et par route, et abrogeant les règlements (CEE) n° 1191/69 et (CEE) n° 1107/70 du Conseil, *JOUE* n° L 315 du 3 décembre 2007, p. 1

Règlement (CE) n° 794/2004 de la Commission du 21 avril 2004 concernant la mise en œuvre du règlement (CE) n° 659/1999 du Conseil portant modalités d'application de l'article 93 du traité CE, *JOUE* n° L 140 du 30 avril 2004, p. 1

A

AIDE D'ÉTAT (RÉCUPÉRATION)

Michaël KARPENSCHIF
Fiducial Legal by Lamy

■ Premier aperçu

La récupération des aides d'État ne figurait pas, et ne figure toujours pas, dans les traités européens. En effet, l'article 108, paragraphe 2, TFUE (ancien art. 93 CEE et 88 CE) dispose simplement que « *[s]i, après avoir mis les intéressés en demeure de présenter leurs observations, la Commission constate qu'une aide accordée par un État ou au moyen de ressources d'État n'est pas compatible avec le marché intérieur aux termes de l'article 107 [...], elle décide que l'État intéressé doit la supprimer ou la modifier dans le délai qu'elle détermine* ». Pour la Cour toutefois, « *cette suppression [...], pour avoir un effet utile, peut comporter l'obligation d'exiger le remboursement des aides octroyées en violation du traité* » (CJCE, 12 juillet 1973, *Commission c/ RFA*, aff. C-70/72, pt 13).

Depuis lors, et face aux violations répétées des États membres de notifier préalablement leurs projets d'aide ou de s'abstenir de les mettre à exécution avant toute décision de compatibilité (obligation dite « de *standstill* »), la Cour comme la Commission ont fait de la récupération des aides illégalement versées « *la conséquence logique de la constatation de son illégalité* » (CJCE, 14 janvier 1997, *Espagne c/ Commission*, aff. C-169/95, pt 47). Partant, chaque fois qu'une aide est illégalement versée (c'est-à-dire non notifiée ou ne respectant pas les régimes préalablement approuvés à l'image du RGEC n° 651/2014 du 17 juin 2014 prolongé jusqu'au 31 décembre 2023) et déclarée incompatible par la Commission (qui dispose d'un monopole d'appréciation), cette dernière exige systématiquement sa récupération.

Alors que l'état du droit en la matière était uniquement d'origine prétorienne, les articles 16 et 17 du règlement de procédure (n° 659/1999 du 22 mars 1999, amendé par le règlement 2015/1589 du 13 juillet 2015) ont utilement codifié et complété ces règles. Ainsi, l'obligation pour la Commission de prescrire la récupération des aides incompatibles, celle d'y adjoindre des intérêts de retard, celle d'agir dans un délai de dix ans, celle des États membres de s'y conformer sans pouvoir y opposer des règles (procédurales comme de fond) internes, le droit pour la Commission de prendre des injonctions de recouvrement à l'égard d'aides simplement illégales et non encore déclarées incompatibles, la possibilité pour la Commission de reconsidérer sa position (et de prescrire ce remboursement) en présence d'une « application abusive d'une aide » par un État membre… sont les principales avancées auxquelles procède le règlement de procédure.

Il reste que si les objectifs de la récupération demeurent les mêmes (la cessation d'une pratique anticoncurrentielle et le rétablissement du *statu quo ante*, v. l'encadré), ils sont difficiles à atteindre : notamment le second quand des entreprises ont été artificiellement maintenues en vie pendant parfois plus d'une décennie et que le remboursement n'intervient jamais (à l'image de la guerre que se sont livrée la Corsica Ferries et la SNCM). Il n'en demeure pas moins que la Commission et la Cour de justice font preuve d'une rigueur absolue à l'égard des États membres en rejetant tous les arguments s'opposant à cette restitution (règles constitutionnelles ou législatives nationales, problèmes politiques, risques de troubles à l'ordre public, de faillites ou de licenciements, contentieux pendants, etc.).

■ Pour aller plus loin

La mise en œuvre pratique de cette récupération pose une série de questions particulièrement complexes qui ont été tranchées par la jurisprudence. Ainsi : quelle entreprise doit rembourser les aides allouées ? Toujours celle qui en est le « bénéficiaire effectif », ce qui ne signifie pas nécessairement celle qui en a été le récipiendaire initial en cas de rachat ou de liquidation de celle-ci. Quel doit être le montant restitué ? Il s'agit du montant initialement versé auquel s'ajoutent les intérêts fixés par la Commission et qui se capitalisent. Quel est le délai de prescription de l'action de la Commission ? Dix ans à compter de la « mise à disposition » des sommes illégales – ce délai de prescription s'interrompant dès le premier acte d'instruction de la Commission, par l'envoi d'un simple courrier par exemple. À qui doit-on restituer les aides illégalement versées ? À l'autorité publique dispensatrice par principe, sauf si le dispositif d'aide est indissociable d'un mécanisme fiscal qui l'abonde. En une telle hypothèse en effet, et sous réserve de montrer l'existence d'un « lien d'affectation contraignant » entre ce prélèvement et le système illégal d'aide qu'il finance, ce sont les assujettis qui récupéreront le produit des aides illégalement versées.

Bibliographie

KARPENSCHIF (M.), *Manuel de droit européen des aides d'État*, 4e éd., Bruxelles, Bruylant, 2021, spéc. paras. 516 à 622.

KARPENSCHIF (M.), « La récupération des aides nationales versées en violation du droit communautaire à l'aune du règlement n° 659/1999 : du mythe à la réalité ? », *RTD eur.* 2001, p. 551

Communication de la Commission sur la récupération des aides d'État illégales et incompatibles avec le marché intérieur, *JOUE* n° C 247 du 23 juillet 2019, p. 1

Règlement (UE) 2015/1589 du Conseil du 13 juillet 2015 portant modalités d'application de l'article 108 du traité sur le fonctionnement de l'Union européenne, *JOUE* n° L 248 du 24 septembre 2015, p. 9

Règlement (UE) n° 651/2014 de la Commission du 17 juin 2014 déclarant certaines catégories d'aides compatibles avec le marché intérieur en application des articles 107 et 108 du traité, JOUE n° L 187 du 26 juin 2014, p. 1

Règlement (CE) n° 659/1999 du Conseil du 22 mars 1999 portant modalités d'application de l'article 93 du traité CE, *JOCE* n° L 83 du 27 mars 1999, p. 1

A

ALGORITHMES

Thierry PÉNARD
Université de Rennes 1

■ Premier aperçu

La CNIL, sur son site, définit un algorithme comme « *la description d'une suite d'étapes permettant d'obtenir un résultat à partir d'éléments fournis en entrée* » et donne comme exemple de résultats la recommandation de livres à un client, la mise en relation de personnes ou la conduite autonome d'une automobile (https://www.cnil.fr/fr/definition/algorithme).

Les algorithmes sont des programmes informatiques qui à partir de données fournies vont effectuer des tâches automatisées, à finalité de diagnostic, d'aide à la décision, de prédiction, de recommandation… Le plus souvent, les algorithmes peuvent apprendre par eux-mêmes et évoluer, en interaction avec leur environnement.

Les algorithmes font partie de notre vie quotidienne et sont devenus incontournables dans la production et la consommation de très nombreux services (divertissement, transport, finance, santé, éducation, etc.). Ils sont au cœur de toutes les innovations numériques et sont source d'efficacité en permettant aux humains et aux organisations de gagner du temps et de la précision dans les calculs, les recherches d'information, les appariements et les prises de décision. Sur des tâches routinières ou nécessitant des calculs complexes, ils sont particulièrement adaptés. Toutefois, la qualité des algorithmes dépend de manière critique de la qualité des données qui sont « *fournies en entrée* ». Sans des données fiables, actualisées et d'une granularité fine, un algorithme, même bien conçu, ne peut être performant.

Les algorithmes posent plusieurs problèmes en matière concurrentielle, mais aussi éthique.

■ Pour aller plus loin

Enjeux concurrentiels et éthiques

Le coût de développement et de mise en œuvre des algorithmes peut être élevé dans certains secteurs d'activité et créer des barrières à l'entrée. Certains acteurs ont obtenu des positions dominantes grâce à leur maîtrise des algorithmes comme Google sur les moteurs de recherche ou Amazon sur les places de marché. Comme pour toutes les technologies numériques, il est important pour ces acteurs de toujours investir intensivement en recherche et développement pour maintenir leur avantage sur leurs services algorithmiques. Une entreprise comme Uber a dépensé des centaines de millions de dollars pour améliorer son algorithme de mise en relation et de tarification et renforcer sa position de leader sur le marché. Cette course à l'innovation sur les algorithmes évince du marché tous les acteurs qui n'ont pas les moyens financiers de développer leur propre algorithme. Les barrières à l'entrée peuvent même devenir insurmontables lorsque le ou les acteurs dominants du marché sont en mesure de collecter et de contrôler les données clés pour alimenter ces algorithmes. Les nouveaux entrants peuvent dans certains cas acquérir des données auprès de tiers (par exemple auprès de *data brokers*), mais ce n'est pas toujours possible.

Un autre enjeu porte sur l'utilisation de ces algorithmes à des fins anticoncurrentielles, que ce soit pour évincer des concurrents, tromper les consommateurs ou créer une entente. Par exemple, un moteur de recherche peut fausser les résultats associés à une requête d'internaute pour mettre en avant ses propres services et déclasser les services concurrents. C'est pour ce motif que Google a été condamné par la Commission européenne à 2,4 milliards d'euros pour abus de position dominante pour avoir favorisé son service de comparaison de prix (Comm. eur., communiqué IP/17/1784 du 27 juin 2017, *Google Shopping*). Outre cette amende, Google a été contraint de modifier ses algorithmes pour appliquer aux services de comparaison de prix concurrents les mêmes règles de placement et d'affichage qu'à son propre service de comparaison de prix.

Des griefs similaires ont été adressés par la Commission européenne à Amazon. Ce dernier est soupçonné de favoriser artificiellement ses propres offres de vente au détail et les offres des vendeurs de sa place de marché qui utilisent les services logistiques et de livraison d'Amazon. La question est de savoir si les algorithmes qui gèrent le classement des offres et l'attribution de l'emplacement Buy Box (qui permet aux clients d'ajouter directement des articles d'un détaillant spécifique dans leur panier) sont l'objet de manipulation ou non (Comm. eur., communiqué IP/20/2077 du 10 novembre 2020). Le référencement des applications sur l'App Store, le magasin d'application d'Apple, est aussi dans le viseur des autorités, à la suite de plaintes d'entreprises proposant des services concurrents d'Apple.

Pour répondre à ces préoccupations concurrentielles, les pays de l'Union européenne se sont entendus sur un nouveau cadre réglementaire, le Digital Markets Act, qui permet de mieux encadrer les services algorithmiques des plateformes dominantes. Ces dernières, dès lors qu'elles occupent une position d'intermédiaire forte et durable, seraient soumises à une série d'obligations à respecter sous peine d'amendes et d'astreinte. Parmi ces obligations, les plateformes dominantes n'auraient plus le droit de traiter de manière préférentielle leurs services et produits (en termes de visibilité ou de classement) par rapport à des services et produits similaires offerts par des tiers. De même, les entreprises utilisatrices de ces plateformes devraient pouvoir accéder aux données générées par leurs activités sur ces plateformes. L'accès à ces données pourrait ainsi leur permettre de développer des services algorithmiques de meilleure qualité et de mieux rivaliser avec les plateformes qui offrent des services similaires. Il est trop tôt pour dire si le Digital Markets Act sera efficace pour discipliner les plateformes systémiques et apporter plus de concurrence sur les services algorithmiques, mais c'est un signal fort qui témoigne de la volonté des pouvoirs publics de rendre les algorithmes plus transparents et plus justes lorsqu'ils conditionnent l'accès à des services ou à des consommateurs.

Les enjeux ne sont pas seulement concurrentiels, ils sont aussi éthiques (Balagué, 2017). Les entreprises peuvent utiliser leurs algorithmes pour discriminer ou manipuler les utilisateurs, en exploitant certains biais cognitifs, afin qu'ils consomment plus ou divulguent plus de données. Il ne faut pas non plus oublier que derrière chaque algorithme, il y a toujours des personnes qui ont développé le programme et qui peuvent être influencées par leurs propres préjugés ou préférences. Ces dernières années, des anciens salariés de Facebook et de Google ont alerté les régulateurs et le grand public sur l'opacité et les biais des algorithmes au cœur des services numériques. Ces algorithmes filtrent l'accès à l'information et peuvent enfermer les utilisateurs dans des bulles informationnelles. En réponse à ces accusations et afin de conserver la confiance de leurs utilisateurs, les grands acteurs du numérique déclarent désormais intégrer les questions éthiques dès la conception des services. De leur côté, les gouvernements poussent à plus de transparence et de responsabilités des algorithmes, surtout lorsque les traitements algorithmiques peuvent avoir de fortes conséquences sur les individus comme dans le cas de l'obtention d'un crédit, d'un emploi ou l'affectation dans une école. La loi pour la République numérique de 2016 en France et le Digital Services Act en Europe témoignent de cette volonté d'aller vers plus de loyauté, de transparence et de responsabilité dans les services algorithmiques.

Focus sur les algorithmes de tarification

Parmi les catégories d'algorithmes existants, les algorithmes de tarification suscitent un très fort intérêt (Ezrachi et Stucke (2015), Marty (2017), Mehra (2015) Sokol et Comerford (2016),

OCDE (2017)), en lien avec l'essor du commerce électronique. En effet, de plus en plus d'entreprises utilisent des algorithmes pour établir leurs prix en temps réel.

La tarification algorithmique est l'utilisation de programmes informatiques pour fixer les prix d'un produit ou d'un service de manière automatique et dynamique, sur la base d'informations collectées sur le marché comme, par exemple, des changements de tarifs de la part des concurrents ou les achats passés du consommateur. Ce n'est pas en soi un phénomène nouveau : les compagnies aériennes utilisent des logiciels depuis très longtemps afin d'optimiser leurs revenus. Les prix des sièges varient dans le temps en fonction de l'état des réservations. Si le taux de remplissage est plus élevé que prévu, les prix sont revus à la hausse, et inversement. D'autres facteurs sont pris en compte, comme la date de départ, les prix pratiqués par les concurrents ou des évènements affectant la demande. Mais la montée en puissance du commerce électronique et des plateformes numériques a donné une nouvelle dimension à la tarification automatique. Les sites de vente en ligne ont compris l'intérêt d'automatiser la fixation et la révision des prix lorsqu'ils offrent des milliers de références (voire des centaines de milliers pour les acteurs majeurs). Ils peuvent ainsi économiser des coûts salariaux par rapport à une solution manuelle. Par ailleurs, ils peuvent mettre en œuvre des stratégies sophistiquées consistant à ajuster les prix en fonction des ventes, des prix affichés par les concurrents, des heures ou des jours de la semaine, dans l'objectif d'améliorer leur référencement sur les places de marché ou comparateurs de prix, et d'optimiser leurs profits. Les algorithmes de tarification sont donc devenus des outils d'aide à la décision et d'innovation économique pour des entreprises qui souhaitent accroître leurs revenus et être mieux référencées sur les places de marché et les comparateurs de prix.

Ces algorithmes peuvent aussi améliorer le fonctionnement des plateformes de services à la demande, où toute attente dégrade la qualité. C'est le cas de l'algorithme d'Uber, qui est conçu pour afficher des prix prenant en compte le nombre de chauffeurs disponibles et le nombre de courses demandées. En cas d'excès de demande, les prix des courses augmentent (« *surge pricing* »), ce qui a pour effet d'accroître le nombre de chauffeurs et dans le même temps de réduire la demande.

Le troisième intérêt est de pouvoir discriminer entre les consommateurs en affichant des prix personnalisés, sur la base des clics ou des achats passés qui sont enregistrés dans les cookies du client, ou en fonction de l'adresse IP de l'ordinateur, de son système d'exploitation (iOS, Android ou Windows), de sa géolocalisation ou de son appartenance à des réseaux sociaux et des préférences qu'il dévoile sur ces réseaux. Toutes ces traces numériques permettent d'inférer plus ou moins précisément une disposition à payer pour un produit ou un service donné. Le vendeur peut alors décider d'envoyer une offre promotionnelle à tel individu ou au contraire d'afficher un prix sans réduction à tel autre individu.

Si ces formes de tarification peuvent être efficaces et même redistributives, elles peuvent aussi se révéler intrusives et parfois non éthiques lorsque la discrimination algorithmique repose par exemple sur des critères ethniques, d'orientation sexuelle ou sur des données très personnelles.

Cette forme de tarification n'est pas sans soulever des questions sur ses effets concurrentiels. Récemment, les autorités de concurrence américaines ont condamné plusieurs entreprises vendant des posters sur Amazon Marketplace pour s'être entendues sur les prix entre septembre 2013 et janvier 2014 (*United States v. David Topkins*). L'entente avait été facilitée par l'utilisation concertée d'algorithmes de tarification programmés par l'un des conspirateurs, David Topkins.

Les gains d'efficacité que les vendeurs retirent des algorithmes profitent-ils aussi aux consommateurs ? Rappelons que les algorithmes ont la capacité de collecter et de traiter des masses d'information en temps réel, et de répondre rapidement à une variation de la demande ou du prix des concurrents. Ces propriétés contribuent à rendre le marché plus transparent et à renforcer les interdépendances stratégiques entre vendeurs. L'effet attendu est une amélioration de l'efficacité économique des marchés sous trois formes. Premièrement, les algorithmes permettent de réduire les coûts des entreprises grâce à l'automatisation de la fixation des prix (plus grande efficacité productive). Deuxièmement, ils servent à optimiser les stocks et les revenus grâce à une tarification dynamique et personnalisée (plus grande efficacité allocative). Enfin, ils s'accompagnent d'innovation dans les services offerts et les modèles économiques (efficacité dynamique). Ces trois arguments en faveur des algorithmes sont à mettre en balance avec les effets potentiellement anticoncurrentiels de ces mêmes algorithmes.

Dans le cas où ces algorithmes sont coûteux à développer et nécessitent de disposer de masse de données d'utilisateurs, ils peuvent constituer une barrière à l'entrée et renforcer la position dominante des acteurs en place. Le deuxième effet anticoncurrentiel présumé est un accroissement des possibilités de coordination en prix entre vendeurs. La question est de savoir si les algorithmes facilitent des ententes en prix stables et durables. Comme dans le cas *Topkins*, les algorithmes peuvent être au cœur d'accords formels, mais ils peuvent aussi être des facilitateurs de collusion tacite par leurs interactions continuelles. Dans le cas où les interactions entre algorithmes donneraient des prix collusifs, comment savoir si c'est le résultat d'un accord intentionnel entre vendeurs (et d'une programmation concertée des algorithmes) ou bien le résultat d'un apprentissage des algorithmes, qui comprendraient avec le temps qu'ils peuvent optimiser leurs gains en affichant les mêmes prix ? Dans le premier scénario, les autorités de concurrence sont tout à fait équipées pour traiter ce type d'entente.

Les programmes de clémence peuvent inciter certains vendeurs à révéler l'accord secret et les réunions à l'origine de cette entente. Dans le second scénario, les autorités de concurrence sont devant des pratiques plus complexes à apprécier (Mehra, 2015. Faut-il interdire certains types d'algorithmes, ou mettre en place une régulation spécifique ? Faut-il obliger les entreprises en position dominante à ouvrir les codes de leurs algorithmes ? Le sujet est sensible, car il s'agit souvent pour ces entreprises d'actifs stratégiques sur lesquels elles ont construit leur modèle économique. Une obligation de transparence pourrait remettre en cause leur avantage concurrentiel. Les autorités doivent tout à la fois concilier l'incitation des entreprises à investir dans des algorithmes plus performants d'une part et la préservation d'une concurrence bénéfique aux consommateurs d'autre part.

À ce jour, aucune preuve n'est apportée que le déploiement des algorithmes de tarification a plus d'effets anticoncurrentiels que proconcurrentiels. Il faut attendre de disposer d'études microéconomiques sérieuses avant éventuellement d'envisager de nouveaux instruments de régulation sur les marchés numériques. Mais, les autorités de concurrence peuvent, elles aussi, utiliser des algorithmes afin de collecter automatiquement de l'information sur les marchés et détecter des « anomalies » de prix, susceptibles de relever d'une entente.

Bibliographie

BALAGUÉ (C.), « Pourquoi les entreprises doivent développer des algorithmes éthiques », *Harvard Business Review*, 12 juillet 2017

EZRACHI (A.) et STUCKE (M. E.), *Virtual Competition: The Promise and Perils of the Algorithm-Driven Economy*, Harvard University Press, 2016

EZRACHI (A.) et STUCKE (M. E.), « Artificial Intelligence & Collusion: When Computers Inhibit Competition », *University of Tennessee Legal Studies Research Paper* n° 267, 2015

MARTY (F.), « Algorithmes de prix, intelligence artificielle et équilibres collusifs », *RIDE* 2017/2, p. 83

MEHRA (S. K.), « Antitrust and the Robo-Seller: Competition in the Time of Algorithms », *Minnesota Law Review*, 2015, vol. 100, p. 1323

OCDE, « Algorithms and Collusion - Background Note by the Secretariat », DAF/COMP(2017)4, 9 juin 2017

SOKOL (D. D.) et COMERFORD (R. E.), « Antitrust and Regulating Big Data », *George Mason Law Review*, 2016, vol. 23, n° 5, p. 1129

STUCKE (M. E.) et EZRACHI (A.), « How Pricing Bots Could Form Cartels and Make Things More Expensive », Harvard Business Review, 27 octobre 2016

Comm. eur., communiqué IP/20/2077 du 10 novembre 2020, Pratiques anticoncurrentielles : la Commission adresse une communication des griefs à Amazon concernant l'utilisation des données non publiques de vendeurs indépendants et ouvre une seconde enquête sur ses pratiques en matière de commerce électronique

Comm. eur., communiqué IP/17/1784 du 27 juin 2017, Pratiques anticoncurrentielles : la Commission inflige à Google une amende de 2,42 milliards d'euros pour abus de position dominante sur le marché des moteurs de recherche en favorisant son propre service de comparaison de prix

Comm. eur., Législation sur les marchés numériques : garantir des marchés numériques équitables et ouverts, https://ec.europa.eu/info/strategy/priorities-2019-2024/europe-fit-digital-age/digital-markets-act-ensuring-fair-and-open-digital-markets_fr

Loi n° 2016-1321 du 7 octobre 2016 pour une République numérique, *JORF* n° 0235 du 8 octobre 2016

AMENDE

Sibylle CHAUDOUET
CY Cergy Paris Université

■ Premier aperçu

Les amendes irriguent tant le droit de la transparence des relations commerciales que celui des pratiques restrictives de concurrence ou anticoncurrentielles. Qu'elles soient pénales, administratives ou civiles, toutes ces amendes peuvent dans une certaine mesure être assimilées, en ce qu'elles ne sont pas versées à la victime, mais au Trésor public ou plus largement à l'État, et qu'elles relèvent, sous l'impulsion de la jurisprudence européenne et constitutionnelle, de la « matière pénale ». La qualification de « peines » ou de « sanctions répressives ayant le caractère d'une punition » leur est rattachée, de sorte qu'elles sont soumises à certains principes généraux ou garanties processuelles du droit répressif, quoiqu'avec quelques atténuations parfois, tels que la présomption d'innocence, la légalité des délits et des peines, la personnalité, proportionnalité ou nécessité des peines et la non-rétroactivité *in mitius*. Cela étant, seules sont abordées ici les amendes pénales et administratives, les amendes civiles faisant l'objet d'une définition distincte. Malgré leur nature analogue, un large mouvement de dépénalisation agite néanmoins ces amendes, qui se double d'une « administrativisation » de celles-ci, si l'on peut dire.

Les amendes pénales, en premier lieu, tendent en effet à se réduire à peau de chagrin, puisqu'elles se cantonnent à la répression des seules personnes physiques ayant pris une part personnelle, déterminante et frauduleuse dans la conception, l'organisation ou la mise en œuvre d'une entente, d'un abus de position dominante ou de dépendance économique (art. L. 420-6 C. com.).

Quant à la transparence et aux pratiques restrictives de concurrence, nouvellement dénommées « pratiques commerciales déloyales entre entreprises », elles tombent dans une large mesure sous le coup de sanctions civiles depuis la loi n° 2008-776 du 4 août 2008, dite « LME », et de sanctions administratives depuis la loi n° 2014-344 du 17 mars 2014, dite « Hamon ». Ici également, les amendes pénales ont été réduites à leur portion congrue depuis la dépénalisation des règles relatives aux délais de paiement et à la facturation à la faveur de l'ordonnance n° 2019-359 du 24 avril 2019, si bien que ne subsiste que la répression de la revente à perte (art. L. 442-5 C. com.), des prix *minima* imposés (art. L. 442-6 C. com.), du paracommercialisme (art. L. 442-10 C. com.), de la hausse ou baisse artificielle de prix à l'occasion d'enchères à distance (art. L. 442-9 C. com.) et, de manière plus marginale, des opérations promotionnelles sur les produits alimentaires (art. L. 443-1 C. com.). Mais la mise en œuvre de ces amendes apparaît assez limitée (v. les bilans annuels de la jurisprudence civile, administrative et pénale établis par la DGCCRF).

Les amendes administratives, en second lieu, s'articulent autour de deux axes.

Elles visent, d'une part, à sanctionner les manquements aux règles sur la transparence de la relation commerciale. Suivant le mouvement d'« administrativisation » des sanctions évoqué plus haut, l'administration étend sa sphère d'influence, se voulant ainsi en quelque sorte juge et partie, par l'édiction, en amont, d'amendes administratives toujours plus nombreuses passant par le canal des ordonnances souvent rédigées par le ministère de l'Économie et, en aval, par leur prononcé par la DGCCRF, bras armé de ce même ministère. Ainsi les manquements sont-ils recherchés et constatés, puis les amendes infligées par les agents de la DGCCRF selon les modalités prévues par les art. L. 470-1 et L. 470-2 C. com., le tout néanmoins sous le contrôle des juridictions de l'ordre administratif. Ceci étant précisé, les amendes administratives sont, en ce domaine, de trois ordres.

Elles sanctionnent, d'abord, le non-respect de la réglementation relative au formalisme contractuel et concernent les CGV (art. L. 441-1 IV et L. 441-1-1 *in fine* C. com.), les conventions écrites (art. L. 441-6 et L. 441-7 VI C. com.), la clause de renégociation (art. L. 441-8 *in fine* C. com.) ; en particulier pour les contrats portant sur des produits agricoles ou alimentaires, elles visent, pêle-mêle, les rabais, remises et ristournes et les services de coopération commerciale (art. L. 443-2 III C. com.), les bons de commande (art. L. 443-3 *in fine* C. com.), les indicateurs de référence pour la détermination du prix (art. L. 443-4 II C. com.), l'annulation de commande (art. L. 443-5 C. com.), la protection du secret des affaires (art. L. 443-6 C. com.), le refus de confirmer par écrit le contrat (art. L. 443-7 C. com.) ou encore la convention écrite (art. L. 443-8 VII C. com.).

La facturation, ensuite, après avoir été longtemps le réceptacle de sanctions pénales (anc. art. L. 441-4 et L. 441-5 C. com.), est, depuis l'ordonnance précitée, l'un des nouveaux bastions des amendes administratives (art. L. 441-9 II C. com.).

Il en va de même, enfin, des délais de paiement interentreprises, pour lesquels les amendes pénales ont cédé le pas à des amendes administratives, qui n'ont eu de cesse d'affermir leur emprise depuis la loi Hamon (art. L. 441-16 C. com.), et ce, malgré la grande instabilité qui caractérise ces règles maintes fois remaniées, mais aussi en dépit des tentatives, en vain, de remise en cause de la constitutionnalité ou de la conventionnalité du dispositif (Cons. const., déc. n° 2014-690 DC du 13 mars 2014 ; TA Lyon, 8 février 2018, *Casino*, n° 1509724 ; TA Paris, 9 octobre 2018, *Climespace*, n°s 1709708, 1712637, 1713282). La mainmise de telles amendes s'accompagne, par suite, d'une intensification des contrôles de l'administration à tous les stades de la procédure, allant de la recherche des manquements au prononcé de la sanction par les services de la DGCCRF, assorties de leur publication systématique selon la pratique dite du « *name and shame* », autrement dit de la mise au pilori des mauvais payeurs, renforçant ainsi la dimension préventive et dissuasive de ces actions (art. L. 470-2 V, al. 2, et R. 470-2 III, al. 1er, C. com.). Toujours est-il que la détermination du montant de ces amendes a été récemment précisée selon des modalités présentées plus bas (v. *infra*).

En définitive, les amendes administratives en matière de transparence de la relation commerciale brillent par leur absence d'homogénéité, leurs montants variant au gré des manquements qu'elles ont pour objet de sanctionner, allant de 15 000 à 2 millions d'euros, distincts pour les personnes physiques et morales, mais toujours doublés en cas de réitération, ce qui nuit à la lisibilité de cette matière.

Les amendes administratives visant, d'autre part, à sanctionner les pratiques anticoncurrentielles – mais aussi l'inexécution d'injonctions ou d'engagements – sont prépondérantes, tant en droit européen qu'en droit interne, au point que certains parlent d'« *amendologie* » (Idot, 2015). Bien que le droit français évoque plutôt les « *sanctions pécuniaires* », celles-ci sont bien de nature administrative, car prononcées par l'Autorité de la concurrence, laquelle est une autorité administrative indépendante et non une juridiction (art. L. 461-1 C. com. ; Cass. 2e civ., 30 septembre 2021, n°s 20-18.302 et 20-18.672 ; v. cependant, pour l'Autorité polynésienne de la concurrence, Cass. 2e civ., 4 juin 2020, n° 19-13.775). En outre, leurs montants très élevés infligés par cette autorité et la Commission européenne leur impriment une coloration quasi pénale, qui les soumet aux principes généraux du droit répressif. Ces amendes poursuivent à ce titre une fonction punitive pour le passé, réprimant des pratiques consommées, mais aussi dissuasive pour l'avenir, déjouant leur réitération à la fois par l'entreprise poursuivie et les autres opérateurs tentés de s'engager dans des pratiques similaires qui bafoueraient les règles de concurrence, d'autant plus qu'elles sont associées elles aussi à des mesures de publicité selon le fameux « *name and shame* », ce qui représente un coût important en termes d'image et de réputation s'ajoutant à leur coût financier. Face aux gendarmes de la concurrence, les entreprises, plutôt que d'avoir à supporter de telles amendes, sont alors poussées à préférer les procédures négociées, à savoir prendre des engagements ou transiger, voire à s'auto-incriminer ou à dénoncer les cartels et à coopérer pour prétendre à une immunité.

▪ Pour aller plus loin

Deux matières méritent tout particulièrement quelques développements, dans lesquelles la méthode de détermination du montant des amendes administratives a été récemment refondue et précisée.

S'agissant de la sanction du non-respect des délais de paiement ou des clauses ayant pour effet de retarder abusivement leur point de départ (art. L. 441-16 C. com.), son plafond est parmi les plus élevés qui soient, ayant été rehaussé, par la loi n° 2016-1691 du 9 décembre 2016, dite « Sapin 2 », à 75 000 euros pour une personne physique et à 2 millions pour une personne morale, ces *maxima* étant doublés en cas de réitération. Ainsi les sommes dont écopent certaines entreprises explosent-elles depuis peu, atteignant des records comme 3,7 millions d'euros à l'encontre d'un opérateur de téléphonie mobile ou 2 millions pour une enseigne de la grande distribution (v. plus généralement les bilans établis par la DGCCRF, préc.). Une telle sévérité s'explique par l'enjeu majeur que représente la lutte contre les retards de paiement pour le bon fonctionnement de l'économie et la compétitivité des entreprises. De tels retards obèrent en effet la trésorerie de nombre de PME et sont à l'origine de leurs défaillances, voire menacent leur existence même, celles-ci étant dès lors obligées de recourir à des financements bancaires à court terme, auquel s'ajoute le risque d'« effet domino » sur tous les acteurs de la chaîne économique, l'auteur de délais de paiement excessifs bénéficiant, corrélativement, d'un crédit fournisseur et d'un gain important en besoin de fonds de roulement.

Dans le silence des textes néanmoins, la DGCCRF a publié des lignes directrices destinées à éclairer non seulement le déroulement des enquêtes et des décisions de condamnation, soumis entre autres au contradictoire et à une obligation de motivation, mais aussi et surtout les critères dont elle tient compte lorsqu'elle évalue le montant des amendes administratives (v. lignes directrices relatives à la détermination des sanctions pour dépassement des délais de paiement interprofessionnels ; *adde* fiche pratique relative à la réglementation des délais de paiement). Bien que l'administration procède au cas par cas, conformément aux principes d'individualisation et de proportionnalité des peines, sous le contrôle des juridictions administratives (v. p. ex. CAA Marseille, 14 juin 2021, n° 20MA01711 et 11 octobre 2011, n° 19MA05488), elle opère, partant, une telle évaluation selon la méthodologie suivante :

- calcul du montant de base de l'amende équivalant au montant de la rétention de trésorerie générée par les retards de paiement des factures concernées, en additionnant les gains en besoin de fonds de roulement qui en sont issus ;
- ajustement compte tenu notamment de la taille et du chiffre d'affaires de l'entreprise poursuivie, ainsi que de l'importance des retards en cause par rapport au délai légal applicable ;

- limitation au maximum légal, tel qu'indiqué précédemment, pouvant être majoré, jusqu'à être doublé, en cas de réitération ;
- prise en compte de la situation financière de l'entreprise, selon les liasses fiscales ou tout élément justificatif qu'elle fournit, permettant le cas échéant de réduire le montant envisagé en fonction de ses difficultés financières, outre qu'elle peut solliciter un étalement du paiement de l'amende.

Le mode de calcul des amendes administratives en matière de pratiques anticoncurrentielles est cette fois gravé dans le marbre de la loi. Ainsi dépend-il en droit français de critères désormais unifiés et alignés sur ceux pratiqués par la Commission européenne (affinés dans ses lignes directrices pour le calcul des amendes infligées en application de l'article 23, paragraphe 2, sous a), du règlement (CE) nº 1/2003 du 1er septembre 2006). La logique est celle d'une application déconcentrée du droit européen indifféremment par les autorités nationales ou la Commission, selon le principe de l'autorité « la mieux placée ». En cohérence avec les aspirations d'harmonisation de la directive 2019/1 du 11 décembre 2018, dite « ECN+ », pour une plus grande efficacité des pouvoirs de sanction dévolus aux autorités nationales de concurrence, lesquelles doivent être capables « *d'infliger des amendes effectives, proportionnées et dissuasives aux [opérateurs] qui enfreignent* » les articles 101 et 102 TFUE (cons. 40 de la directive), la méthode d'appréciation sur laquelle reposent ces sanctions doit dès lors être unifiée. C'est chose faite depuis que l'Autorité de la concurrence a édicté un nouveau communiqué relatif à la méthode de détermination des sanctions pécuniaires le 30 juillet 2021, qui remplace le précédent du 16 mai 2011, et a mis à jour les critères lui permettant une telle détermination sous l'effet de l'adoption de nouvelles dispositions à l'article L. 464-2 C. com. par l'ordonnance nº 2021-649 du 26 mai 2021 transposant spécifiquement les articles 14 et 15 de la directive ECN+. Elle y apporte au demeurant un certain nombre d'ajustements complémentaires, qui s'inspirent de sa propre pratique décisionnelle et de celle de la Commission, ainsi que de la jurisprudence des juridictions de contrôle.

L'ébullition actuelle des autorités européenne comme interne a donné lieu à une refonte à la fois des critères d'appréciation de l'amende et de ses plafonds. Certes au service d'une plus grande transparence pour les opérateurs sur leur *modus operandi*, leur permettant d'estimer un ordre de grandeur de la sanction encourue, ces éclaircissements impliquent néanmoins de jongler entre les textes et leur propre doctrine, outre qu'ils ne fournissent aucune formule magique ni même arithmétique, le montant d'une telle sanction étant quantifié au cas par cas conformément aux principes de nécessité et de proportionnalité. Toujours est-il que ces autorités opèrent généralement selon une méthode de calcul qui suit un raisonnement en trois étapes.

1° Montant de base de l'amende, à partir de la valeur des ventes liées à l'infraction, qui permet de proportionner son assiette à l'ampleur économique de celle-ci et au poids relatif de chaque acteur qui y a pris part, avec parfois quelques adaptations, notamment pour les marchés bifaces ou multifaces de l'économie numérique ou les appels d'offres ponctuels. Ce montant de base est par la suite fonction de :

- la gravité de la pratique en cause, dont les éléments constitutifs sont actualisés (p. ex. la nature et les caractéristiques objectives de l'infraction ou des marchés en cause, ou bien les paramètres de concurrence affectés comme la diversité de l'offre, la qualité, l'innovation ou l'environnement, la politique de la concurrence étant ainsi « une sous-traitante du pacte vert », ou encore les personnes touchées). Du reste, les pratiques les plus graves, comme les ententes horizontales ou les abus de position dominante, sont affectées, sur le modèle du « ticket d'entrée » du droit européen, d'un coefficient additionnel de 15 et 25 % du montant de base. En d'autres termes, le simple fait pour une entreprise de participer à une entente pourra lui coûter en plus dans cette fourchette du bénéfice qu'elle réalise sur le produit concerné ;
- la durée de la pratique, qui est désormais un critère à part entière en droit français, avec un coefficient multiplicateur selon son nombre d'années ou *prorata temporis*.

Par ailleurs, la notion de « dommage causé à l'économie », inconnue de la directive, a été supprimée, pour éviter toute confusion avec la réparation d'un dommage subi par la victime d'une pratique, régie par ailleurs (art. L. 481-1 et s. C. com.).

2° Ajustements de ce montant de base propres à individualiser la sanction au regard de la situation de l'entreprise ou du groupe auquel elle appartient ou de celle de l'association d'entreprises (p. ex., à l'endroit de chaque partie à une entente) :

- à la baisse du fait de circonstances atténuantes, dont la liste est enrichie (not. la bonne foi déduite de l'ignorance de la pratique, la passivité ou le suivisme d'une entreprise ayant fait office de « franc-tireur », la contrainte subie par elle ou le faible effet de la pratique, le fait que celle-ci ait été « *autorisée, sollicitée ou encouragée* » par les pouvoirs publics, ou bien la coopération avec les autorités et la cessation de l'infraction dès les premières interventions de ces dernières) ;
- à la hausse du fait de circonstances aggravantes (not. la taille, la puissance économique ou les ressources importantes de l'acteur poursuivi, son rôle de meneur ou d'incitateur dans la conception ou la mise en œuvre de la pratique, la prise de mesures de contrainte ou de rétorsion afin de forcer d'autres à participer, ou lorsque les gains illicites sont supérieurs au montant de la sanction initialement envisagé). De plus, la réitération de la pratique, pouvant alourdir l'amende, fait l'objet d'une appréhension autonome, prenant en compte les sanctions dont il a déjà fait l'objet par une autre autorité ou juridiction.

3° Comparaison du montant ainsi obtenu au maximum légal, désormais le même pour tous, enserré dans des plafonds, non plus en valeur absolue, mais relative en pourcentage du chiffre d'affaires, qui peut faire l'objet d'ultimes correctifs :

- pour une entreprise, le montant maximum de la sanction est de 10 % de son chiffre d'affaires mondial. De plus, parmi les principales évolutions, un traitement à part est réservé aux associations d'entreprises – expression qui a remplacé celle d'organismes – conçues comme « *les organisations qui ont vocation à regrouper l'ensemble des entreprises d'une même profession, ou d'un même secteur, et les organisations syndicales* », les unes et les autres ayant pour « *objectif premier [...] de représenter et de défendre les intérêts de l'ensemble des entreprises d'une profession ou d'un secteur donnés, même [si elles] peuvent exercer à titre accessoire des activités économiques pour le bénéfice de leurs adhérents* » (Aut. conc., « Les organismes professionnels », étude, janvier 2021, pts 2 et 4, ce qui renvoie notamment aux GIE, aux syndicats, ou aux associations et ordres professionnels). Leurs pratiques étant à risque, en ce qu'elles jouent souvent un rôle de facilitateur des cartels, notamment par la diffusion de consignes tarifaires, d'informations sensibles ou de stratégies d'éviction, ces associations sont sérieusement « mises à l'amende » dans le dernier état du texte. Le summum de la sanction a en effet été substantiellement relevé, n'étant plus de 3 millions d'euros, mais pouvant aller jusqu'à 10 % du chiffre d'affaires de ces associations ou, lorsque l'infraction a trait à l'activité de leurs membres, 10 % du total des chiffres d'affaires mondiaux réalisés par chacun de ceux actifs sur le marché concerné ;
- correctifs finaux en fonction soit d'une éventuelle procédure de clémence (toilettée par le décr. n° 2021-568 du 10 mai 2021), entraînant une réduction, voire une immunité d'amende ; soit de la capacité contributive de l'entreprise (not. en cas de difficultés financières) ou de l'association d'entreprises, laquelle, lorsqu'elle est insolvable, peut lancer un appel à contribution de ses membres entre lesquels est instauré un mécanisme de solidarité ; soit de mesures de réparation adoptées, en cours de procédure, au bénéfice des victimes en exécution d'une transaction.

Le quantum des amendes est, au bout du compte, susceptible d'atteindre des sommets, signe, s'il en est, du tournant pris par les autorités vers une politique toujours plus répressive et dissuasive. En témoignent les sommes mirobolantes infligées par la Commission à Google, soit, au total, plus de 8,2 milliards d'euros en deux ans, pour avoir abusé de sa position dominante sur le marché des moteurs de recherche en conférant un avantage à son service de comparaison de prix (Comm. eur., 27 juin 2017, *Google Shopping*, aff. AT.39740, conf. par Trib. UE, 10 novembre 2021, aff. T-612/17), en renforçant sa position sur certains appareils mobiles (Comm. eur., 18 juillet 2018, *Google Android*, aff. AT.40099), ou encore en matière de publicité en ligne (Comm. eur., 20 mars 2019, *Google AdSense*, aff. AT.40411). L'Autorité française n'est pas en reste, puisqu'elle a condamné Apple à hauteur de 1,1 milliard d'euros pour ententes au sein de son réseau de distribution et abus de dépendance économique vis-à-vis de ses revendeurs « *premium* » (Aut. déc. n° 20-D-04 du 16 mars 2020). Par ailleurs, les amendes administratives peuvent se cumuler, soit entre elles lorsqu'elles sont prononcées à l'encontre d'un même auteur pour des manquements en concours, aucune limite n'étant plus prévue depuis la loi Sapin 2 (art. L. 470-2 VI et VII C. com. ; *adde* une QPC a été renvoyée sur ce dernier point par le Conseil d'État – 29 décembre 2021, *Eurelec*, n° 457203), soit avec une amende pénale infligée en raison des mêmes faits, dans la limite du maximum légal le plus élevé (sauf en cas d'obstruction à l'enquête, Cons. const., déc. n° 2021-892 QPC du 26 mars 2021, *Akka technologies*). Dans un autre ordre d'idées, « *le principe* ne bis in idem *[...] ne s'oppose pas à ce qu'une autorité nationale de concurrence inflige à une entreprise, dans le cadre d'une même décision, une amende pour violation du droit national de la concurrence et une amende pour violation de l'article [102 TFUE]* », en s'assurant « *que les amendes prises ensemble sont proportionnées à la nature de l'infraction* » (CJUE, 3 avril 2019, *Powszechny Zakład Ubezpieczeń na Życie*, aff. C-617/17 ; Behar-Touchais, 2019).

Les entreprises étant aujourd'hui conscientes plus encore qu'hier de ce à quoi s'attendre lorsqu'elles franchissent la ligne jaune, il ne reste plus qu'à les inciter à adopter des programmes de conformité aux règles de concurrence, dans la lignée de la très à la mode *compliance* (Aut. conc., Document-cadre du 24 mai 2022 sur les programmes de conformité aux règles de concurrence).

Bibliographie

Allix (N.), *Les sanctions pécuniaires civiles*, Paris-La Défense, LGDJ, 2022

Apel (A.), *Les amendes en droit français et en droit européen des pratiques anticoncurrentielles*, Paris, L'Harmattan, 2022

Behar-Touchais (M.), « Le cumul des amendes pour violation du droit européen et du droit national de la concurrence et le principe *ne bis in idem* », *LEDICO* déc. 2019, n° 112r1, p. 6

Bosco (D.), « Transposition française de la directive ECN+ : vers une mise en œuvre plus efficace de l'antitrust », *Contrats, conc., consom.* 2021, comm. 121

Bosco (D.), « Inconstitutionnalité de l'article L. 464-2 V, alinéa 2 du Code de commerce », *Contrats, conc., consom.* 2021, comm. 103

Chagny (M.), « La résistible ascension du juge administratif dans le droit de la concurrence ? », *AJCA* 2015, p. 289

CLAUDEL (E.), « Communiqué de l'Autorité de la concurrence relatif à la méthode de détermination des sanctions pécuniaires du 30 juillet 2021. Vers un durcissement des sanctions prononcées par l'Autorité de la concurrence ? », *RTD com.* 2021, p. 583

CLAUDEL (E.), « Ordonnance n° 2021-649 du 26 mai 2021 relative à la transposition de la directive (UE) 2019/1 du Parlement européen et du Conseil du 11 décembre 2018 visant à doter les autorités de concurrence des États membres des moyens de mettre en œuvre plus efficacement les règles de concurrence et à garantir le bon fonctionnement du marché intérieur : la directive ECN+ enfin transposée ! », *RTD com.* 2021, p. 562

COMBE (E.) et MONNIER-SCHLUMBERGER (C.), « Le calcul de l'amende en matière de cartel : une approche économique », *Concurrences*, n° 3-2007, art. n° 13812, p. 39

Comm. CE, Lignes directrices pour le calcul des amendes infligées en application de l'article 23, paragraphe 2, sous a), du règlement (CE) n° 1/2003, *JOUE* n° C 210 du 1er septembre 2006, p. 2

DGCCRF, Bilans annuels de la jurisprudence civile, administrative et pénale, https://www.economie.gouv.fr/cepc/etudes-jurisprudence

DGCCRF, « Les délais de paiement », Fiches pratiques, février 2022

DGCCRF, Lignes directrices relatives à la détermination des sanctions pour dépassement des délais de paiement interprofessionnels, 2 décembre 2021

DUMARÇAY (M.), « Des lignes de force au forçage des lignes, il n'y a qu'un pas... : retour sur la méthode de fixation du maximum légal de l'amende encourue au titre d'une pratique anticoncurrentielle », *RLC* 2017/57, n° 3107

FOURNIER DE CROUY (N.), « La transaction en droit de la concurrence : comment (ré) concilier célérité et dissuasion ? », *RLC* 2018/73, p. 14

IDOT (L.), « Le Tribunal de l'Union se prononce pour la première fois sur la procédure de transaction », *RDC* 2015, n° 112q1, p. 928

LASSERRE (B.), « Le rôle de la sanction pécuniaire en droit de la concurrence », *RLC* 2010/24, p. 74

NOBILEAU (M.), « Implementation of the ECN+ Directive France: Implementation of the ECN+ Directive by the Ordinance of 26 May 2021 », *European Competition and Regulatory Law Review*, 2021, vol. 5, n° 3, p. 252

PELTIER (V.), « Abrogation du second alinéa du paragraphe V de l'article L. 464-2 du Code de commerce », *Dr. pén.* 2021, comm. 101

SUBRÉMON (S.), « Transiger avec ses clients victimes de pratiques anticoncurrentielles en cours de procédure devant l'Autorité de la concurrence : vraie solution ou fausse bonne idée ? », *RLC* 2021/110, p. 17

Aut. conc., Document-cadre du 24 mai 2022 sur les programmes de conformité aux règles de concurrence

Aut. conc., Communiqué de l'Autorité de la concurrence relatif à la méthode de détermination des sanctions pécuniaires, 30 juillet 2021

Aut. conc., « Les organismes professionnels », étude, janvier 2021

Aut. conc., Communiqué du 16 mai 2011 relatif à la méthode de détermination des sanctions pécuniaires

Décret n° 2021-568 du 10 mai 2021 relatif à la procédure d'exonération totale ou partielle des sanctions pécuniaires prévue au IV de l'article L. 464-2 du code de commerce, *JORF* n° 0110 du 12 mai 2021

Directive (UE) 2019/1 du Parlement européen et du Conseil du 11 décembre 2018 visant à doter les autorités de concurrence des États membres des moyens de mettre en œuvre plus efficacement les règles de concurrence et à garantir le bon fonctionnement du marché intérieur, *JOUE* n° L 11 du 14 janvier 2019, p. 3

Loi n° 2016-1691 du 9 décembre 2016 relative à la transparence, à la lutte contre la corruption et à la modernisation de la vie économique, *JORF* n° 0287 du 10 décembre 2016

Loi n° 2014-344 du 17 mars 2014 relative à la consommation, *JORF* n° 0065 du 18 mars 2014

Loi n° 2008-776 du 4 août 2008 de modernisation de l'économie, *JORF* n° 0181 du 5 août 2008

Ordonnance n° 2021-649 du 26 mai 2021 relative à la transposition de la directive (UE) 2019/1 du Parlement européen et du Conseil du 11 décembre 2018 visant à doter les autorités de concurrence des États membres des moyens de mettre en œuvre plus efficacement les règles de concurrence et à garantir le bon fonctionnement du marché intérieur, *JORF* n° 0121 du 27 mai 2021

Voir aussi

Abus de position dominante - Amende civile - Clémence - Entente (ou cartel) - Sanctions pénales

AMENDE CIVILE

Sibylle CHAUDOUET
CY Cergy Paris Université

■ Premier aperçu

L'amende civile est de plus en plus mobilisée par le législateur, afin généralement de saisir les fautes intentionnelles. Les codes en regorgent, que l'on songe entre autres au code de procédure civile, qui condamne par ce biais les actions abusives ou dilatoires (art. 32-1 et 559 CPC ; rappr., pour l'action de groupe, art. L. 77-10-14 CJA, ou le secret des affaires, art. L. 152-8 C. com.), au code civil, où elle prolifère pour enrayer des comportements divers (not. art. 192, 373-2-6, 411-1 ou 417 C. civ.), ou encore au code de la consommation, où, sous l'impulsion de la directive (UE) 2019/2161 du 27 novembre 2019, dite « Omnibus », elle vient de faire son apparition pour durcir la sanction des pratiques commerciales déloyales, du maintien de clauses déjà jugées abusives ou des infractions de grande ampleur (art. L. 241-1-1 C. cons.). L'amende civile a donc de beaux jours devant elle au vu de sa propagation dans de nombreuses branches du droit à la faveur d'un mouvement de dépénalisation, et ce, en dépit du projet avorté sur ce point de réforme de la responsabilité civile de la Chancellerie du 13 mars 2017 qui, dans sa dernière version remaniée par la proposition de loi du Sénat du 29 juillet 2020, signe l'abandon, du moins à court terme, de cette innovation incriminant « *l'auteur du dommage [ayant] délibérément commis une faute en vue d'obtenir un gain ou une économie* » (nouv. art. 1266-1 C. civ. ; Comm. des lois du Sénat, Rapport n° 663, 22 juillet 2020).

Cela étant, la filiation est directe dans ces derniers cas avec le droit des pratiques restrictives de concurrence, dénommées depuis peu pratiques commerciales déloyales entre entreprises. Et c'est sans doute en cette matière, à laquelle est consacrée la présente définition, que l'amende civile est la plus ancrée depuis son introduction par la loi n° 2001-420 du 15 mai 2001, dite « NRE ». Une sanction d'une telle nature a ainsi été préférée à la voie pénale ou administrative. À travers elle, le législateur se livre à un exercice d'équilibriste face aux fautes lucratives, ces fautes qui rapportent plus à leur auteur que ce qu'elles ne lui coûteraient potentiellement en cas de condamnation à de simples dommages et intérêts, là où le sacro-saint principe de réparation intégrale du préjudice se montre souvent insuffisant – pour rappel, est réparé tout le préjudice, mais rien que le préjudice (v. cependant l'audace des juges en matière de parasitisme, le préjudice concurrentiel étant évalué au regard de l'avantage indu et de l'économie réalisée par l'auteur d'actes de concurrence déloyale, de telle façon que cette extension du principe de réparation intégrale revêt une vocation restitutoire ou confiscatoire des gains illicites ainsi intégrés dans l'indemnisation du dommage, Cass. com., 12 février 2020, n° 17-31.614 et 17 mars 2021, n° 19-10.414). Entretenant une certaine parenté avec les dommages et intérêts punitifs, ces « *punitive damages* » bien connus du système américain, l'amende civile invite donc à se placer du côté non pas du préjudice subi par la victime, mais du comportement du fautif, afin que « *les profits espérés [...] dans le cadre des pratiques illégales, [ne soient pas] supérieurs aux risques encourus* » (Cons. const., déc. n° 2011-126 QPC du 13 mai 2011, *Système U*). En bref, l'amende civile punit plus qu'elle ne répare. Elle a effectivement ceci de particulier de poursuivre des finalités exorbitantes du droit commun, lesquelles dépassent la protection d'intérêts individuels pour embrasser l'intérêt général et le bon fonctionnement du marché. En témoignent ses titulaires, à savoir les seuls ministère public et ministre de l'Économie à l'occasion de son action autonome de protection de la concurrence, et non en substitution exercée en lieu et place des victimes. Sa nature renseigne sur les objectifs poursuivis, à savoir conférer au ministre une mission de police économique, sous-tendue par une finalité plus large de régulation du marché, en particulier celui de la grande distribution, au nom de l'ordre public économique. La protection des parties faibles n'est donc qu'un moyen, très indirect au demeurant, au service de cette fin plus large. Déconnectée de toute logique réparatrice, l'amende civile est alors répressive, punitive et dissuasive, visant tant à prévenir et à condamner les pratiques prohibées qu'à éviter leur réitération. Partant, son qualificatif – civile – ne doit pas tromper, puisque, relevant de la matière pénale, en tant que « *sanction ayant le caractère d'une punition* », elle est soumise aux principes généraux du droit répressif, tels que la légalité des délits et des peines (*Système U*, préc. ; Cons. const., déc. n° 2018-749 QPC du 30 novembre 2018, *Carrefour* ; comp. la définition du manquement en des termes insuffisamment clairs et précis, la non-conformité à ce principe de l'amende civile en cas de méconnaissance du devoir de vigilance des sociétés mères et des entreprises donneuses d'ordre, Cons. const., déc. n° 2017-750 DC du 23 mars 2017), la proportionnalité ou la personnalité des peines (susceptible d'adaptations en présence d'une personne morale absorbante qui encourt l'amende pour des pratiques commises par la société dissoute dont elle poursuit l'activité, Cons. const., déc. n° 2016-542 QPC du 18 mai 2016, *ITM* ; entérinée par la CEDH, 1er octobre 2019, *Carrefour c/ France*, n° 37858/14 ; T. com. Lille, 14 novembre 2018, n° 2016021008 ; CA Paris, 8 janvier 2020, RG 18/04493 ; v. déjà, Cass. com., 21 janvier 2014, n° 12-29.166), ou encore la présomption d'innocence (T. com. Paris, 18 novembre 2019, RG 2017025155 et 2017025159 ; *adde* 27 avril 2020, RG 2017020533 ; 2 juin 2020, RG 2015024900) et l'interprétation stricte (not. CA Paris, 11 janvier 2019, RG 17/00234).

■ Pour aller plus loin

En matière d'amende civile de nature à sanctionner les pratiques restrictives de concurrence, le ministre de l'Économie se montre assez actif, à grand renfort de communiqués et de publicités selon la procédure dite du « *name and shame* », à l'encontre en particulier des enseignes de la grande distribution, s'agissant principalement du déséquilibre significatif et de l'avantage sans contrepartie ou manifestement disproportionné, moins de rupture brutale des relations commerciales établies où les opérateurs agissent sans le secours d'un tiers, du fait d'une moindre crainte des représailles, car ils n'ont, pour ainsi dire, plus grand-chose à perdre (sauf lorsque la rupture risque d'engendrer la disparition d'un agent économique, ce qui influence le marché de manière négative et trouble l'ordre public ; not. CA Paris, 8 janvier 2020, RG 18/04493 ; v. plus généralement les bilans annuels de la jurisprudence civile, administrative et pénale établis par la DGCCRF).

L'amende civile prend place parmi un panel de sanctions prévues à l'article L. 442-4 I C. com. (anc. art. L. 442-6 III), avec lesquelles elle peut le cas échéant se cumuler, comme la restitution des avantages indûment perçus, la cessation des pratiques, ou la nullité des clauses ou contrats illicites). Mais elle prend une coloration toute particulière, qui s'observe surtout dans la détermination de son montant. En dépit néanmoins de toute indication dans le texte quant à ses critères d'évaluation mis à part l'édiction de plafonds, la dernière réforme par ordonnance n° 2019-359 du 24 avril 2019 n'ayant pas jugé bon de les préciser, c'est donc à la pratique juridictionnelle qu'il convient de se référer, laquelle opère une lecture de plus en plus « concurrentialiste » directement inspirée du droit des pratiques anticoncurrentielles, qui dispose, pour sa part, de critères définis par la loi. Si l'appréciation du montant d'une telle amende relève alors du pouvoir souverain des juges du fond, la Cour de cassation veille malgré tout à ce qu'ils procèdent à une individualisation (not. en cas de condamnation *in solidum*, Cass. com., 4 octobre 2016, *Carrefour*, n° 14-28.013 ; T. com. Paris, 2 septembre 2019, *Amazon*, RG 2017050625 ; T. com. Paris, 22 février 2021, *Carrefour*, RG 2016071676) et respectent une certaine proportionnalité, conformément aux principes répressifs évoqués plus haut (v. not. Cass. com., 18 octobre 2016, n° 15-13.834).

Ceci étant précisé, moyennant une systématisation de la jurisprudence, au premier chef de la cour d'appel de Paris, plusieurs critères d'évaluation du quantum de l'amende civile peuvent être dégagés. Ainsi celui-ci peut-il être modulé, à la hausse comme à la baisse, selon des facteurs aggravants et atténuants, en fonction :

- de la gravité de la pratique en cause et éventuellement de sa réitération ou de sa persistance (v. not. une société ne changeant pas son comportement ou ses clauses jugées illicites, T. com. Lille, 7 septembre 2011, RG 2009/05105 ; CA Paris, 2 février 2012, RG 09/22350 ; T. com. Paris, 13 octobre 2020, RG 2017005123 ; ou, à l'inverse, une société ayant fait preuve de loyauté ou de coopération en faisant évoluer ses pratiques contractuelles en cours de procédure, T. com. Lille, 6 janvier 2010, RG 2009-05184 ; T. com. Paris, 29 novembre 2016, RG 2014027403 ; T. com. Paris, 2 septembre 2019, RG 2017050625) ;
- de ses effets avérés ou non (p. ex. CA Paris, 19 avril 2017, RG 15/24221 ; 16 mai 2018, RG 17/11187, tenant compte de la rétrocession aux consommateurs d'avantages indûment perçus par un distributeur ou du caractère plus sporadique des pratiques qu'allégué au départ) ;
- du dommage causé à l'économie ou du trouble porté à l'ordre public économique résultant de ladite pratique, étant donné qu'étant sanctionnable *per se*, il n'est pas nécessaire de démontrer son objet ou effet anticoncurrentiel (à titre d'illustrations d'un tel trouble, l'application à un grand nombre de fournisseurs de clauses déséquilibrées insérées dans des contrats type, la disparition de la société victime de la rupture, entraînant des effets négatifs sur la variété et l'importance de l'offre sur le marché concerné, la désorganisation et la restructuration sociale de celle-ci, la rupture à son tour de ses relations avec certains de ses clients ou fournisseurs, la réduction de sa marge entraînant des répercussions générales sur les tarifs qu'elle pratique, faussant le libre jeu de la concurrence, ou des prestations de coopération commerciales fictives ayant le même effet en créant des prix artificiellement élevés de nature à léser le consommateur, Cass. com., 15 mars 2017, n° 15/18.381, ou encore la distorsion de concurrence créée par une pratique vis-à-vis tant des entreprises qui n'y seraient pas soumises que des concurrents de la société mise en cause qui ne la mettraient pas en œuvre ; à l'inverse, le trouble à l'ordre public économique peut être écarté p. ex. en cas de crise économique justifiant la rupture des relations ou de faiblesse de l'activité réalisée par l'entreprise victime auprès de celle mise en cause) ;
- de la situation individuelle de l'entreprise mise en cause, notamment le montant des bénéfices réalisés grâce à la pratique ou l'importance de son chiffre d'affaires (v. p. ex. CA Paris, 1er juillet 2015, RG 13/19251 ; 19 avril 2017, RG 15/24221 ; 21 juin 2017, RG 15/18784 ; 16 mai 2018, RG 17/11187), le cas échéant pour évaluer sa capacité contributive ;
- de « l'effet d'entraînement » que peut avoir le comportement de l'entreprise poursuivie d'une certaine taille et notoriété sur les autres opérateurs du secteur, lesquels seraient par là même tentés de recourir à des pratiques similaires, ou bien le « devoir d'exemplarité »

d'un acteur majeur (not. CA Paris, 12 juin 2019, RG 18/20323), à l'image de « l'effet papillon », les agissements de l'un des acteurs du marché pouvant ainsi avoir des répercussions sur les autres.

La loi, pour sa part, se borne à enserrer le quantum de l'amende dans des plafonds qui n'ont cessé de croître au fil des réformes. Cette sanction a en effet été considérablement durcie pouvant atteindre le plus élevé des trois montants alternatifs suivants :

- cinq millions d'euros, depuis la loi n° 2016-1691 du 9 décembre 2016, dite « Sapin 2 », ayant alourdi ce maximum de deux millions à cinq, inspirée par plusieurs affaires ayant révélé des rémunérations payées par des fournisseurs pour des services fictifs hors de proportion par rapport à ce montant antérieurement prévu ;
- 5 % du chiffre d'affaires réalisé en France par l'auteur de la pratique (p. ex. le ministre a pu demander une amende de 6 millions d'euros, soit 5 % du chiffre d'affaires, ramenée par les juges à 1,7 million correspondant à 1,5 %, les différentes sociétés d'un groupe de distribution y étant condamnées *in solidum*, mais seul le chiffre d'affaires de la centrale de référencement étant pris comme assiette, T. com. Paris, 22 février 2021, RG 2016071676). En outre, a été formellement supprimée du texte la mention « *de manière proportionnée aux avantages tirés du manquement* », la charge probatoire ayant été considérée comme trop lourde pour le ministre ;
- le triple du montant des avantages indûment perçus ou obtenus par l'auteur, les sommes pouvant alors être importantes si l'on prend l'exemple d'une affaire où des clauses déséquilibrées ont coûté 78 millions d'euros à des fournisseurs (CA Paris, 12 juin 2019, RG 18/20323), ce qui ferait potentiellement bondir l'amende à 234 millions d'euros.

En définitive, les opérateurs économiques sont passibles d'une amende civile dont le montant pèse de plus en plus lourd, auquel s'ajoute éventuellement une astreinte (art. L. 470-1 I 1° C. com.) et, si elle ne revient certes pas aux victimes, ce qui évite un transfert injustifié de l'enrichissement du fautif vers celles-ci, elle est reversée au Trésor public, dont les caisses se remplissent d'autant, par où l'on perçoit le caractère politique de cette sanction (pour le montant total des amendes prononcées chaque année, p. ex. 3,9 millions d'euros en 2020, v. les bilans établis par la DGCCRF, préc.).

Bibliographie

DGCCRF, Bilans annuels de la jurisprudence civile, administrative et pénale, https://www.economie.gouv.fr/cepc/etudes-jurisprudence

Alès (Th. d') et Terdjman (L.), « L'introduction envisagée de mécanismes répressifs dans le droit de la responsabilité civile : le Rubicon sera-t-il franchi ? », *AJCA* 2017, p. 69

ALLIX (N.), *Les sanctions pécuniaires civiles*, Paris-La Défense, LGDJ, 2022

ARCELIN (L.), « "L'adaptabilité" du principe de personnalité des peines aux sanctions administratives du droit économique », *AJCA* 2016, p. 338

BARBIER (H.), « La regrettable distinction entre sanctions pénales et sanctions administratives ou civiles afin d'en déterminer leur transmissibilité en cas de fusion », *RTD civ.* 2016, p. 628

BEHAR-TOUCHAIS (M.), « Une amende civile peut être prononcée à l'encontre de la société absorbante pour des pratiques restrictives de concurrence commises par la société absorbée », *RDC* 2016, n° 113r2, p. 683

BEHAR-TOUCHAIS (M.), « L'amende civile prévue à l'article L. 442-6, III du Code de commerce est bien répressive », *RDC* 2011, n° 2, p. 536

BEHAR-TOUCHAIS (M.), « L'amende civile est-elle un substitut satisfaisant à l'absence de dommages-intérêts punitifs ? », *LPA* nov. 2002, p. 36

BORGHETTI (J.-S.), « La réparation intégrale du préjudice à l'épreuve du parasitisme », *D.* 2020, p. 1086

BUY (F.), « Concurrence déloyale : La Cour de cassation décide, dans un arrêt de principe, que la réparation du préjudice peut être évaluée en prenant en considération l'avantage indu que s'est octroyé l'auteur des actes de concurrence déloyale (*Cristallerie de Montbronn / Cristal de Paris*), », *Concurrences* n° 2-2020, art. n° 94847, p. 113

CHAGNY (M.), « Consécration d'une évaluation du préjudice en considération de l'avantage indu obtenu par l'auteur de la faute de concurrence déloyale », *RTD com.* 2020, p. 313

CHAUDOUET (S.), *Le déséquilibre significatif*, Paris-La Défense, LGDJ, 2021

CONSTANTIN (L.), « Rupture brutale des relations commerciales : précisions sur le régime de l'amende civile », *AJCA* 2015, p. 229

COURET (A.), « Fusion : la transmission à la société absorbante de l'amende civile sanctionnant le comportement de l'absorbée », *BJS* mars 2014, n° 111n8, p. 180

DREYER (E.), « L'amende civile concurrente de l'amende pénale ? », *JCP E* 2017, 1344

DREYER (E.), « La sanction de la faute lucrative par l'amende civile », *D.* 2017, p. 1136

FOURNIER DE CROUY (N.), *La faute lucrative*, Paris, Economica, 2018

FOURNIER DE CROUY (N.), « Consécration de la faute lucrative en droit commun : pourquoi ne dit-elle pas son nom ? Regard porté sur la constitutionnalité et l'efficacité de l'article 1266-1 du projet de réforme de la responsabilité civile », *LPA* 8 nov. 2017, n° 128f3, p. 5

GRAZIANI (F.), « La généralisation de l'amende civile : entre progrès et confusions. Commentaire de l'article 1266-1 du projet de réforme de la responsabilité civile », *D.* 2018, p. 428

JAVAUX (B.), « L'amende civile, entre sanction pénale et punitive damages ? », *JCP G* 2019, p. 276

JUEN (E.), « Vers la consécration des dommages-intérêts punitifs en droit français. Présentation d'un régime », *RTD civ.* 2017, p. 565

MAINGUY (D.), « Vers une véritable réparation intégrale du préjudice économique ? », *JCP E* 2020, p. 38

MALAURIE-VIGNAL (M.), « L'exemplarité de l'amende civile », in *Flux et reflux de la rupture d'une relation commerciale : application de l'article L.442-6, I, 5° du Code de commerce : excès constatés et modérations possibles*, Paris, LexisNexis, 2018, p. 115

MALAURIE-VIGNAL (M.), « Entre répression et réparation, que faut-il choisir ? Réflexion sur les amendes civile et administrative », *Contrats, conc., consom.* 2017, repère 10

MARTIN (A.-C.), « L'efficacité de l'action en concurrence déloyale renouvelée par la démonstration d'un préjudice facilitée », *RLC* 2020/100, p. 20

MESA (R.), « Précisions sur la notion de faute lucrative et son régime », *JCP G* 2012, p. 625

MESA (R.), « Les fautes lucratives en droit privé », thèse, Université du Littoral, 2006

MONCUIT DE BOISCUILLÉ (G. de), *La faute lucrative en droit de la concurrence*, Paris, Concurrences, 2020

PELLET (S.), « Concurrence déloyale : d'importantes précisions sur le préjudice réparable », *RDC* 2020, p. 36

PROROCK (J.), « L'amende civile dans la réforme de la responsabilité civile. Regard critique sur la consécration d'une fonction punitive générale », *RTD civ.* 2018, p. 327

REBEYROL (V.), « Précisions sur la réparation du préjudice causé par des faits de concurrence déloyale », *JCP G* 2020, p. 1205

RIAS (N.), « L'amende civile : une fausse bonne idée ? À propos de l'avant-projet de loi portant réforme du droit de la responsabilité civile », *D.* 2016, p. 2072

ROUSSEAU (F.), « L'amende civile face aux principes directeurs du droit pénal », *JCP G* 2018, doctr. 686

Directive (UE) 2019/2161 du Parlement européen et du Conseil du 27 novembre 2019 modifiant la directive 93/13/CEE du Conseil et les directives 98/6/CE, 2005/29/CE et 2011/83/UE du Parlement européen et du Conseil en ce qui concerne une meilleure application et une modernisation des règles de l'Union en matière de protection des consommateurs, JOUE n° L 328 du 18 décembre 2019, p. 7

Ordonnance n° 2019-359 du 24 avril 2019 portant refonte du titre IV du livre IV du code de commerce relatif à la transparence, aux pratiques restrictives de concurrence et aux autres pratiques prohibées, *JORF* n° 0097 du 25 avril 2019

Loi n° 2016-1691 du 9 décembre 2016 relative à la transparence, à la lutte contre la corruption et à la modernisation de la vie économique, *JORF* n° 0287 du 10 décembre 2016

Loi n° 2001-420 du 15 mai 2001 relative aux nouvelles régulations économiques, *JORF* n° 113 du 16 mai 2001

Voir aussi

Amende - Juridictions spécialisées - Nullité - Parasitisme - Sanctions pénales

A

AMICUS CURIAE

Emmanuelle CLAUDEL
Université Paris-Panthéon-Assas

Premier aperçu

L'*amicus curiae* est traditionnellement défini comme un « consultant extraordinaire » et un « informateur bénévole » qui intervient à l'audience afin d'éclairer le juge (définition partiellement empruntée au *Vocabulaire juridique* de G. Cornu). En droit de la concurrence, ce rôle est dévolu à la Commission européenne et aux autorités nationales de concurrence.

Pour aller plus loin

La Commission européenne, amicus curiae

En droit européen, la fonction d'*amicus curiae* puise dans le principe de coopération loyale entre l'Union et les États membres (art. 4 TFUE et CJCE, 28 février 1991, *Delimitis*, aff. C-234-89, pt 53). Elle se justifie en droit de la concurrence par la technicité de la matière et la complexité des analyses économiques requises, et ce, dans différents domaines.

En droit des pratiques anticoncurrentielles, la procédure d'*amicus curiae* a été formalisée par le règlement (CE) n° 1/2003 du 16 décembre 2002 (art. 15), complété par la communication de la Commission sur la coopération entre la Commission et les juridictions nationales (*JOUE* n° C 101, 27 avril 2004, p. 54). Elle se décline en trois formes.

Les deux premières formes sont à l'initiative des juges. Ceux-ci peuvent, d'une part, solliciter des informations, d'ordre procédural notamment, qui sont en la possession de la Commission (art. 15, para. 1 du règl. ; pts 21 et 22 de la communication). Ils peuvent, d'autre part, solliciter son avis sur des questions économiques, factuelles ou juridiques relatives à l'application des règles européennes de concurrence (art. 15, para. 2). L'information est supposée transmise dans le mois qui suit la demande, et l'avis dans les quatre mois. Dans les deux cas, le cadre procédural applicable est national et c'est lui qui garantit le respect du contradictoire (art. R. 470-3 C. com.). Ces deux dispositions sont peu sollicitées (v. cependant Aut. conc., avis n° 14-A-18 du 16 décembre 2014, *Bottin Cartographes*).

La troisième incarnation de l'*amicus curiae* est la plus intéressante et la plus vigoureuse. Elle permet à la Commission de soumettre spontanément au juge des observations, écrites ou orales, cette dernière hypothèse étant cependant subordonnée à l'accord de la juridiction concernée (art. 15, para. 3). Cette intervention est subordonnée à la démonstration que l'application cohérente de l'article 101 ou 102 TFUE l'exige, condition interprétée avec souplesse par la Cour de justice (CJUE, 11 juin 2009, *X BV*, aff. C-429/07). De 2006 à 2022, la Commission a usé vingt fois de cette possibilité.

Différents principes gouvernent cette assistance. La Commission doit en premier lieu respecter l'indépendance des juridictions. C'est pourquoi ses observations et avis ne lient pas le juge, à la différence des interprétations rendues par la Cour dans le cadre du renvoi préjudiciel. Ces procédures sont d'ailleurs complémentaires et ne s'excluent pas mutuellement. La Commission doit par ailleurs rester neutre et objective et ne pas servir les intérêts des parties visées par le litige, qu'elle ne saurait donc entendre. Elle doit enfin garantir le respect du secret professionnel et préserver son fonctionnement et sa propre indépendance.

Il existe de beaux exemples d'interventions spontanées de la Commission. En France, la Commission est par exemple intervenue devant la Cour de cassation pour préciser la notion d'affectation sensible du commerce entre États membres dans l'hypothèse d'une entente régionale (Cass. com., 1er mars 2011, *Total Réunion*, n° 09-72.655). Elle est également intervenue devant la cour d'appel de Paris pour soutenir la qualification en restriction caractérisée de l'interdiction aux ventes en ligne dans le cadre des contrats de distribution sélective (CA Paris, 29 octobre 2009, *Pierre Fabre Dermo-Cosmétique*, RG 2008/23812).

Aujourd'hui, l'épanouissement du contentieux subjectif ouvre un nouveau champ d'intervention à cette fonction. La directive 2014/104/UE du 26 novembre 2004 prévoit en son article 16 que « *[l]a Commission délivre à l'intention des juridictions nationales des orientations sur la façon d'estimer la part du surcoût qui a été répercutée sur les acheteurs indirects* ». Plus généralement, on peut considérer que la publication de nombreux textes de *soft law* à destination des juges participe de cette mission (quantification du préjudice, 2013 ; estimation de la part du surcoût répercutée sur les acheteurs indirects, 2019 ; protection des informations confidentielles, 2020).

En droit des aides d'État, une mission d'*amicus curiae* a également été reconnue à la Commission (art. 29 du règl. de procédure (UE) 2015/1589). Elle répond aux mêmes principes et prend les mêmes formes que celles prévues en droit des pratiques anticoncurrentielles : réponses à des demandes d'informations et d'avis émanant des juges (art. 29, para. 1) et production d'observations écrites ou orales de sa propre initiative (art. 29, para. 2). La procédure d'*amicus curiae* dans ce domaine a été explicitée par une communication de la Commission relative à la mise en œuvre des règles en matière d'aides d'État par les juridictions nationales (*JOUE* n° C 305 du 30 juillet 2021, p. 1). La Commission use régulièrement de son pouvoir d'intervention, puisqu'on dénombre dix présentations d'observations pour la période 2014-2020.

Notons que la Commission peut également produire des observations devant d'autres cours. Elle a ainsi plusieurs fois produit des observations devant des tribunaux américains (New York, Columbia, etc.) ou devant des cours et tribunaux arbitraux.

Les autorités nationales de concurrence, amici curiae

Les autorités nationales de concurrence ont également une mission d'éclairage et de soutien vis-à-vis du juge. En France, l'article L. 462-3 du code de commerce prévoit la possibilité pour les juridictions, administratives et judiciaires, de consulter pour avis l'Autorité de la concurrence sur les pratiques anticoncurrentielles définies aux articles L .420-1 et suivants du même code, ainsi qu'aux articles 101 et 102 TFUE. Elles en font un usage parcimonieux.

Le texte prévoit que l'Autorité ne peut donner un avis, lequel ne lie pas la juridiction, qu'après une procédure contradictoire. Il est à noter que l'Autorité est dans ce cadre autorisée à qualifier les faits, ce que ne peut pas faire la Commission européenne.

Notons qu'en droit national également, le développement des actions indemnitaires a vocation à amplifier le rôle d'*amicus curiae* imparti à l'Autorité : outre les règles gouvernant désormais la communication au juge civil d'informations issues des dossiers de l'Autorité (art. L. 483-1 à 11 C. com.), la directive 2014/104/UE prévoit, à l'instar de l'obligation pesant sur la Commission, qu'une autorité nationale de concurrence doit pouvoir, « *à la demande d'une juridiction nationale, aider ladite juridiction nationale en ce qui concerne la quantification du montant des dommages et intérêts lorsque cette autorité nationale de concurrence estime qu'une telle aide est appropriée* » (art. 17, para. 3).

Bibliographie

Barbier de la Serre (E.) et Lavedan (M.), « Une leçon de la Cour sur l'ampleur de l'amitié : la Commission *amicus curiae* et les juridictions nationales », *RLC* 2009/21, n° 1480

Claudel (E.), « La procédure d'*amicus curiae* : Bilan en demi-teinte de la pratique européenne et française », décembre 2012, *Concurrences* n° 4-2012, art. ° 49314, p. 38

Idot (L.), « La coopération entre la Commission européenne et les juridictions nationales en droit de la concurrence », *RAE* 2009-2010, p. 59

Lemaire (Ch.) et Blanc (D.), « Un nouvel essor des relations entre le Conseil de la concurrence et les juridictions en droit de la concurrence », *JCP E* 2006, 2590

Mourre (A.), « Opinions dissidentes sur un projet inutile et dangereux (à propos de l'intervention de la Commission comme *amicus curiae* dans les procédures arbitrales) », *RDLC*, juill.-sept. 2007, n° 12, p. 158.

Nisser (C.) et Blanke (G.), « Projet de lignes directrices de la Commission européenne intervenant en tant qu'*amicus curiae* dans les procédures d'arbitrage international », *RLDC*, juill.-sept. 2007, n° 12, p. 148

Pietrini (S.), « Indépendance et interdépendance des juridictions et autorités de concurrence (éléments de droit comparé) », *LPA* 27 mars 2009, n° PA200906202, p. 7

Vallindas (G.), « Amicus Curiae: An overview of EU and national case law », 15 novembre 2018, *e-Competitions Amicus curiae*, art. n° 87106

Communication de la Commission, Communication relative à la protection des informations confidentielles par les juridictions nationales dans les procédures de mise en œuvre des règles de concurrence de l'Union européenne sur l'initiative de la sphère privée, *JOUE* n° C 242 du 22 juillet 2020, p. 1

Communication de la Commission, Orientations à l'intention des juridictions nationales sur la façon d'estimer la part du surcoût répercutée sur les acheteurs indirects, *JOUE* n° C 267 du 9 août 2019, p. 4

Règlement (UE) 2015/1589 du Conseil du 13 juillet 2015 portant modalités d'application de l'article 108 du traité sur le fonctionnement de l'Union européenne, *JOUE* n° L 248 du 24 septembre 2015, p. 9

Directive 2014/104/UE du Parlement européen et du Conseil du 26 novembre 2014 relative à certaines règles régissant les actions en dommages et intérêts en droit national pour les infractions aux dispositions du droit de la concurrence des États membres et de l'Union européenne, *JOUE* n° L 349 du 5 décembre 2014, p. 1

Communication de la Commission relative à la quantification du préjudice dans les actions en dommages et intérêts fondées sur des infractions aux articles 101 et 102 du traité sur le fonctionnement de l'Union européenne, *JOUE* n° C 167 du 13 juin 2013, p. 19

Règlement (CE) n° 1/2003 du Conseil du 16 décembre 2002 relatif à la mise en œuvre des règles de concurrence prévues aux articles 81 et 82 du traité, *JOCE* n° L 1 du 4 janvier 2003, p. 1

Voir aussi

Aide d'État (notion) - Distribution sélective - Secret professionnel

A

ANNULATION

Raphaël VUITTON
Tribunal de l'Union européenne

■ Premier aperçu

L'annulation est l'opération par laquelle les effets juridiques d'un acte de l'administration sont éliminés rétroactivement de l'ordre juridique par le juge, en raison de l'illégalité de cet acte. Elle découle de la mise en œuvre d'un contrôle juridictionnel de la légalité d'un acte administratif et de l'exercice, par le juge, de son pouvoir de mettre à néant, avec effet *ex tunc*, cet acte. Ce pouvoir est limité au droit d'annuler les actes entachés d'illégalité, le juge ne pouvant pas, en l'exerçant, réformer l'acte et lui substituer sa propre décision, comme c'est le cas lorsqu'il exerce sa compétence de pleine juridiction (ou de plein contentieux).

S'agissant des actes adoptés par les autorités chargées de l'application des règles de concurrence, tant le droit de l'Union que le droit français prévoient des systèmes de contrôle juridictionnel des décisions, respectivement, de la Commission et de l'Autorité de la concurrence, qui offrent, en principe, toutes les garanties requises par le droit à une protection juridictionnelle effective. Ils consistent en un contrôle de légalité de ces décisions, pouvant être complété par une compétence de pleine juridiction.

■ Pour aller plus loin

Au niveau de l'Union européenne, le contrôle de légalité des actes découle de la mise en œuvre d'un recours en annulation, dans les conditions fixées par l'article 263 TFUE. Si un tel recours est fondé, le juge de l'Union déclare, conformément à l'article 264, premier alinéa, TFUE, l'acte en cause nul et non avenu.

Dans le domaine du droit de la concurrence, les actes susceptibles de faire l'objet d'un tel recours sont ceux produisant des effets juridiques adoptés par la Commission dans le cadre de l'exercice des pouvoirs qui lui sont conférés, par le traité ou des actes de droit dérivés, en matière d'entente, d'abus de position dominante ou de concentration d'entreprises.

Ce pouvoir d'annulation peut être complété par une compétence de pleine juridiction, en vertu de l'article 261 TFUE, lorsque des règlements l'attribuent au juge de l'Union et concerne les sanctions qu'ils prévoient. Tel est le cas de l'article 31 du règlement (CE) nº 1/2003 s'agissant des décisions de la Commission fixant une amende ou une astreinte.

S'agissant de la portée d'une annulation par le juge de l'Union, il est à noter, tout d'abord, que ce dernier ne pouvant statuer ultra-petita, l'annulation qu'il prononce ne saurait excéder celle sollicitée par le requérant. En outre, l'annulation a un effet *erga omnes*, de sorte qu'elle fait disparaître l'acte en cause à l'égard de tous les justiciables. Cependant, une décision adoptée en matière de concurrence à l'égard de plusieurs entreprises ne peut être annulée qu'en ce qui concerne les destinataires ayant obtenu gain de cause dans leurs recours en annulation et demeure contraignante à l'égard de ceux n'en ayant pas introduit. Enfin, l'annulation a pour effet d'éliminer avec effet rétroactif l'acte en cause de l'ordre juridique. Toutefois, l'article 264, second alinéa, TFUE, lui permet d'indiquer ceux des effets de cet acte qui doivent être considérés comme définitifs.

Conformément à l'article 266, premier alinéa, TFUE, l'institution dont émane l'acte annulé est tenue de prendre les mesures que comporte l'exécution de l'arrêt. En matière de concurrence, en exécution d'un arrêt annulant une décision infligeant une amende, la Commission a l'obligation de restituer le montant de l'amende payée, ainsi que les intérêts moratoires produits. La procédure visant à remplacer un acte annulé doit être reprise au point précis auquel l'illégalité est intervenue, l'annulation n'affectant pas nécessairement les actes préparatoires.

Au niveau français, le contrôle de légalité des actes en matière de droit de la concurrence incombe soit au juge administratif, soit au juge judiciaire En effet, l'article R. 311-1 4° du code de justice administrative confie au Conseil d'État la compétence pour connaître en premier et dernier ressort des recours dirigés contre les décisions prises par l'Autorité. Toutefois, sont soustraits de cette compétence les recours réservés par le législateur à la cour d'appel de Paris. Il s'agit là d'une dérogation au principe fondamental reconnu par les lois de la République réservant à la juridiction administrative l'annulation ou la réformation des décisions prises, dans l'exercice des prérogatives de la puissance publique, par les autorités exerçant le pouvoir exécutif. Schématiquement, la compétence de chaque juge est déterminée en fonction de l'objet des décisions faisant l'objet d'une demande d'annulation.

Ainsi, d'une part, la cour d'appel de Paris est compétente pour connaître de recours en annulation dirigés contre les décisions en matière de pratiques anticoncurrentielles (ententes et abus de position dominante). Ces recours sont de nature hybride, dès lors qu'ils mêlent des aspects du contentieux judiciaire (en ce qu'ils sont portés devant une juridiction judiciaire et sont soumis aux règles des codes de commerce et de procédure civile) et du contentieux administratif (en ce qu'ils visent à l'annulation d'un acte administratif unilatéral par le biais d'un contrôle de légalité). Cette compétence d'annulation découle des articles L. 464-7 et L. 464-8 du code de commerce, qui prévoient que les décisions de l'Autorité prises au titre des articles L. 462-8, L. 464-1, L. 464-2, L. 464-3, L. 464-5, L. 464-6, L. 464-6-1 et L. 752-27 dudit code peuvent faire l'objet d'« *un recours en annulation ou en réformation* » devant la cour d'appel de Paris. Un tel recours est également désormais prévu par l'article L. 464-8-1 du code de commerce contre les décisions du rapporteur général de l'Autorité en matière de secret des affaires. Celui-ci doit être porté devant le premier président de la cour d'appel de Paris. En revanche, conformément à l'article R. 463-7 du code de commerce, les décisions de renvoi de tout ou partie de l'affaire à l'instruction ne sont pas susceptibles de recours.

Lorsqu'elle est compétente, la cour d'appel de Paris est investie du pouvoir tant d'annulation que de réformation, ce dernier n'étant pas limité à l'hypothèse où les décisions entreprises imposent une sanction.

En cas d'annulation, cette juridiction doit, en application des articles 464-8 du code de commerce et 561 du code de procédure civile, statuer en droit et en fait sur l'affaire en cause. Toutefois, lorsque l'annulation affecte la procédure d'instruction dans son ensemble ou tous les éléments de preuve du dossier, l'annulation a pour effet de mettre fin aux poursuites. En outre, en cas d'annulation d'une décision considérant comme non établies les pratiques reprochées, l'affaire peut être renvoyée devant l'Autorité pour que l'instruction se poursuive.

D'autre part, le Conseil d'État est compétent pour connaître des recours pour excès de pouvoir dirigés contre les décisions en matière de contrôle des concentrations. Il s'agit des recours dirigés contre les décisions de l'Autorité visées aux articles L. 430-5, L. 430-7, L. 430-8 et L. 430-9 du code de commerce ainsi que de ceux contre les décisions du ministre de l'Économie prises dans le cadre de son pouvoir d'évocation au titre de l'article L. 430-7-1 du code de commerce. De plus, la jurisprudence a – sous certaines conditions – ouvert le prétoire du juge de l'excès de pouvoir à des recours dirigés contre des actes de « droit souple » (avis, recommandation, communiqué de presse, etc.) adoptés par l'Autorité.

Si un recours pour excès de pouvoir est fondé, le Conseil d'État ne peut qu'annuler, en tout ou partie, la décision entreprise, sans pouvoir la modifier. Néanmoins, en présence d'une contestation portant sur une décision imposant des sanctions, il peut se prononcer comme juge de plein contentieux et réformer celle-ci.

En cas d'annulation, la décision attaquée est réputée n'être jamais intervenue. Toutefois, le Conseil d'État peut, sous certaines conditions, moduler dans le temps les effets d'une telle disparition. À la suite de l'annulation d'une décision relative à une opération de concentration, les entreprises concernées doivent soumettre à l'Autorité, s'il y a lieu à réexamen du dossier, une notification actualisée, en application de l'article R. 430-9 du code de commerce.

Bibliographie

ANCELIN (O.) et FOSSATI-KOTZ (I.), « L'appel des décisions de l'Autorité de la concurrence », *JCP E* n° 24, 16 juin 2011, 1458, p. 30.

DONNAT (F.), *Contentieux communautaire de l'annulation*, Paris, LGDJ, 2008, p. 14.

GERADIN (D.) et PETIT (N.), « Droit de la concurrence et recours en annulation à l'ère post-modernisation », *RTD eur.* 2005, p. 795

LE MORE (P.), « Recours contre les décisions de l'autorité de la concurrence en matière de pratiques anticoncurrentielles », *JCL. Concurrence - Consommation*, fasc., 309, 2016

Aut. conc., « Lignes directrices de l'Autorité de la concurrence relatives au contrôle des concentrations », 2020

CE, « Le juge administratif et les autorités de régulation économique », Dossier thématique, 13 octobre 2016

OCDE, « La norme de contrôle appliquée par les tribunaux dans les affaires de concurrence - Contribution de la France », DAF/COMP/WP3/WD(2019)31, 17 mai 2019

Voir aussi

Abus de position dominante - Concentration - Entente

A

APPROVISIONNEMENT EXCLUSIF

Michel PONSARD
UGGC Avocats

■ Premier aperçu

La clause d'approvisionnement exclusif permet à un fournisseur d'obliger son cocontractant à acheter les produits objet du contrat uniquement auprès de lui ou de toute autre personne référencée par lui. Le fournisseur peut pour sa part soit réciproquement s'engager à ne fournir les produits contractuels qu'à son acheteur soit conserver la liberté d'approvisionner librement d'autres acheteurs. L'insertion d'une telle stipulation contractuelle permet au fournisseur de préserver l'image de marque de ses produits en se protégeant contre la désorganisation de son réseau pouvant résulter de la revente par son distributeur de produits concurrents des siens.

Ce type de clause soulève des problématiques de concurrence quand il conduit à un verrouillage de marché tant du point de vue des ententes (p. ex., contrats similaires d'approvisionnement exclusif existant sur le marché créant un effet cumulatif de réseau) que du point de vue de l'abus de position dominante du fait de son effet d'exclusion ou d'atténuation de la concurrence sur le marché de l'approvisionnement des produits (art. 101 et 102 TFUE et L. 420-1 et L. 420-2 C. com.). L'imposition d'un quota de produits à acquérir auprès du fournisseur peut s'apparenter à une obligation d'approvisionnement exclusif par l'effet de fermeture du marché qu'elle peut créer.

En droit européen, les clauses d'approvisionnement exclusif entrent dans le champ des obligations de non-concurrence définies à l'article 1 d) du règlement (UE) n° 330/2010. Elles bénéficient de l'exemption par catégorie prévue par ce règlement, à condition que les parts de marché détenues par le fournisseur et l'acheteur ne dépassent pas 30 % du marché en cause, qu'aucune restriction caractérisée ne figure dans l'accord exclusif et que l'obligation de non-concurrence soit prévue pour une durée maximum de cinq ans. Au-delà de cette durée, les juges détermineront dans le cadre d'une analyse individuelle si (i) la clause est accessoire à l'opération et (ii) si sa durée et son champ d'application matériel et géographique sont proportionnés et n'excèdent pas ce qui est nécessaire à sa réalisation (Trib. UE, 24 mai 2012, *MasterCard*, aff. T-111/08).

En droit français, les clauses d'exclusivité d'approvisionnement sont appréhendées en droit de la concurrence, conformément aux principes européens rappelés ci-dessus, et en droit commercial, conformément à l'article L. 330-1 du code de commerce, qui fixe la durée maximum de validité d'une clause d'exclusivité à dix ans.

■ Pour aller plus loin

Ce type de clause est apparu historiquement dans des contrats où les fournisseurs mettaient à la disposition de leurs distributeurs l'équipement ou un savoir-faire nécessaire à la commercialisation de leurs produits (contrats de fourniture d'essence dans les stations-service, contrats de fourniture de bière, contrats de franchise).

Bibliographie

Chagny (M.) (dir.), *Lamy droit économique : concurrence, relations commerciales, distribution, consommation*, Partie 4 « Droit de la distribution », Paris, Wolters Kluwer, 2020

Malaurie-Vignal (M.), « Contrat de franchise – La Cour de cassation se prononce sur le caractère justifié d'une clause d'approvisionnement exclusif stipulée dans un contrat de franchise sans tenir compte de la durée de la clause », *Contrats, conc., consom.* 2018, comm. 45

Article L. 330-1 du code de commerce

Article L. 420-1 du code de commerce

Article 101 du traité sur le fonctionnement de l'Union européenne

Comm. eur., Lignes directrices sur les restrictions verticales (2010/C 130/01)

Règlement (UE) n° 330/2010 de la Commission du 20 avril 2010 concernant l'application de l'article 101, paragraphe 3, du traité sur le fonctionnement de l'Union européenne à des catégories d'accords verticaux et de pratiques concertées, *JOUE* n° L 102 du 23 avril 2010, p. 1

A

ARBITRAGE

Laurence IDOT
Université Paris-Panthéon-Assas

■ Premier aperçu

L'arbitrage est un mode privé de règlement des litiges caractérisé par l'intervention d'un tiers à qui les parties confient par un accord la mission de trancher un litige (v., en droit français, CPC, livre IV, art. 1442 à 1527). L'arbitrage dit « juridictionnel » suppose l'existence d'une contestation que l'arbitre tranche en rendant une sentence qui a autorité de chose jugée et pourra être dotée de la force exécutoire à la suite d'une procédure d'exequatur. Dans les systèmes de droit continental, l'arbitrage se distingue ainsi des autres modes alternatifs de règlement des litiges, comme la conciliation, la médiation… et leurs nombreuses variantes, que les institutions européennes ont tendance à privilégier, y compris en droit de la concurrence (v. p. ex., le chapitre VI (art. 18 et s.) sur le règlement consensuel de la dir. 2014/104/UE du 26 novembre 2014 relative à certaines règles régissant les actions en dommages et intérêts en droit national pour les infractions aux dispositions du droit de la concurrence des États membres et de l'Union européenne ; v. égal. art. 12 et 13 du règl. (UE) 2019/1150 du 20 juin 2019, dit règlement « P to B », rattaché en droit français par la loi DDADUE du 3 décembre 2020 aux articles L. 442-1 et s. C. com.) Ces différentes méthodes de règlement des litiges ne doivent pas être confondues, car leur régime juridique fixé par les différents droits nationaux est très différent.

La place de l'arbitrage en droit de la concurrence dépend de plusieurs données. Elle varie tout d'abord en fonction de la composante du droit de la concurrence concernée, puisque l'arbitrage est exclu lorsque l'autorité de concurrence dispose d'une compétence exclusive. Cela explique qu'en droit de l'Union européenne, il n'a longtemps été envisagé qu'en antitrust. Elle dépend ensuite du droit de l'arbitrage de l'État concerné, qui peut avoir une conception plus ou moins large de l'arbitrabilité des litiges, mais également des parties qui doivent exprimer leur consentement à l'arbitrage par une convention d'arbitrage (clause compromissoire, ou compromis). À cela s'ajoute, en droit de l'Union, la question de la répartition des compétences entre Union européenne et États membres.

Depuis trente ans, les relations entre l'arbitrage et le droit de la concurrence ont considérablement évolué. Longtemps exclu dans certains États membres en Europe (en particulier en France), mais également aux États-Unis (jusqu'au revirement opéré par la Cour suprême dans le fameux arrêt *Mitsubishi Motors Corp. v. Soler Chrysler-Plymouth, Inc.*, 473 US 614 (1985)), pour des raisons tenant à l'inarbitrabilité des litiges, l'arbitrage a vu son rôle progressivement reconnu en antitrust dans les années 1990. Initialement limité au contentieux contractuel, il peut intervenir également dans le contentieux délictuel, si la convention d'arbitrage le prévoit. L'arbitrage a également gagné le contrôle des concentrations pour l'exécution des engagements. Les développements les plus récents concernent les relations entre l'arbitrage et le contrôle des aides d'État, qui sont plus tumultueuses dans le cas particulier des arbitrages dits d'« investissement » entre des particuliers et un État membre sur le fondement d'un traité bilatéral d'investissement (v. CJUE, 6 mars 2018, *Achmea*, aff. C-284/16).

■ Pour aller plus loin

Dans le cas habituel de l'arbitrage dit « commercial », qu'il soit interne ou international, un arbitre a les mêmes pouvoirs qu'un juge national de droit commun pour appliquer les règles de concurrence, c'est-à-dire qu'il peut tirer les conséquences civiles d'une violation d'une règle de concurrence, avec les mêmes limites : ne pas porter atteinte à la compétence exclusive de l'autorité de concurrence. En antitrust, s'il ne peut certainement pas infliger des amendes, il peut prononcer la nullité du contrat ou d'une clause qui viole les articles 101 ou et 102 TFUE et les règles nationales équivalentes, ou attribuer des dommages et intérêts à la victime d'une pratique concurrentielle. Par exemple, en droit de l'Union, le règlement (CE) n° 1/2003 a conduit à un élargissement de l'intervention de l'arbitre au même titre que pour le juge national (v. art. 6). De même, dans les contrôles *ex ante*, que sont le contrôle des concentrations et le contrôle des aides d'État, s'il ne peut déclarer la concentration ou l'aide compatible, l'arbitre peut, au même titre que le juge national, tirer les conséquences civiles du non-respect des obligations de notification et de suspension. À ce titre, l'arbitre apparaît comme un concurrent du juge national de droit commun.

Les trois stades de l'arbitrage présentent toutefois des particularités. En premier lieu, l'arbitre ne tient ses pouvoirs que de la convention des parties, qui doit être à la fois valable, ce qui suppose que l'arbitrabilité soit admise par le droit de l'arbitrage applicable (en droit français, CA Paris, 19 mai 1993, *Labinal/Mors* ; *Rev. arb.* 1993.645, note Ch. Jarrosson ; *JDI* 1993.957, note L. Idot), et rédigée de manière à couvrir le litige. Sur ce dernier point, la Cour de justice a posé des conditions restrictives dans l'arrêt *CDC*

(CJUE, 21 mai 2015, aff. C-352/13) pour les actions délictuelles consécutives à des cartels dont elle a atténué par la suite la portée pour les actions autonomes entre parties liées par un contrat (CJUE, 24 octobre 2018, *Apple Sales International*, aff. C-595/17). En deuxième lieu, pour le traitement de la question de concurrence, en droit de l'Union, n'étant pas une juridiction au sens de l'article 267 TFUE, l'arbitre ne peut saisir la Cour de justice d'une question préjudicielle (CJCE, 23 mars 1982, *Nordsee*, aff. 102/81) et ne dispose pas d'un accès officiel aux mécanismes de coopération avec les autorités de concurrence. Seules les règles de procédure qui régissent l'arbitrage sont applicables. S'agissant des questions de fond, en cas d'arbitrage international, les règles de concurrence doivent être considérées comme des lois de police. La seule question débattue est celle de savoir si l'arbitre a l'obligation d'appliquer d'office une règle de concurrence applicable alors qu'aucune partie n'en a revendiqué l'application. En droit de l'Union, l'arrêt *Eco Swiss* de la Cour de justice (CJCE, 1er juin 1999, aff. C-126/97) continue à donner lieu à des interprétations divergentes. La difficulté rebondit en général au stade final du contrôle éventuel de la sentence arbitrale par le juge étatique à l'occasion de la procédure d'exequatur ou d'un éventuel recours en annulation de la sentence. Les règles du droit de l'arbitrage applicable déterminent les modes de contrôle et l'étendue de ce dernier, qui est opéré au regard de la notion d'ordre public. Ce contrôle de la sentence peut être variable suivant le droit national applicable. Réputé très souple en France après l'arrêt *Thalès* (CA Paris, 18 novembre 2004, RG 2002/19606 ; *Rev. arb.* 2005.751), il semble désormais s'intensifier, comme l'a illustré une saisine de la Cour de justice par la cour d'appel de Paris dans l'affaire *Genentech* (CJUE, 7 juillet 2016, aff. C-567/14). De manière plus exceptionnelle, une sentence peut également être contrôlée par une autorité de concurrence si elle est le support d'une pratique anticoncurrentielle (Trib. UE, 16 décembre 2020, *International Skating Union*, aff. T-93/18), mais surtout, en droit de l'Union, si elle est le support d'une aide d'État (v. l'affaire *Micula*, pourvoi en cours, contre Trib. UE, 18 juin 2019, *European Food*, aff. T-624/15 e.a.). Plus que les relations entre droit de l'arbitrage et droit de la concurrence, sont alors en cause les compétences respectives des États membres et de l'Union européenne en matière de signature de traités bilatéraux d'investissement illustrées par l'arrêt *Achmea* (préc.).

De manière plus atypique, l'arbitre peut devenir également un auxiliaire de l'autorité de concurrence. Cela couvre les hypothèses dans lesquelles, pour assurer le contrôle de la bonne exécution d'un engagement, qu'il intervienne en contrôle des concentrations ou en antitrust, l'autorité de concurrence sollicite de la partie qui propose l'engagement le recours à un mécanisme d'arbitrage. La pratique européenne est désormais bien développée et des clauses types ont été mises au point par la Commission. Elles prévoient une procédure rapide qui reste toujours sous le contrôle final de la Commission, à tel point que la qualification de ce type d'arbitrage demeure controversée. Le mécanisme semble dissuasif puisque l'on ne connaît pas de mise en œuvre concrète de ce type de clauses.

Bibliographie

« Symposium: Arbitration », *Competition & Policy Law Debate*, 2017, vol. 3, n° 1

Blanke (G.) et Landolt (Ph.), *EU and US Antitrust Arbitration*, 2 vol., Alphen-sur-le-Rhin, Wolter Kluwer, 2011

De Ly (F.) et coll., *L'arbitrage et le droit de la concurrence : actes du colloque du CEPANI du 9 décembre 2010*, Bruxelles, Bruylant, 2010

Idot (L.), « Arbitrage et droit de l'Union européenne – Retour sur les développements récents », *Rev. arb.* 2016, p. 471

Idot (L.) « L'arbitrage et le contrôle des engagements », in « Tendances, le contrôle du respect des engagements », *Concurrences* n° 1-2012

Idot (L.), « La place de l'arbitrage dans le règlement des litiges en droit de la concurrence », *D.* 2007, p. 2681 ; version anglaise, « The Role of Arbitration in Competition Disputes », in *The Reform of EC Competition Law: New Challenges*, I. Lianos et I. Kokkoris (dir.), Alphen-sur-le-Rhin, Wolters Kluwer, 2009, p. 75

Idot (L.), « Arbitration and the Reform of Regulation 17/62 », in *European Competition Law Annual 2001: Effective Private Enforcement of EC Antitrust Law*, C.-D. Ehlermann et I. Atanasiu (dir.), Oxford, Hart Publishing, 2001, p. 307

Idot (L.) et Celaya (M.), « La directive 2014/104/UE et l'arbitrage », in *L'intensification de la réparation des dommages issus des pratiques anticoncurrentielles*, M. Behar-Touchais, D. Bosco, C. Prieto (dir.), Paris, IRJS éditions, 2016, p. 269

Komninos (A.), « Arbitration and Damages Claims Based on Competition Law Violations », in *A Scot without Borders: Liber Amicorum Ian Forrester – Volume II*, D. Edward, J. MacLennan et A. Komninos (dir.), New York, Concurrences, 2015, p. 201

Komninos (A.), « The New Damages Directive and International Arbitration: Prospects after the CDC Judgment », *RAE* 2015, p. 717

Komninos (A.) et Radicati di Brozolo (L.), *International Commercial Arbitration and EU Competition Law*, Oxford, Hart Publishing, 2012

Lemaire (S.), « Arbitrage d'investissement et Union européenne », *Rev. arb.* 2016, p. 1029

Martínez-Lange (S.) et Brokelmann (H.), « The Arbitrability of Follow-on Damages Claims », in *Frederic Jenny Liber Amicorum: Standing Up for Convergence and Relevance in Antitrust – Volume I*, N. Charbit et s. Ahmad (dir.), New York, Concurrences, 2019, p. 311

Mayer (P.), *Arbitrage et droit de l'Union européenne*, Paris, LexisNexis, 2012

OECD, « Arbitration and Competition », DAF/COMP(2010)40, 13 décembre 2011 ; reprise en français du rapport de L. Idot, « Arbitrage et droit de la concurrence », *Concurrences* n° 4-2010, art. n° 44194, www.concurrences.com

Simon (D.), « L'arbitrage en matière d'investissement remis en cause par la Cour de justice ? (à propos de l'arrêt du 6 mars 2018, Achmea) », *Europe* 2018, étude 3

Règlement (UE) 2019/1150 du Parlement européen et du Conseil du 20 juin 2019 promouvant l'équité et la transparence pour les entreprises utilisatrices de services d'intermédiation en ligne, *JOUE* n° L 186 du 11 juillet 2019, p. 57

Directive 2014/104/UE du Parlement européen et du Conseil du 26 novembre 2014 relative à certaines règles régissant les actions en dommages et intérêts en droit national pour les infractions aux dispositions du droit de la concurrence des États membres et de l'Union européenne, *JOUE* n° L 349 du 5 décembre 2014, p. 1

Règlement (CE) n° 1/2003 du Conseil du 16 décembre 2002 relatif à la mise en œuvre des règles de concurrence prévues aux articles 81 et 82 du traité, *JOCE* n° L 1 du 4 janvier 2003, p. 1

ASSOCIATION DE CONSOMMATEURS

Alain BAZOT
UFC-Que Choisir

■ Premier aperçu

On entend par association de consommateurs un groupement de particuliers constitué sous la forme d'une association dont l'objet social consiste dans la défense des intérêts des consommateurs, de façon indépendante par rapport aux professionnels et aux pouvoirs publics.

Nées dans la première partie du XXe siècle aux États-Unis puis dans les différents pays d'Europe occidentale, ces associations avaient à l'origine principalement pour objet de permettre une meilleure information des consommateurs, notamment en testant les produits des professionnels.

Les missions des associations de consommateurs se sont par la suite diversifiées et, en complément de cette activité d'information, voire de formation, elles ont été amenées à mobiliser les consommateurs (*boycott*) et à représenter leur intérêt collectif devant les juridictions ainsi qu'auprès de nombreuses instances mises en place par les pouvoirs publics. Enfin, elles peuvent aider les consommateurs de façon individuelle dans le cadre de litiges les opposant à des professionnels.

À travers leurs missions de défense des intérêts des consommateurs, ces associations contribuent ainsi à une meilleure régulation du marché au côté d'acteurs institutionnels tels que la DGCCRF ou l'Autorité de la concurrence, et se posent, pour certaines d'entre elles, en véritable groupe de pression.

■ Pour aller plus loin

En France, il convient de distinguer les associations disposant d'un agrément judiciaire, obtenu après avis du ministère public. Les conditions pour la délivrance de cet agrément (ancienneté, effectivité de l'activité, nombre d'adhérents) ainsi que les modalités y afférentes figurent aux articles R. 811-1 et suivants du code de la consommation.

Ce rôle particulier reconnu aux associations agréées de défense des consommateurs se traduit par le pouvoir qui leur est conféré de mener certaines actions judiciaires spécifiques prévues aux articles L. 621-1 et suivants du code de la consommation, en plus des actions traditionnellement ouvertes aux personnes morales ayant pour objet la défense d'un intérêt autre que celui de leurs membres.

Parmi ces actions spécifiques, certaines sont destinées à protéger l'intérêt collectif des consommateurs : il s'agit de l'action civile, de l'action en cessation d'agissements illicites (suppression de clauses abusives, sanction des pratiques commerciales déloyales, trompeuses ou agressives) et de l'action conjointe. D'autres ont pour objet la réparation de préjudices subis par plusieurs consommateurs : il s'agit de l'action en représentation conjointe et, depuis 2014, de l'action de groupe.

Le droit de la consommation français étant essentiellement régi par des dispositions européennes, certaines associations de consommateurs des différents États membres se sont regroupées au sein d'organismes au niveau européen (Bureau européen des unions de consommateurs – BEUC) ainsi qu'au niveau international (Consumers International – CI), afin de promouvoir une vision unifiée de l'intérêt collectif des consommateurs européens.

Il existe, en France, une multiplicité d'associations de consommateurs en raison notamment de la diversité de leurs origines. Elles peuvent être classées en trois courants : un courant familial, à l'origine consacré au secours des familles les plus démunies, un courant syndical et enfin un courant consumériste, principalement représenté par l'Union fédérale des consommateurs-Que Choisir (UFC-Que Choisir) et Consommation Logement Cadre de vie (CLCV).

Plus ancienne association de consommateurs française, regroupant près de 140 structures locales, l'UFC-Que Choisir est une ONG qui se distingue par son activité éditoriale historique (revue *Que Choisir*) et son site internet quechoisir.org.

Active sur le plan judiciaire, l'UFC-Que Choisir a lancé, depuis 2014, neuf actions de groupe. Elle intervient également en droit de la concurrence au travers de saisines consultatives ou contentieuses de l'Autorité de la concurrence destinées à garantir l'accès et le choix des consommateurs aux biens et services à des prix non faussés (action « Cartelmobile ») et à faire évoluer la réglementation (ex. : assurance emprunteur, libéralisation encadrée de l'automédication, fin du monopole des pièces détachées automobiles).

Engagée pour une consommation responsable, la première association de consommateurs en France intervient en totale indépendance, et avec l'appui de son expertise, dans tous les sujets de consommation, qu'il s'agisse de la fracture sanitaire, de la qualité nutritionnelle des aliments, de la transition énergétique, de la protection des données personnelles ou de la défense du pouvoir d'achat.

Bibliographie

Addario (G.), Blackwell (A.), Hussey (D.), Jessop (C.), Mezzanzanica (M.), Sivathasan (C.), Stockman (A.) et Wood (M.), « Consumer Protection Study 2022: Understanding the impacts and resolution of consumer problems », *BEIS Research Paper* n° 2022/005, avril 2022

Gallois (J.-B.), *UFC-Que Choisir, le contre-pouvoir des consommateurs : 70 ans de combats*, Paris, UFC-Que Choisir, 2021

Assemblée nationale, Rapport d'information n° 3085 sur le bilan et les perspectives des actions de groupe, 11 juin 2020.

Cour des comptes, « L'État et les associations de défense des consommateurs », octobre 2021

Cozic (Th.) et Espagnac (F.), « Direction générale de la concurrence, de la consommation et de la répression des fraudes (DGCCRF) », Rapport d'information n° 903 (2021-2022) fait au nom de la commission des finances, 28 septembre 2022

DGCCRF, « Les associations de consommateurs », www.economie.gouv.fr/dgccrf/Les-associations-de-consommateurs

Institut national de la consommation, « Le Guide du consumérisme », septembre 2019

UNCTAD-MENA Programme, « Report on Consumer Associations » (UNCTAD/DITC/CLP/2019/2), 2020

A

ASTREINTE

Alexandre GEULETTE
Cour de justice de l'Union européenne

■ Premier aperçu

L'astreinte est un moyen de contrainte qui consiste, pour une autorité, à imposer à une personne le paiement d'une somme d'argent, aux fins de l'inciter à exécuter les obligations qui lui incombent en vertu d'une décision de cette autorité. De manière générale, une astreinte peut prendre la forme d'un montant fixe, d'un montant par unité de temps ou d'un montant par infraction.

Dans le domaine du droit de la concurrence, les astreintes, au même titre que les amendes, visent à garantir le respect d'obligations, substantielles (cessation d'une infraction) ou procédurales (retard dans la fourniture de renseignements complets et exacts, refus de se soumettre à une inspection imposée par décision), qui sont susceptibles d'être imposées à des entreprises par la Commission ou par les autorités nationales de concurrence. À la différence des amendes, les astreintes n'ont pas de dimension punitive, de sorte que même des entreprises qui ne sont pas poursuivies pour des infractions au droit de la concurrence peuvent se voir imposer des astreintes, par exemple si elles ne coopèrent pas avec l'autorité en cause. Une telle imposition constitue ainsi un instrument permettant à ces autorités de s'assurer de la coopération de ces entreprises dans leurs enquêtes.

Les astreintes s'accumulent de manière périodique, en général de manière journalière, aussi longtemps que l'entreprise en cause reste en défaut de satisfaire à ses obligations. Bien que le montant final des astreintes soit en général calculé lorsque cette entreprise a satisfait aux obligations qui lui ont été imposées, tel n'est pas toujours le cas, l'autorité pouvant, par exemple, en cas de refus d'obtempérer, déterminer un montant « intermédiaire » pour une période déjà écoulée et en exiger le paiement, tout en imposant une astreinte plus élevée à compter de cette décision.

■ Pour aller plus loin

En droit de la concurrence de l'Union, le règlement (CE) n° 1/2003 prévoit que la Commission peut, par voie de décision, infliger aux entreprises et associations d'entreprises des astreintes jusqu'à concurrence de 5 % du chiffre d'affaires journalier moyen réalisé au cours de l'exercice social précédent par jour de retard à compter de la date qu'elle fixe dans sa décision, pour les contraindre (i) à mettre fin à une infraction aux dispositions de l'article 101 ou 102 TFUE conformément à une décision constatant une telle infraction et ordonnant sa cessation ; (ii) à respecter une décision ordonnant des mesures provisoires ; (iii) à respecter un engagement rendu obligatoire par décision ; (iv) à fournir de manière complète et exacte un renseignement qu'elle a demandé par voie de décision ; et enfin, (v) à se soumettre à une inspection qu'elle a ordonnée par voie de décision. Similairement, le règlement CE sur les concentrations habilite la Commission à imposer des astreintes pour contraindre les entreprises (i) à fournir d'une manière complète et exacte un renseignement qu'elle a demandé par voie de décision ; (ii) à se soumettre à une inspection ; (iii) à exécuter une charge imposée par décision ; ou encore (iv) à prendre les mesures ordonnées par une décision.

Avant d'imposer une astreinte, la Commission donne à l'entreprise visée l'occasion de faire connaître son point de vue au sujet des griefs qu'elle a retenus. La procédure ensuite suivie par la Commission comporte nécessairement deux phases. Par une première décision, la Commission inflige une astreinte à raison d'une certaine somme par jour de retard, à compter de la date qu'elle fixe. Cette décision, faute de déterminer le montant total de l'astreinte, ne peut recevoir d'exécution et est par ailleurs dépourvue d'effets juridiques obligatoires, de sorte qu'elle ne constitue pas un acte attaquable devant les juridictions de l'Union. Ce montant ne peut être définitivement fixé que par une nouvelle décision, adoptée à la suite d'une communication des griefs, sur la base de la durée de la non-conformité constatée au moment de son adoption. Il est encore loisible à la Commission, à ce stade, d'accorder à l'entreprise en cause une réduction de l'astreinte, si elle estime qu'une telle réduction est appropriée au vu des circonstances de l'espèce. En cas de contestation devant le juge de l'Union, ce dernier vérifie notamment que l'entreprise concernée a été informée avec précision du comportement qu'il est attendu qu'elle adopte.

Quant à la fixation du montant d'une astreinte, il y a lieu de souligner que, sous réserve des plafonds imposés par la réglementation applicable, l'autorité dispose d'une marge d'appréciation certaine, lui permettant, sous réserve de respecter le principe de proportionnalité, de fixer ce montant à un niveau tel qu'il soit financièrement plus raisonnable pour une entreprise de se conformer à une décision que de recueillir les bénéfices du non-respect de ses obligations. Parmi les critères pertinents figurent la taille de l'entreprise et sa capacité financière, reflétée dans son chiffre d'affaires, la nature de la violation en cause et sa gravité, l'avantage financier de la poursuite de la violation, les antécédents de l'entreprise concernée, lorsque celle-ci a déjà, par le passé, tenté d'entraver l'application du droit de la concurrence, ainsi que son caractère suffisamment dissuasif.

Le délai de prescription pour l'imposition d'une astreinte est de trois ans en ce qui concerne les infractions procédurales et de cinq ans en ce qui concerne les autres infractions, la prescription courant à compter du jour où l'entreprise a satisfait à ses obligations substantielles ou procédurales. En outre, le pouvoir de la Commission d'exécuter une décision imposant une astreinte est soumis à un délai de prescription de cinq ans, à compter du jour où la décision est devenue définitive.

Au niveau national, c'est le code de commerce, tel que modifié par l'ordonnance n° 2021-649, qui comporte les dispositions relatives aux pouvoirs de l'Autorité de la concurrence en matière d'astreintes, notamment à son article L. 464-2. Cette ordonnance met en œuvre, en France, les dispositions de la directive (EU) 2019/1, adoptée aux fins notamment de doter les autorités nationales de concurrence des États membres des moyens de mettre en œuvre plus efficacement les règles de concurrence et de garantir le bon fonctionnement du marché intérieur.

Bibliographie

Sauer (R.), Ortiz Blanco (L.) et Jörgens (K.), « Procedural Infringements: Fines and Periodic Penalty Payments », in *EU Competition Procedure*, L. Ortiz Blanco (dir.), 3e éd., Oxford. University Press, 2013, p. 373

Directive (UE) 2019/1 du Parlement européen et du Conseil du 11 décembre 2018 visant à doter les autorités de concurrence des États membres des moyens de mettre en œuvre plus efficacement les règles de concurrence et à garantir le bon fonctionnement du marché intérieur, *JOUE* n° L 11 du 14 janvier 2019, p. 3

Loi n° 2020-1508 du 3 décembre 2020 portant diverses dispositions d'adaptation au droit de l'Union européenne en matière économique et financière, *JORF* n° 0293 du 4 décembre 2020

Ordonnance n° 2021-649 du 26 mai 2021 relative à la transposition de la directive (UE) 2019/1 du Parlement européen et du Conseil du 11 décembre 2018 visant à doter les autorités de concurrence des États membres des moyens de mettre en œuvre plus efficacement les règles de concurrence et à garantir le bon fonctionnement du marché intérieur, *JORF* n° 0121 du 27 mai 2021

Règlement (CE) n° 139/2004 du Conseil du 20 janvier 2004 relatif au contrôle des concentrations entre entreprises (« le règlement CE sur les concentrations »), *JOUE* n° L 24 du 29 janvier 2004, p. 1

Règlement (CE) n° 1/2003 du Conseil du 16 décembre 2002, relatif à la mise en œuvre des règles de concurrence prévues aux articles 81 et 82 du traité, *JOCE* n° L 1 du 4 janvier 2003, p. 1

A

AUDITION

Carol XUEREF
Eiffage, Ipsen

■ Premier aperçu

Lors d'une audition, il y a le parler et l'écoute ; il y a des paroles, l'ouïe, le questionnement, l'échange et la retranscription. Il y a nécessairement les droits de la défense, la loyauté de l'enquête et des débats, l'absence d'obstruction, le formalisme, l'impact de la procédure civile, la procédure pénale et le code de commerce.

Dans la boîte à outils des auditions en matière de concurrence, la variété des outils et les choix de leurs différentes mises en œuvre varient notamment en fonction du fondement de l'audition.

Elle peut avoir lieu dans le cadre de pratiques restrictives de concurrence ou encore du contrôle des concentrations. Dans le cas de pratiques restrictives, l'audition peut être faite au cours d'une perquisition ; il peut s'agir d'une audition de l'occupant des lieux ou de son représentant lors d'une inspection sur autorisation judiciaire. Plus souvent, l'audition est tenue sur le fond de l'enquête par le rapporteur de l'Autorité de la concurrence puis encore en séance par le collège.

En ce qui concerne le contrôle des concentrations, l'Autorité procède lors d'une consultation du marché à des auditions des parties prenantes (clients, fournisseurs, concurrents, etc.).

Mais l'Autorité de la concurrence peut elle-même être touchée par des contraintes ou demandes d'audition et notamment de ses représentants devant les commissions spécialisées (commission des Affaires économiques, commission de la Culture, de l'Éducation) de l'Assemblée nationale et du Sénat (p. ex., lors de la nomination du président ou de la présidente de l'Autorité ou lors d'une explication de certaines affaires).

Par ailleurs, des auditions d'une autorité administrative indépendante (AAI) par une autre AAI (p. ex., CNIL, ARCEP, CSA, ADLC) peuvent avoir lieu.

Enfin, depuis 2017, les autorités nationales de concurrence doivent pouvoir être auditionnées afin de présenter leurs points de vue sur le fond d'une affaire avant que la Commission européenne n'adopte une décision.

■ Pour aller plus loin

Quel que soit le type ou le forum de l'audition, il y a toutefois toujours un point commun : une grande période de préparation, le stress de l'auditionné, un nécessaire moment d'analyse et de réflexion pour ceux qui auditionnent, un bilan par chacun après l'audition.

En droit français comme en droit européen, l'audition peut être menée à différents stades de la procédure. Comme certains éléments de réponse doivent être consignés dans un procès-verbal d'audition, il est plus fréquent que l'enquêteur sursoie à une audition lors d'une perquisition (notamment si une infraction pénale peut être établie), se contentant alors de poser des questions de contexte. Le formalisme de l'article 60-1 du code de procédure pénale tend à privilégier l'audition ultérieure sur le fond de l'enquête.

Le rapporteur peut auditionner les entreprises (comme toute personne dont l'audition paraît contribuer à l'instruction) et notamment afin de recueillir les informations ou explications utiles aux besoins de l'enquête. Il n'est pas obligé d'entendre les parties poursuivies ou d'autres parties prenantes, même celles déclarant leur souhait d'être entendues.

Comme l'affaire des compotes en France en 2017 l'a rappelé, l'audition doit être menée dans le respect des droits de la défense et selon le principe de loyauté ; à défaut, le procès-verbal pourrait être annulé. Si des accusations n'ont pas été formulées par l'Autorité dans la procédure, les personnes auditionnées (dont l'entreprise) n'ont pas l'obligation de répondre à des questions de fond, bien que les enquêteurs soient habilités à poser des questions. L'affaire *Intel* en 2017 sur le formalisme des auditions et notamment l'enregistrement va dans le même sens sur le plan européen.

En ce qui concerne les auditions en séance par le collège de l'Autorité (art. L. 463-7, al. 2 C. com.), celui-ci peut entendre toute personne dont l'audition lui paraît susceptible de contribuer à son information, mais il n'est pas contraint de procéder à l'audition de témoins proposés par les parties, ni à transcrire les auditions en séance de témoins (puisqu'il s'agit d'interventions lors de débats contradictoires) ou encore de justifier qu'un temps suffisant aux auditions ait été accordé en séance.

Il a également été confirmé en octobre 2020 par la Cour de justice de l'Union européenne dans l'affaire *Silver Plastics* que le Tribunal n'est pas obligé d'accueillir une demande d'audition de témoins si le témoignage n'est pas pertinent, car l'affaire est déjà suffisamment démontrée et ainsi elle ne viole pas le droit à un procès équitable.

Il existe un besoin de dialogue entre AAI sur le plan aussi bien national que régional. Avec l'essor des plateformes en ligne, ce besoin s'est renforcé dans plusieurs domaines. Ce travail en commun et croisé facilite l'atteinte d'objectifs notamment dans les domaines de la protection des données personnelles, de la vie privée, du numérique, des médias et bien entendu de la concurrence.

Une plus forte articulation des travaux entre régulateurs s'observe ces dernières années et le paquet numérique par exemple confirme l'imbrication croissante des enjeux de régulation et la nécessité de coopérations concrètes. Ceci passe alors par des auditions réciproques à l'instar de l'audition de la présidente de la CNIL devant le collège de l'Autorité en novembre 2022 ou encore pour établir l'avis de l'Autorité sur le secteur de l'audiovisuel en date du 21 février 2019 avec l'audition du CSA, de l'ARCEP, de la CNIL, etc.

L'audition devant le Parlement des personnalités pressenties pour diriger les AAI ou la reddition des comptes pour fournir des informations et explications aux commissions parlementaires spécialisées permet de constater une transparence et l'indépendance des AAI à l'égard du gouvernement.

Bibliographie

Bichet (P.), « The EU Court of Justice confirms that the General Court is not bound to accept a request for the examination of witnesses when it has sufficiently proven that an undertaking took part in an anti-competitive agreement (*Silver Plastics*) », 22 octobre 2020, *e-Competitions October 2020*, art. n° 97766

Jalabert-Doury (N.), *Les inspections de concurrence des autorités françaises*, 2e éd., Paris, Concurrences, 2021

Lacresse (A.), « Audition des ANC : La Cour de justice de l'Union européenne juge que les autorités nationales de concurrence doivent pouvoir présenter leur point de vue sur le fond d'une affaire avant que la Commission européenne adopte sa décision (*Feralpi ; Ferriera ; Riva Fire*) », *Concurrences* n° 1-2018, art. n° 86233, p. 152

Code de commerce, articles L. 450-1, L. 450-2 et L. 450-4, alinéa 8

Code de commerce, article L. 463-7, alinéa 2

Code de procédure civile, articles 204 à 221

Code de procédure pénale, articles 28 et 61-1

Décret n° 2007-431 du 25 mars 2007 relatif à la partie réglementaire du code de commerce, *JORF* n° 73 du 27 mars 2007 (art. R. 463-6 C. com.)

A

AUTONOMIE PROCÉDURALE

Antoine BURIN DES ROZIERS
Tribunal de commerce de Paris

■ Premier aperçu

Principe fondateur de la construction de l'Union européenne, l'autonomie procédurale des États membres a été encadrée dès 1976 par la Cour de justice par les principes d'équivalence et d'effectivité pour limiter les risques de *forum shopping*. En effet, aux termes de l'arrêt *Rewe* de la CJCE du 16 décembre 1976, en l'absence d'harmonisation européenne, l'ordre juridique interne de chaque État membre règle les modalités procédurales des recours en justice assurant la sauvegarde des droits que l'effet direct européen confère aux justiciables, étant entendu (i) que les modalités de ces recours ne peuvent être moins favorables que celles concernant des recours similaires de nature interne (principe d'équivalence) ; (ii) que ces modalités ne doivent pas rendre en pratique impossible ou excessivement difficile l'exercice de droits que les juridictions nationales ont l'obligation de sauvegarder (principe d'effectivité).

Entré en vigueur le 1er mai 2004, le règlement (CE) n° 1/2003 relatif à la mise en œuvre du droit des pratiques anticoncurrentielles impose en son article 3 l'alignement des règles nationales sur le droit de l'Union. Il crée le Réseau européen de la concurrence et, imposant aux autorités nationales de concurrence l'application des articles 101 et 102 TFUE, leur enjoint de se doter de moyens minimaux pour traiter les dossiers.

Cependant, le recours à l'instrument plus souple que constitue la directive a permis ultérieurement la prise en compte de l'identité processuelle de chaque État membre lors de la transposition. Il en va ainsi de la directive 2014/104/UE du 26 novembre 2014 relative à la réparation de dommages subis du fait de pratiques anticoncurrentielles (la « directive Dommages ») transposée en droit interne par l'ordonnance n° 2017-303 et le décret n° 2017-305 du 9 mars 2017, ainsi que de la directive (UE) 2019/1, dite « ECN + (European Competition Network) », du 11 décembre 2018, transposée par ordonnance du 26 mai 2021 En outre, la coopération loyale animant les acteurs de la construction de l'Union favorise la cohérence et l'efficience des dispositions et décisions prises en droit de la concurrence, sous le contrôle de juridictions agissant de concert, le juge national étant juge de droit commun du droit européen.

■ Pour aller plus loin

Cette vision irénique de l'histoire de l'autonomie procédurale doit être nuancée au vu de l'évolution de la jurisprudence et de la législation européennes. Il y a eu des tensions. Force est de constater l'érosion progressive du principe d'autonomie procédurale par la conjonction d'une jurisprudence européenne tendant à réduire le champ dans lequel le principe aurait pu se déployer et d'une législation européenne tentaculaire. Ainsi des pans entiers du droit processuel français ont-ils basculé dans le giron européen : tel est le cas des enquêtes, des règles relatives à la prescription, à la preuve des pratiques anticoncurrentielles, de celles gouvernant les sanctions civiles et administratives ou encore de celles régissant les procédures alternatives ou accessoires aux sanctions comme les engagements des entreprises ou la clémence, ou encore de l'accès aux documents issus de la procédure concurrence dans le cadre d'un procès civil.

La directive Dommages prévoit ainsi un ensemble de règles destinées à améliorer l'indemnisation des victimes de pratiques anticoncurrentielles ayant subi un préjudice, tout en s'efforçant d'assurer un équilibre entre les impératifs du *public* et du *private enforcement*.

Dans cette perspective, l'accès élargi des victimes aux preuves s'accompagne d'une indisponibilité de certaines pièces de la procédure de clémence et de transaction.

« *Public enforcement* » désigne les actions de mise en œuvre des règles de concurrence par la Commission, sous le contrôle du Tribunal de l'Union et de la Cour de justice. Les procédures de sanction en cas d'infraction aux règles de concurrence peuvent aboutir à l'infliction d'une amende ou d'injonctions de faire ou de ne pas faire.

En revanche, la défense des intérêts privés, et non plus de la concurrence elle-même, relève du *private enforcement*, dont les règles sont précisées dans cette directive Dommages.

Le principe d'autonomie procédurale demeure en ce qui concerne les questions laissées de côté par la directive Dommages, mais la réserve que les impératifs d'équivalence et d'effectivité soient préservés.

La directive ECN +, quant à elle, complète et achève le dispositif mis en place par le règlement (CE) n° 1/2003 avec le Réseau européen de la concurrence. Elle ouvre pour les autorités nationales de concurrence la possibilité de prononcer des injonctions structurelles dans le cadre de procédures contentieuses concernant des pratiques anticoncurrentielles, de rejeter les saisines ne correspondant pas aux priorités de l'institution (opportunité des poursuites) ou de se saisir d'office afin d'imposer des mesures conservatoires.

Le principe d'autonomie procédurale et sa légitimité doivent s'apprécier dans le cadre de la Charte des droits fondamentaux et des principes généraux de l'Union européenne.

Dans ce cadre international et avec ces exigences, il serait regrettable de se priver de la richesse du droit processuel français, dont les juristes anglo-saxons eux-mêmes reconnaissent, pour l'avoir éprouvée, l'efficacité. Ainsi en est-il de la procédure de l'article 145 CPC.

La Cour de cassation rappelle avec constance la pertinence et l'importance du principe d'autonomie procédurale, comme en témoignent les arrêts rendus à l'occasion de décisions du Conseil de la concurrence et plus récemment de demandes de clémence.

De même, le Conseil d'État, dans le respect des principes d'effectivité et d'équivalence, a-t-il favorisé un dialogue des juges permettant de concilier l'office du juge administratif comme juge national et comme juge de droit commun du droit de l'Union notamment par la pratique du renvoi préjudiciel et par la question prioritaire de constitutionnalité (QPC).

L'article 267 TFUE prévoit en effet une obligation de renvoi pour les juridictions suprêmes. Mais celles-ci se sont reconnu un pouvoir d'interprétation des textes de l'Union européenne et ne procèdent au renvoi préjudiciel qu'en cas de difficulté sérieuse. Le Conseil d'État a ainsi consacré la théorie de l'acte clair selon laquelle il peut lui-même interpréter une norme européenne lorsque cette interprétation ne pose pas de difficulté réelle (CE, 19 juin 1964, *Société des pétroles Shell-Berre*, n° 47 007). Le même raisonnement a été adopté par la Cour de cassation (Cass. 1re civ., 19 décembre 1995, *Banque africaine de développement*, n° 93-20.424).

Bibliographie

AMARO (R.) et LABORDE (J.-F.), *La réparation des préjudices causés par les pratiques anticoncurrentielles : recueil de décisions commentées*, 2e éd., Paris, Concurrences, 2020

CLAUDEL (E.), « Feu le principe d'autonomie procédurale ? », *Concurrences* n° 1-2015, art. n° 70953, p. 5

IDOT (L.), CANIVET (G.), BARBIER DE LA SERRE (E.), DON (H.) et O'KEEFFE (S.), « TR II – Autonomie procédurale : Faut-il réinterpréter le principe pour assurer l'effectivité du droit de la concurrence ? (New Frontiers of Antitrust Conference – Paris, 10 février 2012) », *Concurrences* n° 2-2012, art. n° 45931, www.concurrences.com

Directive (UE) 2019/1 du Parlement européen et du Conseil du 11 décembre 2018 visant à doter les autorités de concurrence des États membres des moyens de mettre en œuvre plus efficacement les règles de concurrence et à garantir le bon fonctionnement du marché intérieur, *JOUE* n° L 11 du 14 janvier 2019, p. 3

Ordonnance n° 2017-303 du 9 mars 2017 relative aux actions en dommages et intérêts du fait des pratiques anticoncurrentielles et décret n° 2017-305 du 9 mars 2017 relatif aux actions en dommages et intérêts du fait des pratiques anticoncurrentielles, *JORF* n° 0059 du 10 mars 2017

Directive 2014/104/UE du Parlement européen et du Conseil du 26 novembre 2014 relative à certaines règles régissant les actions en dommages et intérêts en droit national pour les infractions aux dispositions du droit de la concurrence des États membres et de l'Union européenne, *JOUE* n° L 349 du, 5 décembre 2014, p. 1

A

AUTORITÉ DE LA CONCURRENCE

Mathias PIGEAT
Autorité de la concurrence

■ Premier aperçu

Autorité administrative indépendante chargée de garantir le bon fonctionnement de la concurrence sur le marché en vue de l'établissement et de la préservation d'un terrain de jeu concurrentiel ouvert et équitable, l'Autorité de la concurrence a été créée à la faveur de la loi de modernisation de l'économie du 4 août 2008, complétée par l'ordonnance de modernisation de la régulation de la concurrence du 13 novembre 2008 et quinze décrets d'application. Elle a officiellement succédé au Conseil de la concurrence le 2 mars 2009, date de la première réunion de son collège.

L'Autorité remplit trois missions complémentaires. Elle est tout d'abord investie d'une mission d'arbitre et de gendarme de la concurrence. Elle veille à cet égard au respect du droit de la concurrence en intervenant *ex post*, c'est-à-dire postérieurement à la réalisation de la pratique anticoncurrentielle en cause, pour remédier aux comportements illicites des entreprises qui chercheraient à s'abstraire d'une concurrence par les mérites et, le cas échéant, les sanctionner. Elle est chargée à ce titre de la détection et de la répression des pratiques anticoncurrentielles, ententes et abus de position dominante, au titre tant du droit national (titre II du livre IV du code de commerce et en particulier art. L. 420-1 et L. 420-2) que du droit européen (art. 101 et 102 TFUE). Elle dispose à cette fin d'une boîte à outils complète qui lui permet d'envisager des solutions négociées (par exemple dans le cadre d'une procédure d'engagements ou de transaction), d'intervenir d'urgence (*via* le prononcé de mesures conservatoires) ou encore d'adopter des injonctions comportementales ou structurelles en complément des sanctions pécuniaires qu'elle peut être amenée à prononcer.

L'Autorité veille également à ce que les opérations de croissance externe des entreprises ne brident ni n'entravent la concurrence. C'est le contrôle des concentrations (titre III du livre IV du code de commerce) qui intervient en amont de la réalisation des opérations de concentration qui dépassent certains seuils exprimés en chiffre d'affaires, dans le cadre d'une procédure non contentieuse. L'Autorité s'assure, par un examen simple ou, lorsque cela est nécessaire, un examen approfondi, que l'opération de concentration envisagée ne porte pas atteinte aux équilibres concurrentiels sur le marché. Afin de remédier aux préoccupations de concurrence identifiées, elle peut accepter les engagements comportementaux ou structurels proposés par les entreprises.

L'Autorité est également chargée d'une mission consultative qui lui permet d'éclairer les acteurs économiques, qu'ils soient publics ou privés, sur les risques concurrentiels (art. L. 462-1 à L. 462-4 C. com.). À ce titre, elle rend des avis aux pouvoirs publics, aux organisations professionnelles ou aux associations de consommateurs sur toute question de concurrence. Elle peut également s'autosaisir pour avis dans le cadre d'enquêtes sectorielles.

Par ailleurs, l'Autorité est dotée depuis la loi n° 2015-990 du 6 août 2015 de fonctions consultatives en lien avec le contrôle des tarifs et de l'installation de certaines professions juridiques réglementées. Elle est chargée de donner un avis sur les prix et tarifs réglementés applicables aux commissaires-priseurs judiciaires, aux greffiers de tribunal de commerce, aux huissiers de justice, aux administrateurs judiciaires, aux mandataires judiciaires et aux notaires, ainsi que sur les droits et émoluments de l'avocat en matière de saisie immobilière, de partage, de licitation et de sûretés judiciaires (art. L. 462-2-1 C. com.). Elle rend en outre au ministre de la Justice des avis sur la liberté d'installation des notaires, des huissiers de justice, des commissaires-priseurs judiciaires et des avocats au Conseil d'État et à la Cour de cassation. Elle fait dans ce cadre toutes recommandations en vue d'améliorer l'accès aux offices publics ou ministériels dans la perspective de renforcer la cohésion territoriale des prestations et d'augmenter de façon progressive le nombre d'offices sur le territoire (art. L. 462-4-1 et L. 462-4-2 C. com.).

■ Pour aller plus loin

Le décret n° 53-704 du 9 août 1953 relatif au maintien ou au rétablissement de la libre concurrence industrielle et commerciale a inséré dans l'ordonnancement national des dispositions sur les ententes illicites et créé la Commission technique des ententes rattachée au ministre de l'Économie, dotée d'un pouvoir consultatif en matière de pratiques d'ententes illicites. Le décret énonce à cet égard un principe d'interdiction des « *actions concertées [...] ayant pour objet ou pouvant avoir pour effet d'entraver [...] la concurrence en faisant obstacle à l'abaissement des prix de revient ou de vente, ou en favorisant une hausse artificielle des prix* ».

Celle-ci est renommée Commission technique des ententes et des positions dominantes par la loi de finances rectificative n° 63-628 du 2 juillet 1963, et son champ d'action est étendu aux abus de position dominante.

La loi n° 77-806 du 19 juillet 1977 lui substitue la Commission de la concurrence et consacre son double pouvoir consultatif auprès de l'exécutif : conseiller le gouvernement sur toute question intéressant la concurrence, en matière de pratiques d'ententes ou d'abus de position dominante, et, pour la première fois, donner des avis sur les opérations ou projets de concentration.

L'ordonnance n° 86-1243 du 1er décembre 1986 relative à la liberté des prix et de la concurrence met fin à la réglementation des prix en même temps qu'elle établit un organe indépendant de régulation concurrentielle, doté d'un pouvoir de décision : le Conseil de la concurrence. Il peut être saisi directement par les entreprises, engager de son propre chef des poursuites, prononcer des injonctions, infliger des sanctions financières et formuler des recommandations aux pouvoirs publics, y compris sur des projets de textes législatifs ou réglementaires. Signalant l'indépendance de cette institution à l'égard du pouvoir exécutif et le souhait de reconnaître la compétence de l'ordre juridictionnel, le contrôle des décisions du Conseil de la concurrence est confié à la juridiction judiciaire.

Une nouvelle avancée est opérée avec la loi n° 2001-420 sur les nouvelles régulations économiques du 15 mai 2001, qui marque l'accroissement concomitant des pouvoirs du Conseil de la concurrence, ainsi que de son autonomie budgétaire. Une évolution institutionnelle fondamentale est actée en ce qu'une séparation fonctionnelle est instituée entre services d'instruction, d'une part, et organe de décision (le collège), d'autre part. La composition de l'Autorité de la concurrence et son organisation garantissent ainsi son indépendance et son impartialité. Le collège comprend ainsi dix-sept membres issus de la sphère publique ou de la société civile (actuels ou anciens membres du Conseil d'État, de la Cour de cassation, de la Cour des comptes ou des autres juridictions administratives ou judiciaires, ou choisis en raison de leurs compétences en matière économique).

La grande réforme opérée par la loi n° 2008-776 de modernisation de l'économie du 4 août 2008, complétée ensuite par voie d'ordonnance n° 2008-1161 du 13 novembre 2008 portant modernisation de la régulation de la concurrence, parachève ce mouvement d'unification et d'indépendance de la régulation concurrentielle. Elle crée l'Autorité de la concurrence, autorité administrative indépendante, et procède à un renforcement de ses pouvoirs ; transférant le pouvoir de contrôle des concentrations des services du ministre de l'Économie au régulateur indépendant ; conférant des pouvoirs d'enquête autonomes ; et, enfin, permettant à l'Autorité de s'autosaisir en matière consultative.

La loi n° 2015-990 du 6 août 2015 a confié à l'Autorité de nouvelles fonctions consultatives en lien avec le contrôle des tarifs et de l'installation de certaines professions juridiques réglementées et a introduit un certain nombre d'adaptations d'ordre procédural, facteurs de plus grande efficacité et de souplesse pour l'Autorité dans la mise en œuvre du noyau dur de ses missions, la répression des pratiques anticoncurrentielles et le contrôle des concentrations (introduction de la procédure de transaction et de mesures ciblées pour garantir une application plus fluide et efficace des règles en matière de contrôle des concentrations). Elle met en outre en place un dispositif de surveillance des rapprochements à l'achat dans le secteur de la grande distribution qui sera renforcé par la loi n° 2018-938 du 30 octobre 2018 pour l'équilibre des relations commerciales dans le secteur agricole et alimentaire et une alimentation saine, durable et accessible à tous.

La loi n° 2020-1508 du 3 décembre 2020 portant diverses dispositions d'adaptation au droit de l'Union européenne en matière économique et financière et l'ordonnance n° 2021-649 du 26 mai 2021 relative à la transposition de la directive (UE) 2019/1 du Parlement européen et du Conseil du 11 décembre 2018 visant à doter les autorités de concurrence des États membres des moyens de mettre en œuvre plus efficacement les règles de concurrence et à garantir le bon fonctionnement du marché intérieur comportent des mesures de renforcement et de modernisation du droit de la concurrence et des outils dont dispose l'Autorité de la concurrence. Outre les mesures de rationalisation des procédures d'instruction de l'Autorité (présence d'un seul officier de police judiciaire par site lors d'une opération de visite et saisie, possibilité pour un juge des libertés et de la détention unique de l'autoriser en plusieurs lieux du territoire et de contrôler son déroulement, élargissement du champ d'application de la procédure contentieuse simplifiée) résultant directement de la loi, la transposition de la directive ECN + parachève la modernisation des outils de l'Autorité (notamment la faculté de fixer ses propres priorités et de rejeter les plaintes qui n'y correspondent pas, le pouvoir de saisine d'office pour imposer des mesures conservatoires ou encore le pouvoir de prononcer des injonctions structurelles).

Bibliographie

IDOT (L.), DAIEFF (G.), DE SILVA (I.), ARCELIN (L.), BOUDOU (M.), FOURGOUX (J.-L.), UTZSCHNEIDER (Y.), CLAMENS (A.) et LEMAIRE (Ch.), « La loi DDADUE : Simple adaptation ou réforme du droit français de la concurrence ? », *Concurrences* n° 1-2021, art. n° 98839, p. 22

LASSERRE (B.), « La régulation concurrentielle, un an après sa réforme : Un point de vue d'autorité (I) », *Concurrences* n° 3-2010, art. n° 31698, p. 35

LASSERRE (B.) et LEMAIRE (Ch.), « Bruno Lasserre (Conseil d'État) : Regards en arrière... et en avant sur la régulation concurrentielle en France », *Concurrences* n° 2-2017, art. n° 83912, p.14

Lasserre (B.), Lemaire (Ch.) et Ronzano (A.), « Bruno Lasserre (ADLC) : La nouvelle Autorité de la concurrence », *Concurrences* n° 1-2009, art. n° 23511, p. 6

OCDE, « Table ronde sur l'évolution institutionnelle des autorités de concurrence – Contribution de l'Autorité française de la concurrence », DAF/COMP/WD(2014)104, 25 février 2015

Site de l'Autorité de la concurrence : www.autoritedelaconcurrence.fr

Ordonnance n° 2021-649 du 26 mai 2021 relative à la transposition de la directive (UE) 2019/1 du Parlement européen et du Conseil du 11 décembre 2018 visant à doter les autorités de concurrence des États membres des moyens de mettre en œuvre plus efficacement les règles de concurrence et à garantir le bon fonctionnement du marché intérieur, *JORF* n° 0121 du 27 mai 2021

Loi n° 2020-1508 du 3 décembre 2020 portant diverses dispositions d'adaptation au droit de l'Union européenne en matière économique et financière, *JORF* n° 0293 du 4 décembre 2020

Loi n° 2018-938 du 30 octobre 2018 pour l'équilibre des relations commerciales dans le secteur agricole et alimentaire et une alimentation saine, durable et accessible à tous, *JORF* n° 0253 du 1 novembre 2018

Loi n° 2015-990 du 6 août 2015 pour la croissance, l'activité et l'égalité des chances économiques, *JORF* n° 0181 du 7 août 2015

Ordonnance n° 2008-1161 du 13 novembre 2008 portant modernisation de la régulation de la concurrence, *JORF* n° 0265 du 14 novembre 2008

Loi n° 2008-776 du 4 août 2008 de modernisation de l'économie, *JORF* n° 0181 du 5 août 2008

Loi n° 2001-420 du 15 mai 2001 relative aux nouvelles régulations économiques, *JORF* n° 113 du 16 mai 2001

Ordonnance n° 86-1243 du 1 décembre 1986 relative à la liberté des prix et de la concurrence, *JORF* du 9 décembre 1986

Loi n° 77-806 du 19 juillet 1977 relative au contrôle de la concentration économique et à la répression des ententes illicites et des abus de position dominante, *JORF* du 20 juillet 1977

Loi n° 63-628 du 2 juillet 1963 de finances rectificative pour 1963, *JORF* du 3 juillet 1963

Décret n° 53-704 du 9 août 1953 dit décret anti-trust réglementant les ententes professionnelles et rétablissant la libre concurrence, *JORF* du 10 août 1953

A

AUTORITÉ POLYNÉSIENNE DE LA CONCURRENCE

Johanne PEYRE
Autorité polynésienne de la concurrence

Premier aperçu

L'Autorité polynésienne de la concurrence (APC) a été créée par la loi du pays n° 2015-2 du 23 février 2015. Organisme indépendant, elle veille au libre jeu de la concurrence en Polynésie française.

Cette autorité administrative indépendante agit au nom de la Polynésie française, qui lui a délégué une partie de son pouvoir réglementaire, dans le domaine de compétence qui lui est assigné, à savoir le droit de la concurrence. Elle est indépendante à la fois des pouvoirs publics et des secteurs économiques contrôlés.

L'Autorité polynésienne de la concurrence doit garantir le respect de l'ordre public économique. À ce titre, le législateur lui a confié quatre missions principales : (i) la recherche, le constat et la sanction des pratiques anticoncurrentielles ; (ii) le contrôle des opérations de concentration ; (iii) le contrôle des opérations d'aménagements commerciaux ; et (iv) un rôle d'avis sur toute question de concurrence.

Pour aller plus loin

Elle exerce ses missions sur saisine du gouvernement pour avis, sur notification par une entreprise d'une opération de concentration ou de création/extension d'aménagements commerciaux, ou sur saisine d'un plaignant en pratique anticoncurrentielle. Elle peut aussi se saisir de sa propre initiative.

Elle prend des décisions quasi juridictionnelles à l'encontre des auteurs de pratiques anticoncurrentielles en ordonnant, le cas échéant sous astreinte, d'y mettre fin, en prononçant des sanctions pécuniaires, et, en cas de gravité et d'urgence, en prenant des mesures conservatoires de nature à en supprimer les effets. Il lui revient d'autoriser des opérations de concentration ou d'aménagements commerciaux, parfois sous réserve d'engagements de nature à gommer les effets anticoncurrentiels de l'opération.

Ses décisions peuvent être contestées devant le juge judiciaire ou administratif. Elle rend aussi des avis, le cas échéant, assortis de recommandations.

L'instruction est menée en toute indépendance par le service d'instruction, placé sous la direction du rapporteur général.

Ce service procède aux enquêtes et aux analyses nécessaires pour les affaires qui lui ont été attribuées, qu'il s'agisse d'avis, de pratiques anticoncurrentielles ou de notifications d'opérations de concentration ou d'aménagements commerciaux. Ce n'est qu'au terme d'une procédure d'instruction contradictoire que les affaires sont transmises pour être examinées par le collège de l'Autorité.

Le collège est l'organe de décision de l'Autorité. Sa composition et son organisation garantissent l'indépendance et l'impartialité de l'Autorité. Le collège étudie le dossier qui lui est soumis par l'instruction avec un œil neuf et entend généralement les parties avant de délibérer seul.

Depuis sa création l'APC a rendu de un grand nombre de décisions et d'avis structurants pour l'économie de la Polynésie française, dans des secteurs clés tels que la téléphonie, l'énergie, le transport des hydrocarbures, le transport aérien international, les mécanismes d'importation et de distribution, l'encadrement des prix sur les produits de première nécessité, les ressources marines, la vanille et la commercialisation des produits perliers et nacriers, ainsi que sur diverses professions réglementées.

L'APC est membre du réseau international des autorités de concurrence (International Competition Network ou ICN) et entretient des liens étroits de coopération avec l'Autorité de la concurrence nationale française ainsi qu'avec ses homologues du Pacifique (Australian Competition and Consumer Commission en Australie ; New Zealand Commerce Commission en Nouvelle-Zélande ; Autorité de la concurrence de la Nouvelle-Calédonie en Nouvelle-Calédonie ; Fijian Competition & Consumer Commission aux îles Fidji ; Independent Consumer & Competition Commission en Papouasie–Nouvelle-Guinée).

Pour en savoir plus : https://autorite-concurrence.pf

Bibliographie

Loi du pays n° 2015-2 du 23 février 2015 relative à la concurrence (NOR : DAE1301977LP). Paru in extenso au Journal Officiel 2015 n° 8 NS du 23/02/2015 à la page 234 dans la partie Lois du Pays.

B

BARRIÈRE À L'ENTRÉE

Jean-Marc ZOGHEIB
Université Paris-Nanterre

Premier aperçu

Une barrière à l'entrée désigne le fait que les conditions de marché (dans un secteur donné) limitent ou rendent impossible l'entrée de nouvelles firmes sur le marché. Le concept de barrière à l'entrée est crucial dans l'orientation de la politique de la concurrence. La prise en compte de ce concept permet en particulier de mieux évaluer la contestabilité du marché ainsi que la présence de pouvoir de marché.

Il existe un débat académique sur la définition d'une barrière à l'entrée. Initialement, Bain (1956) définit une barrière à l'entrée comme toute situation qui permet à la firme établie d'obtenir des profits élevés sans que cela ne menace l'entrée de nouveaux concurrents. Il identifie quatre éléments de structure de marché renforçant ce phénomène : les économies d'échelle, les avantages de coûts absolus (p. ex., grâce à « l'apprentissage par la pratique »), les avantages liés à la différenciation des produits (p. ex., licences, brevets) et les besoins en capitaux (pour davantage de détails, v. Tirole, 1988). Dans un second temps, Stigler (1968) offrira une définition alternative : une barrière à l'entrée se définit comme telle si la firme établie n'a pas eu à y faire face lors de son entrée sur le marché. Autrement dit, une barrière à l'entrée peut désigner toute nouvelle réglementation qui a été imposée sur le marché mais dont la firme établie a été exempte (présence de clause d'antériorité, un ancien monopole régulé, etc.).

Le concept de barrière à l'entrée est souvent associé à la théorie des marchés contestables (Baumol et coll., 1983). Selon cette théorie, un marché est dit « contestable » si les barrières à l'entrée – et à la sortie – du marché sont suffisamment faibles. La contestabilité du marché dépend de l'absence de coûts irrécouvrables et de la présence d'entrants potentiels menaçant la profitabilité de la firme établie.

Pour aller plus loin

Barrière à l'entrée et politique de la concurrence

Le concept de barrière à l'entrée joue un rôle décisif dans l'analyse concurrentielle. Les autorités de concurrence considèrent par exemple que pour limiter voire empêcher l'exercice du pouvoir de marché, l'entrée doit être rapide (moins de deux ans), probable (profitabilité de l'entrée) et suffisante (empêche la firme établie de renforcer son pouvoir de marché) (OCDE, 2005).

La considération des barrières à l'entrée apparaît essentielle dans la politique du contrôle des concentrations. En effet, des barrières à l'entrée faibles peuvent réduire les effets unilatéraux issus d'une concentration, en ce sens qu'elles limitent la capacité des firmes à augmenter les prix après que celle-ci est réalisée (Motta, 2004). Les lignes directrices sur les concentrations en Europe et aux États-Unis (règl. (CE) nº 139/2004 ; « Horizontal Merger Guidelines », 2010) prennent d'ailleurs en compte l'impact de l'entrée lors de l'évaluation de l'effet d'une concentration.

Barrière à l'entrée dite « structurelle »

Ce type de barrière est liée au secteur considéré (p. ex., coûts, demande, technologie). Citons-en quelques-unes.

- Coût irrécouvrable : ce coût subi est nécessaire pour entrer sur le marché et n'est pas récupérable à la sortie du marché (indépendant du niveau et de la durée de la production). Ce coût est typiquement présent dans les industries de réseau.
- Économies d'échelle : elles sont la résultante de la présence de coûts fixes (bâtiments, équipements). Comme le coût moyen diminue à mesure que la production augmente, une firme entrante aura besoin d'entrer sur le marché avec de grands volumes pour être viable face à un concurrent établi.
- Exigence de capitaux : souvent associée aux coûts irrécouvrables, une exigence de capitaux élevés peut limiter l'entrée de concurrents sur le marché.
- Contraintes juridiques et réglementaires : les restrictions issues de la régulation peuvent restreindre l'entrée sur le marché. Par exemple, les marchés de taxis sont souvent régulés avec une limite à l'octroi de nouvelles licences. Un autre exemple est la sévérité de la politique du contrôle des concentrations, qui peut dissuader l'entrée sur un marché, car élevant les barrières à la sortie de celui-ci (Mason et Weeds, 2013).

(Cette liste est non exhaustive : citons aussi les droits de propriété intellectuelle et les brevets, les barrières à la sortie, l'avantage du précurseur et l'intégration verticale – v. Thiemann et Neto, 2021.)

Barrière à l'entrée dite « stratégique » ou « comportementale »

Ce type de barrière fait référence aux stratégies des firmes établies pour préserver ou augmenter leur pouvoir de marché en dissuadant l'entrée de concurrents.

- Accords de reports d'entrée : ils peuvent porter sur les brevets et être considérés comme des barrières à l'entrée (Hatton et coll., 2020).
- Forclusion : cet acte désigne le plus souvent la restriction d'accès à une ressource essentielle de la part de la firme établie, ce qui bloque l'entrée sur le marché.
- Clauses contractuelles (p. ex., discriminatoires et d'exclusivité) : ces clauses peuvent restreindre l'entrée effective de concurrents et coïncident souvent avec un abus de position dominante de la firme établie.
- Contrats de long terme : ils peuvent limiter la migration de consommateurs vers des contrats concurrents, ce qui réduit la profitabilité de l'entrée (p. ex., contrats dans les télécoms et l'énergie).

Barrière à l'entrée et marchés numériques

L'effet de réseau est une barrière à l'entrée structurelle, qui est devenue capitale sur les marchés numériques. Cette barrière implique plusieurs effets : effets de verrou, de renversement, et du « vainqueur qui remporte tout ». Une autre barrière structurelle est celle des données. En effet, l'exploitation des données permet de fournir des produits personnalisés aux consommateurs. En plus d'alimenter les effets de réseau, l'exploitation des données implique des effets d'échelle et d'enverzgure, ce qui renforce la position de marché de la firme établie. Les données peuvent d'ailleurs devenir une ressource essentielle que les entrants pourront difficilement reproduire.

La vente liée est une barrière à l'entrée stratégique, très prégnante dans les marchés numériques caractérisés par des écosystèmes de produits et services complémentaires (p. ex., Google, Amazon). La discrimination par les prix liée aux données est une autre barrière stratégique, en ce sens que, grâce aux algorithmes et au big data, la firme établie peut mieux cibler les consommateurs et leur faire des offres intéressantes.

Remarque : l'appréciation des barrières à l'entrée sur les marchés numériques devrait connaître des évolutions, ces marchés connaissant un rythme d'innovation rapide.

Bibliographie

Bain (J. S.), *Barriers to New Competition: Their Character and Consequences in Manufacturing Industries*, Cambridge, Harvard University Press, 1956

Baumol (W. J.), Panzar (J. C.) et Willig (R. D.), « Contestable Markets: An Uprising in the Theory of Industry Structure: Reply », *The American Economic Review*, 1983, vol. 73, n° 3, p. 491

FTC et DOJ « Horizontal Merger Guidelines », 2010, https://www.ftc.gov/sites/default/files/attachments/merger-review/100819hmg.pdf

HATTON (C.), LUGARD (P.) et VASBECK (D.), « The EU Court of Justice clarifies for the first time when patent settlement agreements restricting a generic pharmaceutical company's ability to enter the market infringes the EU antitrust rules (*Generics - UK / GlaxoSmithKline / Actavis / Xellia Pharmaceuticals / Merck / Alpharma*) », 30 janvier 2020, *e-Competitions January 2020*, art. n° 93745

MASON (R.) et WEEDS (H.), « Merger policy, entry, and entrepreneurship », *European Economic Review*, 2013, vol. 57, p. 23

MOTTA (M.), *Competition Policy: Theory and Practice*, Cambridge University Press, 2004

OCDE, « Barriers to Entry », Best Practice Roundtables on Competition Policy, DAF/COMP(2005)42, https://www.oecd.org/competition/roundtables.htm

STIGLER (G. J.), « Price and Non-Price Competition », *Journal of Political Economy*, 1968, vol. 76, n° 1, p. 149

THIEMANN (A.) et NETO (A.), « Barriers to entry in the digital market: An overview of EU and national case law », 12 mai 2021, *e-Competitions Barriers to entry in the digital market*, art. n° 100184

TIROLE (J.), *The theory of Industrial Organization*, Cambridge, The MIT Press, 1988

Lignes directrices sur l'appréciation des concentrations horizontales au regard du règlement du Conseil relatif au contrôle des concentrations entre entreprises, *JOUE* n° C 31 du 5 février 2004, p. 5

Règlement (CE) n° 139/2004 du Conseil du 20 janvier 2004 relatif au contrôle des concentrations entre entreprises (« le règlement CE sur les concentrations »), *JOUE* n° L 24 du 29 janvier 2004, p. 1

Voir aussi

Accord de report d'entrée - Discrimination par les prix - Données personnelles - Économies d'échelle - Effet de réseau - Vente liée

B

BLOCKCHAIN

Thibault SCHREPEL
VU Amsterdam

■ Premier aperçu

La blockchain est aux transactions ce qu'internet est à l'information. Dans la mesure où le droit de la concurrence régule les transactions entre entreprises, il n'est pas surprenant que la blockchain ait d'importantes implications.

La blockchain introduit de nouvelles problématiques concurrentielles. D'une part, la blockchain peut être utilisée afin d'enfreindre le droit de la concurrence dans le « monde réel ». Par exemple, deux entreprises peuvent s'entendre au moyen de transactions automatisées sur la blockchain (également appelées « *smart contracts* »). D'autre part, des infractions au droit de la concurrence peuvent être commises au sein de la blockchain. Par exemple, les mineurs (intermédiaires qui valident les transactions blockchain) peuvent se diviser le marché et, ainsi, valider les transactions à tour de rôle afin de causer une augmentation des frais de validation.

Dans le même temps, la blockchain peut être proconcurrentielle. Lorsqu'une blockchain est « publique » et « *permissionless* », ses accès et usage sont libres. La blockchain est alors gouvernée par l'ensemble des participants, de façon horizontale. Ce mode de gouvernance complique la mise en œuvre de pratiques anticoncurrentielles qui enfreignent l'article 102 TFUE. L'architecture technique de ces blockchains libère ainsi les transactions économiques d'un éventuel pouvoir coercitif. Ainsi, les applications qui fonctionnent sur la base d'une blockchain (p. ex., un réseau social ou moteur de recherche) ne souffrent pas des pratiques de levier généralement mises en œuvre par les détenteurs d'infrastructures numériques.

■ Pour aller plus loin

Les premières affaires de « blockchain antitrust » concernent l'intérieur de la blockchain. Dans *Gallagher v. Bitcointalk.org* (2019), un développeur demandait compensation après avoir été évincé d'un forum populaire dans l'écosystème. Il dénonçait une stratégie visant à l'empêcher de contacter d'autres développeurs et, à moyen terme, d'introduire une nouvelle blockchain qui fasse concurrence au bitcoin. Le moyen introduit au titre de la section 2 du Sherman Act fut finalement rejeté faute d'avoir pu démontrer le caractère anticoncurrentiel de la décision d'éviction.

Dans *United American v. Bitmain* (2021), un groupe d'utilisateurs de la blockchain Bitcoin Cash ABC demandait compensation au titre de la section 1 du Sherman Act. Ces utilisateurs se plaignaient du *fork* réalisé par d'autres utilisateurs, c'est-à-dire de la duplication de la blockchain afin d'assigner des nouvelles règles de fonctionnement. La demande fut finalement rejetée faute d'avoir pu prouver une intention anticoncurrentielle.

Dans *Leibowitz v. iFinex* (en cours), une action de groupe a été introduite afin de dénoncer les pratiques de la blockchain Tether et de l'échange Bitfinex. Les créateurs de Tether sont accusés d'avoir enfreint la section 2 du Sherman Act en abusant de leur position dominante sur le supposé marché des *stablecoins* (*coins* ou *tokens* dont la valeur est liée à un actif en dehors de la blockchain). Les plaignants dénoncent la mise en circulation de Tether afin d'éliminer les autres *stablecoins* alors que ces Tether n'étaient pas assurés par une réserve suffisante. Bitfinex aurait dans le même temps aidé cette pratique en permettant l'échange de Tether avec d'autres cryptomonnaies, enfreignant ainsi la section 1 du Sherman Act. Les plaignants demandent une compensation s'élevant à trois fois le montant du préjudice supposément subi, soit 466 milliards de dollars multipliés par trois – environ 1 400 milliards de dollars.

Plusieurs enseignements se dégagent de ces premières affaires. Premièrement, des connaissances techniques sont nécessaires afin d'appréhender les tenants et aboutissants des affaires antitrust dans l'écosystème. Deuxièmement, ces affaires concernent des blockchains dites de « niveau 1 », c'est-à-dire des bases de données décentralisées, distribuées et cryptées. Le contentieux antitrust de ces récentes années concerne peu les applications blockchain telles que les *smart contracts* ou le web 3.0. Troisièmement, ces affaires donnent un aperçu de l'importance économique des enjeux liés à la blockchain. Plusieurs dizaines de millions de transactions blockchain sont ordonnées chaque jour (pour un aperçu partiel, v. https://etherscan.io et https://www.bscscan.com). Dans ce contexte, il est important que les blockchains demeurent libres de pratiques anticoncurrentielles qui affecteraient de fait l'ensemble des transactions ordonnées à des niveaux supérieurs. « m »

Bibliographie

Schrepel (T.), « Blockchain + Antitrust: A Video Series », *Concurrentialiste*, 2022, https://leconcurrentialiste.com/tag/blockchain-series

Schrepel (T.), *Blockchain + Antitrust: The Decentralization Formula*, Cheltenham, Edward Elgar Publishing, 2021

Schrepel (T.), «The First Case of "Blockchain Antitrust": Gallagher v. Bitcointalk.org », *Concurrentialiste*, 2020

Schrepel (T.), «Tether's Troubles Could Soon Include Antitrust Law», *Decrypt*, 2021

Schrepel (T.) et Buterin (V.), «Blockchain Code as Antitrust», *Berkeley Technology Law Journal*, 2020

B

BOYCOTT

Jean-Philippe KOVAR
Institut d'études politiques de Strasbourg

■ Premier aperçu

Le boycott collectif a été défini par l'Autorité de la concurrence comme consistant « *à s'entendre sans motifs légitimes pour refuser soit de fournir un client déterminé, soit de s'approvisionner auprès d'un fournisseur déterminé* » (Aut. conc., déc. n° 12-D-19 du 26 septembre 2012 relative à des pratiques dans le secteur du blanchiment et de l'éclaircissement des dents, pt 134). Cette pratique constitue une entente anticoncurrentielle par son objet.

Comme l'a jugé la Cour de cassation, le boycott est « *une action délibérée en vue d'évincer un opérateur du marché* » (Cass. com., 22 octobre 2002, *SA Vidal c/ FFSA*, n° 00-18.048). La volonté d'éviction est donc un élément constitutif de la pratique de boycott. Mais cette pratique peut aussi servir indirectement d'autres objectifs, comme punir un concurrent, obtenir des conditions commerciales favorables par une hausse des prix de vente ou une baisse des prix d'achat ou encore faire cesser des pratiques jugées illicites. Les formes du boycott sont diverses : pressions exercées par des opticiens sur leurs fournisseurs afin que ceux-ci cessent de livrer l'un de leurs concurrents, qui pratiquait des rabais sur les prix des montures de lunettes ; refus concerté de participer à un appel d'offres organisé par plusieurs hôpitaux, émanant de cinq fournisseurs de défibrillateurs, en vue de rendre la procédure infructueuse ; déréférencement des produits de certains fournisseurs par une centrale d'achat regroupant des distributeurs indépendants afin de lutter contre les prix bas pratiqués par certains distributeurs concurrents livrés par ces fournisseurs ; décision prise collectivement par des commissaires-priseurs de ne plus faire paraître de publications dans un journal d'annonces judiciaires au motif que les tarifs des annonces de vente aux enchères étaient excessifs.

Les pratiques de boycott sont considérées par la Commission et l'Autorité de la concurrence comme étant d'une particulière gravité, ce qui constitue une circonstance aggravante au stade de la fixation du montant de la sanction pécuniaire.

■ Pour aller plus loin

Le boycott est souvent le fait d'organisations professionnelles. Encore faut-il faire la distinction entre les pratiques de boycott à proprement parler et celles qui relèvent, pour les syndicats professionnels, de la défense des intérêts professionnels de leurs membres et, pour les ordres professionnels, des missions de service public dont ils sont investis par la loi. Ainsi, une organisation professionnelle ne va pas au-delà de la défense des intérêts de ses membres en mettant en garde ses adhérents fournisseurs dans le cadre de négociations commerciales avec un regroupement de centrales d'achat, sans les appeler à ne plus négocier avec cette société. De même, une fédération professionnelle qui conseille à ses adhérents de différer leur participation à un salon professionnel en raison de l'insuffisance des retombées médiatiques et commerciales attendues ne se livre pas à une pratique de boycott. En revanche, l'Ordre national des pharmaciens sort de sa mission de service public en diffusant des mises en garde constituant un appel à un boycott collectif du portage de médicaments à domicile.

Bibliographie

CLAUDEL (E.), « Refus concerté de répondre à un appel d'offres : Le Conseil de la concurrence sanctionne une entente tendant à boycotter une procédure d'appel d'offres (*Biotronik, Ela Medical, Guidant...*) », *Concurrences* n° 1-2008, art. n° 15269, p. 112

KOVAR (J.-Ph.), « Boycott : L'Autorité de la concurrence se déclare incompétente pour connaître de pratiques reprochées au Conseil national de l'Ordre des médecins et au Conseil national de l'Ordre des chirurgiens-dentistes (*Groupon / CNOM, CNOCD*) », *Concurrences* n° 2-2019, art. n° 90573, p. 195

MALAURIE-VIGNAL (M.), « Le boycott, l'intention anticoncurrentielle et le seuil de sensibilité », *Contrats, conc., consom.* 2003, 25

MALAURIE-VIGNAL (M.), « Du caractère anticoncurrentiel du boycott », *Contrats, conc., consom.* 2001, 25

MALAURIE-VIGNAL (M.), « Différence entre boycott et mise en garde adressée par un organisme professionnel à ses adhérents », *Contrats, conc., consom.* 2000, 178

B

BREVET ESSENTIEL

Marie CARTAPANIS
Aix-Marseille Université

■ Premier aperçu

Les brevets essentiels sont des droits de propriété intellectuelle qui protègent une technologie considérée comme indispensable pour fabriquer un produit ou établir et respecter une norme.

Selon les lignes directrices relatives aux accords de transfert de technologie (2014/C 89/03), le caractère essentiel d'une technologie est caractérisé lorsqu'il n'existe aucune autre solution viable pour la fabrication du produit. Une technologie essentielle constitue donc une partie nécessaire des différentes technologies utilisées pour fabriquer un produit et sans celle-ci, le produit ne saurait être fabriqué, ou une norme élaborée.

C'est ensuite le juge qui a été saisi de la question. Dans le cadre d'une question préjudicielle, la Cour de justice a précisé qu'un brevet est essentiel à une norme lorsque son exploitation est indispensable à tout concurrent envisageant de fabriquer des produits conformes à la norme à laquelle il est lié. À l'inverse, des brevets qui ne sont pas essentiels à une norme permettent normalement aux tiers de fabriquer des produits concurrents en s'écartant du brevet concerné sans compromettre les fonctions fondamentales du produit en question (CJUE, 16 juillet 2015, *Huawei Technologies Co. Ltd c/ ZTE Corp.*, aff. C-170/13, pts 49 et 50).

Le juge français, quant à lui, relève que l'impossibilité technique de mettre en œuvre une norme sans l'enseignement du brevet constitue le critère déterminant pour caractériser son essentialité (CA Paris, 16 avril 2019, *Conversant c/ LG*, RG 15/17037).

En pratique, le caractère essentiel d'un brevet s'établit d'abord par une déclaration de son titulaire à un organisme de normalisation. Par exemple, au sein de l'Institut européen des normes de télécommunication (ETSI – European Telecommunications Standards Institute), les Intellectual Property Rights

(IPR) Policy incitent les participants à la norme qui soumettent une proposition technique à attirer l'attention de bonne foi sur tout droit de propriété intellectuelle qui pourrait obtenir le statut de « brevet essentiel à la norme » si cette proposition était adoptée. Un tel statut peut être acquis lorsqu'il n'est pas possible, pour des raisons exclusivement techniques (et non pour des raisons commerciales), et compte tenu de l'état de l'art disponible au moment de la normalisation, de fabriquer, vendre, louer, disposer d'une autre manière, réparer, utiliser ou faire fonctionner des équipements ou des méthodes conformes à une norme sans contrefaire la technologie couverte par ce droit de propriété intellectuelle (ETSI Intellectual Property Rights Policy, 2020, sect. 15, para. 6).

■ Pour aller plus loin

C'est dans le contexte des accords de normalisation, qui ont pour objectif premier la définition d'exigences techniques ou d'exigences de qualité, qu'a émergé la notion de brevet essentiel à une norme (BEN). Or, dans ce contexte, un brevet essentiel peut susciter des préoccupations concurrentielles.

Une entreprise qui participe à un processus de normalisation et qui détient des brevets essentiels aux fins de la mise en œuvre de la norme peut en effet acquérir, en vertu de ses droits de propriété intellectuelle, le contrôle de l'utilisation de cette même norme. Le statut de brevet essentiel à une norme emporte donc deux conséquences : d'une part, le titulaire peut exclure l'apparition ou le maintien sur le marché des concurrents et, d'autre part, il peut se réserver la fabrication de ces produits et faire levier sur un marché aval (*Huawei*, préc.).

C'est pourquoi, pour bénéficier d'un *a priori* favorable au regard de l'article 101 TFUE, les participants qui souhaitent voir leurs droits de propriété intellectuelle inclus dans la norme doivent s'engager de manière irrévocable et par écrit à accorder des licences concernant leurs droits de propriété intellectuelle dits « essentiels » à l'ensemble des tiers, dans des conditions équitables, raisonnables et non discriminatoires (« engagement FRAND »).

Les brevets essentiels peuvent également être le support de comportements susceptibles de violer les articles L. 420-2 du code de commerce et 102 TFUE. Plusieurs pratiques peuvent ainsi être distinguées.

La pratique dite du « *hold-up* », d'abord, se manifeste lorsque l'entreprise titulaire de la technologie intégrée à la norme revient sur ses déclarations et ne respecte pas les conditions auxquelles elle s'était engagée. Le *hold-up* consiste donc, pour les titulaires d'une technologie normalisée, à demander des redevances excessives parce que le passage à une autre technologie de remplacement devient trop onéreux pour les tiers. Ils élèvent alors les prix *a posteriori* en sachant que les entreprises n'auront d'autre choix que de payer les redevances.

La stratégie de l'« embuscade de brevet », ensuite, découle d'un comportement de dissimulation de l'existence des droits de propriété intellectuelle. Tel fut par exemple le cas dans l'affaire *Rambus* (v. Comm. CE, MEMO/07/330 du 23 août 2007, Antitrust: Commission confirms sending a Statement of Objections to Rambus). Ici, c'est après l'adoption de la norme que l'entreprise demande des redevances. Les conséquences d'une embuscade de brevet sont doubles. Elle produit, en premier lieu, des effets assez similaires à ceux du *hold-up* en termes de captation de redevances excessives. Cette pratique biaise, en second lieu, le processus de normalisation. L'embuscade permet de « forcer », par une dissimulation de droits, l'intégration de sa technologie dans la norme en laissant croire aux parties qu'elles n'auront pas à payer de redevances.

Dans un autre cas, c'est davantage le refus de contracter et l'usage abusif de procédures, couplés à un engagement FRAND, qui peuvent être en cause. Dans l'affaire *Huawei* précitée se posait la question de savoir dans quelle mesure une action en contrefaçon portant sur brevet essentiel à une norme pouvait être qualifiée de comportement abusif au sens de l'article 102 TFUE. Selon la Cour de justice, étant donné qu'un engagement à délivrer des licences à des conditions FRAND crée des attentes légitimes auprès des tiers, un refus du titulaire d'un brevet essentiel d'octroyer une licence à ces mêmes conditions peut constituer, en principe, un abus de position dominante au sens de l'article 102 TFUE.

Pour autant, la Cour pose plusieurs conditions permettant d'éviter que cette action en contrefaçon ne soit abusive : premièrement, l'action ne peut pas être introduite sans que le titulaire ait averti le contrefacteur. Deuxièmement, si le contrefacteur allégué a exprimé sa volonté de conclure un contrat aux conditions FRAND, le titulaire du brevet essentiel doit lui transmettre une offre écrite répondant à ces conditions FRAND. Il incombe, dès lors, au contrefacteur de donner suite à cette offre de bonne foi ou de proposer une contre-offre, et, si cette contre-offre n'est pas acceptée, de constituer une sûreté et d'opérer un décompte des actes s'il utilise la technologie brevetée (*Huawei*, préc.).

Tenant compte de ces difficultés l'Union européenne a défini des priorités en la matière, parmi lesquelles la transparence en matière d'informations relatives à l'exposition aux brevets essentiels à une norme, la clarté concernant les technologies brevetées, et le respect des droits. Elle a également proposé des « *principes clés* » pour stimuler le développement et l'intégration des technologies et assurer aux titulaires de brevets essentiels un bénéfice adéquat et équitable (v. la définition de l'approche de l'Union en ce qui concerne les brevets essentiels à des normes, COM(2017) 712 final).

Bibliographie

ETSI, Rules of Procedure, Annex 6: ETSI Intellectual Property Rights Policy, 29-30 novembre 2022 (voir : https://www.etsi.org/images/files/IPR/etsi-ipr-policy.pdf)

Hovenkamp (H.), « Competition in Information Technologies: Standards-Essential Patents, Non-Practicing Entities and FRAND Bidding », *University of Iowa Legal Studies Research Paper* n° 12-32, 2012

Idot (L.), « Brevet essentiel et licences à des conditions FRAND », *Europe* 2015, comm. 374

Lemley (M.-A) et Shapiro (C.), « A Simple Approach to Setting Reasonable Royalties for Standard-Essential Patents », *Berkeley Technology L. J.*, 2013, vol. 28, p. 1135

OCDE, Compte rendu de la discussion sur la propriété intellectuelle et le processus de normalisation, DAF/COMP/M(2014)3/ANN2/FINAL, 28 juillet 2006 (voir : https://one.oecd.org/document/DAF/COMP/M(2014)3/ANN2/FINAL/fr/pdf)

Petit (N.), « Les accords de normalisation en droit européen de la concurrence », in *Propriété intellectuelle et concurrence : pour une (ré)conciliation*, colloque de l'IRPI, Paris, 8 novembre 2011, Paris, LexisNexis, 2012, p. 35

Roda (J.-Ch.), « Brevets essentiels et abus de position dominante : la Cour de justice fixe les règles », *D.* 2015, p. 2482

Shapiro (C.), « Navigating the Patent Thicket: Cross Licenses, Patent Pools, and Standard Setting », in *Innovation Policy and the Economy*, vol. 1, A. B. Jaffe, J. Lerner et S. Stern (dir.), Cambridge, The MIT Press, 2001, p. 119

Sibony (A.-L.), « Brevets essentiels : La Cour de justice de l'Union européenne précise les conditions de l'action en contrefaçon d'un brevet essentiel (*Huawei Technologies, ZTE*) », *Concurrences* n° 4-2015, art. n° 76086, p. 120

Communication de la Commission, Définition de l'approche de l'Union en ce qui concerne les brevets essentiels à des normes, COM(2017) 712 final, 29 novembre 2017

Communication de la Commission, Lignes directrices concernant l'application de l'article 101 du traité sur le fonctionnement de l'Union européenne à des catégories d'accords de transfert de technologie, *JOUE* n° C 89, du 28 mars 2014, p. 3

Voir aussi

FRAND - Octroi de licence

C

CENTRALE D'ACHAT

Stéphane DE LA ROSA
Université Paris-Est Créteil

■ Premier aperçu

Des intermédiaires hétérogènes

Suivant une première approche, la centrale d'achat renvoie à une structure ou à un organisme qui a la qualité d'intermédiaire pour centraliser des achats destinés à ses affiliés, détaillants, grossistes, distributeurs indépendants ou encore acheteurs publics. La constitution de centrales d'achat permet, en théorie, d'obtenir un avantage sur les prix ou sur les quantités, tiré d'un effet de masse inhérent au regroupement des acheteurs. La mutualisation favorise les économies d'échelle grâce au volume d'achats effectué. Les centrales permettent, par là même, d'améliorer le pouvoir de négociation des distributeurs face aux fournisseurs et sont susceptibles de faciliter l'obtention de prix d'approvisionnement plus bas, pouvant être au bénéfice des consommateurs.

Cette première définition, très générale, doit toutefois être précisée compte tenu de la diversité des formes d'organisation que revêtent les centrales d'achat, suivant les différentes branches du droit économique.

En effet, la centrale d'achat au sens du droit de la distribution ne doit pas être confondue avec la centrale d'achat dans le cadre des achats publics. Si la finalité est similaire, la réalité institutionnelle n'est pas la même. Au sens de l'article L. 2113-2 du code de la commande publique, une centrale d'achat est un acheteur qui a pour objet d'exercer de façon permanente, au bénéfice des acheteurs, des activités d'achat centralisées, telles que l'acquisition de fournitures ou de services ou la passation de marchés de travaux, de fournitures ou de services (art. L. 2113-3 CCP). Dans ce cadre spécifique, le recours à la centrale d'achat permet de déplacer les exigences de l'appel à la concurrence : l'acheteur qui recourt à une centrale d'achat pour la réalisation de travaux ou l'acquisition de fournitures ou de services est considéré comme ayant respecté ses obligations de publicité et de mise en concurrence pour les seules opérations d'exécution qu'il a confiées. Les formes juridiques que revêtent les centrales d'achat dans le cadre de l'achat public sont très diverses : établissement public industriel et commercial (EPIC, tel que l'Union des groupements d'achats publics – UGAP), sociétés publiques locales, groupements d'intérêt public (GIP), groupements d'intérêt économique (GIE). Cette diversité a été reconnue par la Cour de justice, qui reconnaît une large marge d'appréciation au profit des États pour définir les modèles d'organisation des centrales d'achat, à la condition que celles-ci aient impérativement la qualité de pouvoir adjudicateur (CJUE, 4 juin 2020, *Asmel c/ Autorità Nazionale Anticorruzione (ANAC)*, aff. C-3/19, pt 56).

Dans le cadre de la distribution, les centrales d'achat renvoient à une diversité d'alliances entre les principaux acteurs de la distribution. Ces alliances peuvent prendre la forme d'accords de coopération, de contrats de mandat de négociation ou encore d'entreprises communes.

Saisie en 2015 par le ministre de l'Économie, dans un contexte – désormais révolu – de déflation et de baisse des prix, l'Autorité de la concurrence a souligné que si ce type d'accords peut conduire à des effets proconcurrentiels, notamment sur les niveaux de prix des produits de grande consommation achetés par les consommateurs, il présente plusieurs risques concurrentiels sur les marchés aval (distributeurs) (Aut. conc., avis n° 15-A-06 du 31 mars 2015). Elle invitait les distributeurs à prendre des précautions quant à la sélection des fournisseurs concernés par le périmètre des accords, en s'appuyant sur des critères de sélection objectifs et non discriminatoires compte tenu des incidences que leur choix pourrait avoir sur le marché de l'approvisionnement. Par ailleurs, la limitation des marges des fournisseurs peut nuire à l'innovation et à l'investissement et faire obstacle à une amélioration qualitative des produits.

■ Pour aller plus loin

Des enjeux concordants sur le risque d'atteinte concurrentielle

Dans un contexte économique caractérisé par un renchérissement majeur des prix et par une hausse constante des coûts de production, le recours aux centrales d'achat amplifie les enjeux concurrentiels. Dans un environnement qui était encore déflationniste, trois rapprochements à l'achat avaient été conclus en 2014 parmi les principaux distributeurs, entre Auchan et Système U, Intermarché et Casino, Carrefour et Provera. Ces alliances ont été redéfinies en 2018, conduisant à ce que les quatre principaux regroupements détiennent 92,2 % de parts de marché.

L'appréciation de l'atteinte à la concurrence des centrales d'achat se réalise sous l'angle du droit des ententes. En 2015, l'Autorité a en effet considéré que les centrales ne peuvent être considérées comme une opération de concentration, du fait de « *l'absence d'entreprise commune accomplissant de manière durable toutes les fonctions d'une entité économique autonome* » (Aut. conc., avis nº 15-A-06 du 31 mars 2015, pt 55). L'Autorité s'inscrit en cohérence avec la position du Conseil d'État, qui a considéré que la centrale d'achat Opéra n'avait pas les caractéristiques d'une entité économique autonome, notamment parce que les décisions d'achat continuaient à être prises par les maisons mères et leurs filiales, qui restent présentes en tant qu'acheteurs sur le marché de l'approvisionnement en produits de grande distribution (CE, sect., 31 mai 2000, *Société Cora*, nº 213161).

Sur le terrain des ententes (art. 101 TFUE ; art. L-420-1 C. com.), l'appréciation de l'atteinte concurrentielle des centrales d'achat pose des enjeux sous l'angle des effets d'accords de coopération horizontale. Suivant les lignes directrices sur l'applicabilité de l'article 101 TFUE aux accords de coopération horizontale, « *[l]es accords d'achat groupé visent généralement à créer une puissance d'achat susceptible de conduire à une baisse des prix ou à une amélioration de la qualité des produits ou des services pour les consommateurs. Toutefois, la puissance d'achat peut aussi [...] poser des problèmes de concurrence* » (pt 194). La Cour de justice n'a pas rendu d'arrêt de principe sur la qualification d'entente en présence de centrales d'achat et a essentiellement statué, hormis le contentieux spécifique des marchés publics, sur la pratique de la vente à perte par des centrales d'achat et sa conformité avec la directive 2005/29/CE relative aux pratiques commerciales déloyales (CJUE, 19 octobre 2017, *Europamur Alimentación SA*, aff. C-295/16).

Eu égard à ces risques de déséquilibres, la loi « Egalim » du 30 octobre 2018 a octroyé à l'Autorité de la concurrence de nouvelles compétences en matière de rapprochement de centrales d'achat. L'article L. 462-10 du code de commerce a introduit une procédure qui s'inspire du droit des concentrations, caractérisée par l'obligation de communiquer à l'Autorité, au moins quatre mois avant sa mise en œuvre, tout accord entre des entreprises ou des groupes de personnes physiques ou morales exploitant, directement ou indirectement, un ou plusieurs magasins de commerce de détail de produits de grande consommation, ou intervenant dans le secteur de la distribution comme centrale de référencement ou d'achat d'entreprises de commerce de détail, visant à négocier de manière groupée l'achat ou le référencement de produits ou la vente de services aux fournisseurs. L'Autorité réalise un bilan concurrentiel de la mise en œuvre de l'accord, de sa propre initiative ou à la demande du ministre de l'Économie. Dans la réalisation de ce bilan concurrentiel, l'Autorité examine si l'accord est de nature à porter une atteinte sensible à la concurrence au sens des articles L. 420-1 et L. 420-2 du code de commerce. Elle apprécie si l'accord apporte au progrès économique « *une contribution suffisante pour compenser d'éventuelles atteintes à la concurrence, en prenant en compte son impact tant pour les producteurs, les transformateurs et les distributeurs que pour les consommateurs* ».

Ce dispositif de notification *ex ante* a donné lieu à deux décisions de l'Autorité, l'une relative à des pratiques mises en œuvre dans le secteur de la grande distribution à dominante alimentaire par les groupes Auchan, Casino, Metro et Schiever (Aut. conc., déc. nº 20-D-13 du 22 octobre 2020), l'autre relative à des pratiques mises en œuvre dans le secteur de la grande distribution à dominante alimentaire par les groupes Carrefour et Tesco (Aut. conc., déc. nº 20-D-22 du 17 décembre 2020). Des engagements ont été acceptés dans les deux décisions. Dans la première affaire, les enjeux portaient essentiellement sur le marché amont de l'approvisionnement en produits de marques de distributeurs (en raison de la diminution possible de la capacité des fournisseurs à investir et à innover sur le marché) et sur le marché aval de la distribution à dominante alimentaire, compte tenu de l'homogénéisation des produits de marques de distributeurs et de ses conséquences sur la baisse de la diversité de l'offre dont bénéficient les consommateurs (pt 113). Dans la seconde affaire, d'importants risques concurrentiels ont été relevés sur les marchés amont, l'Autorité soulignant (pt 77) des effets de déstabilisation : « *En diminuant la marge des fournisseurs, les accords pourraient [...] diminuer à court et à moyen terme leur capacité à investir et à innover, qu'il s'agisse de fournisseurs commercialisant exclusivement des produits [marques de distributeurs] ou de fournisseurs plus diversifiés.* »

L'effectivité de ces dispositifs demeure toutefois incertaine et la conduite de l'examen de l'atteinte concurrentielle devra sans doute évoluer avec les mutations du paysage économique. Tout d'abord, les risques de contournement de législation ne sont pas exclus : en localisant des centrales d'achat dans d'autres États membres de l'Union, sur le fondement de la liberté d'établissement, les distributeurs peuvent échapper à l'obligation d'examen *ex ante*. Cette situation rejoint le prononcé d'amendes administratives par la DGCCRF, peut-être plus efficace que le dispositif d'examen. Par exemple, le groupe Intermarché a reçu en février 2022 une amende de 19,2 millions d'euros pour manque de transparence dans des contrats avec ses fournisseurs, incluant une centrale d'achat située en Belgique. Ensuite, la hausse des prix conduit nécessairement à revoir le positionnement des centrales d'achat : dans un contexte où les fournisseurs répercutent très sensiblement les hausses de prix, les centrales d'achat seraient conduites à refuser ces évolutions et à accentuer le rapport de force avec les fournisseurs. Un rapport récent du Sénat met d'ailleurs en évidence la difficulté des centrales à faire face à ce nouveau contexte (Rapport d'information nº 799, 19 juillet 2022). Dans ce contexte, le mode de fonctionnement de ces intermédiaires pourrait sans doute évoluer à la faveur d'une modification majeure des conditions de négociation et de fixation des prix.

Bibliographie

Choné-Grimaldi (A.-S.), « Loi Egalim : un nouveau droit de la distribution des produits agricoles et alimentaires », *JCP E* 2019, 1021, n° 25

Gremillet (D.) et Loisier (A.-C.) « Négociations commerciales et inflation : des tensions inédites, des pratiques contestables », Rapport d'information n° 799 (2021-2022) fait au nom de la commission des affaires économiques, 19 juillet 2022

Mathey (N.), « Centrales sous haute surveillance », *Contrats, conc., consom.* 2021, repère 4

Communication de la Commission, Lignes directrices sur l'applicabilité de l'article 101 du traité sur le fonctionnement de l'Union européenne aux accords de coopération horizontale, *JOUE* n° C 11 du 14 janvier 2011, p. 1

CESSION (REMÈDE CONCENTRATIONS)

Étienne CHANTREL
Autorité de la concurrence

■ Premier aperçu

Si une opération de concentration porte atteinte à la concurrence, à moins que l'argument de l'entreprise défaillante trouve à s'appliquer ou que les gains d'efficience compensent ces atteintes, elle ne peut être autorisée que sous condition de remèdes (engagements, prescriptions ou injonctions).

La doctrine distingue les remèdes structurels – ceux qui changent par eux-mêmes la structure des marchés – des remèdes comportementaux (v. p. ex. les « Lignes directrices de l'Autorité de la concurrence relatives au contrôle des concentrations », para. 351). Dans une étude sur les engagements comportementaux publiée en 2020, l'Autorité de la concurrence caractérise les remèdes structurels par leur rapidité de mise en œuvre, leur caractère irréversible et l'absence de suivi actif de la part de l'Autorité. Ils consistent principalement en des cessions d'actifs, immatériels ou matériels, même si d'autres mesures, telles que la résiliation de contrats de franchise ou la modification permanente des statuts d'une coopérative, peuvent être considérées comme structurelles.

Les cessions d'actifs visent à limiter la capacité de l'entité issue de la concentration à exercer un pouvoir de marché, en supprimant le chevauchement d'activité ou au moins en préservant une structure concurrentielle sur le marché. En effet, la cession d'actifs doit permettre à un repreneur d'exercer une pression concurrentielle sur la nouvelle entité. Elles constituent le remède le plus simple et le plus efficace à de nombreuses atteintes concurrentielles, en particulier pour ce qui est des effets horizontaux. À ce titre, les autorités de concurrence les privilégient, même si cette préférence est diversement appliquée. Leur mise en œuvre est en principe plus simple que les autres types de remède. Elle n'est pourtant pas sans poser parfois des difficultés.

■ Pour aller plus loin

La préférence pour les remèdes consistant en des cessions d'actifs est claire dans les textes de référence de la plupart des autorités de concurrence. Ainsi, la communication de la Commission concernant les mesures correctives indique : « *D'après la jurisprudence de la Cour de justice, l'objectif premier des engagements est de garantir des structures de marché compétitives. En conséquence, les engagements à caractère structurel, tel que l'engagement de vendre une activité, sont généralement préférables du point de vue de l'objectif défini dans le règlement sur les concentrations, dans la mesure où ils empêchent durablement les problèmes de concurrence qui résulteraient de la concentration notifiée et, en outre, ne nécessitent pas de mesures de surveillance à moyen ou long terme* » (para. 15) Ce n'est que s'ils sont aussi efficaces que des cessions que les autres remèdes peuvent être envisagés (*ibid.*, para. 61). Les lignes directrices de l'Autorité soulignent quant à elles : « *À l'instar de la Commission, l'Autorité recherche, en priorité, des mesures structurelles, qui visent à garantir des structures de marché compétitives par des cessions d'activités ou de certains actifs à un acquéreur approprié, susceptible d'exercer une concurrence réelle, ou l'élimination de liens capitalistiques entre des concurrents* » (para. 414) En Allemagne, le Bundeskartellamt n'accepte des remèdes non structurels qu'à titre exceptionnel (« Guidance on Remedies in Merger Control », para. 24.)

Il est intéressant de noter que, malgré cette priorité affichée, selon l'étude sur les engagements comportementaux publiée par l'Autorité de la concurrence, cette dernière accepte de nombreux engagements comportementaux. De 2009 à 2018, 45 % des engagements acceptés par l'Autorité étaient purement structurels, 36 % purement comportementaux et 19 % mixtes. À titre de comparaison, le taux d'engagements comportementaux est de 20 % pour la Commission, de 16 % pour la CMA (Royaume-Uni) et est presque nul pour le Bundeskartellamt (Allemagne).

Pour qu'un remède consistant en une cession soit efficace, sa mise en œuvre doit être certaine et il doit lever les problèmes concurrentiels que l'opération engendre. Ainsi, la cession doit concerner des actifs viables, et comprendre tous les actifs nécessaires au bon fonctionnement de la structure. Les autorités de concurrence demandent couramment au cédant de s'engager à préserver, jusqu'à la réalisation de la cession, la viabilité des actifs cédés et de s'engager à ne pas faire l'acquisition des actifs, qui ont cédés, pendant une période donnée. Dans la pratique de l'Autorité de la concurrence, cette durée est de dix ans. En outre, l'acquéreur doit être approprié, c'est-à-dire qu'il doit être indépendant des parties à la concentration et apte à développer l'activité cédée. En effet, l'autorité de concurrence n'a pas la possibilité de fixer des conditions au repreneur de l'activité cédée, par exemple de lui imposer de maintenir l'activité cédée dans le secteur dans lequel des préoccupations de concurrence ont été identifiées. Elle doit donc se montrer très prudente quant à l'examen du caractère approprié de l'acquéreur choisi.

La mise en œuvre d'une cession nécessite le plus souvent le recours à un mandataire. Dans un premier temps, il peut être chargé de vérifier le maintien de la viabilité des actifs avant la cession. Il peut également suivre l'avancement du processus de cession, voire être chargé lui-même de la cession, parfois dans un deuxième temps, si la partie notifiante n'est pas parvenue à céder l'actif dans un premier temps.

Les cessions peuvent poser des problèmes de mise en œuvre, notamment parce qu'il est difficile de trouver un acquéreur approprié ou parce que les actifs se révèlent difficiles à vendre. En ce cas, des substitutions d'actifs sont parfois nécessaires. Ainsi, en 2018, l'Autorité de la concurrence a pour la première fois sanctionné une entreprise pour non-respect d'un engagement de cession. Trois magasins n'avaient pas été cédés à un repreneur agréé par l'Autorité à l'issue de la période de cession prévue par les engagements. Outre une sanction pécuniaire de 20 millions d'euros, l'Autorité a prononcé des injonctions structurelles, en substitution des engagements de cession non exécutés.

Bibliographie

Aut. conc., « Lignes directrices de l'Autorité de la concurrence relatives au contrôle des concentrations », 2020

Aut. conc., *Les engagements comportementaux / Behavioural Remedies*, Paris, Direction de l'information légale et administrative, 2019

Bundeskartellamt, « Guidance on Remedies in Merger Control », 2017

Communication de la Commission concernant les mesures correctives recevables conformément au règlement (CE) n° 139/2004 du Conseil et au règlement (CE) n° 802/2004 de la Commission, *JOCE* n° C 267 du 22 octobre 2008, p. 1

C

CHARGE DE LA PREUVE

Sven FRISCH
Tribunal de l'Union européenne

Premier aperçu

La notion de charge de la preuve permet de répondre à la question de savoir « qui doit prouver quoi ». Elle se définit comme le devoir qui incombe à une partie d'alléguer un fait et, s'il est contesté, de l'établir preuves à l'appui, sous peine de se voir débouter de sa demande. Cette définition recouvre deux dimensions. D'un côté, la charge objective de la preuve pèse invariablement sur une seule et même partie, qui supporte le risque de preuve : c'est à son détriment que joue l'impossibilité de prouver une allégation. De l'autre, la charge subjective de la preuve renvoie au devoir d'apporter des éléments de preuve à l'appui d'une allégation contestée. Elle pèse initialement sur la partie qui supporte la charge objective de la preuve, mais peut alterner d'une partie à l'autre selon les éléments de preuve produits (conclusions AG Kokott, 19 février 2009, *T-Mobile Netherlands*, aff. C-8/08, pt 80).

Pour aller plus loin

L'article 2 du règlement (CE) n° 1/2003 régit la répartition de la charge objective de la preuve dans toutes les procédures nationales et européennes d'application des articles 101 et 102 TFUE selon un dispositif bipartite. D'une part, conformément à l'adage « *ei incumbit probatio qui dicit, non qui negat* », ce dispositif prévoit que la charge de prouver une violation de l'article 101, paragraphe 1, ou de l'article 102 TFUE pèse sur la partie ou sur l'autorité qui l'allègue. Elle doit établir tous les éléments constitutifs des infractions qu'elle constate, y compris leur durée (Trib. UE, 3 mars 2011, *Siemens*, aff. T-110/07, pt 174) et la participation des entreprises poursuivies (CJCE, 8 juillet 1999, *Anic*, aff. C-49/92 P, pt 86). Le doute profite à ces dernières (Trib. UE, 26 janvier 2022, *Intel*, aff. T-286/09 RENV, pts 161-162).

D'autre part, conformément à l'adage « *reus in excipiendo fit actor* », le dispositif de l'article 2 du règlement (CE) n° 1/2003 impose à l'entreprise qui invoque le bénéfice des dispositions de l'article 101, paragraphe 3, TFUE de prouver que les conditions de ce paragraphe sont satisfaites. Plus généralement, faisant écho au considérant 5 du règlement (CE) n° 1/2003, le droit de l'Union met à la charge de cette entreprise la preuve que sont satisfaites les conditions du bénéfice des moyens de défense qu'elle soulève contre une constatation d'infraction (CJCE, 7 janvier 2004, *Aalborg Portland e.a.*, aff. C-204/00 P e.a., pt 78). Ces moyens comprennent, notamment, la contrainte étatique (TPICE, 7 octobre 1999, *Irish Sugar*, aff. T-228/97, pt 129) ou encore, spécifiquement dans le domaine de l'article 102 TFUE, la justification objective (CJUE, 27 mars 2012, *Post Danmark*, aff. C-209/10, pt 41).

La charge de la preuve est répartie de manière analogue dans le domaine du contrôle européen des concentrations. Selon l'article 2, paragraphe 3, du règlement (CE) n° 139/2004, la Commission doit établir que la réalisation de l'opération notifiée entraverait de manière significative une concurrence effective dans le marché intérieur ou dans une partie substantielle de celui-ci. En revanche, ce sont les parties notifiantes qui doivent démontrer l'existence de gains d'efficacité pouvant contrebalancer les effets anticoncurrentiels de l'opération (Trib. UE, 9 mars 2015, *Deutsche Börse*, aff. T-175/12, pts 61, 262, 275).

Lorsque la partie qui supporte la charge objective de la preuve avance des éléments qui établissent à suffisance son allégation, elle transfère la charge subjective de la preuve à l'autre partie, qui est alors tenue de fournir une justification ou une explication. À défaut, il est permis de conclure que la première partie s'est acquittée de la charge qui lui incombait (*Aalborg Portland e.a.*, préc., pt 79).

Deux mécanismes permettent d'alléger la charge subjective de la preuve afin de faciliter la mise en œuvre effective des règles de concurrence, d'accroître la prévisibilité et de mettre en balance les risques d'erreur de type I (faux positif) et de type II (faux négatif). Le premier mécanisme est, en substance, celui du faisceau d'indices. Il tient compte de la difficulté d'établir au moyen de preuves directes des ententes, dont les activités sont secrètes et les réunions clandestines. Il autorise notamment la partie qui allègue l'existence d'une entente à l'inférer d'un certain nombre de coïncidences et d'indices qui, considérés ensemble, peuvent prouver une violation des règles de concurrence. La charge subjective de la preuve revient alors à l'autre partie, qui doit avancer pour ces indices et coïncidences une explication alternative (*Aalborg Portland e.a.*, préc., pts 55-57).

Le second mécanisme est celui des présomptions simples. Celles-ci permettent, sur la base du bon sens, de l'expérience ou de la théorie économique, de déduire d'un fait connu un fait inconnu ou une conclusion juridique. L'usage de présomptions est particulièrement fréquent dans quatre domaines :

- Caractère restrictif de concurrence : il est présumé notamment s'agissant (i) des comportements collusoires dont le caractère nocif est avéré et facilement décelable au vu de l'expérience acquise (conclusions AG Bobek, 5 septembre 2019, *Budapest Bank*, aff. C-228/18, pts 42-51), (ii) des rabais de fidélité (*Intel*, préc., pt 124) ou encore (iii) des prix inférieurs à la moyenne des coûts variables (CJCE, 2 avril 2009, *France Télécom*, aff. C-202/07 P, pt 109).
- Affectation du commerce interétatique : elle est présumée exister lorsque les pratiques litigieuses sont appliquées à l'ensemble du territoire d'un État membre (TPICE, 14 décembre 2006, *Raiffeisen Zentralbank Österreich*, aff. T-259/02 e.a.) et faire défaut lorsque les parts de marché et les chiffres d'affaires des parties à ces pratiques n'excèdent pas les seuils prévus dans les lignes directrices relatives à la notion d'affectation du commerce (2004/C 101/07).
- Participation à l'infraction : est présumée avoir pris part à des accords ou à des pratiques anticoncurrentielles conclus lors d'une réunion l'entreprise qui a participé à cette dernière sans manifester son opposition (*Aalborg Portland e.a.*, préc., pt 81).
- Responsabilité d'une société mère du fait du comportement de sa filiale : une société mère qui détient 100 % du capital de sa filiale est présumée exercer une influence déterminante sur le comportement de cette dernière et peut, en conséquence, se voir imputer les infractions aux règles de concurrence qu'elle a commises (CJUE, 10 septembre 2009, *Akzo Nobel e.a.*, aff. C-97/08 P, pt 63).

Bibliographie

Bailey (D.), « Presumptions in EU competition law », *ECLR*, 2010, vol. 31, n° 9, p. 20

Castillo de la Torre (F.) et Gippini Fournier (E.), *Evidence, Proof and Judicial Review in EU Competition Law*, Cheltenham, Edward Elgar Publishing, 2017

Kalintiri (A.), *Evidence Standards in EU Competition Enforcement: The EU Approach*, Oxford, Hart Publishing, 2019

Ritter (C.), « Presumptions in EU Competition Law », *Journal of Antitrust Enforcement*, 2018, vol. 6, n° 2, p. 189

Sibony (A.-L.) et Barbier de la Serre (E.), « Charge de la preuve et théorie du contrôle en droit communautaire de la concurrence : pour un changement de perspective », *RTD eur.* 2007, p. 205

Volpin (C.), « *The ball is in your court*: Evidential burden of proof and the proof-proximity principle in EU competition law », *Common Market Law Review*, 2014, vol. 51, n° 4, p. 1159

Règlement (CE) n° 139/2004 du Conseil du 20 janvier 2004 relatif au contrôle des concentrations entre entreprises (« le règlement CE sur les concentrations »), *JOUE* n° L 24 du 29 janvier 2004, p. 1

Communication de la Commission, Lignes directrices relatives à la notion d'affectation du commerce figurant aux articles 81 et 82 du traité, *JOUE* n° C 101 du 27 avril 2004, p. 81

Règlement (CE) n° 1/2003 du Conseil du 16 décembre 2002 relatif à la mise en œuvre des règles de concurrence prévues aux articles 81 et 82 du traité, *JOCE* n° L 1 du 4 janvier 2003, p. 1

C

CIRCONSTANCES AGGRAVANTES ET ATTÉNUANTES

Julien SIMOND
Cour de justice de l'Union européenne

Premier aperçu

Le montant de base de l'amende (droit de l'Union européenne) ou de la sanction pécuniaire (droit français) alors déterminé, celui-ci doit être individualisé à l'égard de chaque entreprise ou association d'entreprises en raison de leur participation à une pratique anticoncurrentielle ou de leur comportement dans la réalisation d'une infraction (du premier rôle au rôle marginal). Aux fins de cette individualisation, la Commission européenne et l'Autorité de la concurrence ont la faculté d'ajuster ce montant de base à la hausse ou à la baisse respectivement au titre des circonstances aggravantes ou des circonstances atténuantes.

Pour aller plus loin

Les lignes directrices de 2006 de la Commission et le communiqué sanction de l'Autorité de 2021 prévoient une liste non exhaustive des circonstances aggravantes et atténuantes pour l'individualisation de la sanction. Sauf disposition expresse, la Commission et l'Autorité bénéficient d'une marge d'appréciation quant à la fixation du coefficient multiplicateur à appliquer pour ajuster le montant de base, dès lors que les conditions permettant de caractériser lesdites circonstances sont réunies.

Les circonstances aggravantes

Au nombre des circonstances aggravantes, visant à sanctionner un comportement ayant eu pour effet d'accroître ou de maintenir les effets néfastes d'une pratique anticoncurrentielle sur la concurrence, sous réserve de la preuve apportée par la Commission ou l'Autorité, figurent notamment :

- la récidive ou la réitération : elles constituent la circonstance aggravante la plus sévère, en ce sens qu'un précédent constat d'infraction assorti ou non d'une amende ou d'une sanction pécuniaire fut insuffisant pour répondre à l'objectif de dissuasion. Les lignes directrices et le communiqué sanction prévoient respectivement une augmentation de 100 % du montant de base par infraction constatée et une augmentation dans une proportion comprise entre 15 % et 50 % selon le délai écoulé entre les infractions. Contrairement aux lignes directrices, le communiqué sanction précise que la réitération doit faire l'objet d'une prise en compte autonome ;
- le rôle de meneur ou d'incitateur de l'infraction : celui-ci peut être endossé par une entreprise durant l'intégralité de la période infractionnelle, conjointement par plusieurs entreprises, ou par plusieurs entreprises successivement. Le rôle de meneur est caractérisé comme une force motrice significative pour l'entente ou ayant porté une responsabilité particulière et concrète dans le fonctionnement de l'infraction. Le rôle d'incitateur est retenu lorsqu'une entreprise a encouragé d'autres entreprises à mettre en place l'entente ou à s'y joindre. Le communiqué sanction évoque également le rôle particulier dans la conception ou la réalisation de l'infraction, lequel peut se matérialiser par la suggestion d'une conduite à tenir ou pour avoir assuré l'organisation logistique, indépendamment de l'existence de pressions exercées sur les autres membres de l'entente ;
- les mesures de contrainte ou de rétorsion, dans la mesure où elles aggravent les dommages créés par une entente : elles sont mises en œuvre notamment en vue de forcer une entreprise à respecter un accord ou à étendre le champ d'une entente en la menaçant de représailles.

S'agissant des circonstances aggravantes spécifiques en droit de l'Union

Le refus de coopération ou l'obstruction dans le déroulement d'une enquête, caractérisés, notamment, par la destruction de documents, le refus de répondre aux questions ou aux demandes de renseignements ou encore le fait d'avertir les autres membres de l'entente de l'imminence des vérifications, constituent des circonstances aggravantes.

S'agissant des circonstances aggravantes spécifiques en droit français

La capacité d'influence ou l'autorité morale d'une entreprise (opérateur historique sectoriel), d'une association d'entreprises ou d'un organisme (instance ordinale ou ordre professionnel) rendent d'autant plus répréhensibles les pratiques anticoncurrentielles commises.

Les circonstances atténuantes

Au nombre des circonstances atténuantes, visant à récompenser un comportement ayant eu pour effet d'affaiblir ou de neutraliser les effets néfastes d'une pratique anticoncurrentielle sur la concurrence, sous réserve de la preuve apportée par les entreprises ou une association d'entreprises, figurent notamment :

- la fin de l'infraction dès les premières interventions de la Commission ou de l'Autorité. En revanche, cette circonstance atténuante n'est pas applicable aux accords et pratiques de nature secrète, en particulier les cartels. Le bénéfice de cette circonstance atténuante n'est pas automatique et est conditionné à l'existence d'un lien de causalité entre les interventions de la Commission ou de l'Autorité et la cessation de l'infraction ;
- une coopération effective avec la Commission ou l'Autorité allant au-delà des obligations auxquelles l'entreprise ou l'association d'entreprises est juridiquement soumise et en dehors du champ d'application de la procédure de clémence. Tel est le cas lorsque la Commission ou l'Autorité ont pu se reposer, dans leur décision finale, sur des éléments de preuve que l'entreprise ou l'association d'entreprises leur aurait fournis dans le cadre de sa coopération et en l'absence desquels la Commission ou l'Autorité n'auraient pas été en mesure de sanctionner totalement ou partiellement l'infraction ;
- l'autorisation, la sollicitation ou l'encouragement, par les autorités publiques ou par une réglementation, de l'infraction. L'importance d'une réglementation peut conduire à ce que le comportement des entreprises ne réponde pas au libre jeu de la concurrence. La seule connaissance de l'infraction par les pouvoirs publics est insuffisante pour bénéficier de cette circonstance atténuante ;
- la contrainte de participation à l'infraction (non prévue par les lignes directrices). Le bénéfice de cette circonstance atténuante se heurte toutefois à l'absence de dénonciation des pressions exercées en vue de contraindre à la participation à l'infraction.

S'agissant des circonstances atténuantes spécifiques en droit de l'Union

L'entreprise apporte la preuve que l'infraction a été commise par négligence. L'article 23, paragraphe 2, sous a), du règlement (CE) n° 1/2003 prévoit l'imposition d'une amende pour des infractions commises par négligence. L'absence de connaissance de l'infraction et insuffisante dès lors qu'il suffit que l'entreprise n'ait pu ignorer que sa conduite eût pour objet d'enfreindre la concurrence.

L'entreprise apporte la preuve que sa participation à l'infraction est substantiellement réduite et démontre par conséquent que, pendant la période au cours de laquelle elle a adhéré aux accords infractionnels, elle s'est effectivement soustraite. Le critère de la participation substantiellement réduite est plus exigeant que celui tenant au rôle suiviste ou exclusivement passif de l'entreprise condamnée.

S'agissant des circonstances atténuantes spécifiques en droit français

L'entreprise a durablement adopté un comportement concurrentiel, pour une part substantielle des produits et des services en cause, au point d'avoir perturbé, en tant que franc-tireur, le fonctionnement même de la pratique en cause. Cette perturbation, caractérisée notamment comme forte atténuation des effets de l'entente, peut être limitée pour une partie de la période infractionnelle.

L'entreprise a mis en œuvre, en cours de procédure, des mesures de réparation profitant spécifiquement aux victimes de la pratique, notamment le versement à ces dernières d'une indemnité due en exécution d'une transaction au sens de l'article 2044 du code civil.

Bibliographie

Apel (A.), *Les amendes en droit français et en droit européen des pratiques anticoncurrentielles*, Paris, L'Harmattan, 2022

Bernardeau (L.), « Amendes pour pratiques anticoncurrentielles en droits interne et européen - Circonstances aggravantes », *JCl. Concurrence - Consommation*, fasc. 308-8, 30 avril 2019

Bernardeau (L.), « Amendes pour pratiques anticoncurrentielles en droits interne et européen - Circonstances atténuantes », *JCl. Concurrence - Consommation*, fasc. 308-9, 30 avril 2019

Aut. conc., Communiqué de l'Autorité de la concurrence relatif à la méthode de détermination des sanctions pécuniaires, 30 juillet 2021

Comm. CE, Lignes directrices pour le calcul des amendes infligées en application de l'article 23, paragraphe 2, sous a), du règlement (CE) n° 1/2003, *JOUE* n° C 210 du 1er septembre 2006, p. 2

Directive (UE) 2019/1 du Parlement européen et du Conseil du 11 décembre 2018 visant à doter les autorités de concurrence des États membres des moyens de mettre en œuvre plus efficacement les règles de concurrence et à garantir le bon fonctionnement du marché intérieur, *JOUE* n° L 11 du 14 janvier 2019, p. 3

Ordonnance n° 2021-649 du 26 mai 2021 relative à la transposition de la directive (UE) 2019/1 du Parlement européen et du Conseil du 11 décembre 2018 visant à doter les autorités de concurrence des États membres des moyens de mettre en œuvre plus efficacement les règles de concurrence et à garantir le bon fonctionnement du marché intérieur, *JORF* n° 0121 du 27 mai 2021

Règlement (CE) n° 1/2003 du Conseil du 16 décembre 2002 relatif à la mise en œuvre des règles de concurrence prévues aux articles 81 et 82 du traité, *JOCE* n° L 1 du 4 janvier 2003, p. 1

C

CLAUSE DE NON-CONCURRENCE

Valérie DURAND
Université du Littoral Côte d'Opale

■ Premier aperçu

Au contact notamment des exigences de bonne foi et de loyauté, la libre concurrence souffre de restrictions. La clause de non-concurrence en constitue l'une des expressions. De source contractuelle, cette clause se combine d'ailleurs, sans s'y substituer, aux obligations de non-concurrence de source légale (ex., pour l'agent commercial, art. L. 134-3 et L. 134-14 C. com. ; v., pour une obligation fondée sur la garantie d'éviction, art. 1626 C. civ.).

La clause de non-concurrence protège celui qui en est créancier de la concurrence que son propre débiteur peut lui livrer, laquelle concurrence se trouve facilitée en raison de leur situation respective (vendeur et acquéreur de fonds de commerce, employeur et salarié, par exemple).

La source contractuelle de l'obligation de non-concurrence lui imprime ses particularités. Encore qu'elle puisse efficacement déployer ses effets pendant comme après la fin du contrat (clause de non-concurrence post-contractuelle ; v. égal., en cas de résolution du contrat, art. 1230 C. civ.), l'obligation conventionnelle de non-concurrence est tout d'abord, et à titre subsidiaire, soumise au droit commun du contrat et plus particulièrement au devoir de bonne foi (art. 1103 C. civ.) ainsi qu'aux principes de force obligatoire (art. 1103 C. civ.), de l'effet relatif (art. 1199 C. civ.) et d'opposabilité aux tiers et par les tiers (art. 1200 C. civ.) avec les conséquences que leur violation emporte. À ce titre, le non-respect de l'engagement de non-concurrence constitue pour son débiteur un manquement contractuel sanctionné comme tel (allocation de dommages et intérêts, cessation de l'illicite (art. 1222 C. civ.)) et pour le tiers de mauvaise foi une faute civile permettant, toutes conditions par ailleurs réunies, la mise en œuvre de sa responsabilité extracontractuelle.

La clause de non-concurrence est par ailleurs susceptible de relever de dispositions spéciales, qu'il s'agisse de législations propres à un type de contrat donné (p. ex., le contrat d'agent commercial), du droit des pratiques anticoncurrentielles (v. art. 5 du règl. (UE) n° 330/2010 du 20 avril 2010, art. L. 420-1 et s. C. com. et art. 101 et s. TFUE) ou bien encore du droit des pratiques commerciales déloyales (règle sur le déséquilibre significatif, art. L. 442-1, I, 2° C. com.).

■ Pour aller plus loin

Sauf dispositions légales contraires (ex., art. 7 de la L. n° 71-1130 du 31 décembre 1971), la liberté contractuelle autorise l'insertion d'une telle clause dans toutes sortes de contrats (contrat de travail, de distribution, etc.). La protection que cette dernière instaure prend alors la forme d'une interdiction pour le débiteur de faire concurrence au créancier, voire à d'autres bénéficiaires (ex., l'ayant cause à titre particulier). Pour cette raison, l'engagement qu'elle contient est classiquement rattaché à la catégorie des obligations de ne pas faire. Antérieurement à l'ordonnance n° 2016-131 du 10 février 2016, cette qualification emportait l'application d'un régime juridique spécifique, fondé sur l'ancien article 1145 du code civil (Cass. 1re civ., 10 mai 2005, n° 02-15.910 ; Cass. 1re civ., 31 mai 2007, n° 05-19.978). Les modifications opérées par l'ordonnance du 10 février 2016 (not. non-reconduction de l'ancien art. 1145 C. civ.) semblent toutefois remettre en cause cette solution.

Au-delà, et dans la mesure où l'engagement de non-concurrence consiste à limiter la concurrence, il ne se conçoit que lorsque dans la mesure où une situation de concurrence existe entre l'activité du débiteur et celle du créancier (ce qui suppose une activité similaire, un débiteur distinct du créancier, par exemple). L'activité en cause peut du reste être plus ou moins précisément identifiée (v. Y. Picod, Y. Auguet, M. Gomy, *Rép. com. Dalloz*, V° Concurrence : Obligation de non-concurrence, mars 2020, actualisation 2022 préc., n° 187 et s.), sans être toutefois indéterminée (Cass. com., 4 mars 2020, n° 17-21.764 et n° 18-26.676.).

Les atteintes aux libertés fondamentales du débiteur (la liberté du commerce et de l'industrie, du travail, etc.) qu'emporte la clause de non-concurrence lui impriment ses limites. En effet, la restriction qu'elle apporte à l'exercice de l'activité du débiteur ne saurait être absolue (v., pour le contrôle parfois réalisé de l'impossibilité d'exercer une activité, Cass. com., 2 octobre 2019, n° 18-15.676). Cette exigence se traduit par un encadrement strict (ex., art. L. 341-2 C. com. pour les réseaux de distribution ; art. L. 134-14 C. com. pour l'agent commercial) qui, quelle qu'en soit la source, contribue à délimiter l'engagement pris par le débiteur. Ainsi, sauf dispositions légales particulières, la jurisprudence subordonne la licéité d'une telle clause à la limitation dans le temps et dans l'espace de l'engagement qu'elle contient – en sus de la limitation de l'activité concernée –, ces critères étant cumulatifs. L'engagement pris doit également être indispensable à la protection des intérêts légitimes du créancier et proportionné à la protection de cet intérêt ou à l'objet du contrat. La détermination du contenu de la clause est enfin tributaire de la nature du contrat qui la contient. En effet, lorsque cette clause est insérée dans un contrat de travail – ou, plus largement, lorsque le droit du travail a vocation à s'appliquer (Cass. com., 15 mars 2011, n° 10-13.824, l'actionnaire salarié ; Cass. soc., 5 octobre 2016, n° 15-22.730, gérant non-salarié d'une succursale de maison d'alimentation de détail) –, elle doit prévoir une contrepartie financière, à peine de nullité en principe (Cass. soc., 10 juillet 2002, n° 99-43.334 et n° 99-43.336).

L'engagement particulier que contient la clause de non-concurrence est mobilisé dans le travail de qualification de la clause. En ce sens d'abord, une clause qui contient un engagement revenant à interdire au débiteur l'exercice de son activité est requalifiée en clause de non-concurrence en dépit de l'appellation retenue par les parties (ex., Cass. com., 23 septembre 2014, n° 13-20.454). Ensuite, le contenu de l'engagement permet de distinguer cette clause d'autres clauses en tant qu'elles restreignent de manière directe ou indirecte – sans l'interdire – l'exercice d'une activité concurrente à celle du créancier. Ainsi, la clause de non-concurrence est-elle distinguée de la clause de non-réaffiliation en ce que cette dernière « *se borne à restreindre [la] liberté d'affiliation à un autre réseau* » (Cass. com., 28 septembre 2010, n° 09-13.888 ; comp., Aut. conc., déc. n° 11-D-03 du 15 février 2011 ; v. sur la distinction d'intensité, Y. Picod, Y. Auguet, M. Gomy, *Rép. com. Dalloz*, V° Non-concurrence, n° 22 et n° 195) ou encore des clauses dites de « non-sollicitation », lesquelles emportent l'interdiction pour le client d'une entreprise de solliciter ses salariés (Cass. com., 11 juillet 2006, n° 04-20.438).

Bibliographie

Buy (F.), Lamoureux (M.), Mestre (J.) et Roda (J.-Ch.) (dir.), *Les principales clauses des contrats d'affaires*, 2e éd., Issy-les-Moulineaux, LGDJ, 2019

Depincé (M.), « La clause de non-concurrence et ses alternatives », *RTD com.* 2009, p. 259

Dross (W.), *Clausier : dictionnaire des clauses ordinaires et extraordinaires des contrats de droit privé interne*, 4e éd., Paris, LexisNexis, 2020

Gomy (M.), *Essai sur l'équilibre de la convention de non-concurrence*, Presses universitaires de Perpignan, 1989

Picod (Y.), Auguet (Y.), Gomy (M.), *Rép. com. Dalloz*, V° Concurrence : Obligation de non-concurrence, mars 2020, actualisation 2022

Serra (Y.), *La non-concurrence en matière commerciale, sociale et civile : droit interne et communautaire*, Paris, Dalloz, 1991

Serra (Y.), *L'obligation de non-concurrence dans le droit des contrats*, Paris, Sirey, 1970

C

CLAUSE NOIRE ET CLAUSE ROUGE

Nicolas MATHEY
Université Paris Cité

■ Premier aperçu

Si par dérogation à l'interdiction des ententes (art. 101 TFUE ; art. L. 420-1 C. com.), certains accords peuvent bénéficier d'une exemption, c'est en principe sous réserve de ne pas contenir de restrictions graves à la concurrence. Parmi les clauses rencontrées dans les accords, il convient de distinguer selon la gravité de l'atteinte pour déterminer ses effets sur le bénéfice de l'exemption. Tant le droit de l'Union européenne (art. 101 TFUE ; règl. (UE) n° 330/2010 du 20 avril 2010 relatif aux accords verticaux) que le droit national (art. L. 464-6-1 et L. 464-6-2 C. com.) invitent ainsi à mettre en évidence des restrictions caractérisées (restrictions caractérisées, dites « clauses noires »). En outre, les règlements d'exemption prévoient un régime particulier lorsque la restriction est d'une moindre gravité (restrictions exclues, dites « clauses rouges »). Si l'exemple le plus connu reste celui du règlement relatif aux accords verticaux, il faut rappeler que la distinction est mise en œuvre également dans d'autres textes tels que le règlement d'exemption (UE) n° 316/2014 du 21 mars 2014 relatif aux accords de transfert de technologie (art. 4 sur les restrictions caractérisées et art. 5 sur les restrictions exclues du règl. (UE) n° 316/2014) et le règlement d'exemption (UE) n° 1217/2010 du 14 décembre 2010 relatif aux accords de recherche et développement (art. 5 sur les restrictions caractérisées et art. 6 sur les restrictions exclues du règl. (UE) n° 1217/2010).

Les règlements de premières générations, adoptés à la suite du règlement n° 19/65/CEE du 2 mars 1965, distinguaient trois types de clauses : (i) les clauses noires, qui ne bénéficiaient pas de l'exemption ; (ii) les clauses grises, qui pouvaient bénéficier de l'exemption, bien que restrictives ; (iii) les clauses blanches, qui étaient considérées comme ne portant pas atteinte à la concurrence. La pratique normative actuelle adopte une démarche différente qui ne vise plus les clauses blanches et porte son attention sur les clauses noires et rouges. Pour raisonner sur l'exemple typique du règlement (UE) n° 330/2010, il faut ainsi rappeler que, outre l'absence de dépassement du seuil des 30 % de parts de marché, un accord ne bénéficie de l'exemption que s'il ne contient ni restriction caractérisée, ni restriction exclue. L'idée générale qui préside à ces dispositions est exprimée au considérant 8 du règlement (UE) n° 330/2010 : « *On peut présumer, lorsque la part de marché détenue par chaque entreprise partie à l'accord sur le marché en cause ne dépasse pas 30 %, que les accords verticaux qui ne contiennent pas certaines restrictions graves de concurrence ont généralement pour effet d'améliorer la production ou la distribution et de réserver aux consommateurs une partie équitable des avantages qui en résultent* » (comp. cons. 11 du règl. (UE) n° 316/2014).

Les clauses noires créent une restriction caractérisée dont la gravité est telle qu'elle prive du bénéfice de l'exemption l'accord dans son entier (art. 4 du règl. (UE) n° 330/2010 ; art. 4 du règl. (UE) n° 316/2014). De manière générale, sont ainsi visées les pratiques de prix de vente minimal ou imposé (art. 4 a) du règl. (UE) n° 330/2010) et les pratiques tendant à un partage du marché (art. 4 b) du règl. (UE) n° 330/2010). Dans le règlement (UE) n° 330/2010, deux restrictions caractérisées visent plus spécifiquement la distribution sélective de manière à écarter des restrictions non nécessaires et proportionnées recourant à une répartition territoriale ou limitant les opérations entre membres du réseau (art. 4 c) et d) du règl. (UE) n° 330/2010). En matière de restrictions horizontales, des dispositions analogues se retrouvent qui prohibent les clauses relatives, par exemple, à la fixation des prix pour la vente du produit contractuel à des tiers ou du montant de la licence sur les technologies contractuelles octroyée à des tiers ou à la limitation de la production ou de la vente (art. 5 b) et c) du règl. (UE) n° 1217/2010).

Des exceptions sont prévues à ces dispositions relatives aux restrictions caractérisées. Notamment, en matière de restrictions territoriales, sur le fondement de l'article 4 b) i) du règlement (UE) n° 330/2010, un fournisseur peut restreindre les ventes actives d'un distributeur sur un territoire ou à une clientèle que le fournisseur s'est exclusivement réservés ou qu'il a alloués à un autre acheteur, lorsque cette restriction ne limite pas les ventes réalisées par les clients de l'acheteur. Cette exception permet ainsi, en présence d'un réseau de distribution exclusive, à un fournisseur d'interdire les ventes actives sur internet, mais aussi à un distributeur de réaliser des ventes passives en dehors de son territoire par l'intermédiaire de son site internet. En revanche, un distributeur sélectionné ne peut se voir imposer de restrictions : ventes actives et passives lui sont permises en principe (Aut. conc., déc. n° 18-D-23 du 24 octobre 2018. Comp., en matière de produits de luxe, CJUE, 6 décembre 2017, *Coty Germany*, aff. C-230/16).

En présence d'une restriction caractérisée, l'accord est présumé relever de l'article 101, paragraphe 1, TFUE (lignes directrices sur les restrictions verticales (2010/C 130/01) – ci-après « LD » –, pt 47). Il n'est pas possible de séparer les clauses noires des autres dispositions de l'accord (LD, pt 70). La portée de cette restriction doit par conséquent être distinguée du dépassement du seuil, qui ne fait pas présumer l'illicéité de l'accord. Les clauses noires sont considérées comme d'une gravité telle qu'il n'est pas nécessaire d'établir qu'elles ont eu un effet sur le marché. Il ne s'agit pas pour autant d'une interdiction *per se* dans la mesure où il reste possible de prouver l'existence d'effets favorables à la concurrence, mais il est peu probable que l'accord bénéficie d'une exemption individuelle sur le fondement du paragraphe 3 de l'article 101 TFUE (v. not. LD, pts 60-64). Cela ne sera possible que de manière exceptionnelle, comme l'indiquent d'ailleurs les lignes directrices sur les restrictions verticales (pt 60).

Les clauses rouges portent sur des restrictions exclues dont la gravité est jugée moindre et privent du bénéfice de l'exemption les seules clauses concernées (art. 5 du règl. (UE) nº 330/2010 ; art. 6 du règl. (UE) nº 1217/2010). Sont ainsi visées l'obligation directe ou indirecte de non-concurrence dont la durée est indéterminée ou dépasse cinq ans (art. 5, para. 1 a), du règl. (UE) nº 330/2010) ou les obligations de non-concurrence post-contractuelles (art. 5, para. 1 b), du règl. (UE) nº 330/2010). Des exceptions sont également prévues à ces deux premières restrictions. Par exemple, il est prévu que la limitation de la durée à cinq ans posée par l'article 5, para. 1 a), n'est pas applicable lorsque les biens ou services contractuels sont vendus par l'acheteur à partir de locaux et de terrains dont le fournisseur est propriétaire ou que le fournisseur loue à des tiers non liés à l'acheteur, à condition que la durée de l'obligation de non-concurrence ne dépasse pas la période d'occupation des locaux et des terrains par l'acheteur (art. 5, para. 2, du règl. (UE) nº 330/2010). Une troisième disposition vise la distribution sélective pour prévoir que l'exemption ne s'applique pas à toute obligation directe ou indirecte imposée aux membres d'un réseau de distribution sélective de ne pas vendre les marques de fournisseurs concurrents déterminés (art. 5, para. 1 c), du règl. (UE) nº 330/2010).

Ne portant que sur les clauses contenant les restrictions exclues, les obligations, les autres dispositions de l'accord conservent le bénéfice de l'exemption. Elles sont dissociables des obligations non exemptées (v. not. LD, pt 71).

Par ailleurs, il convient de rappeler qu'un règlement d'exemption n'établit pas de prescriptions contraignantes affectant directement la validité ou le contenu des clauses contractuelles ou obligeant les parties contractantes à y adapter le contenu de leur contrat, mais se limite à établir des conditions qui, si elles sont remplies, font échapper certaines clauses contractuelles à l'interdiction et par conséquent à la nullité de plein droit prévues par l'article 81 du traité, devenu 101 TFUE (CJCE, 18 décembre 1986, aff. 10/86 ; Cass. com., 5 juillet 2016, nº 15-17.004). Toutefois, il faut bien reconnaître que les rédacteurs de contrat sont fortement incités à se conformer aux exigences du droit de la concurrence et à proscrire les clauses noires ou rouges, de manière qu'il n'est pas excessif d'évoquer une forme de « *modèle contractuel en négatif* » (v. Buy et coll., 2019, nº 141).

Pour aller plus loin

Il est important de noter que la Commission européenne a lancé en 2018 le réexamen du règlement d'exemption (UE) n° 330/2010 – qui a expiré le 31 mai 2022 – et des lignes directrices sur les restrictions verticales. Au terme de l'évaluation, la Commission tend à considérer que le règlement d'exemption et les lignes directrices sur les restrictions verticales sont des outils utiles qui facilitent l'auto-évaluation des accords par les parties (Comm. eur., document de travail du 8 septembre 2020). Si un certain nombre de problèmes ont été identifiés, les listes des restrictions caractérisées et des restrictions exclues sont jugées généralement appropriées. Toutefois, il est envisagé de compléter le dispositif actuel pour résoudre des difficultés soulevées par l'évolution des pratiques et notamment le développement du commerce en ligne. Pourraient ainsi être visées les clauses relatives au prix de revente imposé et les restrictions des ventes en ligne.

Bibliographie

Buy (F.), Lamoureux (M.) et Roda (J.-Ch.), *Droit de la distribution*, 2e éd., Issy-les-Moulineaux, LGDJ, 2019, nos 130-141

Vogel (L.), « Les règlements d'exemption "nouvelle génération" », Rev. conc. n° 141, janv.-févr.-mars 2005

Comm. eur., Commission Staff Working Document Evaluation of the Vertical Block Exemption Regulation, SWD(2020) 172 final, 8 septembre 2020

Règlement (UE) n° 316/2014 de la Commission du 21 mars 2014 relatif à l'application de l'article 101, paragraphe 3, du traité sur le fonctionnement de l'Union européenne à des catégories d'accords de transfert de technologie, *JOUE* n° L 93 du 28 mars 2014, p. 17

Règlement (UE) n° 1217/2010 de la Commission du 14 décembre 2010 relatif à l'application de l'article 101, paragraphe 3, du traité sur le fonctionnement de l'Union européenne à certaines catégories d'accords de recherche et de développement, *JOUE* n° L 335 du 18 décembre 2010, p. 36

Comm. eur., Lignes directrices sur les restrictions verticales, *JOUE* n° C 130 du 19 mai 2010, p. 1

Règlement (UE) n° 330/2010 de la Commission du 20 avril 2010 concernant l'application de l'article 101, paragraphe 3, du traité sur le fonctionnement de l'Union européenne à des catégories d'accords verticaux et de pratiques concertées, *JOUE* n° L 102 du 23 avril 2010, p. 1

C

CLÉMENCE

Théodore PLAT
& DE BANDT

■ Premier aperçu

Arme de premier choix dans l'arsenal de détection des autorités de concurrence, la procédure de clémence a été insérée en droit français par la loi n° 2001-420 du 15 mai 2001 sur les nouvelles régulations économiques. Elle figure aux articles L. 464-2 et R. 464-5 du code de commerce et son cadre d'application est explicité par le communiqué de procédure du 3 avril 2015.

Semblable, mais non moins distinct, le programme de clémence de la Commission est constitué par sa communication de 2006, telle qu'amendée en 2015.

Ce mécanisme permet une réduction totale ou partielle du montant des amendes infligées aux entreprises en échange de la divulgation de l'existence d'une entente ou de la contribution à son établissement par l'apport d'éléments d'information dont l'autorité de concurrence ne disposait pas.

La clémence entend s'attaquer à l'ensemble des pratiques prohibées par l'article L. 420-1 du code de commerce, le cas échéant par l'article 101 TFUE, dont les moyens de dissimulation s'avèrent de plus en plus sophistiqués.

Sa logique repose sur le concept du « dilemme du prisonnier » : l'objectif est de susciter une méfiance « de l'intérieur » par la menace permanente que l'un des participants puisse révéler l'entente aux autorités, la clémence motivant cette tentation par la rentabilité de la dénonciation.

L'intérêt de la clémence se situe tant en aval qu'en amont de la formation des cartels. Si elle facilite largement la détection des ententes secrètes aux fins de leur constatation et de leur sanction, elle dissuade également les entreprises de s'engager dans cette voie.

Pour les autorités de concurrence, la coopération avec les protagonistes des ententes réduit considérablement le temps, la difficulté et le coût administratif des enquêtes dédiées à ces infractions.

Pour autant, une politique de clémence isolée serait bien peu efficace. En raison de sa nature passive, la clémence forme non pas un substitut, mais un complément à d'autres méthodes de détection. Son efficience dépend directement d'une combinaison entre des sanctions dissuasives et une menace crédible de détection : les participants à l'entente doivent percevoir un risque sérieux d'être directement épinglé par l'autorité de concurrence, sans recours à la clémence.

C'est donc l'interaction entre l'incertitude de se faire prendre et la peur d'être fortement sanctionné qui vient parasiter la confiance mutuelle établie entre les cartellistes.

■ Pour aller plus loin

Le moment d'introduction de la clémence revêt une importance déterminante : quelques minutes peuvent faire basculer l'amende d'une immunité totale à une simple réduction.

Dès le premier contact avec l'autorité de concurrence, l'entreprise sollicite l'octroi d'un « marqueur » : ce marquage définit et protège le rang d'arrivée du demandeur durant une période au cours de laquelle il devra rassembler les preuves nécessaires. Les éléments attendus renvoient à la description de l'entente, ses objectifs, son mode de fonctionnement, les produits en cause, sa portée géographique, sa durée ou encore les volumes concernés.

Conditions d'éligibilité

La première entreprise dénonciatrice pourra prétendre à une exonération totale d'amende si elle fournit suffisamment de preuves à l'autorité de concurrence (dont elle ne disposait pas) pour lui permettre de lancer des mesures d'investigation ciblée ou d'établir l'existence de l'infraction. Ce fut le cas dans l'affaire du « cartel des compotes », où l'entreprise Coroos a pu échapper à toute sanction (Aut. conc., déc. n° 19-D-24 du 17 décembre 2019).

Tout autre participant à l'entente qui sollicite la clémence par la suite peut bénéficier d'une réduction de l'amende s'il fournit des preuves d'une « valeur ajoutée significative ». Le niveau de réduction, pouvant atteindre jusqu'à 50 % de l'amende, dépendra du rang d'arrivée et du degré de valeur ajoutée significative apporté par les nouvelles preuves.

Sur ce point, deux précisions méritent d'être relevées.

Premièrement, le cas de la « clémence Plus » : si un nouvel élément de valeur ajoutée significative augmente la gravité de l'infraction ou sa durée, élargissant mécaniquement l'assiette de calcul de l'amende, cet élément ne sera pas pris en compte pour déterminer le montant de l'amende infligée à l'entreprise concernée. L'entreprise Daunat n'a ainsi pas vu son amende croître, bien qu'elle ait fourni des éléments propres à étendre le champ temporel du « cartel du sandwich » (Aut. conc., déc. n° 21-D-09 du 24 mars 2021).

Deuxièmement, une fois le classement fixé, il ne peut être modifié ultérieurement : l'éventuelle inéligibilité d'un demandeur à une réduction d'amende n'affecte aucunement l'ordre dans la « file d'attente » des demandes de clémence (CJUE, 3 juin 2021, *Recylex c/ Commission*, aff. C-563/19 P).

Conditions de fond

Pour prétendre à une exonération, totale ou partielle, des conditions de fond doivent également être remplies.

Premièrement, le demandeur doit mettre fin à sa participation à l'infraction sans délai, sauf si cela revient à mettre en péril l'efficacité des inspections. Deuxièmement, il doit coopérer de manière véritable, totale, permanente et rapide dès le dépôt de sa demande et tout au long de la procédure d'enquête et d'instruction. Troisièmement, le demandeur doit veiller à ce qu'aucune preuve ne soit détruite et à ce que l'existence de la demande de clémence ne soit pas révélée (CJUE, 12 juin 2014, *Deltafina*, aff. C-578/11 P). Enfin, aucune exonération totale de sanction pécuniaire ne peut être accordée à une entreprise qui en a contraint d'autres à participer à l'infraction, bien que cela ne s'oppose pas à l'octroi d'une réduction.

Articulation entre la Commission et les ANC

L'absence de guichet unique ouvre une difficulté : en cas d'entente affectant plusieurs États membres, il appartient aux entreprises d'introduire leurs demandes de clémence auprès de la Commission et des ANC compétentes. En ce sens, des demandes sommaires remises aux ANC permettent d'alléger la charge administrative. Les programmes de clémence européens et nationaux étant totalement indépendants, l'obtention d'une réduction dans l'une des procédures ne présage rien du traitement accordé dans l'autre (CJUE, 20 janvier 2016, *DHL Express et DHL Global Forwarding*, aff. C-428/14).

Articulation avec les autres procédures négociées

Ayant les mêmes ambitions d'accroître l'efficacité et de récompenser la coopération, la procédure de clémence peut être cumulée avec celle de transaction. Cela a été admis, entre autres, pour deux entreprises dans l'affaire des revêtements de sol résilients (Aut. conc., déc. n° 17-D-20 du 18 octobre 2017). Il en va différemment pour la procédure d'engagement, qui poursuit une finalité bien distincte.

Clémence et private enforcement

Enfin, l'actualité le revendiquant, il convient de souligner que l'immunité accordée au titre de la clémence ne protège pas de potentielles suites en droit civil.

Pour préserver les gains de la clémence, deux garde-fous ont été dressés. D'une part, l'entreprise ayant obtenu l'immunité n'est responsable solidairement que du préjudice subi par ses acheteurs ou fournisseurs.

D'autre part, les déclarations effectuées en vue d'obtenir la clémence ne peuvent être utilisées au soutien d'une action en dommages et intérêts. Toutefois, le champ de ce bénéfice reste limité : cela ne vaut que pour ces déclarations. La version non confidentielle de la décision de la Commission peut tout de même faire apparaître des informations issues du dossier de clémence, tant sur la réalisation de l'infraction que sur l'implication du demandeur (CJUE, 14 mars 2017, *Evonik Degussa c/ Commission*, aff. C-162/15 P).

Mots de la fin

Incontestablement, avec un grand nombre de cartels détectés par ce biais et des sanctions pécuniaires allant jusqu'à plus de 600 millions d'euros (Aut. conc., déc. n° 14-D-19 du 18 décembre 2014), la réputation de la procédure de clémence n'est plus à faire. Dans ce jeu du chat et de la souris entre autorités de concurrence et cartellistes, la clémence fait donc figure d'appât de taille. Mais si l'odeur du fromage déloge les rongeurs de leurs trous, aux derniers il ne restera que les miettes !

Bibliographie

ARCHIMBAUD (A.), « Les programmes de clémence européens et les actions privées de concurrence : Les liaisons dangereuses », *Concurrences* n° 3-2020, art. n° 95697, www.concurrences.com

CUZIAT (E.), « La clémence, une procédure exigeante », *Concurrences* n° 3-2013, art. n° 52998, p. 204

RIFFAULT-SILK (J.), « Procédures négociées, actions en réparation de dommages résultant de pratiques anticoncurrentielles : conflit(s), ou synergie(s) ? », in *Laurence Idot Liber Amicorum : Concurrence et Europe - Vol. 2*, Ch. Lemaire et F. Martucci (dir.), Paris, Concurrences, 2022, p. 111

WILS (W. P. J.), « The Use of Leniency in EU Cartel Enforcement: An Assessment After Twenty Years », *World Competition*, 2016, vol. 39, n° 3, p. 327

YSEWYN (J.) et VAN KRUIJSDIJK (L.), « Leniency & competition law: An overview of EU and national case law », 7 avril 2022, *e-Competitions Leniency*, art. n° 105986

Article L. 464-2 du code de commerce

Article R. 464-5 du code de commerce

Aut. conc., Communiqué de procédure du 3 avril 2015 relatif au programme de clémence français

Communication de la Commission, Modification de la communication de la Commission sur l'immunité d'amendes et la réduction de leur montant dans les affaires portant sur des ententes, *JOUE* n° C 256 du 5 août 2015, p. 1

Communication de la Commission sur l'immunité d'amendes et la réduction de leur montant dans les affaires portant sur des ententes, *JOUE* n° C 298 du 8 décembre 2006, p. 17

C

COMMUNICATION DE LA COMMISSION EUROPÉENNE

Grégory GODIVEAU
Université de Caen Normandie

■ Premier aperçu

Actes de *soft law* de portée générale, hors nomenclature de l'article 288 TFUE (« actes atypiques »), les communications de la Commission européenne constituent des instruments essentiels de sa politique de concurrence.

Elles contribuent à la conduite, à la prise de direction et à la codification de sa pratique décisionnelle, aux fins de sécurité juridique. Elles précisent les notions et les régimes juridiques en droits antitrust, des concentrations et des aides d'État, y compris pour ajuster les règles en période de crise (v. communication *JOUE* n° C 34 du 1er février 2021, p. 6 portant cinquième modification de l'Encadrement temporaire des mesures d'aide d'État visant à soutenir l'économie dans le contexte actuel de la flambée de Covid-19). Elles présentent une valeur indicative en tant que grilles de lecture du droit originaire et dérivé. Elles ne constituent ni une législation ni une législation déléguée, et ne sauraient d'ailleurs s'y substituer. Elles portent parfois le souffle d'une redirection de la politique de concurrence. Ainsi en est-il des différents livres verts et blancs précédant une réforme dont la Commission peut d'ailleurs entreprendre la législation. Elle peut alors la préciser en aval avec ce même instrument : le paquet modernisation antitrust (*JOUE* n° C 101 du 27 avril 2004, p. 97), les communications sur le calcul des amendes (*JOUE* n° C 210 du 1er septembre 2006, p. 2) ou sur l'octroi de la clémence (*JOUE* n° C 298 du 8 décembre 2006, p. 17) l'illustrent. Elles ont permis d'accompagner la réforme fondamentale de l'effet direct de l'article 101, paragraphe 3, TFUE et le passage au système d'exception légale. On leur reconnaît une fonction comparable en droit des aides d'État, au sujet du contrôle par le juge national de leur légalité (v. communication relative à la notion d'« aide d'État » visée à l'article 107, paragraphe 1, du traité sur le fonctionnement de l'Union européenne, *JOUE* n° C 262 du 19 juillet 2016, p. 1).

Leur dimension politique s'exprime également lorsqu'elles ont vocation à acter les changements de position de l'autorité de concurrence. On le mesure à l'égard de l'importante communication sur les marchés en cause (*JOCE* n° C 372 du 9 décembre 1997, p. 5), au sujet de laquelle la Commission a établi le 3 avril 2020 une « feuille de route » en vue de sa modification. Il en est aussi de ses orientations concernant l'application du mécanisme de renvoi établi à l'article 22 du règlement sur les concentrations à certaines affaires, y compris concernant des opérations non soumises à l'obligation de notification en vertu du droit national, en l'occurrence à propos des *killer acquisitions* (*JOUE* n° C 113 du 31 mars 2021, p. 1). Plus fondamentalement, la Commission a communiqué, le 18 novembre 2021, sur « les nouveaux défis » de la politique de concurrence, qui devra être réformée pour accompagner les transitions numérique et environnementale et renforcer la capacité de résilience du marché intérieur (communication du 18 novembre 2021, COM(2021) 713 final).

■ Pour aller plus loin

Leur souplesse ne les place, quoi qu'il en soit, pas hors contentieux. Elles n'exonèrent pas la Commission de motiver suffisamment ses décisions individuelles. Elles peuvent au demeurant servir d'étai aux moyens formulés dans un recours dirigé contre une décision individuelle qui s'en écarterait sans utile justification, comme être contestées en annulation au motif qu'elle serait *contra legem*, ou enfin être opposées aux justiciables à condition précisément de ne pas modifier le droit en vigueur (elles peuvent être rapprochées sur ces points des directives du droit interne français). Sur leur modèle, les autorités nationales de concurrence ont développé des outils comparables. C'est le cas de l'Autorité de la concurrence. Elles peuvent faire l'objet d'un recours pour excès de pouvoir devant le Conseil d'État.

Bibliographie

Godiveau (G.), « La codification du droit communautaire dérivé : le "mieux" est-il l'ennemi du "bien" légiférer ? », *CDE* 2009, p. 15

Martucci (F.), *Droit de l'Union européenne*, 3e éd., Paris, Dalloz, 2021, n° 631 et s.

Simon (D.), *Le système juridique communautaire*, 3e éd., Paris, PUF, 2001, n° 229

Communication de la Commission, Une politique de concurrence adaptée aux nouveaux défis, COM(2021) 713 final, 18 novembre 2021

Orientations de la Commission concernant l'application du mécanisme de renvoi établi à l'article 22 du règlement sur les concentrations à certaines catégories d'affaires, *JOUE* n° C 113 du 31 mars 2021, p. 1

Communication de la Commission, Cinquième modification de l'encadrement temporaire des mesures d'aide d'État visant à soutenir l'économie dans le contexte actuel de la flambée de COVID-19 et modification de l'annexe de la communication de la Commission aux États membres concernant l'application des articles 107 et 108 du traité sur le fonctionnement de l'Union européenne à l'assurance-crédit à l'exportation à court terme *JOUE* n° C 34 du 1er février 2021, p. 6

Communication de la Commission relative à la notion d'« aide d'État » visée à l'article 107, paragraphe 1, du traité sur le fonctionnement de l'Union européenne, *JOUE* n° C 262 du 19 juillet 2016, p. 1

Communication de la Commission, Lignes directrices concernant l'application de l'article 81, paragraphe 3, du traité, *JOUE* n° C 101 du 27 avril 2004, p. 97

Communication de la Commission sur l'immunité d'amendes et la réduction de leur montant dans les affaires portant sur des ententes, *JOUE* n° C 298 du 8 décembre 2006, p. 17

Comm. CE, Lignes directrices pour le calcul des amendes infligées en application de l'article 23, paragraphe 2, sous a), du règlement (CE) n° 1/2003, *JOUE* n° C 210 du 1er septembre 2006, p. 2

Communication de la Commission sur la définition du marché en cause aux fins du droit communautaire de la concurrence, *JOCE* n° C 372 du 9 décembre 1997, p. 5

COMMUNICATION DES GRIEFS

Alexandre LACRESSE
Tribunal de l'Union européenne

■ Premier aperçu

Joseph K. n'a pas cherché à se défendre, faute d'avoir jamais su de quoi il devait répondre (F. Kafka, *Le Procès*, trad. A. Vialatte, Paris, Gallimard, 1987)... Le principe de l'égalité des armes et l'exercice des droits de la défense exigent un acte initial exposant l'accusation, sans quoi il ne peut y avoir de débat et encore moins de procès équitable.

Dans le domaine du droit de la concurrence, la procédure visant à l'application des articles 101 et 102 TFUE devient contradictoire par l'envoi de la communication des griefs. Prescrite par le règlement (CE) n° 1/2003 et le règlement (CE) n° 773/2004 (v. égal. la communication de la Commission concernant les bonnes pratiques relatives aux procédures d'application des articles 101 et 102 du TFUE), elle constitue « *la garantie procédurale appliquant le principe fondamental du droit communautaire qui exige le respect des droits de la défense dans toute procédure* » (CJUE, 3 septembre 2009, *Papierfabrik August Koehler e.a. c/ Commission*, aff. jtes C-322/07 P, C-327/07 P et C-338/07 P, pt 35). Par cet acte préalable à toutes les décisions affectant les intérêts de leurs destinataires (décisions constatant une infraction ou exigeant sa cessation (règl. n° 1/2003, art. 7) et décisions imposant une amende (règl. n° 1/2003, art. 23) ou une astreinte (règl. n° 1/2003, art. 24)), notamment celles imposant une sanction pécuniaire, la Commission européenne « *donne aux entreprises et associations d'entreprises visées par la procédure [...] l'occasion de faire connaître leur point de vue au sujet des griefs retenus par [elle]* » (règl. n° 1/2003, art. 27, para. 1 ; v. égal. règl. n° 773/2004, art. 10).

Les griefs doivent être libellés dans des termes suffisamment clairs pour permettre aux intéressés de prendre effectivement connaissance des comportements reprochés par la Commission. C'est à cette condition que la communication des griefs peut remplir la fonction qui lui est attribuée par les règlements, à savoir fournir tous les éléments nécessaires aux entreprises pour qu'elles puissent faire valoir utilement leur défense avant que la Commission adopte une décision à leur égard (CJCE, 31 mars 1993, *A. Ahlström Osakeyhtiö e.a. c/ Commission*, « Pâte de bois », aff. jtes C-89/85, C-104/85, C-114/85, C-116/85, C-117/85 et C-125/85 à C-129/85, pt 42).

■ Pour aller plus loin

La Commission ne peut fonder ses décisions « *que sur les griefs au sujet desquels les parties concernées ont pu faire valoir leurs observations* » (règl. n° 1/2003, art. 27, para. 1). Ainsi, la communication des griefs détermine (et limite) l'étendue des infractions aux règles de concurrence que la Commission peut constater dans sa décision. En cas de recours, les juridictions de l'Union ne manqueraient pas de relever une violation des droits de la défense chaque fois que la Commission retient dans sa décision une infraction qui ne se trouvait pas dans le champ de la communication des griefs (CJCE, 15 juillet 1970, *ACF Chemiefarma c/ Commission*, aff. 41/69, pt 94 ; CJCE, 7 juin 1983, *Musique Diffusion française e.a. c/ Commission*, aff. jtes 100/80 à 103/80, pts 14 à 17 ; CJUE, 3 septembre 2009, *Papierfabrik August Koehler e.a. c/ Commission*, préc., pts 40 à 45).

La communication des griefs est un document préparatoire, non susceptible d'un recours en annulation (CJCE, 11 novembre 1981, *IBM c/ Commission*, aff. 60/81), qui contient l'appréciation provisoire de la Commission sur les faits dont elle a connaissance. Grâce au jeu du débat contradictoire, cette appréciation peut évoluer (CJCE, 16 décembre 1975, *Suiker Unie e.a. c/ Commission*, aff. jtes 40/73 à 48/73, 50/73, 54/73 à 56/73, 111/73, 113/73 et 114/73, pts 437 et 438). La Commission peut abandonner des griefs dans sa décision. Elle peut également adresser une communication complémentaire si de nouveaux griefs lui paraissent devoir être notifiés aux parties, qui doivent pouvoir alors présenter leurs observations à cet égard.

Bibliographie

Jones (A.), Sufrin (B.) et Dunne (N.), *EU Competition Law: Text, Cases, and Materials*, 7e éd., Oxford University Press, 2019

Maitrepierre (A.), « Violation des droits de la défense : La CJCE annule l'arrêt du TPICE pour ne pas avoir tiré les conséquences de la violation des droits de la défense (*Papierfabrik August Koehler*) », *Concurrences* n° 4-2009, art. n° 29293, p. 173

Communication de la Commission concernant les bonnes pratiques relatives aux procédures d'application des articles 101 et 102 du TFUE, *JOUE* n° C 308 du 20 octobre 2011, p. 6

Règlement (CE) n° 773/2004 de la Commission du 7 avril 2004 relatif aux procédures mises en œuvre par la Commission en application des articles 81 et 82 du traité CE, *JOUE* n° L 123 du 27 avril 2004, p. 18

Règlement (CE) n° 1/2003 du Conseil du 16 décembre 2002 relatif à la mise en œuvre des règles de concurrence prévues aux articles 81 et 82 du traité, *JOCE* n° L 1 du 4 janvier 2003, p. 1

C

COMPÉTENCE

Aurélie ZOUDE-LE BERRE
Assemblée Nationale

■ Premier aperçu

La compétence est l'aptitude d'une institution à connaître certaines matières en fonction de leur nature et qui lui donne le droit de décider.

La compétence se décline traditionnellement selon trois axes : la compétence *ratione materiae* (compétence d'attribution), la compétence *ratione loci* (compétence territoriale) et la compétence *ratione temporis* (compétence temporelle qui dépend du délai de prescription).

En droit de la concurrence, la compétence est spécialement dévolue à une autorité de concurrence dont les décisions sont ensuite susceptibles de recours devant les juridictions d'appel et de cassation.

En droit de l'Union européenne, la Commission européenne est l'autorité de concurrence chargée de veiller à l'application des règles européennes de concurrence, en coopération avec les autorités nationales compétentes. La compétence d'attribution de la Commission européenne recouvre la lutte contre les ententes (art. 101 TFUE) et les abus de position dominante (art. 102 TFUE), le contrôle des aides d'État (art. 107 à 109) et le contrôle des concentrations (règl. (CE) n° 139/2004 du 20 janvier 2004). La Commission européenne est compétente sur l'ensemble du territoire de l'Union européenne et dispose d'un monopole du contrôle des aides d'État et des concentrations de dimension européenne. En revanche, pour le contrôle des pratiques anticoncurrentielles, elle partage sa compétence avec les autorités nationales de concurrence dans le cadre du principe de subsidiarité (règl. (CE) n° 1/2003 du 16 décembre 2002) et peut également renvoyer une opération de concentration vers une autorité nationale lorsqu'elle est mieux placée qu'elle dans le cadre du Réseau européen de la concurrence (règl. (CE) n° 139/2004).

L'Autorité de la concurrence nationale (ci-après « l'ADLC ») est compétente pour veiller à l'application du droit de la concurrence européen et français sur l'ensemble du territoire français, à l'exception de la Polynésie française et de la Nouvelle-Calédonie (v. *infra*). L'ADLC est compétente pour rendre des avis sur toute question de concurrence, rechercher, constater et sanctionner les pratiques anticoncurrentielles et contrôler les opérations de concentration en amont de leur réalisation, sous réserve de la coopération au sein du Réseau européen de la concurrence prévue par les règlements européens précités. L'ADLC ne peut être saisie de faits remontant à plus de cinq ans s'il n'a été fait aucun acte tendant à leur recherche, leur constatation ou leur sanction.

Par ailleurs, les juridictions ont également compétence, lorsqu'il s'agit de l'une des juridictions spécialisées, pour statuer, en tant que juges de droit commun, sur le fondement du droit des pratiques anticoncurrentielles dans le cadre des actions se rattachant au *private enforcement.* Elles sont par ailleurs seules compétentes pour connaître du droit des pratiques commerciales déloyales, qu'il s'agisse des règles du titre IV du livre IV du code de commerce ou de la concurrence déloyale.

■ Pour aller plus loin

Les autorités de concurrence polynésienne et néo-calédonienne

En Polynésie française, l'Autorité polynésienne de la concurrence (APC), qui a été créée par la loi du pays nº 2015-2 du 23 février 2015 relative à la concurrence, est compétente pour rendre des avis sur toute question de concurrence, rechercher, constater et sanctionner des pratiques anticoncurrentielles (ententes, abus de position dominante) et contrôler, en amont de leur réalisation, des opérations de concentration ainsi que la création ou l'extension de surfaces commerciales qui interviennent sur le territoire polynésien, dans les conditions prévues par le code de la concurrence polynésien.

Pour sa part, l'Autorité de la concurrence de la Nouvelle-Calédonie (ACNC), créée par la loi du pays nº 2014-12 du 24 avril 2014, n'exerce sa compétence que depuis le 2 mars 2018, date de son installation officielle. Son champ matériel est plus large que celui de l'ADLC et de l'APC. En effet, comme l'ADLC et l'APC, elle est compétente pour rendre des avis, sanctionner des pratiques anticoncurrentielles (ententes, abus de position dominante) et contrôler, en amont de leur réalisation, des opérations de concentration intervenant sur le territoire calédonien. De plus, comme l'APC, elle est chargée de contrôler, en amont, la création ou l'extension de surfaces commerciales en Nouvelle-Calédonie au-delà de certains seuils. Néanmoins, le code de commerce applicable en Nouvelle-Calédonie lui donne également compétence pour sanctionner les pratiques restrictives de concurrence mises en œuvre sur le territoire calédonien (« le petit droit de la concurrence », dont le contrôle relève de l'administration en métropole et en Polynésie française) et pour rendre des avis obligatoires sur toute demande de barrières quantitatives ou tarifaires à l'importation formulée par un producteur local.

Comme sur le territoire national, l'APC et l'ACNC ne peuvent être saisies de pratiques anticoncurrentielles remontant à plus de cinq ans s'il n'a été fait aucun acte tendant à leur recherche, leur constatation ou leur sanction. S'agissant de la compétence de l'ACNC en matière de pratiques restrictives de concurrence, la prescription est de trois ans.

À noter que le droit de la concurrence européen n'est pas applicable dans les pays et territoires d'outre-mer (PTOM) comme la Polynésie française et la Nouvelle-Calédonie.

La répartition des compétences entre les autorités de concurrence françaises et le juge administratif pour des pratiques mises en œuvre par des personnes publiques ou privées

Selon la jurisprudence du tribunal des conflits *Aéroports de Paris et Gisserot*, lorsque les pratiques ou la décision en cause traduisent l'exercice de prérogatives de puissance publique ou portent sur l'organisation même du service public, le juge administratif est exclusivement compétent pour apprécier la légalité de ces actes unilatéraux au regard du droit de la concurrence, qui leur est opposable (ex. : refus d'occupation du domaine public délivrés par les collectivités publiques, décision d'attribution de contrats publics). En revanche, lorsque ces pratiques ou décisions unilatérales sont détachables de l'exercice de prérogatives de puissance publique et qu'elles présentent un caractère économique, l'autorité de concurrence (ADLC, APC ou ACNC) est seule compétente pour contrôler le respect des règles de la concurrence.

Les juridictions de recours en droit de la concurrence

Qu'il s'agisse des décisions contentieuses de l'ADLC, de l'APC ou de l'ACNC relatives à des pratiques anticoncurrentielles, le recours en annulation ou en réformation doit être porté devant la cour d'appel de Paris, qui dispose d'une compétence d'attribution exclusive, et le pourvoi devant la Cour de cassation. Les décisions de concentration de l'ADLC ne peuvent faire l'objet d'un recours en premier et dernier ressort que devant le Conseil d'État alors que les décisions non contentieuses de l'APC et de l'ACNC sont susceptibles d'appel devant la cour administrative d'appel de Paris et de pourvoi devant le Conseil d'État.

Au niveau européen, les décisions de la Commission sont attaquables devant le Tribunal de l'Union européenne et le pourvoi peut être porté devant la Cour de justice de l'Union européenne.

La répartition de la compétence territoriale entre l'ADLC et l'APC

Dans sa décision n° 20-D-18 du 18 novembre 2020 relative à des pratiques mises en œuvre sur le territoire de la Polynésie française, l'ADLC a décliné sa compétence à connaître les pratiques mises en œuvre en Polynésie : car (i) elle n'est pas habilitée par le législateur à appliquer le droit de la concurrence polynésien et (ii) elle n'est pas habilitée à examiner les griefs sous la qualification du droit national et européen de la concurrence, qui ne s'applique pas en Polynésie. Il en serait de même s'agissant de pratiques mises en œuvre en Nouvelle-Calédonie.

Bibliographie

Frison-Roche (M.-A.) et Roda (J.-Ch.), *Droit de la concurrence*, 2e éd., Paris, Dalloz, 2022

Mezaguer (M.) (dir.), *Le droit* antitrust *de l'Union européenne*, t. 1, « Les dispositions générales », Éditions de l'Université de Bruxelles, 2022

Petit (N.), *Droit européen de la concurrence*, 3e éd., Paris-La Défense, LGDJ, 2020

Théry (Ph.), « Quelques observations sur la compétence des juridictions spécialisées dans le contentieux des pratiques anticoncurrentielles ou des pratiques restrictives de concurrence », in *Mélanges en l'honneur du professeur Claude Lucas de Leyssac*, Paris, LexisNexis, 2018, p. 481

Règlement (CE) no 139/2004 du Conseil du 20 janvier 2004 relatif au contrôle des concentrations entre entreprises (« le règlement CE sur les concentrations »), *JOUE* no L 24 du 29 janvier 2004, p. 1

Règlement (CE) no 1/2003 du Conseil du 16 décembre 2002 relatif à la mise en œuvre des règles de concurrence prévues aux articles 81 et 82 du traité, *JOCE* no L 1 du 4 janvier 2003, p. 1

Voir aussi

Juridictions spécialisées

C

CONCENTRATION

Jérôme VIDAL
Ministère de l'Économie, des Finances et de la Souveraineté industrielle et numérique

■ Premier aperçu

Au sens du droit de la concurrence, une concentration résulte d'un regroupement d'activités économiques antérieurement indépendantes et implique un changement durable dans la nature de leur contrôle. Le code de commerce (art. L. 430-1) précise les trois types d'opérations entre entreprises susceptibles d'être qualifiées de concentration : la fusion, la prise de contrôle et la création d'une entreprise commune.

Susceptibles de réduire la concurrence, ces opérations font l'objet d'un contrôle par les autorités publiques depuis la loi n° 77-806 du 19 juillet 1977, laquelle fournissait une définition générique de la notion de concentration en la désignant par « *tout acte ou opération juridique emportant transfert total ou partiel de propriété ou de contrôle d'entreprises ou de groupes d'entreprises* », reprise par l'ordonnance n° 86-1243 du 1er décembre 1986 : « *La concentration résulte de tout acte, quelle qu'en soit la forme, qui emporte transfert de propriété ou de jouissance sur tout ou partie des biens, droits et obligations d'une entreprise ou qui a pour objet, ou pour effet, de permettre à une entreprise ou à un groupe d'entreprises d'exercer, directement ou indirectement, sur une ou plusieurs autres entreprises une influence déterminante.* » Si ces dispositions fondatrices de la notion de concentration ont été abrogées, elles contiennent deux caractéristiques reprises dans les dispositions de l'article L. 430-1 du code de commerce : la qualification de la notion de concentration est indifférente à la forme des actes à l'origine de l'opération et le contrôle doit s'interpréter comme la possibilité d'exercer une influence déterminante sur une activité économique.

La loi n° 2001-420 du 15 mai 2001 a distingué, pour la première fois, les types d'opérations susceptibles d'être qualifiées de concentration en donnant ainsi corps à cette notion avec le triptyque repris dans la rédaction actuelle de l'article L. 430-1 du code de commerce.

■ Pour aller plus loin

Si les contours et les critères de la définition d'une concentration demeurent imprécis, les autorités de concurrence et leurs juridictions de contrôle ont fourni de nombreuses indications sur la manière dont elles apprécient cette notion. C'est à l'aune de leurs lignes directrices ou communications et de leurs décisions que la notion de concentration se définit en droit de la concurrence.

Quelle que soit sa forme, la notion de concentration implique des activités économiques indépendantes antérieurement à l'opération, c'est-à-dire l'existence d'offres ou de demandes distinctes de biens ou de services sur un marché. Une opération au sein d'un même groupe d'entreprises ou entre entreprises qui sont contrôlées, directement ou indirectement, par la même entreprise ou la même personne, n'est donc pas une concentration. À cet égard, une « personne », au sens de l'article L. 430-1 du code de commerce, comprend les personnes morales de droit privé, les organismes de droit public lorsqu'ils agissent par l'intermédiaire d'une entreprise, et les personnes physiques lorsqu'elles exercent des activités économiques pour leur compte propre ou si elles contrôlent au moins une autre entreprise avant l'opération. Par ailleurs, si la qualification d'une présence sur le marché ne soulève pas de difficulté particulière pour une entreprise ou une personne, des actifs constituent une activité économique seulement si un chiffre d'affaires peut leur être rattaché sans ambiguïté.

La notion d'influence déterminante est au cœur de la définition d'une concentration qui se réalise sous forme de prise de contrôle ou de création d'une entreprise commune. Elle désigne la possibilité de contrôler les décisions stratégiques d'une entreprise, telles que la nomination et la révocation de ses dirigeants, le vote du budget et l'approbation du plan d'affaires. D'autres décisions peuvent également être considérées comme stratégiques, comme le vote d'investissements dont le seuil est susceptible de bloquer la gestion de l'entreprise, c'est-à-dire à un niveau qui va au-delà de la protection habituellement accordée à des actionnaires minoritaires. Ce contrôle peut être positif (l'entreprise peut adopter ces décisions) ou négatif (l'entreprise peut bloquer ces décisions) et s'apprécie avec un faisceau d'indices établi sur les circonstances de droit et de fait d'un cas d'espèce. Cette analyse est donc indifférente aux montages juridiques retenus par les parties à une opération, même si le changement de contrôle ne résulte pas d'une intention des entreprises de le réaliser. L'influence déterminante peut en effet résulter de relations contractuelles ou de l'exercice de droits de vote minoritaires en droit, mais suffisants, en pratique, pour prendre unilatéralement des décisions stratégiques. À cet égard, la détention minoritaire du capital dans une entreprise est susceptible de constituer un indice d'une influence déterminante en présence d'un éparpillement de l'actionnariat ou d'une absence régulière de représentation d'autres actionnaires minoritaires lors des votes en assemblée générale de l'entreprise. Toute évolution dans la détention minoritaire du capital d'une entreprise dans ces conditions doit être analysée au regard de ces critères. En outre, d'autres éléments, telles des relations contractuelles ou des relations financières, ajoutés aux droits conférés à un actionnaire minoritaire, peuvent établir un contrôle de fait. Dans des situations particulières, les autorités de contrôle ont également pu établir une influence déterminante sans aucune participation au capital.

Toute concentration implique par ailleurs un changement durable, que ce soit au niveau du contrôle exercé sur une entreprise ou de la structure qui résulte de l'opération. Dans la mesure où la concentration ne relève pas d'une pratique, c'est-à-dire d'un accord entre entreprises, mais d'un changement dans la structure d'un marché en créant une nouvelle offre ou une nouvelle demande sur un marché, elle ne doit pas revêtir un caractère temporaire ou transitoire pour être qualifiée au regard des dispositions du titre III du livre IV du code de commerce.

Enfin, des opérations multiples constituent une seule et même opération de concentration dès lors qu'elles sont interdépendantes, au sens où une opération n'aurait pas été effectuée sans l'autre. Il convient en effet de traiter comme une concentration unique les opérations étroitement liées : elles font nécessairement l'objet d'un lien conditionnel.

Les trois formes de concentration énoncées à l'article L. 430-1 du code de commerce soulèvent par ailleurs des questions spécifiques.

La fusion entraîne la disparition d'au moins une des personnalités morales des entreprises concernées par l'opération : elle conduit à la création d'une nouvelle entreprise ou à la disparition de l'une d'entre elles. La fusion de fait est un cas particulier qui ne fait pas disparaître les personnalités morales des entreprises concernées : elle consiste en la réunion d'activités économiques indépendantes au sein d'un seul et même ensemble économique, caractérisé par une gestion économique unique et durable qui s'apprécie par le biais d'un faisceau d'indices, tels que l'existence de participations croisées, la consolidation des comptes, la compensation des profits et des pertes, la répartition des recettes ou leur responsabilité solidaire.

La prise de contrôle revêt deux formes, selon la nature du contrôle qui peut être exclusif ou conjoint. Si une entreprise peut, seule, adopter ou bloquer les décisions stratégiques d'une entreprise, elle dispose sur celle-ci d'un contrôle exclusif. Dans le cas où plusieurs entreprises doivent s'entendre pour adopter ou bloquer ces décisions, c'est-à-dire que chacune des entreprises a la possibilité de bloquer des décisions stratégiques, il s'agit d'un contrôle conjoint qui résulte généralement d'un pacte d'actionnaires qui prévoit notamment les modalités de vote. Lorsqu'il n'existe aucune modalité de votes explicite et que les décisions stratégiques d'une entreprise sont soumises à des alliances fluctuantes entre leurs actionnaires, aucun contrôle ne peut être caractérisé, au sens du droit de la concurrence.

La création d'une entreprise commune de plein exercice est sans doute la forme de concentration la plus complexe à caractériser. L'article L. 430-1 du code de commerce prévoit qu'elle doit accomplir de manière durable toutes les fonctions d'une entité économique autonome et revêt, à ce titre, de nombreuses formes, l'entreprise commune pouvant même préexister à l'opération. En effet, la création d'une entreprise commune peut résulter de la création d'une structure commune nouvelle, de l'apport d'actifs que des entreprises détenaient en propre ou de l'acquisition par un ou plusieurs nouveaux actionnaires d'un contrôle sur une entreprise commune préexistante, qui lui confère un caractère de plein exercice. Le contrôle exercé par chaque entreprise sur l'entreprise commune doit être réel.

Une entreprise commune est de plein exercice si elle dispose de ressources suffisantes (ressources humaines et financières) pour opérer de façon autonome sur un marché en y accomplissant les fonctions qui sont normalement exercées par les autres entreprises actives sur ce marché. À défaut, l'entreprise commune n'est pas « concentrative » et relève des dispositions de l'article 101 TFUE ou de l'article L. 420-1 du code de commerce.

Bibliographie

Le Coq (M.), *Le droit des concentrations économiques*, Paris, LexisNexis, 2018

Vever (F.) et Wilhelm (P.), « La notion de concentration en droit interne et communautaire : tentative de définition », *Contrats, conc., consom.* 2007, étude 13

Aut. conc., « Lignes directrices de l'Autorité de la concurrence relatives au contrôle des concentrations », 2020

Communication consolidée sur la compétence de la Commission en vertu du Règlement (CE) n° 139/2004 du Conseil relatif au contrôle des opérations de concentration entre entreprises, *JOUE* n° C 43 du 21 février 2019, p. 10

Loi n° 2001-420 du 15 mai 2001 relative aux nouvelles régulations économiques, *JORF* n° 113 du 16 mai 2001

Ordonnance n° 86-1243 du 1 décembre 1986 relative à la liberté des prix et de la concurrence, *JORF* du 9 décembre 1986

Loi n° 77-806 du 19 juillet 1977 relative au contrôle de la concentration économique et à la répression des ententes illicites et des abus de position dominante, *JORF* du 20 juillet 1977

C

CONCENTRATION (ABANDON)

Sara DARLEY-REYGNER
Autorité de la concurrence

■ Premier aperçu

Une concentration cesse d'exister lorsque les parties à l'opération abandonnent le projet soumis au contrôle de l'autorité de concurrence.

En France et dans l'Union européenne, l'abandon d'une opération en phase de prénotification ne fait l'objet d'aucune démarche particulière. En revanche, dès lors que l'opération a été formellement notifiée, tant la Commission européenne que l'Autorité de la concurrence exigent que l'abandon de l'opération soit démontré par l'ensemble des parties notifiantes. Ainsi, le simple retrait de la notification n'est pas suffisant. Une telle exigence s'explique par le fait qu'une opération de concentration ne peut être notifiée que s'il existe un projet suffisamment abouti attestant de la volonté des parties de réaliser l'opération. Il appartient donc aux parties de démontrer que ce projet suffisamment abouti ne les lie plus juridiquement.

La dernière version des lignes directrices de l'Autorité de la concurrence relatives au contrôle des concentrations indique que les parties doivent « *transmettre tout document attestant de l'abandon du projet* » (pt 327), sans précision quant à la nature des documents permettant de le démontrer.

L'article 6, paragraphe 1, du règlement (CE) n° 139/2004 prévoit quant à lui que les parties doivent démontrer, « *à la satisfaction de la Commission, qu'elles ont abandonné le [projet]* ».

La communication consolidée sur la compétence de la Commission en vertu du règlement (CE) n° 139/2004 du Conseil relatif au contrôle des opérations de concentration entre entreprises précise que « *les éléments de preuve de l'abandon de l'opération doivent correspondre sur le plan de la forme juridique, de l'intensité, etc., à l'acte initial qui a été jugé suffisant pour notifier la concentration* » (pt 119).

Dans l'hypothèse où les parties auraient bénéficié d'une dérogation au caractère suspensif de l'opération, il leur appartiendra également de « *démontrer le rétablissement de la situation antérieure à l'opération* » (pt 120).

■ Pour aller plus loin

En pratique, l'abandon d'opérations de concentration, après leur notification, revêt un caractère exceptionnel.

En France, en 2019, 30 opérations ont été retirées sur un total de 280 opérations notifiées (v. le rapport annuel de l'Autorité de la concurrence pour l'année 2019). Sur la même période, au niveau européen, une seule opération de concentration a été abandonnée (aff. M.8907 – *Aperam/VDM*).

Les causes de ces abandons peuvent être diverses. Elles sont, le plus souvent, étrangères à l'analyse concurrentielle menée par les autorités de contrôle (p. ex., difficultés de financement, désaccords entre les parties, raisons internes au vendeur ou à l'acquéreur). Elles peuvent toutefois, dans certains cas, être la conséquence de problèmes concurrentiels mis en évidence lors de l'instruction du dossier. L'Autorité de la concurrence a ainsi relevé que parmi les 30 opérations finalement retirées en 2019, 4 l'avaient été pour des raisons tenant à l'analyse concurrentielle de l'opération (p. ex., au cours de l'été 2020, la société Pisto a retiré son projet de prise de contrôle exclusif de la société Trapil au cours de la phase d'examen approfondi de l'opération pour des raisons liées à l'analyse de l'Autorité quant aux risques liés à l'opération ; v. https://www.autoritedelaconcurrence.fr/fr/communiques-de-presse/oleoducs-lautorite-prend-acte-du-retrait-de-loperation-de-prise-de-controle). Des raisons similaires ont conduit la société Johnson & Johnson à renoncer à l'acquisition de l'activité de la société Takeda en avril 2020, le projet d'opération étant alors soumis à l'analyse approfondie de la Commission européenne et des autorités de concurrence américaines (https://www.reuters.com/article/us-tachosil-m-a-johnson-johnson-idUSKCN21S1XG).

Bibliographie

Aut. conc., « Lignes directrices de l'Autorité de la concurrence relatives au contrôle des concentrations », 2020

Communication consolidée sur la compétence de la Commission en vertu du règlement (CE) n° 139/2004 du Conseil relatif au contrôle des opérations de concentration entre entreprises, *JOUE* n° C 43 du 21 février 2009, p. 10

Règlement (CE) n° 139/2004 du Conseil du 20 janvier 2004 relatif au contrôle des concentrations entre entreprises, *JOUE* n° L 24 du 29 janvier 2004, p. 1

C

CONCESSION

Sébastien MARTIN
Université Montesquieu – Bordeaux IV

■ Premier aperçu

Appartenant à la catégorie des partenariats public-privé comme à celle des partenariats public-public, les concessions sont des contrats passés par des autorités publiques pour confier à un opérateur tiers une ou plusieurs des missions correspondant à la conception, au financement, à la réalisation ou à l'exploitation d'un ouvrage ou d'un service.

Comme le note la doctrine, le terme de « *"concession" ne recouvre pas les mêmes réalités juridiques d'un pays européen à l'autre. Certes, l'histoire montre que les droits nationaux de l'Europe continentale ont la même idée de départ pour parler de ce procédé contractuel qui rappelle, ou bien la vente, ou bien le louage, ou bien la donation et qui a pour trait essentiel, soit l'abandon par le concessionnaire de biens appartenant à l'État ou laissés à la disposition d'une autorité publique, soit au moins, la substitution de certains droits de l'État en faveur d'autres personnes juridiques* » (Courivaud, 2004, p. 397).

Néanmoins, aujourd'hui, le législateur de l'Union, dans la directive 2014/23/UE du Parlement européen et du Conseil du 26 février 2014 sur l'attribution de contrats de concession, en donne une définition harmonisée bien que duale. En effet, il y a, d'un côté, la concession de travaux, qui est « *un contrat conclu par écrit et à titre onéreux par lequel un ou plusieurs pouvoirs adjudicateurs ou entités adjudicatrices confient l'exécution de travaux à un ou à plusieurs opérateurs économiques, la contrepartie consistant soit uniquement dans le droit d'exploiter les ouvrages qui font l'objet du contrat, soit dans ce droit accompagné d'un prix* » et, de l'autre, la concession de services, qui est « *un contrat conclu par écrit et à titre onéreux par lequel un ou plusieurs pouvoirs adjudicateurs ou entités adjudicatrices confient la prestation et la gestion de services autres que l'exécution de travaux [...] à un ou à plusieurs opérateurs économiques, la contrepartie consistant soit uniquement dans le droit d'exploiter les services qui font l'objet du contrat, soit dans ce droit accompagné d'un prix* ».

Un dernier élément essentiel doit être souligné pour clore la présentation du contrat de concession. Celui-ci ne doit pas être confondu avec le marché public, qui fait lui aussi partie de la catégorie des contrats conclus à titre onéreux par un acheteur public pour répondre à ses besoins en matière de travaux, de fournitures ou de services, avec un ou plusieurs opérateurs économiques. Comme le soulignait la Cour de justice, dans son arrêt *Parking Brixen* du 13 octobre 2005 (C-458/03, pt 40), le critère de distinction entre les deux modalités contractuelles est constitué par le fait, dans un contrat de concession, « *que le prestataire prend en charge le risque d'exploitation des services [ou des travaux] en question* » (solution reprise quelques années plus tard par le Conseil d'État français, le 7 novembre 2008, dans sa décision *Département de la Vendée* (req. nº 291794)).

■ Pour aller plus loin

Comme les autres contrats de la commande publique, les concessions sont soumises au respect de certaines obligations. Depuis l'arrêt *Telaustria* du 7 décembre 2000, le juge de l'Union européenne impose une « *obligation de transparence qui incombe au pouvoir adjudicateur [et qui] consiste à garantir, en faveur de tout soumissionnaire potentiel, un degré de publicité adéquat permettant une ouverture du marché des services à la concurrence ainsi que le contrôle de l'impartialité des procédures d'adjudication* » (pt 62).

L'article 30 de la directive 2014/23/UE sur l'attribution de contrats de concession pose deux principes importants dans le cadre de cette obligation de transparence. Tout d'abord, le pouvoir adjudicateur ou l'entité adjudicatrice dispose d'une réelle liberté pour organiser la procédure conduisant au choix du concessionnaire. Ensuite, durant la procédure d'attribution d'un contrat de concession, il est interdit à l'acheteur d'avantager certains candidats et notamment de fournir des informations de manière discriminatoire.

L'obligation de transparence, comme dans le cadre des marchés publics, connaît néanmoins certaines exceptions mises en évidence par la jurisprudence de la Cour de justice. En d'autres termes, et en dehors de cas où, notamment, il existe une première procédure infructueuse ou une urgence particulière, le pouvoir adjudicateur ou l'entité adjudicatrice peut se soustraire à l'obligation de mettre en œuvre des procédures de publicité et de mise en concurrence et attribuer un contrat de concession directement à un opérateur économique dans plusieurs circonstances.

La première hypothèse est celle du contrat « *in-house* » qui est passé entre un pouvoir adjudicateur et une entité tierce sur laquelle ce pouvoir adjudicateur exerce un contrôle analogue à celui qu'il exerce sur ses propres services et qui effectue l'essentiel de ses activités avec ledit pouvoir adjudicateur (cf. CJCE 18 novembre 1999, *Teckal*, aff. C-107/98). La deuxième exception correspond à la situation où l'acheteur confie une concession à une personne morale qu'il contrôle conjointement avec d'autres pouvoirs adjudicateurs (cf. CJCE, 13 novembre 2008, *Coditel Brabant*, aff. C-324/07). La troisième et dernière exception a été reconnue dans l'arrêt *Commission c/ Allemagne* (CJCE, 9 juin 2009, aff. C-480/06), dans lequel le juge de l'Union a considéré que les contrats de concession conclus entre des pouvoirs adjudicateurs et un prestataire de services qui est une collectivité territoriale n'ont pas à être soumis aux procédures de publicité et de mise en concurrence.

Bibliographie

COURIVAUD (H.), « La concession de service public "à la française" confrontée au droit européen », *RIDE* 2004/4, p. 395

DUPUIS (G.), « Sur la concession de service public », *D.* 1978, chron., p. 222

PLATON (S.) et MARTIN (S.), « L'exception de coopération entre autorités publiques en droit européen de la commande publique », *AJDA* 2012, p. 1138

TRIMUA (A. L.), « La concession : éléments de renouveau d'une catégorie contractuelle », thèse, Université de Poitiers, 2018

Directive 2014/23/UE du Parlement européen et du Conseil du 26 février 2014 sur l'attribution de contrats de concession, *JOUE* n° L 94 du 28 mars 2014, p. 1

C

CONCURRENCE

Muriel CHAGNY
Université de Versailles Saint-Quentin-en-Yvelines
Emmanuel COMBE
Université Paris I Panthéon-Sorbonne

■ Premier aperçu

La concurrence, objet du droit auquel elle a donné son nom, a suscité de nombreuses réflexions économiques à partir du XVIIIe siècle, au moment où se propageaient les idées libérales. Par la suite, les théories économiques de la concurrence se sont étoffées et même démultipliées. Pour autant, la concurrence est une notion qui peut faire l'objet d'une double approche.

Selon une première approche, la concurrence se définit comme une situation dans laquelle un grand nombre d'entreprises s'affrontent sur le marché, en offrant des produits substituables entre eux. Cette conception est celle que l'on trouve dans le célèbre modèle de la « concurrence pure et parfaite », développé par les économistes néoclassiques à la fin du XIXe siècle. Elle conduit à considérer les situations de marché dans lesquelles existe un petit nombre d'offreurs comme des altérations de la concurrence : on parle d'ailleurs de « concurrence imparfaite ».

Selon une seconde conception, la concurrence se définit comme un processus dynamique de sélection des entreprises les plus efficaces. Elle conduit à ne plus caractériser la concurrence par le nombre d'opérateurs mais par la possibilité d'entrer sur le marché. Concurrence rime alors avec absence de barrières à l'entrée et à la sortie, ce que les économistes dénomment « marché contestable ».

Ces deux conceptions n'en sont pas moins réconciliables. La concurrence constitue un aiguillon permanent, incitant les entreprises à offrir aux consommateurs le meilleur produit possible, que ce soit en termes de prix ou de qualité.

■ Pour aller plus loin

Dans la première vision de la concurrence, qui est celle de la concurrence pure et parfaite, concurrence rime d'abord avec grand nombre d'acteurs : plus les entreprises sont nombreuses, plus la concurrence est intense. De même, les produits sont homogènes, c'est-à-dire interchangeables entre eux.

En situation de concurrence pure et parfaite, une entreprise est tellement petite par rapport à la taille du marché qu'elle n'est pas en mesure d'exercer une influence sur le prix. L'entreprise ne peut donc se comporter de manière indépendante des autres, au risque sinon d'être exclue du marché : par exemple, si elle décide d'augmenter son prix unilatéralement, tous les consommateurs partiront chez les concurrents.

Cette rivalité permanente entre un grand nombre d'entreprises est bénéfique pour le consommateur : elle conduit à ce que le prix de marché soit le plus bas possible, c'est-à-dire égal au coût marginal de production. En concurrence pure et parfaite, aucune entreprise ne dispose d'un pouvoir de marché, c'est-à-dire de la capacité à vendre durablement au-dessus de ses coûts. En effet, s'il existe un profit, de nouvelles entreprises vont entrer sur le marché, ce qui va conduire à la baisse du prix.

Par opposition à la concurrence parfaite, il est possible d'identifier des situations de marché dites de « concurrence imparfaite », dans lesquelles évolue sur le marché un petit nombre d'offreurs, voire un seul offreur.

Un premier exemple de concurrence imparfaite est celui du monopole : comme l'entreprise se retrouve seule sur le marché, elle peut augmenter son prix au-dessus de ses coûts, sans craindre de perdre tous ses clients. Le monopole apparaît alors comme la figure antinomique de la concurrence : il peut exercer son pouvoir de marché au détriment des consommateurs et du bien-être.

Un second exemple de concurrence imparfaite est celui de l'oligopole, situation dans laquelle un petit nombre d'entreprises opère sur le marché : on peut montrer que l'intensité de la concurrence augmente avec le nombre d'entreprises, comme dans le célèbre modèle d'oligopole de Cournot.

Dans la seconde conception, la concurrence conduit à ce qu'une entreprise puisse dominer le marché, au motif qu'elle offre aux consommateurs des performances supérieures à ses concurrents, que ce soit en termes de coût de production ou de qualité des produits. La concurrence implique donc la marginalisation, voire la sortie du marché, des entreprises les moins efficaces ou les moins innovantes.

Cette situation de domination par une ou quelques entreprises risque toutefois d'être temporaire dans la mesure où des innovations de produit ou de procédés vont venir remplacer l'existant. La concurrence se traduit alors par l'alternance de phases de concentration et de déconcentration du marché.

Dans cette seconde conception de la concurrence, ce qui importe, ce n'est plus le nombre d'entreprises présentes sur le marché, mais la possibilité de contester la position des entreprises installées, en offrant de meilleurs produits et services. À la limite, un marché peut être en situation de concurrence avec une seule entreprise, si cette dernière est menacée en permanence par l'entrée de nouveaux opérateurs.

Peut-on concilier ces deux visions de la concurrence apparemment antinomiques ?

En réalité, ces deux approches partagent un point commun fondamental : en concurrence, les entreprises qui restent sur le marché sont toujours celles qui offrent le meilleur produit possible aux consommateurs, que ce soit en termes de prix ou de qualité. Elles ne sont pas protégées par des barrières artificielles, mais seulement par leur propre mérite.

Toute la difficulté, et la subtilité, de la politique de la concurrence est précisément de parvenir à conjuguer ces deux approches de la concurrence. Ainsi, en matière de contrôle des concentrations, le nombre d'acteurs constitue certes un paramètre important pour apprécier l'intensité de la concurrence sur un marché. Mais le contrôle des concentrations prend également en compte le fait que de nouveaux concurrents peuvent entrer sur le marché (ce que l'on appelle la « concurrence potentielle ») ou que des gains d'efficacité puissent résulter d'une plus grande taille des entreprises. De même, en matière d'abus de position dominante, la politique de concurrence ne remet pas en cause le fait qu'une entreprise se trouve en position dominante ; elle lutte seulement contre les pratiques qui ne relèvent pas des mérites de l'entreprise et qui visent à maintenir ou à renforcer sa position dominante (dénigrement, refus d'accès, ventes liées, remises fidélisantes, etc.). En matière d'ententes, la politique de concurrence réprime sévèrement les accords dont le seul but est de réduire une rivalité existante entre concurrents – ce que l'on appelle un « cartel » – sans aucun gain pour les consommateurs ; à l'inverse, elle autorise, sous certaines conditions strictes, les ententes entre entreprises qui réduisent l'intensité de la concurrence sur le marché mais qui permettent en contrepartie d'obtenir des gains d'efficacité, à l'image de certains accords de R&D ou dans la distribution.

Bibliographie

Combe (E.), *Chroniques (décalées) d'un économiste*, Paris, Concurrences, 2022

Combe (E.), *La concurrence*, 2e éd., Paris, PUF, 2022

High (J.) (dir.), *Competition*, Cheltenham, Edward Elgar Publishing, 2001

C

CONCURRENCE DÉLOYALE

Godefroy DE MONCUIT DE BOISCUILLÉ
Université Côte d'Azur

■ Premier aperçu

Définition

La concurrence déloyale décrit l'usage excessif de la liberté d'entreprendre. À la différence de la concurrence interdite, qui prohibe l'exercice même de l'activité concurrentielle en vertu de la loi (concurrence illégale) ou d'un contrat (concurrence anticontractuelle ; v. Serra, 2014), la concurrence déloyale sanctionne l'abus d'une liberté qui se manifeste par des comportements déloyaux spécifiques classifiés de manière non exhaustive par Roubier à travers une trilogie comprenant (i) les pratiques de dénigrement, (ii) l'imitation fautive responsable d'un risque de confusion dans l'esprit de la clientèle et (iii) l'utilisation de moyens de désorganisation (Roubier, 1952, n° 110, p. 504, ainsi que n° 119 et s., p. 536 ; Roubier, 1948, spéc. p. 564. V. aussi, Picod et coll., 2022) ; (iv) le parasitisme économique constitue également un comportement de concurrence déloyale qui s'ajoute à la trilogie établie (Decocq, 2010, n° 18).

Fondement

L'action en concurrence déloyale est une action en responsabilité civile qui trouve son fondement dans les articles 1240 et 1241 du code civil (Cass. com., 30 mai 2000, n° 98-15.549 : *D.* 2001, p. 2587, note Y. Serra ; *Contrats, conc., consom.* 161, note M. Malaurie-Vignal, 2000). Par conséquent, elle implique la démonstration d'une faute, d'un préjudice et d'un lien de causalité. La démonstration du préjudice est facilitée par la présomption constamment admise en jurisprudence selon laquelle « *il s'infère nécessairement un préjudice d'un acte de concurrence déloyale* » (Cass. com., 15 janvier 2020, n° 17-27.778). La démonstration d'une faute tirée d'un comportement déloyal est toutefois délicate, bien que la jurisprudence participe à la clarification des comportements déloyaux.

Dénigrement

Premièrement, le dénigrement consiste à jeter un discrédit sur une entreprise en répandant des informations malveillantes sur ses produits ou services (Cass. com., 24 septembre 2013, n° 12-19.790). Le dénigrement ne doit pas seulement viser l'entreprise elle-même ; il doit porter sur ses produits ou services (Cass. com., 26 septembre 2018, n° 17-15.502). Le discrédit doit être porté à la connaissance du public, ce qui implique qu'il dépasse la sphère privée. Le discrédit peut être direct ou indirect. Il est direct quand il vise clairement le concurrent, et indirect (i) quand l'opérateur économique vante ses produits ou services en laissant entendre que les autres entreprises ne présentent pas des qualités similaires (CA Versailles, 10 mai 1995 : *Gaz. Pal.* 1996, 1, som., p. 147) ; (ii) ou encore lorsque le produit ou le service dénigré n'est pas désigné mais se trouve clairement identifiable au regard de la nature du marché, par exemple si le marché est concentré et qu'un petit nombre de professionnels opère sur le marché litigieux. L'action peut être exercée en l'absence d'un rapport de concurrence dès lors qu'il existe une atteinte au libre jeu de la concurrence (Cass. com., 20 novembre 2007, n° 05-15.643).

Imitation fautive

Deuxièmement, l'imitation fautive constitue un procédé déloyal visant à créer un risque de confusion dans l'esprit de la clientèle. Cette confusion se manifeste par une assimilation ou une similitude entre des entreprises ou les produits de celles-ci. L'imitation peut porter sur les signes distinctifs de l'entreprise (nom commercial, enseigne, dénomination sociale, nom de domaine, etc.), sa publicité (T. com. Versailles, 19 septembre 1991 : *PIBD* 1992, III, p. 52) et ses produits (Cass. com., 10 février 2015, n° 13-24.979 : *JCP E* 2016, p. 1347, A. Ballot-Léna et G. Decocq). Pour évaluer le risque de confusion, le juge prend notamment en compte la notoriété des signes distinctifs, leur rayonnement géographique, la nature du produit litigieux et son éventuelle banalité. Par ailleurs, l'action en concurrence déloyale pour imitation fautive peut venir compléter l'action en contrefaçon. Néanmoins, pour être recevable, l'action en concurrence déloyale doit sanctionner des faits distincts de l'action en contrefaçon. La démonstration du fait distinct s'avère souvent délicate (Cass. com., 1er juillet 2008, n° 07-14.741 : *Contrats, conc., consom.* 2008, comm. 240, obs. M. Malaurie-Vignal).

Désorganisation

Troisièmement, l'utilisation de moyens de désorganisation renferme des pratiques telles que le débauchage et la violation d'un réseau de distribution mis en place par un concurrent. Le débauchage de salariés n'est illicite que s'il résulte de manœuvres déloyales et entraîne une désorganisation de l'entreprise concurrente (Cass. com., 18 novembre 2020, n° 18-19.012). De même, la revente hors réseau ne constitue pas en soi un acte de concurrence déloyale sauf si la vente s'accompagne d'une faute (Cass. com., 18 novembre 2020, n° 19-13.479). À titre d'exemple, la vente hors réseau de produits de luxe dans des lieux non appropriés peut constituer un acte de concurrence déloyale pour dévalorisation du produit et atteinte à son image de marque (*ibid.*).

Parasitisme

Quatrièmement, le parasitisme est traditionnellement défini comme un comportement par lequel un agent économique s'immisce dans le sillage d'un autre afin de tirer profit, sans rien dépenser, de ses efforts et de son savoir-faire (Cass. com., 26 janvier 1999, n° 96-22.457 : *D.* 2000, p. 87, obs. Y. Serra). La concurrence parasitaire décrit le parasitisme entre concurrents (Picod et coll., 2010 ; Legeais, 2021) tandis que les agissements parasitaires peuvent être sanctionnés en l'absence de tout rapport concurrentiel (Cass. com., 30 janvier 1996, n° 94-15.725 : *D.* 1996, inf. rap. p. 63), si bien que le risque de confusion n'est pas une condition de l'action fondée sur le parasitisme (Cass. com., 20 mai 2014, n° 13-16.943 ; v. aussi Malaurie-Vignal, 2019, n° 431). L'acte de parasitisme décrit plus spécifiquement une faute lucrative (Moncuit de Boiscuillé, 2020) caractérisée dans « *le fait de s'inspirer ou de copier, à titre lucratif et de façon injustifiée, la valeur économique d'autrui* » (CA Paris, 12 avril 2016, RG 15/00425).

Régime de sanction

L'action en concurrence déloyale ouvre droit à des dommages-intérêts compensatoires. En application du principe de réparation intégrale, le juge est tenu de réparer « *tout le dommage mais rien que le dommage* » causé par un acte de concurrence déloyale. Les dommages-intérêts doivent donc couvrir à la fois la réparation de la perte subie (*lucrum cessans*) par la victime, la perte de chance liée à la disparition certaine d'une éventualité favorable, mais également le gain dont elle a été privée (*damnum emergens*). Néanmoins, une évolution jurisprudentielle a conduit à une nouvelle interprétation du principe de réparation intégrale en intégrant les gains illicites dans l'indemnisation du dommage (Cass. com., 12 février 2020, n° 17-31.614 : *RLC* 2020/95, obs. G. de Moncuit).

■ Pour aller plus loin

L'arrêt de la Cour de cassation du 10 février 2021 (Cass. com., 10 février 2021, n° 18-26.035) a réaffirmé l'autorité du principe de réparation intégrale, ce qui interroge sur la portée à donner à l'arrêt de 12 février 2020 dans lequel la Cour de cassation invitait à prendre en compte les gains illicites dans le calcul de la réparation du dommage (Cass. com., 12 février 2020, n° 17-31.614 : *RLC* 2020/95, obs. G. de Moncuit ; *D.* 2020, p. 1086, note J.-S. Borghetti). La jurisprudence semble hésitante sur ce point et, dans un autre arrêt du 17 mars 2021, la Cour de cassation a affirmé « *que constitue un acte de concurrence déloyale le non-respect d'une règlementation dans l'exercice d'une activité commerciale, qui induit nécessairement un avantage concurrentiel indu pour son auteur* » (Cass. com., 17 mars 2021, n° 19-10.414). La Cour de cassation a donc considéré que l'acte de concurrence déloyale en cause « *induit nécessairement un avantage concurrentiel indu pour son auteur* », ce qui semble ici consacrer non plus une présomption de préjudice, mais une présomption de gain illicite qui impliquerait logiquement de prendre en compte les profits illicites dans la quantification du dommage. Le profit réalisé sous la forme d'un « avantage indu » renvoie à la définition de la faute lucrative proposée dans notre ouvrage et décrite comme « *toute faute commise au préjudice d'autrui qui rapporte un gain, une économie, ou un avantage indu à son auteur* » (Moncuit de Boiscuillé, 2020, p. 268). Au regard du résultat lucratif de l'acte de concurrence déloyale et parasitaire, il serait utile de consacrer clairement des dommages et intérêts restitutoires qui sont complémentaires des dommages-intérêts compensatoires. Cela est possible en assurant pour la victime un droit d'option entre le principe de réparation intégrale du préjudice et le principe de restitution intégrale des profits illicites (Moncuit de Boiscuillé, 2021). Cette consécration d'un principe de restitution intégrale en complément du principe de réparation intégrale limiterait la pratique clandestine des juges du fond qui, sous le manteau de leur appréciation souveraine, gonflent les dommages-intérêts (Carval, 1995). Elle est aussi souhaitable pour renforcer l'attractivité et l'efficacité des actions en dommages et intérêts.

Bibliographie

Carval (S.), *La responsabilité civile dans sa fonction de peine privée*, Paris, LGDJ, 1995

Decocq (G.), « Concurrence déloyale et parasitisme : deux régimes autonomes ? », *RJ com.* 2010, étude 88

Kerguelen (E.), Fourgoux (J.-L.), Djavadi (L.), *Les pratiques commerciales déloyales*, Paris, Concurrences, 2022

Legeais (D.), « Concurrence déloyale et parasitaire », *JCl. Com.*, fasc. 254, 2021

Malaurie-Vignal (M.), *Droit de la concurrence interne et européen*, 8e éd., Paris, Sirey, 2019

Moncuit de Boiscuillé (G. de) « La réparation et l'évaluation du préjudice tiré d'un acte de concurrence déloyale », actes du colloque « Concurrence déloyale, une nouvelle arme dans la concurrence », *RLC* 2021/111, 4170, p. 37

Moncuit de Boiscuillé (G. de), *La faute lucrative en droit de la concurrence*, Paris, Concurrences, 2020

Picod (Y.), Auguet (Y.) et Dorandeu (N.), *Rép. com. Dalloz*, v° Concurrence déloyale, 2022, nos 140-233

Picod (Y.), Auguet (Y.) et Dorandeu (N.), *Rép. com. Dalloz*, v° Concurrence déloyale, 2010, n° 195 et s.

Roubier (P.), *Le droit de la propriété industrielle*, t. 1, Paris, Librairie du Recueil Sirey, 1952

Roubier (P.), « Théorie générale de l'action en concurrence déloyale », *RTD com.* 1948, p. 541

Serra (Y.), « Concurrence interdite – Concurrence déloyale et parasitisme », *D.* 2014, p. 2488

Voir aussi

Parasitisme

C

CONCURRENCE INTERMARQUES

Gilbert PARLEANI
APG Avocats

■ Premier aperçu

L'expression « concurrence intermarques » (entre les marques) est utilisée pour désigner la situation dans laquelle la concurrence a lieu entre des opérateurs qui proposent à la clientèle des produits différenciés en recourant, pour ce faire, à des marques ou signes distinctifs.

Elle s'oppose à la concurrence intramarque (à l'intérieur de la marque), correspondant quant à elle à la concurrence entre des distributeurs de produits de même marque, notamment à l'intérieur d'un réseau de distributeurs.

Ainsi les lignes directrices sur les restrictions verticales (ci-après « LD verticales ») évoquent-elles successivement, parmi les effets négatifs de celles-ci, la réduction de la concurrence intermarques, identifiée à l'« *atténuation de la concurrence entre le fournisseur et ses concurrents et/ou facilitation de la collusion entre fournisseurs* » et l'hypothèse symétrique de la concurrence intramarque, pour laquelle les effets se manifestent dans la concurrence entre l'acheteur et ses concurrents (pt 100). L'appréciation de ces pratiques s'effectue à partir de l'examen de leur incidence sur la concurrence intermarques et sur la concurrence intramarque.

La concurrence intermarques se développe désormais aussi avec la multiplication des marques de distributeurs, qui bénéficient de la notoriété de l'enseigne commerciale qui les crée, pour concurrencer les marques nationales notoires que les magasins continuent à distribuer.

■ Pour aller plus loin

Les droits de marque sont essentiels au système de concurrence non faussée de l'Union européenne. Les entreprises doivent être en mesure de s'attacher la clientèle par la qualité de leurs produits ou de leurs services, et cela n'est possible que grâce à l'existence de signes distinctifs (CJUE, 25 juillet 2018, *Mitsubishi*, aff. C-129/17). La distinctivité relève de l'objet spécifique, ou de l'existence, du droit de marque (CJCE, 17 octobre 1990, *Hag II*, aff. C-10/89). L'existence même d'un droit de marque ne peut être remise en question, car il s'agit d'un monopole légal, mais son exercice peut donner prise aux règles de concurrence (v. CJCE, 18 février 1971, *Sirena*, aff. 40/70, et 8 juin 1971, *Deutsche Grammophon*, aff. 78-70). Les signes distinctifs fondent la concurrence intermarques (ou « *interbrand* »). Mais la nature et l'intensité de la concurrence varient selon les produits et la structure économique du marché (CJUE, 6 décembre 2017, *Coty Germany*, aff. C-230/16). Si une bonne image de marque est *a priori* facteur de concurrence (LD verticales, pt 107), une marque peut conférer un pouvoir de marché, qui peut être utilisé pour affaiblir artificiellement la concurrence des autres marques. Plusieurs procédés ont été examinés par les autorités de concurrence.

Les réseaux de distribution reposent principalement sur l'exploitation de marques notoires. En raison des contraintes uniformes qui pèsent sur les distributeurs, les réseaux affaiblissent généralement la concurrence intramarque (ou à l'intérieur d'une même marque), mais ils peuvent en contrepoint favoriser la concurrence intermarques (v. CJCE, 13 juillet 1966, *Consten et Grundig*, aff. jtes 56 et 58-64). Ils permettent d'offrir à la clientèle un meilleur service sur les produits contractuels, tant que le réseau ne détient pas de pouvoir de marché excessif. C'est pour cette raison que le règlement d'exemption (CE) n° 330/2010 sur les restrictions verticales fixe un seuil de 30 % de part de marché au-delà duquel l'exemption n'est plus automatique.

Les réseaux de distribution sélective ne sont pas en tant que tels restrictifs de concurrence si les critères sont objectifs, uniformes et non discriminatoires, mais peuvent le devenir si leur conception va au-delà de ce qui est nécessaire pour garantir à la clientèle un service correspondant à la nature des produits (technicité, v. p. ex. CJCE, 22 octobre 1986, *Metro*, aff. 75/84 ; ou « aura » spécifique du luxe, TPICE, 12 décembre 1996, *Leclerc c/ Givenchy*, aff. T-88/92, et *Coty Germany*, préc.). La préservation d'une simple « *image de marque* » ne justifierait pas un réseau fermé de distributeurs (CJUE, 13 octobre 2011, *Pierre Fabre Dermo-Cosmétique*, aff. C-439/09 ; LD verticales, pt 100). Mais l'image peut être préservée indirectement, par la validation des clauses objectives et uniformes, et par celles qui interdisent la revente des produits à des opérateurs dévalorisants (soldeurs, v. p. ex. CJCE, 23 avril 2009, *Copad-Dior*, aff. C-59/08, ou certaines plateformes, CJUE, 12 juillet 2011, *L'Oréal-eBay*, aff. C-324/09). Les clauses d'assortiment peuvent limiter à une seule catégorie de marques la concurrence intermarques (luxe ou très haute technicité) à l'intérieur du réseau. Mais n'autoriser que certains concurrents et pas d'autres pourrait dans certains cas constituer un boycottage collectif illicite (LD verticales, pt 69).

Les réseaux monomarques présentent plus de dangers pour la concurrence s'ils reposent sur une marque dominante, conférant un pouvoir de marché en raison de la fidélité de la clientèle. Un réseau qui dépasse 30 % de part de marché (règl. (CE) n° 330/2010 sur les restrictions verticales) peut être de nature à créer une barrière à l'entrée sur le marché. Les concurrents doivent alors engager des investissements publicitaires importants avec un risque d'échec, et donc de « *coûts échoués* » (LD verticales, pt 61). On voit ainsi des entreprises titulaires de marques fidélisantes investir des sommes considérables en publicité, pour déterminer à leur profit les décisions des consommateurs, et devenir prescripteurs de la demande (v. Comm. CE, déc. du 11 septembre 1997, *Coca-Cola*, aff. IV/M.833 et la notion de filière inversée de J. K. Galbraith).

Tout dépend du marché. Un marché mature, et peu innovant, favorise les marques anciennes notoires et fidélisantes, tandis qu'un marché nouveau, innovant, est souvent plus perméable à l'arrivée de nouveaux entrants.

Mais la concurrence intermarques ne se résume pas à la concurrence entre réseaux de distribution.

La concurrence intermarques peut être restreinte par des accords entre titulaires. C'est le cas avec les accords de délimitation de marques, par lesquels des entreprises titulaires de marques identiques ou semblables (avec risque de confusion ou non) se partagent des clientèles ou des territoires. Ces ententes constituent au fond des renonciations à la concurrence naturelle. Elles sont pour cela suspectes. Si elles visent au cloisonnement du marché, elles sont *a priori* illicites, mais non si elles visent à éviter le risque de confusion, car la distinctivité est un élément essentiel de la valeur proconcurrentielle d'une marque (v. CJCE, 20 juin 1978, *Tepea*, aff. C-28/77, et 30 janvier 1985, *BAT*, aff. 35/83).

La concurrence intermarques peut encore être restreinte par une entreprise qui abuserait de sa position dominante. La détention d'un vaste portefeuille de marques sur un même marché peut créer une domination. Mais une position dominante multimarque sur un même marché peut être légitime si elle est acquise par les mérites. Les abus surviennent soit en cas d'abus dans l'exploitation même de la marque (obligation de l'utiliser même en dehors des services offerts par l'entreprise, CJCE, 16 juillet 2009, *Der Grüne Punkt*, aff. C-385/07 P), soit en cas d'acquisition d'une nouvelle marque sur un même marché, pour créer des barrières, par exemple avec un « buisson » de marques, soit encore au moyen de marques de réserve ou de blocage, qui bloquent la concurrence intermarques potentielle (v. les centaines de marques déposées pour la coupe du monde de football 2000, BGH, 27 avril 2006). On peut obliger l'entreprise à renoncer à une ou à plusieurs de ses marques au profit de concurrents, pour rétablir la concurrence intermarques.

Des concentrations restrictives peuvent encore se réaliser par la simple acquisition de ces actifs que sont les marques. On peut alors imposer des cessions de marques (au besoin par engagements, v. p. ex., Aut. conc., déc. n° 18-DCC-95 du 14 juin 2018 ou n° 19-DCC-15 du 29 janvier 2019 ; v., pour un conglomérat de plusieurs marques incontournables, Aut. conc., déc. n° 17-DCC-12 du 31 janvier 2017, et CE, 6 février 2004, *Moulinex*, n° 249267). On a vu des entreprises dominantes, après avoir été obligées de céder une marque dans une procédure de concentration, détourner l'attractivité de la marque cédée vers une marque toujours détenue, privant d'effet le renforcement escompté de la concurrence intermarques (v. Aut. conc., déc. n° 12-D-15 du 9 juillet 2012).

Bibliographie

Azéma (J.) et Galloux (J. Ch.), *Droit de la propriété industrielle*, 8e éd., Paris, Dalloz, 2017, n° 1734 et s.

Gavalda (Ch.), Parleani (G.) et Lecourt (B.), *Droit des affaires de l'Union européenne*, 8e éd., Paris, LexisNexis, 2019, n° 870 et s.

Vogel (L.), *Droit européen des affaires*, 3e éd., Paris, LawLex / Bruxelles, Bruylant, 2020, n° 700 et s.

Comm. eur., Lignes directrices sur les restrictions verticales, *JOUE* n° C 130 du 19 mai 2010, p. 1

Règlement (UE) n° 330/2010 de la Commission du 20 avril 2010 concernant l'application de l'article 101, paragraphe 3, du traité sur le fonctionnement de l'Union européenne à des catégories d'accords verticaux et de pratiques concertées, *JOUE* n° L 102 du 23 avril 2010, p. 1

Voir aussi

Concurrence intramarque

CONCURRENT POTENTIEL

Paul CSISZAR
Commission européenne – DG concurrence

Premier aperçu

L'élimination ou la réduction substantielle de la concurrence potentielle peut être aussi néfaste que l'élimination de la concurrence réelle, déjà existante, entre rivaux. Les accords qui restreignent la concurrence, non seulement entre les concurrents réels, mais aussi entre les concurrents potentiels, sont généralement interdits par les lois antitrust, et le comportement unilatéral des entreprises disposant d'un pouvoir de marché important qui exclut les rivaux potentiels peut également être considéré comme anticoncurrentiel, tout comme l'exclusion ou l'augmentation des coûts des rivaux réels. En outre, une fusion avec un concurrent potentiel, ou une fusion qui rend l'expansion des concurrents potentiels plus difficile, peut avoir des effets anticoncurrentiels similaires à ceux des fusions entre concurrents directs qui sont déjà actifs sur le même marché.

Pour aller plus loin

Un concurrent potentiel, bien qu'il ne soit pas encore actif sur le marché en cause, peut déjà exercer une certaine contrainte concurrentielle, ou il le fera probablement dans un avenir prévisible, et la perte de cette contrainte pourrait entraîner des effets anticoncurrentiels. La question de savoir s'il existe une concurrence potentielle qui devrait être préservée dans un cas donné est souvent difficile et doit toujours être examinée à la lumière de la structure du marché spécifique et du contexte économique et juridique dans lequel il fonctionne (v., p. ex., CJUE, 30 janvier 2020, *Generics (UK) e.a. c/ Competition and Markets Authority* (*Paroxétine*), aff. C-307/18).

La perte de concurrence potentielle présuppose que les parties à un accord ou à une fusion sont au moins des concurrents potentiels. La Cour de justice de l'Union européenne a déclaré dans l'affaire *Paroxétine* que pour être considérée comme un concurrent potentiel, l'entreprise ne doit pas être confrontée à des barrières à l'entrée insurmontables ; elle doit avoir des possibilités réelles et concrètes de rejoindre le marché en cause et de concurrencer une ou plusieurs des entreprises déjà en concurrence sur ce marché (*Generics (UK)*, p. 44 et 45) La perception de l'opérateur établi sur un marché fait également partie des facteurs pertinents à prendre en considération. Si une autre entreprise est perçue comme un entrant potentiel par cet opérateur, alors ce fait en lui-même peut, du fait que cette perception existe, déjà donner lieu à une pression concurrentielle sur l'opérateur qui est établi sur ce marché (*Generics (UK)*, p. 42).

Dans l'affaire *Paroxétine*, la CJUE a jugé qu'en vertu de l'article 101, paragraphe 1, TFUE, une société pharmaceutique de princeps qui est titulaire d'un brevet de procédé de fabrication pour un principe actif qui est déjà dans le domaine public, d'une part, et les fabricants de médicaments génériques qui se préparent à entrer sur le marché du médicament contenant ce principe actif, d'autre part, et qui sont en litige sur la question de savoir si ce brevet est valide ou si les médicaments génériques concernés portent atteinte à ce brevet, sont des concurrents potentiels au sens de l'article 101 TFUE, à condition que le fabricant de médicaments génériques ait effectivement la ferme intention et la capacité intrinsèque d'entrer sur le marché et qu'il ne soit pas confronté à des barrières à l'entrée insurmontables. La Cour a en outre relevé que l'existence du brevet sur le procédé de fabrication du principe actif ne peut pas, en tant que telle, être considérée comme une barrière insurmontable à l'entrée, et que la réalité du litige entre les parties sur le brevet, en particulier lorsqu'il fait l'objet d'une procédure judiciaire, est la preuve d'une relation concurrentielle potentielle déjà existante entre elles (*Generics (UK)*, p. 46 et 52).

Des tests similaires d'identification de concurrents potentiels se retrouvent dans les *soft laws* de plusieurs autorités de concurrence. Dans le contexte des collaborations entre concurrents, par exemple, la FTC et le DOJ considèrent une entreprise comme un concurrent potentiel et, par conséquent, la traitent de la même manière qu'un concurrent réel aux fins de l'évaluation des collaborations entre eux, s'il existe des preuves que l'entrée de cette entreprise est raisonnablement probable en l'absence de l'accord de collaboration en question, ou que les décisions importantes sur le plan de la concurrence prises par les concurrents réels sont limitées par la crainte qu'un comportement anticoncurrentiel n'incite l'entreprise à entrer.

La DG concurrence, dans le contexte des accords de transfert de technologie, considère une entreprise comme un concurrent potentiel (et la traite comme un concurrent réel) s'il est probable, en l'absence de l'accord de transfert de technologie, que l'entreprise entreprenne les investissements supplémentaires nécessaires pour entrer sur le marché concerné en réponse à une augmentation légère mais permanente des prix des produits. Une telle entrée est plus probable si le preneur de licence possède des actifs qui peuvent facilement être utilisés pour entrer sur le marché sans supporter de coûts irrécupérables importants ou s'il a déjà élaboré des plans, ou commencé à investir, pour entrer sur le marché.

Dans le cadre de l'examen d'une fusion, une fusion avec un concurrent potentiel pourrait être problématique si le concurrent potentiel possède de tels actifs ou si le partenaire de la fusion est très susceptible d'engager les coûts irrécupérables nécessaires pour entrer sur le marché dans un laps de temps relativement court, après quoi cette entreprise limiterait le comportement des entreprises actuellement actives sur le marché. Pour évaluer le degré des effets anticoncurrentiels de la fusion, il convient d'identifier tous les concurrents potentiels en plus des concurrents réels. Pour qu'une fusion avec un concurrent potentiel ait des effets anticoncurrentiels significatifs, deux conditions fondamentales doivent être remplies selon les lignes directrices horizontales de la Commission : (i) le concurrent potentiel doit déjà exercer une influence contraignante significative ou il doit y avoir une probabilité significative qu'il devienne une force concurrentielle effective, et (ii) il ne doit pas y avoir un nombre suffisant de concurrents potentiels, qui pourraient maintenir une pression concurrentielle suffisante après la fusion.

La doctrine de la concurrence potentielle remonte au Clayton Act et l'on dit qu'elle a connu des temps difficiles au cours des dernières décennies en raison de l'examen économique rigoureux et des normes de preuve élevées établis par certains tribunaux. Aujourd'hui, cependant, face à des marchés oligopolistiques avec des barrières à l'entrée élevées, il est important de se concentrer davantage sur la préservation de la concurrence dynamique en sauvegardant la concurrence potentielle, la concurrence en matière d'innovation et d'autres aspects de la concurrence future. L'importance de la doctrine de la concurrence potentielle augmente également, car les autorités de concurrence sont encouragées à examiner de plus près les acquisitions dites « meurtrières » (« *killer acquisitions* ») des grandes entreprises technologiques et pharmaceutiques.

Bibliographie

Cunningham (C.), Ederer (F.) et Ma (S.), « Killer Acquisitions », *Journal of Political Economy*, 2021, vol. 129, n° 3, p. 649

FTC et DOJ, « Antitrust Guidelines for Collaborations Among Competitors », avril 2000

FTC et DOJ, « Horizontal Merger Guidelines », publié le 2 avril 1992, révisé le 8 avril 1997, pt 1.32

Glick (M.) et Ruetschlin (C.), « Big Tech Acquisitions and the Potential Competition Doctrine: The Case of Facebook », Institute for New Economic Thinking, *Working Paper* n° 104, octobre 2019

Sullivan (L.), Grimes (W.) et Sagers (Ch.), *The Law of Antitrust: An Integrated Handbook*, 3e éd., Saint Paul, West Academic Publishing, 2016

Communication de la Commission, Lignes directrices concernant l'application de l'article 101 du traité sur le fonctionnement de l'Union européenne à des catégories d'accords de transfert de technologie, *JOUE* n° C 89, 28 mars 2014, p. 3, pt 31

Comm. CE, Lignes directrices sur l'appréciation des concentrations horizontales au regard du règlement du Conseil relatif au contrôle des concentrations entre entreprises, *JOUE* n° C 31 du 5 février 2004, p. 5, pts 58-60

CONDITIONS DE VENTE

Catherine ROBIN
Alerion

Premier aperçu

Les conditions de vente désignent l'ensemble des conditions et modalités selon lesquelles un producteur, un prestataire de services, un grossiste ou un importateur offre de vendre des produits ou de fournir des services à des clients professionnels ou consommateurs.

Le droit français distingue les conditions de vente entre professionnels et les conditions de vente entre un professionnel et les consommateurs.

Lorsqu'elles sont « générales », les conditions de vente définissent le cadre juridique dans lequel le vendeur ou le prestataire de services entend placer sa relation avec les clients. Les conditions générales de vente peuvent également être rédigées par catégorie d'acheteurs. Les conditions « particulières » de vente sont celles qui sont négociées avec un acheteur déterminé.

Entre professionnels, les conditions générales de vente participent, avec la facture, à la transparence dans la relation commerciale instaurée par l'ordonnance n° 86-1243 du 1er décembre 1986 relative à la liberté des prix et de la concurrence. Le code de commerce fixe le contenu obligatoire des conditions générales de vente, prévoit une obligation de communication et le principe selon lequel elles constituent le socle de la négociation commerciale (art. L. 441-1 C. com.) et sont sanctionnées par des amendes administratives (art. L. 441-16 ; L. 441-1 IV ; L. 441-6 C. com.).

Les conditions générales de vente sont opposables à l'acheteur si elles ont été portées à sa connaissance et acceptées par lui. Le vendeur doit être en mesure d'en apporter la preuve. Cette règle de base du droit des obligations a été rappelée par une jurisprudence constante (CA Versailles, 3 mai 2016, RG 15/02478, *AJCA* 2016, p. 343 ; Cass. 1re civ., 11 mars 2014, n° 12-28.304, *AJCA* 2014, p. 79). Elle a été insérée dans le code civil lors de la réforme du droit des obligations de 2016 (ord. n° 2016-131 du 10 février 2016), à l'article 1119, alinéa 1, qui dispose : « *Les conditions générales invoquées par une partie n'ont effet à l'égard de l'autre que si elles ont été portées à la connaissance de celle-ci et si elle les a acceptées.* »

■ Pour aller plus loin

Mentions minimales obligatoires (art. L. 441-1 C. com.)

Les conditions générales de vente mentionnent les conditions de règlement, les conditions d'application et le taux d'intérêt des pénalités de retard ainsi que l'indemnité forfaitaire pour frais de recouvrement due au créancier dans le cas où les sommes dues sont réglées après la date prévue : ces mentions sont par ailleurs strictement encadrées par les dispositions de l'article L. 441-10, qui imposent un taux des pénalités de retard qui ne peut pas être inférieur à trois fois le taux de l'intérêt légal et une indemnité forfaitaire fixée à 40 euros (art. D. 441-5 C. com.). Si un escompte est proposé à l'ensemble des acheteurs, il doit également être mentionné. Il est recommandé de mentionner le délai de paiement même si la loi ne l'impose pas (maximum de soixante jours ; art. L. 441-10 C. com.). Les modes de paiement peuvent également être indiqués.

Le mode de détermination du prix doit être précisé et, lorsqu'il est possible de l'établir, le barème des prix unitaires fait partie des conditions générales de vente. Les réductions de prix (ristourne de fin d'année, ristourne quantitative, remise logistique, etc.) qui sont habituellement consenties par l'entreprise font également partie intégrante des conditions générales de vente lorsqu'elles existent.

Les conditions générales fixent les conditions juridiques de la vente ou de la prestation de services, même si elles ne sont pas expressément citées par le code de commerce. Il s'agit généralement des conditions de passation de commande, livraison, garantie, responsabilité, transfert de propriété, loi applicable, juridiction compétente en cas de litige, etc.

Le prestataire de services est tenu de respecter une obligation d'information renforcée (art. L. 441-2 C. com.), calquée sur l'information due aux consommateurs, dans la mesure où ses conditions générales doivent mentionner ses coordonnées, les informations concernant son activité et les autres conditions contractuelles telles que définies à l'article L. 111-2 du code de la consommation.

Le défaut de mention des pénalités de retard, de leurs conditions d'application et de l'indemnité de 40 euros est passible d'une amende administrative d'un montant maximum de 75 000 euros (personne physique) ou 375 000 euros (personne morale ; art. L. 441-16 b C. com.), ces montants étant doublés en cas de réitération dans les deux ans.

Conditions générales de vente par catégorie

L'entreprise a la faculté de différencier ses conditions générales de vente en fonction de la catégorie d'acheteurs à laquelle elles s'adressent (art. L. 441-1 C. com.). La différenciation par catégorie a été mise en place en 2005 (L. n° 2005-882 du 2 août 2005 en faveur des PME) lorsque les pratiques discriminatoires étaient prohibées, afin d'insérer une marge de souplesse dans la négociation. L'intérêt de disposer de conditions de vente par catégorie a décliné avec l'abolition de l'interdiction des pratiques discriminatoires. La pratique conserve néanmoins son intérêt en matière de communication (v. ci-dessous), ou pour mener des négociations tarifaires différenciées, ou encore face au retour de l'interdiction *per se* des pratiques discriminatoires en matière de vente de produits alimentaires et de produits destinés à l'alimentation des animaux de compagnie (art. L. 442-1 4° C. com). L'entreprise peut disposer de plusieurs jeux de conditions générales de vente en fonction des catégories de clients qu'elle a déterminées en appliquant des critères objectifs. Les différences peuvent concerner toutes les mentions, ou uniquement celles relatives aux prix et aux réductions de prix.

Obligation de communication

La communication des conditions générales de vente est mise à la charge de l'entreprise de deux manières différentes.

La première concerne son obligation de les communiquer, dans leur intégralité (conditions juridiques, conditions de règlement, prix et réductions de prix) à tout acheteur qui lui en fait la demande pour son activité professionnelle. L'obligation porte uniquement sur les conditions de la catégorie à laquelle appartient le demandeur. Le fournisseur peut refuser de communiquer les conditions de vente d'une catégorie, auquel cas il doit justifier, selon des critères objectifs, que le demandeur n'appartient pas à cette catégorie (Cass. com., 29 mars 2017, n° 15-27.811 ; *Contrats, conc., consom.* 2017, comm. 125, M. Malaurie-Vignal). La communication est effectuée « *par tout moyen constituant un support durable* », lequel est défini comme étant « *tout instrument permettant au consommateur ou au professionnel de stocker des informations qui lui sont adressées personnellement d'une manière permettant de s'y reporter ultérieurement pendant un laps de temps adapté aux fins auxquelles les informations sont destinées et qui permet la reproduction à l'identique des informations stockées* » (dir. n° 2011/83/UE du 25 octobre 2011, définition reprise aux art. L. 221-1 et L. 311-1 C. consom.). Le non-respect de cette obligation est passible d'une amende administrative d'un montant maximum de 15 000 euros (personne physique) ou 75 000 euros (personne morale ; art. L. 441-1 IV C. com.).

L'obligation de communiquer les conditions générales de vente est par ailleurs imposée aux fournisseurs tenus de régulariser la convention récapitulative annuelle prévue aux articles L. 441-3 et L. 441-4 du code de commerce dans un délai raisonnable avant la date limite de conclusion de ladite convention

(1er mars) selon la règle commune, avant le 1er décembre s'agissant des produits de grande consommation. Le non-respect du délai est passible d'une amende administrative d'un montant maximum de 75 000 euros (personne physique) ou 375 000 euros (personne morale ; art. L. 441-6 C. com.), ces montants étant doublés en cas de réitération dans les deux ans.

Conditions générales de vente : socle de la négociation commerciale

Le principe est posé en ces termes à l'article L. 441-1 III du code de commerce : « *Dès lors que les conditions générales de vente sont établies, elles constituent le socle unique de la négociation commerciale.* » Concept non juridiquement identifié, le « socle » a été introduit par la loi n° 2005-882 du 2 août 2005 précitée pour contrer la pratique de la grande distribution tendant à imposer ses conditions générales d'achat lors des négociations annuelles. Insérée dans un texte de portée générale, qui ne se limite pas au secteur de la grande distribution, la notion a vocation à s'appliquer de la manière la plus large, à l'ensemble des professionnels. Si les conditions générales de vente sont le socle de la négociation commerciale, elles n'ont pas une valeur hiérarchique prépondérante. La jurisprudence a, de façon constante, rappelé le principe, désormais entériné par la réforme du droit des obligations (ord. n° 2016-131 du 10 février 2016) à l'article 1119, alinéa 2, du code civil, selon lequel : « *En cas de discordance entre des conditions générales invoquées par l'une et l'autre des parties, les clauses incompatibles sont sans effet.* » Le texte érige les conditions générales de vente en socle de la négociation commerciale, entendu comme le point de départ de celle-ci, pour confirmer le principe de leur négociabilité. Les déviations résultant de la discussion et de la négociation sont possibles. À ce titre, vendeur et acheteur peuvent convenir de conditions particulières de vente (art. L. 441-1 III, al. 2, C. com.). Ces conditions particulières ne sont pas soumises à l'obligation de communication vue ci-dessus. Elles prévalent sur les conditions générales en vertu d'une solution jurisprudentielle constante reprise également à l'article 1119, alinéa 3, du code civil : « *En cas de discordance entre des conditions générales et des conditions particulières, les secondes l'emportent sur les premières.* » Sur l'ordre de prévalence, v. CEPC, avis n° 16-11.

Mentions obligatoires en fonction du secteur d'activité

Les conditions générales de vente concernant les produits alimentaires et les produits destinés à l'alimentation des animaux de compagnie et celles relatives aux produits agricoles doivent comporter les dispositions spécifiques fixées aux articles L. 441-1-1 et L. 443-44 I du code de commerce (mention des indicateurs fixés par les art. L. 631-24, L. 631-24-1 et L. 631-24-3 du C. rur. ; mention des matières premières agricoles selon les dispositions de l'art. L. 441-1-1 C. com.).

Dans le secteur des services de l'intermédiation en ligne, les conditions générales de vente doivent respecter les obligations prévues dans le règlement (UE) 2019/1150 du 20 juin 2019 (art. L. 442-1 III C. com.).

En matière d'environnement, dans le cadre de la responsabilité élargie du producteur, celui-ci est tenu de mentionner le numéro d'identifiant unique garantissant qu'il est adhérent à une filière pour la gestion des déchets (art. R. 541-173 C. envir.).

Les clauses de réserve de propriété, de droit applicable et de juridiction sont également essentielles, surtout dans une relation internationale.

Conditions générales de vente et déséquilibre significatif

Les conditions générales de vente peuvent caractériser un déséquilibre significatif réprimé par l'article L. 442-1 du code de commerce (pour des exemples de clauses ayant été sanctionnées sur ce fondement, cf. « Conditions générales de vente », *DP affaires*, juin 2022, n° 34). La possibilité pour l'acheteur de discuter et d'amender les conditions générales de vente est une manière de limiter ce risque.

Conditions générales de vente et concurrence déloyale

La copie servile des conditions générales de vente d'un concurrent a été jugée comme caractérisant un acte de parasitisme (T. com. Paris, 22 juin 2012, JurisData 2012-034113 ; en sens contraire, CA Paris, 20 mars 2015, RG 14/15400).

Conditions générales de vente et pratiques anticoncurrentielles

Les conditions générales de vente peuvent également caractériser un abus de domination ou une entente anticoncurrentielle sanctionnés tant par le droit interne (art. L. 420-1 et s. C. com.) que par le droit européen (art. 101 et 102 TFUE) si elles sont de nature à restreindre le jeu de la concurrence sur un marché.

Bibliographie

« CGV », *Rép. com. Dalloz*, janvier 2022

« Conditions générales de vente entre professionnels : quelles mentions obligatoires ? », *Bercy infos Entreprises*, 5 août 2020

« Conditions générales de vente et contrats-types », *JCl. Contrats – Distribution*, fasc. 60, 2021

« Conditions générales de vente », *DP affaires*, juin 2022, n° 34

Aronica (Ch.) et Ostojski (D.), « Les conditions générales de vente, un incontournable de la relation commerciale », *AJCA* 2014, p. 165

Chagny (M.) (dir.), *Le Lamy droit économique : concurrence, relations commerciales, distribution, consommation*, Paris, Wolters Kluwer France, 2022

DGCCRF, « Conditions générales de vente », Fiches pratiques pro, juin 2022, https://www.economie.gouv.fr/files/files/directions_services/dgccrf/documentation/fiches_pratiques/fiches/conditions-generales-de-vente.pdf?v=1656337292

Mémento Concurrence Consommation 2022, Levallois-Perret, Éditions Francis Lefebvre, 2021, n° 86100 et s.

Mousseron (P.), Raynard (J.), Seube (J.-B.), *Technique contractuelle*, 5e éd., Levallois, Éditions Francis Lefebvre, 2017

Loi n° 2005-882 du 2 août 2005 en faveur des petites et moyennes entreprises, *JORF* n° 0179 du 3 août 2005

Voir aussi

Abus de position dominante - Déséquilibre significatif - Entente (ou cartel) - Facturation - Pratiques discriminatoires

C

CONFLIT DE JURIDICTIONS

Valérie PIRONON
Université de Nantes

Premier aperçu

Avec l'internationalisation des marchés, le contentieux de la concurrence comporte souvent une dimension internationale. On songe à un accord de répartition des marchés entre des entreprises françaises, anglaises et allemandes. En présence d'une action privée exercée par les victimes de l'entente, devant quelle juridiction l'action peut-elle être portée : le juge français ? allemand ? anglais ? Le demandeur a-t-il le choix ? Peut-il attraire l'ensemble des défendeurs devant la même juridiction ? C'est la question de la compétence internationale directe des juridictions. Elle ne se pose pas uniquement en cas d'action privée contre les membres d'un cartel. Nombre de litiges de concurrence opposent en effet les parties à des contrats de coopération, singulièrement dans les relations verticales.

Lorsque le litige est intégré à l'Union européenne, le règlement (UE) n° 1215/2012, dit « Bruxelles I bis », permet de déterminer la ou les juridictions européennes compétentes en matière civile et commerciale. Tel est le cas des actions visant à obtenir la réparation du préjudice résultant de violations alléguées du droit de la concurrence (CJUE, 23 octobre 2014, *flyLAL-Lithuanian Airlines*, aff. C-302/13). Lorsque les parties ont conclu un accord d'élection de for relevant du règlement Bruxelles I bis, la juridiction choisie dispose d'une compétence exclusive pour trancher le litige (art. 25). En l'absence de clause se rapportant au litige, le demandeur dispose d'une option : soit il peut saisir les juridictions du domicile du défendeur (art. 4), devant lesquelles peuvent être attraits les codéfendeurs (art. 8, para. 1), soit il peut saisir le for du contrat lorsque l'action est contractuelle (art. 7, para. 1) ou le for du délit lorsqu'elle est extracontractuelle (art. 7, para. 2).

Lorsque le défendeur n'est pas domicilié dans l'UE, le juge français saisi d'une telle action vérifiera sa compétence en application de son droit international privé commun (art. 42 et s. CPC, étendus à la compétence internationale du juge français). À cet égard, il est constant que l'applicabilité du droit français de la concurrence ne fait pas obstacle à l'application d'une clause attributive de compétence désignant un juge étranger (Cass. 1re civ., 22 octobre 2008, *Monster Cable*, n° 07-15.823).

Lorsque le litige a été soumis à un juge étranger qui s'est reconnu compétent pour le trancher, la décision prise pourra être amenée à circuler dans d'autres pays en vue de sa reconnaissance ou de son exécution forcée. Lorsque la décision émane d'un État membre de l'UE, le règlement Bruxelles I bis lui permet de circuler sans formalité préalable. Lorsqu'elle émane d'un État tiers, le jugement étranger est reconnu et exécuté en France si le litige présente un lien suffisant avec le for étranger, et si la décision n'est entachée d'aucune fraude et ne contrevient pas à l'ordre public international français (Cass. 1re civ., 20 février 2007, *Cornelissen*, n° 05-14.082).

■ Pour aller plus loin

L'abondant contentieux qui s'est développé dans le champ du droit de la concurrence a mis en avant des questionnements récurrents qui sont loin d'être taris, singulièrement sous l'empire du règlement Bruxelles I bis. La possibilité laissée au demandeur de choisir entre plusieurs fors compétents est parfois interprétée comme une invitation au *forum shopping* dans un contexte de concurrence entre juridictions nationales pour attirer à elles le contentieux. La question est également posée de savoir si le contentieux international de la concurrence n'appelle pas l'adoption de règles spécifiques (il est notable à ce titre que les entraves à la concurrence aient été exclues du champ des conventions de La Haye du 30 juin 2005 sur les accords d'élection de for et du 2 juillet 2019 sur la reconnaissance et l'exécution des jugements étrangers en matière civile ou commerciale).

Choix du défendeur d'ancrage

En présence de codéfendeurs ayant participé à une infraction unique et continue, le demandeur peut choisir de porter son action devant les juridictions du pays où est domicilié l'un d'eux. Sous réserve d'une collusion frauduleuse, cette juridiction conserve sa compétence à l'égard des codéfendeurs même si le demandeur se désiste ultérieurement de son action à l'égard du défendeur d'ancrage (CJUE, 21 mai 2015, *CDC*, aff. C-352/13).

Frontières du contrat et du délit

Lorsque les parties au litige sont unies par des liens contractuels, la question se pose de savoir si l'action en réparation du dommage concurrentiel est contractuelle ou extracontractuelle. Cette question se trouve au cœur d'un contentieux abondant, non stabilisé. Dans un premier temps, la Cour de justice de l'Union européenne a marqué sa préférence pour la qualification contractuelle (CJUE, 13 mars 2014, *Brogsitter*, aff. C-548/12, à propos d'une action en concurrence déloyale ; CJUE, 14 juillet 2016, *Granarolo*, aff. C-196/15, à propos d'une action pour rupture brutale d'une relation commerciale établie). La force d'attraction du contrat n'est toutefois pas sans limite, du moins lorsque le contrat n'est qu'un instrument de violation d'un devoir imposé par la loi. Dans le contentieux des pratiques anticoncurrentielles, la Cour de justice a retenu le caractère délictuel de l'action exercée contre les membres d'un cartel par la société cessionnaire des créances de réparation détenues par les sociétés clientes des cartellistes (*CDC*, préc.). Plus récemment, elle a retenu le caractère délictuel d'une action formée par un hôtelier pour faire cesser certains agissements contractuels mis en œuvre par une plateforme de réservation en ligne, sur une allégation d'abus de position dominante commis par celle-ci (CJUE, 24 novembre 2020, *Wikingerhof GmbH & Co. KG*, aff. C-59/19).

Identification du for du contrat ou du for du délit

La qualification de l'action n'est que la première difficulté. Pour les actions contractuelles, le for du contrat n'est pas déterminé de la même façon pour les contrats de vente, les contrats de fourniture de services et les contrats qui ne peuvent être qualifiés ni de vente ni de fourniture de services. Après avoir hésité, la jurisprudence a admis qu'un contrat de concession était qualifiable de contrat de fourniture de services (CJUE, 19 décembre 2013, *Corman-Collins*, aff. C-9/12). Il n'est pas certain cependant que la même qualification s'applique dans toutes les relations verticales. Quant au for du délit, il s'agit du lieu du fait dommageable. Or celui-ci est fréquemment éclaté dans les litiges de concurrence (série d'actes localisés dans les États A et B ayant occasionné un dommage dans les États A, B, C, D, etc.), ce qui occasionne des difficultés particulières lorsque les juridictions du lieu du dommage sont saisies. D'abord, la localisation du dommage est problématique sur les marchés physiques et électroniques (CJUE, 21 décembre 2016, *Concurrence*, aff. C-618/15 ; CJUE, 29 juillet 2019, *Tibor-Trans*, aff. C-451/18). Ensuite, les juridictions du lieu du dommage ne peuvent se prononcer que sur le dommage subi localement (comp., en cas de dénigrement en ligne, CJUE, 17 octobre 2017, *Bolagsupplysningen*, aff. C-194/16 ; Cass. 1re civ., 13 mai 2020, n° 18-24.850).

Jeu des clauses attributives de juridiction

Destinées à assurer la prévisibilité du for compétent, ces clauses suscitent un abondant contentieux. Une question classique est relative à leur validité en la forme et au fond. La partie la plus sensible du contentieux concerne toutefois l'efficacité de la clause. En l'absence de référence au contentieux de la concurrence, peut-on considérer que la clause s'y rapporte ? Jadis, les juges du fond étaient souverains pour en décider. Aujourd'hui, la Cour exige que le comportement anticoncurrentiel allégué ne soit pas étranger à la relation contractuelle, ce qui suppose parfois une référence explicite au contentieux de la concurrence (comp. *CDC*, préc., et CJUE, 24 octobre 2018, *Apple Sales International*, aff. C-595/17). Pour la mise en œuvre des clauses d'élection de for, aucune distinction n'est faite en revanche suivant que l'action est autonome ou de suivi.

Le développement des actions de groupe, des actions intentées par le cessionnaire d'une créance de réparation ou par le ministre l'Économie en France ouvre aujourd'hui la voie à des questionnements inédits.

Bibliographie

Azzi (T.), « Compétence juridictionnelle en matière de cyber-délits : l'incontestable déclin du critère de l'accessibilité (à propos de plusieurs arrêts récents) », *Rev. crit. DIP* 2020, p. 695

Basedow (J.), Franck (S.) et Idot (L.) (dir.), *International Antitrust Litigation: Conflict of Laws and Coordination*, Oxford, Hart Publishing, 2012

Bernardeau (L.), « Droit international privé et droit de la concurrence », in *Droit international privé : années 2016-2017, 2017-2018*, Paris, Pedone, 2019, p. 121

Chagny (M.) et Pironon (V.), « Les recours collectifs en droit du marché », in *Mélanges en l'honneur du professeur Bernard Audit : les relations privées internationales*, Paris, LGDJ-Lextenso, 2014, p. 203

Dumarçay (M.), « La clause attributive de juridiction à la croisée des actions en réparation pour violation du droit de la concurrence », *LPA* 24 mai 2019, n° 144q1, p. 80

Gaudemet-Tallon (H.), Niboyet (M.-L.), Wilderspin (M.) et Nuyts (A.), « Au-delà du Livre blanc. La dimension internationale des actions en réparation », 4e table ronde in « Colloque : Le livre blanc sur les actions en dommages et intérêts pour infraction aux règles communautaires sur les ententes et les abus de position dominante (Paris, 13 juin 2008) », *Concurrences* n° 2-2009, art. n° 25907, p. 58

Idot (L.), « The international aspects of private enforcement after the Directive 2014/104/EU: Gaps in the EU system and competition between national laws? », *Concurrences* n° 2-2017, art. n° 83833, www.concurrences.com

Idot (L.), « Les actions collectives en droit de la concurrence : Aspects de droit international privé et européen », *Concurrences* n° 1-2016, art. n° 77365, p. 61

Idot (L.), « Droit antitrust : de l'illustration des limites de la nouvelle directive 2014/104/UE sur les actions en réparation », *Europe* 2015, focus 1

Idot (L.), « La dimension internationale des actions en réparation. Choisir sa loi et son juge : Quelles possibilités ? », *Concurrences* n° 3-2014, art. n° 67552, p. 43

Idot (L.), « Private enforcement 2013 : Entre actions de contournement et forum shopping », in « Private enforcement : La vague viendra-t-elle de Bruxelles, de Londres, de Paris ou d'ailleurs ? (*New Frontiers of Antitrust, Paris, 22 février 2013*) », *Concurrences* n° 2-2013, art. n° 51684, p. 41

Nourissat (C.), « Actions indemnitaires en droit des pratiques anticoncurrentielles : quelques enseignements procéduraux récents », *RLC* 2019/85, 3616

Pironon (V.), « Droit international privé et concurrence », in *Le Lamy droit économique : concurrence, relations commerciales, distribution, consommation*, M. Chagny (dir.), Paris, Wolters Kluwer France, 2021, chap. 137

Pironon (V.), « Les aspects internationaux : le choix de la loi et du juge », *AJCA* 2014, p. 268

PIRONON (V.), « Dits et non-dits sur la méthode de la focalisation dans le contentieux - contractuel et délictuel - du commerce électronique », *JDI* 2011, var. n° 4, p. 915

POILLOT-PERUZZETTO (S.), « Conflits de lois et conflits de compétence pour les actions privées fondées sur les atteintes aux règles communautaires de concurrence », *RLC* 2009/18, p. 104

ROTH (P.), « A British perspective : EU antitrust law and international damages actions », *Concurrences* n° 1-2017, art. n° 83482, p. 243

Règlement (UE) n° 1215/2012 du Parlement européen et du Conseil du 12 décembre 2012 concernant la compétence judiciaire, la reconnaissance et l'exécution des décisions en matière civile et commerciale (refonte), *JOUE* n° L 351, du 20 décembre 2012, p. 1

C

CONSEILLER AUDITEUR

Jean-Pierre BONTHOUX
Cour d'appel de Paris

■ Premier aperçu

Le conseiller auditeur a été instauré auprès de l'Autorité de la concurrence par la loi n° 2008-776 du 4 août 2008, dite de « modernisation de l'économie ». Ce poste porte le même intitulé que celui de la décision du 13 octobre 2011 du président de la Commission européenne relative à la fonction et au mandat du conseiller-auditeur dans certaines procédures de concurrence.

Sa mission, définie par l'article L. 461-4 du code de commerce, est d'améliorer l'exercice de leurs droits par les parties. Ainsi, « *[u]n conseiller auditeur possédant la qualité de magistrat ou offrant des garanties d'indépendance et d'expertise équivalentes est nommé par arrêté du ministre chargé de l'économie après avis du collège. Il recueille, le cas échéant, les observations des parties mises en cause et saisissantes sur le déroulement des procédures les concernant dès l'envoi de la notification des griefs. Il transmet au président de l'Autorité un rapport évaluant ces observations et proposant, si nécessaire, tout acte permettant d'améliorer l'exercice de leurs droits par les parties. Les modalités d'intervention du conseiller auditeur sont précisées par décret en Conseil d'État.* »

■ Pour aller plus loin

Contrairement à ses homologues communautaires, le conseiller auditeur français ne dispose pas de pouvoir décisionnel. Le législateur l'a cependant doté de différents pouvoirs d'avis qui lui permettent d'intervenir aux divers stades de la procédure devant les organes de l'Autorité de la concurrence et ainsi d'être à même d'assurer la mission de vigilance dans la protection des droits des parties qui lui a été confiée.

Ainsi, l'article R. 461-9 II, deuxième alinéa, du code de commerce rappelle la mission du conseiller auditeur, dans des termes identiques à ceux de la loi : « *Les parties mises en cause et saisissantes peuvent présenter des observations au conseiller auditeur sur le déroulement de la procédure d'instruction les concernant dans les affaires donnant lieu à une notification de griefs, pour des faits ou des actes intervenus à compter de la réception de la notification de griefs et jusqu'à la réception de la convocation à la séance de l'Autorité* ». Le conseiller auditeur « *peut également appeler l'attention du rapporteur général sur le bon déroulement de la procédure, s'il estime qu'une affaire soulève une question relative au respect des droits des parties* ». Si son domaine d'intervention semble très étroitement circonscrit dans le temps et l'objet aux seuls actes intervenus entre la notification de griefs et la réception de la convocation à la séance de l'Autorité, le conseiller auditeur peut, à l'occasion de cette saisine ou d'initiative, appeler l'attention des organes de l'Autorité sur toute question relative au respect des droits des parties à tous les stades de la procédure.

À cette fin, l'article R. 461-9 II, troisième alinéa, dispose que le conseiller auditeur « *recueille, le cas échéant, les observations complémentaires des parties ainsi que celles du rapporteur général sur le déroulement de la procédure* ». Ces observations peuvent venir compléter les observations principales prévues à l'article L. 461-4 du code de commerce. Cette disposition conduit à l'instauration d'un dialogue entre le conseiller auditeur, les parties saisissantes et le rapporteur général. Ce dialogue doit lui permettre de remplir au mieux sa mission de médiation dans un esprit constructif.

L'article R. 461-9 II, troisième alinéa, précise que le conseiller auditeur « *peut proposer des mesures destinées à améliorer l'exercice de leurs droits par les parties* ». Les propositions du conseiller auditeur, en général concrètes et pragmatiques, sont destinées à orienter les décisions du rapporteur général.

Une fois les observations recueillies, le conseiller auditeur « *transmet au président de l'Autorité un rapport évaluant ces observations* ». Il peut proposer tout acte « *permettant d'améliorer l'exercice de leurs droits par les parties* » (art. L. 461-4, al. 4, C. com.). Copie de ce rapport est remis au président de l'Autorité dix jours ouvrés avant la séance et doit être adressée « *au rapporteur général et aux parties concernées* » (art. R. 461-9 II, al. 4, C. com).

Le II de l'article R. 461-9, cinquième alinéa, dispose que « *[l]e président de l'Autorité de la concurrence peut inviter le conseiller auditeur à assister à la séance et à y présenter son rapport* ».

Par ailleurs, le III de l'article R. 461-9 prévoit que « *[p]our l'exercice de ses fonctions, le conseiller auditeur bénéficie du concours des services d'instruction de l'Autorité. Il est habilité à demander la communication des pièces du dossier dont il est saisi auprès du rapporteur général de l'Autorité. La confidentialité des documents et le secret des affaires ne lui sont pas opposables* ».

Afin d'assurer la pleine efficacité de sa mission, le conseiller auditeur, soumis au secret professionnel, a accès à tous les éléments des dossiers, sans qu'il puisse se voir opposer la confidentialité ou le secret des affaires.

Enfin « *[l]e conseiller auditeur remet chaque année au président de l'Autorité un rapport sur son activité* » (art. R. 461-9 IV C. com.). Ce rapport est joint au rapport public annuel de l'Autorité de la concurrence. Il est consultable sur le site de l'Autorité.

Depuis la création de la fonction, le conseiller auditeur a été saisi d'une trentaine de dossiers. Ces avis sont systématiquement visés dans les décisions de l'Autorité dans lesquelles ils sont intervenus et dans les décisions juridictionnelles subséquentes le cas échéant.

Bibliographie

Wils (W.), Jourdan (J.), « Wouter Wils: Looking back at his experience as Hearing Officer for competition proceedings at the European Commission », *Concurrences* n° 2-2022, art. n° 106122, pp. 14-20

Loi n° 2008-776 du 4 août 2008, *JORF* n° 0181 du 5 août 2008

CONSORTIUM

Mélanie THILL-TAYARA
Dechert

■ Premier aperçu

Un consortium est un groupement momentané entre deux ou plusieurs entreprises qui mettent en commun leurs ressources dans l'objectif de réaliser une opération commune déterminée (Chenut, 2003). Les consortiums formés entre entreprises concurrentes relèvent des accords de coopération horizontale en droit de la concurrence et doivent donc être appréciés sur le fondement de l'article 101 TFUE (lignes directrices sur l'applicabilité de l'article 101 du traité sur le fonctionnement de l'Union européenne aux accords de coopération horizontale, para. 237).

En ce qu'il comporte un élément de rationalisation économique, un consortium entre entreprises concurrentes peut prétendre au bénéfice de différents régimes d'exemption par catégorie. Les consortiums portant sur des coopérations en matière de recherches et développement ou sur la spécialisation de la production pourraient ainsi respectivement entrer dans le champ des règlements (UE) n° 1217/2010 et n° 1218/2010 sous réserve de remplir les conditions posées par ces textes. Le règlement (CE) n° 906/2009 instaure par ailleurs un régime d'exemption spécifique aux consortiums de compagnies maritimes de ligne assurant des services de transport internationaux de marchandises.

En pratique, les appels d'offres sont un domaine dans lequel les consortiums visant à proposer une offre conjointe sont fréquents. À cet égard, la constitution d'un consortium ou groupement momentané d'entreprises en vue de répondre à un appel d'offres n'est pas interdite en soi, la Commission européenne admettant qu'une offre commerciale conjointe puisse constituer un choix légitime tenant aux conditions spécifiques de la procédure d'appel d'offres, voire nécessaire lorsque les opérateurs ne peuvent pas remplir les critères de sélection à titre individuel ou peuvent avoir de meilleures chances d'emporter le marché qu'en soumissionnant individuellement. En dehors de ces cas, la présentation d'une offre conjointe peut, dans certaines circonstances, constituer un indice de collusion (communication du 18 mars 2021 sur les outils de lutte contre la collusion dans les marchés publics et orientations sur la manière d'appréhender le motif d'exclusion y relatif, p. 26). En France, l'Autorité de la concurrence admet également la constitution de consortiums de soumissionnaires en présence d'une justification économique ou technique (déc. n° 22-D-04 du 2 février 2022). Un raisonnement plus strict est toutefois suivi par d'autres autorités de concurrence comme au Danemark, en Suède ou encore en Norvège, où les consortiums de soumissionnaires sont considérés comme des restrictions de concurrence par objet lorsqu'il est établi que les membres auraient pu soumissionner individuellement (déc. de la Cour suprême danoise du 27 novembre 2019, *LFK/Eurostar*, aff. 191/2018 et déc. de la Cour suprême norvégienne du 22 juin 2017, *Ski Taxi SA, Follo Taxi SA and Ski Follo Taxidrift AS*, aff. HR-2017-1229-A ; déc. de la Cour de Stockholm du 21 janvier 2014, *Däckia et Euromaster*, aff. n° T 15045-09).

■ Pour aller plus loin

Dans le cadre de la révision des règles relatives aux accords horizontaux entre concurrents, le projet de lignes directrices horizontales classe explicitement les consortiums de soumissionnaires dans la catégorie des accords de commercialisation. L'approche retenue est qu'en principe, les consortiums de soumissionnaires dans lesquels les parties ne pourraient pas participer à titre individuel ne restreignent pas la concurrence, les parties n'étant alors pas perçues comme des concurrents potentiels. En revanche, le projet précise que les consortiums dans lesquels les parties pourraient soumissionner individuellement pour seulement certains lots ou pour l'intégralité de l'appel d'offres devraient quant à eux satisfaire les critères de l'article 101, paragraphe 3, TFUE pour être admis (projet de lignes directrices horizontales du 1er mars 2022, cf. section 5.4 « Groupements de soumissionnaires / Bidding Consortia »).

Bibliographie

BOUCKAERT (J.) et VAN MOER (G.), « When rivals team up in procurement: Does it distort competition? », *Concurrences* n° 2-2022, art. n° 106202, p. 58

CHENUT (Ch.-H.), *Le contrat de consortium*, Paris, LGDJ, 2003

DEBROUX (M.), « Sanction : L'Autorité de la concurrence sanctionne une société d'ambulances qui avait refusé une transaction proposée par la DGCCRF, pour la participation à un groupement dont le seul but était de coordonner des réponses à des appels d'offres (*Sannac*) », *Concurrences* n° 2-2022, art. n° 106450, p. 95

DRAKAKAKIS (S.), PAPAEFTHYMIOU (A.) et GAVRIILIDOU (E.), « The EU Commission publishes a final regulation that extends the validity of the block exemption for liner shipping », 24 mars 2020, *e-Competitions March 2020*, art. n° 100411

FOUNTOUKAKOS (K.), VOWDEN (D.), BROWN (A.) et OMRAN (S.), « The EU Commission publishes revised draft guidance for horizontal agreements », 1er mars 2022, *e-Competitions March 2022*, art. n° 106031

HURLEY (S.), OSEPCIU (L.), WELLS (R.), FALCONI (F.) et DAS (M.), « Sectoral Regimes », in *Bellamy & Child: European Union Law of Competition*, D. Bailey et L. A. John (dir.), 8e éd., Oxford University Press, 2018, p. 1011

LUMBRERAS (E.), CALVIÑO (I.), GUILLÉN (J.) et GONZÁLEZ DURÁNTEZ (H.), « The EU Commission publishes a notice to fight collusion in public procurement in which it includes a series of guidelines aimed at the contracting authorities on how to apply the grounds for the exclusion provided by the Directive 2014/24/EU of the Parliament », 18 mars 2021, *e-Competitions March 2021*, art. n° 100909

RITTER (C.), « Joint tendering under EU competition law », *Concurrences* n° 2-2017, art. n° 84019, p. 60

SKOU (Th.) et DITTMER (M. A.), « The Danish Supreme Court renders a judgment on the legality of consortium agreements and repeals a decision between two companies regarding their joint bid on a public tender for road marking work (*LFK / Eurostar*) », 27 novembre 2019, *e-Competitions November 2019*, art. n° 93186

VAN BAEL & BELLIS (dir.), *Competition Law of the European Union*, 6e éd., Alphen-sur-le-Rhin, Wolters Kluwer, 2021, chap. 5 « Horizontal Agreements: Joint Ventures and Other Cooperation Agreements », p. 437

Communication sur les outils de lutte contre la collusion dans les marchés publics et orientations sur la manière d'appliquer le motif d'exclusion y relatif, *JOUE* n° C 91 du 18 mars 2021, p. 1

Communication de la Commission, lignes directrices sur l'applicabilité de l'article 101 du traité sur le fonctionnement de l'Union européenne aux accords de coopération horizontale, *JOUE* no C 11 du 14 janvier 2011, p. 1

Règlement (UE) n° 1218/2010 de la Commission du 14 décembre 2010 relatif à l'application de l'article 101, paragraphe 3, du traité sur le fonctionnement de l'Union européenne à certaines catégories d'accords de spécialisation, *JOUE* n° L 335 du 18 décembre 2010, p. 43

Règlement (UE) n° 1217/2010 de la Commission du 14 décembre 2010 relatif à l'application de l'article 101, paragraphe 3, du traité sur le fonctionnement de l'Union européenne à certaines catégories d'accords de recherche et de développement, *JOUE* n° L 335 du 18 décembre 2010, p. 36

Règlement (CE) n° 906/2009 de la Commission du 28 septembre 2009 concernant l'application de l'article 81, paragraphe 3, du traité à certaines catégories d'accords, de décisions et de pratiques concertées entre compagnies maritimes de ligne (consortiums), *JOUE* n° L 256 du 29 septembre 2009, p. 31

C

CONTRAT

Gaël CHANTEPIE
Université de Lille

Premier aperçu

Unité ou pluralité

Le contrat est un objet d'étude commun à plusieurs disciplines (économie, sociologie, droit, etc.), qui l'appréhendent chacune par l'un de ses traits caractéristiques : l'échange, le lien interpersonnel, la norme. Ses usages sont multiples, dans des domaines toujours plus variés, signe peut-être d'un « débordement de la notion » (G. Rouhette, v. « Contrat », in *Encyclopœdia Universalis*). Déceler une unité conceptuelle sous la pluralité des sens possibles relève ainsi d'une activité théorique, dont les incidences pratiques restent cependant limitées.

Juridiquement, le contrat est, en droit français, « *un accord de volontés entre deux ou plusieurs personnes destiné à créer, modifier, transmettre ou éteindre des obligations* » (art. 1101 C. civ.). Si la rédaction du texte, modernisée à l'occasion de la réforme du droit des obligations de 2016, laisse toujours apparaître deux critères déterminants de la qualification de contrat, elle demeure lapidaire sur ses finalités. Or, envisagé au regard du droit de la concurrence, le contrat présente une importance considérable, dès lors que « *le marché est aussi le contrat, l'accord* » (Frison-Roche et Payet, 2006, n°21). Présenté comme un accord de volontés destiné à produire des effets normatifs, le contrat est l'instrument privilégié des échanges économiques entre personnes privées, qui crée ou relaye entre elles un rapport de pouvoir ou un lien d'alliance.

Pour aller plus loin

Accord de volontés

Le contrat se caractérise d'abord par sa procédure, marquée par un concours de volontés. Les volontés seraient ainsi « *le "moteur", l'élément subjectif dynamique sans lequel le contrat ne peut pas naître* » (Ghestin, 2000, p. 86).

Contrairement aux engagements unilatéraux de volonté, le contrat procède d'un accord qui scelle le consentement des parties. Si la définition de l'article 1101 du code civil ne vise plus désormais la notion de convention, mais insiste sur le seul accord de volontés des parties, le rapprochement avec la notion d'entente du droit de la concurrence demeure pertinent (art. 101, para. 1, TFUE ; art. L. 420-1 C. com.). Néanmoins, si « *tous les contrats peuvent être le support d'une entente, toutes les ententes n'ont pas pour support un contrat* » (Mainguy et coll., 2019, n° 284). Au demeurant, le contrat ne se caractérise pas seulement par un accord des parties.

Création d'une norme

La précédente définition légale du contrat, qui ne visait que la création d'obligations, avait été critiquée pour son caractère incomplet. La nouvelle rédaction de l'article 1101 du code civil ne répond qu'imparfaitement à la critique, en élargissant les effets du contrat à la modification, la transmission ou l'extinction des obligations. Certes, le contrat est une source d'obligations juridiques entre personnes privées. Ainsi, par exemple, le vendeur est-il tenu de délivrer la chose vendue et de garantir l'acheteur contre l'éviction et les vices cachés. Mais les obligations constituent parfois un aspect accessoire du contrat, particulièrement lorsqu'ils servent à créer des réseaux. La dimension normative du contrat affleure alors, par exemple, dans des contrats-cadres de distribution (Ancel, 1999). Cet élargissement des effets du contrat, de l'obligation personnelle à la réglementation privée, recoupe les finalités qui lui sont assignées.

Instrument d'échange

Le contrat est généralement le support juridique d'un échange économique. Cette fonction d'échange économique est la plus évidente. Ainsi, c'est après avoir été rattachée à la liberté du commerce et de l'industrie de l'article 4 de la Déclaration de 1789 que la liberté contractuelle a été, comme la liberté de la concurrence, protégée constitutionnellement (Cons. const., déc. n° 2013-672 DC du 13 juin 2013). La plupart des types contractuels les plus classiques relèvent ainsi de la fonction d'échange du contrat : vente, bail, prêt, etc. L'équilibre économique de l'échange mis en œuvre est en principe laissé à l'appréciation subjective des contractants (art. 1108 C. civ.), même si la liberté contractuelle ne permet pas de déroger aux règles d'ordre public (art. 1102 C. civ.).

Rapport de pouvoir

Le contrat est souvent un instrument de pouvoir. Pouvoir économique, d'une part, qui rejoint le pouvoir de marché permettant de « *contracter de manière rentable avec ses partenaires* » (G. Decocq, 2018, n° 86). La conclusion du contrat est couramment affectée par l'inégalité de puissance économique entre les partenaires, qui se prolonge pendant la durée de la relation. Le droit français des pratiques restrictives de concurrence vise notamment à lutter contre les déséquilibres qui en résulteraient, par exemple en sanctionnant le déséquilibre significatif ou la rupture brutale des relations commerciales établies (art. L. 442-1 C. com.). Pouvoir juridique, d'autre part, lorsque c'est le contrat qui en est la source.

Il en est ainsi, évidemment, dans le contrat de travail, où la relation, et non pas seulement la situation des parties, est inégalitaire et où « *il s'agit d'une inégalité instituée par le droit, et non pas d'une situation de fait ignorée ou combattue par lui* » (Supiot, 2002, p. 115). C'est le cas également dans certains contrats créant une réglementation d'origine privée, par exemple des réseaux de distribution.

Lien d'alliance

Le contrat crée parfois un lien d'alliance. L'exigence de bonne foi imposée à chaque contractant (art. 1104 C. civ.) n'y suffit certes pas. Certains contrats impliquent toutefois une coopération entre les parties, dont la réussite de l'opération se traduit par le partage des richesses créées (Didier, 1999, p. 635). La « *rencontre heureuse de deux égoïsmes* » (Hassler, 1984, p. 581) pourrait ainsi servir de support à des intérêts convergents. Inscrits dans la durée, ces contrats seraient plus perméables à une adaptation au gré de l'évolution des circonstances économiques et sociales, dans un esprit d'*animus cooperandi* (Libchaber, 2020, p. 63).

Bibliographie

Ancel (P.), « Force obligatoire et contenu obligationnel du contrat », *RTD civ.* 1999, p. 771

Decocq (A.) et (G.), *Droit de la concurrence : droit interne et droit de l'Union européenne*, 8e éd., Issy-les-Moulineaux, LGDJ, 2018

Didier (P.), « Brèves notes sur le contrat-organisation », in *L'avenir du droit : mélanges en hommage à François Terré*, Paris, PUF / Dalloz, Éd. du Juris-Classeur, 1999, p. 635

Frison-Roche (M.-A.) et Payet (M.-S.), *Droit de la concurrence*, Paris, Dalloz, 2006

Ghestin (J.), « Le contrat en tant qu'échange économique », *Rev. d'économie industrielle* 2000, n° 92, p. 81

Hassler (T.), « L'intérêt commun », *RTD com.* 1984, p. 581

La relativité du contrat : actes du colloque, Nantes, 1999, organisé par l'Association Henri Capitant des amis de la culture juridique française, avec le concours de la Maison des sciences de l'homme Ange Guépin, Paris, LGDJ, 2000

Libchaber (R.), *Le contrat au XXIe siècle : l'ingénierie juridique et les nouveaux contrats d'affaires*, Paris-La Défense, LGDJ, 2020

Mainguy (D.), Depincé (M.) et Cayot (M.), *Droit de la concurrence*, 3e éd., Paris, LexisNexis, 2019

Rouhette (G.), « Contribution à l'étude critique de la notion de contrat », thèse, Université de Paris, 1965

Savaux (E.), *La théorie générale du contrat, mythe ou réalité ?*, Paris, LGDJ, 1997

Supiot (A.), *Critique du droit du travail*, Paris, PUF, 2002

Voir aussi

Déséquilibre significatif

C

CONTRAT D'AGENCE

Anne-Cécile MARTIN
Université Sorbonne Paris Nord

■ Premier aperçu

Les contrats dits « d'agence » sont des contrats de représentation (ex., mandat, commission) aux termes desquels une personne, physique ou morale, dénommée agent est « *investie du pouvoir de négocier et/ou de conclure des contrats pour le compte d'une autre personne (le commettant) soit en son nom propre soit au nom du commettant en vue de l'achat de biens ou de services par le commettant, ou de la vente de biens ou de services fournis par le commettant* » (lignes directrices sur les restrictions verticales (2022/C 248/01), ci-après « LD », pt 29). Même si l'agent constitue une entité juridique distincte de celle du commettant, il ne dispose pas nécessairement d'une réelle autonomie à l'égard de ce dernier. Ainsi que le relève la Commission européenne « *dans certaines circonstances, la relation entre un agent et son commettant peut être qualifiée de relation dans laquelle l'agent n'agit plus en tant qu'opérateur économique indépendant* » (LD, pt. 30) et l'« unité économique » qu'il forme avec le commettant (CJCE, 16 décembre 1975, aff. jtes 40 à 48, 50, 54 à 56, 111, 113 et 114/73 ; CJCE, 14 décembre 2006, aff. C-217/05) conduit à considérer que de tels accords verticaux ne relèvent pas « *en tout ou partie, de l'article 101§1 du traité* » (LD, pt. 30) autrement dit de l'interdiction des ententes (art. L. 420-1 C. com et art. 101, para. 1, TFUE).

Le raisonnement et l'analyse à conduire en matière de contrat d'agence n'ont pas été profondément modifiés depuis l'adoption du nouveau règlement UE 2022/720 concernant l'application de l'article 101, paragraphe 3, du traité sur le fonctionnement de l'Union européenne à des catégories d'accords verticaux et de pratiques concertées (JOUE 11 mai 2022, L134/4) et des nouvelles lignes directrices qui l'accompagnent (2022/C 248/01). On relèvera toutefois spécialement deux évolutions. La première porte sur les contrats conclus avec des entreprises actives dans l'économie des plateformes en ligne, à propos desquels la Commission considère qu'ils ne remplissent généralement pas les conditions pour être qualifiés de contrats d'agence ne relevant pas de l'article 101§1 du TFUE (LD, pt. 46). La seconde porte sur la situation des distributeurs indépendants agissant également en tant qu'agents pour certains biens ou services d'un même fournisseur, à propos desquels la Commission considère que les contrats d'agence « *doivent faire l'objet d'une évaluation stricte* » afin d'éviter un « *abus du modèle d'agence* » utilisé pour « *contourner l'application de l'article 101§1 du TFUE* » (LD, pt. 45).

■ Pour aller plus loin

L'analyse concurrentielle d'un contrat d'agence commande de vérifier dans un premier temps que l'on se trouve en présence d'un accord pouvant être qualifié de contrat d'agence ne relevant pas, en tout ou partie de l'article 101§1 du TFUE pour apprécier, dans un second temps les conditions d'application des articles 101, paragraphe 1, TFUE et L. 420-1 C. com.

Identification d'un contrat d'agence ne relevant pas de l'article 101§1 du TFUE

La qualification juridique donnée à l'accord qui lie l'agent au commettant est sans incidence sur la définition d'un contrat d'agence au sens du droit de la concurrence et, en tant qu'exception à l'applicabilité générale de l'article 101 §1 du TFUE, les conditions de la qualification d'un accord en tant que contrat d'agence au sens du droit de la concurrence doivent « *faire l'objet d'une interprétation stricte* » (LD, pt. 30).

Si l'on se réfère aux lignes directrices de la Commission, pour identifier le contrat d'agence ne relevant pas « *en tout ou en partie, de l'article 101, paragraphe 1, du traité* » il faut vérifier que « *l'agent ne supporte aucun risque financier ou commercial important en rapport avec les contrats qu'il conclut ou négocie au nom du commettant* » (LD, pt. 30 – *adde* TPICE, 15 septembre 2005, aff. T-325/01 ; CJCE, aff. C-217/05, préc. ; CJCE, 11 septembre 2008, aff. C-279/06).

Trois types de risques, financiers ou commerciaux, pertinents sont à considérer. Il s'agit des risques « *propres à chaque contrat, qui sont directement liés aux contrats conclus et/ou négociés par l'agent pour le compte du commettant, comme le financement des stocks* », des risques « *liés aux investissements propres au marché* » et de ceux « *liés à d'autres activités menées sur le même marché de produits, dans la mesure où le commettant demande à l'agent, dans le cadre de la relation d'agence, de se charger de ces activités non pour son compte, mais à ses propres risques* » (*ibid.*, pt 31). Après avoir donné des exemples de l'absence de prise en charge de tels risques (*ibid.*, pt 33), la Commission précise que cette liste n'est pas exhaustive.

A contrario, lorsque l'agent supporte un ou plusieurs des risques identifiés, le contrat ne sera pas qualifié de contrat d'agence ne relevant pas de l'article 101, paragraphe 1, TFUE.

On rappellera (cf. *supra*) à cet égard, que la Commission considère que les conditions pour être qualifié de contrat d'agence « *ne seront généralement pas remplies* » s'agissant des accords verticaux conclus par les entreprises actives dans l'économie des plateformes en ligne (LD. pt. 63).

Application de l'article 101, paragraphe 1, TFUE aux contrats d'agence

Lorsque « *la fonction de vente ou d'achat de l'agent fait partie intégrante des activités du commettant* », la qualification de contrat d'agence justifie qu'aucune des obligations « *imposées à l'agent en relation avec les contrats qu'il négocie et/ou conclut pour le compte du commettant* » ne relève de l'article 101, paragraphe 1, TFUE (LD, pt 41). Peuvent être considérées comme telles les limitations tenant au territoire ou aux clients sur lesquels ou auxquels l'agent peut vendre ainsi que celles tenant aux prix et conditions auxquels l'agent doit vendre ou acheter les biens ou services contractuels (*ibid.* – *adde* CJCE, aff. C-217/05, préc.).

Toutefois, l'agent demeurant une entreprise distincte de celle du commettant, les dispositions du contrat d'agence régissant la relation entre l'agent et le commettant peuvent, quant à elles, relever de l'article 101, paragraphe 1, TFUE « *qu'elles fassent partie de l'accord régissant la vente ou l'achat de produits ou d'un accord distinct* » (LD, pt. 43). Tel peut être le cas s'agissant de stipulations relatives aux relations entre l'agent et le commettant (ex., clauses d'exclusivité, de monomarquisme) (LD, pt 43). Tel peut être également le cas lorsque le contrat d'agence facilite la collusion par exemple « *lorsqu'un certain nombre de commettants font appel aux même agents et empêchent collectivement d'autres commettants de recourir à ces mêmes agents, ou lorsque les commettants se servent d'agents pour s'entendre sur une stratégie commerciale ou pour s'échanger des informations sensibles sur le marché* » (LD, pt 44).

On rappellera (cf. *supra*), que les nouvelles lignes directrices établies par la Commission visent, en outre, désormais expressément les situations dans lesquelles la qualité de distributeur indépendant est cumulée avec celle d'agent pour des biens ou des services du même fournisseur en invitant à une évaluation stricte du contrat d'agence pour « *éviter un abus du modèle d'agence dans les cas où le fournisseur ne devient pas réellement actif au stade du commerce de détail par le biais du contrat d'agence, ne prend pas toutes les décisions commerciales et n'en assume pas tous les risques s'y rapportant* (…) *mais utilise plutôt le modèle d'agence comme moyen de contrôler les prix de détail pour les produits qui lui permettent d'obtenir des marges élevées* » (LD, p. 45).

Bibliographie

Règlement (UE) 2022/720 de la Commission du 10 mai 2022 concernant l'application de l'article 101, paragraphe 3, du traité sur le fonctionnement de l'Union européenne à des catégories d'accords verticaux et de pratiques concertées, JOUE nº L. 134, 11 mai 2022.

Comm. eur., Lignes directrices sur les restrictions verticales, (2022/C 248/01), JOUE nº C 248, 30 juin 2022.

C

CONTRÔLE

Lionel LESUR
Franklin

■ Premier aperçu

Au sens du droit de la concurrence, le « contrôle » d'une société correspond au pouvoir, de droit ou de fait, d'exercer une influence déterminante sur celle-ci.

En matière de contrôle des concentrations, une concentration est uniquement réputée réalisée lorsqu'une opération entraîne un changement durable du contrôle de l'entreprise concernée et, donc, de la structure du marché (CJUE, 7 septembre 2017, aff. C-248/16). Le changement durable du contrôle, tel que défini par l'article 3 du règlement n° 139/2004 du Conseil du 20 janvier 2004 relatif au contrôle des concentrations entre entreprises, peut résulter d'une fusion, de l'acquisition du contrôle, direct ou indirect, ou de la création d'une entreprise commune de plein exercice.

La notion de contrôle est ainsi essentielle à la qualification d'une concentration. Elle est définie, tant en droit européen qu'en droit interne (à l'art. L. 430-1 III C. com.), comme la possibilité d'exercer durablement une influence déterminante sur l'activité d'une entreprise (c.-à-d. de disposer du pouvoir de contrôle sur les décisions stratégiques), sur la base de droits, contrats ou autres moyens. L'adoption du *business plan* et du budget, l'approbation d'investissements au-delà d'un certain montant et la nomination/révocation des principaux dirigeants d'une société constituent les décisions stratégiques les plus importantes à cet égard.

Le contrôle peut être exclusif ou bien conjoint.

Il est dit exclusif lorsqu'une personne exerce, seule ou conjointement, une influence déterminante sur l'activité d'une entreprise. On distingue le contrôle exclusif positif (c.-à-d. lorsqu'une personne détient seule le pouvoir de prendre les décisions stratégiques), du contrôle exclusif négatif (c.-à-d. lorsque seule une personne est en mesure de bloquer les décisions stratégiques, sans, toutefois, être en mesure de les imposer seule) (Aut. conc., déc. n° 12-DCC-98). À noter qu'un passage d'un contrôle exclusif négatif à un contrôle exclusif positif (ou vice-versa) n'entraîne pas un changement de contrôle et ne constitue donc pas une concentration au sens des droit européen et français.

Un contrôle conjoint (ou en commun) est, lui, caractérisé lorsqu'au moins deux personnes ont la possibilité d'exercer une influence déterminante, à tout le moins en pouvant chacune bloquer l'adoption des décisions stratégiques. La forme la plus courante du contrôle conjoint exercé sur une entreprise est celle où deux actionnaires se partagent à égalité les droits de vote de ladite entreprise.

Il est à noter que l'acquisition d'un contrôle exclusif par toute personne alors que l'entreprise était auparavant contrôlée conjointement, dont par la même personne, constitue une concentration, puisqu'elle conduit à un changement de la nature du contrôle exercé sur l'entreprise (Aut. conc., déc. n° 19-DCC-239). Il en est de même dans l'autre sens (c.-à-d. passage d'un contrôle conjoint exclusif) (Aut. conc., déc. n° 18-DCC-16).

En principe, la détention de la majorité des droits de vote d'une entreprise permet à l'actionnaire majoritaire de déterminer seul lesdites décisions stratégiques et lui confère donc un contrôle de plein droit, celui-ci étant le seul à pouvoir exercer une influence déterminant sur ladite entreprise.

Toutefois, un actionnaire minoritaire disposant de droits particuliers excédant ce qui est normalement consenti à des actionnaires minoritaires afin de protéger leurs seuls intérêts financiers, notamment le pouvoir de, *a minima*, bloquer l'adoption des décisions stratégiques (à travers des droits de veto spécifiques), doit également être considéré comme contrôlant au sens du droit de la concurrence (Aut. conc., déc. n° 11-DCC-10), soit exclusivement si aucune autre personne (ou actionnaire) ne peut adopter seule ou bloquer les décisions stratégiques, soit conjointement avec toute autre personne (ou actionnaire) disposant du même pouvoir. D'autres éléments, tels que des relations contractuelles ou des relations financières avec l'entreprise, ajoutés aux droits détenus par un actionnaire minoritaire, peuvent également mener à établir un contrôle de fait. Ainsi, l'Autorité de la concurrence doit apprécier, *in concreto*, l'ensemble des circonstances de droit et de fait pertinentes, selon la technique du faisceau d'indices pour déterminer quelle(s) personne(s) contrôle(nt) une entreprise.

Par ailleurs, en matière antitrust, le droit européen et le droit interne de la concurrence font peser une présomption d'influence déterminante, et donc de contrôle, sur toute société mère détenant la totalité ou quasi-totalité du capital d'une filiale. Cette présomption permet d'imputer toute infraction aux règles de concurrence commise par ladite filiale à sa société mère (CJCE, 10 septembre 2009, aff. C-97/08 P).

Bien que réfragable en théorie, cette présomption se montre, en pratique, extrêmement difficile à renverser, car il appartient à la société mère de rapporter la preuve d'un fait négatif en démontrant que, pendant la période d'infraction, sa filiale déterminait de façon pleinement autonome sa ligne d'action sur le marché, de sorte que les deux sociétés ne constituaient pas une unité économique (TPICE, 27 septembre 2006, aff. T-43/02).

■ Pour aller plus loin

Il convient de noter qu'un contrôle de fait sur une entreprise est également susceptible d'être retenu sans qu'aucune participation au capital de ladite entreprise ne soit détenue. Cela peut notamment être le cas d'une tête de réseau (Aut. conc., déc. n° 19-DCC-250) ou d'un financeur (Aut. conc., déc. n° 15-DCC-140) à l'égard d'une entreprise dont la tête de réseau ou le financeur a la possibilité d'exercer, de fait, une influence déterminante.

Par ailleurs, lorsqu'aucun actionnaire ou personne n'est en mesure d'exercer une influence déterminante, alors l'entreprise n'est pas contrôlée, au sens du droit de la concurrence. Cette situation qualifiée d'« alliances fluctuantes » suppose souvent un certain nombre d'actionnaires sans aucun majoritaire, et dont aucun ne dispose, en droit ou de fait, du pouvoir d'imposer sa volonté de manière durable lors des prises de décisions stratégiques, y compris *via* des droits de veto.

Ainsi, alors que l'acquisition d'un contrôle, exclusif ou commun, sur une entreprise précédemment non contrôlée constitue bien une concentration, l'opération qui se traduit par l'entrée d'un ou plusieurs actionnaires au capital d'une entreprise mais sans acquisition de contrôle ne constitue pas une concentration.

Cependant, dans cette situation, la démonstration d'intérêts communs puissants conduisant certains actionnaires à ne pas s'opposer dans l'exercice de leurs droits de vote pourrait néanmoins amener l'Autorité à qualifier l'existence d'un contrôle conjoint et ainsi rendre l'opération notifiable (si les seuils de contrôle sont atteints) au titre du contrôle des concentrations (Min. Éco., 29 mars 2005, aff. C2005-9).

Bibliographie

Coursière-Pluntz (V.), « Droit de la concurrence : le contrôle de fait par l'influence déterminante », CMS Francis Lefebvre, 31 mars 2020

Coursière-Pluntz (V.), « Contrôle des concentrations : gare à l'acquisition d'un contrôle de fait ! », *Option Finance*, 18 mars 2013

Marson (G.), « Contrôle des concentrations économiques », *Dictionnaire des régulations, 2016*, M. Bazex, G. Eckert, R. Lanneau, Ch. Le Berre, B. du Marais et A. Sée (dir.), Paris, LexisNexis, 2015

Aut. conc., « Lignes directrices de l'Autorité de la concurrence relatives au contrôle des concentrations », 2020

Règlement (CE) n° 139/2004 du Conseil du 20 janvier 2004 relatif au contrôle des concentrations entre entreprises (« le règlement CE sur les concentrations »), *JOUE* n° L 24 du 29 janvier 2004, p.

C

CONTRÔLE (CHANGEMENT)

Marjolaine POTIN
Autorité de la concurrence de la Nouvelle-Calédonie

■ Premier aperçu

Le changement durable du contrôle constitue un élément de définition de la notion d'opération de concentration et ainsi de la contrôlabilité de cette opération au titre du contrôle des concentrations. Ainsi que le rappelle l'avocat général Tanchev dans ses conclusions rendues dans l'affaire *Mowi ASA c/ Commission*, « *pour qu'une concentration soit constituée, il faut qu'il y ait un changement du contrôle* » (concl. AG Tanchev, 26 septembre 2019, aff. C-10/18 P, pt 51). Ne constitue donc pas une concentration une opération dans laquelle ni l'identité des personnes qui contrôlent les entreprises concernées ni la qualité du contrôle ne sont modifiées (v. les lignes directrices de l'Autorité de la concurrence relatives au contrôle des concentrations, pt 32).

Le premier paragraphe de l'article 3 du règlement (CE) n° 139/2004 relatif au contrôle des concentrations entre entreprises dispose qu'« *une concentration est réputée réalisée lorsqu'un changement durable du contrôle résulte* » d'une fusion ou « *de l'acquisition, par une ou plusieurs personnes détenant déjà le contrôle d'une entreprise au moins ou par une ou plusieurs entreprises, du contrôle direct ou indirect de l'ensemble ou de parties d'une ou de plusieurs autres entreprises* ». Le quatrième paragraphe de ce même article précise que la création d'une entreprise commune « *accomplissant de manière durable toutes les fonctions d'une entité économique autonome* » constitue également un changement durable de contrôle. La condition d'« *entité économique autonome* » s'explique par la volonté de ne soumettre au contrôle que les opérations susceptibles de modifier la structure du marché.

Le droit interne reprend cette logique dans l'article L. 430-1 du code de commerce et précise la notion de contrôle au sens de cet article. Le III de cet article dispose que « *le contrôle découle des droits, contrats ou autres moyens qui confèrent, seuls ou conjointement et compte tenu des circonstances de fait ou de droit, la possibilité d'exercer une influence déterminante sur l'activité d'une entreprise* ».

Le changement de contrôle ne résulte ainsi pas exclusivement de l'acquisition d'une majorité des droits de vote mais peut découler de droits, de contrats ou de circonstances conférant une influence déterminante sur les décisions stratégiques de l'entreprise, et notamment « *la composition, les délibérations ou les décisions des organes d'une entreprise* ».

Le changement de contrôle sur une entreprise peut donc résulter de la modification de l'identité des personnes qui l'exercent. Ainsi constitue un changement de contrôle l'acquisition du contrôle exclusif de la société cible auprès d'une entreprise qui exerçait déjà un contrôle exclusif. Il en est de même en cas de modifications des sociétés qui exercent un contrôle conjoint sur une entreprise, indépendamment du maintien du « contrôlant » historique.

Le changement de contrôle peut également résulter de la modification de la nature du contrôle. Ainsi, l'acquisition du contrôle exclusif ou conjoint sur une entreprise auparavant non contrôlée constitue une opération de concentration. C'est également le cas lors du passage d'un contrôle exclusif à un contrôle conjoint ou inversement. La Cour de justice a toutefois précisé qu'une concentration n'est réputée réalisée à l'issue du changement de la nature du contrôle exercé sur une entreprise existante, qui, antérieurement exclusif, devient conjoint, qu'à la condition que l'entreprise commune issue d'une telle opération accomplisse de manière durable toutes les fonctions d'une entité économique autonome, sous peine d'« *étendre le contrôle préventif prévu par [l]e règlement [n° 139/2004] à des opérations n'étant pas susceptibles d'avoir un effet sur la structure du marché concerné* » (CJUE, 7 septembre 2017, *Austria Asphalt GmbH & Co OG c/ Bundeskartellanwalt*, aff. C-248/16, pt 34).

À l'inverse, en l'absence de toute modification de l'identité des « contrôlants » ou de la nature de ce contrôle, une opération de restructuration interne ne constitue pas une opération de concentration (Aut. conc., lettre de non-contrôlabilité n° 09-DCC-44 du 10 septembre 2009). De même, la Cour de justice est venue rappeler que la dénonciation d'un accord de coopération, dès lors qu'elle constitue une mesure qui, bien que prise en rapport avec le processus conduisant à une concentration, précède l'acquisition de la possibilité d'exercer une influence déterminante sur l'activité de l'entreprise cible et est dissociable des mesures y menant effectivement, ne peut être considérée comme entraînant la réalisation d'une telle opération (CJUE, 31 mai 2018, *Ernst & Young P/S c/ Konkurrencerådet*, aff. C-633/16).

■ Pour aller plus loin

L'analyse du changement de contrôle est un élément important à la fois de la détermination de la contrôlabilité de l'opération et de l'analyse de ses effets. Elle est également centrale pour qualifier les défauts de notification comme les réalisations anticipées d'opérations de concentration (*gun jumping*), que la Commission ou l'Autorité de la concurrence peut sanctionner (respectivement I et II de l'art. L. 430-8 C. com). Pour la Cour de justice, « *la réalisation d'une concentration [...] a lieu dès que les parties à une concentration mettent en œuvre des opérations contribuant à changer durablement le contrôle sur l'entreprise cible* » (*Ernst & Young P/S c/ Konkurrencerådet*, préc., pt 46).

Ainsi, alors que l'acquisition de la société MBWS avait été notifiée en janvier 2019 par la société Cofepp et autorisée par l'Autorité en février, Cofepp a été sanctionnée en avril 2022 pour défaut de notification et réalisation anticipée de cette même opération (Aut. conc., déc. nº 22-D-10 du 12 avril 2022). L'Autorité a considéré que Cofepp disposait d'une influence déterminante dès 2018 en raison notamment de la nomination par Cofepp du directeur de MBWS, de son rôle dans la négociation avec les fournisseurs de MBWS et en raison de sa participation à des décisions stratégiques et opérationnelles de MBWS.

La Commission avait déjà tenu un raisonnement identique en sanctionnant pour *gun jumping* la société Marine Harvest lors de son rachat de la société Morpol. La Commission avait alors considéré que Marine Harvest avait acquis le contrôle de la cible dès l'acquisition de 48,5 % du capital de la cible et non au moment de la réalisation de l'offre publique d'achat portant sur le solde du capital, car la société acquéreur avait eu la quasi-certitude d'obtenir une majorité aux assemblées générales, compte tenu du taux de sa participation et du taux de présence d'autres actionnaires aux assemblées générales au cours des années antérieures (Comm. eur., 23 juillet 2014, *Marine Harvest c/ Morpol*, aff. COMP/M.7184, confirmée par la Cour de justice).

Bibliographie

Decocq (G.), « Une opération de concentration suppose un changement de contrôle de l'entreprise cible », *Contrats, conc., consom.* 2018, comm. 158

Poillot-Peruzzetto (S.) et Grynfogel (C.), « Concentration », *Rép. eur. Dalloz*, 2020

Aut. conc., « Lignes directrices de l'Autorité de la concurrence relatives au contrôle des concentrations », 2020

Communication juridictionnelle codifiée de la Commission concernant le règlement (CE) nº 139/2004 du Conseil relatif au contrôle des opérations de concentration entre entreprises, *JOUE* nº C 95 du 16 avril 2008, p. 1

Règlement (CE) nº 139/2004 du Conseil du 20 janvier 2004 relatif au contrôle des concentrations entre entreprises (« le règlement CE sur les concentrations »), *JOUE* nº L 24 du 29 janvier 2004, p. 1

Voir aussi

Contrôle

C

CONTRÔLE COMMUN

Catherine BARREAU
Université de Rennes 1

■ Premier aperçu

Un contrôle en commun est caractérisé lorsque deux ou plusieurs entreprises ou personnes ont la possibilité d'exercer une influence déterminante sur une autre entreprise. Alors que le contrôle exclusif accorde à une entreprise ou à une personne le pouvoir d'adopter les décisions stratégiques de l'entreprise contrôlée, le contrôle commun, ou conjoint, révèle une situation dans laquelle les entreprises contrôlantes ont le pouvoir de s'opposer aux décisions stratégiques proposées par l'autre ou les autres associés. Le blocage ne peut être évité que par l'accord des entreprises concernées pour adopter la stratégie commerciale de l'entreprise contrôlée.

Les concentrations qui consistent dans l'établissement d'un contrôle en commun doivent être notifiées conjointement par les parties à l'opération (art. 3, para. 1, b) règlement (CE) n° 139/2004 et art. L 430-3, al. 2, C. com.).

Des circonstances de fait ou de droit permettent d'établir l'existence d'une prise de contrôle commun, notamment :

- la parité des droits de vote ou de représentation dans l'entreprise commune ;
- la reconnaissance de droits de veto statutaires ou extrastatutaires sur les décisions stratégiques au profit des minoritaires ;
- l'exercice en commun de leurs droits de vote par les minoritaires en vertu d'un accord juridiquement contraignant ou d'éléments factuels.

Le contrôle peut rester commun alors même que les sociétés mères joueraient un rôle inégal en raison de la connaissance et de l'expérience poussées de l'entreprise commune dont l'une seulement jouirait. En principe, il ne peut y avoir contrôle en commun si l'une des entreprises contrôlantes dispose d'une voix prépondérante.

Les modifications de la qualité du contrôle relèvent aussi du contrôle des concentrations si :

- entrée de nouveaux actionnaires contrôlants débouchant sur un contrôle commun soit par le passage d'un contrôle exclusif à un contrôle commun, soit par l'arrivée d'un actionnaire supplémentaire ou par le remplacement d'un actionnaire existant dans une entreprise déjà contrôlée en commun ;
- diminution du nombre d'actionnaires contrôlants lorsque la sortie d'un actionnaire contrôlant ou de plusieurs entraîne le passage d'un contrôle commun à un contrôle exclusif.

■ Pour aller plus loin

Alors que la Commission défendait une interprétation qui visait à ce que le changement du contrôle d'une entreprise, qui d'exclusif devient commun, relève de la notion de concentration même lorsque cette entreprise commune n'accomplit pas de manière durable toutes les fonctions d'une entité économique autonome, la Cour de justice de l'Union européenne a dit pour droit, dans un arrêt rendu sur renvoi préjudiciel le 7 septembre 2017, qu'une concentration n'est réputée réalisée à l'issue du changement de la nature du contrôle qu'à la condition que l'entreprise commune issue d'une telle opération accomplisse de manière durable toutes les fonctions d'une entité économique autonome. Lorsqu'aucune des entreprises impliquées ne subit un changement en ce qui concerne l'identité des entreprises ou personnes qui la contrôlent ou la qualité de ce contrôle (contrôle exclusif ou contrôle conjoint), l'opération n'est pas, selon les autorités de concurrence, une concentration.

Bibliographie

BELLIS (J.-F.) et LEFEVER (V.), « Contrôle exclusif : La Commission européenne autorise un groupe multinational notamment actif dans le secteur des télécommunications à acquérir le contrôle exclusif d'une entreprise italienne de télécommunications qu'elle ne contrôlait jusque-là que de manière conjointe, moyennant la reprise des engagements ayant conditionné l'autorisation de la création de cette entreprise commune (*Hutchison / Wind Tre*) », *Concurrences* n° 1-2019, art. n° 88973, p. 121

BERLIN (D.), *Contrôle des concentrations*, 3e éd., Éditions de l'Université de Bruxelles, 2009, n° 84 et s. et n° 133 et s.

COT (J.-M.), « Notion de concentration : Le TPICE affirme la compétence communautaire sur une opération déjà validée par une autorité nationale (*Cementbouw*) », *Concurrences* n° 2-2006, art. n° 715, p. 108

GLAIS (M.), *Concentration des entreprises & droit de la concurrence*, Paris, Economica, 2010, not. p. 86

GUIBERT (Ph.), GAVOTY TOLOT (L.), EL HARIRI (S.), MASMI-DAZI (F.) et POILON (G.), « Les nouvelles lignes directrices en matière de contrôle des concentrations », *Concurrences* n° 4-2020, art. n° 96597

TAYAR (D.), XUEREF-POVIAC (E.) et SALAMITOV (F.), « Contrôle conjoint : L'Autorité de la concurrence autorise une opération de concentration dans le secteur de la distribution automobile et revoit, à cette occasion, sa méthode d'analyse afin de l'adapter aux évolutions du secteur (*Emil Frey Motors France, Fiber / Bernard Participations*) », *Concurrences* n° 2-2019, art. n° 90348, p. 113

VALLINDAS (G.), *Droit européen des concentrations*, Bruxelles, Bruylant, 2017, n° 105

VOGEL (L.), *Contrôle européen des concentrations*, 2e éd., Paris, LawLex / Bruxelles, Bruylant, 2020, n° 14 et s.

Aut. conc., « Lignes directrices de l'Autorité de la concurrence relatives au contrôle des concentrations », 2020, pt 57 et s.

Communication consolidée sur la compétence de la Commission en vertu du Règlement (CE) n° 139/2004 du Conseil relatif au contrôle des opérations de concentration entre entreprises, *JOUE* n° C 43 du 21 février 2019, p. 10, pt 62 et s.

Règlement (CE) n° 139/2004 du Conseil du 20 janvier 2004 relatif au contrôle des concentrations entre entreprises (« le règlement CE sur les concentrations »), *JOUE* n° L 24 du 29 janvier 2004, p. 1

C

CONTRÔLE *EX ANTE / EX POST*

Wladimir SOLTMANN
Mayer Brown

Premier aperçu

Le contrôle *ex ante* est défini comme la notification d'un projet de concentration, préalablement à la réalisation de l'opération, si les conditions du contrôle sont réunies, au regard, par exemple, du montant des chiffres d'affaires réalisés par les entreprises concernées. Corollairement, le régime de contrôle des concentrations *ex ante* en droit français, comme en droit de l'Union européenne, revêt un caractère suspensif. Cela signifie qu'en principe, la procédure d'un tel contrôle suspend la réalisation de l'opération envisagée à la décision d'autorisation rendue par l'Autorité de la concurrence ou la Commission européenne.

En droit français, le code de commerce envisage, aux articles L. 430-4 et L. 430-5, certaines circonstances particulières pouvant justifier de déroger à l'effet suspensif de la procédure de contrôle. Dans de tels cas, dûment motivés, l'entreprise qui sollicite et obtient l'octroi d'une telle dérogation peut procéder à la réalisation de la concentration, sans attendre la décision finale de l'Autorité de la concurrence. L'octroi d'une dérogation ne préjuge pas du sens de la décision finale qui sera prise à l'issue de l'instruction. L'Autorité de la concurrence pourra ainsi imposer des mesures correctives, voire même interdire l'opération si celle-ci porte atteinte à la concurrence.

Le régime applicable au contrôle *ex ante* prévoit des sanctions d'une part en cas de « défaut de notification préalable » et d'autre part en cas de « réalisation anticipée de l'opération » (ou *gun jumping*). Dans le premier cas sont sanctionnées les entreprises qui réalisent une opération de concentration contrôlable sans l'avoir préalablement notifiée. Celles-ci s'exposent aux sanctions prévues à l'article L. 430-8 C. com. Ce dispositif sanctionne aussi bien une infraction intentionnelle qu'une omission par simple négligence. Dans le second cas est visée l'infraction à l'effet suspensif de la procédure de contrôle, sanctionnant ainsi les entreprises qui ont mis en œuvre une opération de concentration contrôlable, avant d'avoir obtenu l'autorisation correspondante. Cette interdiction s'applique, quelle que soit la forme de concentration envisagée, qu'il s'agisse d'une prise de contrôle, de la fusion d'entreprises ou bien encore de la création d'une entreprise commune de plein exercice.

■ Pour aller plus loin

Dans certains systèmes juridiques étrangers, il existe également un mécanisme de contrôle *ex post* en vigueur, par exemple, en Hongrie, en Irlande, en Lettonie, en Lituanie, au Royaume-Uni ou encore en Suède. Le principe de contrôle *ex post* permet de contrôler, soit à l'initiative de l'autorité compétente, soit à la demande d'une entreprise concernée, une opération de concentration déjà réalisée afin d'en analyser les effets sur le marché. Ce mécanisme se justifie notamment à l'égard des opérations qui peuvent se révéler problématiques en termes de concurrence, notamment en ce qu'elles conduisent à des positions dominantes ou monopolistiques sur des marchés identifiés ou, plus généralement, lorsqu'elles conduisent à diminuer sensiblement la concurrence.

Bibliographie

Chantrel (E.), Bamford (J.), Schrameck (S.) et Sevy (D.), « Contrôle ex-post en matière de contrôle des concentrations : avantages et inconvénients », Séminaire « Économie et droit de la concurrence » organisé par *Concurrences*, 16 octobre 2019, www.concurrences.com

Cousin (M.), « Droit des concentrations : faut-il réformer pour mieux contrôler ? », *Contrats, conc., consom.* 2018, dossier 4

Aut. conc., « Lignes directrices de l'Autorité de la concurrence relatives au contrôle des concentrations », 2020, pt 141 et s.

Règlement (CE) n° 139/2004 du Conseil du 20 janvier 2004 relatif au contrôle des concentrations entre entreprises (« le règlement CE sur les concentrations »), *JOUE* n° L 24 du 29 janvier 2004, p. 1, art. 4

C

CONTRÔLE EXCLUSIF

Vincent DOUMERGUE
Secrétariat général des affaires européennes

■ Premier aperçu

Forme de concentration la plus fréquente, la prise de contrôle exclusif d'une entreprise indépendante est susceptible de déclencher le contrôle des concentrations sous réserve notamment que les seuils de contrôle, généralement exprimés en chiffres d'affaires, soient atteints.

En ce qu'il est, ou peut être, exercé par une entreprise agissant seule, le contrôle exclusif se distingue du contrôle conjoint. Il résulte de l'analyse d'un faisceau d'indices, constitués d'éléments de droit ou de fait, de nature à caractériser l'existence d'une influence déterminante. Une entreprise détient un contrôle exclusif sur une autre entreprise lorsqu'elle exerce, ou est susceptible d'exercer, une influence déterminante sur l'activité économique de cette dernière.

L'influence déterminante peut être définie comme la possibilité, pour une entreprise, de déterminer des décisions stratégiques d'une autre entreprise ou de les bloquer, sans être toutefois en mesure d'imposer, seule, ce type de décisions. Les décisions stratégiques concernent (i) l'approbation du plan d'affaires ; (ii) les investissements au-delà d'un certain montant ; (iii) le vote du budget ; (iv) la nomination et la révocation des principaux dirigeants de l'entreprise.

Le contrôle est exclusif lorsqu'il est exercé par une entreprise agissant seule. L'importance du faisceau d'indices qui permet de qualifier un contrôle exclusif varie en fonction de la nature de ses éléments. Ainsi, la seule détention de la majorité du capital et des droits de vote d'une entreprise est généralement susceptible de conférer un contrôle exclusif à son détenteur si aucun autre actionnaire n'a la possibilité de s'opposer aux décisions stratégiques par la détention d'un droit de veto.

■ Pour aller plus loin

Si généralement la détention d'une majorité du capital et des droits de vote d'une entreprise confère à cet actionnaire un contrôle exclusif, il existe des situations où un actionnaire minoritaire, voire, dans des cas exceptionnels, une entreprise qui n'est pas actionnaire de l'entreprise contrôlée, exerce un contrôle exclusif. L'analyse des liens contractuels, des relations financières entre les entreprises ou bien des votes passés aux assemblées générales de l'entreprise cible est parfois nécessaire.

Bibliographie

Kasparian (P.), « Le passage d'un contrôle exclusif à un contrôle conjoint ne constitue pas nécessairement une opération de concentration », *BJS* nov. 2017, n° 117a4, p. 674

Vever (F.) et Wilhelm (P.), « La notion de concentration en droit interne et communautaire : tentative de définition », *Contrats, conc., consom.* 2007, étude 13

Aut. conc., « Lignes directrices de l'Autorité de la concurrence relatives au contrôle des concentrations », 2020

Communication consolidée sur la compétence de la Commission en vertu du règlement (CE) n° 139/2004 du Conseil relatif au contrôle des opérations de concentration entre entreprises, *JOUE* n° C 43, du 21 février 2009, p. 10

C

CONTRÔLE JURIDICTIONNEL

Guy CANIVET

Premier aperçu

Deux sens complémentaires sont compris dans la notion de recours appliqué au droit de la concurrence.

Le premier se rapporte à un droit fondamental : celui, pour toute personne, de faire entendre sa cause par un tribunal indépendant, établi par loi, capable de décider des contestations sur des droits et obligations de caractère civil, soit du bien-fondé d'une accusation en matière pénale (art. 6 de la conv. européenne des droits de l'homme ; art. 16 de la décl. des droits de l'homme). La possibilité pour les particuliers d'invoquer le droit de la concurrence ayant été reconnue tant en droit de l'Union européenne (CJCE, 30 janvier 1974, *BRT c/ SABAM*, aff. 127-73, pt 16) qu'en droit national (art. L. 410 et s. C. com.), le droit au recours concerne les actions pénales, les actions civiles en annulation de clauses contractuelles ou les actions en réparation, ainsi que les actions administratives aux mêmes fins, dans les conditions prévues par les textes et pour toutes les matières relevant de ce domaine juridique : pratiques anticoncurrentielles, concentrations économiques ou aides d'État.

Au second sens, le recours est aussi la voie de droit prévue contre une décision initiale, judiciaire ou administrative, revêtue d'une force contraignante, pour en suspendre l'exécution ou en contester la validité. Un tel recours est obligatoire en cas de condamnation pénale ou administrative (art. 2 du prot. n° 7 de la conv. européenne des droits de l'homme). En droit de la concurrence, les recours sont différents, selon qu'il s'agit d'une mesure d'instruction ou d'une décision au fond, selon la nature de la décision – juridictionnelle ou administrative –, selon la matière concernée et selon l'autorité qui la rend – étatique ou européenne.

Par extension peuvent être comprises dans la définition du recours les actions dont disposent les parties pour faire sanctionner les fautes ou défaillances des organes judiciaires ou administratifs chargés de la mise en œuvre du droit de la concurrence.

Pour aller plus loin

En premier lieu, en France, pour les actions en annulation et en réparation, l'organe de droit commun d'application du droit de la concurrence, aussi bien national que de l'UE, est le juge étatique dans le cadre d'un procès ordinaire (*private enforcement*). Ce juge statue par une décision juridictionnelle du premier degré, soit judiciaire – civile ou pénale –, soit administrative. Les actions civiles, tant en référé qu'au fond, s'exercent devant huit tribunaux judiciaires ou de commerce spécialisés et les appels sont portés devant la seule cour d'appel de Paris. Depuis la loi du 17 mars 2014, les demandes identiques en réparation de consommateurs fondées sur le droit de la concurrence peuvent faire l'objet d'une action de groupe à l'initiative d'une association de défense des consommateurs (art. L. 423-1 C. consom.). Les voies de recours contre tous ces jugements et décisions sont celles du droit commun, selon les procédures applicables dans chacun des deux ordres de juridiction : appel puis pourvoi en cassation.

La décision peut également être rendue par une juridiction arbitrale, auquel cas, selon qu'il s'agit d'une sentence interne ou internationale, celle-ci peut faire l'objet d'un recours suivant les procédures du code de procédure civile prévues pour chacune de ces catégories de sentences (art. 1442 à 1503 ou art. 1504 à 1527 CPC). Selon le Tribunal des conflits, lorsque la sentence concerne une personne de droit public, elle relève d'un recours devant la juridiction administrative (T. conf., 24 avril 2017, n° C4075).

Mais, en second lieu, la spécificité des recours en droit de la concurrence s'attache surtout aux décisions administratives d'application, soit nationales, soit de l'UE, statuant, aux fins d'éventuelles sanctions, sur une plainte ou une saisine d'office (*public enforcement*).

S'agissant du droit de la concurrence de l'UE, l'autorité compétente, aussi bien pour le droit applicable aux entreprises que pour les aides accordées par les États, est la Commission européenne (ci-après la « Commission ») lorsque, en raison de la nature de l'affaire, elle décide de se saisir elle-même.

Les recours contre les décisions de la Commission pour la mise en œuvre des règles de concurrence, qu'il s'agisse des règles applicables aux entreprises (art. 101 à 106 TFUE) ou des aides accordées par les États (art. 107 à 109 TFUE), sont fixés par les dispositions de l'article 263 TFUE. La jurisprudence de la Cour de justice de l'Union européenne a précisé, dans chacune des applications de ce texte – pratiques anticoncurrentielles, concentrations ou aides d'État –, la portée de ce contrôle – légalité ou pleine juridiction pour les amendes –, les modalités de celui-ci – incompétence, violation des formes substantielles, violation des traités ou de toute règle de droit relative à leur application, ou détournement de pouvoir –, les actes attaquables – actes destinés à produire des effets juridiques à l'égard des tiers et les titulaires du recours : toute personne physique ou morale destinataire ou directement et individuellement concernée par de tels actes. Les recours sont portés devant le Tribunal de l'Union européenne.

Ce recours n'étant pas suspensif, un sursis à exécution de la décision de la Commission peut être demandé au Tribunal, statuant en référé, conformément à l'article 278 TFUE. Le sursis peut être accordé s'il est justifié à première vue, en fait et en droit (*fumus boni iuris*), et qu'il est nécessaire pour éviter un préjudice grave et irréparable aux intérêts du requérant après la mise en balance des intérêts des parties. Le Tribunal peut en outre prescrire en référé des mesures provisoires (art. 279 TFUE).

Contre les décisions du Tribunal, un pourvoi peut être formé devant la Cour, visant soit à l'annulation totale ou partielle de la décision, soit à ce qu'il soit fait droit aux conclusions des parties présentées en première instance. Limité aux questions de droit, ce pourvoi est instruit et jugé selon les dispositions des articles 167 à 190 bis du règlement de procédure de la Cour. Durant l'instance, la Cour dispose des mêmes pouvoirs de référé que le Tribunal. En cas d'annulation, elle peut soit renvoyer l'affaire au Tribunal, soit la réexaminer.

La mise en œuvre du droit de la concurrence de l'UE par ses institutions peut en outre donner lieu à l'exercice par les parties d'un recours en carence dans les conditions prévues par l'article 265 TFUE, ou à la mise en œuvre de la responsabilité extra-contractuelle de l'UE conformément aux dispositions de l'article 340, alinéa 2, TFUE.

En France, l'autorité administrative compétente est l'Autorité de la concurrence (ci-après l'« ADLC ») aussi bien pour le droit national que pour celui de l'UE. Les recours contre ses décisions concernent, d'une part, les actes d'instruction, d'autre part, les mesures provisoires et les décisions au fond.

S'agissant des actes d'instruction, il n'existe pas de voies de recours autonome contre le déroulement des enquêtes simples (art. L. 450-3 C. com.). Les contestations qui s'y rapportent doivent donc être soulevées par voie d'exception dans le cadre de la procédure administrative de l'ADLC statuant au fond (Cons. const., déc. n° 2016-552 QPC du 8 juillet 2016, *Société Brenntag*). Lorsque le rapporteur de l'ADLC ou les agents habilités (art. L. 450-1 C. com.) entendent procéder à des investigations contraignantes – visites et saisies (art. L. 450-4 C. com.) –, l'autorisation doit en être demandée au juge de la liberté et de la détention, qui statue par une ordonnance. Cette ordonnance peut être contestée devant le premier président de la cour d'appel. L'exécution de ces opérations est placée sous l'autorité et le contrôle du même juge et leur déroulement peut faire l'objet d'un recours devant le premier président de la cour d'appel. Contre les ordonnances du premier président de la cour d'appel, un pourvoi en cassation peut être formé selon les règles de la matière pénale (art. L. 450-4 C. com.).

Les mêmes voies de recours sont applicables aux décisions du rapporteur général de l'ADLC relatives à la protection du secret des affaires (art. L. 463-4, L. 464-8-1 et R. 464-24-1 C. com.).

En outre, l'accès, par le rapporteur de l'ADLC ou les agents habilités, aux données conservées et traitées par les opérateurs de télécommunication doit être autorisé par le contrôleur des demandes de données de connexion, autorité administrative dont les décisions, faute de dispositions particulières, sont soumises à recours en annulation devant le Conseil d'État (art. L. 450-3-3 C. com.).

Enfin, le recours relatif à la validité de la notification par l'ADLC des actes effectués en matière de coopération avec la Commission est porté devant la cour d'appel de Paris. Ce recours n'est pas suspensif. Contre l'arrêt de la cour d'appel, le président de l'ADLC peut introduire un pourvoi en cassation (art. 11 du règl. (CE) nº 1/2003 du 16 décembre 2002 ; art. L. 462-9-1 C. com.).

S'agissant du fond, en droit des pratiques anticoncurrentielles, la décision de l'ADLC – irrecevabilité, non-lieu, rejet ou clôture de la saisine, mesures conservatoires, constat d'infraction, injonction, sanction, astreinte – peut être contestée devant la cour d'appel de Paris (art. L. 464-7, al. 1, et art. L. 464-8 C. com.). Les modalités de ce recours spécifique, dit « en annulation » et « en réformation », sont prévues par les articles R. 464-10 à R. 464-24 du code de commerce. Ce recours n'a pas d'effet suspensif, mais, en cas d'injonction ou de sanction, il peut être accompagné d'une demande de sursis à exécution de la compétence du premier président de la cour d'appel (art. L. 464-7, al. 2, et art. R. 464-22 à R. 464-24 C. com.).

L'arrêt de la cour d'appel ou les ordonnances de son premier président peuvent être attaqués, soit par les parties, soit par l'ADLC ou le ministre chargé de l'économie, par un pourvoi en cassation qui suit la procédure ordinaire de la matière civile. Si la Cour de cassation rejette le pourvoi, l'arrêt de la cour d'appel est irrévocable ; s'il est cassé, l'affaire est, sauf exception : cassation sans renvoi au jugement au fond, renvoyé devant la cour d'appel de Paris autrement composée. La tierce opposition (art. 582 à 592 CPC) ou le recours en révision (art. 593 à 603 CPC) contre l'arrêt de la cour d'appel de Paris ne sont pas exclus.

En matière de concentration, les décisions de l'ADLC ou du ministre de l'Économie peuvent être contestées par un recours pour excès de pouvoir de la compétence exclusive du Conseil d'État (art. R. 311-1 4° CJA ; lignes directrices de l'ADLC relatives au contrôle des concentrations, p. 119 et s.). Toutes les décisions portant sur l'autorisation ou l'interdiction de la concentration, mais aussi certaines décisions connexes, peuvent être visées. Ce recours peut être introduit par les parties à l'opération comme par tout tiers ayant un intérêt à agir. Les règles relatives à la recevabilité et à la procédure relèvent du droit commun. Concomitamment à un tel recours, le requérant a la possibilité de former une demande en référé tendant à suspendre la décision en cause soit par un référé « suspension » (art. L. 521-1 CJA), soit par un référé « conservatoire » (art. L. 521-3 CJA).

En cas d'annulation totale ou partielle d'une décision de l'ADLC ou du ministre de l'Économie en matière de concentration, les entreprises concernées peuvent s'il y a lieu reprendre la procédure devant l'ADLC par une notification actualisée (art. R. 430-9 C. com.).

Qu'elles statuent en application directe du droit de la concurrence ou en recours contre une décision administrative, les juridictions judiciaires ou administratives peuvent être saisies par les parties d'une question prioritaire de constitutionnalité lorsque celles-ci prétendent qu'une disposition législative du droit de la concurrence applicable au litige porte atteinte aux droits et libertés que la Constitution garantit (art. 61-1 de la Constitution). Cette question peut être transmise au Conseil constitutionnel selon la procédure prévue par les articles 23-1 et s. de l'ordonnance n° 58-1067 du 7 novembre 1958 portant loi organique sur le Conseil constitutionnel.

En outre, lorsque s'applique le droit de la concurrence de l'UE, le juge national peut et en certains cas doit, par la voie d'une question préjudicielle, saisir la Cour de justice soit d'un recours en interprétation, soit d'un recours en appréciation de validité (art. 267 TFUE). Dans le même cas, s'agissant du droit national ou du droit de l'UE, le protocole n° 16 à la Convention européenne des droits de l'homme (ci-après la « Convention »), entrée en vigueur le 1er août 2018, permet au Conseil constitutionnel, à la Cour de cassation et au Conseil d'État d'adresser à la Cour européenne des droits de l'homme (ci-après « CEDH ») des demandes d'avis consultatifs sur des questions de principe relatives à l'interprétation ou à l'application des droits et libertés définis par la Convention ou ses protocoles.

Lorsque la décision juridictionnelle statuant en application du droit de la concurrence, directement et en recours contre une décision administrative, méconnaît les garanties de la Convention, elle peut être contestée devant la CEDH par un recours individuel contre l'État (art. 34 de la Convention). Si elle n'est pas conforme au droit de l'UE, elle peut encore donner lieu à une procédure en manquement d'État devant la Cour de justice (art. 258 à 260 TFUE).

Enfin, selon une récente jurisprudence sur le contrôle du « droit souple », le Conseil d'État s'est jugé compétent pour connaître, par la voie d'un recours en excès de pouvoir, de la validité des lignes directrices édictées par l'ADLC pour préciser les modalités d'exercice de ses différents pouvoirs (CE, sect., 12 juin 2020, *GISTI*, n° 418142).

Bibliographie

Vogel (L.), *Droit de la concurrence, tome 2, Droit français*, 3e éd. Bruxelles, Bruylant, 2020, p. 936, 959, 1127 à 1143, 1144 à 1149, 1151 à 1178, 1320 à 1325

Vogel (L.), *Droit de la concurrence : introduction générale, tome 1, Droit européen*, 3e éd. Bruxelles, Bruylant, 2020, p. 649 à 672, 1066 à 1087

Aut. conc., « Lignes directrices de l'Autorité de la concurrence relatives au contrôle des concentrations », 2020

C

CONVENTION RÉCAPITULATIVE

Malo DEPINCÉ
Université de Montpellier

Premier aperçu

L'ancien article L. 441-6, alinéa 5, du code de commerce imposait déjà de mettre par écrit les accords de coopération commerciale qui étaient constitués des accords, négociés entre les parties, dérogeant aux conditions générales de vente, lorsqu'ils portaient sur des services spécifiques (qui ne relevaient pas des obligations communes du contrat de vente). Concrètement, cette coopération commerciale doit être formalisée dans une convention récapitulative, unique ou « écrite », pour reprendre les termes mêmes de la loi qui est désormais régie par les articles L. 441-3 et suivants du code de commerce. La loi impose un contenu minimum à cette convention mais également un certain formalisme : elle doit être écrite et l'emploi de l'article indéfini singulier « un » appelle à une retranscription des négociations dans un document unique, ou à tout le moins dans un groupe défini de contrats avec un contrat-cadre les énumérant (ce qui justifie que tout avenant soit exceptionnel, justifié spécifiquement, etc.). Elle doit en principe être formalisée le 1er mars de l'année de sa prise d'effets ou dans les deux mois de la commercialisation du produit en cause.

Pour aller plus loin

La pratique évoque une convention « récapitulative » ou « unique », formules bien plus explicites que celle employée par la loi. Son champ d'application n'est pas simple : elle est obligatoire entre le fournisseur d'une part et le distributeur ou le prestataire de services d'autre part pour les produits de grande consommation définis comme des produits non durables à forte fréquence et récurrence de consommation (art. L. 441-4 C. com., leur liste devant être fixée par décret). En sont cependant exclus les grossistes (« *toute personne physique ou morale qui, à des fins professionnelles, achète des produits à un ou plusieurs fournisseurs et les revend, à titre principal, à d'autres commerçants, grossistes ou détaillants, à des transformateurs ou à tout autre professionnel qui s'approvisionne pour les besoins de son activité. Sont assimilés à des grossistes les centrales d'achat ou de référencement de grossistes* », à moins que ces grossistes exploitent, « *directement ou indirectement, un ou plusieurs magasins de commerce de détail ou intervenant dans le secteur de la distribution comme centrale d'achat ou de référencement pour des entreprises de commerce de détail* » et soient donc des entités intégrées d'un grand distributeur). Ce régime de la convention récapitulative n'est pas non plus applicable en principe aux produits agricoles visés par les articles L. 631-24 et suivants du code rural et de la pêche maritime (les produits non transformés cédés par leur producteur).

La convention récapitulative doit contenir les conditions de vente et le barème des prix (communiqué par le fournisseur et qui a en principe servi de base à la négociation) ainsi que les remises sur ce barème, les conditions de règlement (sans qu'il soit néanmoins imposé d'entrer dans le détail produit par produit ; cf. note d'information de la DGCCRF n° 2014-185), les prix des services fournis au distributeur ainsi que les conditions de cette coopération commerciale.

La convention récapitulative est normalement conclue pour l'année de sa signature mais elle peut l'être également pour deux ou trois ans, auquel cas elle devra contenir les modalités de révision des prix. Signée normalement pour chaque convention avant le 1er mars de son exécution, à cette date, chaque partie est censée disposer d'un exemplaire écrit (v. CA Amiens, 2 mai 2007, RG 06/01051). En théorie, ne pas pouvoir justifier avoir conclu la convention récapitulative fait courir le risque d'une amende administrative (75 000 euros pour les personnes physiques et 375 000 euros pour les personnes morales ; art. L. 441-6 C. com.), mais la sanction est difficile à prononcer dans une situation où s'il n'y a pas de convention, c'est parce que les parties n'ont pas réussi à trouver un accord dans les délais impartis (ce qui est très souvent le cas). Il est heureux alors que la négociation commerciale puisse également être soumise aux dispositions des pratiques restrictives de concurrence en cas d'abus de domination de la part d'une partie.

Bibliographie

BEHAR-TOUCHAIS (M.), « L'autorisation de la convention pluriannuelle dans les rapports industrie-commerce », *RDC* 2017, n° 114e4, p. 288

MARTIN (A.-C.) et VANNI (P.), « Transparence tarifaire – encadrement des négociations et formalisme des conventions », *JCL. Concurrence – Consommation*, fasc. 283.

SALVAT (O.), « Les contrats de première commercialisation des produits agricoles écartés du régime du code rural », *RLC* 2019/89

C

COOPÉRATION ENTRE AUTORITÉS DE CONCURRENCE

Anne KRENZER
Autorité de la concurrence

Premier aperçu

Dans l'objectif d'une mise en œuvre efficace du droit, les autorités de concurrence coopèrent au niveau international et européen.

Sur le plan international, les autorités échangent dans le cadre de l'Organisation de coopération et de développement économiques (OCDE) et du Réseau international de la concurrence (RIC ou ICN pour International Competition Network). Par le biais de ces deux forums spécialisés mais informels, les autorités entretiennent des contacts réguliers et traitent des problèmes pratiques et théoriques de concurrence. Ce cadre permet un « *dialogue dynamique qui sert à établir un consensus et une convergence vers des principes de politique de concurrence saine dans la communauté de concurrence mondiale* ». (trad. libre de l'auteur. V. not. www.internationalcompetitionnetwork.org/about et les recommandations du Conseil de l'OCDE concernant la coopération internationale dans le cadre des enquêtes et procédures portant sur des affaires de concurrence du 16 septembre 2014).

Au niveau européen, les autorités coopèrent au sein du Réseau européen de la concurrence (REC). Ce réseau, introduit le 1er mai 2004 par l'entrée en vigueur du règlement (CE) n° 1/2003 du 16 décembre 2002, comprend au moins une autorité de concurrence par État membre de l'Union européenne. Il est piloté par la Commission européenne, qui veille à l'application harmonisée des articles 101 et/ou 102 TFUE.

■ Pour aller plus loin

La coopération dans le REC tourne autour de trois axes.

Le REC constitue un forum de discussion où, par le biais de groupes de travail thématiques et sectoriels, les membres discutent et définissent, sous le contrôle de la DG concurrence, les politiques et priorités de la concurrence dans l'UE. Sur la base des consensus ainsi dégagés, ils élaborent notamment des textes (recommandations, projets de textes législatifs, etc.).

Dans la perspective d'une mise en œuvre optimale des articles 101 et/ou 102 TFUE dès les premières mesures d'investigation, les membres du REC échangent des informations pour allouer un cas à une autorité « *bien placée* » pour traiter efficacement une affaire (pour la définition de la notion d'autorité « bien placée », v. la communication de la Commission relative à la coopération au sein du réseau des autorités de concurrence, pt 8).

À partir de plus de trois États membres affectés par une infraction, la Commission européenne est présumée être l'autorité « *particulièrement bien placée* » (*ibid.*, pt 14). Cependant, pour motif d'intérêt communautaire, la Commission peut également traiter des affaires affectant un nombre inférieur à trois États membres (v. TPICE, 8 mars 2007, *France Télécom*, aff. T-339/04). Il est aussi envisageable que plusieurs autorités nationales de concurrence traitent le cas en parallèle, en coopérant alors étroitement entre elles (communication préc., pts 5 et 12). En cas de conflit, la Commission pourra intervenir en reprenant le cas à son compte (v. art. 11, para. 6, du règl. (CE) n° 1/2003 ; communication préc., pt 54 a)).

Dès lors que la Commission intente une procédure, les autorités nationales sont automatiquement dessaisies (v. art. 11, para. 6, du règl. (CE) n° 1/2003). Les textes ne créent aucun droit pour une entreprise à voir le traitement de son affaire attribué à une autorité de concurrence donnée (v. Trib. UE, 13 juillet 2011, *ThyssenKrupp Liften Ascenseurs e.a. c/ Commission*, aff. jtes T-144/07, T-147/07 à T-150/07 et T-154/07, pt 78 ; Trib. UE, 17 septembre 2014, *Si.mobil c/ Commission*, aff. T-201/11, pt 39).

Afin de garantir le respect des principes de la sécurité juridique et l'application uniforme des règles de concurrence de l'UE, la Commission européenne a un droit de regard sur les décisions des autorités nationales. Ces dernières lui soumettent leurs projets en amont de « *l'adoption d'une décision ordonnant la cessation d'une infraction, acceptant des engagements ou retirant le bénéfice d'un règlement d'exemption par catégorie* » (art. 11, para. 4, du règl. (CE) n° 1/2003). En contrepartie, la Commission recueille l'avis des autorités nationales sur ses projets de décision dans le cadre d'un comité consultatif (art. 14 du règl. (CE) n° 1/2003).

Les autorités du REC peuvent s'assister mutuellement dans la mise en œuvre des articles 101 et/ou 102 TFUE.

En premier lieu, outre des échanges informels sur des questions générales de droit, les autorités peuvent formellement échanger des informations relatives à leurs saisines en cours. Elles utilisent tout élément de droit ou de fait, y compris des informations confidentielles, communiqué par une autorité de concurrence d'un autre État membre comme élément de preuve. Pour ce faire, deux conditions cumulatives doivent être remplies : d'une part, l'autorité concernée doit appliquer dans l'affaire en cause l'article 101 et/ou 102 TFUE ; d'autre part, les éléments de droit ou de fait doivent être utilisés par cette autorité pour l'objet pour lequel ils ont été collectés par l'autorité qui les transmet (v. art. 12 du règl. (CE) n° 1/2003 ; Aut. conc., déc. n° 12-D-09 du 13 mars 2021, pt 385).

Toutefois, en vue de sauvegarder l'attractivité des programmes de clémence, des mécanismes de préservation de la confidentialité de certaines informations dans le cadre de ces échanges sont prévus. Ainsi, le consentement du demandeur de clémence ayant fourni les déclarations en cause est, en principe, requis (v. communication préc., pt 40 et s.).

Les informations reçues d'une entreprise par une autorité *via* le REC ne peuvent pas non plus être utilisées à l'encontre d'une personne physique de manière à porter atteinte à sa protection plus étendue que celle prévue pour les entreprises (*ibid.*, pt 28).

En second lieu, les membres du REC peuvent procéder à des mesures d'investigation pour le compte d'un autre membre, que ce soit une autorité nationale ou la Commission européenne.

Ainsi, les autorités nationales de concurrence assistent la Commission européenne dans le cadre des inspections conduites sur leur territoire national (v. art 20 du règl. (CE) n° 1/2003).

Une autorité d'un État membre peut, par ailleurs, « *exécuter sur son territoire toute inspection ou autre mesure d'enquête en application de son droit national au nom et pour le compte de l'autorité de concurrence d'un autre État membre afin d'établir une infraction aux dispositions de l'article [101 ou 102] du traité* » (art. 22, para. 1, du règl. (CE) n° 1/2003 ; communication préc., partie 2.2.4).

Lors de la mise en œuvre d'une mesure d'enquête dans le cadre d'une assistance, on distingue généralement trois étapes relevant d'un droit national et, partant, d'un contrôle distinct :

- la demande d'assistance formulée par l'autorité requérante ;
- l'autorisation et le déroulement de la mesure mise en œuvre par l'autorité requise ;
- l'utilisation des informations obtenues par l'autorité requise.

La première et la troisième étape sont soumises au droit national applicable dans l'État demandeur de l'assistance, sous le contrôle des juridictions compétentes de cet État, tandis que la deuxième est régie par le droit national applicable dans l'État destinataire de la demande d'assistance, sous le contrôle des juridictions compétentes de cet autre État (Cass. com., 1er mars 2011, nos 09-72.655, 09-72.657, 09-72.705, 09-72.830, 09-72.894 ; Cour suprême autrichienne, 11 mai 2017, aff. 16 Ok 8/16m, p. 8-9).

Les mesures d'assistance prévues par le règlement (CE) n° 1/2003 sont complétées par des mesures prévues par la directive dite « ECN + ». Cette dernière envisage un renforcement des formalités de mise en œuvre des mesures existantes : le champ matériel de l'assistance, initialement limité aux procédures de mise en œuvre des articles 101 et/ou 102 TFUE, est élargi aux procédures d'obstruction (art. 24 de la directive). La participation active des agents de l'autorité requérante aux mesures d'enquête mise en œuvre par l'autorité requise devient désormais un droit systématique (art. 24). La directive prévoit, en outre, la notification de griefs préliminaires et d'autres documents (art. 25), ainsi que la mise en exécution des décisions de sanction et d'astreintes (art. 26) au nom d'un autre membre du REC.

Bibliographie

Aut. conc., « The French Competition Authority welcomes the publication of the ECN + directive to empower the competition authorities of the Member States to be more effective enforcers », 14 janvier 2019, *e-Competitions January 2019*, art. n° 88982

Capobianco (A.) et Carovano (G.), « Cooperation between National Competition Authorities: An overview of EU and national case law », 4 juin 2020, *e-Competitions*, art. n° 92525

Communication de la Commission relative à la coopération au sein du réseau des autorités de concurrence, *JOUE* n° C 101 du 27 avril 2004, p. 43

Idot (L.), « Un premier pas vers l'adoption de la proposition de directive dite ECN+ », *Europe* 2018, alerte 33

Idot (L.), « Réseau européen de la concurrence », *Europe* 2018, comm. 127

Idot (L.), « Réseau européen de la concurrence », *Europe* 2013, comm. 37

Krenzer (A.), « Vers une assistance européenne renforcée », *RLC* 2019/87, p. 14

Krenzer (A.), « La coopération des autorités de concurrence en matière d'inspections dans l'UE », *RLC* 2011/29, p. 135

Lemaire (Ch.), Lacresse (A.) et Bousin (J.), « Le Parlement européen et le Conseil adoptent la directive ECN+ et renforcent la convergence institutionnelle et procédurale au sein du réseau européen de concurrence (*Directive 2019/1*) », *Concurrences* n° 2-2019, n° 90462, p. 144

Mundt (A.), « State of play of decentralized application of European competition law: Collection and exchange of information within the ECN », in « Collection and exchange of information within the ECN (10 ans d'application du règlement 1/2003 et de la loi luxembourgeoise relative à la concurrence, Luxembourg-Kirchberg, 6 juin 2014) », *Concurrences* n° 4-2014, art. n° 69486, p. 54

Partsch (Ph.-E.) et Tidghi (M.), « Exchange of information and mutual assistance between ECN members », in « Collection and exchange of information within the ECN (10 ans d'application du règlement 1/2003 et de la loi luxembourgeoise relative à la concurrence, Luxembourg-Kirchberg, 6 juin 2014) », *Concurrences* n° 4-2014, art. n° 69486, p. 54

Wils (W. P. J.), « Competition Authorities: Towards More Independence and Prioritisation? – The European Commission's "ECN+" Proposal for a Directive to empower the competition authorities of the Member States to be more effective enforcers », *Concurrences* n° 4-2017, art. n° 84881, p. 60

Directive (UE) 2019/1 du Parlement européen et du Conseil du 11 décembre 2018 visant à doter les autorités de concurrence des États membres des moyens de mettre en œuvre plus efficacement les règles de concurrence et à garantir le bon fonctionnement du marché intérieur, *JOUE* n° L 11 du 14 janvier 2019, p. 3

Règlement (CE) n° 1/2003 du Conseil du 16 décembre 2002 relatif à la mise en œuvre des règles de concurrence prévues aux articles 81 et 82 du traité, *JOCE* n° L 1 du 4 janvier 2003, p. 1

Voir aussi

International Competition Network (ICN) - Réseau européen de la concurrence (REC)

C

COOPÉRATION INTERNATIONALE

Frédérique BERROD
Institut d'études politiques de Strasbourg

■ Premier aperçu

La concurrence est aujourd'hui composée de trois règles « universelles » : contrôle des ententes, interdiction des abus de position dominante et contrôle des concentrations. En revanche, ces règles prennent des teintes bien différentes en fonction des objectifs visés par la concurrence. Ces différences d'interprétation génèrent tensions diplomatiques et effets d'opportunité pour les entreprises transnationales.

Ce risque toujours accru de compétition entre les territoires est paré par différentes techniques juridiques. L'effet extraterritorial des règles de concurrence a été parfois développé pour appréhender ces pratiques quand elles ont un effet substantiel sur le territoire concerné. La coopération internationale doit ensuite prendre le relais pour assurer que l'amende soit recouvrée en collaboration avec l'État du siège des entreprises en cause. L'autre solution explorée est de supprimer les facteurs de frictions normatives en créant un droit mondial de la concurrence. L'idée germe avec la SDN dès 1927 et est remise sur l'ouvrage après la deuxième guerre mondiale avec le travail de mise en convergence des droits de la concurrence tenté par la CNUCED. Les États-Unis en particulier se montrent peu enclins à perdre leur influence dans la conception des règles de concurrence et bloquent le processus. Seule l'Union européenne développe une politique régionale de concurrence, parce qu'elle est nécessaire pour la construction du marché intérieur, et organise une coopération spécifique, au sein du Réseau européen de la concurrence, formalisée depuis 2004.

La coopération internationale se développe de manière effective pour créer des cadres de coopération utilisables par les entreprises ou les États. Le projet de cadre multilatéral de la concurrence de l'OMC pose comme principes le respect de la transparence, de la non-discrimination et de l'équité de la procédure, mais reste à l'état de projet. L'OCDE est plus efficace et fournit des orientations pour encourager la coopération volontaire des entreprises, la coopération formalisée par des accords de coopération bilatérale entre États ou encore la convergence normative par des bonnes pratiques, tout particulièrement pour lutter contre les cartels.

C'est dans ce même cadre que se développe l'International Competition Network (ICN), réseau regroupant 138 autorités de concurrence. En 2019, il a adopté un nouvel outil de coopération, le Cadre sur les procédures des autorités de concurrence, engagement volontaire pour le respect de principes et de droits procéduraux pour les entreprises. La coopération internationale porte sur des principes applicables aux investigations, le respect de délais raisonnables de procédures ou la protection de la confidentialité des échanges. La novation réside principalement dans deux mécanismes de coopération et de revue, linéaments d'une gouvernance mondiale de la concurrence. Les autorités nationales développent ainsi une stratégie de coopération internationale de plus en plus élaborée.

■ Pour aller plus loin

L'Union européenne participe activement aux forums internationaux et développe également des instruments de coopération diversifiés.

- Il existe des accords bilatéraux spécialement dédiés à la favorisation, avec les États tiers, de l'échange d'informations ou d'échanges de personnels des autorités de concurrence.
- Des principes de coopération ont été négociés avec le Royaume-Uni dans l'Accord de commerce et de coopération avec l'UE (art. 2.4).
- Des accords de courtoisie internationale peuvent être négociés (aide à l'enquête et organisation de la procédure) comme avec les États-Unis.
- L'UE inclut le plus souvent un chapitre sur le respect effectif de la concurrence dans ses accords commerciaux de nouvelle génération ou dans ses accords d'association.

Bibliographie

Fox (E. M.), « A liberal competition code for the world whose time has not yet come », in The Global Competition Law Conference (Chicago, 28 oct. 2011), *Concurrences* n° 1-2013, art. n° 50695, p. 60

Jalabert-Doury (N.), « Les instruments de coopération plurilatéraux et multilatéraux de *soft law* élaborés par l'OCDE », in *Mondialisation et droit de la concurrence : les réactions normatives des États face à la mondialisation des pratiques anticoncurrentielles et des opérations de concentration*, W. Abdelgawad (dir.), Paris, Litec, 2008, p. 143

OCDE, « Défis de la coopération internationale dans la mise en œuvre du droit de la concurrence : résumé statistique », 2014

CORRUPTION

Silvia PIETRINI
Université de Lille

Premier aperçu

Le droit pénal français dispose d'un arsenal répressif pour sanctionner les différentes déclinaisons de la corruption, notamment la corruption active et la corruption passive, en distinguant selon que ces infractions impliquent des personnes exerçant une fonction publique (C. pén., art. 432-11 à 432-11-1 ; art. 433-1 à 433-2-1 ; art. 435-1 à 435-4 et art. 435-7 à 435-10) ou sont commises entre personnes privées (C. pén., art. 445-1 à 445-2-1).

Le délit de corruption est un délit à deux facettes. La corruption est passive lorsqu'une personne exerçant une fonction publique profite de cette fonction en sollicitant ou en acceptant des dons, promesses ou avantages en vue d'accomplir ou de s'abstenir d'accomplir un acte de sa fonction ; cette personne reçoit le nom de corrompu (C. pén., art. 432-11). La corruption est active lorsqu'une personne physique ou morale obtient ou essaie d'obtenir, moyennant des dons, des promesses ou avantages, d'une personne exerçant une fonction publique, qu'elle accomplisse ou retarde, ou s'abstienne d'accomplir ou de retarder, un acte de sa fonction ou un acte facilité par elle ; le tiers reçoit le nom de corrupteur (C. pén., art. 433-1).

En droit européen, la Convention civile sur la corruption définit celle-ci par une liste d'actes prohibés : « *le fait de solliciter, d'offrir, de donner ou d'accepter, directement ou indirectement, une commission illicite, ou un autre avantage indu ou la promesse d'un tel avantage indu qui affecte l'exercice normal d'une fonction ou le comportement requis du bénéficiaire de la commission illicite, ou de l'avantage indu ou de la promesse d'un tel avantage indu* » (Conseil de l'Europe, 4 novembre 1999, art. 2). À l'instar de l'arsenal répressif français, la Convention pénale sur la corruption distingue la corruption active et la corruption passive selon que ces infractions impliquent des personnes exerçant une fonction publique ou sont commises entre personnes privées (Conseil de l'Europe, 27 janvier 1999, art. 2 et s.). Si le délit de corruption ne se confond pas avec les pratiques anticoncurrentielles prohibées par le droit de la concurrence, il n'en demeure pas moins que la corruption constitue un des principaux obstacles à la concurrence dans les marchés publics (OCDE). Plus précisément, il n'est pas rare que l'entente entre entreprises soumissionnaires s'accompagne de la corruption de l'acheteur public.

■ Pour aller plus loin

Tout en étant distinctes et appréhendées distinctement par les règles de droit, corruption et collusion n'en sont pas moins liées : en effet, les ententes renchérissant les prix peuvent requérir, à tout le moins, la passivité de représentants de l'acheteur public qui seraient susceptibles de détecter la pratique collusive et, dans cette perspective, de s'assurer de ces comportements passifs, voire actifs, des représentants par l'octroi de différentes faveurs au bénéfice de ces derniers.

En raison du caractère dissimulé de l'infraction, les poursuites et les condamnations sont de fait peu nombreuses. Il est possible d'évoquer, à titre d'illustration, l'affaire des lycées d'Île-de-France, dans laquelle des cadres et des dirigeants d'entreprise ont été condamnés des chefs d'abus de confiance ou d'abus de biens sociaux, de corruption et d'ententes illicites pour fausser ou restreindre le jeu de la concurrence ; des trésoriers, collecteurs de fonds et élus des partis politiques, pour complicité et recel de corruption et de trafic d'influence.

En 2016, la France s'est dotée avec la loi dite « Sapin II » (loi n° 2016-169) d'un nouvel arsenal qui prévoit notamment la création d'une Agence française anticorruption (AFA) et l'obligation, pour les sociétés dépassant certains seuils en salariés et en chiffre d'affaires, de mettre en place un programme de conformité. Le 19 octobre 2021, une proposition de loi visant à renforcer la lutte contre la corruption a été déposée dans la continuité du rapport d'information sur l'évaluation de la loi Sapin II rendu le 7 juillet 2021.

En Europe, la corruption dans les secteurs privé et public est considérée comme une distorsion de la concurrence et un obstacle à un sain développement économique (décision-cadre 2003/568/JAI relative à la lutte contre la corruption dans le secteur privé, cons. 9). Certaines institutions européennes ont ainsi vu le jour pour prévenir et lutter contre les pratiques corruptives (Europol, Eurojust et OLAF). En 2011, la Commission a adopté une communication sur « La lutte contre la corruption dans l'Union européenne » (COM(2011) 0308 final). Chaque année le Groupe d'États contre la corruption (GRECO) du Conseil de l'Europe publie un rapport sur les tendances, les défis et les bonnes pratiques en matière de lutte contre la corruption.

Bibliographie

Jenny (F.), « Corruption et pratiques anticoncurrentielles », in *Pratiques et contrôle de la corruption*, J. Cartier-Bresson (dir.), Paris, Association d'économie financière / Montchrestien, 1997, p. 195

Matsopoulou (H.) et Mascala (C.), *Le Lamy droit pénal des affaires*, Saint-Ouen, Wolters Kluwer France, 2022

OCDE, « Rapport sur la mise en œuvre de la recommandation du Conseil sur les marchés publics », C(2019)94/FINAL, 16 juillet 2019

OCDE, « Forum mondial sur la concurrence, Lutte contre la corruption et promotion de la concurrence – Compte rendu de la discussion », DAF/COMP/GF(2014)13/FINAL, 3 juin 2015

Stasiak (F.) et Vitu (A.), « Corruption active d'agents publics nationaux et trafic d'influence, actif ou passif, commis par des particuliers », *JCL. Pénal des Affaires*, V° Corruption, fasc. 10

Loi n° 2016-1691 du 9 décembre 2016 relative à la transparence, à la lutte contre la corruption et à la modernisation de la vie économique, JORF n° 0287 du 10 décembre 2016

Communication de la Commission, « La lutte contre la corruption dans l'Union européenne », COM(2011) 0308 final, 6 juin 2011

Décision-cadre 2003/568/JAI du Conseil du 22 juillet 2003 relative à la lutte contre la corruption dans le secteur privé, *JOCE* n° L 192 du 31 juillet 2003, p. 54

Convention civile sur la corruption (STE n° 174) du Conseil de l'Europe

Convention pénale sur la corruption (STE n° 173) du Conseil de l'Europe

C

COUR EUROPÉENNE DES DROITS DE L'HOMME

Jean-Luc SAURON
Conseil d'État

Premier aperçu

La Cour européenne des droits de l'homme (ci-après la « CEDH ») est, depuis 1959, en charge des affaires relatives à l'application de la Convention européenne des droits de l'homme du 4 novembre 1950 (ci-après la « Convention ») et des protocoles y afférents pour l'ensemble des États parties à ladite convention (soit 47 États, en 2022).

Dans une première approche, les droits protégés par cette convention et relevant de la CEDH se présentent comme ne concernant que le droit des individus (droit à la vie, interdiction de la torture, des traitements inhumains et dégradants, droit au respect de la vie privée et familiale, etc.).

Mais assez rapidement, la CEDH a appliqué les droits procéduraux prévus par la Convention aux personnes morales dans le cadre des droits nationaux de la concurrence (droit à un procès équitable, droit à un recours effectif), notamment dans le cadre de l'exercice, par les autorités nationales de régulation, de leurs pouvoirs de sanctions. Elle a également trouvé à mettre en œuvre des droits matériels au bénéfice de sociétés comme le droit au respect de la vie privée et familiale prévu à l'article 8 de la Convention.

Pour aller plus loin

L'application par la CEDH des droits protégés par la Convention au domaine du droit de la concurrence est passée principalement par le contrôle des sanctions adoptées par les autorités nationales de régulation. Lesdites autorités (administratives, publiques et indépendantes) relevaient en droit national d'un contentieux ni civil ni pénal au sens habituel de ces termes, ce qui paraissait interdire l'application du droit à un procès équitable prévu à l'article 6, paragraphe 1, de la Convention, qui stipule que « *[t]oute personne a droit à ce que sa cause soit entendue équitablement, publiquement et dans un délai raisonnable, par un tribunal indépendant et impartial, établi par la loi, qui décidera, soit des contestations sur ses droits et obligations de caractère civil, soit du bien-fondé de toute accusation en matière pénale dirigée contre elle* ».

Par suite, l'appréhension du droit de la concurrence par la jurisprudence de la CEDH a débuté par la requalification, par ladite Cour, de sanctions prises à l'encontre d'entreprises se voyant reprocher une pratique anticoncurrentielle, sanctions considérées par le droit national comme administratives, en sanctions pénales permettant d'entrer dans le domaine de l'article 6, paragraphe 1, de la Convention. Ainsi, l'arrêt *Engel e.a. c/ Pays-Bas* du 23 novembre 1976 intervenu en matière disciplinaire va être rapidement utilisé dans le cadre des sanctions par les autorités de régulation (CEDH, 27 février 1992, *Société Stenuit c/ France*, n° 11598/85) dans le cadre du droit de la concurrence.

Dans une jurisprudence constante depuis lors, la CEDH rappelle qu'il faut, afin de déterminer l'existence d'une « *accusation en matière pénale* », avoir égard à trois critères : la qualification juridique de la mesure litigieuse en droit national, la nature même de celle-ci, et la nature et le degré de sévérité de la « *sanction* » (*Engel e.a. c/ Pays-Bas*, préc., pt 82). Ces critères sont par ailleurs alternatifs et non cumulatifs. Pour que l'article 6, paragraphe 1, s'applique au titre des mots « accusation en matière pénale », il suffit que l'infraction en cause soit, par nature, « pénale » au regard de la Convention, ou ait exposé l'intéressé à une sanction qui, par sa nature et son degré de gravité, relève en général de la « matière pénale ». Cela n'empêche pas l'adoption d'une approche cumulative si l'analyse séparée de chaque critère ne permet pas d'aboutir à une conclusion claire quant à l'existence d'une « accusation en matière pénale ». Cette requalification en sanction pénale d'une sanction analysée en droit national comme purement administrative permet par suite l'application à la procédure du droit à un procès équitable prévu à l'article 6, paragraphe 1, précité.

La CEDH a déjà jugé que l'article 6, dans son volet pénal, s'appliquait notamment pour les sanctions infligées en Italie par l'Autorité de régulation de la concurrence et du marché (Autorità Garante della Concorrenza e del Mercato – AGCM) (CEDH, 27 septembre 2011, *A. Menarini Diagnostics S.r.l. c/ Italie*, n° 43509/08), et la Commission nationale des sociétés et de la Bourse (Commissione Nazionale per le Società e la Borsa – CONSOB) (CEDH, 4 mars 2014, *Grande Stevens e.a. c/ Italie*, n°s 18640/10, 18647/10, 18663/10, 18668/10 et 18698/10), et en France, la Cour de discipline budgétaire et financière (CEDH, 26 septembre 2000, *Guisset c/ France*, n° 33933/96), le Conseil des marchés financiers (CEDH, 27 août 2002, *Didier c/ France*, n° 58188/00), le Conseil de la concurrence (CEDH, 3 décembre 2002, *Lilly France S.A. c/ France*, n° 53892/00), la Commission des sanctions de l'Autorité des marchés financiers (CEDH, 19 mai 2009, *Messier c/ France*, n° 25041/07), la Commission bancaire (CEDH, 11 juin 2009, *Dubus S.A. c/ France*, n° 5242/04). La CEDH a aussi appliqué auxdites autorités l'article 6, paragraphe 1, sous son volet civil. Là encore, il ne s'agit pas d'un renvoi au droit national, mais à une notion interprétée de façon autonome par la Cour.

Si la procédure menée à l'encontre d'une décision d'une autorité de régulation relève bien de l'article 6, paragraphe 1, le contrôle exercé par la CEDH sur la décision attaquée s'effectuera en deux temps : la sanction prise par ladite autorité devra être contrôlée par un tribunal offrant les garanties au sens de l'article 6 de la Convention (c'est-à-dire indépendant et impartial), d'une part, et ce tribunal devra exercer un contrôle de pleine juridiction au sens de la jurisprudence de la CEDH, d'autre part.

La décision d'une autorité administrative ne remplissant pas elle-même les conditions de l'article 6 doit pouvoir être soumise au contrôle ultérieur d'un organe judiciaire de pleine juridiction. La CEDH définit la caractéristique d'un organe judiciaire de pleine juridiction de la manière suivante : pouvoir de réformer en tous points, en fait comme en droit, la décision entreprise, rendue par ladite autorité, autorité qui doit notamment avoir compétence pour se pencher sur toutes les questions de fait et de droit pertinentes pour le litige dont elle se trouve saisie.

Concernant les perquisitions ou visites et saisies opérées dans les locaux d'une société commerciale, la CEDH a jugé qu'elles peuvent porter atteinte aux droits protégés par l'article 8 de la Convention (CEDH, 16 avril 2002, *Société Colas Est e.a. c/ France*, n° 37971/97, et 15 juillet 2003, *Ernst e.a. c/ Belgique*, n° 33400/96) De même la fouille et la saisie de données électroniques s'analysent comme une ingérence dans le droit au respect de la « vie privée » et de la « correspondance » au sens des stipulations de l'article 8 (CEDH, 2 avril 2015, *Vinci Construction et GTM génie civil et services c/ France*, n°s 63629/10 et 60567/10). Une telle ingérence méconnaît l'article 8 sauf si, elle est « *prévue par la loi* », elle poursuit un ou des buts légitimes au regard du paragraphe 2 de l'article 8 et est « *nécessaire dans une société démocratique* » pour les atteindre. S'agissant des visites domiciliaires et des saisies, la CEDH recherche si la législation et la pratique internes offraient des garanties adéquates et suffisantes contre les abus et l'arbitraire (CEDH, 25 février 1993, *Funke c/ France*, n° 10588/83 ; *Société Colas Est e.a. c/ France*, préc.), notamment s'il existe un « contrôle efficace » des mesures attentatoires à l'article 8 de la Convention.

Enfin, le droit de la concurrence est l'un des domaines majeurs de l'application de la jurisprudence de la CEDH relative au principe du *non bis in idem* (CEDH, 15 novembre 2016, *A et B c/ Norvège*, n°s 24130/11 et 29758/11) (art. 4 du prot. n° 7 : « *1. Nul ne peut être poursuivi ou puni pénalement par les juridictions du même État en raison d'une infraction pour laquelle il a déjà été acquitté ou condamné par un jugement définitif conformément à la loi et à la procédure pénale de cet État.* »)

Bibliographie

« L'entreprise, les règles de concurrence et les droits fondamentaux : quelle articulation ? », *Nouveaux cahiers du Conseil constitutionnel* 2012, n° 35, notamment les interventions de B. Lasserre (« Introduction : dialogue ou collision ? ») et de R. Saint-Esteben (« Le droit de la concurrence "saisi par les droits fondamentaux" un progrès de droit évident mais inachevé »).

Idot (L.) (dir.), *Grands arrêts du droit de la concurrence, vol. I, Pratiques anticoncurrentielles*, Paris, Concurrences, 2016

Sauron (J.-L.), Grasso (A.) et Chartier (A.), *Les droits couverts par la Cour européenne des droits de l'homme*, Betrange, Legitech, 2021

Spielmann (D.), « Le droit de la concurrence devant la Cour européenne des droits de l'homme », 12e conférence des juges spécialisés en droit de la concurrence, Luxembourg, 14 juin 2013

Surrel (H.), « Conseil constitutionnel et jurisprudence de la CEDH », *Nouveaux Cahiers du Conseil constitutionnel* 2017, n° 54

Voir aussi

Ne bis in idem - Visites et saisies

C

COURTOISIE

Hugues PARMENTIER
Commission européenne – DG industrie de la défense et de l'espace

Premier aperçu

La courtoisie (« *comitas gentium* », « *comity* » en anglais) est le principe de droit international en vertu duquel un pays accepte de prendre en compte, dans l'application de sa législation, les intérêts importants des autres pays, escomptant un traitement similaire en retour.

Il s'agit du principe fondateur de la coopération internationale (v. Coopération internationale et Coopération entre autorités de concurrence). Il vient tempérer les effets de l'affirmation unilatérale de la compétence extraterritoriale (v. Extraterritorialité) : un pays ne renonce pas à sa compétence, mais l'exerce en sachant que cela peut avoir une incidence sur les mesures d'application de la législation d'autres pays.

Les principes de la courtoisie internationale sont appliqués dans de nombreux domaines juridiques tels que la fiscalité, les faillites, la lutte contre la corruption ou la réglementation environnementale.

En matière de concurrence, la coopération bilatérale a une importance pratique majeure. Des accords de coopération spécifiques en matière de concurrence, qui contiennent tous des clauses de courtoisie, ont été conclus entre l'Union européenne et les États-Unis (1995 et 1998), le Canada (1999), le Japon (2003), la Corée (2009), la Suisse (2014) et le Mexique (2018). En outre, l'accord de coopération entre l'Union européenne et le Royaume-Uni de décembre 2020 laisse penser qu'il y en aura un spécifique en matière de concurrence à l'avenir.

Les principaux éléments des accords de coopération spécifiques sont l'information mutuelle, la coordination dans la mise en œuvre et l'échange d'informations non confidentielles. Les accords contiennent en outre des clauses de courtoisie sur la possibilité pour une partie de demander à l'autre de prendre des mesures d'application (courtoisie positive) et pour une partie de prendre en compte les intérêts importants de l'autre partie dans le cadre de ses mesures d'application (courtoisie passive ou traditionnelle, connue aussi comme prévention des conflits).

Les mécanismes de coopération pour l'attribution des affaires et l'assistance du Réseau européen de la concurrence constituent selon l'OCDE un exemple de courtoisie renforcée.

■ Pour aller plus loin

Dans le domaine de la concurrence, la coopération internationale s'appuie sur différents types de courtoisie : la courtoisie passive, la courtoisie active et la courtoisie renforcée.

La courtoisie passive, ou courtoisie traditionnelle, prévoit qu'une partie examine tous les éléments en cause lorsque sa législation et les mesures qu'elle prend pour la faire appliquer affectent les intérêts importants de l'autre partie. Par exemple, les recommandations de l'OCDE de 2014 précisent que pour faire preuve de courtoisie passive, un adhérent devrait :

- informer un autre adhérent lorsqu'il engage une enquête ou une procédure susceptible de porter atteinte à des intérêts importants de l'autre adhérent (pt V) ;
- s'il estime qu'une enquête ou une procédure engagée par un autre adhérent au titre de son droit de la concurrence peut porter atteinte à d'importants intérêts le concernant, transmettre ses vues sur la question à l'autre adhérent ou lui demander une concertation (pt III).

La courtoisie active permet à une partie de demander à l'autre partie de prendre des mesures lorsque des intérêts importants de la première sont affectés par un comportement anticoncurrentiel sur le territoire de la seconde. Par exemple, les recommandations de l'OCDE de 2014 précisent que pour faire preuve de courtoisie active, un adhérent devrait, s'il estime que des entreprises issues du pays d'un autre adhérent se livrent à des pratiques anticoncurrentielles qui portent gravement préjudice à d'importants intérêts le concernant, demander à se concerter avec cet autre adhérent (pt V).

Dans le cas du Réseau européen de la concurrence, qui est un système de compétence parallèle pour la mise en œuvre du droit européen de la concurrence, l'OCDE a considéré dans une note d'information que la courtoisie pouvait être qualifiée de renforcée. Elle permet de poser comme principe que la compétence doit revenir à la partie la mieux équipée pour prouver l'infraction et faire appliquer les sanctions ou les mesures correctrices. C'est le sens des règles relatives à la réattribution d'une affaire si une autorité estime qu'elle n'est pas bien placée pour agir ou si d'autres autorités s'estiment bien placées, elles aussi, pour agir.

Bibliographie

IDOT (L.), « L'internationalisation du droit de la concurrence », *JCP E* 2000, suppl., n° 3, 12 octobre 2000, p. 27

OCDE/ICN, « OECD/ICN Report on International Co-operation in Competition Enforcement », 2021

OCDE, *Recommandation du Conseil concernant la coopération internationale dans le cadre des enquêtes et procédures portant sur des affaires de concurrence*, OECD/LEGAL/0408, 2021

ROMANO (F.), *Mondialisation des politiques de concurrence*, Paris, L'Harmattan, 2003

Voir aussi

Coopération entre autorités de concurrence - Coopération internationale - Extraterritorialité

C

COÛTS INCRÉMENTAUX

Michaël KARPENSCHIF
Fiducial Legal by Lamy

■ Premier aperçu

Avec la libéralisation de la plupart des secteurs économiques conduisant, conformément à l'article 31 TFUE, à une disparition des monopoles publics, les opérateurs historiques ont été contraints de diversifier leurs activités. Cette diversification a permis aux opérateurs nationaux de s'appuyer sur leurs avantages de structure (réseau de commercialisation, personnels, image de marque, services, supports, matériels, etc.) pour conquérir de nouveaux marchés et/ou défendre leur position concurrentielle. Il est en effet tentant pour ces opérateurs historiques de fournir une assistance logistique et commerciale à leurs filiales dans des conditions financières très éloignées de celles du marché pour leur accorder un avantage qualifié d'aide d'État (CJCE, 11 juillet 1996, *SFEI*, aff. C-39/94) et leur permettre, par le versement de « subventions croisées », de pratiquer des prix prédateurs sur ces nouveaux marchés.

Pour garantir des conditions équitables de concurrence entre les acteurs sans interdire aux opérateurs historiques de participer à ces nouvelles activités, la Commission européenne a développé le concept du « coût incrémental », c'est-à-dire : *Le coût qui correspond à l'augmentation des coûts engendrée par le développement d'une seconde activité par l'entreprise.* Ainsi, dans sa décision de principe *Deutsche Post* (2001/354/CE du 20 mars 2001), qui portait sur les conditions dans lesquelles l'opérateur postal historique allemand (disposant d'un monopole sur le courrier classique) pouvait développer une activité complémentaire d'envoi de colis commerciaux, la Commission exigera que les prix facturés à la filiale (et donc au client final) tiennent compte de l'ensemble des coûts supplémentaires générés par le développement de l'activité nouvelle. À défaut, comme en l'espèce, l'opérateur historique commet un abus de position dominante (art. L. 420-2 C. com.).

On notera toutefois que seuls les coûts supplémentaires doivent être facturés, pas ceux qui, indifféremment de l'existence ou non de la nouvelle activité, sont supportés par l'opérateur historique (Trib. UE, 7 juin 2006, *UFEX e.a. c/ Commission*, aff. T-613/97).

■ Pour aller plus loin

L'Autorité de la concurrence (avis n° 05-A-06 du 31 mars 2005 ; avis n° 09-A-55 du 4 novembre 2009 ; avis n° 12-A-04 du 16 février 2012 ; déc. n° 18-D-07 du 31 mai 2018), les juges judiciaires (Cass. com., 13 juillet 2010, *Sté Vedettes inter-îles vendéennes*, n° 09-67.439) et même les juges administratifs (CE, avis, 8 novembre 2000, *J.-L. Bernard Consultant*, n° 222208 ; CE, 24 juillet 2009, *Sté Orange France*, n° 324642 ; CAA Lyon, 17 novembre 2020, *Sté Centre Léman*, n° 8LY00140) font régulièrement application de ce concept pour vérifier que le développement d'activités nouvelles par un opérateur chargé d'obligations de service public (et donc de financements publics) ne permet pas la mise en place de pratiques de prédation par les prix.

Bibliographie

Barthélémy (C.), « Coûts incrémentaux et subventions croisées : une méthode d'analyse qui participe du rééquilibrage entre la libre concurrence et le service public », *RJEP* 2005, p. 225.

Tran Thiet (J.-P.), Thouvenin (V.), Mouy (N.) et Barthélémy (C.), « "Coûts incrémentaux" : Retour sur les avantages concurrentiels du secteur public », *Concurrences* n° 2-2005, art. n° 1476, p. 10

Zolynski (C.), « L'application du critère des coûts incrémentaux à une entreprise chargée d'une mission de service public est confirmée », *LEDC* oct. 2001, n° EDCO-108503-11009, p. 6

C

COÛTS MARGINAUX

Sophie HARNAY
Université Paris Nanterre

■ Premier aperçu

Le coût marginal se définit comme le supplément de coût total engendré par la production d'une unité (de bien, de service) supplémentaire par l'entreprise. Mathématiquement, il est égal à la dérivée du coût total par rapport à la quantité produite. Le coût fixe étant par définition constant et ne changeant pas avec le niveau de quantité produite, le coût marginal est aussi égal à l'accroissement du coût variable résultant de la production d'une unité supplémentaire, et donc égal à la dérivée du coût variable par rapport à la quantité. Lorsque le coût marginal est supérieur au coût moyen de production, ce dernier est croissant ; lorsqu'il est inférieur au coût moyen, ce dernier est décroissant. Le minimum de coût moyen est atteint lorsque le coût moyen est égal au coût marginal.

Selon la théorie microéconomique, le coût marginal joue un rôle central dans la prise de décision de l'entreprise. Pour déterminer son niveau de production, l'entreprise compare le coût marginal de production d'une unité supplémentaire et la recette supplémentaire retirée de la vente de cette unité sur le marché. Lorsque la recette retirée de la vente de l'unité supplémentaire est supérieure à son coût marginal de production, il est rationnel pour l'entreprise de produire cette unité. À l'inverse, lorsque la recette marginale est inférieure au coût marginal, il n'est plus rentable d'augmenter la production. L'entreprise choisit donc son niveau de quantité d'équilibre de façon à égaliser recette marginale et coût marginal.

En concurrence pure et parfaite, l'entreprise est preneuse de prix et n'est pas en mesure d'influencer le prix de marché : sa recette marginale est alors égale au prix unitaire imposé par le marché et elle détermine le niveau de quantité qu'elle produit en égalisant son coût marginal à ce prix de marché. Lorsque ce dernier est supérieur au coût moyen supporté par l'entreprise pour cette quantité, elle réalise un profit positif. En longue période, l'existence de profits positifs incite de nouveaux concurrents à entrer sur le marché, induisant une augmentation de l'offre totale et une baisse du prix de marché jusqu'à l'annulation du profit de l'entreprise marginale. La baisse du prix se poursuit jusqu'à son égalisation avec le minimum de coût moyen de l'entreprise marginale, pour lequel son coût moyen est égal à son coût marginal et son profit nul.

Le niveau de coût marginal de l'entreprise est également déterminant dans son choix d'entrer ou non sur le marché. La profitabilité de l'entreprise exige en effet qu'elle couvre au moins son coût moyen de production. Pour une entreprise concurrentielle égalisant son coût marginal au prix de marché, il n'est pas rentable de produire lorsque le coût marginal est inférieur au minimum de coût moyen. L'égalité entre coût marginal et coût moyen définit en ce sens le seuil d'entrée (respectivement, de sortie) du marché pour l'entreprise, correspondant au niveau de quantité à partir duquel elle commence à réaliser un profit positif (respectivement, négatif).

Le coût marginal est en outre étroitement associé à la courbe d'offre individuelle de l'entreprise, indiquant la quantité qu'une entreprise est prête à offrir pour chaque niveau de prix de marché. L'entreprise concurrentielle choisissant son niveau de quantité produite de façon à égaliser son coût marginal au prix de marché, sa courbe d'offre correspond à la partie de la courbe de coût marginal pour laquelle le coût marginal est supérieur au coût moyen dans un repère (quantité, prix). Lorsque le coût marginal est inférieur au coût moyen, l'offre est nulle et la courbe d'offre se confond avec l'axe des ordonnées dans le repère considéré.

■ Pour aller plus loin

En situation de concurrence imparfaite, les firmes sont en mesure d'exercer une influence sur le niveau du prix de marché et de pratiquer un prix supérieur à leur coût marginal de production. L'écart entre prix de marché et coût marginal de l'entreprise, appelé taux de marge (ou *mark-up*), constitue ainsi un indicateur du pouvoir de marché des entreprises. Un taux de marge élevé s'interprète généralement comme le signe d'une faible intensité concurrentielle sur le marché et de la capacité des entreprises à imposer des prix élevés aux consommateurs. À l'inverse, un taux de marge faible reflète la capacité des mécanismes concurrentiels de marché à discipliner les entreprises et à les contraindre à pratiquer des prix proches de leur coût marginal, se traduisant par un prix bas pour les consommateurs.

Un prix supérieur au coût marginal peut résulter de pratiques anticoncurrentielles. Il ne doit cependant pas systématiquement être considéré comme excessif, et peut s'expliquer par exemple par la distance géographique avec les concurrents ou une forme de concurrence davantage fondée sur la qualité et la différenciation des produits que sur les prix. Un prix inférieur au coût marginal peut quant à lui être le signe de pratiques d'éviction.

Malgré leur centralité dans la théorie microéconomique, les coûts marginaux sont difficiles à évaluer empiriquement et ne sont donc que peu utilisés dans la pratique des autorités de concurrence. Pour apprécier le pouvoir de marché d'une entreprise et d'éventuels abus de position dominante associés, les autorités de concurrence ne se limitent pas à l'examen du taux de marge ou au calcul de l'indice de Lerner (égal à la différence entre le prix à la production et le coût marginal, divisée par le prix à la production), mais utilisent un faisceau d'indices structurels et comportementaux. De la même façon, concernant les pratiques d'éviction, plusieurs tests de la relation prix-coût sont utilisés. Lorsque le coût marginal n'est pas disponible, le test Areeda-Turner lui substitue le coût variable moyen. Plus récemment, l'analyse des coûts évitables moyens propose de comparer les prix à la moyenne des coûts variables et des coûts fixes spécifiques.

Bibliographie

Areeda (P.) et Turner (D. F.), « Predatory Pricing and Related Practices under Section 2 of the Sherman Act », *Harvard Law Review*, 1975, vol. 88, n° 4, p. 697

Combe (E.), *Économie et politique de la concurrence*, 2e éd., Paris, Dalloz, 2020

Flochel (L.), « Les coûts à court terme : Application aux tests de prix prédateurs », *Concurrences* n° 1-2010, art. n° 30172, www.concurrences.com

Lerner (A. P.), « *The Concept of Monopoly and the Measurement of Monopoly Power* », *Review of Economic Studies*, 1934, vol. 1, n° 3, p. 157

OCDE, « Méthodes utilisées pour mesurer la concurrence sur le marché – Note de réflexion – par le Secrétariat », DAF/COMP(2021)2, 31 janvier 2022.

West (J.), « Prix d'éviction – Note de référence », *Revue de l'OCDE sur le droit et la politique de la concurrence*, 2007, vol. 9, n° 1, p. 109.

C

COÛTS VARIABLES

Jaime BARAHONA
Tribunal de Defensa de la Libre Competencia de Chile

Premier aperçu

Les coûts variables correspondent à la valeur des coûts économiques d'une entreprise strictement liés à la production et qui varient en fonction de l'ampleur de celle-ci. Le concept de coûts économiques est conçu en relation avec une production efficace, c'est-à-dire avec des coûts ou des dépenses aussi faibles que possible.

Pour aller plus loin

Un premier aspect à commenter est que lorsqu'on se réfère aux coûts, on les différencie d'un point de vue économique et d'un point de vue comptable. Les coûts économiques ne sont pas nécessairement la somme des dépenses effectuées par une entreprise, qui, en cas d'inefficacité, peuvent dépasser celles nécessaires pour réaliser la production. Les coûts économiques peuvent se référer aux dépenses minimales nécessaires pour mener à bien l'activité commerciale ou économique de l'entreprise.

Il est très important, surtout du point de vue du droit de la concurrence, de comprendre que tout concept de coût doit être conçu en fonction d'une production ou d'une performance efficace, c'est-à-dire en supportant le coût minimum possible. Le coût variable fait référence à la partie du coût qui est strictement liée à la production. Par contre, l'entreprise peut naturellement subir des coûts qui ne sont pas nécessairement liés à la production, ce qui peut se produire pendant une période où l'entreprise doit s'adapter à des limitations techniques ou contractuelles. Ces coûts fixes sont supportés une seule fois pour assurer la production et ne varient pas avec les changements du niveau de production. Ainsi, le coût variable, en tant que partie distinctive du coût total d'une entreprise, est un concept qui n'acquiert de pertinence que dans une période où l'entreprise n'a pas la capacité de s'ajuster complètement et que nous appelons court terme. À long terme, tous les coûts peuvent être conçus comme variables. Cela conduit à définir également les coûts variables comme tout coût qui n'est pas fixe. Un élément de coût n'est pas fixe ou variable par nature. Il faut donc déterminer si, au cours de l'analyse de la structure des coûts d'une entreprise défenderesse, une valeur spécifique varie ou non en fonction des quantités produites.

À cet égard, le coût variable moyen (CVM), défini comme le coût variable par unité de produit, a été conçu comme une variable fondamentale dans la pratique antitrust pour l'identification de prix prédateurs, ce qui a été explicité dans un article d'Areeda et Turner (1975). Ceux-ci ont en effet expliqué que le test prix-coût est approprié pour déterminer s'il existe une stratégie de prix inférieurs aux coûts susceptible d'être prédatrice. Bien que dans ce même article les auteurs indiquent que c'est la comparaison avec le coût marginal qui devrait conceptuellement dominer toute idée de CVM pour déterminer quand un prix peut être prédateur, Baumol (1996) a soutenu que ce qui est conceptuellement correct, c'est l'accent mis sur le CVM. Bien que l'utilisation du CVM, pour des raisons pratiques et conceptuelles, ait été considérée comme la forme la plus pertinente de mesure de cette variable, il y a encore des discussions, principalement dans les litiges devant les tribunaux, sur la valeur appropriée à comparer.

Un corollaire de la distinction entre les coûts variables et les coûts fixes est qu'une entreprise qui décide d'arrêter de produire à un moment donné pourra éviter les coûts variables – ceux associés à la production –, mais non les coûts fixes. Un autre corollaire, directement associé à la contribution d'Areeda et Turner, est que si une entreprise fait face à un prix supérieur à son CVM – même dans le cas où ce prix est inférieur à son coût total moyen (qui inclut la composante des coûts fixes) –, elle a intérêt à continuer à produire plutôt qu'à s'arrêter. Par conséquent, ce n'est que lorsqu'une entreprise fait face à un prix inférieur à son CVM qu'elle sera incitée à ne pas poursuivre son activité et à arrêter la production.

Ces derniers commentaires nous obligent à présenter un cas qui illustre l'analyse prix-coût qui a été effectuée dans le système européen : *AKZO Chemie BV* (CJCE, 3 juillet 1991, aff. C-62/86). La Cour a confirmé que les prix prédateurs tombaient sous le coup de l'article 82 TFUE (l'actuel art. 102) et a fourni deux tests pour considérer les prix comme prédateurs. Premièrement, une présomption d'« intention prédatrice » lorsqu'il est constaté qu'une entreprise a fixé un prix inférieur au coût variable moyen. Selon la Cour, une telle entreprise n'a « *aucun intérêt à pratiquer de tels prix, si ce n'est celui d'éliminer ses concurrents pour pouvoir, ensuite, relever ses prix en tirant profit de sa situation monopolistique* ». Le second test fourni par la Cour consistait à considérer les prix comme abusifs lorsqu'ils sont inférieurs aux coûts totaux moyens mais supérieurs aux coûts variables moyens, dans la mesure où ils sont considérés comme faisant partie d'une stratégie d'éviction.

Parmi les autres affaires et conclusions relatives aux prix prédateurs qui ont nécessité une analyse des coûts, citons *Tetra Pak* (CJCE, 14 novembre 1996, aff. C-333/94 P) et les affaires *Post Danmark* (CJUE, 27 mars 2012, aff. C-209/10 et 6 octobre 2015, aff. C-23/14). Dans l'affaire *Post Danmark I*, la Cour de justice a estimé que le test du concurrent aussi efficace est un élément requis du test de prédation et que l'utilisation des coûts différentiels au lieu du CVM était une stratégie plus appropriée. Dans l'affaire *Post Danmark II*, la Cour a estimé que la fixation de prix inférieurs aux coûts totaux moyens mais supérieurs aux CVM ne constituait pas en soi une violation. Dernièrement, une analyse approfondie de l'analyse des coûts a également été publiée dans *Qualcomm* (Trib. UE, 9 avril 2019, aff. T-371/17).

En ce qui concerne le système juridique américain, le critère de coût applicable à la prédation a été analysé dans l'affaire *Brooke Group* (1993). La Cour suprême a fourni un cadre analytique et a estimé qu'un plaignant doit prouver que les prix de l'entreprise prédatrice présumée étaient « *inférieurs à une mesure appropriée des coûts de sa rivale* » et que cette entreprise avait une forte probabilité de récupérer son investissement dans des prix inférieurs aux coûts.

Enfin, il existe une affaire de premier plan qui ne peut être exclue de ce commentaire : l'affaire *American Airlines* présentée après la mise en œuvre d'une stratégie de prix contre les transporteurs à bas coûts dans la plate-forme aéroportuaire de Dallas-Fort Worth (*U.S. v. AMR*). Le juge a statué que le ministère de la Justice aurait dû comparer le prix d'American Airlines au CVM à l'échelle de la route et qu'une accusation de « sacrifice » de profit (comportement qui serait irrationnel sans son effet d'exclusion) n'était pas suffisante.

Bibliographie

Areeda (P.) et Turner (D. F.), « Predatory Pricing and Related Practices under Section 2 of the Sherman Act », *Harvard Law Review*, 1975, vol. 88, n° 4, p. 697

Baumol (W. J.), « Predation and the Logic of the Average Variable Cost Test », *The Journal of Law & Economics*, 1996, vol. 39, n° 1, p. 49

De la Mano (M.) et Durand (B.) « A Three-Step Structured Rule of Reason to Assess Predation under Article 82 », DG Competition, *Office of the Chief Economist Discussion Paper*, 12 décembre 2005

D

DÉCISION PRÉJUDICIELLE (ART. 267 TFUE)

Benjamin CHEYNEL
Tribunal de l'Union européenne

Premier aperçu

Le mécanisme préjudiciel établi par l'article 267 TFUE constitue l'instrument central d'application uniforme du droit de l'Union au sein des 27 États membres. Il prend la forme d'une procédure non contentieuse permettant une coopération directe entre, d'une part, la Cour de justice de l'Union européenne, seule interprète authentique du droit de l'Union, et, d'autre part, les juridictions nationales, juges de droit commun du droit de l'Union.

Il autorise toute juridiction nationale à saisir la Cour soit de l'interprétation du droit de l'Union, soit de l'appréciation de la validité d'un acte de droit dérivé de l'Union.

Dans le champ du droit de la concurrence, il permet ainsi d'interroger la Cour sur l'interprétation, entre autres, des articles 101, 102, 106, 107 ou 108 TFUE, des actes de portée générale tels que les règlements d'exemption, mais également des décisions de la Commission. De même, il permet aux juridictions nationales, saisies de mesures nationales mettant en œuvre des actes de droit de l'Union de portée générale ou des décisions de la Commission, de « contester » la validité de ces actes. Relevons toutefois que cette dernière faculté s'avère particulièrement encadrée s'agissant des décisions de la Commission ; une demande de décision préjudicielle en appréciation de validité d'une telle décision est irrecevable si l'entreprise qui se prévaut de l'illégalité de cette décision était sans aucun doute recevable à demander l'annulation de cette décision devant le Tribunal de l'Union européenne. À l'issue de la procédure préjudicielle, la Cour rend une décision revêtue de l'autorité de chose jugée et qui présente un caractère obligatoire non seulement à l'égard de la juridiction de renvoi, mais également des autorités et juridictions de l'ensemble des États membres.

■ Pour aller plus loin

Sur le plan pratique, il importe de relever que la procédure préjudicielle est une procédure de juge à juge dont le déclenchement appartient au seul juge national, auquel il revient de définir les questions posées ainsi que de fixer tant le cadre juridique national que le cadre factuel de l'affaire, sans que ceux-ci puissent être remis en cause devant la Cour par les parties au litige national. Cela implique pour ces parties de s'inscrire dans une démarche de collaboration active avec les juridictions nationales de sorte que la décision de renvoi satisfasse les conditions de recevabilité imposées par le règlement de procédure de la Cour, pose les questions nécessaires à la solution du litige porté devant elles, mais également fasse état d'un cadre juridique et factuel le plus exact possible, ce qui s'impose tout particulièrement en droit de la concurrence. À cet effet, la Cour a indiqué qu'un débat contradictoire préalable à l'envoi d'une demande de décision préjudicielle – s'il n'est pas obligatoire – peut s'avérer de l'intérêt d'une bonne administration de la justice.

Enfin, indiquons qu'une personne qui n'est ni partie principale ni partie intervenante dans la procédure au principal n'a pas la qualité pour présenter des observations écrites ou orales dans le cadre de la procédure préjudicielle.

Bibliographie

Broberg (M.) et Fenger (N.), *Broberg and Fenger on Preliminary References to the European Court of Justice*, 3e éd., Oxford University Press, 2021

CJUE, Instructions pratiques aux parties relatives aux affaires portées devant la Cour, *JOUE* n° L 42 I du 14 février 2020, p. 1

CJUE, Recommandations à l'attention des juridictions nationales relatives à l'introduction de procédures préjudicielles, *JOUE* n° C 380 du 8 novembre 2019, p. 1

DEMANDE DE RENSEIGNEMENTS

Sophie BRESNY
Autorité de la concurrence

■ Premier aperçu

Les rapporteurs de l'Autorité de la concurrence et les agents de la DGCCRF habilités ont le pouvoir en vertu de l'article L. 450-3 du code de commerce de recueillir, « *sur place ou sur convocation, tout renseignement, document ou toute justification nécessaire au contrôle* ». Ce pouvoir s'exerce pour l'application des dispositions des titres II (pratiques anticoncurrentielles), III (concentrations) et VI (notamment fonctions consultatives) du livre IV du code de commerce.

Il peut prendre différentes formes : entre autres, l'envoi de questionnaires, le recueil de documents dans les locaux de l'entreprise, l'organisation d'auditions sur convocation ou sur place (après prise de rendez-vous ou de manière inopinée). On parle généralement de pouvoirs d'enquête simple par opposition aux enquêtes de l'article L. 450-4 du code de commerce réalisées sur la base d'une autorisation judiciaire (ordonnance d'un juge des libertés de la détention).

Peuvent être sollicitées toutes personnes, parties ou non au dossier, quelles que soient leurs fonctions (l'exercice du droit de communication n'est pas subordonné à la présence d'une personne ayant le pouvoir de diriger, gérer ou engager à titre habituel l'entreprise) et sans qu'il soit possible de demander préalablement l'accord d'une tierce personne concernée par les documents demandés.

En revanche, il n'existe pas de droit à être entendu ; les rapporteurs et les agents de la DGCCRF ont toute latitude des moyens à mettre en œuvre pour réaliser leur enquête. Les rapporteurs ne sont pas obligés d'auditionner les personnes mises en cause avant l'envoi de la notification de griefs. Ils ont la possibilité d'auditionner à tous les stades de la procédure toute personne physique ou morale dont les déclarations sont utiles à l'enquête. Aucun texte ne fait obstacle à la réalisation d'actes d'enquête – notamment d'auditions – postérieurement à la notification de griefs.

Le recueil de déclarations et la prise de copie de documents sont réalisés par procès-verbal après que les rapporteurs ou agents de la DGCCRF ont justifié de leur qualité et indiqué l'objet de leur enquête. Cependant, il n'y a pas d'obligation à justifier des motifs pour lesquels une enquête est réalisée.

La remise volontaire des documents demandés fondée sur l'article L. 450-3 diffère du pouvoir d'exécution forcée de l'article L. 450-4 du code de commerce. La demande de renseignement doit être précise, non disproportionnée et porter sur des documents dont l'existence est connue des enquêteurs (notion beaucoup plus large que celle de documents professionnels détenus obligatoirement par l'entreprise). La demande peut nécessiter un retraitement de l'information par l'entreprise pour la rendre accessible et lisible par les enquêteurs. Rien n'exclut, par ailleurs, qu'il soit remis spontanément aux enquêteurs des documents qu'ils n'ont pas demandés.

En cas d'absence de réponse à une demande de renseignement, de refus ou de réponse volontairement erronée, l'article L. 464-2 V, alinéa 1 (injonction assortie d'une astreinte) et alinéa 2 (obstruction), et l'article L. 450-9 (opposition à fonction) du code de commerce permettent de sanctionner le comportement.

Enfin, les enquêteurs peuvent, sans se voir opposer le secret professionnel, accéder à tout document ou élément d'information détenu par les services et établissements de l'État, les autorités administratives indépendantes et autorités publiques indépendantes et les autres collectivités publiques (art. L. 450-7 C. com.).

■ Pour aller plus loin

Dans le cas des enquêtes simples réalisées sur le fondement de l'article L. 450-3 du code de commerce, les entreprises sont dans l'obligation de répondre aux demandes présentées par les services d'instruction (Aut. conc., déc. n° 17-D-27 du 21 décembre 2017, pt 117). La Cour de cassation juge en ce sens que les enquêteurs « *tiennent de la loi le pouvoir d'exiger la communication de documents de toute nature propres à l'accomplissement de leur mission* » (Cass. crim., 24 février 2009, n° 08-84.410).

En revanche, le principe de non auto-incrimination est applicable, c'est-à-dire le droit de toute personne de ne pas être forcée de témoigner contre elle-même ou de s'avouer coupable consacré par l'article 14 du Pacte international relatif aux droits civils et politiques (Cons. conc., déc. n° 05-D-66 du 5 décembre 2005, pt 214 et s.) et le principe selon lequel nul n'est tenu de s'accuser qui découle de l'article 9 de la Déclaration de 1789 (Cons. const., déc. n° 2011-214 QPC du 27 janvier 2012, *Société COVED SA*, s'agissant du droit de communication de l'administration des douanes).

Si l'entreprise est amenée à admettre l'existence d'infractions en répondant à une demande de renseignement, la conduisant à s'auto-incriminer, elle peut s'abstenir de répondre sans encourir de sanctions pour non-coopération à l'enquête (CJCE, 18 octobre 1989, *Orkem c/ Commission*, aff. 374/87), mais encore faut-il qu'il soit vérifié si une réponse du destinataire équivaut effectivement à l'aveu d'une infraction (CJCE, 15 octobre 2002, *LVM, DSM, Enichem, ICI e.a.*, aff. jtes C-238/99 P, C-244/99 P, C-245/99 P, C-247/99 P, C-250/99 P à C-252/99 P et C-254/99 P). Toutefois, si les services d'instruction ne peuvent imposer l'obligation de fournir des réponses par lesquelles l'entreprise concernée serait amenée à admettre l'infraction, ils peuvent obliger celle-ci à fournir des renseignements sur les faits ou documents dont ils ont connaissance, tant qu'ils ne dépassent pas la limite évoquée précédemment (Cons. conc., déc. n° 09-D-05 du 2 février 2009).

En droit des pratiques anticoncurrentielles, le principe du contradictoire, notamment la mise à disposition du dossier, ne commence qu'à la communication des griefs par l'Autorité de la concurrence (art. L. 463-1 C. com. ; v. égal. Cass. com., 23 novembre 2010, n° 09-72.031). En conséquence, le principe du contradictoire, c'est-à-dire le droit pour chaque partie, le demandeur comme le défendeur, de faire valoir ses arguments et corrélativement de connaître en temps utile ceux de son adversaire afin de pouvoir les discuter, est inapplicable au stade de la mise en œuvre de la recherche de la preuve et donc au stade de la demande de renseignement.

C'est le principe de loyauté qui s'applique. Si les enquêteurs doivent faire connaître clairement aux entreprises l'objet de leurs investigations, ils ne sont pas tenus de justifier des motifs de ces investigations ou des circonstances dans lesquelles l'Autorité a été saisie (déc. n° 17-D-27, préc.).

Enfin, les demandes de communication d'informations et de documents formulées sur le fondement des dispositions de l'article L. 450-3 du code de commerce ne sont pas en elles-mêmes des actes susceptibles de faire grief (Cons. const., déc. n° 2016-552 QPC du 8 juillet 2016, Société Brenntag ; rappr. Cons. const., déc. n° 2011-214 QPC, préc., s'agissant du droit de communication de l'administration des douanes). En conséquence, elles ne peuvent être regardées comme des actes détachables de la procédure, susceptibles de faire l'objet d'un recours pour excès de pouvoir. Il n'y a donc pas de voie de recours autonome. Dans sa décision n° 2016-552 QPC du 8 juillet 2016, le Conseil constitutionnel a également rappelé que, les dispositions de l'article L. 450-3 ne portent aucune atteinte au droit à un recours effectif puisque les entreprises visées par ces actes d'enquête peuvent, le cas échéant, en contester la régularité à l'occasion du recours au fond formé contre une décision de sanction dont elles feraient l'objet (v. égal. Cass. com., 26 avril 2017, n° 15-25.699 ; Cass crim., 28 juin 2017, n° 16-81.414).

Bibliographie

Lacresse (A.), « CEDH – Inspections : La Cour européenne des droits de l'homme exige qu'une inspection menée par une autorité de concurrence dans les locaux d'une entreprise puisse faire l'objet d'un contrôle *ex post facto* efficace à défaut d'avoir fait l'objet d'un contrôle judiciaire préalable (*Delta Pekárny/République tchèque*) », *Concurrences* n° 1-2015, art. n° 71379, p. 169

Lemaire (Ch.) et Chikh (S.), « Obstruction à l'instruction : L'Autorité de la concurrence sanctionne pour la première fois une entreprise pour obstruction à l'instruction (*Brenntag*) », *Concurrences* n° 2-2018, art. n° 86969

Lemaire (Ch.) et Murguet (E.), « Obstruction : L'Autorité de la concurrence prononce une nouvelle sanction pour obstruction à l'instruction d'une enquête (*Mayotte Channel Gateway*) », *Concurrences* n° 1-2022, art. n° 105597, p. 172

Lemaire (Ch.), « Pouvoirs d'enquête : La Cour de cassation considère que les mesures d'enquête prises sur le fondement de l'article L. 450-3 C. com. ne doivent pas faire l'objet d'un recours juridictionnel autonome et refuse de transmettre des questions préjudicielles à cet égard (*Brenntag*) », *Concurrences* n° 3-2017, art. n° 84590, p. 135

Marie (A.), « Les enquêtes de la DGCCRF en matière de pratiques anticoncurrentielles », *RLC* 2008/14, p. 112

Ronzano (A.), « Droits de la défense : La Cour de cassation refuse de reconnaître un recours juridictionnel autonome aux entreprises destinataires d'une "demande d'informations" opérée sur le fondement de l'article L. 450-3 du code de commerce et de transmettre des demandes préjudicielles sur ce point à la Cour de justice de l'Union (Brenntag) », Concurrences n° 3-2017, art. n° 84806, www.concurrences.com

Voir aussi

Concentration - Pratiques commerciales déloyales

DE MINIMIS

Vivien TERRIEN
Tribunal de l'Union européenne

■ Premier aperçu

De l'adage juridique latin *de minimis non curat praetor* (ou *de minimis non curat lex*), le droit de l'Union a établi un principe selon lequel des actes ayant une incidence négligeable sur le fonctionnement du marché intérieur sont exemptés de l'application de certaines règles.

En droit de la concurrence, le principe *de minimis* trouve des expressions dans le champ d'application des articles 101, 102 et 107 TFUE.

Ainsi, en matière d'accords, selon la jurisprudence, une règle *de minimis* s'applique dans l'appréciation de la condition relative tant à la restriction de concurrence qu'à l'affectation du commerce entre États membres. La Commission a précisé les conditions d'application de cette règle dans des communications, posant des critères fondés sur la position et l'importance des entreprises concernées sur le marché en cause.

En matière de comportements abusifs sanctionnés en vertu de l'article 102 TFUE, une règle *de minimis* semble pouvoir être appliquée, sous conditions, dans le cadre de l'appréciation de la dominance. En revanche, la jurisprudence a posé comme principe que la fixation d'un seuil de sensibilité (*de minimis*) en vue de déterminer l'existence d'un abus ne se justifie pas, dès lors qu'il est démontré que le comportement en question est de nature à, ou susceptible de, restreindre la concurrence. Cependant, l'approche adoptée par la jurisprudence récente à l'égard de la capacité de restreindre la concurrence d'un comportement litigieux semble traduire une volonté de prendre en compte l'effet sensible dudit comportement.

Dans le domaine du droit des aides d'État, le juge de l'Union a affirmé que l'importance relativement faible d'une aide ou la taille relativement modeste de l'entreprise bénéficiaire n'excluent pas *a priori* l'éventualité que les échanges entre États membres soient affectés. Néanmoins, conformément à l'habilitation conférée par le Conseil à la Commission, celle-ci a adopté un règlement d'application relatif aux aides *de minimis* permettant à certaines mesures dont les montants sont considérés comme n'ayant aucune incidence sur la concurrence et les échanges dans le marché intérieur de ne pas être considérées comme des aides d'État au sens de l'article 107, paragraphe 1, TFUE et, ainsi, d'être exemptées de l'obligation de notification à la Commission, posée à l'article 108, paragraphe 3, TFUE.

■ Pour aller plus loin

Si le droit de l'Union reprend à son compte l'invitation faite aux magistrats de la Rome antique de ne pas se préoccuper des causes insignifiantes, l'objectif poursuivi est moins de considérer certaines violations comme négligeables que de se résoudre à ne pouvoir s'occuper que des restrictions de concurrence les plus préjudiciables pour le marché intérieur.

Comportements visés à l'article 101 TFUE

Dès 1969, le juge de l'Union a limité le champ d'application de l'interdiction édictée à l'article 101, paragraphe 1, TFUE aux seuls accords et pratiques comportant des effets anticoncurrentiels d'une certaine importance. Dès lors, les comportements dont les effets sont insuffisamment sensibles bénéficient d'une présomption réfragable de compatibilité avec le marché intérieur.

Restriction *versus* affectation

Le juge de l'Union a reconnu la pertinence du principe *de minimis* à l'égard tant du degré de restriction du jeu de la concurrence (arrêt *Völk*, pt 7) que du degré d'affectation des échanges entre États membres (arrêt *Béguelin*, pt 16).

La Commission, en revanche, utilise le vocable *de minimis* dans le cadre de l'analyse de la restriction de concurrence (communication *de minimis*) et lui préfère la règle de l'absence d'incidence sensible sur le commerce (ou règle AISC) dans le cadre de l'analyse de l'affectation du commerce entre États membres (lignes directrices sur la notion d'affectation).

Si la règle *de minimis* et la règle AISC expriment la même idée, leur application ne doit pas se confondre. En effet, la première est la formulation de la volonté de ne s'intéresser qu'aux restrictions majeures du jeu de la concurrence et, dès lors, exprime un principe de priorisation de l'action de l'Union. La seconde, en revanche, est de nature juridictionnelle et exprime un principe de répartition de compétences entre la Commission et les autorités nationales de concurrence (ANC).

Par ces communications, la Commission encadre son pouvoir d'appréciation, dans un souci de sécurité juridique, mais ni les juges ni les autorités administratives amenés à examiner la légalité d'un comportement ne sont liés par ces instruments normatifs.

Objet *versus* effets

Dans le cadre de l'appréciation de la condition relative à la restriction de la concurrence au sens de l'article 101 TFUE, la règle *de minimis* ne s'intéresse qu'aux effets d'un acte ou d'un comportement. Ainsi, elle ne permet pas à des accords ou pratiques ayant pour objet de restreindre la concurrence d'échapper à l'interdiction édictée à l'article 101, paragraphe 1, TFUE, peu importe l'intensité de leurs effets (arrêt *Expedia*, pts 35-37).

En revanche, dans le cadre de l'appréciation de la condition relative à l'affectation du commerce entre États membres au sens de l'article 101 TFUE, les accords ayant pour objet de restreindre la concurrence ne sont pas, par nature, exclus du bénéfice tiré de l'application de la règle *de minimis* (lignes directrices sur la notion d'affectation, pt 4 *in fine*).

Critères

Tout d'abord, la communication *de minimis* fixe des seuils de part de marché en deçà desquels les accords susceptibles d'avoir pour effet de restreindre la concurrence bénéficient d'une présomption réfragable selon laquelle ils ne constituent pas une restriction sensible et ne sont, dès lors, pas sujets à l'interdiction posée par l'article 101, paragraphe 1, TFUE (10 % dans le cas d'accords entre concurrents ou 15 % dans le cas d'accords entre non-concurrents, sauf effet cumulatif de verrouillage de réseaux parallèles d'accords ayant des effets similaires sur le marché). Ces seuils et les circonstances dans lesquelles ils trouvent à s'appliquer ne constituent que des indices parmi d'autres susceptibles de permettre aux ANC et aux juridictions nationales de déterminer le caractère sensible ou non d'une restriction par référence au cadre réel où se place l'accord. En outre, le seul dépassement du seuil de sensibilité ne confère pas automatiquement un caractère restrictif à l'accord (contrairement à ce qu'impliquerait la théorie de la sensibilité absolue). À l'inverse, des restrictions de concurrence en soi peu sensibles peuvent être incriminées au titre de l'article 101 TFUE. Une évaluation approfondie peut, ainsi, être requise en fonction des circonstances de l'espèce (théorie de la sensibilité relative).

Ensuite, les lignes directrices sur les accords horizontaux contiennent des considérations spécifiques à l'égard de l'application des présomptions de compatibilité relatives notamment aux accords de recherche et développement, aux accords de spécialisation, aux accords d'achat et aux accords de normalisation, tirées de leur caractère d'importance mineure.

Enfin, les lignes directrices sur la notion d'affectation considèrent que les accords ne peuvent pas affecter sensiblement le commerce entre les États membres lorsque deux conditions sont remplies simultanément : d'une part, la part de marché totale des parties sur un marché de l'UE en cause n'excède pas 5 % et, d'autre part, le chiffre d'affaires annuel moyen réalisé par les entreprises en cause avec les produits concernés n'excède pas 40 millions d'euros.

Comportements visés à l'article 102 TFUE

S'il est de coutume d'affirmer qu'aucune règle *de minimis* ne s'applique dans le champ de l'article 102 TFUE, des nuances doivent être apportées.

Appréciation de la dominance

Dans le cadre de l'appréciation de la dominance, l'existence d'une règle *de minimis* est parfois discutée. En effet, en présence de faibles parts de marché, la jurisprudence semble établir une quasi-présomption d'absence de position dominante (arrêt *SABA II*, pt 85). Néanmoins, le juge de l'Union se garde de toute affirmation définitive à cet égard, et préfère qualifier la présence de parts de marché modestes d'indice d'absence de dominance, auquel il convient d'ajouter d'autres éléments analytiques.

Appréciation de l'abus

Dès 1979, le juge de l'Union a écarté, par principe, la pertinence d'une règle *de minimis* dans le champ d'application de l'article 102 TFUE, dans la mesure où – du fait de la présence d'une entreprise en position dominante sur un marché – la structure concurrentielle de celui-ci est déjà affaiblie, « *toute restriction supplémentaire de cette structure [...] est susceptible de constituer une exploitation abusive de position dominante* » (arrêt *Hoffmann-La Roche*, pt 123).

Toute une ligne de jurisprudence cohérente s'est ensuivie (arrêt *Imperial Chemical Industries*, pt 308), rejetant l'idée notamment d'une absence d'abus lorsque seule une fraction du marché était affectée par la pratique litigieuse (arrêt *Tomra*, pts 41-42) et affirmant que la pratique anticoncurrentielle visée est, par sa nature même, susceptible de provoquer des restrictions de concurrence non négligeables, voire d'éliminer la concurrence sur le marché sur lequel opère l'entreprise concernée (arrêt *Post Danmark II*, pts 70-74).

La sophistication du droit de la concurrence, depuis l'avènement de l'approche « plus économique » et l'affirmation de la place de l'approche par les effets dans le cadre de l'analyse des comportements visés à l'article 102 TFUE (communication « orientations »), a, récemment, conduit l'affirmation de principe de non-pertinence à subir des inflexions. En effet, l'analyse de la capacité de restreindre la concurrence d'un comportement litigieux requise par la jurisprudence semble permettre l'application d'une règle *de minimis* (*Intel* : aff. C-413/14 P, pts 138 et 139, et aff. T-286/09 RENV, pt 518). Ainsi, s'il a été soutenu, à raison, qu'il fallait distinguer la démonstration d'effets anticoncurrentiels de l'appréciation de leur caractère sensible, cette dernière ne semble plus devoir faire l'objet d'une distinction chronologique aussi caractérisée qu'auparavant.

Affectation du commerce entre États membres

L'interdiction posée à l'article 102 TFUE ne s'applique que dans la mesure où le commerce entre États membres est susceptible d'être affecté par l'abus en question. À cet égard, les lignes directrices sur la notion d'affectation précisent que, bien que les indications quant à l'appréciation du caractère sensible ne concernent pas les pratiques abusives, ces dernières ne doivent pas être automatiquement considérées comme susceptibles d'affecter sensiblement le commerce entre États membres et qu'une analyse au cas par cas est nécessaire (pt 51). Ainsi, il en ressort la pertinence d'une règle *de minimis* dans ce contexte.

Aides d'État

Afin de concentrer ses ressources sur l'examen des mesures potentiellement les plus préjudiciables pour la concurrence, la Commission a façonné une règle *de minimis* exemptant les mesures satisfaisant un certain nombre de conditions (montant, transparence, application dans le temps, cumul) de la procédure de notification prévue à l'article 108, paragraphe 3, TFUE, en les excluant du champ d'application de l'article 107, paragraphe 1, TFUE. Le juge de l'Union a validé cette approche en reconnaissant l'existence d'une présomption réfragable selon laquelle ces mesures ne constituent pas des aides d'État.

Corpus normatif

À la suite de l'adoption du règlement d'habilitation du Conseil en 1998 (règl. (CE) n° 994/98), la Commission adopta les premiers règlements d'exemption en matière d'aides d'État, parmi lesquels figurait un règlement exemptant les subventions de faible montant de l'obligation de notification préalable (règl. (CE) n° 69/2001), codifiant la règle alors établie dans une communication relative aux aides *de minimis*, adoptée en 1996. L'actuel règlement *de minimis* (règl. (UE) n° 1407/2013) fait l'objet d'une proposition de révision visant notamment à réévaluer les seuils au regard de l'inflation.

Afin de tenir compte des spécificités de certains secteurs, la Commission a également adopté une série de règlements *de minimis* concernant les aides accordées aux entreprises fournissant des services d'intérêt économique général (règl. (UE) n° 360/2012), la pêche (règl. (UE) n° 717/2014) et l'agriculture (règl. (UE) n° 1408/2013). Dans la mesure où la date de validité des deux premiers règlements arrive à échéance, des procédures de réexamen sont en cours.

Appréciation jurisprudentielle

Si le juge de l'Union reconnaît que la modicité des aides accordées à une entreprise sur une période donnée exclut, dans un certain nombre de secteurs économiques, que les échanges entre États membres soient affectés (arrêt *Renove*, pt 51) et, de la même manière, que les aides respectant les conditions posées dans le règlement *de minimis* (c.-à-d. n'excédant pas un plafond de 200 000 euros sur une période de trois ans) soient réputées ne pas affecter les échanges entre les États membres et ne pas fausser ou menacer de fausser la concurrence, de telle sorte que de telles mesures sont exclues de la notion d'aides d'État (arrêt *Congregación de Escuelas Pías Provincia Betania*, pt 82), il n'écarte pas la possibilité d'une affectation des échanges entre États membres par des mesures de faible montant (arrêt *Tubemeuse*, pt 43).

Ainsi, cette reconnaissance ne doit pas faire oublier le fait que la jurisprudence continue d'apprécier largement la condition relative à l'affectation des échanges (arrêt *Eventech*, pts 69-71), conduisant certains à craindre la matérialisation *de facto* d'une présomption irréfragable d'effet sur les échanges entre États membres (conclusions *Eventech*, pt 85).

Conclusion

La mise en place de règles *de minimis* a, avant tout, permis à la Commission de bénéficier d'un facteur de régulation de sa charge de travail. À l'inverse, l'application *in concreto* d'un principe *de minimis* s'est révélée loin d'être aisée pour les entreprises, qui ne peuvent véritablement compter ni sur des sphères de sécurité univoques ni sur des méthodes de calcul limpides. Néanmoins, tant les révisions régulières des critères conditionnant le bénéfice des règles *de minimis* que l'évolution jurisprudentielle vers une plus grande compréhension des effets des comportements litigieux semblent peu à peu offrir un environnement plus équilibré au regard de l'ensemble des intérêts en présence.

Bibliographie

Dekker (C.), « The 'Effect on Trade between the Member States' Criterion: Is It the Right Criterion by Which the Commission's Workload Can Be Managed », *EStAL*, 2017, vol. 16, n° 2, p. 154

Ibáñez Colomo (P.), « Appreciability and *De Minimis* in Article 102 TFEU », *Journal of European Competition Law & Practice*, 2016, vol. 7, n° 10, p. 651

Roda (J.-Ch.), Bosco (D.), Luc (I.), Cardonnel (P.) et Rincazaux (Ph.), « Affectation du commerce entre États membres et pratiques anticoncurrentielles : Une question d'actualité », *Concurrences* n° 2-2011, art. n° 35745, p. 17

Scordamaglia-Tousis (A.), « New De Minimis Communication: 'De Minimis' and 'By Object' Restrictions of Competition Law », *Journal of European Competition Law & Practice*, 2014, vol. 5, n° 10, p. 698

Van de Casteele (K.), « De minimis aid », in *EU State Aids*, L. Hancher, T. Ottervanger et P. J. Slot (dir.), 6e éd., Londres, Sweet & Maxwell, 2021, chap. 6, p. 205

Vogel (J.), Pfister (E.) et Muizon (G. de), « Accords *de minimis* : faut-il les sanctionner ? », *Concurrences* n° 1-2013, art. n° 50246, www.concurrences.com

Zelger (B.), « The 'Effect on Trade' Criterion in European Union State Aid Law: A Critical Approach », *EStAL*, 2018, vol. 17, n° 1, p. 28

Communication de la Commission, Communication concernant les accords d'importance mineure qui ne restreignent pas sensiblement le jeu de la concurrence au sens de l'article 101, paragraphe 1, du traité sur le fonctionnement de l'Union européenne (communication *de minimis*), *JOUE* n° C 291 du 30 août 2014, p. 1

Communication de la Commission, Orientations sur les priorités retenues par la Commission pour l'application de l'article 82 du traité CE aux pratiques d'éviction abusives des entreprises dominantes, *JOCE* n° C 45 du 24 février 2009, p. 7

Communication de la Commission, Lignes directrices relatives à la notion d'affectation du commerce figurant aux articles 81 et 82 du traité, *JOCE* n° C 101 du 27 avril 2004, p. 81

Communication de la Commission, Lignes directrices sur l'applicabilité de l'article 101 du traité sur le fonctionnement de l'Union européenne aux accords de coopération horizontale, *JOCE* n° C 11 du 14 janvier 2001, p. 1

Communication de la Commission relative aux aides *de minimis*, *JOCE* n° C 68 du 6 mars 1996, p. 9

Règlement (UE) n° 717/2014 de la Commission du 27 juin 2014 concernant l'application des articles 107 et 108 du traité sur le fonctionnement de l'Union européenne aux aides de minimis dans le secteur de la pêche et de l'aquaculture, *JOUE* n° L 190 du 28 juin 2014, p. 45, tel que modifié par le règlement (UE) 2020/2008 de la Commission du 8 décembre 2020, *JOUE* n° L 414 du 9 décembre 2020, p. 15

Règlement (UE) n° 1408/2013 de la Commission du 18 décembre 2013 relatif à l'application des articles 107 et 108 du traité sur le fonctionnement de l'Union européenne aux aides *de minimis* dans le secteur de l'agriculture, *JOUE* n° L 352 du 24 décembre 2013, p. 9, tel que modifié en dernier lieu par le règlement (UE) 2022/2046 de la Commission du 24 octobre 2022, *JOUE* n° L 275 du 25 octobre 2022, p. 55

Règlement (UE) n° 1407/2013 de la Commission du 18 décembre 2013 relatif à l'application des articles 107 et 108 du traité sur le fonctionnement de l'Union européenne aux aides *de minimis*, *JOUE* n° L 352 du 24 décembre 2013, p. 1, tel que modifié par le règlement (UE) 2020/972 de la Commission du 2 juillet 2020, *JOUE* n° L 215 du 7 juillet 2020, p. 3

Règlement (UE) n° 360/2012 de la Commission du 25 avril 2012 relatif à l'application des articles 107 et 108 du traité sur le fonctionnement de l'Union européenne aux aides *de minimis* accordées à des entreprises fournissant des services d'intérêt économique général, *JOUE n° L 114 du 26 avril 2012, p. 8,* modifié en dernier lieu par le règlement (UE) 2020/1474 de la Commission du 13 octobre 2020, *JOUE* n° L 337 du 14 octobre 2020, p. 1

Règlement (CE) n° 69/2001 de la Commission du 12 janvier 2001 concernant l'application des articles 87 et 88 du traité CE aux aides *de minimis*, *JOCE* n° L 10 du 13 janvier 2001, p. 30

Règlement (CE) n° 994/98 du Conseil du 7 mai 1998 sur l'application des articles 92 et 93 du traité instituant la Communauté européenne à certaines catégories d'aides d'État horizontales, *JOCE* n° L 142 du 14 mai 1998, p. 1, abrogé par le règlement (UE) 2015/1588 du Conseil du 13 juillet 2015 sur l'application des articles 107 et 108 du traité sur le fonctionnement de l'Union européenne à certaines catégories d'aides d'État horizontales, *JOUE* n° L 248 du 24 septembre 2015, p. 1

D

DÉSÉQUILIBRE SIGNIFICATIF

Muriel CHAGNY
Université de Versailles Saint-Quentin-en-Yvelines

■ Premier aperçu

Parallèlement à l'abrogation de l'interdiction *per se* des pratiques discriminatoires, la loi LME du 4 août 2008 a introduit dans le code de commerce une règle sur le déséquilibre significatif afin de disposer d'un garde-fou efficace contre les abus de la libre négociabilité restaurée.

Inspirée de l'article L. 212-1 du code de la consommation – auquel elle a emprunté le standard du déséquilibre significatif –, cette disposition (art. L. 442-1 I 2 °C. com., ex-art. L. 442-6 I 2°) s'en distingue cependant par son application possible au prix, par sa structure dualiste, requérant, outre un déséquilibre significatif, un comportement à l'origine de ce résultat, ainsi que par le dispositif de sanction identique pour les différentes pratiques restrictives de concurrence. Elle se différencie pareillement de l'article 1171 du code civil, bâti sur le même standard et destiné à lutter, sur le fondement du droit commun, contre les clauses abusives stipulées dans les contrats d'adhésion. Par sa généralité, la règle du code de commerce s'est rapidement imposée comme la disposition centrale du contrôle des déséquilibres contractuels dans les relations d'affaires.

L'ordonnance n° 2019-359 du 24 avril 2019 portant refonte du titre IV du livre IV du code de commerce a renforcé ce potentiel en élargissant son domaine d'application personnel en remplaçant notamment la référence au « *partenaire commercial* » par « *l'autre partie* », sans modifier en revanche les deux éléments constitutifs de la pratique prohibée. Dans son dernier état, la jurisprudence tend à se montrer plus exigeante quant à la preuve de l'élément comportemental, dont la démonstration incombe à celui qui invoque le bénéfice de la règle sur le déséquilibre significatif. Aussi celle-ci est désormais concurrencée par la disposition appréhendant l'avantage manifestement disproportionné, dont le domaine d'application est identique, mais qui définit la pratique prohibée à partir du seul résultat.

Pour aller plus loin

La constitutionnalité de l'ancien article L. 442-6 I 2° du code de commerce, contestée par voie de QPC, a été reconnue à deux reprises par le Conseil constitutionnel. Celui-ci a, d'abord, admis la conformité de la règle au principe de légalité des délits et des peines, estimant l'incrimination définie en des termes suffisamment clairs et précis (Cons. const., déc. n° 2010-85 QPC du 13 janvier 2011, *Établissements Darty et Fils* ; v. égal., s'agissant de la conformité à l'art. 7 de la conv. européenne des droits de l'homme, CA Paris, 1er octobre 2014, RG 13/16336). Il a ensuite considéré que cette disposition ne portait pas une atteinte disproportionnée à la liberté d'entreprendre et à la liberté contractuelle (Cons. const., déc. n° 2018-749 QPC du 30 novembre 2018, *Société Interdis et autres*).

La Cour de cassation a jugé qu'il s'agit d'une loi de police dont l'application s'impose au juge saisi, sans qu'il soit besoin de rechercher la règle de conflit de lois conduisant à la détermination de la loi applicable (Cass. com., 8 juillet 2020, n° 17-31.536).

La règle sur le déséquilibre significatif est pourvue d'un large champ d'application. D'un point de vue matériel, elle vise « des obligations », sans aucune précision ni exclusion, de sorte qu'elle a vocation à s'appliquer à n'importe quelle obligation. Il a en particulier été admis qu'elle autorise un contrôle judiciaire du prix (Cass. com., 25 janvier 2017, n° 15-23.547, selon laquelle le texte « *n'exclut pas, contrairement à l'article L. 212-1 du code de la consommation, que le déséquilibre significatif puisse résulter d'une inadéquation du prix au bien vendu* » ; v. aussi Cons. const., déc. n° 2018-749 QPC, préc. et Cass. com., 27 septembre 2018, n° 18-40.028). Le texte ne comporte aucune indication quant aux contrats concernés, mais la jurisprudence refuse de l'appliquer à certaines relations contractuelles. Si l'exclusion des rapports noués par des entités relevant du code monétaire et financier résulte directement de l'article L. 511-4 de ce code (Cass. com., 15 janvier 2020, n° 18-10.512), celle du bail commercial (Cass. 3e civ., 15 février 2018, n° 17-11.329) ou de la cession de fonds de commerce (CA Paris, 10 avril 2019, RG 18/00311) tient, selon les arrêts, à ce que la règle sur le déséquilibre significatif concerne uniquement les activités de production, de distribution ou de services. Son application est également écartée, sans justification explicite, dans le cas des relations internes à un groupement (Cass. com., 11 mai 2017, n° 14-29.717, pour un groupement d'intérêt économique (GIE) ; Cass. com., 18 octobre 2017, n° 16-18.864, pour une société coopérative de commerçants détaillants ; Cass. 3e civ., 11 octobre 2018, n° 17-23.211, pour une association).

L'ordonnance n° 2019-359 du 24 avril 2019 a consacré une extension du domaine personnel, à double titre. D'une part, l'auteur de la pratique n'est plus désigné par voie d'énumération (« *tout producteur, commerçant, industriel ou personne immatriculée au répertoire des métiers* »), mais entendu plus largement comme « *toute personne exerçant des activités de production, de distribution ou de services* ». D'autre part, la victime du déséquilibre, initialement identifiée au « *partenaire commercial* » – notion susceptible de restreindre l'emprise du texte (v. not. CA Paris, 27 septembre 2017, RG 16/00671, adoptant une interprétation restrictive) –, est désormais « *l'autre partie* ». De surcroît, il est précisé que la pratique peut se manifester lors de « *la négociation commerciale, de la conclusion ou de l'exécution* », autrement dit aux différentes phases du processus contractuel.

La Cour de cassation, appelée à définir le partenaire commercial au sens de l'ancien article L. 442-6 I 2° du code de commerce, en a consacré une acception large, paraissant anticiper la nouvelle rédaction issue de l'ordonnance puisqu'il s'agit de « *la partie avec laquelle l'autre partie s'engage, ou s'apprête à s'engager, dans une relation commerciale* » (Cass. com., 15 janvier 2020, nº 18-10.512).

La règle édictée à l'article L. 442-1 I 2° du code de commerce définit la pratique prohibée à partir de deux éléments constitutifs dont la preuve incombe à celui qui entend s'en prévaloir. Cette disposition requiert, outre le résultat obtenu ou recherché – sous la forme d'un « *déséquilibre significatif dans les droits et obligations des parties* » –, un comportement consistant à « *soumettre ou [...] tenter de soumettre* ».

La jurisprudence assimile l'élément comportemental au fait d'imposer ou de tenter d'imposer sans possibilité de négociation et a précisé, à cet égard, qu'il ne se limite pas à la contrainte (Cass. com., 27 mai 2015, nº 14-11.387).

Initialement, les juridictions ont paru en faciliter la démonstration en raison, selon les cas, de la procédure contractuelle utilisée (pour des contrats d'adhésion, Cass. com., 3 mars 2015, nº 13-27.525 et nº 14-10.907 ; pour un contrat type, Cass. com., 29 septembre 2015, nº 13-25043) ou de l'inégalité de puissance économique entre les parties (Cass. com., 26 avril 2017, nº 15-27.865 ; Cass. com., 4 octobre 2016, nº 14-28.013). Cependant, elles se montrent dorénavant plus exigeantes dans la preuve à rapporter : il est nécessaire d'établir l'absence de négociation effective des stipulations litigieuses, démonstration qui ne peut être effectuée à partir d'un unique indice, qu'il s'agisse d'« *une forte asymétrie du rapport de force* », de « *l'insertion de clauses "déséquilibrées" dans un contrat-type* » ou encore de « *l'adoption, par un certain nombre de fournisseurs, de clauses identiques qui leur étaient manifestement défavorables* » (Cass. com., 20 novembre 2019, nº 18-12.823 ; CA Paris, 20 décembre 2017, RG 13/04879).

Le déséquilibre significatif, second élément constitutif, ayant été emprunté à la règle du code de la consommation, le raisonnement suivi sur le fondement de cette dernière peut inspirer la mise en œuvre de la disposition du code de commerce, sans pour autant raisonner par analogie, les rapports entre entreprises étant bien différents de ceux entre professionnels et consommateurs (CA Paris, 29 octobre 2014, RG 13/11059).

S'agissant du déséquilibre juridique, il y a lieu de rechercher, au regard de la grille d'appréciation concrète développée au fil des arrêts, si l'obligation en cause est réciproque ou assortie d'une contrepartie ou pourvue d'une justification. La jurisprudence précise que l'appréciation du déséquilibre significatif doit s'effectuer dans « *le contexte dans lequel [le contrat est] conclu ou proposé à la négociation* » et requiert une analyse globale et concrète du contrat (Cass. com., 3 mars 2015, n° 14-10.907). Elle répartit le fardeau probatoire en deux temps : il appartient à celui qui invoque le bénéfice de la règle de mettre en évidence un déséquilibre significatif *prima facie* ; il revient alors à l'auteur allégué de la pratique d'établir qu'un rééquilibrage est intervenu à l'échelle du contrat (Cass. com., 27 mai 2015, n° 14-11.387).

La règle consumériste ne s'appliquant pas au prix, la jurisprudence rendue sur son fondement est sans utilité pour le déséquilibre tarifaire. Celui-ci est entendu comme « *une contrepartie dont la valeur est disproportionnée de manière importante à ce [que l'autre] donne* » (CA Paris, 23 mai 2013, RG 12/01166), interprétation inspirée de la règle appréhendant l'avantage manifestement disproportionné au regard de la contrepartie. Aussi est-il considéré que, dans ce cas particulier, la démonstration à effectuer puisse être similaire à celle développée en jurisprudence pour cette autre disposition (CEPC, avis n° 15-22 relatif à une demande d'avis d'un professionnel sur la validité des conditions de révision du prix d'un abonnement).

Bibliographie

CHAUDOUET (S.), *Le déséquilibre significatif*, Paris-La Défense, LGDJ, 2021

HADJ-AÏSSA (H.), « Contribution critique à l'étude du déséquilibre significatif au sens de l'article L. 442-1 du Code de commerce », thèse, Université de Lorraine, 2019

JACOMINO (F.), « Le contrôle objectif de l'équilibre contractuel – Entre droit commun des contrats et droit des pratiques restrictives de concurrence », thèse, Université Côte d'Azur, 2018

Ordonnance n° 2019-359 du 24 avril 2019 portant refonte du titre IV du livre IV du code de commerce relatif à la transparence, aux pratiques restrictives de concurrence et aux autres pratiques prohibées, *JORF* n° 0097 du 25 avril 2019

Voir aussi

Avantage manifestement disproportionné - Amende civile - Nullité

D

DIRECTION GÉNÉRALE DE LA CONCURRENCE, DE LA CONSOMMATION ET DE LA RÉPRESSION DES FRAUDES

Virginie BEAUMEUNIER
Inspection Générale des Finances

■ Premier aperçu

Au sein du ministère chargé de l'économie, des finances et de la relance, la Direction générale de la concurrence, de la consommation et de la répression des fraudes (DGCCRF) veille au bon fonctionnement des marchés, au bénéfice des consommateurs et des entreprises.

Elle contribue à la conception des politiques de concurrence et de consommation, à l'élaboration des réglementations applicables dans ces domaines, et en contrôle le respect :

- dans tous les champs de la consommation (produits alimentaires et non alimentaires, services) ;
- à tous les stades de l'activité économique (production, transformation, importation, distribution) ;
- quelle que soit la forme de commerce : magasins « en dur », sites de commerce électronique ou liés à l'économie collaborative, etc.

Pour aller plus loin

Les pratiques anticoncurrentielles

Le cadre institutionnel actuel de la lutte contre les pratiques anticoncurrentielles (et du contrôle des concentrations) résulte de la loi du 4 août 2008 de modernisation de l'économie (dite « LME ») et de l'ordonnance du 13 novembre 2008 portant modernisation de la régulation de la concurrence, qui ont instauré un partage de compétences entre l'Autorité de la concurrence (ci-après l'« ADLC ») et la DGCCRF.

Ensemble, la DGCCRF et l'ADLC disposent de tous les outils utiles à la mise en œuvre effective du droit de la concurrence national et européen.

La DGCCRF contribue de manière déterminante à la détection des pratiques anticoncurrentielles de dimension locale, nationale ou européenne et à la réalisation des enquêtes de concurrence, en mobilisant son réseau territorial d'investigation.

Elle s'appuie sur des structures déconcentrées, aux échelons départementaux et aux échelons régionaux, ainsi qu'au niveau interrégional avec ses huit brigades interdépartementales d'enquête concurrence (BIEC), qui sont des unités spécialisées dans l'examen des propositions d'investigations et dans la réalisation des enquêtes.

Ce « réseau concurrence » couvre la totalité du territoire national, outre-mer compris. L'ensemble de ces structures assure une mission de veille concurrentielle permettant de détecter des indices et de réaliser les enquêtes en matière de pratiques anticoncurrentielles.

En premier lieu, la DGCCRF collecte les indices de pratiques anticoncurrentielles.

Au niveau national et régional sont programmées chaque année des enquêtes sectorielles de recherche de tels indices, dans des secteurs à fort enjeu économique, identifiés dans le cadre de la mission de « veille concurrentielle et surveillance des marchés ».

La DGCCRF attache aussi une importance toute particulière à la mission générale de veille concurrentielle en matière de commande publique de ses services locaux, en raison de leur proximité avec les acheteurs publics.

Sont également une source non négligeable d'indices, les signalements réalisés par les agents locaux dans le cadre de leurs missions autres que la lutte contre les pratiques anticoncurrentielles, notamment en matière de protection économique et de sécurité du consommateur.

Enfin, les indices trouvent leur source dans les plaintes d'entreprises victimes de pratiques anticoncurrentielles, dans les signalements d'entreprises qui décident de quitter une entente en en informant les autorités compétentes, et dans les signalements émanant de personnes de type lanceurs d'alerte.

En deuxième lieu, la DGCCRF effectue un tri des indices en sélectionnant ceux qui nécessitent la réalisation d'une enquête approfondie pour apporter les preuves des pratiques soupçonnées.

Les indices pertinents sont transmis, en application de l'article L. 450-5 du code de commerce, au rapporteur général de l'ADLC, qui peut décider de prendre en charge ces enquêtes dans le mois de leur réception. L'ADLC opère sa sélection sur des critères propres, tels que ses priorités, la taille des entreprises en cause, l'importance du secteur, l'intérêt jurisprudentiel du cas ou sa charge de travail.

Lorsque l'ADLC décide de réaliser l'enquête, elle peut demander une assistance à la DGCCRF, qui mettra à sa disposition des enquêteurs pour effectuer des opérations de visite et saisie (art. L. 450-6 C. com.).

En troisième lieu, la DGCCRF réalise l'enquête quand l'ADLC ne souhaite pas mener les investigations.

Dans le cas où l'enquête n'a pas permis de caractériser de pratiques, la DGCCRF établit une note de classement de l'affaire. En revanche, si des preuves de pratiques anticoncurrentielles sont mises en évidence soit dans le cadre d'une enquête simple (art. L. 450-3 C. com.) ou après la réalisation de perquisitions sur autorisation judiciaire (art. L. 450-4 C. com.), un rapport d'enquête est établi et transmis à l'ADLC.

À ce stade, l'ADLC peut décider à nouveau de s'autosaisir du rapport dans les deux mois de sa transmission. Ce système permet à l'ADLC et à la DGCCRF de se partager les affaires de pratiques anticoncurrentielles. Ainsi, l'ADLC peut choisir les affaires sur lesquelles elle souhaite enquêter, en fonction de ses contraintes et de ses priorités d'action, celles-ci ayant au préalable été « triées » par la DGCCRF.

L'ADLC peut également choisir les cas pour lesquels elle veut prendre une décision de poursuites, laissant à la DGCCRF le soin de décider des suites à donner aux pratiques anticoncurrentielles qu'elle ne souhaite pas poursuivre. Dans ce cas, la DGCCRF ne peut infliger des amendes mais elle peut proposer à l'entreprise de « transiger » sur un montant qui ne peut excéder ni 150 000 euros ni 5 % du dernier chiffre d'affaires connu en France. Elle peut aussi « enjoindre » aux entreprises de mettre un terme aux pratiques visées. Ce pouvoir de « transaction-injonction » ne peut être mis en œuvre que lorsque le chiffre d'affaires que chaque entreprise concernée a réalisé en France ne dépasse pas 50 millions d'euros ni, en cumulé, 200 millions d'euros. Depuis la loi n° 2020-1508 du 3 décembre 2020, il peut être mis en œuvre, même lorsque les pratiques affectent un marché de dimension nationale, à condition cependant – condition maintenue – qu'elles ne concernent pas des faits relevant des articles 101 et 102 TFUE.

De plus, lorsque l'ADLC est saisie directement par une entreprise s'estimant victime de pratiques anticoncurrentielles, elle peut rejeter cette saisine avec renvoi à la DGCCRF (possibilité introduite par la loi n° 2015-990 du

6 août 2015 et codifiée à l'art. L. 462-8, al. 3, C. com), qui contribue à alléger la charge de travail de l'ADLC, tout en permettant qu'une suite soit apportée aux pratiques anticoncurrentielles.

Concentration

La loi LME a transféré le contrôle des concentrations du ministre de l'Économie à l'ADLC, qui peut décider d'autoriser l'opération au terme d'une analyse concurrentielle rapide (« phase I ») ou d'un examen plus approfondi (« phase II »).

Le ministre de l'Économie dispose de pouvoirs spécifiques. Dans un délai de cinq jours après réception de la décision de phase I, il peut demander un examen approfondi de l'opération (art. L. 430-7-1 I C. com.).

Pour l'examen approfondi, le rapport de l'ADLC est transmis au ministre de l'Économie, qui, commissaire du gouvernement (rôle assuré par la DGCCRF), produit des observations qui sont ensuite communiquées aux parties à l'opération de concentration.

À l'issue de cette phase de communication du rapport et des observations, le projet de concentration est examiné lors d'une séance de l'ADLC. Le commissaire du gouvernement y formule des observations orales.

À la suite d'une décision de l'ADLC à l'issue de l'examen approfondi, le ministre de l'Économie peut évoquer l'affaire et statuer sur l'opération en cause pour des motifs d'intérêt général autres que le maintien de la concurrence, notamment le développement industriel, la compétitivité des entreprises en cause au regard de la concurrence internationale ou la création ou le maintien de l'emploi (art. L. 430-7-1 II C. com.).

Cette procédure n'a été mise en œuvre qu'une seule fois, à l'occasion de la prise de contrôle exclusif d'une partie du pôle plats cuisinés ambiants du groupe Agripole par Financière Cofigeo.

Les pratiques commerciales restrictives de concurrence

Les pratiques commerciales restrictives de concurrence (PCR) sont des comportements déloyaux d'acteurs économiques, présumés restreindre la concurrence et pour cette raison interdits, indépendamment de leur impact réel sur le marché.

Elles incluent les pratiques sanctionnées d'une amende civile, prononcées par le tribunal de commerce sur action de la DGCCRF au nom du ministre de l'Économie (art. L. 442-4 C. com.) ou d'une amende administrative, prononcée par la DGCCRF et soumise au contrôle des juridictions administratives.

Les PCR sanctionnées d'une amende civile

D'abord conçu pour lutter contre des pratiques abusives de la grande distribution française vis-à-vis de ses fournisseurs, dans le contexte d'un marché de la grande distribution concentré, ce droit, de nature transversale, a ensuite été appliqué à d'autres schémas de distribution, comme la franchise, la sous-traitance industrielle, les plateformes numériques, et s'est adapté à l'émergence des centrales internationales dans la grande distribution.

Le 15 mai 2001, la loi sur les nouvelles régulations économiques a reconnu au ministre de l'Économie (et par délégation à la DGCCRF) une action spécifique de protection de l'ordre public économique contre ces PCR : il peut demander la nullité de certaines clauses, ainsi que la cessation des pratiques en cause, la répétition de l'indu pour le compte des professionnels lésés par ces PCR, et le prononcé d'une amende civile.

La DGCCRF instruit les plaintes reçues et conduit des enquêtes nationales en la matière, en s'appuyant sur ses structures déconcentrées au niveau régional. À la différence des pratiques anticoncurrentielles, les suites qu'elle entend donner à ces pratiques restrictives de concurrence n'ont pas à être soumises à l'ADLC.

Ces actions sont portées devant huit tribunaux de commerce spécialisés et, en cas d'appel, devant la seule cour d'appel de Paris.
Elles peuvent aussi donner lieu à des injonctions administratives, prononcées par la DGCCRF, éventuellement assorties d'une astreinte. Ces injonctions et la liquidation éventuelle de l'astreinte peuvent être contestées devant les tribunaux administratifs, conformément au droit des injonctions administratives.

Les PCR sanctionnées d'une amende administrative

La DGCCRF est compétente pour sanctionner d'une amende administrative les opérateurs économiques qui ne respectent pas les règles de facturation (art. L. 441-9 C. com.), les délais de paiement (art. L. 441-10 et L. 441-11 C. com.), ainsi que le formalisme des conditions générales de vente et des contrats commerciaux, notamment en matière de produits agricoles et de produits alimentaires, prévu par les dispositions du titre IV du livre IV du code de commerce.

La procédure applicable est prévue à l'article L. 470-2 du code de commerce. En moyenne, la DGCCRF a prononcé sur ce fondement 250 amendes par an depuis 2015, principalement en matière de délais de paiement.

Bibliographie

Loi n° 2020-1508 du 3 décembre 2020 portant diverses dispositions d'adaptation au droit de l'Union européenne en matière économique et financière, *JORF* n° 0293 du 4 décembre 2020

Loi n° 2015-990 du 6 août 2015 pour la croissance, l'activité et l'égalité des chances économiques, *JORF* n° 0181 du 7 août 2015

Ordonnance n° 2008-1161 du 13 novembre 2008 portant modernisation de la régulation de la concurrence, *JORF* n° 0265 du 14 novembre 2008

Loi n° 2008-776 du 4 août 2008 de modernisation de l'économie, *JORF* n° 0181 du 5 août 2008

Loi n° 2001-420 du 15 mai 2001 relative aux nouvelles régulations économiques, *JORF* n° 113 du 16 mai 2001

D

DISCRIMINATION PAR LES PRIX

Bernard ROY
MAPP-KPMG

■ Premier aperçu

La discrimination tarifaire consiste pour un vendeur à pratiquer des prix différents pour un même bien. La modulation tarifaire s'appuie sur des dispositions (ou « propensions ») à payer différentes de la part des acheteurs. L'analyse s'applique également aux biens substituables, c'est-à-dire pas nécessairement strictement identiques : il y aura discrimination si les différences de prix entre ces biens substituables ne sont pas justifiées par des différences de coût, mais par des différences de disposition à payer du côté de la demande.

Sur quoi repose le principe de discrimination par les prix ? Chaque transaction sur le marché donne lieu à une création de valeur, appelée le « surplus collectif ». Cette valeur est partagée entre le vendeur (sous forme de profit) et l'acheteur (sous forme de surplus individuel).

En effet, pour qu'une transaction ait lieu, la disposition à payer d'un acheteur, c'est-à-dire le prix limite au-dessus duquel il préfère ne pas consommer, doit être supérieure au prix de la transaction. La transaction dégage alors pour l'acheteur un « surplus individuel », qui est valorisé par l'écart entre sa propension à payer et le prix effectif de la transaction. De son côté, le vendeur dégage un profit, sans lequel il refuserait la transaction. La somme du profit du vendeur et du surplus individuel de l'acheteur forme le surplus collectif.

Dans la quasi-intégralité des cas, les acheteurs ont des propensions à payer différentes, parce qu'ils ont des goûts différents, des moyens financiers différents, ou encore des préférences différentes dans la manière dont ils dépensent leur budget. Un prix unique attirera dans l'échange tous les clients dont la disposition à payer est supérieure ou égale à ce prix, et découragera tous les autres clients.

En ce qui concerne le vendeur, tant que le prix est supérieur au coût marginal de production, il peut toujours baisser son prix, et attirer dans la transaction une frange supplémentaire de clients, ce qui lui crée ainsi une marge additionnelle. Mais c'est au prix d'un sacrifice sur toutes les unités qui auraient pu être vendues au prix initial, et qui dégagent moins de marge à ce nouveau prix. Le prix « unique » d'équilibre est obtenu lorsque tout changement de prix, à la hausse comme à la baisse, diminue le profit total du vendeur.

La discrimination tarifaire consiste pour le vendeur à établir plusieurs prix pour « coller » autant que possible à la fonction de demande, afin de capter le surplus individuel des acheteurs et le transformer en profit pour son propre compte. Dans le cas qui précède, si le vendeur réussit à écouler des unités supplémentaires en baissant son prix à la frange marginale des clients qui ne sont pas entrés dans la transaction au prix initial, il peut augmenter son profit, Pourvu que cette baisse soit exclusivement réservée à ces clients marginaux, et ne profite pas aux clients initiaux. C'est précisément l'objet de la discrimination.

■ Pour aller plus loin

Si la discrimination tarifaire est aussi ancienne que le commerce, on trouve trace de sa formalisation économique dans les travaux de Dupuit (1844) ou de Walras (1874), sous le vocable de « ruse du vendeur ». C'est à l'économiste Pigou (1920) que l'on doit la classification de la discrimination tarifaire en trois degrés.

Le premier degré de la discrimination consiste à pratiquer un prix différencié individuellement, « à la tête du client » en fonction de son élasticité. Aussi appelée « parfaite », cette forme de discrimination est assez difficile à mettre en œuvre dès lors que les prix sont affichés. C'est pourquoi, en pratique, elle n'est possible que *via* des remises individuelles accordées aux clients, ou *via* des offres ciblées. Les instruments numériques accroissent les possibilités en la matière. En effet, l'exploitation des données comportementales conduit les entreprises à mieux cerner les préférences individuelles de leurs clients. Et cette connaissance se conjugue avec la capacité de proposer des ristournes individualisées *via* les applications des smartphones, qui collectent les coupons et permettent leur usage individualisé le cas échéant.

Le deuxième degré de la discrimination consiste à proposer des menus ouverts à tous, jouant essentiellement sur des combinaisons différentes de prix, de qualité, de quantités, de modalités d'accès, et sur lesquels les acheteurs se positionnent en fonction des caractéristiques de leur demande individuelle. Ainsi en est-il des remises quantitatives par exemple, des soldes, des cartes d'abonnement permettant le bénéfice de tarifs unitaires plus modiques, des produits vendus en lot, des tarifs de dernière minute, des tarifs heures pleines/

heures creuses. Cela englobe également la différenciation entre les gammes basiques ou plus luxueuses d'un même bien dont les écarts de prix ne sont pas justifiés par les seuls écarts de coûts. Le principe est celui de l'autosélection des clients, et le stratagème fonctionne si le barème attire effectivement les bons clients sur les bonnes offres, c'est-à-dire si les clients prêts à payer plus cher ne se rabattent pas sur les offres à moindre prix. On découvre par exemple dans la littérature du XIXe siècle que la dégradation des conditions de voyage en troisième classe est artificielle, et n'a pour but que de dissuader son usage à ceux qui peuvent l'éviter et voyager en seconde ou en première.

Le troisième degré de la discrimination consiste à segmenter le marché sur des caractéristiques exogènes basées par exemple sur le statut, l'âge ou le sexe. On classe dans le troisième degré les tarifs étudiants ou chômeurs au cinéma, les menus enfants au restaurant, les réductions seniors en croisière, ou encore la différenciation des tarifs pour les hommes ou pour les femmes chez le coiffeur. On peut également y ranger des modulations tarifaires basées sur la localisation géographique ou sur le canal de distribution. Cette forme de discrimination repose sur une analyse de la disposition à payer agrégée du segment de marché en question. Elle est moins efficace que les précédentes, car chaque segment peut comporter en son sein des acheteurs dont les dispositions à payer sont très différentes.

Ces trois degrés de discrimination, qui peuvent être pratiqués de manière conjuguée, ne sont possibles que si les trois conditions suivantes sont simultanément réunies :

- les demandes sur le marché doivent être hétérogènes – il est certes difficile de trouver des cas où cette condition ne serait pas remplie ;
- la possibilité de discriminer n'existe qu'en concurrence imparfaite, lorsqu'une entreprise détient suffisamment de pouvoir de marché pour être à même de moduler les écarts entre ses prix et ses coûts marginaux. L'intensité concurrentielle élimine en effet la capacité de discriminer puisqu'elle pousse les prix vers les coûts marginaux ;
- la discrimination est subordonnée à l'impossibilité ou à la difficulté de revente entre catégories de clients discriminés. En effet, si les étudiants peuvent facilement revendre leur place de cinéma aux non-étudiants, ou si un client disposant d'une remise quantitative peut revendre les dernières unités qu'il achète aux clients primo-accédants, la discrimination devient inopérante pour le vendeur.

Les autorités de concurrence conviennent que par rapport à une situation de prix unique, et à pouvoir de marché donné, la discrimination tarifaire peut être créatrice de valeur (sous forme de hausse du surplus collectif, évoqué *supra*), puisqu'elle augmente, *via* la demande, la taille du marché qui accède à l'échange. C'est pourquoi elles n'interdisent pas en tant que telle la discrimination, mais se préoccupent des effets anticoncurrentiels de celle-ci, et en particulier des effets d'éviction qu'elle peut présenter. L'Autorité de la concurrence a publié à ce titre une étude thématique dans son rapport annuel de 2004, et la profondeur de l'analyse montre à quel point le sujet est délicat à trancher.

De manière générale, les autorités de concurrence prohibent la discrimination sur les marchés amont, car elle tend à distordre le jeu concurrentiel sur l'aval. Des différences de prix doivent généralement être justifiées par une efficience basée sur les coûts, différences qui ne relèvent donc plus du champ de la discrimination.

Sur le marché aval, l'analyse est plus prudente. Par exemple, si certaines pratiques sont assez simples à détecter et à prohiber (les effets fidélisant de certaines remises, par exemple, ou la vente en dessous du coût incrémental sur des franges du marché), d'autres, comme les baisses sélectives de prix pratiquées par des entreprises en position dominante, et qui réduisent l'espace économique du concurrent, sont plus complexes à qualifier puisque le jeu concurrentiel a bien pour objectif de faire baisser les prix sur le marché final. Il s'agira donc de mener des analyses *ad hoc* sur les objectifs poursuivis par un barème discriminatoire, et des effets de long terme qu'il présente.

Enfin, s'il est établi qu'un barème discriminatoire crée généralement plus de valeur qu'un prix unique, il n'en demeure pas moins que le partage de cette valeur créée peut poser question, en dehors des préoccupations de concurrence. En effet, puisque la discrimination repose sur la captation d'une partie du surplus des consommateurs en le transformant en profit pour le vendeur, le bilan de la discrimination pour les consommateurs n'est pas toujours à leur avantage. S'agissant nécessairement d'entreprises en position dominante ou détenant un pouvoir de marché, la discrimination soulève non seulement des questions de concurrence, mais également des problématiques qui relèvent de la régulation, à qui il revient d'équilibrer d'éventuelles carences du marché en matière d'équité tarifaire.

Bibliographie

DUPUIT (J.), « De l'Utilité et sa Mesure », *Journal des Économistes*, 1853

PIGOU (A. C.), *The Economics of Welfare*, London, McMillan, 1920 (réimprimé en 1962)

TIROLE (J.), *The Theory of Industrial Organization*, Cambridge, The MIT Press, 1988 - trad. française, *Théorie de l'organisation industrielle*, Paris, Economica, tome I, 1993, tome II, 1995.

VARIAN (H. R), « Price discrimination », in *Handbook of Industrial Organization*, vol. 1, R. Schmalensee et R. Willig (dir.), Amsterdam, North-Holland, 1989, chap. 10

WALRAS (L)., *Éléments d'économie politique pure ou théorie de la richesse sociale*, 1874, œuvre réimprimée et augmentée de la traduction des notes de W. Jaffé, dans le volume VIII des *Œuvres économiques complètes*, A. et L. Walras, Paris, Economica, 1988

Cons. conc., « Les remises, rabais et ristournes en droit de la concurrence », in *Rapport annuel 2004*, Paris, La Documentation française, 2005, p. 85

D

DISTRIBUTION AUTOMOBILE

Charles ARONICA
Fédération des Industries des Équipements pour Véhicules

Premier aperçu

L'article 101, paragraphe 1, TFUE interdit les accords entre entreprises et toutes pratiques concertées qui restreignent la concurrence, à moins qu'ils ne contribuent à améliorer la production ou la distribution des produits ou à promouvoir le progrès technique ou économique, tout en réservant aux utilisateurs une partie équitable du profit qui en résulte, conformément à l'article 101, paragraphe 3. Pendant très longtemps les accords de distribution du secteur automobile ont bénéficié de règles d'exemption par catégorie « sur mesure » tenant compte de la spécificité du produit, en raison, notamment, de son coût, de sa technicité, de l'entretien qu'il nécessite et de sa potentielle dangerosité.

En 2010, la Commission a adopté de nouvelles règles de concurrence pour ces accords en distinguant entre les accords portant sur la distribution de véhicules automobiles neufs et ceux portant sur la distribution des pièces de rechange et les services de réparation et d'entretien.

La distribution de véhicules automobiles neufs est régie par le règlement (UE) n° 330/2010 sur les restrictions verticales, et par les lignes directrices générales de la Commission sur les restrictions verticales (ci-après les « LDG »).

Considérant que sur le marché de l'après-vente automobile la concurrence est moins intense, la Commission a adopté un nouveau règlement d'exemption par catégorie spécifique à ce marché, le règlement (UE) n° 461/2010. Celui-ci renvoie au règlement (UE) n° 330/2010 et prévoit trois restrictions caractérisées supplémentaires. La Commission a également adopté des lignes directrices automobiles (ci-après les « LDA ») qui doivent être lues en parallèle et en complément des LDG.

Soulignons que les règlements précités ne contiennent pas de disposition relative à la vente sur internet. Ce sujet est traité dans les LDG, étant entendu qu'il n'existe pas de spécificité applicable à la distribution automobile.

Rappelons que les règlements d'exemption n'établissent pas de prescriptions contraignantes et que les lignes directrices n'ont aucune valeur normative.

▪ Pour aller plus loin

Les accords de faible importance, ne pouvant sérieusement impacter la concurrence, échappent aux dispositions de l'article 101, paragraphe 1, TFUE. Les accords qui en relèvent peuvent quant à eux être exemptés au titre du règlement (UE) n° 330/2010 et, le cas échéant, du règlement (UE) n° 461/2010. Pour pouvoir bénéficier de l'exemption par catégorie, les parts de marché du fournisseur et de l'acheteur doivent toutefois être chacune inférieures ou égales à 30 %. Au-delà de ces seuils, les accords perdent le bénéfice de l'exemption automatique par catégorie et les parties doivent réaliser une autoévaluation de ces derniers, c'est-à-dire vérifier s'ils comportent des clauses restrictives de concurrence et, le cas échéant, justifier qu'ils remplissent les conditions de l'article 101, paragraphe 3, TFUE. Pour relever des règlements précités, l'accord doit pouvoir être qualifié de « vertical », c'est-à-dire conclu entre deux ou plusieurs entreprises opérant, chacune, aux fins de l'accord à un niveau différent de la chaîne de production ou de distribution. Sont ainsi notamment concernés les contrats de distribution exclusive, les contrats de distribution sélective, les accords de franchise ainsi que les contrats d'approvisionnement exclusif. Plusieurs types d'accords échappent en revanche à la zone de sécurité créée par le règlement (UE) n° 330/2010 : les accords verticaux conclus entre une association d'entreprises et ses membres ou ses fournisseurs, les accords entre concurrents, les accords de crédit-bail, les accords verticaux dont l'objet principal porte sur la cession ou l'utilisation de droits de propriété intellectuelle, les contrats d'agence ainsi que les accords de sous-traitance. Par ailleurs, il existe également des mécanismes de retrait individuel et collectif de l'exemption qui peuvent être mis en œuvre par les autorités de concurrence.

La distribution de véhicules

La distribution de véhicules automobiles neufs relève du droit commun de la concurrence avec quelques aménagements détaillés dans les LDA.

En cas de recours à la distribution exclusive pure, le constructeur ne peut interdire aux membres de son réseau de vendre à des non-membres, sauf s'il opte pour une combinaison des distributions exclusive et sélective. Toutefois, s'il est possible pour un constructeur d'accorder une exclusivité territoriale à un distributeur sélectif, c'est uniquement au sens où il s'interdit de nommer un autre distributeur agréé sur ledit territoire. Il s'agit donc d'une forme sensiblement atténuée de l'exclusivité territoriale puisque les ventes actives à des utilisateurs finals ne peuvent être interdites hors territoire.

La distribution sélective, qu'elle soit qualitative ou quantitative, bénéficie quant à elle de l'exemption. Soulignons que la Commission a précisé dans les LDA que, s'agissant des spécificités de la distribution de véhicules automobiles neufs, la distribution sélective quantitative remplira généralement les conditions énoncées à l'article 101, paragraphe 3, TFUE si la part de marché des parties n'excède pas 40 %.

Quatre restrictions caractérisées empêchent un accord de distribution de véhicules automobiles neufs de bénéficier du règlement d'exemption, même si la part de marché des deux parties est inférieure à 30 % :

- restriction portant sur le prix de revente de l'acheteur (sauf prix maximum et/ou conseillé) ;
- restriction portant sur le territoire ou la clientèle du revendeur des produits, sous réserve de la possibilité d'interdire les ventes actives dans le cadre d'un réseau de distribution exclusive et la possibilité d'interdire les ventes hors réseaux dans le cadre d'un réseau de distribution sélective ;
- restriction des ventes actives et passives aux utilisateurs finals dans les réseaux de distribution sélective ;
- restriction des ventes croisées entre membres à l'intérieur du réseau.

En revanche, d'autres restrictions sont exemptées. Ainsi, un constructeur peut imposer à ses distributeurs d'assurer l'après-vente et de ne vendre des véhicules d'autres marques que dans des locaux séparés et par l'intermédiaire de personnel de vente dédié. Il peut également leur imposer une obligation totale de non-approvisionnement en produits de marque concurrente mais uniquement pour une première durée de cinq ans. Ensuite, il ne peut imposer qu'une obligation d'achat d'un maximum de 80 % des biens ou services contractuels. Le constructeur peut également prévoir une clause de localisation et une clause d'agrément, y compris si le repreneur est déjà membre du réseau.

Les accords verticaux portant sur la distribution des pièces de rechange et les services de réparation et d'entretien

Pour bénéficier d'une exemption par catégorie, les accords doivent remplir cumulativement les conditions posées par les règlements (UE) n° 330/2010 et 461/2010. Les parts de marché des parties doivent donc être inférieures ou égales à 30 %. Or, le marché des pièces de rechange devant, selon la Commission, être considéré comme propre à chaque marque de véhicules automobiles, la part de marché des réseaux de constructeurs est dans la quasi-totalité des cas supérieure à ce seuil. Dans cette hypothèse, ces derniers ne peuvent donc pas bénéficier de l'exemption automatique, mais doivent recourir au processus d'autoévaluation. Dans le cadre de celle-ci, les dispositions des LDA sont d'une grande utilité.

Un accès simplifié aux réseaux de distributeurs et réparateurs agréés, lesquels doivent pouvoir s'approvisionner auprès de tiers

Selon la Commission, en raison des parts de marché détenues par les constructeurs automobiles, la mise en place d'une sélection quantitative ferait probablement entrer leurs accords dans le champ d'application de l'article 101, paragraphe 1, TFUE. Ils ne devraient donc pouvoir recourir qu'à une distribution sélective purement qualitative. En outre, sauf cas très particulier, les constructeurs ne peuvent obliger les réparateurs agréés à vendre également des véhicules neufs.

Par ailleurs, le règlement (UE) n° 461/2010 prévoit deux restrictions caractérisées supplémentaires visant à favoriser l'approvisionnement en pièces de rechange, outils de réparation, équipements de diagnostic ou autres équipements des réparateurs agréés auprès de tiers :

- un constructeur ne peut convenir avec ses fournisseurs de restriction qui limite leur faculté de vendre ces produits à des réparateurs agréés (art. 5 b) ;
- il ne peut pas non plus convenir avec un fournisseur de pièces automobiles d'origine de limitation à la faculté pour celui-ci d'apposer effectivement et visiblement sa marque ou son logo sur les composants destinés à être montés lors de la fabrication du véhicule ou sur les pièces de rechange (art. 5 c).

En revanche, un constructeur peut imposer à ses réparateurs agréés d'utiliser exclusivement des pièces de rechange d'une « qualité équivalente » aux composants utilisés pour l'assemblage du véhicule. Il peut en outre leur imposer d'utiliser exclusivement des pièces de rechange fournies par lui pour les interventions sous garantie, entretiens gratuits et actions de rappel. Enfin, il peut leur imposer l'obligation d'acheter auprès de lui ou d'une autre entreprise désignée par lui (ex. : achats croisés provenant d'autres membres du réseau) des pièces de sa marque à hauteur de 80 % de leurs achats annuels. Toutefois, il doit veiller à ce que cette obligation n'équivaille pas à une obligation de monomarquisme prohibée ni ne force un fournisseur concurrent à scinder son volume de ventes escompté sur un territoire donné entre plusieurs distributeurs.

La défense des réseaux indépendants

En ce qui concerne les services de réparation et d'entretien, la principale source de concurrence provient des réparateurs et distributeurs indépendants. C'est pourquoi, afin de leur permettre de concurrencer les réseaux des constructeurs, le règlement (UE) n° 461/2010 prévoit trois restrictions caractérisées :

- un constructeur ne peut pas restreindre le droit de ses distributeurs et réparateurs agréés de vendre des pièces de rechange à des réparateurs indépendants qui utilisent ces pièces pour la réparation et l'entretien d'un véhicule (art. 5 a). Cette restriction ne vise toutefois pas le refus « unilatéral » d'un membre du réseau ;
- il ne peut pas convenir avec ses fournisseurs de pièces de rechange, d'outils de réparation, d'équipements de diagnostic ou d'autres équipements de restriction qui limite la faculté de ceux-ci de vendre ces produits à des opérateurs indépendants (art. 5 b) ;
- il ne peut pas non plus convenir avec ses fournisseurs de pièces automobiles d'origine de limitation

à la faculté de ceux-ci d'apposer effectivement et visiblement leurs marques ou logos sur les composants destinés à être montés lors de la fabrication du véhicule ou sur les pièces de rechange (art. 5 c).

Compte tenu de la complexification croissante des véhicules, il est vital pour les réparateurs indépendants qu'ils aient également accès aux informations techniques et à la formation nécessaires à l'entretien et à la réparation des véhicules. Cet accès est encadré dans les LDA, étant entendu que l'accès aux informations techniques est également traité dans d'autres règlements communautaires relatifs à la réception des véhicules à moteur. Les LDA contiennent également des développements sur le risque de recours abusif aux garanties par un constructeur pour exclure les réparateurs indépendants.

Dates d'expiration des règlements

Le règlement (UE) n° 330/2010 a expiré le 31 mai 2022, le règlement 461/2010 expirera le 31 mai 2023. La Commission a donc d'ores et déjà lancé le processus de révision de ces deux textes. Aux termes de son rapport d'évaluation, publié le 28 mai 2021, elle estime que, dans l'ensemble, le régime actuel s'est révélé approprié et adapté, mais souligne toutefois que certaines dispositions peuvent nécessiter une mise à jour, notamment pour tenir compte de l'importance que l'accès aux données est susceptible d'avoir en tant que facteur de concurrence.

Bibliographie

ARONICA (Ch.), « Le nouveau cadre réglementaire européen des accords de distribution de pièces de rechange et de fourniture de services de réparation et d'entretien des véhicules automobiles », *RLC* 2011/26, 1763

ARONICA (Ch.), GIROUDET-DEMAY (N.) et OSTOJSKI (L.), « Les restrictions verticales dans le secteur automobile », *JCl. Commercial*, fasc. 317, 2014

CHAGNY (M.), « Le nouveau cadre réglementaire européen applicable au secteur automobile : le retour au droit commun aura bien lieu, ma non troppo ! », *RLC* 2011/26, 1766

FOURGOUX (J.-L.), « Distribution automobile sur Internet : un encouragement limité », *RLC* 2011/26, 1765

GIROUDET-DEMAY (N.), « Les incidences du nouveau cadre d'exemption sur la distribution des véhicules automobiles », *RLC* 2011/26, 1762

PONSARD (M.), « Distribution automobile », in *Le Lamy droit économique : concurrence, relations commerciales, distribution, consommation*, M. Chagny (dir.), Paris, Wolters Kluwer France, 2021, n° 4368 et s.

VOGEL (L.) et (J.), « Le nouveau droit de la distribution automobile », *RLDA* 2010/52, n° 3015, pt 34

Communication de la Commission, Lignes directrices supplémentaires sur les restrictions verticales dans les accords de vente et de réparation de véhicules automobiles et de distribution de pièces de rechange de véhicules automobiles, *JOUE* n° C 138 du 28 mai 2010, p. 16

Règlement (UE) n° 461/2010 de la Commission du 27 mai 2010 concernant l'application de l'article 101, paragraphe 3, du traité sur le fonctionnement de l'Union européenne à des catégories d'accords verticaux et de pratiques concertées dans le secteur automobile, *JOUE* n° L du 28 mai 2010, p. 52

Comm. eur., Lignes directrices sur les restrictions verticales, *JOUE* n° C 130 du 19 mai 2010, p. 1

Règlement (UE) n° 330/2010 de la Commission du 20 avril 2010 concernant l'application de l'article 101, paragraphe 3, du traité sur le fonctionnement de l'Union européenne à des catégories d'accords verticaux et de pratiques concertées, *JOUE* n° L 102 du 23 avril 2010, p. 1

DISTRIBUTION EXCLUSIVE

Alban CURRAL
Carbonnier Lamaze Rasle

■ Premier aperçu

La distribution exclusive est un système de distribution par lequel un fournisseur « *accorde un droit exclusif sur ses produits ou services à une autre entreprise* » (DG concurrence, Glossaire des termes employés dans le domaine de la politique de concurrence de l'Union européenne : antitrust et contrôle des opérations de concentration, 2002) et, plus précisément, « *un territoire ou un groupe de clients à titre exclusif [...] et restreint la possibilité de tous ses autres acheteurs de vendre activement sur le territoire exclusif ou au groupe de clients exclusif* » (art. 1 (h) du règl. (UE) 2022/720, dit « VBER » (ci-après « VBER 2022/720 »). La plupart du temps, l'exclusivité porte sur un territoire déterminé, dont l'échelle varie (p. ex. un pays, une région) et/ou sur un assortiment de produits.

Ce monopole de commercialisation sur le territoire concédé constitue la différence fondamentale entre le distributeur exclusif et le distributeur sélectif puisque ce dernier n'en bénéficie pas.

L'intérêt de la distribution exclusive pour le fournisseur est « *d'inciter le distributeur à promouvoir son produit et à offrir un meilleur service aux clients* » (VBER 2022/720) et à « *réaliser les investissements [...] sur un territoire où la marque n'est pas connue* » (Comm. eur., lignes directrices sur les restrictions verticales 2022 (ci-après « LD »), pt 118). En contrepartie, le distributeur bénéficie d'une protection relative dans sa zone géographique (v. *infra* : « ventes actives » et « ventes passives »).

La distribution exclusive présente deux inconvénients principaux : ce mode de distribution peut restreindre l'offre du fournisseur, qui ne peut vendre ses produits qu'à ses distributeurs ; par ailleurs, elle limite le nombre de points de vente et, ainsi, le choix des consommateurs.

Le monopole accordé au distributeur exclusif n'est pourtant pas absolu, car si le distributeur exclusif est à l'abri des « ventes actives » sur son territoire, les « ventes passives », notamment sur internet, ne peuvent être prohibées, une telle interdiction constituant une restriction verticale non exemptée (art. 4 (b) VBER 2022/720). Le nouveau règlement renforce l'interdiction des « ventes actives » avec une extension de cette dernière aux clients directs du distributeur exclusif et non plus seulement aux autres distributeurs exclusifs (clause dite de « *pass on* » ; art. 4 (b) VBER 2022/720).

Ce monopole est d'autant moins absolu que la « distribution exclusive partagée » est désormais possible : le fournisseur peut désigner au maximum cinq distributeurs exclusifs sur un même territoire (art. 1 VBER 2022/720) ; cette limite permettant, selon la Commission européenne, d'offrir « *au fournisseur une souplesse suffisante pour organiser son système de distribution* » (LD, pt 121) malgré cette « exclusivité partagée ». Au-delà de cinq distributeurs, il existerait un risque accru de parasitisme entre les distributeurs exclusifs.

■ Pour aller plus loin

Le VBER 2022/720 confirme le seuil de sensibilité de 30 % de part de marché en deçà duquel un accord vertical sera susceptible de bénéficier de l'exemption par catégorie (art. 5 (a) VBER 2022/720).

La durée de l'exclusivité accordée ne peut dépasser cinq ans (art. 4 VBER 2022/720) et le distributeur doit bénéficier de la faculté réelle de ne pas reconduire l'accord exclusif.

Au sens du droit de la concurrence, la distribution exclusive a pour effet d'accroître la concurrence intermarques et de réduire la concurrence intramarque.

La mise en place d'un système de distribution exclusive permet d'interdire les « ventes actives » (v. *supra*) ; ces dernières bénéficiant désormais d'une définition réglementaire, à savoir « *ciblage actif de clients* » (art. 1 (l) VBER 2022/720).

Le fournisseur à la tête du réseau de distribution exclusive se porte garant du respect de l'exclusivité qu'il accorde à ses distributeurs : il doit assurer la discipline et l'étanchéité de son réseau afin d'éviter la concurrence entre ses distributeurs exclusifs situés sur les différents territoires concédés au risque d'engager sa responsabilité contractuelle.

Le règlement (UE) 2022/720 et ses lignes directrices maintiennent l'interdiction de toute forme de prix imposés par le fournisseur à son distributeur ; les rares cas admis dans les lignes directrices ne paraissant pas, *a priori*, trouver d'application en pratique. En revanche, le fournisseur peut transmettre à son distributeur des prix de revente recommandés, indicatifs ou maximums.

Par principe, tout membre d'un réseau est libre de vendre des produits sur internet. La tête de réseau peut néanmoins définir certaines conditions de revente en cas de vente en ligne. La combinaison de la distribution exclusive et d'internet est particulièrement délicate dans la mesure où un site internet est, par essence, accessible à tous et partout : sur internet, la frontière entre les ventes active et passive s'avère d'autant plus fragile.

Commentaire final : bien que cette définition aborde les principaux enjeux liés à la distribution exclusive, ce système de distribution peut naturellement conduire à diverses autres préoccupations traitées notamment à d'autres articles du présent ouvrage.

Bibliographie

Chagny (M.) (dir.), *Le Lamy droit économique : concurrence, relations commerciales, distribution, consommation*, Paris, Wolters Kluwer France, 2021

Ferrier (D.) et (N.), *Droit de la distribution*, 8e éd., Paris, LexisNexis, 2017

Mémento Concurrence Consommation 2021, Paris, Éditions Francis Lefebvre, 2020

Communication de la Commission, Lignes directrices sur les restrictions verticales, C(2022) 4238 final, 28 juin 2022

Règlement (UE) 2022/720 de la Commission du 10 mai 2022 concernant l'application de l'article 101, paragraphe 3, du traité sur le fonctionnement de l'Union européenne à des catégories d'accords verticaux et de pratiques concertées, *JOUE* n° L 134 du 11 mai 2022, p. 4

Comm. CE, DG concurrence, *Glossaire des termes employés dans le domaine de la politique de concurrence de l'Union européenne : antitrust et contrôle des opérations de concentration*, Luxembourg, Office des publications officielles des Communautés européennes, 2002

Voir aussi

Concurrence intermarques - Concurrence intramarque - Parasitisme - Ventes actives et ventes passives

D

DISTRIBUTION SÉLECTIVE

Kélig BLORET-DUPUIS
EssilorLuxottica

Premier aperçu

La distribution sélective est une forme de distribution très répandue par laquelle un fournisseur de produits ou de services sélectionne (ou « agrée ») des commerçants indépendants pour la vente de ces biens aux consommateurs. En ce qu'elle aménage la liberté de commerce dans les relations entre entreprises agissant à des niveaux distincts de la chaîne de valeur, elle est principalement régie par l'article 101, paragraphe 1, TFUE, prohibant les ententes, et par le règlement (UE) n° 330/2010 relatif aux restrictions verticales et ses lignes directrices (ci-après « LD »).

La Cour de justice a précisé dans son arrêt *Metro* (CJCE, 25 octobre 1977, aff. 26/76) les conditions de licéité d'un tel réseau : la sélection doit (i) être justifiée par la nature du produit ou service ; (ii) s'appuyer sur des critères objectifs, de nature qualitative, fixés de façon uniforme pour tous les revendeurs potentiels et appliqués de manière non discriminatoire ; et (iii) être proportionnels à la sauvegarde de la nature du produit. Il s'agit, par exemple, d'impératifs de formation du personnel, d'assortiments de produits, d'aménagement de point de vente. La conformité d'un réseau à ces principes est majeure puisqu'elle peut permettre à un réseau de ne pas tomber dans le champ d'application de l'article 101, paragraphe 1, TFUE. Des critères quantitatifs peuvent être également adoptés, tels que l'imposition d'un niveau minimal ou maximal de vente, ou la détermination d'un nombre limité de revendeurs. Conformément aux lignes directrices relatives aux restrictions verticales et à la jurisprudence actuelle (p. ex., CJUE, 14 juin 2012, *Jaguar Land Rover*, aff. C-158/11 ; CA Paris, 24 juin 2020, *Safirauto c/ Hyundai*), les conditions d'objectivité et de non-discrimination ne s'appliquent pas aux critères quantitatifs.

L'ensemble des distributeurs agréés compose avec le fournisseur (ou « tête de réseau ») le réseau, au sein duquel les membres doivent demeurer libres de revendre entre eux les produits et services achetés auprès du fournisseur ou de fournisseurs désignés par lui. Le fournisseur doit assurer l'étanchéité du réseau afin de préserver l'image de marque et la nature du produit ou service. L'étanchéité est au cœur de nombreux contentieux entre tête de réseau et distributeurs agréés, voire distributeurs non agréés, portant sur la revente des produits au sein et/ou hors du réseau.

À ce titre, le règlement (UE) n° 330/2010 établit notamment qu'un fournisseur ne peut restreindre les ventes ni actives ni passives aux consommateurs (art. 4 b, « restrictions caractérisées ») ni interdire la vente de marques de fournisseurs concurrents (art. 5 « restrictions exclues ») sauf à démontrer les bienfaits sur la concurrence d'un tel accord ou d'une telle clause au titre de l'article 101, paragraphe 3, TFUE.

En termes de méthodologie, les trois étapes de l'analyse d'un contrat de distribution sélective (v. CA Paris, 18 septembre 2013, *Eastpak* ; CJUE, 6 décembre 2017, *Coty*, aff. C-230/16) sont : (i) vérifier la licéité du réseau *via* la conformité aux critères *Metro* ; (ii) vérifier si le réseau peut bénéficier de l'exemption catégorielle – ce qui implique d'examiner le pouvoir de marché du fournisseur et du distributeur et de s'assurer de l'absence de restrictions caractérisées ; (iii) à défaut d'exemption catégorielle, vérifier si le contrat dans son ensemble (ou une restriction exclue) peut bénéficier de l'exemption individuelle au titre de l'article 101, paragraphe 3, TFUE.

Il est enfin à noter que le droit français sanctionne également au titre des pratiques restrictives les reventes hors réseau.

■ Pour aller plus loin

En favorisant d'autres formes de concurrence que le prix, telles que l'accès à des produits innovants ou la diversité des services offerts lors de la vente, la distribution sélective améliore la satisfaction des besoins des consommateurs et garantit une meilleure performance du produit ou service. Cette forme de distribution est proconcurrentielle.

Pourtant, la sélection des distributeurs emporte également un risque de réduction de la concurrence intramarque (LD, pt 175), mais également d'affaiblissement de la concurrence intermarques (CJCE, 13 juillet 1966, *Grundig*, aff. jtes C-56/64 et 58/64), notamment lorsque les parties détiennent un certain pouvoir de marché. C'est l'approche retenue par le règlement (UE) n° 330/2010 (art. 3), qui permet à un accord de bénéficier d'une exemption catégorielle, sauf à contenir des restrictions caractérisées. Une révision du règlement (UE) n° 330/2010 est en cours.

Un front contentieux s'est ouvert quant aux possibilités pour un fournisseur à la tête d'un réseau de distribution sélective de restreindre la vente sur internet, elle-même considérée comme une vente passive (LD, pt 52). Ont ainsi été jugées injustifiées, malgré l'existence d'une distribution sélective, des clauses interdisant de vendre sur internet (CJUE, 13 octobre 2011, *Pierre Fabre Dermo-Cosmétique*, aff. C-439/09 ; CA Paris, 31 janvier 2013), qu'il s'agisse de marques de luxe, de prestige ou non (arrêt *Coty*, préc.), de clauses interdisant le référencement des produits sur une place de marché (Aut. conc., aff. *Adidas*), de l'interdiction d'utiliser la marque sur internet (*ibid.*), ou encore de l'achat de mots-clés (*ibid.*).

À noter enfin qu'un contrat de distribution sélective ne répond pas à une forme juridique particulière, bien que pouvant prendre la forme d'une concession (exclusivité alors soumise à l'art. L. 330-1 C. com.) ou d'une franchise (art. L. 330-3 C. com.). La relation contractuelle établit souvent un mécanisme d'achat-revente entre le fournisseur (ou les fournisseurs désignés par lui) et les distributeurs agréés. Le distributeur demeurant indépendant, il est essentiel de préserver sa liberté de commercer, ce qui exclut par exemple toute pratique de prix de revente imposé.

Bibliographie

Comm. eur., Lignes directrices sur les restrictions verticales, *JOUE* n° C 130 du 19 mai 2010, p. 1

Règlement (UE) n° 330/2010 de la Commission du 20 avril 2010 concernant l'application de l'article 101, paragraphe 3, du traité sur le fonctionnement de l'Union européenne à des catégories d'accords verticaux et de pratiques concertées, *JOUE* n° L 102 du 23 avril 2010, p. 1

Communiqué de presse de l'Autorité de la concurrence du 18 novembre 2015, « L'Autorité de la concurrence clôt une enquête à l'encontre d'Adidas. »

Voir aussi

Concession - Concurrence intramarque - Concurrence intermarques - Franchise - Prix de vente imposé - Ventes actives et ventes passives

D

DOMMAGES ET INTÉRÊTS

Hugues PARMENTIER
Commission européenne – DG industrie de la défense et de l'espace

Premier aperçu

La Cour de justice a reconnu le droit à dommages et intérêts au bénéfice de toute personne ayant subi un dommage causé par des pratiques contraires aux articles 101 et 102 TFUE (CJUE, 20 septembre 2001, *Courage c/ Crehan*, aff. C-453/99, pt 26). La directive 2014/104/UE du 26 novembre 2014 relative aux actions en dommages et intérêts pour les infractions au droit de la concurrence de l'Union européenne a consacré ce principe et l'a concrétisé *via* différentes mesures qui ont fait l'objet d'une transposition, en France comme dans les différents États membres (pour un premier bilan, v. Rapport de la Commission au Parlement européen et au Conseil sur la mise en œuvre de la directive 2014/104/UE).

Selon la Cour de justice, « *les personnes ayant subi un préjudice doivent pouvoir demander réparation non seulement du dommage réel (damnum emergens), mais également du manque à gagner (lucrum cessans) ainsi que le paiement d'intérêts* » (CJCE, 13 juillet 2006, *Manfredi*, aff. jtes C-295/04 à C-298/04, pt 95). Cette définition du dommage se retrouve à l'article 3 de la directive 2014/104/UE.

Au regard du droit de l'Union européenne comme du droit français de la responsabilité civile, le dommage indemnisable peut se rattacher à deux catégories principales :

- la perte subie, c'est-à-dire la diminution du patrimoine de la victime (*damnum emergens*). Cet élément est parfois qualifié aussi d'effet prix et se rapporte par exemple au surcoût qu'un acheteur direct ou indirect a dû payer en raison de la violation des règles de concurrence ;
- le manque à gagner, c'est-à-dire l'exclusion d'un accroissement du patrimoine qui aurait eu lieu si l'infraction n'avait pas été commise (*lucrum cessans*). Cet élément est parfois qualifié aussi d'effet volume et se rapporte par exemple au recul du volume de ventes résultant du surcoût.

Par ailleurs, les intérêts doivent également être pris en compte, car ils constituent « *une composante indispensable d'un dédommagement* » (*Manfredi*, préc., pt 97).

■ Pour aller plus loin

Les infractions aux règles de concurrence peuvent prendre des formes variées et causer différents types de préjudice aux victimes, ces dernières pouvant être, selon les cas, des clients directs ou indirects de l'auteur d'une infraction, ses concurrents, ses fournisseurs ou encore des tiers.

Ainsi, dans son arrêt *Kone*, la Cour de justice a considéré que les prix de protection (« *umbrella pricing* ») constituaient dans certaines circonstances l'une des conséquences indemnisables possibles d'une entente (CJUE, 5 juin 2014, *Kone*, aff. C-557/12, pt 28). Au cas d'espèce, une entreprise demandait réparation du dommage « *résultant de ce qu'elle a acheté à des entreprises tierces, non membres de l'entente en cause, des ascenseurs et des tapis roulants à un prix plus élevé que celui qui aurait été fixé en l'absence de cette entente, au motif que ces entreprises tierces auraient profité de l'existence de cette dernière pour fixer leurs prix au niveau rehaussé* » (*ibid.*, pt 10).

En droit français, l'article L. 481-3 du code de commerce comporte une liste non exhaustive des préjudices dont le titulaire de l'action en dommages et intérêts du fait d'une pratique anticoncurrentielle peut demander réparation.

En pratique, cet article n'énonce pas une taxinomie impérative. La circulaire du 23 mars 2017 accompagnant l'ordonnance de transposition de la directive 2014/104/UE indique que d'autres types de préjudices peuvent être invoqués et réparés. Elle cite par exemple :

- « *au titre de la perte faite : les frais engagés pour se maintenir sur un marché et pour récupérer les parts de marché perdues, le coût de la mobilisation de la trésorerie pour faire face au surcoût, les frais de licenciement, les frais engagés en vain pour entrer sur un marché dont la victime est évincée, les frais engagés pour se déployer sur un autre marché ;*
- *au titre des gains manqués : les gains manqués en raison de l'éviction d'un marché ;*
- *au titre du préjudice moral : le préjudice de notoriété.* »

L'indemnisation du préjudice, quel qu'il soit, s'effectue dans le respect du principe de la réparation intégrale, qui consiste à replacer la partie lésée dans la situation où elle se serait trouvée si la pratique anticoncurrentielle ne s'était pas produite. L'évaluation du dommage se fait donc à partir d'une analyse contrefactuelle (« *but-for analysis* » en anglais), consistant à procéder à des estimations pour construire un scénario de référence avec lequel la situation réelle pourra être comparée.

S'agissant des intérêts, il résulte de la jurisprudence de la CJUE que « *la réparation intégrale du préjudice subi doit inclure la compensation des effets négatifs résultant de l'écoulement du temps depuis la survenance du préjudice causé par l'infraction, à savoir l'érosion monétaire et la perte de chance subie par la partie lésée du fait de l'indisponibilité du capital* » (guide pratique de la Commission concernant la quantification du préjudice dans les actions en dommages et intérêts fondées sur des infractions à l'article 101 ou 102 du traité sur le fonctionnement de l'Union, pt 20). Le considérant 12 de la directive 2014/104/UE précise que le paiement des intérêts « *devrait être dû depuis le moment où le préjudice est survenu jusqu'à celui où les dommages et intérêts sont versés, sans préjudice de la qualification de ces intérêts en intérêts compensatoires ou en intérêts moratoires dans le cadre du droit national, et sans préjudice de la question de savoir si l'écoulement du temps est pris en compte en tant que catégorie séparée (intérêts) ou en tant que partie intégrante du dommage réel ou du manque à gagner.* »

Afin de fournir des orientations sur la quantification du préjudice subi par les victimes de pratiques anticoncurrentielles, la Commission a adopté deux séries de documents en 2013 et en 2019 :

- la communication de la commission relative à la quantification du préjudice dans les actions en dommages et intérêts fondées sur des infractions à l'article 101 ou 102 TFUE (2013/C 167/07) a principalement pour objet de présenter le guide pratique l'accompagnant. Le paquet a été publié en même temps que la proposition ayant conduit à la directive 2014/104/UE. Le guide pratique, document de travail des services de la Commission, fournit un aperçu des diverses formes de préjudice généralement causées par les pratiques anticoncurrentielles. Il présente les avantages et les faiblesses des diverses méthodes et techniques utilisables pour quantifier le préjudice et analyse une série d'exemples concrets ;
- les orientations à l'intention des juridictions nationales sur la façon d'estimer la part du surcoût répercutée sur les acheteurs indirects (2019/C 267/07). Elles décrivent ce qu'est la répercussion d'un surcoût et son cadre juridique, cadrent le rôle de la théorie économique, donnent une vue d'ensemble des méthodes de quantification et proposent des exemples de preuves nécessaires à la quantification d'un surcoût. Elles doivent être comprises en lien avec des études sur les surcoûts (*Study on the Passing-on of Overcharges*) préparées par des consultants pour la Commission en octobre 2016 (Oxera and a multi-jurisdictional team of lawyers led by A. Komninos, *Quantifying Antitrust Damages, Towards Non-Binding Guidance for Courts, Study prepared for the European Commission*, 2009).

De façon complémentaire, la cour d'appel de Paris a, de son côté, mis en ligne sur son site internet des fiches méthodologiques pratiques consacrées aux préjudices économiques, parmi lesquels figurent les préjudices concurrentiels.

En complément de ces documents théoriques, les actions privées relevant du droit national, l'analyse de la jurisprudence est indispensable pour cerner quel type de préjudice et quelles méthodes de quantification ont été retenus par les juridictions.

Bibliographie

AMARO (R.), « Transposition de la directive Dommages en France : Regards sur le nouveau titre VIII du livre IV du Code de commerce », *Concurrences* n° 2-2017, art. n° 84026, p. 70

AMARO (R.), « Le contentieux privé des pratiques anticoncurrentielles : Étude des contentieux privés autonome et complémentaire devant les juridictions judiciaires », thèse, Université Paris 5, 2012

AMARO (R.) et LABORDE (J.-F.), *La réparation des préjudices causés par les pratiques anticoncurrentielles : recueil de décisions commentées*, 2e éd., Paris, Concurrences, 2020

BEHAR-TOUCHAIS (M.), BOSCO (D.) et PRIETO (C.), *L'intensification de la réparation des dommages issus des pratiques anticoncurrentielles*, Paris, IRJS éditions, 2016

CHAGNY (M.), « Directive sur les actions en dommages et intérêts du fait des pratiques anticoncurrentielles : Le gouvernement français publie l'ordonnance de transposition et le décret correspondant », *Concurrences* n° 2-2017, art. n° 84095, www.concurrences.com

CHAGNY (M.) et DEFFAINS (B.), *Réparation des dommages concurrentiels*, Paris, Dalloz, 2015

DORANDEU (N.), « Le dommage concurrentiel », thèse Université de Perpignan, 2000

LABORDE (J.-F.), « Cartel damages actions in Europe: How courts have assessed cartel overcharges (2019 ed.) », *Concurrences* n° 4-2019, art. n° 92227, www.concurrences.com

LAURÈS (B.), « Les actions en dommages et intérêts pour les infractions au droit de la concurrence », thèse, Université Paris 10, 2018

Communication de la Commission, Orientations à l'intention des juridictions nationales sur la façon d'estimer la part du surcoût répercutée sur les acheteurs indirects, *JOUE* n° C 267 du 9 août 2019, p. 4

Circulaire du 23 mars 2017 de présentation des dispositions de l'ordonnance n° 2017-303 du 9 mars 2017 relative aux actions en dommages et intérêts du fait des pratiques anticoncurrentielles et du décret d'application n° 2017-305 du 9 mars 2017, NOR : JUSC1708788C

Directive 2014/104/UE du Parlement européen et du Conseil du 26 novembre 2014 relative à certaines règles régissant les actions en dommages et intérêts en droit national pour les infractions aux dispositions du droit de la concurrence des États membres et de l'Union européenne, *JOUE* n° L 349 du 5 décembre 2014, p. 1

Communication de la Commission relative à la quantification du préjudice dans les actions en dommages et intérêts fondées sur des infractions à l'article 101 ou 102 du traité sur le fonctionnement de l'Union européenne, *JOUE* n° C 167 du 13 juin 2013, p. 19

Comm. eur., « Guide pratique concernant la quantification du préjudice dans les actions en dommages et intérêts fondées sur des infractions à l'article 101 ou 102 du traité sur le fonctionnement de l'Union », SWD(2013) 205, 11 juin 2013

Comm. eur., DG concurrence, Williams (I.), Quintana (I.), Hain-Cole (J.) et coll., *Study on the Passing-on of Overcharges: Final report*, Luxembourg, Office des publications de l'Union européenne, 2017

Comm. eur., DG concurrence, *Quantifying antitrust damages: Towards non-binding guidance for courts*, Luxembourg, Office des publications de l'Union européenne, 2010

Voir aussi

Action et recours privés - Analyse économique

DONNÉES PERSONNELLES

Dominique DEDIEU
3Dtic Avocats

Premier aperçu

La notion de données personnelles a trouvé sa consécration avec le règlement (UE) 2016/679 du Parlement européen et du Conseil du 27 avril 2016 relatif à la protection des personnes physiques à l'égard du traitement des données à caractère personnel et à la libre circulation de ces données, et abrogeant la directive 95/46/CE (dit « règlement général sur la protection des données » et « RGPD » – ou encore « GDPR » en anglais), entré en vigueur le 25 mai 2018, qui en donne la définition en son article 4 (ci-dessous).

Toute information, de quelque nature que ce soit, permettant, directement ou indirectement, l'identification d'une personne physique, constitue une donnée personnelle (autrement dénommée alternativement « donnée à caractère personnel »).

Cette définition était déjà peu ou prou celle retenue pour identifier les informations dites « nominatives » retenues par la loi française n° 78-17 du 6 janvier 1978 relative à l'informatique, aux fichiers et aux libertés, dite « loi informatique et liberté » (art. 4).

La force du RGPD réside dans l'unification, au niveau européen, du régime de protection *ex ante* des données personnelles et la réglementation de leur communication.

Partant du constat que toute personne physique est amenée à fournir quotidiennement, surtout à l'ère du numérique, des informations la concernant, le RGPD a pour double objet et objectif essentiels (i) de protéger les libertés et droits fondamentaux des personnes physiques – en particulier leur intégrité et vie privée – et (ii) d'assurer la libre circulation des données personnelles au sein de l'Union européenne.

Les données personnelles ne sont pas appropriables, pas même par les personnes concernées, auxquelles n'est pas reconnu de « droit de propriété » sur leurs propres données. La liberté de leur circulation leur confère une valeur commerciale dont l'importance croît avec leur qualité – teneur des données collectées, fiabilité, actualisation… –, au point de constituer, s'agissant de données personnelles de clients et de prospects, un actif immatériel essentiel d'un fonds de commerce, voire ce que certains auteurs dénomment un « pas-de-porte numérique ».

■ Pour aller plus loin

La question d'un droit de propriété d'une personne physique sur ses données personnelles fait l'objet de nombreux débats depuis des années. L'un des enjeux de ces réflexions tient évidemment à la commercialisation par soi-même de ses données personnelles. La question n'a pas encore été tranchée par les juridictions et les autorités (si la Commission nationale de l'informatique et des libertés s'est penchée sur le cas de l'application Tadata permettant aux étudiants et jeunes de 15 à 25 ans de monétiser leurs données personnelles, elle ne s'est pas prononcée sur la conformité de ce site au RGPD ni sur la monétisation de ces données, laissant la question entière).

Parallèlement, ni le droit de l'Union, ni le droit interne, n'interdit *per se* le commerce des données personnelles.

Les règles fixées par le RGPD viennent tempérer cette affirmation en posant les conditions de protection et de transmission des données personnelles, parmi lesquelles la nécessité dans certains cas d'un consentement préalable de la personne concernée à tout partage de ses données personnelles (CA Orléans, 11 mars 2021 : « *Parce que toute personne doit pouvoir contrôler l'utilisation qui est faite de ses données personnelles, le responsable du traitement des données doit donc obtenir un consentement spécifique à la vente des données* »). Ce tempérament ne vient cependant que permettre d'affiner les conditions de commercialisation des données personnelles et d'en accroître la qualité.

Ainsi, dans le marché des données, celui des données personnelles occupe une place prépondérante. Au sein de ce marché des données personnelles, celui des fichiers de données personnelles de clients et prospects tient pour sa part une place aussi essentielle que ce fichier tient pour tout fonds de commerce. La Commission d'examen des pratiques commerciales s'est ainsi prononcée en ce sens en considérant que « *[l]a clause selon laquelle, à l'expiration du contrat de concession exclusive, le concédant a le droit de garder les données clients et prospects dans ses bases de données et de les utiliser selon les conditions préalablement acceptées par les clients et prospects est susceptible d'être à l'origine d'un déséquilibre significatif dès lors que cette obligation est dépourvue de justification ou n'est pas assortie d'une contrepartie* » (CEPC, avis n° 18-4 du 12 avril 2018).

Par cet avis, la CEPC a concilié le droit des données personnelles – droit maintenant consacré – avec le droit de la concurrence, suivant en cela les recommandations de l'Autorité de la concurrence, qui s'était associée au Bundeskartellamt pour produire, le 10 mai 2016, le rapport relatif au « Droit de la concurrence et données ».

Constatant l'importance des données et des données personnelles dans l'économie numérique, le président de l'Autorité de la concurrence, Benoît Cœuré, appelle de ses vœux, dans un discours du 2 juin 2022 publié le 8 juin 2022, le renforcement de la coopération des autorités de concurrence et de la protection des données pour assurer une réelle articulation cohérente des droits en présence afin de ne pas compromettre les objectifs de l'un en poursuivant ceux de l'autre.

La coopération est absolument nécessaire dans le cadre des plateformes numériques qui permettent une collecte et une exploitation massives de données, octroyant à leur propriétaire exploitant un pouvoir de marché dans lequel les données personnelles constituent un paramètre de concurrence essentiel.

Bibliographie

Benabou (V.-L.), « Une cinquième liberté de circulation numérique ? Est-ce possible ? Est-ce utile ? », *RTD eur.* 2021, p. 279

Bernelin (M.), « La patrimonialisation des données personnelles : entre représentation(s) et réalité(s) juridiques », *JCP G* 2019, doctr. 1172

« Monétisation des données : la data aux œufs d'or », émission France Culture du 4 novembre 2020, https://www.radiofrance.fr/franceculture/podcasts/la-methode-scientifique/monetisation-des-donnees-la-data-aux-oeufs-d-or-3278270

Rochfeld (J.), « Contre l'hypothèse de la qualification des données personnelles comme des biens », in *Les biens numériques*, E. Netter et A. Chaigneau (dir.), Amiens, CEPRISCA / Paris, PUF, 2015, p. 221

Loi n° 78-17 du 6 janvier 1978 relative à l'informatique, aux fichiers et aux libertés, *JORF* du 7 janvier 1978

Règlement (UE) 2016/679 du Parlement européen et du Conseil du 27 avril 2016 relatif à la protection des personnes physiques à l'égard du traitement des données à caractère personnel et à la libre circulation de ces données, et abrogeant la directive 95/46/CE (règlement général sur la protection des données), *JOUE* n° L 119 du 4 mai 2016, p. 1

Aut. conc., Intervention de Benoît Cœuré, président de l'Autorité de la concurrence, devant le collège de la CNIL, Droit de la concurrence et protection des données personnelles, 2 juin 2022

Aut. conc., communiqué de presse du 10 mai 2016, « Big Data : l'Autorité de la concurrence française et le Bundeskartellamt allemand publient une étude conjointe sur les données et leurs enjeux pour l'application du droit de la concurrence »

Aut. conc. et Bundeskartellamt, « Droit de la concurrence et données », 10 mai 2016

D

DROIT DE PROPRIÉTÉ INTELLECTUELLE

Philippe COEN
Association Européenne des Juristes d'Entreprise

■ Premier aperçu

La propriété intellectuelle et la propriété industrielle forment ensemble le droit de la propriété intellectuelle. Ce droit protège l'existence et la titularité de la création intellectuelle qui constitue le capital immatériel de l'entreprise. L'atteinte par la contrefaçon aux droits de propriété intellectuelle se mesure en milliards d'euros chaque année, que ce soit pour les produits, les inventions ou les œuvres de l'esprit comme les films ou la musique. La fonction de cet ensemble de droits de nature complexe sur le plan tant national qu'européen ou international est de protéger l'innovation, l'invention, le savoir-faire, la créativité, l'expression de la touche d'un auteur, des processus industriels, voire des sons, des arrangements ou des formats, dans le but de contribuer à une dynamique économique et d'accroître le bien-être des consommateurs.

Ce droit de propriété recouvre les protections dévolues sur le plan local, européen et international du droit d'auteur, des marques, des brevets, des dessins et modèles, et par extension les droits voisins des artistes-interprètes et des producteurs des éditeurs et agences de presse.

À première vue, le droit de la concurrence, qui se donne comme mission de protéger la liberté de circulation des produits et services ainsi que les processus compétitifs, présente précisément les caractéristiques d'un droit qui fait résistance à la notion de droits exclusifs et territoriaux. Or, la construction du droit de la concurrence montre au contraire une profonde empathie pour insérer le droit de propriété intellectuelle dans la logique des règles visant à lutter contre les distorsions de concurrence et de prédation. La tension entre le droit de la concurrence et celui de la propriété intellectuelle existe et le droit de la concurrence finit par être le droit qui contrôle le plus l'exercice des droits de propriété intellectuelle. En effet, tant que le droit de la propriété intellectuelle ne fait pas l'objet d'abus de droit, le droit de la concurrence reconnaît les vertus dynamiques pour la concurrence de la protection du droit de la création.

■ Pour aller plus loin

À l'aide de la propriété intellectuelle, les consommateurs gagnent en reconnaissance, identification du produit ou du service qu'ils utilisent et qui a généré un investissement intellectuel et/ou industriel de la part de ses concepteurs.

Ainsi, le droit de propriété intellectuelle consacre le monopole temporaire du titulaire de droit. Le droit de propriété est lui-même reconnu comme un droit fondamental à tous les étages de la hiérarchie des normes. En droit européen, le traité de l'Union en son article 36 consacre au régime des exceptions aux règles anticoncurrentielles le droit de la propriété intellectuelle. Ce régime d'exception se renforce par l'application des articles 101 et 102 TFUE et est validé par les arrêts *Sirena* et *Deutsche Grammophon*.

L'épuisement des droits est un principe indétachable du droit de la concurrence européen en tant qu'il s'applique au droit de la propriété intellectuelle.

Les traités, directives, lois et règlements et la mise en place d'offices de dépôt des marques en Europe et de droits d'auteur aux États-Unis par exemple offrent un cadre juridique en perpétuelle évolution sous l'œil inquiet et vigilant des autorités de concurrence. À titre d'exemple encore, la directive Droit d'auteur de 2019 constitue une réforme capitale pour les vingt-sept États membres pour augmenter les exceptions au monopole et accueillir la logique des plateformes numériques et de la mondialisation des échanges et la capacité immédiate de copier tout ou presque à l'identique, à l'ère du numérique. La construction du droit de propriété intellectuelle est en mouvement, et pour la première fois de l'histoire, les chemins du droit de la propriété intellectuelle et du droit de la concurrence participent, harmonisations faisant, à ne faire qu'un : le droit du capital immatériel économique.

Bibliographie

Directive (UE) 2019/790 du Parlement européen et du Conseil du 17 avril 2019 sur le droit d'auteur et les droits voisins dans le marché unique numérique et modifiant les directives 96/9/CE et 2001/29/CE, *JOUE* n° L 130 du 17 mai 2019, p. 92

D

DROIT EXCLUSIF (ART. 106 TFUE)

Laure GAUTHIER
Autorité de la concurrence

■ Premier aperçu

L'article 106, paragraphe 1, TFUE dispose : « *Les États membres, en ce qui concerne les entreprises publiques et les entreprises auxquelles ils accordent des droits spéciaux ou exclusifs, n'édictent ni ne maintiennent aucune mesure contraire aux règles des traités, notamment à celles prévues aux articles 18 et 101 à 109 inclus.* »

Les droits exclusifs visés au premier paragraphe de l'article 106 TFUE sont ceux accordés par les États membres, compris au sens large comme les autorités publiques, incluant, notamment, les collectivités décentralisées.

Les bénéficiaires des droits exclusifs visés à l'article 106 TFUE sont, quant à eux, les entreprises, correspondant à toute entité exerçant une activité économique, indépendamment de son statut juridique et de son mode de financement, par opposition aux organismes dont l'activité ne présente pas de caractère économique.

L'article 2 (f) de la directive 2006/111/CE de la Commission européenne du 16 novembre 2006 relative à la transparence des relations financières entre les États membres et les entreprises publiques ainsi qu'à la transparence financière dans certaines entreprises définit les droits exclusifs comme « *des droits accordés par un État membre à une entreprise au moyen de tout instrument législatif, réglementaire et administratif, qui lui réserv[e] le droit de fournir un service ou d'exercer une activité sur un territoire donné* ».

Dans le même sens, le premier alinéa de l'article 4, paragraphe 3, de la directive 2014/25/UE du Parlement européen et du Conseil du 26 février 2014 relative à la passation de marchés par des entités opérant dans les secteurs de l'eau, de l'énergie, des transports et des services postaux et abrogeant la directive 2004/17/CE définit les « *droits spéciaux ou exclusifs* » comme des « *droits accordés par l'autorité compétente d'un État membre, au moyen de toute disposition législative, réglementaire ou administrative ayant pour effet de réserver à une ou plusieurs entités l'exercice d'une activité définie aux articles 8 à 14 et d'affecter substantiellement la capacité des autres entités d'exercer cette activité* ». Le texte précise que les droits octroyés au moyen d'une procédure ayant fait l'objet d'une publicité appropriée et selon des critères objectifs ne constituent pas des « *droits spéciaux ou exclusifs* » au sens du premier alinéa.

À travers la notion de droit exclusif, l'article 106, paragraphe 1, TFUE encadre les interventions de la puissance publique dans la sphère économique et pose un principe clair : celui de l'interdiction pour la puissance publique de fausser la concurrence en faveur, spécialement, des entreprises auxquelles elle réserve l'exercice d'une activité économique.

Ce principe d'abstention connaît des exceptions, énoncées au second paragraphe de l'article 106 TFUE, au bénéfice des entreprises chargées de la gestion de services d'intérêt économique général ou présentant le caractère d'un monopole fiscal. Comme les autres, ces entreprises sont soumises aux règles des traités et, notamment, aux règles de concurrence, mais seulement dans les limites où l'application de ces règles ne fait pas échec à l'accomplissement en droit ou en fait de la mission particulière qui leur a été impartie.

Le troisième paragraphe de l'article 106 TFUE charge la Commission européenne de veiller à l'application de ces dispositions, le cas échéant, en adoptant des décisions ou des directives.

■ Pour aller plus loin

La Commission européenne, chargée de mettre en œuvre l'article 106 TFUE, a encadré les interventions de la puissance publique en faveur des entreprises bénéficiant de droits exclusifs de deux façons :

- elle a adopté des décisions sanctionnant des interventions publiques créant des droits exclusifs ou plaçant des entreprises bénéficiant de droits exclusifs en situation d'abuser automatiquement de leur position dominante ;
- elle a adopté des directives s'imposant aux États membres ayant pu aller jusqu'à l'abolition de droits exclusifs ; c'est, notamment, sur ce fondement que la Commission européenne a adopté les directives de libéralisation du secteur des télécommunications.

La Commission européenne ne dispose pas d'une compétence exclusive en ce domaine et les juridictions nationales sont également susceptibles d'intervenir pour sanctionner des mesures publiques qui conduiraient, automatiquement, des entreprises bénéficiant de droits exclusifs à exploiter leur position dominante de façon abusive.

Bibliographie

Directive 2014/25/UE du Parlement européen et du Conseil du 26 février 2014 relative à la passation de marchés par des entités opérant dans les secteurs de l'eau, de l'énergie, des transports et des services postaux et abrogeant la directive 2004/17/CE, *JOUE* n° L du 28 mars 2014, p. 243

Directive 2006/111/CE de la Commission du 16 novembre 2006 relative à la transparence des relations financières entre les États membres et les entreprises publiques ainsi qu'à la transparence financière dans certaines entreprises, *JOUE* n° L 318 du 17 novembre 2006, p. 17

Voir aussi

Services d'intérêt économique général

D

DROITS DE LA DÉFENSE

Frédéric MARTY, Patrice REIS
Université Côte d'Azur

■ Premier aperçu

Les droits de la défense ont valeur constitutionnelle (Cass. ass. plén., 30 juin 1995, n° 94-20.302, *D.* 1995, p. 513 ; Cons. const., déc. n° 76-70 DC du 2 décembre 1976, *Rec. Cons. const.*, p. 39 ; *RD publ.* 1978, p. 817, note L. Favoreu) et constituent des droits de l'homme. Toute personne, y compris les personnes morales, en bénéficie. La connotation pénale des droits de la défense ne doit pas être considérée comme unique (Motulsky, 1961), dans la mesure où la notion de droits de la défense s'applique à toute procédure – fût-elle civile ou administrative –, qu'elle soit menée devant une autorité de jugement ou une autorité de régulation en droit interne ou européen (Guinchard et coll., 2014). Les droits de la défense trouvent leur source dans de nombreux textes, notamment la Déclaration universelle des droits de l'homme (art. 7, 8, 10, 11), le Pacte international relatif aux droits civils et politiques (art. 14), la Déclaration des droits de l'homme et du citoyen (art. 16), la Charte des droits fondamentaux de l'Union européenne (art. 48) et surtout la Convention européenne des droits de l'homme, notamment son article 6, paragraphe 1. Ce dernier article dispose que « *[t]oute personne a droit à ce que sa cause soit entendue équitablement, publiquement et dans un délai raisonnable, par un tribunal indépendant et impartial, établi par la loi* ». Les droits de la défense sont ainsi, comme le principe du contradictoire, une composante du *droit à un procès équitable*. La possibilité de contredire est au cœur des droits de la défense, dans la mesure où cette possibilité suppose au préalable l'information, c'est-à-dire la connaissance d'éléments fournis à la fois par les parties et par l'autorité de jugement ou de régulation. Les droits de la défense concernent donc aussi les procédures en droit de la concurrence, aussi bien en droit interne qu'en droit européen.

Application dans la jurisprudence

Le Tribunal de l'Union européenne, dans son arrêt *Qualcomm* de 2022, a considéré en s'appuyant notamment sur d'autres jurisprudences de la Cour de justice (not. CJCE, 13 février 1979, *Hoffmann-La Roche c/ Commission*, aff. 85/76) que le « *destinataire d'une décision constatant qu'il a commis une infraction aux règles de la concurrence doit avoir été mis en mesure, au cours de la procédure administrative, de faire connaître utilement son point de vue sur la réalité et la pertinence des faits et des circonstances qui lui sont reprochés ainsi que sur les documents retenus par la Commission à l'appui de son allégation de l'existence d'une telle infraction* » (Trib. UE, 15 juin 2022, *Qualcomm c/ Commission*, aff. T-235/18, pt 159, s'appuyant sur CJUE, 25 octobre 2011, *Solvay c/ Commission*, aff. C-109/10 P, pt 53). Le droit européen de la concurrence considère ainsi que la garantie des droits de la défense requiert que l'entreprise mise en cause ait eu accès au dossier et ait pu faire connaître son point de vue dans le cadre de la procédure contradictoire.

En effet, le respect des droits de la défense dans toute procédure susceptible d'aboutir à des sanctions constitue un principe fondamental du droit européen, qui doit être observé, même s'il s'agit d'une procédure de caractère administratif (*Hoffmann-La Roche*, préc.). Le respect des droits de la défense fait dès lors partie des éléments sur lesquels porte le contrôle juridictionnel exercé par le Tribunal et la Cour permettant d'annuler toute décision ou procédure qui porterait atteinte auxdits droits (il y a violation des droits de la défense lorsqu'il existe une possibilité que, en raison d'une irrégularité procédurale commise par la Commission, la procédure administrative menée par elle ait pu aboutir à un résultat différent ; *Qualcomm*, préc., pt 160).

Le standard applicable est d'autant plus exigeant que le droit de la concurrence de l'UE revêt une nature quasi pénale. La présomption d'innocence, qui est un principe général du droit de l'Union et qui est énoncée à l'article 48, paragraphe 1, de la Charte des droits fondamentaux, s'applique aux procédures de concurrence dans la mesure où celles-ci sont susceptibles d'aboutir à la prononciation d'amendes ou d'astreintes (CJUE, 22 novembre 2012, *E.ON c/ Commission*, aff. C-89/11 P, pt 73).

Les droits de la défense ont pour les entreprises des traductions pratiques en termes d'information : notification des griefs, communication des pièces, échanges avec les autorités nationales ou européennes et surtout respect du principe du contradictoire dans la mesure où la notion d'information est consubstantielle au contradictoire.

Le principe du contradictoire s'applique ainsi en droit interne de la concurrence dès l'ouverture de la procédure d'instruction, par la notification des griefs aux parties, mises en cause par le rapporteur général. La procédure s'avère en pratique très protectrice des droits de la défense en ce qu'elle concerne la notification des griefs, les observations sur celle-ci, l'envoi d'un rapport aux parties, qui peuvent à ce stade présenter encore des observations aux services d'instruction. Tout au long de la procédure, les auditions et les demandes de renseignements ou de communication de documents sont encadrées et un débat est aussi engagé lors de la séance devant le collège.

Ainsi, les juges européens ont pu affirmer que le « *droit d'accès au dossier dans les affaires de concurrence a pour objet de permettre aux destinataires d'une communication des griefs de prendre connaissance des éléments de preuve figurant dans le dossier de la Commission, afin qu'ils puissent se prononcer utilement sur les conclusions auxquelles elle est parvenue, dans sa communication des griefs, sur la base de ces éléments* » (TPICE, 30 septembre 2003, *Atlantic Container Line e.a. c/ Commission*, aff. jtes T-191/98, T-212/98 à T-214/98, pt 334). De plus, si les griefs communiqués évoluent, les parties doivent en être informées. Il est indispensable que l'entreprise mise en cause soit informée des griefs ajoutés ou modifiés de façon qu'elle ait pu y répondre (Trib. UE, 27 juin 2012, *Microsoft c/ Commission*, aff. T-167/08, pt 184). « *[L]a communication aux intéressés d'un complément de griefs n'est nécessaire que dans le cas où le résultat des vérifications amène la Commission à mettre à la charge des entreprises des actes nouveaux ou à modifier sensiblement les éléments de preuve des infractions contestées et non lorsque la Commission remplit son devoir d'abandonner des griefs qui, au vu des réponses à la communication de griefs, se sont révélé[s] mal fondés* » (*Microsoft*, préc., pt 191). Les droits de la défense reposent aussi, sur la base du principe du contradictoire, sur la nécessité d'échanges et sur le droit à être entendu. Ainsi, en cours de procédure, l'autorité chargée de l'application des règles de concurrence doit examiner les éléments de preuve fournis par l'entreprise visant à démontrer que son comportement n'a pas eu les effets allégués (CJUE, 12 mai 2022, *Servizio Elettrico Nazionale*, aff. C-377/20, pt 51). Dès lors, l'autorité chargée de l'application des règles de concurrence doit entendre l'entreprise, ce qui implique qu'elle examine, « *avec soin et impartialité, tous les éléments pertinents du cas d'espèce et, notamment, les preuves soumises par cette entreprise* » (*ibid.*, pt 52). Cette dernière notion d'impartialité justifie ainsi, par exemple, la séparation fonctionnelle des activités d'enquête et d'instruction de la décision elle-même en matière de sanction des pratiques anticoncurrentielles (Cass. com., 5 octobre 1999, n° 97-15.617 e.a., *D.* 1999, p. 44, obs. M.-L. Niboyet ; *RTD civ.* 2000, p. 618, obs. J. Normand ; *RTD com.* 2000, p. 249, obs. S. Poillot-Peruzzetto).

■ Pour aller plus loin

Il est nécessaire de trouver une position d'équilibre entre d'une part les règles de concurrence fondées sur la protection de l'ordre public économique et l'efficacité et d'autre part la protection des droits de la défense (Arcelin, 2007).

Comme l'affirme la jurisprudence, le droit de la concurrence vise à réprimer les atteintes à la concurrence et ainsi à dissuader les opérateurs économiques de déployer des stratégies de nature à susciter de telles atteintes (CA Paris, 9 avril 2002, *Géodis Overseas France*, RG 2001/19855, *RSC* 2003, p. 578, obs. J.-C. Fourgoux ; CEDH, 27 septembre 2011, *A. Menarini Diagnostics S.r.l. c/ Italie, n° 43509/08)*. La judiciarisation de l'application du droit européen de la concurrence par l'intermédiaire du contrôle juridictionnel a contribué à renforcer les droits de la défense. Cependant, cette évolution a également procédé en droit européen de textes internes à la Commission (v. la communication de la Commission concernant les bonnes pratiques relatives aux procédures d'application des articles 101 et 102 du TFUE) et de l'application de la Charte des droits fondamentaux et de la Convention européenne des droits de l'homme. Cette évolution était nécessaire au regard de la nature quasi pénale de la sanction concurrentielle et de la concentration dans les mains des autorités de concurrence des fonctions d'instruction et de jugement.

La mise en avant des droits de la défense au sein des procédures en droit de la concurrence contribue ainsi à renforcer la sécurité juridique (v. CE, *Rapport public 2006 – Sécurité juridique et complexité du droit*), qui passe donc par la compréhension de la norme, mais surtout par sa stabilité et sa prévisibilité, éléments essentiels de la qualité et de l'acceptabilité de la règle de droit. Cependant, l'activation des arguments reliés au respect des droits de la défense peut également jouer un rôle important dans les stratégies contentieuses mises en œuvre par les défendeurs dans le cadre des contentieux et contribuer à accroître les risques d'annulation de décisions dans des affaires particulièrement complexes. L'adoption de l'approche par les effets et le renforcement des droits de la défense peuvent à ce titre converger pour renforcer la position des entreprises dans les contentieux concurrentiels.

Bibliographie

Arcelin (L.), « L'alliance raisonnable entre droit de la concurrence et CEDH », *RLC* 2007/11, p. 100

CE, *Rapport public 2006 – Sécurité juridique et complexité du droit*, Paris, La Documentation française, 2006

Chainais (C.), Ferrand (F.), Guinchard (S.) et Mayer (L.), *Procédure civile : droit commun et spécial du procès civil, MARD et arbitrage*, 36e éd., Montrouge, Dalloz, 2022

Guinchard (S.), Chainais (C.) et Ferrand (F.), *Procédure civile : droit interne et droit de l'Union européenne*, 32e éd., Paris, Dalloz, 2014

Motulsky (H.), « Le droit naturel dans la pratique jurisprudentielle : le respect des droits de la défense dans le procès civil », in *Mélanges en l'honneur de Paul Roubier, tome 2, Droit privé, propriété industrielle, littéraire et artistique*, Paris, Dalloz et Sirey, 1961, p. 175

Communication de la Commission concernant les bonnes pratiques relatives aux procédures d'application des articles 101 et 102 du TFUE, *JOUE* n° C 308 du 20 octobre 2011, p. 6

E

ÉCHANGES D'INFORMATIONS

Maija BROSSARD, Corinne KHAYAT
UGGC Avocats

■ Premier aperçu

Les échanges d'informations entre concurrents sont susceptibles de soulever des préoccupations de concurrence au regard des règles relatives à la prohibition des ententes (art. L. 420-1 C. com. et art. 101, para. 1, TFUE).

Les échanges se produisant dans le cadre d'un autre type d'accord entre concurrents ou au soutien d'une entente doivent être appréciés dans le cadre de l'évaluation de cet accord ou de cette entente.

En revanche, les échanges permettant aux entreprises de coordonner leur politique commerciale sans aller jusqu'à la définition d'un plan ou d'une convention commune constituent une pratique anticoncurrentielle spécifique, analysée sous l'angle des pratiques concertées, s'ils facilitent la collusion et diminuent l'indépendance de comportement des concurrents.

En effet, le droit de la concurrence exige que tout opérateur économique détermine de manière autonome sa politique commerciale et son comportement sur le marché.

Cette exigence d'autonomie, si elle n'interdit pas aux entreprises de s'adapter au comportement de leurs concurrents, s'oppose à toute prise de contact directe ou indirecte (par le biais d'une association professionnelle par exemple) et à toute communication, unilatérale ou réciproque, de données stratégiques ayant pour objet ou pour effet de dévoiler son propre comportement ou d'influencer le comportement d'un concurrent sur le marché. Par exemple, la présence à une réunion au cours de laquelle une entreprise informe ses concurrents de ses prix futurs peut constituer une pratique concertée (lignes directrices de la Commission sur l'applicabilité de l'article 101 du TFUE aux accords de coopération horizontale).

Il ressort de la pratique décisionnelle que l'objet anticoncurrentiel est retenu dans des affaires relatives à des échanges d'informations portant sur les prix ou les paramètres des prix actuels ou futurs tandis qu'à l'inverse, les décisions portant sur des données passées s'attachent à démontrer les effets des échanges sur la concurrence (étude thématique de l'Autorité de la concurrence de 2009 relative aux échanges d'informations ; Aut. conc., déc. n° 17-D-03 du 27 février 2017, *Loueurs*).

Les auteurs d'échanges d'informations illicites encourent notamment une sanction pécuniaire d'un montant maximum, pour une entreprise, de 10 % du montant du chiffre d'affaires mondial (art. L. 464-2 C. com.).

■ Pour aller plus loin

Certains échanges d'informations, par leur nature et compte tenu du contexte économique et juridique, sont présumés porter atteinte au jeu de la concurrence en ce que leur objet révèle un degré de nocivité suffisant pour qu'ils soient qualifiés d'infractions par objet et peuvent être ainsi sanctionnés sans qu'il soit nécessaire de démontrer leurs effets anticoncurrentiels.

Tel est le cas des échanges d'informations portant sur la stratégie commerciale et tarifaire actuelle et future des concurrents et notamment les prix, et les paramètres de prix (CJCE, 4 juin 2009, *T-Mobile Netherlands*, aff. C-8/08 ; étude thématique de l'Autorité de la concurrence de 2021 relative aux organismes professionnels).

La démonstration des effets des échanges d'informations passées suppose, quant à elle, la preuve d'une incidence défavorable sensible sur un ou plusieurs des paramètres de la concurrence, tels que le prix, la production, la qualité des produits ou l'innovation.

L'appréciation d'une telle incidence consiste en une comparaison entre le jeu de la concurrence en présence de l'échange et le jeu de la concurrence réel en l'absence de l'échange (situation contrefactuelle) afin de faire ressortir une situation concurrentielle dégradée (CJCE, 28 mai 1998, *John Deere Ltd c/ Commission*, aff. C-7/95 P ; CJUE, 30 janvier 2020, *Generics*, aff. C-307/18).

Les éléments à prendre en considération afin de conduire une telle analyse relèvent à la fois (i) de la structure du marché sur lequel interviennent les échanges ainsi que (ii) des caractéristiques des échanges et des informations échangées (lignes directrices de la Commission européenne sur l'applicabilité de l'article 101 du TFUE aux accords de coopération horizontale). Sont notamment pris en compte :

- le degré de concentration et de transparence du marché et sa stabilité ;
- l'existence de menaces de mesures de représailles suffisamment crédibles et rapides pour être probables ;
- la fréquence des échanges ;
- le caractère stratégique des données (sont généralement considérées comme stratégiques les informations sur les prix, les listes de clients, les coûts de production, les quantités, le chiffre d'affaires, les ventes, les plans marketing, les

capacités de production, la qualité des produits, la stratégie commerciale, les investissements, les technologies et les programmes de recherche et développement) ;
- le caractère confidentiel des données (les informations réellement publiques étant des informations généralement accessibles dans des conditions identiques, en termes de coûts d'accès, à tous les concurrents et clients) ;
- le degré d'ancienneté des données (le caractère réellement historique des données étant fonction des spécificités du marché) ;
- le caractère agrégé des données : dans l'affaire dite « des tracteurs » (CJCE, 28 mai 1998, *John Deere Ltd c/ Commission*, préc.), l'échange de données de ventes récentes extrêmement détaillées, ventilées géographiquement et par fabricant sur un marché très concentré, a été jugé anticoncurrentiel par la Cour de justice dans la mesure où cet échange permettait de surveiller les actions commerciales de chacune des entreprises concernées.

À partir de ces éléments, la pratique décisionnelle s'attache à examiner de manière concrète l'effet restrictif de concurrence d'un échange de données passées sur la diminution de l'incertitude stratégique et de l'autonomie commerciale en faisant le lien entre ces caractéristiques et la capacité des entreprises à adapter leur comportement concurrentiel sur le marché en fonction des informations reçues (Cons. conc., déc. n° 05-D-64 du 25 novembre 2005, *Palaces parisiens* ; Cons. conc., déc. n° 05-D-65 du 30 novembre 2005, *Téléphonie mobile* ; Aut. conc., déc. n° 17-D-03, préc.).

Dans l'affaire *Téléphonie mobile*, la Cour de cassation a reproché à la cour d'appel de ne pas avoir recherché « *de façon concrète* » si l'échange d'informations rétrospectives avait notamment eu pour effet de « *permettre à chacun des opérateurs de s'adapter au comportement prévisible de ses concurrents* » (Cass. com., 29 juin 2007, *Bouygues Télécom*, n° 07-10.303). La Cour de cassation a, par la suite, considéré que la cour d'appel de renvoi avait satisfait à cette exigence en vérifiant que les informations échangées avaient été effectivement utilisées par les opérateurs pour ajuster leur stratégie (Cass. com., 7 avril 2010, *Bouygues Télécom*, n° 09-12.984).

Bibliographie

Aut. conc., « Les organismes professionnels », étude, janvier 2021

Aut. conc., « Les échanges d'informations », in *Rapport annuel 2009*, Paris, Direction de l'information légale et administrative, 2010

Communication de la Commission, Lignes directrices sur l'applicabilité de l'article 101 du traité sur le fonctionnement de l'Union européenne aux accords de coopération horizontale, *JOUE* n° C 11 du 14 janvier 2011, p. 1

E

ÉCONOMIE DE GAMME

Christian HUVENEERS
Autorité belge de la concurrence

■ Premier aperçu

Une entreprise bénéficie d'économies de gamme, aussi appelées économies de diversification, lorsque les coûts totaux encourus pour produire conjointement des volumes donnés de deux biens ou services sont inférieurs aux coûts de la production de chacun d'entre eux séparément. En d'autres mots, la production jointe de plusieurs biens ou services permet, en présence d'économies de gamme, une baisse du coût de production d'un produit particulier si l'entreprise augmente la quantité d'un ou de plusieurs autres produits qu'elle vend déjà (ou si l'entreprise accroît la gamme de ses produits).

Par exemple, une entreprise de médias utilise un seul réseau de diffusion pour offrir plusieurs chaînes de télévision, ou des supermarchés vendent à la fois des produits alimentaires et des produits non alimentaires. Ou encore une banque disposant d'un réseau d'agences collecte la majeure partie de ses dépôts grâce à ce réseau, où de manière jointe une partie substantielle de son portefeuille de prêts est gérée.

Autrement dit, des économies de gamme signifient que le coût de de production ou de distribution d'un produit diminue à cause de la production ou de la distribution d'un autre produit. Ce peut être notamment parce que certains coûts fixes sont communs aux deux produits et peuvent être partagés. Ces coûts fixes communs peuvent prendre différentes formes : le coût d'ouverture d'une mine dont deux ou davantage de minerais peuvent être extraits ; un réseau fixe de communications électroniques offrant à la fois des services de téléphonie, internet et télévision ; un réseau de distribution ou une marque forte qui permet le lancement de nouveaux produits à un coût moindre qu'une entreprise monoproduit.

En outre, on parle de complémentarité de coûts lorsque le coût marginal de production d'un bien ou service diminue en cas d'augmentation du volume de production de l'autre bien.

Les économies de gamme sont une source possible de gains d'efficacité résultant d'une fusion dite « de diversification », lorsque les firmes qui fusionnent opèrent sur des marchés connexes : la production ou la distribution conjointe de plusieurs produits permet d'abaisser les coûts variables ou d'éviter une duplication des coûts fixes. En outre, l'entreprise multiproduit résultant de la concentration peut être incitée à abaisser le prix d'un produit pour stimuler sa demande et sa production, et ainsi abaisser le coût marginal de production d'un autre produit, ce qui lui permet d'augmenter sa marge bénéficiaire.

L'existence d'économies de gamme, au même titre que les économies d'échelle, est donc un facteur qui peut être pertinent pour l'évaluation de certaines opérations de concentration menant à des entreprises multiproduits si les parties peuvent démontrer que ces économies de gamme découlent de la transaction envisagée. Comme pour les économies d'échelle, pour que les économies de gamme soient assimilées à des gains d'efficacité, elles doivent préférablement correspondre à une baisse du coût marginal plutôt qu'à une baisse des coûts fixes, qui n'est pas répercutée sur les prix payés par les consommateurs.

Bibliographie

Belleflamme (P.) et Peitz (M.), *Industrial Organization: Markets and Strategies*, Cambridge University Press, 2010

Davis (P.) et Garcés (E.), *Quantitative Techniques for Competition and Antitrust Analysis*, Princeton University Press, 2010

Jacquemin (A.), *Sélection et pouvoir dans la nouvelle économie industrielle*, Paris, Economica / Louvain-la-Neuve, Cabay, 1985

Vander Vennet (R.), « Economies of scale and scope in EC credit institutions », *Brussels Economic Review*, 1994, vol. 144, p. 507

Voir aussi

Économie d'échelle

E

ÉCONOMIES D'ÉCHELLE

Alexandre CARBONNEL, Marc IVALDI
NERA Economic Consulting

■ Premier aperçu

Une entreprise bénéficie d'économies d'échelle lorsqu'une augmentation des volumes produits conduit à une baisse de son coût de production unitaire. De façon générale, une entreprise supporte à la fois des coûts fixes et des coûts variables dans le cadre de ses activités de production.

Contrairement aux coûts fixes, qui sont par définition indépendants du volume de production, les coûts variables augmentent avec les volumes produits. Pour déterminer s'il existe des économies d'échelle, il est nécessaire de distinguer :

– le coût moyen de production (ou coût unitaire) d'une entreprise, qui correspond aux coûts totaux (fixes et variables) divisés par le volume de production ; et

– le coût marginal de production, qui correspond au coût de production d'une unité supplémentaire. Les économies d'échelle apparaissent dès lors que le coût marginal est inférieur au coût moyen.

Ce constat met en évidence deux sources d'économies d'échelle :

– l'existence de coûts fixes : plus ils sont élevés, plus le coût moyen décroît lorsque la production augmente, dès lors que le coût marginal reste inférieur au coût moyen. En effet, les coûts fixes sont répartis sur un volume de production plus important ;

– un coût marginal décroissant : le coût marginal est d'autant plus susceptible d'être inférieur au coût moyen, et donc de donner lieu à des économies d'échelle, qu'il décroît lorsque la production augmente.

À l'inverse, il existe des déséconomies d'échelle lorsque le coût moyen augmente avec les volumes produits, c'est-à-dire lorsque le coût marginal est supérieur au coût moyen. Ce cas de figure s'observe lorsqu'il devient de plus en plus coûteux pour l'entreprise d'augmenter sa production et que le coût marginal augmente.

Par ailleurs, il est utile de distinguer entre les économies d'échelle internes à l'entreprise, qui trouvent leur origine dans la structure de coût de l'entreprise, et les économies d'échelle externes, qui sont liées à l'expansion de la production au niveau du marché et qui profitent à toutes les entreprises du secteur.

Les économies d'échelle internes sont le résultat de rendements d'échelle croissants, qui sont étroitement associés au degré de concentration du marché. Ainsi, plus les rendements d'échelle sont croissants, plus le marché est susceptible d'être concentré. Lorsqu'une seule entreprise peut produire de façon rentable et qu'aucun concurrent potentiel ne parviendrait à couvrir ses coûts en raison de l'impossibilité de bénéficier des mêmes rendements d'échelle que l'entreprise déjà sur le marché, le marché se réduit à la présence d'un monopole naturel.

Les économies d'échelle internes donnent un avantage concurrentiel aux entreprises, qui en bénéficient dès lors qu'elles conduisent à une baisse de prix et à une augmentation des ventes. Les économies d'échelle sont donc source de pouvoir de marché.

■ Pour aller plus loin

Les opérations de concentration horizontales ou verticales peuvent être à l'origine d'économies d'échelle du fait de la réorganisation de la production. Cependant, les autorités de concurrence ne tiennent généralement compte des économies d'échelle que dès lors que les parties peuvent démontrer qu'elles découlent directement de la transaction et que les consommateurs vont en bénéficier. Par conséquent, pour que les économies d'échelle soient assimilées à des gains d'efficacité, elles doivent préférablement correspondre à une baisse du coût marginal plutôt qu'à une baisse des coûts fixes, qui n'est pas répercutée sur les prix payés par les consommateurs.

Bibliographie

ACEMOGLU (D.), LAIBSON (D.) et LIST (J. A.), « Des économies d'échelle », *Microéconomie*, 2e éd., Londres, Pearson Education, 2018

SCHERER (F. M), *Industrial Market Structure and Economic Performance*, 2e éd., Chicago, Rand McNally, 1980

Voir aussi

Économie de gamme

E

EFFET DE RÉSEAU

Jean-Marc ZOGHEIB
Université Paris-Nanterre

■ Premier aperçu

Un effet de réseau est le phénomène par lequel l'utilisation d'un bien ou service par de nouveaux utilisateurs augmente la valeur de ce même bien ou service pour les utilisateurs déjà existants. Un exemple classique est celui du réseau de communication dans lequel l'utilisateur déjà existant bénéficie directement de l'utilisation de ce réseau par un nouvel utilisateur.

L'effet de réseau est aussi appelé « externalité de réseau » ou encore « économies d'échelle du côté de la demande ». L'effet de réseau peut procurer un bénéfice direct ou indirect à l'utilisateur du bien ou service : ce bénéfice dépend positivement du nombre de personnes qui ont acheté le même bien ou service, ou alors un bien ou service compatible.

L'effet de réseau a tendance à conférer un avantage aux entreprises établies par rapport à des entreprises entrantes ou de petite taille. C'est dans ce contexte que la définition de McKnight et Bailey (1997) est intéressante : « *une externalité de réseau est le bénéfice obtenu par les utilisateurs existants d'un groupe quand un nouvel utilisateur rejoint le groupe. Le groupe peut être perçu comme un "réseau" d'utilisateurs, d'où le terme externalité de réseau* ».

■ Pour aller plus loin

La création d'un effet de réseau

Pour une entreprise désirant entrer sur un marché, l'existence de l'effet de réseau peut s'avérer cruciale pour croître et concurrencer les entreprises établies de ce marché. Des processus permettant le développement de l'effet de réseau peuvent être comme décrits ci-dessous.

- Il peut initialement s'agir d'attirer des utilisateurs par le biais d'une fonctionnalité d'un bien ou service, et par la suite, de les amener à participer à un réseau (lié à cette fonctionnalité). L'idée est que la fonctionnalité permettrait d'atteindre une masse critique initiale d'utilisateurs. Un exemple type est le réseau social Instagram, qui a d'abord attiré des utilisateurs par la fonctionnalité de pouvoir appliquer des filtres photo très variés. Par la suite, les utilisateurs furent incités à poster et à partager les photos sur le réseau social, alimentant ainsi un effet de réseau.

- Une autre possibilité est celle d'être dominant sur un segment de marché extrêmement étroit, autrement dit un « marché de niche ». Le producteur étant dominant avec son produit sur des marchés de niche, il aurait ensuite la possibilité de l'offrir sur des marchés plus vastes. C'est par exemple ce processus qui a aidé le réseau social Facebook à agrandir son réseau. D'abord lancé dans quelques grandes universités américaines, il atteint actuellement un peu plus de 1,5 milliard d'utilisateurs dans le monde.

Les différents types d'effets de réseau

Différents types d'effets de réseau peuvent être identifiés.

Katz et Shapiro (1985) en identifient deux types : les effets de réseau direct et indirect.

- L'effet de réseau direct est l'effet de réseau de base et a été défini dans le tout premier paragraphe.
- L'effet de réseau indirect est l'effet de réseau par lequel l'utilisation d'un bien ou service engendre la production de biens complémentaires, ce qui va alors augmenter la valeur initiale de ce bien ou service. Katz et Shapiro (1985) illustrent l'effet de réseau indirect en se référant au paradigme « matériel-logiciel ». Un produit générateur d'effets de réseau indirects est le système d'exploitation, par exemple, Windows (Microsoft), ou encore Android (Alphabet). Si l'usage du système d'exploitation était limité à un nombre restreint d'individus, les développeurs de logiciels seraient incités à en produire un nombre limité. Au contraire, si l'usage est étendu à un nombre croissant d'individus, les développeurs auront intérêt à produire davantage de logiciels. Ainsi, la valeur du système d'exploitation va augmenter, car davantage de logiciels pourront y être utilisés.

Rochet et Tirole (2003) identifient un autre type d'effet de réseau, l'effet de réseau biface.

- L'effet de réseau biface est un effet de réseau par lequel l'augmentation du nombre d'utilisateurs d'un bien ou service par un groupe d'utilisateurs augmente la valeur d'un produit complémentaire pour un autre groupe distinct d'utilisateurs, et vice versa. Cet effet de réseau se trouve par exemple sur les plateformes numériques se présentant sous forme de marchés bifaces, p. ex. les places de marché en ligne (Amazon), les services d'association (Airbnb).

L'effet de réseau dans les marchés de l'économie numérique : le cas des réseaux sociaux

Les plateformes numériques telles que les réseaux sociaux se basent sur le modèle d'affaires de la publicité en ligne et se présentent sous la forme d'un marché biface. Plus précisément, la plateforme recueille les données des utilisateurs ayant souscrit à son service sur un côté du marché, pour ensuite les « monétiser », c'est-à-dire permettre aux entreprises de publicité présentes de l'autre côté du marché de mieux cibler les utilisateurs.

D'une part, il apparaît que l'utilité du réseau social augmente à mesure que le nombre d'utilisateurs de ce service augmente – soit un effet de réseau direct. D'autre part, davantage de publicitaires auront intérêt à rejoindre la plateforme à mesure que le nombre d'utilisateurs – présents de l'autre côté du marché – augmente – soit un effet de réseau indirect, aussi appelé effet de réseau « croisé ». On parlera d'un effet de réseau biface si l'effet de réseau indirect fonctionne aussi pour les utilisateurs.

Impacts économiques potentiels

La présence d'effets de réseau affecte la nature de la concurrence. Ces effets peuvent avoir tendance à créer un effet de « verrou » sur la demande : la migration d'un utilisateur vers un service concurrent potentiellement plus efficace sera donc plus compliquée. Cette migration sera d'autant moins possible que les coûts de changements seront élevés.

Par ailleurs, un effet de « renversement » du marché peut se produire, en ce sens que l'effet de réseau favoriserait l'émergence d'une entreprise en quasi-monopole, dont le produit dominerait très largement le marché.

Finalement, les effets de réseau peuvent être à l'origine du phénomène du « vainqueur qui remporte tout ». Cela peut se produire lorsqu'une entreprise offre sur le marché un produit très innovant avec une forte propension à générer des effets de réseau : les produits concurrents seraient alors rendus caducs.

L'effet de réseau est donc un déterminant majeur de la nature et de l'intensité de la concurrence sur un marché. Les applications existantes dans le droit de la concurrence se retrouvent surtout sur les marchés du numérique. La doctrine relative à l'évaluation de l'effet de réseau est susceptible d'évoluer, les marchés du numérique étant changeants et très dynamiques.

Bibliographie

Belleflamme (P.) et Peitz (M.), *Industrial Organization: Markets and Strategies*, 2e éd., Cambridge University Press, 2015

Katz (M. L.) et Shapiro (C.), « Network Externalities, Competition, and Compatibility », *The American Economic Review*, 1985, vol. 75, n° 3, p. 424

McKnight (L. W.) et Bailey (J. P.), « An Introduction to Internet Economics », *Internet Economics*, Cambridge, MIT Press, 1997, p. 3

Rochet (J.-Ch.) et Tirole (J.), « Platform Competition in Two-Sided Markets », *Journal of the European Economic Association*, 2003, vol. 1, n° 4, p. 990

Shapiro (C.) et Varian (H. R.), *Information Rules: A Strategic Guide to the Network Economy*, Harvard Business Review Press, 1998

E

EFFET DIRECT

Fabrice PICOD
Université Paris-Panthéon-Assas

Premier aperçu

L'effet direct du droit de l'Union européenne peut être défini comme une aptitude de ce droit à créer des droits au profit des justiciables devant les juridictions des États membres que celles-ci doivent sauvegarder.

La question de l'effet direct du droit de l'Union européenne se pose particulièrement en droit de la concurrence, qui régit les activités des entreprises.

Les juridictions nationales saisies du règlement de litiges pourront, en fonction du type de demande et des compétences qui leur sont reconnues, annuler un texte de droit national, se prononcer sur la réparation du préjudice subi, enjoindre à l'une des parties de faire ou de ne pas faire afin de se conformer aux obligations qui découlent d'une règle de droit de l'Union européenne considérée comme étant d'effet direct.

L'effet direct d'une règle de droit de l'Union européenne pourra conduire à l'éviction de la règle nationale contraire ou à une atténuation de ses effets.

Le droit de l'Union européenne étant issu de différentes sources, il convient d'examiner l'effet direct en fonction de chacune d'entre elles.

Pour aller plus loin

Effet direct des dispositions des traités constitutifs de l'Union européenne

C'est au sujet d'une règle du traité CEE que la Cour de justice a, pour la première fois, pris position à ce sujet. Interrogée sur la question de savoir « *si l'article 12 du traité CEE a un effet interne, en d'autres termes, si les justiciables peuvent faire valoir, sur la base de cet article, des droits individuels que le juge doit sauvegarder* », la Cour de justice a dégagé une théorie de l'effet direct tout en répondant à la question posée de manière affirmative (CJCE, 5 février 1963, *Van Gend en Loos*, aff. 26-62).

Procédant à une interprétation téléologique et systémique du traité, la Cour de justice a constaté que la Communauté constituait « *un nouvel ordre juridique de droit international, au profit duquel les États ont limité, bien que dans des domaines restreints, leurs droits souverains, et dont les peuples sont non seulement les États membres mais également leurs ressortissants* » (*ibid.*). Elle en a tiré comme conséquence que « *le droit communautaire, indépendant de la législation des États membres, de même qu'il crée des charges dans le chef des particuliers, est aussi destiné à engendrer des droits qui entrent dans leur patrimoine juridique* » (*ibid.*).

Une telle reconnaissance de l'effet direct devait être opérée non pas en fonction des titulaires de droits expressément visés, mais du type d'obligation imposée aux États membres. Dans cette perspective, la Cour s'attache à la clarté et à l'inconditionnalité de l'obligation.

En droit de la concurrence, les dispositions du traité CEE – devenu TCE et désormais TFUE – qui imposent des obligations claires, précises et inconditionnelles ont été reconnues d'effet direct par la Cour de justice.

Ainsi en est-il de l'article 108, paragraphe 2, alinéa 3, dernière phrase, TFUE en matière d'aides d'État, qui dispose que « *[l]'État membre intéressé ne peut mettre à exécution les mesures projetées avant que cette procédure ait abouti à une décision finale* » (CJCE, 11 décembre 1973, *Lorenz*, aff. 120-73, att. 2).

En revanche, les dispositions du traité qui laissent une marge d'appréciation discrétionnaire aux institutions européennes ou aux États membres ne peuvent pas être reconnues d'effet direct. L'article 108, paragraphes 1 et 2, TFUE ne crée ainsi pas de droits directement invocables par les entreprises (CJCE, 15 juillet 1964, *Costa*, aff. 6-64, *Rec.* p. 1141, spéc. p. 1162).

L'effet direct des dispositions des traités constitutifs peut même être revendiqué et reconnu dans les litiges entre personnes privées, ce qui est fréquent dans le droit des pratiques anticoncurrentielles. Ainsi, la Cour de justice a considéré que les articles 85, paragraphe 1, et 86 du traité CEE – devenus 101, paragraphe 1, et 102 TFUE – se prêtaient, par leur nature même, à produire des effets directs dans les relations entre particuliers (CJCE, 30 janvier 1974, *BRT*, aff. 127-73, pt 16 ; CJUE, 12 décembre 2019, *Otis e.a.*, aff. C-435/18, pt 21).

La Cour de justice a précisé que l'article 101 TFUE constitue une disposition d'ordre public, indispensable à l'accomplissement des missions confiées à l'Union européenne, qui doit être appliquée d'office par les juridictions nationales (CJCE, 1er juin 1999, *Eco Swiss*, aff. C-126/97, pts 36 et 39 ; CJCE, 4 juin 2009, *T-Mobile Netherlands*, aff. C-8/08, pt 49).

Une des conséquences de la reconnaissance de l'effet direct de telles dispositions du TFUE, tirées de leur effet utile, consiste en une possibilité pour toute personne d'obtenir réparation du dommage que lui aurait causé un contrat ou un comportement faussant le jeu de la concurrence (CJCE, 20 septembre 2001, *Courage et Crehan*, aff. C-453/99, pt 26).

Effet direct des dispositions de la Charte des droits fondamentaux de l'Union européenne

La Charte des droits fondamentaux de l'Union européenne impose des obligations non seulement aux institutions de l'Union européenne, mais également aux États membres dès lors que, conformément à l'article 51 de la Charte, ceux-ci mettent en œuvre le droit de l'Union européenne.

Une distinction est à opérer entre les droits et les principes, ces derniers devant être mis en œuvre par des actes pris par les institutions européennes et par les États membres pour produire leurs effets. De tels principes ne sont pas suffisants, en tant que tels, pour être d'effet direct devant les juridictions nationales, leur invocation devant les juridictions n'étant admise, conformément à l'article 52, paragraphe 5, de la Charte, que « *pour l'interprétation et le contrôle de la légalité de tels actes* ».

En revanche, les droits, considérés comme tels, sont invocables devant les juridictions nationales. Des entreprises peuvent ainsi agir contre une autorité nationale en raison d'une prétendue violation de droits fondamentaux consacrés par la Charte. Il est également possible que certaines dispositions de la Charte créatrices de droits fassent l'objet d'une invocation dans les litiges opposant plusieurs entreprises devant les juridictions nationales (*T-Mobile Netherlands*, préc., pt 49).

Effet direct des dispositions des actes des institutions de l'Union européenne

Les actes des institutions de l'Union européenne prennent différentes formes : règlements, directives, décisions, recommandations, avis et divers actes atypiques tels que les communications.

S'agissant du règlement, auquel l'article 288, alinéa 2, TFUE attribue une force obligatoire et une « *portée générale* » et précise qu'il est « *directement applicable dans tout État membre* », la Cour de justice lui a reconnu un effet direct en raison de sa nature même et de sa fonction dans le système (CJCE, 14 décembre 1971, *Politi*, aff. 43-71, att. 9).

Sollicitée au sujet de l'effet direct de l'article 5 du règlement (CE) n° 1/2003, la Cour de justice a reconnu l'effet direct de cette disposition en se fondant sur la lettre du traité (CJUE, 3 mai 2011, *Tele2 Polska*, aff. C-375/09, pt 34), sans examiner les critères de clarté, de précision et d'inconditionnalité.

S'agissant de la décision, l'article 288, alinéa 4, TFUE lui attribue un caractère obligatoire dans tous ses éléments. Lorsqu'elle désigne des destinataires, ce qui est le cas le plus fréquent, elle n'est obligatoire que pour eux. Il en résulte qu'elle crée alors des droits et des obligations à l'égard de leurs destinataires, sans préjudice de droits qu'elle pourrait créer au profit de tiers. La Cour de justice leur a reconnu un effet direct (CJCE, 6 octobre 1970, *Grad*, aff. 9-70, att. 5).

En droit de la concurrence, c'est par voie de décision que la Commission fait connaître sa position aux États membres au sujet des aides d'État envisagées et inflige des amendes aux entreprises qui ont eu des comportements anticoncurrentiels répréhensibles. De telles décisions adressées à leurs destinataires créent des droits et des obligations à l'égard de leurs destinataires, qui seront en mesure de s'en prévaloir devant les juridictions nationales compétentes.

S'agissant de la directive, qui, en vertu de l'article 288, alinéa 3, TFUE lie « *tout État membre destinataire quant au résultat à atteindre, tout en laissant aux instances nationales la compétence quant à la forme et aux moyens* », la question prend une tout autre ampleur. La Cour s'est fondée sur l'effet contraignant et « l'effet utile » de la directive pour reconnaître des effets directs à ses dispositions dès lors que la nature, l'économie et les termes de celles-ci s'y prêtent (CJCE, 4 décembre 1974, *Van Duyn*, aff. 41-74, pt 12).

Il convient d'appliquer la grille d'analyse fondée sur la clarté, la précision et l'inconditionnalité des dispositions invoquées afin de contester toute disposition nationale contraire ou de se faire appliquer les droits définis par la directive (CJCE, 19 janvier 1982, *Becker*, aff. 8/81, pt 25). La Cour de justice a considéré plus tard que la directive n'avait pas un caractère contraignant à l'égard des personnes privées (CJCE, 14 juillet 1994, *Faccini Dori*, aff. C-91/92, pts 22 à 25), ce qui a permis à la doctrine d'affirmer que la directive n'avait pas d'effet direct horizontal.

En droit de la concurrence, les directives n'ont pas été un instrument privilégié par les institutions de l'Union européenne compte tenu de la centralisation de la politique de la concurrence qui avait été décidée initialement. La modernisation du droit européen de la concurrence qui conduisit à la mise en place du Réseau européen de la concurrence amena les institutions à repenser l'usage de leurs instruments normatifs et à adopter une importante directive 2014/104/UE relative à certaines règles régissant les actions en dommages et intérêts en droit national pour les infractions aux dispositions du droit de la concurrence des États membres et de l'Union européenne. La Cour de justice a été amenée à interpréter les articles 21 et 22 de cette directive en vue d'en déterminer l'applicabilité au litige, mais n'a pas eu à se prononcer expressément sur leur effet direct (CJUE, 28 mars 2019, *Cogeco Communications*, aff. C-637/17, pt 24). Nul doute que des questions seront posées à l'avenir à ce sujet. La Cour de justice appréciera chacune des dispositions invoquées à l'aune de ses critères de clarté, de précision et d'inconditionnalité.

S'agissant enfin des avis et recommandations, qui, aux termes de l'article 288, alinéa 5, TFUE « *ne lient pas* », la Cour de justice leur dénie tout effet direct, les juges nationaux étant seulement tenus de les prendre « *en considération* » (CJCE, 13 décembre 1989, *Grimaldi*, aff. C-322/88, pt 19).

À ces actes unilatéraux des institutions, il convient d'ajouter les actes atypiques, en ce sens qu'ils ne sont pas visés par l'article 288 TFUE. Nombreux en droit de la concurrence, ces actes nés de la pratique des institutions visent le plus souvent à préciser une position exprimée dans un texte de droit dérivé ou dans le traité constitutif.

Les actes atypiques tels que les communications de la Commission peuvent servir de fondement à une revendication d'une entreprise dans un litige qui l'oppose à l'institution auteur de l'acte. Par une communication, son auteur s'autolimite dans l'exercice de son pouvoir d'appréciation et ne saurait dès lors se départir du contenu de la communication sans violer des principes généraux, en particulier celui de confiance légitime (CJCE, 28 juin 2005, *Dansk Rørindustri e.a. c/ Commission*, aff. jtes C-189/02 P, C-202/02 P, C-205/02 P à C-208/02 P et C-213/02 P, pt 211). En revanche, dans un litige opposant une entreprise à un État membre et *a fortiori* à une autre entreprise, il ne sera pas possible de faire produire des effets contraignants à de tels actes.

La Cour de justice a considéré que ni la communication sur la coopération ni la communication sur l'immunité d'amendes et la réduction de leur montant dans les affaires portant sur les ententes ne sont contraignantes à l'égard des États membres (CJUE, 20 janvier 2016, *DHL Express et DHL Global Forwarding*, aff. C-428/14, pt 21), ce qui les prive d'effet direct. De même, elle a souligné que la communication *de minimis* n'avait pas vocation à lier les juridictions des États membres (CJUE, 13 décembre 2012, *Expedia*, aff. C-226/11, pt 27), ce qui n'empêche nullement les juridictions nationales d'en tenir compte conformément à l'interprétation qu'en donne la Cour de justice.

Effet direct des dispositions des accords internationaux liant l'Union européenne

L'Union européenne est liée par de multiples accords internationaux multilatéraux ou bilatéraux conclus avec des États tiers ou des organisations internationales.

Ce sont des dispositions d'un accord multilatéral, celles du GATT dans sa version initiale, qui ont donné lieu aux premières prises de position de la Cour de justice en termes d'invocabilité devant les juridictions nationales. À leur sujet, la Cour de justice a considéré qu'il fallait que la disposition de l'accord invoquée engendre « *pour les justiciables de la Communauté le droit de s'en prévaloir en justice* » (CJCE, 12 décembre 1972, *International Fruit Co. e.a.*, aff. jtes 21-72 à 24-72, att. 8). La Cour de justice a conclu que tel n'était pas le cas en raison de l'esprit, de l'économie et des termes de l'Accord général sur les tarifs douaniers et le commerce. Cette jurisprudence a été réaffirmée au sujet de l'OMC, en dépit de la création de l'Organe de règlement des différends (CJCE, 1er mars 2005, *Léon Van Parys NV*, aff. C-377/02, pt 38 et s.).

La Cour de justice admet fréquemment l'effet direct de certaines dispositions des accords bilatéraux conclus avec des États tiers. Une disposition d'un tel accord doit être considérée d'effet direct lorsque, eu égard à ses termes ainsi qu'à l'objet et à la nature de l'accord, elle comporte une obligation claire et précise qui n'est subordonnée, dans son exécution ou dans ses effets, à l'intervention d'aucun acte ultérieur (CJCE, 27 septembre 2001, *Gloszczuk*, aff. C-63/99, pt 30).

Les accords bilatéraux comportant des dispositions en matière de droit de la concurrence devraient donner lieu à ce type de raisonnement.

Effet direct de la jurisprudence et des principes généraux du droit de l'Union européenne

La question de savoir si la jurisprudence des juridictions de l'Union européenne a ou non un caractère normatif a souvent été posée. La jurisprudence impose des obligations qui n'ont pas toujours été établies dans les textes et créent corrélativement des droits au profit des différents sujets de droit. Il suffit de faire référence à la jurisprudence concernant la compensation des charges de service public ou aux restrictions de concurrence « par objet » pour mesurer l'importance des apports jurisprudentiels qui devraient, en tant que tels, faire l'objet d'invocations devant les juridictions nationales (v., au sujet de la restriction par l'objet, CJUE, 26 novembre 2015, *Maxima Latvija*, aff. C-345/14, pts 16 à 24).

Dans le prolongement de la jurisprudence, parce qu'ils en sont issus, les principes généraux de droit dégagés par les juridictions de l'Union européenne ont un caractère normatif en ce qu'ils créent des droits (sécurité juridique, confiance légitime, égalité, etc.) et des obligations corrélatives qui s'imposent aux États membres agissant dans le champ du droit de l'Union européenne. La reconnaissance par cette voie de droits fondamentaux en est une illustration remarquable.

Bibliographie

Blanquet (M.), « Effet direct du droit communautaire », *Rép. eur. Dalloz*, 2015

Cartabia (M.), « Le principe de l'effet direct des normes communautaires et le principe de légalité », *Annuaire international de justice constitutionnelle* n° 5-1989, 1991, p. 59

Constantinesco (L.-J.), *L'applicabilité directe dans le droit de la CEE*, Bruxelles, Bruylant, 2006

Groussot (X.), « Direct horizontal effect in EU law after Lisbon – The impact of the EU Charter of Fundamental Rights on private parties », in *Essays in Honour of Michael Bogdan*, P. Lindskoug, U. Maunsbach et G. Millqvist (dir.), Lund, Juristförlaget i Lund, 2013, p. 77

Krämer (L.), « L'interprétation conforme : la Cour de justice et la doctrine sur l'effet direct », *RDUE* 2019, p. 59

Mehdi (R.), « Ordre juridique de l'Union européenne – Effet direct », *JCl. Europe Traité*, fasc. 195, 2018

Odudu (O.), « Article 81(3), Discretion and Direct Effect », *ECLR*, 2002, vol. 23, n° 1, p. 17

Ojanen (T.), « The Changing Concept of Direct Effect of European Community Law », *Rev. eur. dr. pub.* 2000, p. 1253

Picod (F.), « Le statut des particuliers, désormais titulaires de droits individuels », in *50e anniversaire de l'arrêt Van Gend en Loos, 1963-2013 : actes du colloque, 13 mai 2013*, Luxembourg, Office des publications de l'Union européenne, 2013, p. 81

Prechal (S.), « Does Direct Effect Still Matter? », *Common Mark. Law Rev.*, 2000, vol. 37, n° 5, p. 1047

San Martín Calvo (M.), « The Direct Effect of EU Competition Law: From Regulation No 1/2003 to Directive 2014/104/EU », *Language and Law*, 2018, p. 69

Stêpkowski (L.), « Unlawful Aid and Public Undertakings: Vertical Direct Effect of Article 108(3), third sentence TFEU », *Croatian Yearbook of European Law & Policy*, 2021, vol. 17, p. 159

Timmermans (Ch.), « Horizontal Direct/Indirect Effect or Direct/Indirect Horizontal Effect: What's in a Name? », *European Review of Private Law*, 2016, vol. 24, n° 3-4, p. 673

Directive 2014/104/UE du Parlement européen et du Conseil du 26 novembre 2014 relative à certaines règles régissant les actions en dommages et intérêts en droit national pour les infractions aux dispositions du droit de la concurrence des États membres et de l'Union européenne, *JOUE* n° L 349 du 5 décembre 2014, p. 1

Règlement (CE) n° 1/2003 du Conseil du 16 décembre 2002 relatif à la mise en œuvre des règles de concurrence prévues aux articles 81 et 82 du traité, *JOCE* n° L 1 du 4 janvier 2003, p. 1

E

EFFET SUR LE COMMERCE ENTRE ÉTATS MEMBRES

Laurence BARY
Dechert

■ Premier aperçu

Les articles 101 et 102 TFUE s'appliquent uniquement aux accords entre entreprises et aux pratiques abusives qui sont « *susceptibles d'affecter le commerce entre États membres* », dès lors qu'une telle affectation pourrait « *nuire à la réalisation des objectifs d'un marché unique entre États* » (CJCE, 13 juillet 1966, *Consten & Grundig*, aff. jtes 56 et 58-64).

Cette notion d'effet sur le commerce entre États membres permet de distinguer le champ du droit de la concurrence européen de celui du droit national : si la pratique peut affecter le commerce entre États membres, elle relève potentiellement des articles 101 et 102 TFUE, qui devront alors le cas échéant être appliqués par les juridictions nationales et les autorités nationales de concurrence concomitamment avec leur droit national ; dans le cas contraire, elle échappe à leur application (*Consten & Grundig*, préc. ; CJCE, 30 juin 1966, *Société Technique Minière*, aff. C-56/65). La détermination de l'affectation du commerce entre États membres est ainsi une question distincte et préalable à celles de la définition du marché géographique et de l'analyse de la restriction de concurrence elle-même.

La jurisprudence de la Cour de justice de l'Union européenne, reprise par la Commission dans ses lignes directrices relatives à la notion d'affectation du commerce (2004/C 101/07, ci-après « LD »), est venue préciser les éléments suivants :

- La notion de « commerce entre États membres » ne se limite pas aux échanges transfrontaliers traditionnels de produits et de services, mais recouvre toute activité économique internationale, y compris la liberté d'établissement ou les échanges monétaires (LD, pt 19 ; CJCE, 14 juillet 1981, *Züchner*, aff. C-172/80, pt 18 ; CJCE, 19 février 2002, *Wouters*, aff. C-309/99, pt 95). Le commerce entre États membres est considéré comme affecté dès que la pratique est susceptible d'avoir un effet sur les activités économiques transfrontalières d'au moins deux États membres, sans qu'il soit nécessaire que le commerce de chacun des deux États soit touché dans son ensemble (CJCE, 29 avril 2004, *British Sugar*, aff. C-359/01 P, pt 28 ; CJCE, 17 octobre 1972, *Cementhandelaren*, aff. 8-72, pt 29). Le fait qu'une pratique ait pour objet la commercialisation de produits dans un seul État membre ne suffit pas non plus à exclure l'affectation du commerce entre États membres, dès lors qu'elle a notamment pour effet de consolider des cloisonnements nationaux (CJCE, 24 septembre 2009, *Erste Group Bank*, aff. C-125/07 e.a., pt 38).

– La notion d'affectation potentielle suppose par ailleurs d'établir une probabilité suffisante d'affectation des courants d'échanges entre États membres, à partir d'un ensemble d'éléments objectifs de droit ou de fait (CJCE, 25 octobre 2001, *Glöckner*, aff. C-475/99, pt 48 ; Cass. com., 31 janvier 2012, n° 10-25.772). La démonstration d'une intention subjective ou la preuve d'une affectation effective du commerce n'est pas requise, dès lors qu'il existe une présomption suffisante que celui-ci peut être affecté (LD, pts 25-26).

– L'affectation doit enfin présenter un caractère sensible, c'est-à-dire que l'influence sur les échanges entre États membres ne doit pas être « insignifiante » (*Glöckner*, préc., pt 48). En principe, la Commission européenne considère que les pratiques n'affectent pas sensiblement le commerce entre États membres lorsque la part de marché totale des parties sur un marché affecté n'excède pas 5 % et que le chiffre d'affaires annuel moyen européen avec les produits concernés réalisé par les entreprises en cause n'excède pas 40 millions d'euros (LD, pt 52).

▪ Pour aller plus loin

L'affectation du commerce entre États membres est, en principe, appréciée de manière globale au regard tant de l'article 101 que de l'article 102 TFUE.

- En ce qui concerne l'article 101 TFUE, l'accord pris dans son ensemble doit être susceptible d'affecter le commerce entre États membres. Dans ce cas, le droit de l'Union s'appliquera à l'intégralité de l'accord, y compris aux éléments de cet accord qui n'affectent pas le commerce entre États membres. De la même façon, il est indifférent de savoir si la participation à l'accord d'une entreprise donnée affecte ou n'affecte pas sensiblement le commerce entre États membres – elle ne saurait se soustraire au droit européen au seul motif que sa participation à un accord susceptible d'affecter le commerce entre États membres est insignifiante.
- En ce qui concerne l'article 102 TFUE, l'abus doit affecter le

commerce entre États membres sans qu'il soit besoin d'apprécier chaque élément de la pratique isolément. Dans le cadre d'un ensemble de pratiques poursuivant un même objectif, par exemple l'exclusion d'un concurrent, il suffit que l'une d'entre elles soit susceptible d'affecter le commerce entre États membres pour que l'article 102 TFUE soit applicable à l'ensemble des pratiques relevant de cette stratégie générale.

Bibliographie

Claudel (E.), « La notion d'affectation du commerce entre États membres expliquée par la Cour de cassation : la pédagogie au soutien de la mise en œuvre effective du droit européen de la concurrence », *RTD com.* 2015, p. 258

« Ententes et abus de domination – Application du droit des pratiques anticoncurrentielles de l'UE : nécessité d'une affectation du commerce entre États membres », *Mémento Concurrence Consommation 2022*, Paris, Éditions Francis Lefebvre, 2021

Poillot-Peruzzetto (S.), « Affectation du commerce entre États-membres », *RTD com.* 2002, p. 385

Scott (A.) et King (S.), « Effect on interstate trade: An overview of EU and national case law », 17 octobre 2012, *e-Competitions Effect on interstate trade*, art. n° 49084

Communication de la Commission, Lignes directrices relatives à la notion d'affectation du commerce figurant aux articles 81 et 82 du traité, *JOUE* n° C 101 du 27 avril 2004, p. 81

E

EFFETS COORDONNÉS

Étienne CHANTREL
Autorité de la concurrence

■ Premier aperçu

On peut classer les risques d'atteinte à la concurrence issus d'une concentration en effets coordonnés et effets non coordonnés. Ceux-ci apparaissent lorsque la concentration rend plus facile une collusion tacite entre les entreprises, qui dès lors coordonnent leurs comportements, ce qui entrave la concurrence sur le marché.

Cette collusion découle directement des conditions de l'interaction entre les entreprises. L'opération modifie le cadre des incitations des entreprises, si bien que celles-ci trouvent économiquement rationnel d'adopter spontanément un comportement d'oligopole sans qu'il soit besoin d'une coordination expresse qui pourrait constituer une pratique anticoncurrentielle : il s'agit d'une collusion tacite.

La jurisprudence européenne et nationale a permis de dégager une grille d'analyse de ces effets. Ainsi, l'arrêt C-413/06 P du 10 juillet 2008 de la CJCE indique que la collusion n'est possible que si les entreprises peuvent comprendre l'objectif commun et les moyens d'y parvenir (« condition de compréhension ») : « *La probabilité d'une telle coordination tacite est plus forte si les concurrents peuvent facilement parvenir à une perception commune de la manière dont doit fonctionner la coordination [...]* » L'arrêt T-342/99 du 6 juin 2002 (*Airtours/First Choice*) du TPICE détaille en outre trois conditions pour que les effets coordonnés puissent être prouvés :

- « condition de détection » : les concurrents doivent pouvoir « *vérifier s'ils adoptent ou non la même ligne d'action* », ce qui suppose une certaine transparence du marché ;
- « condition de dissuasion » : « *il doit exister une incitation à ne pas s'écarter de la ligne de conduite commune sur le marché* » par une menace de représailles crédibles en cas de déviation de l'équilibre collusif ;

– « condition de non-contestation » : « *la réaction prévisible des concurrents actuels et potentiels ainsi que des consommateurs* » ne doit pas pouvoir remettre en cause « *les résultats attendus de la ligne d'action commune* ».

Ces raisonnements sont largement repris en droit français dans deux décisions du Conseil d'État : *Stés Fiducial Audit et Fiducial Expertise* du 31 juillet 2009 (3e et 8e sous-sect., n° 305903) et *Sté Wienerberger* du 5 novembre 2014 (3e et 8e sous-sect., n° 373065).

Les effets coordonnés peuvent résulter d'une concentration horizontale. Pour autant, une concentration verticale ou conglomérale peut également faciliter une collusion tacite. Par exemple, les lignes directrices de 2008 sur l'appréciation des concentrations non horizontales de la Commission indiquent : « *Lorsqu'une concentration verticale entraîne un verrouillage du marché, par exemple, elle se traduit par une réduction du nombre de concurrents effectifs sur le marché. D'une manière générale, une réduction du nombre d'acteurs du marché facilite la coordination entre les acteurs restants* » (pt 83). Dans le cas de la création d'une entreprise commune, les liens créés par la nouvelle entité entre ses sociétés mères peuvent faciliter la collusion entre elles, et l'examen des effets coordonnés est un des aspects essentiels de l'analyse.

■ Pour aller plus loin

Les principes de l'analyse des effets coordonnés sont développés dans les lignes directrices de la Commission (tant celles consacrées aux fusions horizontales que celles consacrées aux fusions non horizontales). Les lignes directrices de l'Autorité de la concurrence relatives au contrôle des concentrations de juillet 2020 y consacrent également de longs développements (pts 737 à 766).

En pratique, de nombreux facteurs sont pris en compte pour déterminer si des effets coordonnés sont susceptibles de résulter d'une concentration.

La condition de compréhension est d'autant plus facilement remplie que la structure du marché est simple et stable. Si les entreprises sont peu nombreuses sur le marché, et sont relativement similaires en taille et en activité (produits similaires) et le demeurent (faible innovation), elles seront plus susceptibles de partager une perception commune de la manière dont doit fonctionner la coordination. Dans ce contexte, si l'opération augmente la symétrie entre les acteurs, par exemple si un des opérateurs acquiert un « franc-tireur », les effets coordonnés seront facilités. Tous les éléments qui favorisent les échanges d'information entre concurrents, tels que des données de marché largement partagées, ou qui favorisent des réactions communes, tels que des règles de tarification communes, concourent également à ce résultat.

La condition de détection suppose une transparence du marché qui permet aux entreprises de détecter les éventuelles déviations de l'équilibre collusif.

La condition de dissuasion suppose que ces déviations puissent être punies de manière suffisamment sévère pour être découragées *a priori*. Ainsi, si la collusion tacite consiste à diminuer les quantités pour soutenir artificiellement les prix, la déviation consiste pour un concurrent à produire plus pour s'écarter de l'équilibre oligopolistique. Une punition dissuasive suppose que les concurrents disposent d'importantes capacités de production, permettant de réagir rapidement et avec ampleur à cette déviation, faisant s'effondrer les prix pour tous les opérateurs. La punition sera facilitée si les contrats sont courts, sans quoi les concurrents ne peuvent réagir rapidement à la déviation, et si les entreprises sont présentes sur plusieurs marchés, une déviation sur l'un d'entre eux pouvant être punie sur les autres.

La condition de non-contestation suppose que l'équilibre collusif ne soit pas mis en péril par les concurrents, notamment les nouveaux entrants potentiels, par le biais d'importations ou par le contre-pouvoir de la demande.

Les risques d'effets coordonnés ont été particulièrement mis en valeur dans deux décisions récentes de l'Autorité de la concurrence.

Dans la décision n° 19-DCC-157, l'Autorité a analysé les risques d'effets coordonnés entre France Télévision, TF1 et M6 liés à la création d'une entreprise commune, la plate-forme de vidéo Salto. Certains des engagements acceptés par l'Autorité dans ce dossier visaient à remédier à de tels risques, en particulier des engagements sur la gouvernance de Salto destinés à éviter toute coordination des comportements des trois sociétés mères sur le marché de l'édition et de la commercialisation de chaînes de télévision gratuite en limitant, par exemple, les possibilités de circulation de l'information entre elles.

Dans la décision n° 20-DCC-116, l'Autorité a interdit la prise de contrôle conjoint d'un hypermarché Géant Casino situé dans la banlieue de Troyes par la société Soditroy et l'Association des Centres Distributeurs E. Leclerc. L'Autorité a notamment estimé qu'à l'issue de l'opération la nouvelle entité aurait facilement été en mesure de coordonner tacitement son comportement sur la zone troyenne avec celui de l'enseigne Carrefour. En effet, le marché de la distribution au détail est transparent, et l'opération aurait abouti à un duopole équilibré rendant plausible la dissuasion. Les fortes barrières à l'entrée dans le secteur rendaient impossible la contestation de l'équilibre de duopole.

Bibliographie

COMBE (E.), *Économie et politique de la concurrence*, 2e éd., Paris, Dalloz, 2020

LAMOTHE (A.) et HAUTBOURG (S.), « Mergers and coordinated effects: An overview of EU and national case law », 28 mars 2012, *e-Competitions Mergers & Coordinated effects*, art. n° 44487

LE COQ (M.), *Le droit des concentrations économiques*, Paris, LexisNexis, 2018

Aut. conc., « Lignes directrices de l'Autorité de la concurrence relatives au contrôle des concentrations », 2020

Comm. CE, Lignes directrices sur l'appréciation des concentrations non horizontales au regard du règlement du Conseil relatif au contrôle des concentrations entre entreprises, *JOUE* n° 265 du 18 octobre 2008, p. 6

Comm. CE, Lignes directrices sur l'appréciation des concentrations horizontales au regard du règlement du Conseil relatif au contrôle des concentrations entre entreprises, *JOUE* n° C 31 du 5 février 2004, p. 5

E

EFFETS INDUITS

Iñaki SAINT-ESTEBEN
Viguié Schmidt & Associés

Premier aperçu

Les « effets induits » sont des restrictions de concurrence susceptibles de résulter de la conclusion d'un accord ou de la création d'une entreprise commune, par des opérateurs concurrents, et qui affectent la concurrence sur les marchés amont, aval et connexes au marché concerné par l'accord ou sur lequel opère l'entreprise commune.

Les liens résultant de la signature d'un accord ou de la création d'une entreprise commune, par des entreprises concurrentes indépendantes, peuvent en effet inciter ces entreprises à coordonner leur comportement sur l'ensemble des marchés sur lesquels elles sont actives.

Plus précisément, la coopération entre entreprises concurrentes, sur un marché spécifique, est susceptible de renforcer les échanges d'informations entre elles, et partant, de faciliter la compréhension d'objectifs communs sur ce marché ou sur d'autres marchés amont, aval ou connexes sur lesquels elles sont actives.

Ces « effets induits » peuvent être appréciés dans le cadre du contrôle des concentrations lorsque l'entreprise commune est de « plein exercice », et/ou au regard des articles L. 420-1 du code de commerce et 101 TFUE dans les autres hypothèses (entreprise commune non concentrative, accord, etc.).

Pour aller plus loin

Le règlement (CE) n° 139/2004 relatif au contrôle des concentrations entre entreprises fixe le cadre d'analyse des effets induits de la création d'entreprises communes de plein exercice.

L'article 2, paragraphe 4, de ce règlement dispose que, lorsque la création d'une entreprise commune de plein exercice a « *pour objet ou pour effet la coordination du comportement concurrentiel d'entreprises [...] indépendantes, cette coordination est appréciée selon les critères de l'article [101], paragraphes 1 et 3, du traité en vue d'établir si la concentration est compatible ou non avec le marché commun* ».

L'article 2, paragraphe 5, précise que, pour apprécier l'existence d'effets induits, la Commission tient notamment compte de « *la présence significative et simultanée de deux entreprises fondatrices ou plus sur le même marché que celui de l'entreprise commune, sur un marché situé en amont ou en aval de ce marché ou sur un marché voisin étroitement lié à ce marché* » et de « *la possibilité donnée aux entreprises concernées par leur coordination résultant directement de la création de l'entreprise commune d'éliminer la concurrence pour une partie substantielle des produits et services en cause* ».

Au niveau national, à l'instar du règlement (CE) n° 139/2004, les lignes directrices révisées de l'Autorité de la concurrence relatives au contrôle des concentrations énoncent les critères à prendre en considération dans le cadre de l'analyse du risque de coordination entre sociétés mères à l'occasion de la création d'une entreprise commune.

Selon ces lignes directrices, une restriction de concurrence est susceptible d'être établie lorsque la coordination (i) résulte directement de la création de l'entreprise commune, (ii) est vraisemblable (c.-à-d. qu'il existe, pour les sociétés mères, un réel intérêt économique de se coordonner) et (iii) affecte sensiblement la concurrence.

Ainsi, pour déterminer l'existence d'effets induits lors de la création d'une entreprise commune, les autorités de concurrence nationale et communautaire tiennent notamment compte de l'importance de l'entreprise commune dans l'activité des sociétés mères, de la présence simultanée des sociétés mères sur le même marché que l'entreprise commune, sur des marchés connexes, aval, amont, ainsi que des caractéristiques de ces marchés et du niveau des parts de marché des sociétés mères (v. p. ex. Comm. CE, déc. du 7 juillet 2005, aff. COMP/M.3817 ; Aut. conc., déc. n° 19-DCC-157 du 12 août 2019).

Ont ainsi été considérés comme sensibles des effets induits d'une concentration qui permettait, *via* le volume d'informations accessibles au niveau de l'entreprise commune, de garantir un degré élevé de fiabilité des informations relatives au marché aval (Aut. conc., déc. n° 18-DCC-235 du 28 décembre) ou encore, permettait d'entraver le développement sur le marché aval sans générer aucun gain d'efficacité (Trib. UE, 18 mai 2022, aff. T-251/19).

Bibliographie

Levy (N.), *European Merger Control Law: A Guide to the Merger Regulation*, LexisNexis Matthew Bender

Vogel (L.), *Traité de droit économique, t. 1 : Droit de la concurrence : droit européen*, 3e éd., Bruxelles, Bruylant, 2020

Vogel (L.), *Droit européen des affaires*, 2e éd., Paris, Dalloz, 2019

Aut. conc., « Lignes directrices de l'Autorité de la concurrence relatives au contrôle des concentrations », 2020

Règlement (CE) nº 139/2004 du Conseil du 20 janvier 2004 relatif au contrôle des concentrations entre entreprises (« le règlement CE sur les concentrations »), *JOUE* nº L 24 du 29 janvier 2004, p. 1

EFFICIENCE ÉCONOMIQUE

Étienne CHANTREL
Autorité de la concurrence

■ Premier aperçu

L'efficience économique est la relation entre le résultat d'un processus et les ressources utilisées pour l'atteindre. Elle peut s'entendre au sens statique comme dynamique. Un résultat fondamental de la microéconomie néoclassique est que la concurrence pure et parfaite permet, sur un marché, d'atteindre l'efficience optimale, au moins statique. Il n'y a pas à l'heure actuelle de consensus sur l'ampleur ni même sur le sens de l'impact de la concurrence sur l'incitation à innover. Tout ce qui diminue l'intensité concurrentielle, qu'il s'agisse d'une pratique anticoncurrentielle ou d'une concentration, a alors un coût pour la société.

Le développement du pouvoir de marché peut néanmoins aussi conduire à des gains d'efficience (par exemple grâce à une diminution des coûts de production ou à une meilleure innovation).

La prise en compte de cet arbitrage est un élément fondamental de la politique de la concurrence. Si les textes fondateurs du droit de la concurrence mentionnent ces deux aspects, la pratique décisionnelle est assez prudente en la matière.

■ Pour aller plus loin

Pratiques anticoncurrentielles

En matière de pratiques anticoncurrentielles, la prise en compte des gains d'efficience prend la forme d'une exemption de la prohibition de certaines pratiques, prévue tant par le code de commerce que par le TFUE.

En effet, l'article L. 420-4 du code de commerce dispose que les pratiques d'ententes et d'abus de position dominante ne sont pas prohibées si « *les auteurs peuvent justifier qu'elles ont pour effet d'assurer un progrès économique, y compris par la création ou le maintien d'emplois, et qu'elles réservent aux utilisateurs une partie équitable du profit qui en résulte, sans donner aux entreprises intéressées la possibilité d'éliminer la concurrence pour une partie substantielle des produits en cause. Ces pratiques [...] ne doivent imposer des restrictions à la concurrence, que dans la mesure où elles sont indispensables pour atteindre cet objectif de progrès* ».

Quant au TFUE, pour les ententes, l'article 101 prévoit en son paragraphe 3 qu'elles sont autorisées si elles « *contribuent à améliorer la production ou la distribution des produits ou à promouvoir le progrès technique ou économique, tout en réservant aux utilisateurs une partie équitable du profit qui en résulte, et sans a) imposer aux entreprises intéressées des restrictions qui ne sont pas indispensables pour atteindre ces objectifs ; b) donner à des entreprises la possibilité, pour une partie substantielle des produits en cause, d'éliminer la concurrence* ». Le TFUE ne prévoit pas de disposition analogue concernant les abus de position dominante (art. 102).

Bien que la prise en compte des gains d'efficience soit régulièrement invoquée par des entreprises mises en cause, cet argument prospère rarement, car les éléments avancés arrivent rarement à répondre aux standards attendus.

Concentrations

Ceux qui mettent en œuvre une concentration, investisseurs ou dirigeants d'entreprise, la motivent le plus souvent par la création de valeur pour les entités concernées. Or cette valeur peut avoir pour origine soit la réduction de l'intensité concurrentielle, soit des gains d'efficience. Cette dimension de l'analyse d'une concentration a été formalisée dans la théorie économique par Williamson en 1968, qui avançait qu'il y a un arbitrage entre les gains d'efficience et la baisse du surplus des consommateurs (à la suite de la hausse du prix ou de la réduction de la qualité) issus de la concentration. Une opération de concentration doit alors être acceptée dès lors qu'elle a pour effet d'accroître le bien-être global, et rejetée dans le cas contraire. Cette approche, fondée sur le surplus global, permet de justifier une concentration qui pénaliserait les consommateurs (à la suite de la hausse du prix) mais entraînerait de forts gains d'efficience pour les entreprises. Elle ignore néanmoins les questions de distribution du bien-être, qui conduisent souvent à ne retenir que le surplus du consommateur.

Si la prise en compte des gains d'efficience issus des concentrations est bien mentionnée dans les textes qui fondent le contrôle des concentrations, cette prise en compte est limitée dans la pratique décisionnelle.

En droit français, la loi n° 77-806 du 19 juillet 1977 disposait en son article 4 qu'une concentration ne pouvait être interdite si elle apportait « *au progrès économique et social une contribution suffisante pour compenser les atteintes à la concurrence* » qu'elle impliquait. L'ordonnance n° 86-1243 du 1er décembre 1986 reprenait ce principe d'analyse en des termes très similaires dans son article 41 : « *Le Conseil de la concurrence apprécie si le projet de concentration ou la concentration apporte au progrès économique une contribution suffisante pour compenser les atteintes à la concurrence.* » Depuis la loi n° 2001-420 du 15 mai 2001, dans un contexte où le contrôle des concentrations s'est élargi en devenant préalable et obligatoire, la prise en compte des gains d'efficience n'est plus prévue que pour les opérations soumises à un examen approfondi. Ainsi l'article L. 430-6 du code de commerce dispose que l'Autorité de la concurrence « *apprécie si l'opération apporte au progrès économique une contribution suffisante pour compenser les atteintes à la concurrence.* »

En droit de l'Union, l'efficience économique est mentionnée à l'article 2 du règlement (CE) n° 139/2004 relatif au contrôle des concentrations entre entreprises parmi les éléments dont la Commission doit « tenir compte » afin d'apprécier la concentration : « *l'évolution du progrès technique et économique pour autant que celle-ci soit à l'avantage des consommateurs et ne constitue pas un obstacle à la concurrence.* » La notion de « gains d'efficacité », utilisée de manière équivalente à celle de gains d'efficience, est développée dans les lignes directrices de la Commission, pour les opérations tant horizontales que non horizontales. Ainsi les lignes directrices sur l'appréciation des concentrations horizontales présentent clairement l'analyse des concentrations comme un arbitrage : « *Dans son appréciation globale d'une concentration, la Commission analyse les arguments tirés des gains d'efficacité, preuves à l'appui. Elle peut décider que, sur la base des gains d'efficacité que l'opération procurerait, il n'y a pas lieu de déclarer la concentration incompatible avec le marché commun en vertu de l'article 2, paragraphe 3, du règlement sur les concentrations. Tel sera le cas lorsque la Commission est en position de conclure, sur la base de preuves suffisantes, que les gains d'efficacité générés par l'opération seront à même d'accroître la capacité et l'incitation de l'entité issue de l'opération à adopter un comportement favorable à la concurrence au bénéfice des consommateurs et, par là même, de contrer les effets anticoncurrentiels que la concentration risquerait, dans le cas contraire, de produire* » (pt 77). La prise en compte des gains d'efficacité est soumise à trois critères cumulatifs : les gains doivent être à l'avantage des consommateurs, être propres à la concentration et être vérifiables.

Les lignes directrices de l'Autorité de la concurrence relatives au contrôle des concentrations de juillet 2020 consacrent de longs développements à l'efficience économique, dans une partie intitulée « contributions au progrès économique » (pts 767 à 784). Dans le cadre d'un examen de phase II, le principe est qu'il incombe aux parties de construire un argumentaire étayé et quantifié démontrant que les gains d'efficacité économique de l'opération sont susceptibles de contrebalancer ses effets anticoncurrentiels et de fournir tous les éléments de preuve utiles pour soutenir cette démonstration (pt 768).

Le point 770 détaille les critères d'analyse, très proches de ceux dégagés en droit européen : « *La jurisprudence du Conseil d'État et la pratique décisionnelle de l'Autorité permettent de dégager trois critères applicables à la prise en compte des gains d'efficacité économique :*

- *ces gains doivent être quantifiables et vérifiables ;*
- *ils doivent être spécifiques à la concentration ;*
- *une part de ces gains doit être transférée aux consommateurs.* »

Les lignes directrices détaillent ensuite différentes sources de gains d'efficience susceptibles d'être pris en compte (baisse des coûts, amélioration de la qualité des produits et services offerts aux consommateurs, amélioration des capacités d'innovation, etc.).

Le deuxième critère a par exemple été mentionné par le Conseil d'État dans l'affaire *Wienerberger* (CE, 3e et 8e sect., 5 novembre 2014, *Société Wienerberger*, n° 373065). Le troisième critère exclut quant à lui les avantages ne bénéficiant qu'aux parties, comme l'a indiqué le Conseil d'État dans une décision de 1999 (CE, sect., 9 avril 1999, *Société Coca-Cola Company*, n° 201853).

Les gains d'efficience allégués par les entreprises atteignent rarement le niveau de preuve imposé par cette jurisprudence et sont donc rarement intégralement retenus par l'Autorité de la concurrence. Ainsi, dans la décision n° 20-DCC-38 du 28 février 2020 relative à la prise de contrôle exclusif de la société Hexagone Santé Méditerranée et de la SCI Bonnefon-Carnot par le groupe Elsan, la partie notifiante mettait en avant des économies (liées à de meilleures conditions d'achat et à des baisses de coûts fixes) et une amélioration de la qualité des soins. Au terme d'une analyse serrée, l'Autorité a retenu comme seul gain remplissant l'ensemble des critères de la jurisprudence l'amélioration de la qualité des soins obstétriques (pt 329 de la décision). Si ces gains n'étaient pas en tant que tels suffisants pour compenser l'ensemble des risques concurrentiels identifiés (pt 330), ils ont été pris en compte dans l'analyse de l'adéquation des remèdes proposés par la partie notifiante (v. not. les pts 357 et 386 de la décision), ce qui a permis finalement à l'Autorité d'accepter l'opération.

Bibliographie

COMBE (E.), *Économie et politique de la concurrence*, 2e éd., Paris, Dalloz, 2020

JENNY (F.), « Droit européen de la concurrence et efficience économique », *Revue d'économie industrielle*, 1993, n° 63, p. 193

LE COQ (M.), *Le droit des concentrations économiques*, Paris, LexisNexis, 2018

WILLIAMSON (O. E.), « Economies as an Antitrust Defense: The Welfare Tradeoffs », *American Economic Review*, 1968, vol. 58, n° 1, p. 18

Règlement (CE) n° 139/2004 du Conseil du 20 janvier 2004 relatif au contrôle des concentrations entre entreprises (« le règlement CE sur les concentrations »), *JOUE* n° L 24 du 29 janvier 2004, p. 1

Loi n° 2001-420 du 15 mai 2001 relative aux nouvelles régulations économiques, *JORF* n° 113 du 16 mai 2001

Ordonnance n° 86-1243 du 1 décembre 1986 relative à la liberté des prix et de la concurrence, *JORF* du 9 décembre 1986

Loi n° 77-806 du 19 juillet 1977 relative au contrôle de la concentration économique et à la répression des ententes illicites et des abus de position dominante, *JORF* du 20 juillet 1977

Aut. conc., « Lignes directrices de l'Autorité de la concurrence relatives au contrôle des concentrations », 2020

Comm. CE, Lignes directrices sur l'appréciation des concentrations horizontales au regard du règlement du Conseil relatif au contrôle des concentrations entre entreprises, *JOUE* n° C 31 du 5 février 2004, p. 5

E

ENGAGEMENTS (PRATIQUES ANTICONCURRENTIELLES)

Marie CARTAPANIS
Aix-Marseille Université

■ Premier aperçu

Le droit de l'Union européenne et le droit de la concurrence en France prévoient des modes alternatifs de règlement des procédures engagées devant l'autorité de concurrence compétente (Commission européenne ou Autorité de la concurrence). Parmi ces procédures, les engagements sont des solutions aux problèmes de concurrence soulevés par l'Autorité de la concurrence et que proposent les entreprises.

Cette démarche « négociée » était initialement mise en œuvre par une lecture étendue de l'article 3 du règlement (CE) n° 17/1962. La procédure fut introduite formellement, en France à l'article L. 464-2 du code de commerce, et, à l'échelle européenne, à l'article 9 du règlement (CE) n° 1/2003. Selon cet article, « *[l]orsque la Commission envisage d'adopter une décision exigeant la cessation d'une infraction et que les entreprises concernées offrent des engagements de nature à répondre aux préoccupations dont la Commission les a informées dans son évaluation préliminaire, la Commission peut, par voie de décision, rendre ces engagements obligatoires pour les entreprises. La décision peut être adoptée pour une durée déterminée et conclut qu'il n'y a plus lieu que la Commission agisse* ».

La procédure d'engagements permet donc à la Commission ou à l'Autorité de la concurrence de rendre obligatoires les engagements qui ont été préalablement proposés par les entreprises. L'autorité doit à cette fin publier un résumé de l'affaire et le contenu principal des engagements afin que les tiers intéressés présentent leurs observations. Une fois ces engagements adoptés, l'article 23 du règlement donne à la Commission le pouvoir d'infliger des amendes aux entreprises et aux associations d'entreprises qui n'auraient pas respecté un engagement.

Les pratiques pouvant relever de cette procédure sont nombreuses, car son champ d'application n'est pas restreint par les textes législatifs applicables, tant en droit européen qu'en droit français. En pratique, cependant, le recours à la procédure d'engagements est privilégié lorsque la saisine se rapporte à des pratiques d'abus de position dominante ou d'ententes verticales.

Les engagements reposent sur une logique « gagnant-gagnant ». Leur contenu est fixé par un processus de négociation entre les entreprises et les autorités, guidées par un « intérêt mutuel ». Pour les autorités chargées d'appliquer le droit de la concurrence, le premier atout que présente la procédure d'engagements est une économie de coûts et de procédure. L'autorité est notamment déchargée du fardeau probatoire puisqu'elle n'a pas à prouver l'infraction. Pour les entreprises, les engagements leur permettent de participer pleinement à la procédure, en proposant les solutions les plus appropriées. Elle réduit considérablement l'aléa judiciaire et évite une sanction potentielle qui peut emporter des amendes ou des injonctions coûteuses.

Trois types d'engagements peuvent être proposés : les engagements structurels, comportementaux et quasi structurels. Les engagements comportementaux permettent de mettre fin à des pratiques contractuelles (engagement de mettre fin à une clause de non-concurrence ou de non-réaffiliation, engagement de mettre un terme à un lien contractuel, etc.). Les engagements structurels, dont l'exemple topique est la cession d'actifs, sont moins fréquents, parce que la préoccupation de concurrence repose sur le comportement des entreprises et non sur la structure de marché (à l'inverse des engagements dans le contrôle des concentrations). Toutefois, des engagements « quasi structurels » peuvent être proposés. Parmi eux, les engagements de licence et de donner accès connaissent un certain succès (communication d'informations sur les modifications techniques des produits, communication d'informations relatives à l'interopérabilité, accès à une technologie clef, etc.). Quelle que soit la nature des engagements proposés, ils devront être pertinents, crédibles et vérifiables.

■ Pour aller plus loin

Malgré le succès et les nombreux avantages qu'offre la procédure d'engagements, il ne faut pas occulter les risques qu'elle présente. D'abord, on court le risque d'un appauvrissement du droit de la concurrence, car les décisions ne comportent aucune décision d'infraction.

Ensuite, l'œuvre de simplification de l'articulation entre le *public enforcement* et le *private enforcement* est considérablement réduite. Les décisions d'engagements ne constatent aucune infraction et elles ne peuvent donc pas servir de base à une action consécutive (et donc à la présomption irréfragable d'une faute civile). La CJUE note que les décisions relatives aux engagements n'affectent pas le pouvoir d'appliquer le droit commun aux pratiques anticoncurrentielles. Si l'appréciation préliminaire effectuée par la Commission peut constituer un indice du caractère anticoncurrentiel, une décision d'engagements ne préjuge pas du pouvoir du juge national et n'induit pas une présomption de licéité des pratiques visées (CJUE, 23 novembre 2017, *Gasorba c/ Repsol*, aff. C-547/16). Le juge national a repris une telle analyse en considérant qu'une décision d'engagements ne saurait créer une confiance légitime sur la licéité d'un comportement et ne peut nullement avoir pour effet de « *légaliser rétroactivement* » un comportement (TGI Paris, 22 février 2018, *Betclic Enterprises c/ GIE PMU Paris*).

Enfin, le droit à un recours effectif et le principe de proportionnalité qui s'y attache ont été convoqués devant le juge de l'Union. Dans un premier temps, la Cour de justice a relevé que « *[l]a mise en œuvre par la Commission du principe de proportionnalité dans le contexte de l'article 9 du règlement n° 1/2003 se limite à la vérification que les engagements en question répondent aux préoccupations dont elle a informé les entreprises concernées et que ces dernières n'ont pas offert d'engagements moins contraignants répondant d'une façon aussi adéquate à ces préoccupations* ». La Commission jouit donc d'une très grande liberté dans la procédure d'engagements et le contrôle du juge sur les engagements ne porte que sur l'erreur manifeste d'appréciation (CJUE, 29 juin 2010, *Alrosa*, aff. C-441/07 P). Dans un second temps, la Cour a dépassé cette jurisprudence s'agissant des tiers aux engagements. Elle avait d'abord reconnu au juge le pouvoir d'annuler un contrat pourtant objet d'une décision d'engagements (CJUE, 23 novembre 2017, *Gasorba c/ Repsol*, préc.). Elle a ensuite reconnu l'effet relatif des engagements et a considéré qu'à défaut de recours effectif à la disposition des tiers en présence de la décision d'engagements, « *le pouvoir de la Commission de rendre l'engagement obligatoire à l'égard d'un tiers intéressé constitue une ingérence dans la liberté contractuelle dudit cocontractant allant au-delà des prévisions de l'article 9 du règlement n° 1/2003* ». En d'autres termes, lorsque les parties prennent des engagements pour lever les préoccupations de concurrence, la décision ne doit pas vider de leur substance les droits des tiers, cocontractants des parties, et la Commission doit examiner, au regard du principe de proportionnalité, les effets de ces décisions d'engagements sur ces tiers cocontractants (CJUE, 9 décembre 2020, *Groupe Canal +*, aff. C-132/19 P).

Bibliographie

Claudel (E.), « Procédures négociées, accessoires ou alternatives à la sanction en droit de la concurrence : Raison garder ! », *Concurrences* n° 4-2015, art. n° 75896, p. 61

Gunther (J.-Ph.), « Première lecture croisée des remèdes comportementaux et structurels : Une frontière ténue », in « Analyse économique des remèdes en droit de la concurrence », *Concurrences* n° 3-2011, art. n° 37463, www.concurrences.com

Kipiani (P.), *Les engagements en matière de pratiques anticoncurrentielles : analyse des droits français, européen et américain*, Paris, LGDJ-Lextenso, 2014

Mezaguer (M.), *Les procédures transactionnelles en droit antitrust de l'Union européenne : un exercice transactionnel de l'autorité publique*, Bruxelles, Bruylant, 2015

Règlement (CE) n° 1/2003 du Conseil du 16 décembre 2002 relatif à la mise en œuvre des règles de concurrence prévues aux articles 81 et 82 du traité, *JOCE* n° L 1 du 4 janvier 2003, p. 1

Aut. conc., *Les engagements comportementaux / Behavioural Remedies*, Paris, Direction de l'information légale et administrative, 2019

E

ENQUÊTE SECTORIELLE

Thomas PIQUEREAU
MMA Schwaller et Associés

Premier aperçu

L'article 17 du règlement (CE) n° 1/2003 du 16 décembre 2002 permet à la Commission de procéder à des enquêtes « *par secteur économique et par type d'accords* », « *[l]orsque l'évolution des échanges entre États membres, la rigidité des prix ou d'autres circonstances font présumer que la concurrence peut être restreinte ou faussée à l'intérieur du marché commun* ». Dans le cadre de cette enquête, la Commission peut demander aux entreprises ou associations d'entreprises de lui communiquer « *tous accords, décisions et pratiques concertées* », et dispose de pouvoirs d'inspection, conformément au deuxième alinéa de l'article 17. L'enquête peut donner lieu à la publication d'un rapport par la Commission.

Les enquêtes sectorielles permettent à la Commission d'obtenir une vision globale du fonctionnement d'un marché qu'elle juge stratégique au sein du marché intérieur, et de détecter des pratiques qui pourront ensuite conduire à l'ouverture d'une enquête spécifique relative aux comportements de certains opérateurs. La Commission a ainsi procédé à des enquêtes dans le secteur de la banque de détail, le secteur de l'industrie pharmaceutique, ou dans le secteur du e-commerce. Plus récemment, la Commission a ouvert une enquête sectorielle sur l'internet des objets pour les consommateurs.

Dans le cadre de sa compétence consultative, l'Autorité de la concurrence peut, depuis 2009, s'autosaisir pour procéder à des enquêtes sectorielles, puis émettre des avis à destination des pouvoirs publics. Cette faculté lui permet d'aborder des secteurs stratégiques, à fort enjeu économique ou qui présentent un intérêt particulier pour les consommateurs.

Depuis 2009, l'Autorité de la concurrence a utilisé ses nouveaux pouvoirs d'enquête à de nombreuses reprises. Elle a notamment procédé en 2013 à une enquête dans le secteur du transport par autocars, et ses conclusions présentées dans un avis n° 14-A-05 ont fortement inspiré la réforme dite des « cars Macron ». Parmi les enquêtes sectorielles qu'elle a réalisées, figurent également un avis relatif au secteur des audioprothèses en 2016, et deux avis relatifs à la publicité en ligne en 2010 et 2018. Plus récemment, dans un avis n° 19-A-08 relatif aux secteurs de la distribution du médicament en ville et de la biologie médicale privée, l'Autorité a formulé de nombreuses recommandations à destination des pouvoirs publics pour accompagner la modernisation des règles régissant les pharmacies d'officine et les laboratoires de biologie médicale, tout en maintenant un haut niveau de protection de la santé publique.

■ Pour aller plus loin

En Europe, de nombreuses autorités nationales de concurrence disposent de pouvoirs d'enquête similaires, et de compétences plus ou moins larges y étant associées. Le Bundeskartellamt (Allemagne) peut procéder à des enquêtes sectorielles en matière de protection des consommateurs, mais ne peut faire cesser les violations éventuellement dévoilées. La Competition and Markets Authority (Royaume-Uni) peut également procéder à des enquêtes de marché (« *market investigation* ») et dispose dans ce cadre, en plus des remèdes classiques, du pouvoir d'adopter des remèdes structurels, comme des interdictions ou des obligations supplémentaires pesant sur les acteurs du marché, afin de résoudre les dysfonctionnements constatés.

Bibliographie

Comm. eur., « Rapport final relatif à l'enquête sectorielle sur le commerce électronique », COM(2017) 229 final, 10 mai 2017

Communication de la Commission, « Synthèse du rapport d'enquête sur le secteur pharmaceutique », COM(2009) 351 final, 8 juillet 2009

Règlement (CE) n° 1/2003 du Conseil du 16 décembre 2002 relatif à la mise en œuvre des règles de concurrence prévues aux articles 81 et 82 du traité, *JOCE* n° L 1 du 4 janvier 2003, p. 1

E

ENTENTE (OU CARTEL)

Robert SAINT-ESTEBEN
Bredin Prat

■ Premier aperçu

L'« entente » vise communément une coordination anticoncurrentielle de deux ou plusieurs entreprises. En effet, l'autonomie du comportement des opérateurs économiques sur le marché constitue le principe fondamental de l'économie de marché.

Bien que très généralement usitée en droit de la concurrence, dont le « droit des ententes » constitue l'une des parties principales, la notion même d'entente n'est pas textuellement définie. Le texte de base du droit de l'Union, l'article 101, paragraphe 1, TFUE, ne la mentionne même pas, préférant viser directement ses formes essentielles, les « *accords* », « *pratiques concertées* » et « *décisions d'association d'entreprises* ». En droit interne, l'article L. 420-1 du code de commerce vise sans doute les « *ententes expresses ou tacites* » mais parmi les différentes formes de coordination, où l'on retrouve en substance celles du droit de l'Union, à savoir les « *actions concertées* », « *conventions* », « *coalitions* »... En pratique tant juridictionnelle que décisionnelle française, ces différentes notions sont considérées comme identiques à celles de l'article 101, paragraphe 1, TFUE.

L'entente apparaît ainsi comme une notion complexe et multiforme, visant des pratiques différentes qui constituent elles-mêmes des notions autonomes. Pour autant, deux éléments constitutifs caractérisent nécessairement une entente, quelle que soit la forme dans laquelle elle se manifeste :

- d'une part, la pluralité des entreprises qui se coordonnent. Pour s'entendre, il faut au moins être deux ; et l'on ne peut pas s'entendre avec soi-même. L'entente se distingue donc de la pratique unilatérale ;
- d'autre part, l'aptitude pour les entreprises à exprimer une volonté autonome. En effet, en droit de la concurrence, l'« entreprise » désigne une unité économique autonome, même si elle est composée de différentes

personnes physiques ou morales juridiquement distinctes. Il en résulte notamment que, dans un groupe de sociétés, la collusion entre la société mère et ses filiales, ou entre celles-ci, échappe à la qualification d'entente dans la mesure où il est établi que les filiales, bien qu'ayant une personnalité juridique distincte, ne déterminent pas de façon autonome leur comportement sur le marché. Une telle collusion constitue alors, malgré les apparences, un acte unilatéral et non une « entente ». Pour les mêmes raisons, les relations du commettant avec son agent échappent à la qualification d'entente, l'agent étant en principe sous la dépendance économique du commettant ; mais si tel n'est pas le cas, l'agence sera considérée en droit de la concurrence comme une entreprise autonome, quelle que soit sa qualification en droit commercial. L'accord pourra alors relever du droit des ententes.

Si les textes visent trois formes d'entente, à savoir l'accord, la pratique concertée et la décision d'association d'entreprises, la jurisprudence et la pratique décisionnelle, tant de l'Union qu'internes, en ont créé une quatrième : l'entente « *complexe, unique et continue* ». Il s'agit de la coordination entre entreprises réalisée par différentes pratiques, dont certaines relèvent de l'accord, d'autres de la pratique concertée ou même de la décision d'association d'entreprises, mais qui, bien que pouvant être qualifiées chacune de manière distincte, donnent lieu à une qualification unique dans la mesure où elles poursuivent un objectif commun restrictif de concurrence.

■ Pour aller plus loin

L'« accord » caractérisant une entente peut être horizontal ou vertical ou répondre à ces deux caractéristiques. En tout cas, il est l'expression, quelle qu'en soit la forme, d'une volonté commune de se comporter sur le marché d'une manière déterminée (CJCE, 15 juillet 1970, *ACF Chemiefarma NV*, aff. 41-69). L'accord est une notion autonome du droit de la concurrence qui se distingue en particulier de la convention ou du contrat du droit civil ou commercial. Ainsi, l'entente par « accord » peut résulter d'un contrat non signé, verbal, ou même nul (CJCE, 11 janvier 1990, *Sandoz prodotti farmaceutici SpA*, aff. C-277/87) ou formellement expiré, dès lors que l'expression de la volonté commune continue à produire ses effets anticoncurrentiels (CJCE, 15 juin 1976, *EMI Records Limited*, aff. 51-75). L'absence d'effet obligatoire n'exclut donc pas la qualification d'entente par « accord ».

Un acte apparemment unilatéral peut constituer une entente par accord si l'instruction ou l'invitation d'une entreprise, telle que, par exemple, la circulaire d'une tête de réseau de distribution, est acceptée même tacitement par ses distributeurs (CJCE, 12 juillet 1979, *BMW Belgium e.a.*, aff. jtes 32/78, 36/78 à 82/78 ; CJCE, 17 septembre 1985, *Ford II*, aff. jtes 25/84 et 26/84 ; CJCE, 13 juillet 2006, *Commission c/ Volkswagen*, aff. C-74/04). La preuve de cette acceptation tacite n'est pas toujours aisée (v. en particulier l'affaire *Bayer/ Adalat*, TPICE, 26 octobre 2000, aff. T-41/96, confirmée par CJCE, 6 janvier 2004, aff. jtes C-2/01 P et C-3/01 P). En tant que preuve d'un fait, elle est apportée par tout moyen. Elle peut résulter de preuves documentaires directes ou à défaut, de preuves comportementales indirectes ; dans ce dernier cas, la preuve du concours de volontés repose sur un faisceau d'indices graves, précis et concordants dont le caractère probant est apprécié globalement (Cass. com., 26 janvier 2022, nº F 20-14.000).

La « pratique concertée » se distingue de l'accord en ce qu'elle vise une coordination entre entreprises qui, sans avoir été poussée jusqu'à la réalisation d'une convention proprement dite, substitue sciemment une coopération pratique entre elles aux risques de la concurrence (CJCE, 14 juillet 1972, *Imperial Chemical Industries*, aff. C-48/69). Par sa nature même, la pratique concertée ne réunit donc pas tous les éléments d'un accord. Tel est le cas par exemple d'un échange entre concurrents d'informations stratégiques et privilégiées (CJCE, 28 mai 1998, *John Deere c/ Commission*, aff. C-7/95 P). En effet, même si une telle coordination ne va pas jusqu'à un engagement d'un comportement déterminé, il réduit l'incertitude quant au comportement des concurrents sur le marché (CJCE, 16 décembre 1975, *Suiker Unie e.a.*, aff. 40-73 e.a). De nature différente de l'accord, qui est réalisé dès l'échange des consentements même si ensuite il n'est pas mis à exécution, la pratique concertée requiert non seulement une concertation entre les entreprises, mais aussi un comportement sur le marché résultant de cette concertation et ayant un lien de causalité avec elle (CJCE, 8 juillet 1999, *Commission c/ Anic Partecipazioni*, aff. C-49/92 P). Il existe une présomption réfragable selon laquelle les entreprises participant à la concertation et qui demeurent actives sur le marché tiennent compte des informations échangées avec leurs concurrents pour déterminer leur comportement sur ce marché (CJCE, 4 juin 2009, *T-Mobile Netherlands*, aff. C-8/08). La participation même passive à une seule réunion collusoire peut suffire pour qu'une entreprise se voie imputer l'entente dans la mesure où elle peut laisser supposer aux autres entreprises qu'elle partage leur objectif anticoncurrentiel. Tel ne sera pas le cas si l'entreprise se distancie publiquement et formellement de l'objectif commun poursuivi.

En revanche, de simples comportements parallèles ne suffisent pas à constituer ni à démontrer l'existence d'une entente, car ils peuvent être, dans certaines circonstances déterminées, la conséquence de décisions parfaitement autonomes des entreprises concernées. Pour que le parallélisme de comportement caractérise à lui seul une entente, la concertation collusoire doit en être la seule explication plausible (CJCE, 31 mars 1993, *Ahlström Osakeyhtiö e.a.*, dite « Pâte de bois », aff. C-89/85 e.a.).

Le degré de responsabilité d'une entreprise ayant pris part à une infraction complexe, unique et continue varie en fonction de l'étendue de sa participation ou de sa connaissance des comportements anticoncurrentiels qui la composent (CJUE, 6 décembre 2012, *Commission c/ Coppens*, aff. C-441/11 P). Si elle n'a pris part qu'à un ou quelques-uns des comportements composant l'infraction complexe unique et continue et qu'il n'est pas établi que par son propre comportement elle entendait contribuer à l'ensemble des objectifs communs poursuivis par les autres participants et qu'elle avait connaissance des autres comportements mis en œuvre par lesdits participants, l'entreprise ne se verra imputer que ses seuls comportements.

La collusion au sein des groupes de sociétés échappe à la qualification d'entente s'il est établi que le groupe constitue une unité économique, en raison de l'absence d'autonomie du comportement des filiales sur le marché (CJCE, 24 octobre 1996, *Viho Europe BV c/ Commission*, aff. C-73/95 P). Cette absence d'autonomie est présumée pour les filiales dont la société mère contrôle directement ou indirectement la totalité ou la quasi-totalité du capital. Cette présomption est réfragable (CJCE, 10 septembre 2009, *Akzo Nobel*, aff. C-97/08). En droit interne, la jurisprudence et la pratique décisionnelle faisaient exception à la validité des accords intragroupes pour les ententes intragroupes en matière de marchés publics. L'Autorité de la concurrence a abandonné récemment cette position particulière en reprenant purement et simplement la jurisprudence constante de la Cour de justice relative à l'immunité au regard du droit des ententes des pratiques collusoires intragroupes (Aut. conc., déc. nº 20-D-19 du 25 novembre 2020).

La décision d'association d'entreprises, bien que se présentant comme un acte unilatéral, résulte d'un accord de volontés de ses membres et est, à ce titre, susceptible de relever des règles de prohibition des ententes (Cass. com., 16 mai 2000, *Ordre national des pharmaciens*, nº 98-12.612). Une telle qualification requiert que l'association soit composée d'entreprises, le fait que les entreprises exercent une profession réglementée étant indifférent.

Une entreprise peut se voir imputer la participation à une entente même si elle n'est pas active sur le marché affecté par l'entente, mais facilite sciemment celle-ci, par exemple en participant à son organisation (CJUE, 22 octobre 2015, *AC-Treuhand AG c/ Commission*, aff. C-194/14 P) ou en servant sciemment d'instrument pour sa réalisation (CJUE, 21 juillet 2016, *VM Remonts*, aff. C-542/14).

Les algorithmes informatiques posent de redoutables questions au droit de la concurrence et particulièrement à celui des ententes (Arcelin, 2019). Ils peuvent notamment affecter l'autonomie des entreprises sur le marché en offrant des moyens sophistiqués pour établir des ententes tacites (Prieto, 2018, pt 9). Les autorités française et allemande de concurrence s'en préoccupent (v. Autorité de la concurrence et Bundeskartellamt, « Algorithmes et concurrence », novembre 2019, site de l'Autorité).

Bibliographie

Aut. conc. et Bundeskartellamt, « Algorithmes et concurrence », novembre 2019, https://www.autoritedelaconcurrence.fr/sites/default/files/Algorithms-and-competition_FR.pdf

Arcelin (L.), « Le droit de la concurrence mis à l'épreuve par le numérique », *JCP E* 2019, p. 24

Bellis (J.-F.), *Droit européen de la concurrence*, 2e éd., Bruxelles, Bruylant, 2017

Boutard Labarde (C.), Canivet (G.), Claudel (E.), Michel-Amsellem (V.) et Vialens (J.), *L'application en France du droit des pratiques anticoncurrentielles*, Paris, LGDJ, 2008

Decocq (A.) et (G.), *Droit de la concurrence : droit interne et droit de l'Union européenne*, 7e éd., Issy-les-Moulineaux, LGDJ-Lextenso, 2016

Petit (N.), *Droit européen de la concurrence*, Paris, Montchrestien-Lextenso, 2013

Prieto (C.), « Ententes : concours de volontés », *JCl. Europe Traité*, fasc. 1405, 2018

Prieto (C.) et Bosco (D.), *Droit européen de la concurrence : ententes et abus de position dominante*, Bruxelles, Bruylant, 2013

Vogel (L.), *Traité de droit économique, t. 1 : Droit de la concurrence*, Paris, Lawlex / Bruxelles, Bruylant, 2015

Voir aussi

Algorithmes - Entreprise - Pratiques concertées

ENTENTE SUR LES PRIX

Adriano CAPUOCCIOLO, Hugues VILLEY-DESMESERETS
BCTG Avocats

■ Premier aperçu

Adam Smith soulignait qu'« *il est rare que des gens du même métier se trouvent réunis, fût-ce pour quelque partie de plaisir ou pour se distraire, sans que la conversation finisse par quelque conspiration contre le public, ou par quelque machination pour faire hausser les prix* » (A. Smith, *Recherches sur la nature et les causes de la richesse des nations*, 1776, Livre I).

En droit européen, il est rappelé avec force depuis de nombreuses années que les entreprises doivent mener des politiques autonomes de fixation des prix, de sorte que la concurrence par les prix est considérée comme une des formes essentielles que la concurrence doit revêtir sur le marché (Comm. CE, 19 décembre 1984, *Pâte de bois*, aff. IV/29.725, pt 141). En droit français, l'importance de la concurrence par les prix est consacrée à l'article L. 410-2 C. com., en disposant que « *[s]auf dans les cas où la loi en dispose autrement, les prix des biens, produits et services [...] sont librement déterminés par le jeu de la concurrence* ».

L'entente, quant à elle, qu'elle soit horizontale ou verticale, est l'expression, quelle qu'en soit la forme (accord, pratique concertée, décision d'association d'entreprises, convention, coalition, etc.), d'une volonté commune de deux ou plusieurs entreprises de se comporter sur le marché d'une manière déterminée (CJCE, 8 juillet 1999, *Anic Partecipazioni*, aff. C-49/92 P) (excluant *de facto* la qualification d'entente en cas de concertation intragroupe).

Dans une économie de marché où la concurrence par les prix occupe une place centrale, les règles de concurrence interdisent les ententes entre entreprises ayant pour objet ou pour effet de « *fixer de façon directe ou indirecte les prix d'achat ou de vente ou d'autres conditions de transaction* » (art. 101, para. 1 a), TFUE) ou de « *[f]aire obstacle à la fixation des prix par le libre jeu du marché en favorisant artificiellement leur hausse ou leur baisse* » (art. L. 420-1 2 °C. com.).

Ainsi, la volonté commune de fixer les prix sur le marché d'une manière déterminée est considérée, en droit français comme en droit de l'Union européenne, comme l'une des pratiques les plus nocives pour la concurrence sur le marché :

- dans une relation horizontale entre concurrents, l'entente sur les prix est qualifiée de restriction de concurrence par objet (Comm. eur., Lignes directrices sur l'applicabilité de l'article 101 TFUE aux accords de coopération horizontale, pt 160) ;
- dans une relation verticale, les accords qui ont pour objet de « *restreindre la capacité de l'acheteur à déterminer son prix de vente, sans préjudice de la possibilité pour le fournisseur d'imposer un prix de vente maximal ou de recommander un prix de vente* » contiennent des restrictions caractérisées ne permettant pas à l'accord de bénéficier de l'exemption par catégorie (art. 4 (a) du règl. (UE) 2022/720) ;
- à travers une association d'entreprises, pour laquelle il est interdit de diffuser des barèmes de prix à ses membres ou aux acteurs du marché (CJCE, 18 juin 1998, *Commission c/ Italie*, aff. C-35/96) ;
- le simple échange d'informations, de nature à permettre aux entreprises de connaître les positions sur le marché ainsi que la stratégie commerciale de leurs concurrents et, de ce fait, à altérer sensiblement la concurrence qui subsiste entre les opérateurs économiques, est sanctionné en droit de la concurrence, quand bien même les entreprises ne se seraient pas entendues pour augmenter leurs prix (CJUE, 26 septembre 2018, *Infineon Technologies AG*, aff. C-99/17 P).

■ Pour aller plus loin

Tout d'abord, une entente sur les prix, considérée comme une restriction de la concurrence par objet, est susceptible de tomber dans le champ d'application de l'article 101 TFUE, que l'accord soit ou non considéré comme un accord d'importance mineure (CJUE, 13 décembre 2012, *Expédia*, aff. C-226/11).

Ensuite, l'entente sur les prix fait référence non pas uniquement à la fixation anticoncurrentielle de prix intrinsèques, mais vise aussi tout accord qui, directement ou indirectement, porte atteinte à la concurrence par les prix, qu'elle soit mise en œuvre au niveau horizontal ou au niveau vertical.

Au niveau horizontal, une grande variété d'ententes de fixation de prix a été sanctionnée, telle que :

- le cartel classique de fixation de prix entre entreprises concurrentes ;
- la fixation en commun par des banques concurrentes des commissions et des taux d'intérêt (CJCE, 24 septembre 2009, *Erste Group Bank*, aff. jtes. C-125/07 P, C-133/07 P, C-135/07 P et C-137/07 P) ou de

composantes des taux d'intérêt (Trib. UE, 24 septembre 2019, *HSBC e.a.*, aff. T-105/17) ;
- la fixation en commun de pratiques de rabais ou de remises fidélisantes (CJCE, 26 novembre 1975, *Groupement des fabricants de papiers peints de Belgique e.a.*, aff. 73-74) ou la décision commune de ne pas pratiquer de rabais ou de remises (TPICE, 19 mars 2003, *CMA CGM*, aff. T-213/00) ;
- le simple échange d'information, même passif, de nature à réduire l'incertitude qui doit prévaloir sur le marché, est susceptible d'être qualifié d'entente anticoncurrentielle.

L'entente horizontale sur les prix est considérée comme l'une des violations les plus flagrantes au droit de la concurrence. Elle peut toutefois, en principe, faire l'objet d'une exemption s'il est démontré que l'accord permet d'atteindre des gains d'efficience en vertu de l'article 101, paragraphe 3, TFUE (Comm. CE, 24 juillet 2002, *Visa International*, aff. COMP/29.373). Une telle approche se distingue de l'analyse menée par les juridictions américaines à l'égard de ce type de pratiques, lesquelles sont considérées, par la Cour suprême, comme des restrictions *per se* insusceptibles de faire l'objet d'une justification (*United States v. Socony-Vacuum Oil Co., Inc.*, 310 U.S. 150 (1940)).

Au niveau vertical, une grande variété d'ententes de fixation de prix est également susceptible d'être sanctionnée, telle que :
- l'imposition directe par un fournisseur d'un prix minimal de revente de ses produits à son distributeur ;
- l'imposition indirecte par un fournisseur d'un prix minimum de vente à travers un accord :
  - qui fixerait la marge du distributeur,
  - qui fixerait le niveau maximal des remises qu'un distributeur peut accorder,
  - qui subordonnerait l'octroi d'avantage tarifaire ou le remboursement de coûts promotionnels au respect d'un niveau de prix déterminé,
  - qui interdirait d'afficher les prix ou obligerait le distributeur à afficher les prix de vente au détail recommandés ;
- l'imposition d'un prix minimum de vente à travers des comportements qui tendraient à faire appliquer lesdits prix de revente (des menaces, intimidations, avertissements, sanctions, retards ou suspensions de livraison ou la résiliation de l'accord en cas de non-respect d'un niveau de prix donné).

En revanche, la communication par le fournisseur à l'acheteur d'une liste de prix conseillés ou de prix maximaux n'est pas considérée en soi comme conduisant à des prix de vente imposés, du moins lorsque la part de marché de chacune des parties à l'accord n'excède pas le seuil de 30 % fixé par le règlement (UE) 2022/720.

L'entente verticale sur les prix est considérée comme une restriction caractérisée de concurrence dès lors qu'elle peut affaiblir de différentes manières la concurrence intramarque et/ou intermarques (pour des exemples concrets des effets restrictifs de concurrence communément rencontrés par ces accords, v. lignes directrices sur les restrictions verticales 2022, pt 181). À l'instar de l'entente horizontale, l'entente verticale peut, en principe, faire l'objet d'une exemption au titre de l'article 101, paragraphe 3 (pour des exemples concrets des gains d'efficience générés par les prix de vente imposés, v. lignes directrices sur les restrictions verticales 2022, pt 182). Une telle approche se distingue de l'analyse menée par les juridictions américaines à l'égard de ce type de pratiques sous l'impulsion de l'arrêt *Leegin* de la Cour suprême, visant à appliquer la règle de raison aux accords de fixation de prix minimum de revente, impliquant de procéder à une balance des effets proconcurrentiels et anticoncurrentiels de l'accord (*Leegin Creative Leather Products, Inc. v. PSKS, Inc.*, 551 U.S. 877 (2007)).

Enfin, la charge de la preuve et le degré de matérialité des preuves rapportées par les autorités de concurrence apparaissent déterminants :

- en matière d'ententes horizontales, la Cour de justice fait peser une présomption réfragable en cas de collusion explicite donnant lieu à un ou plusieurs contacts entre deux entreprises (le fait que seul un des participants aux réunions litigieuses dévoile ses intentions ne suffit pas à exclure l'existence d'une entente – TPICE, 12 juillet 2001, *Tate & Lyle*, aff. jtes. T-202/98, T-204/98 et T-207/98, pt 54 ; pourvoi rejeté par la CJCE, 29 avril 2004, *British Sugar*, aff. C-359/01 P). En revanche, la simple constatation d'un parallélisme de comportement sur un marché ne suffit pas à caractériser l'existence d'une entente sur les prix ;
- en matière d'ententes verticales, la preuve de l'accord de volonté des parties peut être établie en se fondant sur des éléments de toute nature (preuves documentaires ou contractuelles, preuves comportementales).

Pour faciliter la détection des cartels de fixation de prix, les autorités de concurrence ont développé les programmes de clémence afin d'inciter les participants à une entente de dévoiler aux autorités de concurrence la pratique mise en œuvre.

Bibliographie

Kaplow (L.), *Competition Policy and Price Fixing*, Princeton University Press, 2013

Whish (R.) et Bailey (D.), *Competition Law*, 10e éd., Oxford University Press, 2021

Communication de la Commission, Lignes directrices sur les restrictions verticales, C(2022) 4238 final, 28 juin 2022

Communication de la Commission, Communication concernant les accords d'importance mineure qui ne restreignent pas sensiblement le jeu de la concurrence au sens de l'article 101, paragraphe 1, du traité sur le fonctionnement de l'Union européenne (communication *de minimis*), *JOUE* n° C 291 du 30 août 2014, p. 1

Communication de la Commission, Lignes directrices sur l'applicabilité de l'article 101 du traité sur le fonctionnement de l'Union européenne aux accords de coopération horizontale, *JOUE* n° C 11, du 14 janvier 2011 p. 1

Règlement (UE) 2022/720 de la Commission du 10 mai 2022 concernant l'application de l'article 101, paragraphe 3, du traité sur le fonctionnement de l'Union européenne à des catégories d'accords verticaux et de pratiques concertées, *JOUE* n° L 134 du 11 mai 2022, p. 4

Voir aussi

Concurrence intermarques - Concurrence intramarque - Entreprise - Exemption individuelle - Restrictions caractérisées

E

ENTREPRISE

Linda ARCELIN
Université de La Rochelle

Premier aperçu

Le choix des rédacteurs des traités européens « *a été d'utiliser la notion d'entreprise pour désigner l'auteur d'une infraction au droit de la concurrence, susceptible d'être sanctionné en application des articles [101 et 102 TFUE], et non d'autres notions telles que celles de société ou de personne morale* » (CJUE, 25 novembre 2020, *Commission européenne c/ GEA Group AG*, aff. C-823/18 P, pt 62). Le concept d'entreprise présente en effet une malléabilité que n'offrent pas ces dernières notions. Mais, à défaut de définition dans les textes, c'est au juge européen qu'est revenue la tâche de définir l'entreprise, ce qu'il a fait en ces termes : « *[D]ans le contexte du droit de la concurrence, [...] la notion d'entreprise comprend toute entité exerçant une activité économique, indépendamment du statut juridique de cette entité et de son mode de financement* » (CJCE, 23 avril 1991, *Klaus Höfner et Fritz Elser c/ Macrotron GmbH*, aff. C-41/90, pt 21). En tant que notion relevant du droit substantiel, l'entreprise doit être entendue de façon harmonisée si bien que les autorités françaises de concurrence suivent la définition européenne (p. ex., Aut. conc., déc. n° 11-D-02 du 26 janvier 2011 ; Aut. conc., déc. n° 15-D-03 du 11 mars 2015 ; Aut. conc., déc. n° 18-D-15 du 26 juillet 2018 ; CA Paris, 19 juillet 2018, RG 16/01270).

Pour aller plus loin

La notion d'entreprise présente une utilité tant au stade de l'applicabilité du droit de la concurrence que de sa mise en œuvre.

Le premier stade interroge sur la définition de l'entreprise. Selon l'arrêt *Höfner*, le statut juridique importe peu, permettant alors de qualifier d'entreprise toute personne juridique (physique ou morale) comme toute entité dépourvue de cet attribut (groupe de sociétés, succursale, etc.). Le critère déterminant réside dans l'activité économique de l'entité, qui n'est pas toujours des plus simples à caractériser. Les débats portent essentiellement sur la frontière entre l'activité économique et l'activité non économique entendue comme une activité nécessitant l'usage de prérogatives de puissance publique (CJCE, 19 janvier 1994, *SAT Fluggesellschaft c/ Eurocontrol*, aff. C-364/92) ou traduisant un mécanisme de solidarité (CJCE, 17 février 1993, *Poucet c/ AGF et Camulrac et Pistre c/ Cancava*, aff. jtes C-159/91 et C-160/91).

Au stade de la mise en œuvre du droit de la concurrence se pose la question de savoir qui est l'entreprise contrevenante responsable de l'infraction. Deux cas de figure se présentent : déterminer qui de la filiale auteur de l'infraction ou du groupe auquel elle appartient doit être qualifié d'entreprise contrevenante, et identifier la personne juridique à qui doit être imputée la responsabilité de l'infraction lorsque l'entreprise auteur a fait l'objet d'une restructuration.

Sur le premier cas de figure, depuis l'affaire des matières colorantes, les autorités européennes considèrent que « *la circonstance que la filiale a une personnalité juridique distincte ne suffit pas à écarter la possibilité que son comportement soit imputé à la société mère ; [...] tel peut être notamment le cas lorsque la filiale, bien qu'ayant une personnalité juridique distincte, ne détermine pas de façon autonome son comportement sur le marché, mais applique pour l'essentiel les instructions qui lui sont imparties par la société mère* » (CJCE, 14 juillet 1972, *Imperial Chemical Industries Ltd. (ICI) c/ Commission*, aff. 48/69, pts 132-133). Le mécanisme d'imputation repose sur une présomption dite « capitalistique » : « *Il résulte [...] d'une jurisprudence constante que, dans le cas particulier où une société mère détient la totalité ou la quasi-totalité du capital de sa filiale ayant commis une infraction aux règles de concurrence de l'Union, il existe une présomption réfragable selon laquelle cette société mère exerce effectivement une influence déterminante sur sa filiale. Dans une telle situation, il suffit que la Commission prouve que la totalité ou la quasi-totalité du capital d'une filiale est détenue par sa société mère pour considérer que ladite présomption est remplie* » (CJUE, 9 mars 2011, *ArcelorMittal Luxembourg c/ Commission européenne* et *Commission c/ ArcelorMittal Luxembourg e.a.*, aff. jtes C-201/09 P et C-216/09 P).

À défaut d'autonomie, l'infraction est imputée soit à la société mère soit à la filiale et à sa société mère solidairement (CJUE, 13 décembre 2012, *Alliance One International*, aff. C-593/11 P et *Transcatab*, aff. C-654/11 P ; TPICE, 14 décembre 2006, *Raiffeisen Zentralbank Österreich AG c/ Commission*, aff. jtes T-259/02 à T-264/02 et T-271/02 ; TPICE, 12 décembre 2007, *AkzoNobel c/ Commission*, aff. T-112/05). Le principe de responsabilité personnelle (et ses implications processuelles : prescription, principe *non bis in idem*, réitération), qui suppose que seul l'auteur d'une infraction soit tenu responsable de celle-ci, ne s'en trouve pas malmené. Dans l'hypothèse de l'imputation du comportement infractionnel commis formellement par la filiale à la société mère, le principe est respecté puisque la société mère est certes personnellement condamnée, mais pour une infraction qu'elle est censée avoir commise elle-même en raison des liens économiques et juridiques qui l'unissent à sa filiale et qui lui permettent de déterminer le comportement de cette dernière sur le marché (Trib. UE, 27 juin 2012, *Bolloré*, aff. T-372/10 ; TPICE, 8 octobre 2008, *Schunk GmbH*, aff. T-69/04 ; CJUE, 27 avril 2017, *Akzo Nobel NV*, aff. C-516/15 P). La présomption capitalistique est réfragable, mais l'étude de la jurisprudence montre que les requérantes peinent à renverser celle-ci (Trib. UE, 11 juillet 2019, *Silver Plastics GmbH & Co KG et Johannes Reifenhäuser Holding GmbH & Co KG c/ Commission*, aff. T-582/15 ; Trib. UE, 11 juillet 2019, *Huhtamäki Oyj et Huhtamaki Flexible Packaging Germany GmbH & Co.KG*, aff. T-530/15 ; Trib. UE, 11 juillet 2019, *CCPL – Consorzio Cooperative di Produzione e Lavoro SC e.a.*, aff. T-522/15 ; CJUE, 22 octobre 2020, *Silver Plastics GmbH & Co. KG et Johannes Reifenhaüser Holding GmbH & Co. KG c/ Commission*, aff. C-702/19 P).

Sur le second cas de figure, il est fréquent qu'entre le moment de la commission de l'infraction et le jour de l'envoi de la notification et de la décision, le contrevenant ait subi une modification affectant sa structure économique ou juridique. Dès lors se pose la question de savoir comment et à qui imputer la responsabilité de l'infraction.

Le principe est éminemment clair depuis plus de vingt ans : « *Tant que la personne morale responsable de l'exploitation de l'entreprise qui a mis en œuvre des pratiques enfreignant les règles de concurrence subsiste juridiquement, c'est elle qui doit être tenue pour responsable de ces pratiques. En particulier, elle continue de l'être même si les moyens matériels et humains ayant concouru à la commission de l'infraction ont été cédés à une tierce personne* » (TPICE, 17 décembre 1991, *Enichem Anic SpA c/ Commission*, aff. T-6/89 ; CJCE, 16 novembre 2000, *Cascades*, aff. C-279/98 P ; Trib. UE, 17 mai 2013, *Parker ITR*, aff. T-146/09 RENV. V. en droit français, Cons. conc., « Rapport pour 2001 » ; Aut. conc., déc. n° 14-D-19 du 18 décembre 2014). Tant que la structure d'accueil originaire de l'entreprise contrevenante survit, elle reste responsable de l'infraction. Les modifications n'affectant pas sa personnalité morale, comme justement la cession des actifs litigieux, n'ont aucune incidence. Hormis la fraude, il existe toutefois une exception au principe d'imputabilité au support initial : l'existence de liens structurels entre des personnes juridiques supports successifs de l'entreprise contrevenante peut justifier le transfert de responsabilité à la seconde, quand bien même le support initial subsisterait juridiquement (CJCE, 7 janvier 2004, *Aalborg Portland e.a. c/ Commission*, aff. jtes. C-204/00 P, C-205/00 P, C-211/00 P,

C-213/00 P, C-217/00 P et C-219/00 P ; CJUE, 24 septembre 2020, *Prysmian SpA, Prysmian Cavi e Sistemi Srl c/ Commission*, aff. C-601/18 P). En cas de disparition de la structure d'accueil originaire, les autorités peuvent suivre l'entreprise dans sa nouvelle coquille juridique. La méthode repose sur une alternative : soit il y a transmission des droits et obligations à un successeur juridique qui devient responsable de l'infraction, soit en l'absence d'une telle transmission, il sera fait recours au critère de la continuité économique et fonctionnelle de l'entreprise (successeur économique). Ainsi l'infraction concurrentielle ne reste-t-elle jamais impunie et l'effectivité du droit de la concurrence est-elle garantie.

Ces analyses ont dépassé le seul cadre du *public enforcement* pour s'imposer dans le contentieux des actions privées (CJUE, 14 mars 2019, *Vantaan Kaupunki c/ Skanska Industrial Solutions Oy*, aff. C-724/17).

Bibliographie

« Rapport d'activité pour 2001 », 17 juillet 2002 ?

https://www.autoritedelaconcurrence.fr/sites/default/files/2019-11/ra2001.pdf

Ancelin-Menais (O.), « L'imputabilité des pratiques anticoncurrentielles », *JCP E* 2008, p. 1428

Arcelin (L.), « La conquête du droit du marché par la notion d'entreprise », *RTD com.* 2018, p. 575

Arcelin (L.), « Notion d'entreprise en droit européen et interne de la concurrence », *JCl. Concurrence – Consommation*, n° 35, 2017

Arcelin (L.), « L'imputation des comportements anticoncurrentiels des entreprises en cas de restructuration », *JCl. Concurrence – Consommation*, fasc. 280, 2016

Idot (L.), « La notion d'entreprise en droit de la concurrence, révélateur de l'ordre concurrentiel », in *L'ordre concurrentiel : mélanges en l'honneur d'Antoine Pirovano*, Paris, éd. Frison-Roche 2003, p. 523

E

ENTREPRISE DÉFAILLANTE

Thibaut KLEINER
Commission européenne – DG réseaux de communication, du contenu et des technologies

Premier aperçu

Dans un marché concurrentiel, il y a des vainqueurs et des perdants ; les entreprises cherchent à augmenter leurs profits et à gagner des clients pour renforcer leur position de manière durable et certaines n'y parviennent pas.

Une entreprise est considérée comme défaillante lorsqu'elle n'a généré que des pertes pendant un certain temps et qu'elle perd de telles parts de marché qu'elle est portée à sortir du marché ou à faire faillite.

En droit de la concurrence, l'argument de l'entreprise défaillante s'est développé aux États-Unis durant la période de grande dépression des années 1930 et notamment avec l'affaire *International Shoe Co.*, où la Cour suprême américaine a considéré qu'une fusion avec une entreprise défaillante n'aurait pas pour effet de diminuer la concurrence de manière substantielle, mais aurait au contraire des bénéfices pour la continuité de l'emploi des salariés et le maintien dans le marché du capital de production de l'entreprise défaillante. En effet, à supposer que la fusion soit interdite, l'entreprise défaillante n'aurait de toute façon pas la capacité d'exercer de contrainte concurrentielle, alors qu'une fusion de sauvetage préserverait notamment des emplois.

Dans le droit de la concurrence de l'Union européenne, l'usage de l'argument de l'entreprise défaillante a été avancé à plusieurs reprises et souvent rejeté (ex. : *Aérospatiale-Alenia/de Havilland*). Il a été codifié par la Cour de justice, notamment dans l'arrêt du 31 mars 1998, *Kali & Salz*. Ceci a clarifié que la Commission peut conclure qu'une opération de concentration, qui pose par ailleurs des problèmes de concurrence, est néanmoins compatible avec le marché commun si l'une des parties à l'opération est une entreprise défaillante. La condition fondamentale est que la détérioration de la structure de la concurrence qui se produirait après la concentration ne puisse pas être considérée comme étant causée par cette opération (elle serait au moins aussi grave si l'opération ne se réalisait pas).

■ Pour aller plus loin

L'argument de l'entreprise défaillante a oscillé entre des considérations d'intérêt public (éviter des pertes d'actifs productifs et d'emplois qui découleraient de l'interdiction de la concentration) et une pure logique d'effets sur la concurrence (analyse de la contrainte concurrentielle et absence de causalité de la concentration par rapport à un renforcement de position dominante).

Dans la législation américaine, l'analyse, au départ plus focalisée sur l'intérêt public, a été raffinée, notamment par l'arrêt *Citizen Publishing Co. v. United States* et dans les lignes directrices pour les concentrations horizontales, pour renforcer l'analyse contrefactuelle, en insistant notamment sur la condition qu'il n'y ait pas d'alternative moins anticoncurrentielle que l'acquisition, pour rendre l'exception pour entreprise défaillante recevable.

En Europe, l'argument de l'entreprise défaillante a été plus utilisé, sans surprise, en période de crise économique. Par exemple, les autorités britanniques ont autorisé deux cas de fusion en 2009 durant la période de crise financière (*Long Clawson/Millway* et *HMV/Zavvi*) et la crise liée à la pandémie de COVID a vu une résurgence de l'argument, donnant lieu à des décisions d'autorisation de concentration sur cette base, par exemple en France (*Conforama/But*, *Mobilux/Conforama*).

Dans ses lignes directrices sur les concentrations horizontales de 2014, la Commission estime que les trois conditions suivantes sont particulièrement pertinentes pour que l'argument de l'entreprise défaillante soit retenu :

- l'entreprise acquise disparaîtrait rapidement du marché si elle n'était pas reprise par une autre entreprise ;
- l'entreprise acquéreuse reprendrait la part du marché de l'entreprise acquise si celle-ci venait à disparaître du marché ;
- il n'y a pas d'alternative d'achat moins dommageable pour la concurrence.

C'est aux parties notifiantes qu'il incombe de produire en temps voulu toutes les informations nécessaires pour démontrer que la détérioration de la structure de la concurrence qui se produira après la concentration n'est pas causée par celle-ci.

Il n'en demeure pas moins que l'argument de l'entreprise défaillante est assez controversé, car basé sur une anticipation à la fois de l'impact concurrentiel, des alternatives à la fusion et des gains d'efficacité potentiels. Dans le cas *Aegean/Olympic*, une fusion entre deux compagnies aériennes grecques, la Commission avait interdit la fusion en 2011, rejetant l'argument d'entreprise défaillante. Mais en 2013, elle a autorisé cette même transaction *Aegean/Olympic* sur la base de ce même argument, considérant que les conditions de concurrence avaient changé, que la contrainte concurrentielle provenant d'Olympic était bien moindre, que l'entreprise était vraiment défaillante et qu'il n'y avait pas d'alternative crédible à la fusion en question. Ce cas illustre l'importance de l'analyse des conditions spécifiques de marché et la difficulté de l'argument de l'entreprise défaillante.

Il est intéressant de ce point de vue de comparer l'argument de l'entreprise défaillante avec l'analyse des aides d'État au sauvetage. En effet, la Commission y utilise la notion d'entreprise en difficulté (en non pas défaillante), définie sur la base de critères juridiques ou statistiques. Une entreprise est considérée en difficulté lorsqu'il est pratiquement certain qu'en l'absence d'intervention de l'État elle sera contrainte de renoncer à son activité à court ou à moyen terme. Les critères utilisés se basent sur des éléments factuels tels les fonds propres, une procédure d'insolvabilité, ou le niveau de dettes. La marge d'appréciation y est donc moindre, ce qui est peut-être préférable pour éviter des aides excessives, tandis que les distorsions liées au sauvetage sont considérées comme très significatives, car allant contre la sanction du marché. Mais ici encore, les bénéfices sociaux du sauvetage sont retenus.

Bibliographie

AYAL (A.) et ROTEM (Y.), « The Failing Firm Defense – An Equity-Based Approach », *Journal of Competition Law & Economics*, 2019, vol. 15, n° 4, p. 468

BACCARO (V.), « Failing Firm Defence and Lack of Causality: Doctrine and Practice in Europe of Two Closely Related Concepts », *ECLR*, 2004, vol. 25, n° 1, p. 11

CLAUDEL (E.), « Théorie de l'entreprise défaillante : un remarquable premier cas d'application par l'Autorité de la concurrence ! », *RTD com.* 2022, p. 497

OCDE, « Glossary of Statistical Terms », 2019, http://stats.oecd.org/glossary

THEOPHILE (D.) et FABER (A.), « Failing firm defence – A tool in crisis? », *Concurrences* n° 3-2020, art. n° 95466, www.concurrences.com

ENTREPRISE PUBLIQUE

Fabien TESSON
Université Angers

■ Premier aperçu

La notion d'entreprise publique renvoie à plusieurs approches de l'intervention de l'État dans l'économie, comme le secteur public, les participations de l'État, l'économie mixte locale ou encore les services publics, et elle est appréhendée notamment par les droits de l'Union européenne, constitutionnel et administratif. Ces remarques montrent la difficulté qui existe à proposer une définition unique de l'entreprise publique. Le droit interne aborde parfois la notion sans se focaliser précisément sur cette dernière (v. p. ex. ord. n° 2014-948 du 20 août 2014 relative à la gouvernance et aux opérations sur le capital des sociétés à participation publique, art. 22) ou par un biais énumératif (v. p. ex. décr. n° 84-966 du 22 octobre 1984 instituant le répertoire des entreprises contrôlées majoritairement par l'État). Il révèle que c'est avant tout la détention majoritaire du capital qui permet d'identifier une entreprise publique (CE, avis, Sect. des finances, 17 septembre 1998, *Entreprise du secteur public*, n° 362610) et plus généralement l'exercice direct ou indirect, d'un « *pouvoir prépondérant de décision ou de gestion* » (art. L. 133-1 CJF). C'est aussi par les mesures de transposition (art. 1, II, de l'ord. n° 2004-503 du 7 juin 2004 portant transposition de la directive 80/723/CEE relative à la transparence des relations financières entre les États membres et les entreprises publiques) du droit de l'Union européenne qu'une définition a pu émerger dans le droit national.

Selon l'article 2 de la directive 2006/111/CE du 16 novembre 2006 (relative à la transparence des relations financières entre les États membres et les entreprises publiques ainsi qu'à la transparence financière dans certaines entreprises), une entreprise publique est « *toute entreprise sur laquelle les pouvoirs publics peuvent exercer directement ou indirectement une influence dominante du fait de la propriété, de la participation financière ou des règles qui la régissent* ». L'influence dominante est présumée lorsque, directement ou indirectement, les pouvoirs publics « *détiennent la majorité du capital souscrit de l'entreprise* »,

« *disposent de la majorité des voix attachées aux parts émises par l'entreprise* » ou « *peuvent désigner plus de la moitié des membres de l'organe d'administration, de direction ou de surveillance de l'entreprise* ».

On retiendra surtout que le droit de l'Union européenne envisage spécialement l'entreprise publique par le prisme concurrentiel de l'article 106, paragraphe 1, TFUE, qui prévoit que les « *États membres, en ce qui concerne les entreprises publiques et les entreprises auxquelles ils accordent des droits spéciaux ou exclusifs, n'édictent ni ne maintiennent aucune mesure contraire aux règles des traités* », et son paragraphe 2 relatif aux entreprises chargées d'un service d'intérêt économique général.

■ Pour aller plus loin

Pour qu'une entreprise publique se voie appliquer le droit de la concurrence, il faut avant tout qu'elle soit qualifiable d'entreprise au sens de la jurisprudence européenne (CJCE, 23 avril 1991, *Höfner*, aff. C-41/90), qui est insensible à la nature de l'entité ou à son mode de financement. Une fois dépassée la question de leur identification, les entreprises publiques sont soumises, dans une certaine mesure, au droit de la concurrence et au droit de la mise en concurrence.

D'une part, les États ne peuvent par exemple pas adopter des mesures en direction des entreprises publiques qui contreviennent à l'article 106, paragraphe 1, TFUE en liaison avec l'article 102, sauf à bénéficier d'une dérogation au titre de l'article 106, paragraphe 2 (v. par ex. CJCE, 29 mars 2001, *Portugal c/ Commission*, aff. C-163/99). Par ailleurs, si les « *traités ne préjugent en rien le régime de la propriété dans les États membres* » (art. 345 TFUE), on observe que l'application du droit de la concurrence n'est pas sans influence sur l'évolution de certaines entreprises publiques françaises qui étaient organisées sous la forme d'un établissement public industriel et commercial (EPIC), comme EDF. EDF était un EPIC, mais la position de la Commission à l'encontre de la garantie illimitée de l'État en sa faveur (V. not. déc. 2005/145/CE du 16 décembre 2003 relative aux aides d'État accordées par la France à EDF et au secteur des industries électriques et gazières) a provoqué sa transformation en une société anonyme dont l'État doit détenir plus de 70 % du capital (L. n° 2004-803 du 9 août 2004 relative au service public de l'électricité et du gaz et aux entreprises électriques et gazières, art. 24 ; art. L. 111-67 C. énergie). Le même mouvement a été aussi observé concernant La Poste (L. n° 2010-123 du 9 février 2010 relative à l'entreprise publique La Poste et aux activités postales ; CJUE, 3 avril 2014, *France c/ Commission*, aff. C-559/12 P).

D'autre part, le droit de la mise en concurrence de l'Union européenne s'applique clairement aux entreprises publiques, telles que définies dans la directive 2006/111/CE. En effet, les textes européens relatifs à l'attribution de contrats de concession et à la passation de marchés par des entités opérant dans les secteurs de l'eau, de l'énergie, des transports et des services postaux (dir. 2014/23/UE et 2014/25/UE du 26 février 2014 ; respectivement art. 7, 1 b) et art. 4, 2) reprennent la définition des entreprises publiques de l'Union européenne. Ainsi, ces textes s'appliquent aux contrats passés par les entités adjudicatrices qui peuvent être des entreprises publiques (v. égal. art. L1212-1 et L1212-2 CCP).

Bibliographie

Décret n° 84-966 du 22 octobre 1984 instituant le répertoire des entreprises contrôlées majoritairement par l'État, *JORF* du 28 octobre 1984

Directive 2014/25/UE du Parlement européen et du Conseil du 26 février 2014 relative à la passation de marchés par des entités opérant dans les secteurs de l'eau, de l'énergie, des transports et des services postaux et abrogeant la directive 2004/17/CE, *JOUE* n° L 94 du 28 mars 2014, p. 243

Directive 2014/23/UE du Parlement européen et du Conseil du 26 février 2014 sur l'attribution de contrats de concession Texte présentant de l'intérêt pour l'EEE, *JOUE* n° L 94 du 28 mars 2014, p. 1

Directive 2006/111/CE de la Commission du 16 novembre 2006 relative à la transparence des relations financières entre les États membres et les entreprises publiques ainsi qu'à la transparence financière dans certaines entreprises, *JOUE* n° L 318 du 17 novembre 2006, p. 17

Loi n° 2010-123 du 9 février 2010 relative à l'entreprise publique La Poste et aux activités postales, *JORF* n° 0034 du 10 février 2010

Loi n° 2004-803 du 9 août 2004 relative au service public de l'électricité et du gaz et aux entreprises électriques et gazières, *JORF* n° 185 du 11 août 2004

Ordonnance n° 2014-948, 20 août 2014 relative à la gouvernance et aux opérations sur le capital des sociétés à participation publique, *JORF* n° 0194 du 23 août 2014

Ordonnance n° 2004-503 du 7 juin 2004 portant transposition de la directive 80/723/CEE relative à la transparence des relations financières entre les États membres et les entreprises publiques, *JORF* n° 0133 du 10 juin 2004

E

ÉPUISEMENT DES DROITS

Jérôme PASSA
Université Paris-Panthéon-Assas

■ Premier aperçu

Dégagée, dès le début des années 1970, par la Cour de justice en interprétation de l'actuel article 36 TFUE en tant qu'il vise la protection des droits de propriété intellectuelle, la règle d'épuisement des droits a par la suite pris une place considérable en la matière et a été consacrée dans tous les textes européens de droit dérivé dès lors qu'ils traitent de la portée de la protection conférée par tel ou tel de ces droits. À l'heure actuelle, cette règle est inscrite, notamment, à l'article 15 de la directive (UE) 2015/2436 sur les marques ou l'article 4, paragraphe 2, de la directive 2001/29/CE en droit commun d'auteur, ainsi que, en droit français, dans tous les livres du code de la propriété intellectuelle.

Cette règle peut se définir comme celle qui interdit au titulaire d'un droit de propriété intellectuelle dans un État membre de l'Espace économique européen (EEE) de se prévaloir des prérogatives que la loi attache à son droit pour s'opposer à l'importation ou à la commercialisation dans cet État de produits, incorporant l'objet de son droit, mis en circulation par lui ou par un tiers autorisé par lui sur le territoire de l'EEE.

La règle tend à concilier la territorialité de la protection attachée aux droits de propriété intellectuelle, qui permet *a priori* au titulaire d'un tel droit de s'opposer aux importations non autorisées, et l'exigence de libre circulation des marchandises.

Constitutive d'un moyen de défense dans le procès en contrefaçon, la règle d'épuisement des droits s'applique à la double condition que le titulaire du droit, demandeur, ait consenti, d'une part, au premier transfert de propriété des marchandises litigieuses et, d'autre part, à la mise en circulation de celles-ci dans l'EEE – même si le premier transfert de propriété avec son accord est, le cas échéant, intervenu dans un État tiers.

En matière de marques, de « justes motifs », déduits de la préservation de la fonction de garantie d'identité d'origine assurée par la marque, peuvent priver du bénéfice de la règle d'épuisement des droits, dont les conditions d'application sont par hypothèse satisfaites, notamment en cas de modification ou d'altération de l'état des produits après leur mise en circulation par le titulaire du droit ou le tiers lié à lui ou d'atteinte à l'image ou à la réputation de la marque, le cas échéant du fait du simple contexte – dévalorisant – de commercialisation de produits de luxe.

■ Pour aller plus loin

La Cour de justice a consacré un renversement partiel de la charge de la preuve des conditions d'application de la règle d'épuisement lorsque le défendeur parvient à démontrer que cette charge, pesant *a priori* sur lui, fait naître un « *risque réel de cloisonnement des marchés nationaux* » (CJCE, 8 avril 2003, *Van Doren*, aff. C-244/00), spécialement, selon nous, un risque de non-application de la règle d'épuisement des droits alors que celle-ci devrait, ou pourrait avoir à, s'appliquer. Bien que consacrée en matière de marques, la solution trouve à s'appliquer aux autres droits de propriété intellectuelle, où le problème se présente de la même manière.

Bibliographie

Bonet (G.), « Droit national de marque et application du droit de l'Union européenne », *RTD eur.* 1981, p. 97

Marques (J.-Cl.), « L'épuisement des droits de propriété intellectuelle », in *L'avenir de la propriété intellectuelle*, Paris, Librairies techniques, 1993, p. 89

Passa (J.), *Droit de la propriété industrielle*, 2e éd., Paris, LGDJ, 2009, tome 1, n° 339 et s. et tome 2, n° 524 et s.

Directive (UE) 2015/2436 du Parlement européen et du Conseil du 16 décembre 2015 rapprochant les législations des États membres sur les marques (refonte), *JOUE* n° L 336 du 23 décembre 2015, p. 1

Directive 2001/29/CE du Parlement européen et du Conseil du 22 mai 2001 sur l'harmonisation de certains aspects du droit d'auteur et des droits voisins dans la société de l'information, *JOUE* n° L 167 du 22 juin 2001, p. 10

E

EXEMPTION INDIVIDUELLE

Antonin PITRAS
Le Mans Université

Premier aperçu

L'exemption individuelle constitue une dérogation au principe de prohibition des ententes anticoncurrentielles. Cette exemption est admise tant en droit de l'Union européenne qu'en droit français de la concurrence. En effet, si les articles 101, paragraphe 1, TFUE et L. 420-1 du code de commerce prévoient l'interdiction de telles pratiques par principe, les articles 101, paragraphe 3, TFUE et L. 420-4 I, 2° du code de commerce admettent, par exception, que certaines ententes pourront échapper à cette prohibition en dépit de leur caractère anticoncurrentiel, pourvu que certaines conditions soient réunies.

L'exemption ne peut être accordée que si quatre conditions sont satisfaites. La première d'entre elles suppose que la pratique en cause contribue à la promotion du progrès économique ou technique, ou bien à l'amélioration de la production ou de la distribution des produits. Autrement dit, la pratique en cause doit générer ce qu'il est convenu d'appeler des « gains d'efficacité ». Il peut s'agir, par exemple, d'une réduction des coûts, résultant notamment d'économies d'échelle ou de gamme, ou bien du développement de nouvelles techniques. Les gains d'efficacité peuvent encore être appréciés en considération de la qualité des biens considérés à travers l'offre de produits innovants ou améliorés. Des gains d'ordre environnemental pourront pareillement être pris en considération.

La deuxième condition implique qu'une partie équitable du profit qui résulte de l'accord litigieux soit réservée aux utilisateurs. L'esprit de ce texte est en effet que le bénéfice induit par la pratique anticoncurrentielle soit répercuté substantiellement sur les consommateurs. En premier lieu, ce bénéfice peut évidemment se traduire par des prix réduits. Mais il peut aussi résider en une offre de produits innovants ou améliorés. La vraisemblance de la répercussion des bénéfices sur les consommateurs sera appréciée par les autorités de concurrence à la lumière de différents facteurs, tels que la nature et l'ampleur des gains d'efficacité considérés, l'importance de la restriction de concurrence, l'élasticité de la demande, autant que la structure et les caractéristiques du marché. En pratique, la répercussion des gains d'efficacité sur les utilisateurs dépendra aussi pour beaucoup du niveau de pression concurrentielle : si celle-ci est faible, les entreprises contrevenantes seront tentées de conserver les bénéfices à leur seul profit ; alors qu'une pression concurrentielle élevée les poussera au contraire à en transférer une partie aux consommateurs.

La troisième condition renvoie au caractère indispensable des restrictions de concurrence pour obtenir les gains d'efficacité. En d'autres termes, les biens ou services concernés seraient nécessairement produits ou vendus de façon moins efficace en l'absence des restrictions considérées. Il ne s'agit ainsi pas de rechercher si l'accord aurait pu ou non être conclu, ou bien si l'opération concernée par ledit accord aurait pu être menée en l'absence de ces restrictions, mais de vérifier si de tels gains d'efficacité auraient pu être générés en l'absence de telles restrictions : l'exemption sera accordée si, et seulement si, il est établi qu'il n'y avait pas d'autre moyen économiquement réaliste de générer ces gains d'efficacité.

La quatrième et dernière condition requiert que la pratique litigieuse n'offre pas aux entreprises concernées la possibilité d'éliminer la concurrence pour une partie substantielle des produits en cause. L'esprit de cette condition est ainsi de préserver une certaine concurrence résiduelle, la restriction ne devant surtout pas être radicale, mais modérée. L'appréciation de cette exigence se fera de manière globale, en tenant compte des caractéristiques propres au marché affecté, et de la répartition des parts de marché entre les parties à l'accord, d'une part, et leurs concurrents, d'autre part. Lors de l'examen de cette condition, les autorités s'intéresseront donc non seulement à l'intensité de la concurrence entre les parties à l'accord, mais aussi à celle de la concurrence externe résiduelle.

■ Pour aller plus loin

Jadis, la possibilité d'accorder une exemption individuelle relevait d'une compétence exclusive de la Commission européenne, suivant une procédure de notification préalable des accords (règl. (CE) nº 17 du Conseil du 6 février) : tout accord entre entreprises visé à l'article 85, paragraphe 1, du traité devait être notifié à la Commission antérieurement à sa mise en œuvre afin d'obtenir une exemption. En dépit de la sécurité juridique qu'il induisait, ce système de contrôle *ex ante* était aussi générateur de coûts pour les entreprises et conduisait à l'engorgement des services compétents de la Commission. À la faveur du règlement (CE) nº 1/2003, l'exemption est désormais accordée, soit par la Commission, soit par les autorités ou juridictions nationales compétentes, à l'issue d'une procédure de contrôle *ex post* ouverte à l'encontre d'entreprises poursuivies pour entente anticoncurrentielle, à qui il appartient d'établir que les conditions de l'exemption sont réunies.

L'exemption est dite « individuelle » en ce qu'elle n'est accordée par l'autorité de concurrence qu'à une ou plusieurs entreprises considérées individuellement, pour une pratique donnée, après avoir vérifié que les conditions requises pour bénéficier de l'exemption sont bien réunies au cas d'espèce. L'exemption « individuelle » s'oppose ainsi à l'exemption dite « catégorielle ». Celle-ci, également admise par les articles 101, paragraphe 3, TFUE et L. 420-4 II du code de commerce, peut être prévue par un règlement « d'exemption » adopté par la Commission européenne ou un décret pris après avis conforme de l'Autorité de la concurrence, au profit de certaines catégories d'accords présumés satisfaire ces conditions. Telle présomption pourra être renversée s'il est établi, après examen au cas par cas, que ces conditions ne sont finalement pas satisfaites, mais dispense ainsi les entreprises parties à ces catégories d'accords d'avoir à démontrer qu'elles sont réunies *a priori*.

Outre l'exemption des pratiques anticoncurrentielles générant des gains d'efficacité, le droit français admet aussi à l'article L. 420-4 I 1° du code de commerce l'exemption des accords « *qui résultent de l'application d'un texte législatif ou d'un texte réglementaire pris pour son application* ». À ce titre, les entreprises concernées ne peuvent se prévaloir que d'un « *texte législatif* » ou d'un « *texte réglementaire pris pour son application* » en vigueur au moment où a été mis en œuvre le comportement reproché, à l'exclusion donc des textes de nature réglementaire qui n'appliqueraient pas directement une loi. L'existence d'un lien de causalité entre les dispositions visées et le comportement litigieux doit par ailleurs être établie : ne peut donc être valablement invoqué qu'un texte ayant vocation à autoriser des pratiques anticoncurrentielles, ledit texte devant constituer la cause directe et nécessaire de la pratique concernée. En d'autres mots, celle-ci doit apparaître comme l'unique comportement susceptible de répondre aux exigences du texte invoqué.

Le droit français se distingue encore du droit de l'Union européenne en ce qu'il admet qu'une exemption individuelle puisse être accordée non seulement aux auteurs d'une entente anticoncurrentielle, mais également à l'entreprise coupable d'un abus de position dominante (art. L. 420-4 I C. com.). Certes, le TFUE ne comporte pas de disposition analogue à l'article 101, paragraphe 3, en ce qui concerne les abus de position dominante. Cette différence n'est toutefois qu'apparente, pour deux raisons au moins. La première est que la communication de la Commission du 24 février 2009 portant « Orientations sur les priorités retenues par la Commission pour l'application de l'article 82 du traité CE aux pratiques d'éviction abusives des entreprises dominantes » (pt 30) admet elle-même la possibilité d'une exemption d'un abus de position dominante en raison des gains d'efficacité qu'une telle pratique pourrait générer dans des conditions comparables à celles prévues à l'article 101, paragraphe 3, TFUE. La seconde est qu'en droit français comme en droit de l'Union européenne, cette possibilité d'exemption des abus de position dominante demeure pour l'heure très théorique, en l'absence d'application notable dans la pratique décisionnelle.

Bibliographie

DECOCQ (A.) et (G.), *Droit de la concurrence : droit interne et droit de l'Union européenne*, 9e éd., Paris-La Défense, LGDJ, 2021

DIENY (E.), « Ententes. - Exemption individuelle. - Article 101, § 3 du TFUE », *JCL. Concurrence - Consommation*, fasc. 550, 2015

MALAURIE-VIGNAL (M.), *Droit de la concurrence interne et européen*, 8e éd., Paris, Sirey, 2019

PRIETO (C.) et BOSCO (D.), *Droit européen de la concurrence : ententes et abus de position dominante*, 2e éd., Bruxelles, Bruylant, 2022

Règlement (CE) n° 1/2003 du Conseil du 16 décembre 2002 relatif à la mise en œuvre des règles de concurrence prévues aux articles 81 et 82 du traité, *JOCE* n° L 1 du 4 janvier 2003, p. 1

Règlement (CE) n° 17 du Conseil du 6 février, *JOCE* n° 13 du 21 février 1962, p. 204, art. 4

Communication de la Commission, Orientations sur les priorités retenues par la Commission pour l'application de l'article 82 du traité CE aux pratiques d'éviction abusives des entreprises dominantes, *JOUE* n° C 45 du 24 février 2009, p. 7

E

EXEMPTION PAR CATÉGORIE (RÈGLEMENT D')

Irène LUC
Autorité de la concurrence

Premier aperçu

L'article 101 TFUE assortit le principe de prohibition des ententes anticoncurrentielles posé au paragraphe premier d'une possibilité d'exemption prévue au paragraphe 3 et fondée sur la contribution au progrès économique. Parallèlement à la possibilité d'examen individuelle des accords, la Commission a, dès les années 1980, adopté des règlements d'exemption par catégorie permettant aux entreprises de bénéficier d'une exemption *a priori* de leur accord, dès lors que les conditions énoncées par les règlements sont satisfaites. Après avoir, dans un premier temps, privilégié des règlements spécifiques à tel ou tel contrat (p. ex., le règlement (CEE) no 4087/88 du 30 novembre 1988 sur la franchise), le choix a été fait, à partir du règlement (CE) n° 2790/1999 du 22 décembre 1999, d'un règlement général, applicable aux accords verticaux et davantage fondé sur le raisonnement économique. Contrairement aux règlements antérieurs, pour lesquels l'exemption dépendait des clauses contenues dans les accords, sans appréciation de la structure du marché, le règlement (UE) n° 330/2010 du 20 avril 2010 actuellement en vigueur repose sur une approche plus économique, fondée sur le pouvoir de marché des parties à l'accord.

L'appréciation du caractère anticoncurrentiel d'un accord et de sa possible exemption relevant de l'appréciation personnelle de chaque entreprise, le règlement (UE) n° 330/2010 facilite cette appréciation en instaurant des seuils, en termes de parts de marché.

Pour pouvoir bénéficier de l'exemption en vertu du règlement, il faut que « *la part de marché détenue par le fournisseur ne dépasse pas 30 % du marché en cause sur lequel il vend les biens ou services contractuels et que la part de marché détenue par l'acheteur ne dépasse pas 30 % du marché en cause sur lequel il achète les biens ou services contractuels* ». Il est par ailleurs nécessaire que l'accord ne comporte pas de restrictions « caractérisées », énumérées à l'article 4. Enfin, les restrictions « exclues » énumérées à l'article 5 font l'objet d'un traitement particulier, n'étant pas couvertes elles-mêmes par l'exemption, mais sans priver l'accord dans son ensemble de cette exemption.

Il convient de souligner que le dépassement des seuils de 30 %, tout comme la présence d'une restriction caractérisée, fait perdre le bénéfice de l'exemption conférée par le règlement, mais ne permet pas de démontrer le caractère anticoncurrentiel de l'accord.

Un accord qui ne bénéficie pas de l'exemption au titre du règlement et dont le caractère anticoncurrentiel est établi peut encore bénéficier d'une exemption au cas par cas, si l'entreprise, sur laquelle repose la charge de la preuve, démontre que les conditions cumulatives posées par l'alinéa 3 de l'article 101 TFUE sont remplies. Le règlement est d'application directe en droit national quand le droit de la concurrence européen s'applique. Il constitue, dans le cadre de l'application du droit interne, un « guide d'analyse ». Depuis 2000, l'Autorité française de la concurrence considère que les restrictions verticales doivent être analysées en tenant compte de ces principes, même lorsque l'analyse n'en est effectuée qu'au regard du droit national (Aut. conc., déc. nº 00-D-82 du 26 février 2001 relative à des pratiques relevées dans le secteur des glaces et crèmes glacées industrielles sur le marché de l'impulsion, confirmée par la cour d'appel de Paris dans un arrêt du 7 mai 2002).

■ Pour aller plus loin

Le fondement de l'analyse réside dans la constatation que le contrôle des accords verticaux est d'autant plus important que la concurrence intermarque est faible et que la tête de réseau ou le distributeur dispose d'un fort pouvoir de marché. Lorsqu'au contraire, une concurrence active existe entre les produits, les effets dommageables pour la concurrence de la plupart des restrictions prévues dans les accords sont contrebalancés par les effets d'efficience. En matière de distribution sélective, par exemple, la clause interdisant aux distributeurs agréés, qui satisfont à des critères de présentation des produits et de qualification, et ont donc investi dans ces efforts promotionnels, de vendre à un distributeur non agréé, a pour objet de protéger le réseau d'une exploitation opportuniste par un distributeur des efforts promotionnels d'un autre.

Pour faciliter la compréhension du règlement, la Commission a publié une communication portant lignes directrices sur les restrictions verticales.

Les restrictions dites « caractérisées » de l'article 4 du règlement (UE) nº 330/2010 portent sur les prix et les interdictions de vente sur certains territoires de vente ou à certaines clientèles. Elles ne sont pas identiques pour toutes les formes de distribution, à l'exception des clauses imposant directement ou indirectement un prix minimum ou un prix fixé (art. 4 a) du règlement), qui sont toujours des restrictions caractérisées.

Par exemple, au sein d'un réseau sélectif, le fournisseur ne peut restreindre les ventes actives ou passives de son distributeur aux consommateurs finaux.

Au sein d'un réseau exclusif, le fournisseur ne peut prohiber les ventes passives de son distributeur, qui doit pouvoir répondre passivement aux demandes de clients situés en dehors de son territoire d'exclusivité. Il convient par ailleurs de souligner que les restrictions flagrantes figurant à l'article 4 du règlement (UE) n° 330/2010 sont identiques aux restrictions par objet de l'article 11 de la communication *de minimis* ainsi que celles prévues à l'article L. 464-6-2 du code de commerce. Les lignes directrices de la Commission sur cette communication (« Guidance on restrictions of competition "by object" for the purpose of defining which agreements may benefit from the De Minimis Notice ») fournissent une liste de ces restrictions de concurrence par objet.

Certaines clauses, sans être qualifiées de restrictions caractérisées, sont également exclues du bénéfice de l'exemption prévue par le règlement. Il s'agit par exemple :

- des obligations de non-concurrence contractuelles dont la durée est indéterminée ou dépasse cinq ans ;
- des obligations de non-concurrence (dites « post-contractuelles ») qui subsistent à l'expiration du contrat, sauf si l'obligation est indispensable pour protéger un savoir-faire, est limitée au point de vente à partir duquel l'acheteur a opéré et est limitée à un an au maximum après l'expiration du contrat (dans cette hypothèse, elle est couverte par le règlement) ;
- des obligations imposées aux membres d'un système de distribution sélective de ne pas vendre des marques de fournisseurs concurrents déterminés.

Bibliographie

FERRÉ (D.), « Restrictions verticales : La Commission européenne adopte le nouveau règlement d'exemption en matière de restrictions verticales de concurrence », *Concurrences* n° 2-2010, art. n° 31840, www.concurrences.com

TRONCOSO FERRER (M.), ALLEAUME (C.), Le contrat de distribution à l'aune du règlement 330/2010 – Problématiques particulières à certaines formes de distribution (Caen, 4 octobre 2013), Concurrences n° 1-2014, art. n° 63016, www.concurrences.com

Règlement (UE) n° 330/2010 de la Commission du 20 avril 2010 concernant l'application de l'article 101, paragraphe 3, du traité sur le fonctionnement de l'Union européenne à des catégories d'accords verticaux et de pratiques concertées, *JOUE* n° L 102 du 23 avril 2010, p. 1

« Guidance on restrictions of competition "by object" for the purpose of defining which agreements may benefit from the De Minimis Notice »), SWD(2014) 198 final, 25 juin 2014

Commission Staff Working Documents, Evaluation of the Vertical Block Exemption Regulation, SWD(2020) 173 final

E

EXPERTISE SCIENTIFIQUE

Olivier FRÉGET, Ossman BADIR
Fréget Glaser & Associés

■ Premier aperçu

Les caractéristiques mêmes du droit de la concurrence exigent l'application d'une rigueur toute scientifique dans la résolution des affaires auxquelles il s'applique. Cela tient à la circonstance qu'alors même qu'il s'agit d'un droit répressif (antitrust) ou restrictif de certains droits fondamentaux (autorisation d'une concentration/liberté d'entreprendre), la part réservée à des raisonnements hypothétiques (scénario contrefactuel, théorie du dommage, etc.) est plus forte que dans d'autres branches similaires du droit. Il est ainsi attendu de la part d'une décision d'une autorité de concurrence que ses hypothèses, constatations, projections et finalement conclusions juridiques respectent une démarche scientifique, c'est-à-dire que ses énoncés répondent à un critère de scientificité, lequel « *réside dans la possibilité de l'invalider, de la réfuter ou encore de la tester* » (Popper, *Conjectures et réfutations : la croissance du savoir scientifique*, p. 64-65).

Aucun procès ne saurait d'ailleurs être considéré comme « équitable » et impartial si la démarche suivie pour établir la preuve des faits ne procède pas d'une exigence de scientificité du raisonnement, « donnant à voir », à travers une motivation ciselée et balancée, la logique de la déduction suivie tant dans la cohérence des propositions entre elles qu'au regard de la consistance par rapport aux éléments factuels établis.

De la part de ceux qui l'administrent, le droit de la concurrence exige ainsi pour son application le respect d'une démarche mettant en œuvre une expertise scientifique. Parce qu'il intégrerait en son sein des personnes plus habiles à respecter une démarche scientifique, cela exclut-il qu'il doive se soumettre à des expertises « scientifiques » externes, quitte à admettre que l'incertitude entrave parfois son application du droit de la concurrence ? Telle n'apparaît pas sa position. Même dans des domaines comme la santé, où les questions scientifiques peuvent être des variables déterminantes pour apprécier la rectitude (ou non) du comportement des acteurs, ou comprendre comment les règles de droit structurent le fonctionnement du marché, le droit de la concurrence apparaît se retrancher derrière des raisonnements formels, soit en postulant entre la règle de droit et l'élément scientifique qui la justifie une improbable dissociabilité « pour les besoins de l'application » du droit de la concurrence, soit en écartant les explications des parties comme non crédibles, mais sans les confronter à des tiers.

■ Pour aller plus loin

Les procédures de concurrence peuvent mettre en cause des problématiques scientifiques, dont la résolution peut participer de la possibilité juridique de retenir un comportement illicite en droit de la concurrence. Dès lors qu'en matière répressive, le doute quant à la pertinence de la justification apportée doit nécessairement profiter à la partie mise en cause, il est impératif que, lorsqu'en droit de la concurrence la solution exige la résolution d'une problématique scientifique, celle-ci puisse être tranchée en faisant appel à ceux qui ont la compétence et l'expertise pour en décider.

C'est sans doute l'une des vertus des mécanismes qui imposent ainsi à l'Autorité de la concurrence de communiquer toute saisine entrant dans le champ de compétence d'un ministre ou d'une autre autorité administrative indépendante afin de recueillir son avis – que ce soit l'ARCEP (art. L. 36-10 C. P. et T.), la CRE (art. L. 134-16 C. énergie), l'ARCOM (art. 41-4 de la loi n° 86-1067 du 30 septembre 1986) ou encore l'ACPR (art. L. 511-4 C. mon. fin.), par exemple. Il s'agit de lui permettre d'accéder à des expertises qu'elle n'a pas.

Ces mécanismes de consultation sont-ils suffisants lorsque l'expertise scientifique apparaît indissociable de la règle de droit sectoriel – dont l'élaboration a été confiée à des autorités spécialisées – et que celle-ci structure un fonctionnement de marché ? Le seul domaine où la question apparaît avoir été soulevée est, pour l'instant, celui de la pharmacie. Mais la question pourrait aussi se poser dans d'autres domaines hautement technologiques (numérique, aéronautique, énergie).

S'agissant de la pharmacie tout particulièrement, le législateur a en effet établi des autorités administratives qui disposent d'une compétence et de procédures particulières, comme l'ANSM pour ce qui relève de l'évaluation du rapport bénéfices-risques des produits de santé et la Haute Autorité de santé (définie par l'art. L. 161-37 CSP comme une « *autorité publique indépendante à caractère scientifique* ») pour ce qui concerne l'évaluation des médicaments et des bonnes pratiques médicales et la justesse des informations divulguées au marché par les opérateurs.

Dans ce secteur, la position de l'Autorité selon laquelle les considérations scientifiques « *lui sont étrangères et [...] ne relèvent pas de [sa] compétence* » (déc. n° 17-D-25 du

20 décembre 2017, pt 358), de sorte qu'elle n'est notamment pas compétente pour apprécier les actions des laboratoires auprès des autorités de santé qui « *portent sur des données scientifiques et médicales* » (avis n° 13-A-24 du 19 décembre 2013, pt 423) ou « *concern[ent] un débat scientifique devant être tranché par une autorité publique de santé* » (déc. n° 10-D-16 du 17 mai 2010, pt 83), ou que les autorités de santé sont « *seules compétentes pour se prononcer sur les questions d'ordre strictement scientifique et médical* » (déc. n° 13-D-11 du 14 mai 2013, pt 435) n'apparaît pas satisfaisante si, simultanément, elle se reconnaît la possibilité, pour les propres besoins du droit de la concurrence, d'apprécier la portée des règles concernées en prétendant les isoler de leur contexte. On peut penser que séparer l'interprétation de la règle de l'appréciation de l'élément scientifique qui en a justifié la formulation revient en réalité à implicitement mais nécessairement retenir une appréciation scientifique sans la révéler. Et l'on peut douter que cela procède d'une démarche scientifique.

Bibliographie

Popper (K.), *Conjectures et réfutations : la croissance du savoir scientifique*, trad. M.-I. et M. B. de Launay Paris, Payot, 1985

EXTRATERRITORIALITÉ

Frédéric JENNY
OCDE

■ Premier aperçu

L'extraterritorialité concerne l'application par un État d'une norme juridique au-delà de la compétence territoriale de cet État.

En raison du développement du commerce international, de la globalisation croissante des marchés nationaux, et, plus récemment, de la montée en puissance du secteur numérique, il est de plus en plus fréquent que les pratiques émanant d'entreprises situées dans un pays A aient des conséquences sur le jeu de la concurrence dans un pays B ou que la mise en œuvre de son droit de la concurrence par un pays C ait des conséquences sur le jeu de la concurrence dans un pays D.

Depuis l'arrêt de la Cour permanente de justice internationale (CPJI) sur l'affaire du *Lotus* (Série A – n° 70, 7 septembre 1927), le droit international interdit à tout État l'exercice de sa puissance sur le territoire d'un autre État, sauf règle de droit international contraire. Toutefois, la jurisprudence admet que les États peuvent néanmoins exercer leur compétence normative ou juridictionnelle dès lors qu'il existe un fondement de compétence soit territoriale (le fait que la pratique ou la transaction étrangère peut être regardée comme ayant un effet sur le territoire de l'État), soit personnelle (c'est-à-dire la compétence dont peut user chaque État sur ses nationaux où qu'ils se trouvent), soit réelle (c'est-à-dire l'atteinte à l'étranger aux intérêts fondamentaux de l'État), soit conventionnelle (c'est-à-dire l'existence d'un accord international liant les pays en cause).

Le débat contemporain sur l'extraterritorialité du droit de la concurrence concerne principalement deux types de situations : celles dans lesquelles l'exercice des compétences de l'État entend reposer sur un lien territorial, parfois interprété très largement, et celles dans lesquelles la mise en œuvre de son droit par un État a des effets considérés comme indésirables ou contraires au droit de la concurrence de pays tiers.

■ Pour aller plus loin

Le lien territorial

Aux États-Unis, la notion d'extraterritorialité du droit de la concurrence a été poussée très loin dans l'arrêt *Alcoa* (*United States v. Aluminum Co. of America*, 148 F.2d 416 (2d Cir. 1945)). Dans cet arrêt, le juge Hand a estimé que tout comportement anticoncurrentiel par des entreprises localisées à l'extérieur du territoire des États-Unis était régi par le droit américain, dans la mesure où un tel comportement avait pour objet d'affecter le commerce des États-Unis et lui portait atteinte.

En réaction à cet arrêt qui suggérait (CJCE, 14 juillet 1972, *ICI c/ Commission*, aff. 48-69) que le droit américain s'appliquait à tout accord conclu à l'étranger entre étrangers restreignant la concurrence sur le marché américain, « *quelque indirects, lointains ou négligeables que puissent être tant les rapports de l'accord avec ledit marché, que ses conséquences dans celui-ci* », différents pays ont adopté des « lois de blocage » interdisant à leurs entreprises de coopérer à une enquête antitrust étrangère.

Ces conflits ont poussé les États, d'une part, à développer la coopération internationale dans l'application du droit de la concurrence afin de limiter les conflits associés à l'application extraterritoriale unilatérale de ce droit et, d'autre part, à exercer une certaine retenue dans la mise en œuvre extraterritoriale de leur droit de la concurrence.

Parmi les moyens de coopération figurent les principes de courtoisie positive et négative. La courtoisie positive suppose qu'un pays examine la demande que lui adresse un autre pays en vue d'engager ou d'élargir une procédure d'application de ses réglementations afin de mettre un terme à une pratique gravement préjudiciable aux intérêts du pays requérant. La courtoisie négative suppose qu'un pays s'engage à tenir compte des intérêts importants d'un pays tiers dans l'application de ses propres règles de concurrence. Par exemple, l'accord de coopération CE/E.-U. de 1991 comprend en son article V des règles de courtoisie positives complétées par un accord de concernant la mise en œuvre des principes de courtoisie active dans l'application de leurs règles de concurrence).

Dans les années qui suivirent l'arrêt *Alcoa*, la jurisprudence américaine a témoigné d'une certaine hésitation quant à l'étendue des effets et à la nature de l'objet nécessaires pour que le Sherman Act soit applicable à une pratique étrangère. Dans l'affaire *Timberlane Lumber Co. v. Bank of America* (749 F.2d 1378 (9th Cir. 1984)), la cour d'appel du neuvième circuit a estimé que le test de l'effet résultant de la jurisprudence *Alcoa* était incomplet, car il ne prenait pas en compte les intérêts légitimes du pays tiers ou la nature globale des relations entre le pays tiers et les États-Unis. La cour d'appel a proposé un test incluant notamment la question de savoir si, au regard des principes de courtoisie et de loyauté, la pratique devrait être considérée comme tombant sous le coup du droit antitrust américain.

En 1982 le Foreign Trade Antitrust Improvements Act (FTAIA) a tenté d'unifier la jurisprudence tout en limitant la portée de l'extraterritorialité du droit antitrust américain. Il impose deux conditions pour l'applicabilité du Sherman Act à une pratique étrangère : la pratique doit avoir un effet direct, substantiel et raisonnablement prévisible sur le marché américain et cet effet doit « donner lieu à plainte » au titre du Sherman Act.

En Europe, dans son arrêt *Matières colorantes* (CJCE, 14 juillet 1972, *ICI c/ Commission*, aff. 48-69), la Cour de justice a retenu que « *[l]orsqu'une société établie dans un État tiers, en se prévalant de son pouvoir de direction sur ses filiales établies dans la Communauté, fait appliquer par celles-ci une décision de hausse de prix dont la réalisation uniforme avec d'autres entreprises constitue une pratique interdite par l'article 85, paragraphe 1, du traité CEE, le comportement des filiales doit être imputé à la société mère* ».

Dans l'arrêt *Pâtes de bois* (CJCE, 27 septembre 1988, *A. Ahlström Osakeyhtiö e.a. c/ Commission des Communautés européennes*, aff. jtes 89, 104, 114, 116, 117 et 125 à 129/85), la Cour de justice, sans se référer directement à la doctrine des effets, a précisé *« qu'une infraction à l'article 85, telle que la conclusion d'un accord qui a eu pour effet de restreindre la concurrence à l'intérieur du marché commun, implique deux éléments de comportement, à savoir la formation de l'entente et sa mise en œuvre. Faire dépendre l'applicabilité des interdictions édictées par le droit de la concurrence du lieu de la formation de l'entente aboutirait à l'évidence à fournir aux entreprises un moyen facile de se soustraire auxdites interdictions. Ce qui est déterminant est donc le lieu où l'entente est mise en œuvre* ». Cette distinction a permis à la Cour de justice d'affirmer que l'application de l'article 85 du traité de Rome en l'espèce dépendait nécessairement du lieu où l'entente avait été mise en œuvre par opposition au lieu où l'entente avait été conclue.

Les effets extraterritoriaux de la mise en œuvre d'un droit national

Pour illustrer les conséquences extraterritoriales de la mise en œuvre du droit de la concurrence par un État et les limites de la courtoisie positive, on peut se référer à la décision de 2016 de l'Autorité de la concurrence coréenne (Korea Fair Trade Commission ou KFTC) imposant des sanctions à la société Qualcomm pour abus de ses conditions de licence d'un brevet essentiel (BEN) dans le domaine de la téléphonie mobile (KFTC, 20 janvier 2017, *Qualcomm*, aff. n° 2015Sigam2118) et lui enjoignant de négocier des accords de licence avec des preneurs de licence Qualcomm disposés à respecter des conditions équitables, raisonnables et non discriminatoires (FRAND). L'injonction de la KFTC s'appliquait au portefeuille mondial de brevets de Qualcomm, déposés en Corée ou dans d'autres pays, et couvrait l'ensemble des preneurs de licence disposés à accepter les conditions FRAND. La KFTC a retenu qu'« *étant donné qu'il est difficile et inefficace de différencier le marché coréen des marchés étrangers aux fins de l'application de l'injonction corrective imposant à Qualcomm de mettre fin aux effets anticoncurrentiels de son comportement, il est raisonnable de ne pas limiter l'injonction corrective et son champ d'application au seul territoire coréen et aux brevets déposés en Corée pour obtenir l'effet visé de mettre effectivement un terme aux effets anticoncurrentiels sur le marché coréen.* » La KFTC a estimé que les considérations relatives à la courtoisie internationale n'avaient pas lieu d'être puisqu'aucune procédure d'application du droit n'avait été engagée par un pays étranger (interprétation restrictive de la notion de courtoisie positive).

Bibliographie

Accord entre le gouvernement des États-Unis d'Amérique et la Commission des Communautés européennes concernant l'application de leurs règles de concurrence, *JOCE* n° L 95, 27 avril 1995, p. 47

Accord entre les Communautés européennes et le gouvernement des États-Unis d'Amérique concernant la mise en œuvre des principes de courtoisie active dans l'application de leurs règles de concurrence, *JOCE* n° L 173 du 18 juin 1998, p. 28

Idot (L.), « Mondialisation, liberté et régulation de la concurrence : le contrôle des concentrations », *RIDE* 2002/2-3, p. 175

Idot (L.), « L'efficacité des décisions dans l'espace », *Rev. conc.* 2000, p. 29

OCDE, Comité de la concurrence, Groupe de travail n° 3 sur la coopération et l'application de la loi, « Table ronde sur le champ d'application extraterritorial des mesures correctives relevant du droit de la concurrence – Note de réflexion du Secrétariat », DAF/COMP/WP3(2017)4, 12 décembre 2017

Rholl (E. L.), « Inconsistent Application of the Extraterritorial Provisions of the Sherman Act: A Judicial Response Based Upon the Much Maligned "Effects" Test », *Marq. L. Rev.*, 1990, vol, 73, n° 3, p. 435

Stern (B.), « Quelques observations sur les règles internationales relatives à l'application extraterritoriale du droit », *Annuaire français de droit international*, vol. 32, 1986, p. 7

F

FACILITÉ ESSENTIELLE

Georges DECOCQ
Université Paris Dauphine

■ Premier aperçu

Une facilité essentielle est un équipement, une ressource ou une infrastructure, un bien (meuble ou immeuble), un actif (ex., un héliport, un système informatique, des canalisations et tous les réseaux permettant la distribution d'un produit) dont l'accès est strictement nécessaire (ou indispensable) pour exercer une activité économique. Ainsi, l'accès aux infrastructures aéroportuaires est indispensable pour créer une entreprise de transport aérien, l'accès à des gazoducs est indispensable pour distribuer du gaz, l'accès à des grilles de programme de télévision est indispensable pour diffuser un hebdomadaire dédié audit programme, etc.

■ Pour aller plus loin

Le propriétaire de la ressource (de l'équipement, de l'installation, de l'infrastructure) essentielle doit garantir l'accès à titre onéreux à celle-ci dans des conditions transparentes, équitables et non discriminatoires. Il s'agit là d'une atteinte à la liberté de ne pas contracter et d'une limitation de celle de fixer le contenu de son contrat. Le propriétaire de la ressource (de l'équipement, de l'installation, de l'infrastructure) commet un abus de position dominante en refusant, sans justification objective, de donner accès auxdites installations (ressources, équipements, infrastructures).

La limitation de la liberté de ne pas contracter du détenteur d'une facilité essentielle s'applique lorsque :

- en premier lieu, la facilité est possédée par une entreprise qui détient une position dominante ;
- en deuxième lieu, l'accès à la facilité est strictement nécessaire (ou indispensable) pour exercer une activité concurrente sur un marché amont, aval ou complémentaire de celui sur lequel le détenteur de l'infrastructure détient un monopole (ou une position dominante) ;
- en troisième lieu, la facilité ne peut être reproduite dans des

conditions économiques raisonnables par les concurrents potentiels de l'entreprise qui la gère ;
- en quatrième lieu, l'accès à cette facilité est refusé ou autorisé dans des conditions restrictives injustifiées ;
- en dernier lieu, l'accès à la facilité est possible. De plus, le propriétaire de la ressource (de l'équipement, de l'installation, de l'infrastructure) commet un abus de position dominante s'il accorde un accès à la facilité à des conditions non transparentes, inéquitables ou discriminatoires (prix excessif, ciseau tarifaire, compression de marge ou prix discriminatoire). Ces exigences ont conduit parfois à une régulation *ex ante* des prix d'accès aux infrastructures détenues par les opérateurs historiques (orientation des prix vers les coûts). Celle-ci n'exonère pas les entreprises d'avoir à respecter le droit de la concurrence.

Bibliographie

Conseil d'Etat, « Quelle tarification pour les services liés à l'usage d'infrastructure ? », *RLC* 2010, n° 1625 et 1665 tiré du discours prononcé par J.-M. Sauvé le 16 déc. 2009 lors des entretiens du Conseil d'État.

Bazex (M.), « Entre concurrence et régulation, la théorie des facilités essentielles », *Rev. conc. consom.* 2001, n° 119, p. 37

Blaise (J.-B.), « L'arrêt Magill : une illustration de la théorie des installations essentielles », *D. aff.* 1996, p. 859

Canivet (G.), « Le droit de propriété confronté à la théorie des infrastructures essentielles », *RLC* 2006/11, n° 658

Marquardt (P.) et Leddy (M.), « The essential Facilities Doctrine and Intellectual Property Rights: A Response to Pitofsky, Patterson, and Hooks », *Antitrust L. J.*, 2003, vol. 70, n° 3, p. 847

Marty (F.) et Pillot (J.), « Pratiques de boycott ou refus d'accès à une facilité essentielle ? De Terminal Railroad à l'IRM d'Arcachon », *RLC* 2011/26, n° 1724

Nicinski (S.), « Règles de concurrence et exploitation des ressources essentielles », *JCP A* 2007, 2287

Pitofsky (R.), Patterson (D.) et Hooks (J.), « The essential facilities doctrine under US Antitrust Law », *Antitrust L. J.*, 2002, vol. 70, n° 2, p. 443

Terrier (G.) et Donnedieu de Vabres (L.), « La théorie des facilités essentielles constitue-t-elle le meilleur moyen de faire face à la rareté des ressources ? » *RLC* 2006/11, n° 657

Thill-Tayara (M.) et Couadou (C.), « Le droit d'accès à l'épreuve de la théorie des installations essentielles », *Contrats, conc., consom.* 1999, étude 6

F

FACTURATION

Lucas BETTONI
Université Toulouse 1 Capitole

Premier aperçu

L'ordonnance n° 2019-359 du 24 avril 2019 a créé, au sein du titre IV du livre IV du code de commerce, une sous-section dédiée à la facturation. Cette division comporte une seule disposition, l'article L. 441-9 (ex-art. L. 441-3), qui énonce, au premier alinéa de son premier paragraphe, que tout achat de produits ou toute prestation de services pour une activité professionnelle doit faire l'objet d'une facturation.

La facturation est une exigence légale qui s'impose aux professionnels dans toutes les opérations qu'ils concluent. Elle constitue une mesure de transparence destinée d'abord à informer les acheteurs professionnels. Ensuite et surtout, elle est pour l'Administration un instrument de surveillance des relations économiques en facilitant les contrôles fiscaux et en permettant aux agents de la DGCCRF de contrôler le respect de certaines règles, notamment celles relatives aux délais de paiement et à l'interdiction de la revente à perte.

L'exigence de facturation incombe aux deux parties : le vendeur ou prestataire de services doit délivrer la facture tandis que l'acheteur ou bénéficiaire de services doit la réclamer. La jurisprudence qualifie ces obligations de « *complémentaires et [de] réciproques* » (Cass. crim., 20 juin 1994, n° 93-83.037), de sorte que, par exemple, le vendeur ne peut être délié de son obligation au prétexte que l'acheteur ne lui aurait rien réclamé (Cass. crim., 10 juillet 1963, n° 62-91.987). La facture est rédigée en double exemplaire, un pour chacune des parties. Chaque partie doit conserver son exemplaire pendant un délai de trois ans à compter de la vente ou de la prestation de services.

Les alinéas deux et trois du premier paragraphe de l'article L. 441-9 du code de commerce énumèrent les mentions que doit obligatoirement comporter la facture.

Tout manquement au premier paragraphe peut donner lieu à une sanction prévue par le second paragraphe.

▪ Pour aller plus loin

S'agissant du domaine, l'article L. 441-9 du code de commerce pose une obligation de facturation très générale qui concerne « *tout achat de produits ou toute prestation de service pour une activité professionnelle* ». Elle s'applique aux relations entre professionnels, au-delà des seules relations entre commerçants (p. ex. à un avocat : Cass. 2e civ., 6 juillet 2017, nº 16-19.354). De façon particulière, l'obligation couvre les rapports fournisseurs-distributeurs ainsi que les rapports entre fournisseurs et acheteurs intermédiaires, telle une centrale d'achat. Le texte ne distingue pas, par ailleurs, entre le type de vente ou de prestation, et s'applique, entre autres, aux services rendus par le distributeur. Pour ces services dits de « coopération commerciale », l'Administration (instr. fisc. 18 novembre 2008, BOI 3E-2-08) a considéré que les parties ont le choix entre les faire apparaître sur la facture fournisseur (en ce sens, l'art. L. 441-3 C. com. indique qu'ils concourent à la détermination du « *prix convenu* ») et les faire figurer sur une facture distincte du distributeur (en tant que services détachables de l'achat-vente).

À quel moment faut-il émettre la facture ? Le texte indique que le vendeur doit la délivrer « *dès la réalisation de la [livraison] ou de la prestation de services* ». La délivrance n'est donc pas exigée au stade de la conclusion du contrat, mais à celui de son exécution. La chambre commerciale de la Cour de cassation a pu considérer que le délai de prescription de l'action en paiement de la facture court non pas à compter de la date de son établissement, mais à l'achèvement des prestations (Cass. com., 26 février 2020, nº 18-25.036 ; *JCP G* 2020, p. 1307, note F. Buy).

Au titre du contenu, la facture doit comporter plusieurs informations utiles : notamment, les mentions d'identification, comme le nom des parties et leur adresse, la date de la vente ou de la prestation de services, la quantité et dénomination précise des produits et services, l'indication du prix unitaire, la date du paiement et le taux des pénalités. L'ordonnance du 24 avril 2019 a ajouté deux mentions supplémentaires : l'adresse de facturation, si elle est différente de l'adresse des parties, et le numéro de bon de commande. Une dernière mention peut faire difficulté : « *toute réduction de prix acquise [au jour] de vente ou de la prestation* ». Le législateur vise ici les créances certaines, de sorte que les ristournes de fin d'année, dont le bénéfice n'est acquis au distributeur qu'après réalisation de certains seuils de chiffre d'affaires ou d'opérations de promotion, ne sont pas soumises à l'obligation de facturation (Cass. crim., 12 juin 1997, nº 96-80.739). Cette réduction de prix acquise doit être, en outre, « *directement liée* » à l'opération de vente ou de prestation de services. Est donc exclue la réduction de prix sur une facture si elle correspond non à la fourniture des produits ou services faisant l'objet de cette facture, mais à une ou plusieurs fournitures antérieurement exécutées (système dit de la « cagnotte »).

Enfin, depuis l'ordonnance du 24 avril 2019, les règles de facturation font l'objet de sanctions administratives, et non plus pénales. Tout manquement à l'article L. 441-9 I du code de commerce est désormais passible d'une amende de 75 000 euros pour les personnes physiques et de 375 000 euros pour les personnes morales, qui peut être doublée en cas de récidive.

Bibliographie

ARHEL (P.), « La fonction économique de la facture : assurer la transparence tarifaire », *Contrats, conc., consom.* 1992, p. 24

MAGNIER-MERRAN (K.), *La facture*, Paris, LexisNexis, 2016

MOUSSERON (J.-M.), « Une nouvelle science : la facturologie », *CDE* 1988, n° 4, p. 3

PIGASSOUS (P.), « Les mentions sur la facture après la loi du 1er juillet 1996 », *D.* 1997, p. 157

SAVATIER (R.), « La facture et la polyvalence de son rôle juridique », *RTD com.* 1973, p. 1

F

FORMULAIRE CO

David VIROS
Commission européenne – DG concurrence

Premier aperçu

La Commission européenne doit examiner et autoriser, avant leur mise en œuvre, les fusions, les prises de contrôle et certains types d'entreprises communes nouvellement constituées (« concentrations ») qui atteignent les seuils de chiffre d'affaires fixés par le règlement (CE) n° 139/2004 (« le règlement sur les concentrations »). Le formulaire CO, annexé au règlement (CE) n° 802/2004 portant application du règlement sur les concentrations (« le règlement d'application »), définit les informations qui doivent être soumises à la Commission lors de la notification d'un tel projet de concentration, ainsi que la structure et l'ordre de présentation que les parties notifiantes doivent suivre pour fournir lesdites informations. Ces informations concernent l'opération, les parties à celle-ci, les marchés sur lesquels elles opèrent et leurs spécificités ainsi que les gains d'efficacité allégués. Les délais prescrits pour l'examen de la Commission ne commencent à courir que lorsque les informations requises par le formulaire CO sont considérées comme complètes.

Pour aller plus loin

À l'instar de la plupart des juridictions dans le monde où il existe un régime de contrôle des concentrations (v., à cet égard, Merger Notification and Procedures Template de l'ICN), l'Union européenne exige la notification des concentrations envisagées qui relèvent de sa compétence avant leur réalisation et établit une liste détaillée des informations obligatoires dans ce contexte.

Même si, aux fins d'établir la compétence de la Commission dans des cas particulièrement complexes, la notification peut contenir de nombreux développements sur l'opération à l'origine du changement de contrôle (sect. 3

du formulaire CO) ou encore sur le chiffre d'affaires à prendre en compte au regard des seuils juridictionnels applicables (sect. 4), l'essentiel des informations soumises portera normalement sur les marchés sur lesquels la concentration peut avoir un impact. À cet égard, les informations recherchées par la Commission couvrent les dimensions statiques et dynamiques de la concurrence (v. sect. 7 : taille du marché, parts de marché des parties à la concentration et des concurrents, capacités ; sect. 8 : structure de l'offre et de la demande, différenciation des produits et proximité de la concurrence, entrée et sortie du marché, R&D, accords de coopération).

La qualification du marché pertinent comme marché « affecté » déclenche l'obligation de soumettre les informations prescrites aux sections 7 et 8. Les seuils permettant d'être considéré comme un marché affecté ont été revus par la Commission dans le cadre d'un paquet de simplification, qui est entré en vigueur le 1er janvier 2014. Le seuil de part de marché cumulée des parties après l'opération sur le même marché pertinent (chevauchement horizontal) est passé de 15 à 20 %, tandis que, dans le cas de relations verticales, le seuil de part de marché cumulée sur l'un des marchés en amont ou en aval est passé de 25 à 30 %. Ces seuils de parts de marché sont, dans l'ensemble, reflétés dans les régimes de contrôle des concentrations des États membres (v. le rapport du groupe de travail de l'UE sur les concentrations sur les obligations d'information sur les concentrations, tableau B – partie 3) et les modifications récentes apportées au niveau national ont cherché, le cas échéant, à combler l'écart avec les exigences de la Commission telles qu'elles sont reflétées dans le formulaire CO (v., p. ex., en France, le décr. n° 2019-339 du 18 avril 2019, qui relève le seuil vertical de 25 % à 30 %). Le formulaire CO envisage également la fourniture des informations prescrites aux sections 7 et 8 en ce qui concerne les « autres marchés » où, en l'absence de chevauchements, d'autres préoccupations peuvent être signalées en ce qui concerne la concurrence potentielle ou les effets conglomeraux (v. sect. 6.4).

Afin d'éviter d'imposer des charges administratives excessives aux parties notifiantes et de ne demander des informations que dans la mesure où elles sont nécessaires pour répondre à des problèmes de concurrence importants (v., à cet égard, la partie V des Recommended Practices for Merger Notification and Review Procedures de l'ICN), la Commission utilise un certain nombre d'outils pour atténuer, le cas échéant, les obligations pesant sur les parties notifiantes. Ainsi, d'une part, elle peut renoncer à l'obligation de fournir un certain nombre d'informations autrement prescrites par le formulaire CO. Il est intéressant de noter que la portée des dérogations potentielles semble être relativement large et inclut l'obligation de fournir des documents internes préparés pour évaluer la raison d'être de la concentration ou les conditions de concurrence sur les marchés affectés – même si, sans doute, la fourniture desdits documents n'implique, de la part des parties, aucun effort de rédaction et des efforts d'investigation comparativement limités. D'autre part, si certaines conditions sont remplies, les parties notifiantes peuvent n'avoir à fournir que les informations plus limitées requises par le formulaire CO abrégé, également annexé au règlement d'application. Les conditions d'éligibilité sont de nature différente (v. la communication de la Commission relative à une procédure simplifiée, pt 5) et concernent (i) l'absence de relations horizontales et verticales au sein des marchés sur lesquels les parties sont présentes, (ii) leur part de marché cumulée limitée sur les marchés ainsi concernés, (iii) l'acquisition du contrôle exclusif d'une entreprise par une partie qui exerce déjà un contrôle conjoint sur la première ou (iv) l'acquisition d'une entreprise commune dont les activités sont négligeables au sein de l'EEE.

La procédure simplifiée a ajusté les seuils de part de marché applicables au point (ii) d'une manière cohérente avec ceux applicables aux « marchés affectés » dans le cadre du formulaire CO (v. ci-dessus) tout en introduisant une nouvelle catégorie dans laquelle les parties dans une relation horizontale avec une part de marché combinée ne dépassant pas 50 % et un indice Herfindahl-Hirschman ne dépassant pas 150 « peuvent » également bénéficier de la procédure simplifiée. En d'autres termes, dans ce dernier cas, la Commission conserve une plus grande latitude pour accorder le bénéfice de la procédure simplifiée, à discuter avec les parties au stade informel de la pré-notification.

Les variations du champ d'application de la procédure simplifiée observées dans différentes juridictions peuvent refléter les différentes sensibilités des autorités de concurrence à des théories spécifiques du préjudice. Par exemple, en France, jusqu'en 2020, le passage d'un contrôle conjoint à un contrôle exclusif exercé par la même entreprise ne rendait pas l'opération éligible à une procédure simplifiée, et a même donné lieu à des enquêtes approfondies et à l'imposition de remèdes substantiels (v. Aut. conc., déc. n° 13-DCC-90 du 11 juillet 2013, *Casino/Monoprix*).

D'autres pistes de simplification, telles que l'exemption de notification de certaines catégories de cas ou la mise en place d'un système d'autoévaluation combiné à une notification volontaire (comme cela existe, par exemple, au Royaume-Uni), ont été envisagées par la Commission dans un livre blanc de 2014, puis à nouveau dans le cadre d'une consultation publique en 2017, mais ont été mises de côté, du moins pour le moment, en raison d'un accueil quelque peu mitigé (v. Commission Staff Working Document, Evaluation of procedural and jurisdictional aspects of EU Merger control, mars 2021). Enfin, l'omission de notifier une concentration, que ce soit au moyen d'un formulaire CO ou d'un formulaire abrégé, ou le fait de ne pas fournir des informations complètes entraîne des conséquences juridiques importantes. En effet, ces dernières années, la Commission s'est efforcée d'intensifier le recours aux amendes pour les infractions procédurales, conformément à l'article 14 du règlement sur les concentrations. Les décisions *Altice/PT Portugal* et *Canon/Toshiba* s'opposent ainsi au fait que les concentrations concernées ont été réalisées en violation de la clause de *statu quo* (art. 7 du règl. sur les concentrations) et, au moins en partie, avant la notification. Les décisions *Facebook/WhatsApp* et *GE/LM Wind Power Holding* infligent aux parties notifiantes des amendes de 110 et 52 millions d'euros respectivement pour avoir fourni des informations inexactes dans leur notification.

Bibliographie

Anderson (D.) et Culliford (P.), « Surveying the surveys – The drive for implementation of the ICN's recommended practices for merger notification and review procedures », *Concurrences* n° 3-2020, art. n° 95408, www.concurrences.com

Bailly (M.) et Malamataris (Ch.), « Procedural developments in EU merger control », *ERA Forum*, 2020, vol. 21, n° 2, p. 251

Décret n° 2019-339 du 18 avril 2019 portant simplification du dossier de notification d'une opération de concentration à l'Autorité de la concurrence, JORF n° 0094 du 20 avril 2019

Règlement (CE) n° 802/2004 du 21 avril 2004 concernant la mise en œuvre du règlement (CE) n° 139/2004 du 20 janvier 2004 relatif au contrôle des concentrations entre entreprises, *JOUE* n° L 133 du 30 avril 2004, p. 1

Règlement (CE) n° 139/2004 du Conseil du 20 janvier 2004 relatif au contrôle des concentrations entre entreprises, *JOUE* n° L 24 du 29 janvier 2004, p. 1

Commission Staff Working Document, Evaluation of procedural and jurisdictional aspects of EU Merger control, SWD(2021) 66 final, 26 mars 2021

ICN, Recommended Practices for Merger Notification and Review Procedures, 2002–2018, https://www.internationalcompetitionnetwork.org/portfolio/merger-np-recommended-practices/

EU Merger Working Group's Report on Information Requirements for Merger Notification, 2016, https://competition-policy.ec.europa.eu/mergers/national-competition-authorities/eu-merger-working-group_en

F

FRANCHISE

Erwann KERGUELEN
Autorité de la concurrence

Premier aperçu

La franchise constitue un des modes d'organisation d'un système de distribution utilisant des distributeurs indépendants.

Le franchisé ne bénéficie pas nécessairement d'une exclusivité territoriale, contrairement à ce dont jouit généralement un concessionnaire. En revanche, il est lié par une obligation d'exclusivité ou de quasi-exclusivité pour l'exercice de son activité vis-à-vis de son franchiseur. À cet effet, ce dernier lui transmet un savoir-faire spécifique, notion clé, car c'est ce savoir-faire spécifique qui justifie beaucoup des obligations qui font la particularité de la franchise, qu'il s'agisse des obligations en vigueur durant la vie du contrat qui contraignent l'exercice de l'activité du franchisé ou de celles post-contractuelles, comme les obligations de non-concurrence, par exemple.

Pour aller plus loin

La démultiplication d'un modèle qui fonctionne

Théoriquement la franchise vise à permettre à des opérateurs indépendants de répliquer un modèle économique préalablement testé. Du côté du franchisé, l'engagement présente donc des garanties économiques raisonnablement prévisibles de retour sur investissement, quand en contrepartie, cela permet au franchiseur de développer son réseau en jouant sur deux paramètres essentiels : la rapidité de mise en œuvre et l'immobilisation de capitaux. Préalablement à son engagement contractuel, qui se double aussi souvent d'un engagement financier, le franchisé doit bénéficier, en application de l'article L. 330-3 du code de commerce, d'une information la plus transparente possible de la part de son franchiseur, afin de lui permettre d'apprécier de manière éclairée et objective la pertinence de son engagement.

Une concurrence entre franchisés limitée

En imposant le respect de tout un ensemble d'obligations, allant de l'approvisionnement des produits – avec souvent une exclusivité d'approvisionnement à 80 % – à un assortiment de produits et à une manière de les présenter prédéterminés, en passant par la participation à des campagnes promotionnelles, ou encore le respect de prix maximums conseillés par la tête de réseau, le franchiseur altère de manière significative l'autonomie commerciale de ses franchisés. C'est la raison pour laquelle l'Autorité de la concurrence considère de manière constante que le pouvoir de marché d'un groupe de distribution doit s'apprécier en tenant compte des magasins détenus en propre et de ceux exploités en franchise, et ce, quel que soit leur statut juridique. Cette appréciation découle notamment de l'arrêt du Conseil d'État du 23 décembre 2010 (CE, 23 décembre 2010, *Mr. Bricolage*, n° 337533 contre la déc. n° 10-DCC-01 du 12 janvier 2010 de l'Autorité de la concurrence), qui, constatant que le contrat liant les points de vente à une enseigne de bricolage « *les oblige notamment à respecter la politique commerciale élaborée par [le franchiseur] en matière publicitaire, à participer à huit campagnes promotionnelles par an, à s'approvisionner pour 80 % de leurs achats auprès des fournisseurs référencés par cette société, à ne pas modifier leur point de vente sans l'accord du franchiseur et à accorder à celui-ci un droit de préemption, de substitution et de préférence en cas de cession de leur magasin [statue que] [...] l'Autorité de la concurrence [...] n'a pas commis d'erreur d'appréciation en estimant que les magasins franchisés du réseau [du franchiseur] devaient être pris en compte pour apprécier le pouvoir de marché de la nouvelle entité, en dépit de leur statut juridique de commerçants indépendants, de l'absence de participation [du franchiseur] à leur capital et de l'absence, dans la charte du réseau, de stipulation donnant au franchiseur le pouvoir de fixer les prix de vente aux consommateurs* ».

Une concurrence post-contractuelle limitée

La relation entre un franchisé et un franchiseur représente un engagement important dans la mesure où des freins contractuels restreignant la capacité du franchiseur à changer d'enseigne peuvent exister : droits d'entrée à paiement différé, clauses de non-réaffiliation et de non-concurrence post-contractuelles, constitution d'une minorité de blocage ou encore droit de priorité ou de préemption.

Ces différents freins avaient d'ailleurs incité l'Autorité de la concurrence à s'autosaisir pour avis en 2010 (Aut. conc., avis n° 10-A-26 du 7 décembre 2010) afin d'établir différentes propositions dans le but de stimuler la mobilité des franchisés, comme la formalisation de la relation au sein d'un accord unique ou encore la limitation de la durée de l'engagement du franchisé à rester sous l'enseigne du franchiseur, par exemple. Concernant en particulier la durée d'engagement, si une clause d'exclusivité d'un franchisé vis-à-vis de son franchiseur est théoriquement limitée à dix ans en application de l'article L. 330-1 du code de commerce, les durées d'engagement peuvent être en pratique significativement plus longues soit compte tenu de la nature juridique de la relation (groupements coopératifs par exemple) soit en raison de la multiplicité des contrats et du décalage de leur échéance. De telles obligations, comme le droit de préemption dont le franchiseur bénéficie en cas de vente du fonds de commerce, ont pu être évaluées à l'aune du droit de la concurrence (Aut. conc., déc. n° 13-D-19 du 29 octobre 2013), et auraient pu donner lieu à une intervention de l'Autorité de la concurrence si elles avaient conduit au constat de pratiques anticoncurrentielles.

En définitive, cela signifie que les restrictions qui ne sont pas strictement nécessaires ou consubstantielles à la constitution d'une relation commerciale entre un franchiseur et son franchisé doivent faire l'objet d'un examen attentif pour vérifier qu'elles demeurent proportionnées et qu'elles n'entraînent pas d'effets restrictifs sur la concurrence.

Un pouvoir de marché relatif au bénéfice du franchiseur

Dans le cadre de la relation bilatérale, et compte tenu de l'existence des différentes clauses précitées, qui non seulement altèrent la capacité du franchisé à déterminer de manière autonome son comportement sur le marché, mais également réduisent ses alternatives dans l'hypothèse où la relation n'offre finalement pas les résultats escomptés, il est possible de considérer des cas où le rapport de force bilatéral est très déséquilibré en faveur du franchiseur.

Dès lors, les différentes clauses déséquilibrées qu'il est susceptible d'imposer à son franchisé sont susceptibles d'être annulées en application de l'article L. 442-1 du code de commerce, lequel sanctionne le déséquilibre significatif entre les droits et obligations des parties. Deux affaires récentes entreprises par le ministre de l'Économie ont ainsi abouti à la sanction de franchiseurs sur la base de ces dispositions, lesquelles concernaient en l'espèce Subway (T. com. Paris, 13 octobre 2020, RG 2017005123) ou encore Dominos Pizza et Pizza Sprint (CA Paris, 5 janvier 2022, RG 20/00737).

F

FRAND

Marie CARTAPANIS
Aix-Marseille Université

■ Premier aperçu

L'acronyme « FRAND » désigne les conditions auxquelles des licences de droits de propriété intellectuelle doivent répondre, à savoir être équitables, raisonnables et non discriminatoires.

Il convient cependant de distinguer les licences FRAND et les engagements FRAND.

Les licences FRAND désignent des conditions de négociation et de concessions de contrats de licence, à savoir « *fair, reasonable and non-discriminatory* ».

L'engagement FRAND, quant à lui, recouvre à la fois ces conditions, mais aussi l'engagement, par le titulaire des droits de propriété intellectuelle, de divulguer lesdits droits et d'octroyer des licences à de telles conditions dans le contexte de la normalisation. C'est l'approche retenue par les lignes directrices sur l'applicabilité de l'article 101 du traité sur le fonctionnement de l'Union européenne aux accords de coopération horizontale, qui développent la question des engagements FRAND. Aussi, afin de garantir un accès effectif à la norme, un accord de normalisation ne restreint pas la concurrence dès lors que la politique en matière de droits de propriété intellectuelle exige que les participants qui souhaitent voir leurs droits de propriété intellectuelle inclus dans la norme s'engagent de manière irrévocable et par écrit à accorder des licences concernant leurs droits de propriété intellectuelle essentiels à l'ensemble des tiers, dans des conditions FRAND.

En substance, les engagements FRAND impliquent donc deux obligations principales : l'obligation de divulguer les droits de propriété intellectuelle détenus sur une technologie qui a vocation à être introduite dans une norme, d'une part ; la déclaration formelle de volonté de concéder des licences sur lesdites technologies à des conditions FRAND, d'autre part.

■ Pour aller plus loin

C'est principalement à travers le prisme du non-respect de l'engagement FRAND et de l'article 102 TFUE que le droit de la concurrence s'est saisi de la question, car si le système de normalisation a d'abord fonctionné de façon satisfaisante, un grand nombre de litiges sont apparus au cours des vingt dernières années, révélant des tensions entre les différentes parties au processus de normalisation.

Avant 2010, le droit de la concurrence était lacunaire sur la question des engagements FRAND et les affaires *Rambus* (2009), *Motorola* (2014) et *Samsung* (2014) furent clôturées par des engagements rendus obligatoires sur le fondement de l'article 9 du règlement (CE) n° 1/2003.

La première clarification sur la possibilité de sanctionner le non-respect d'un engagement FRAND est intervenue lors d'une question préjudicielle posée à la Cour de justice de l'Union européenne en 2014. La cour a considéré, d'une part, que le titulaire d'un brevet essentiel à une norme établie par un organisme de normalisation, qui s'est engagé irrévocablement envers cet organisme à octroyer aux tiers une licence à des conditions FRAND, n'abuse pas de sa position dominante en introduisant une action en contrefaçon. La licéité d'un tel comportement est cependant subordonnée à plusieurs conditions. Premièrement, l'action ne peut pas être introduite sans que le titulaire ait averti le contrefacteur. Deuxièmement, si le contrefacteur allégué a exprimé sa volonté de conclure un contrat aux conditions FRAND, le titulaire du brevet essentiel doit lui transmettre une offre écrite répondant à ces conditions FRAND. Il incombe, dès lors, au contrefacteur de donner suite à cette offre de bonne foi ou de proposer une contre-offre, et, si cette contre-offre n'est pas acceptée, de constituer une sûreté et d'opérer un décompte des actes s'il utilise la technologie brevetée (CJUE, 16 juillet 2015, *Huawei Technologies Co. Ltd / ZTE Corp.*, aff. C-170/13).

Le contenu exact des licences FRAND demeure cependant abscons, et les interrogations qu'elles suscitent dépassent la question de leur non-respect en droit de la concurrence.

Premièrement, le non-respect d'un tel engagement interroge le droit des obligations et le droit international privé. C'est ainsi la force contraignante de l'engagement qui pose un problème. On sait qu'« *un engagement de délivrer des licences à des conditions FRAND crée des attentes légitimes auprès des tiers que le titulaire du [brevet essentiel] leur octroie effectivement des licences à de telles conditions* » (*Huawei*, préc., pt 53). Mais s'agit-il d'une promesse de licence ? D'un engagement de négocier ? D'une stipulation pour autrui ? L'engagement FRAND serait ainsi défini comme tel : un organisme de normalisation (le stipulant) oblige le titulaire d'un brevet d'invention (le promettant) à accomplir l'obligation qu'est la conclusion d'une licence FRAND au profit d'un tiers qui est l'utilisateur de la norme concernée (le bénéficiaire).

Pour d'autres, l'engagement FRAND peut s'analyser comme un contrat irrévocable (et donc déjà formé) dont le prix, s'il n'est pas déterminé, est au moins déterminable. La question de la qualification de ces engagements FRAND est d'autant plus importante qu'elle peut déterminer le juge compétent. Signalons par exemple une ordonnance du juge de la mise en état qui a reconnu sa compétence sur le fondement de l'article 8, point 1, du règlement Bruxelles I bis en qualifiant le contrat liant les parties de stipulation pour autrui (TJ Paris, ord. du juge de la mise en état, 6 février 2020, RG 19/02085, confirmé par CA Paris, pôle 5, ch. 16, 3 mars 2020, *IPCom c/ Lenovo*, RG 19/21426).

Deuxièmement, et outre la question du non-respect de l'engagement, les licences FRAND attirent l'attention à deux égards : d'abord, sur la fixation du montant de la licence FRAND ; ensuite, sur leur rayonnement au-delà du droit des pratiques anticoncurrentielles et de la normalisation.

S'agissant, d'abord, du prix, il n'existe pas de solution unique : ce qui peut être considéré comme raisonnable et équitable diffère d'un secteur à l'autre et varie dans le temps. L'objectif d'une licence FRAND n'est pas de fixer un montant, mais plutôt un ensemble de montants à l'intérieur duquel les prix proposés permettront d'atteindre les objectifs précités. Le juge et la Commission européenne s'accordent sur le fait que les parties concernées sont les mieux placées pour s'entendre sur ce que constituent des redevances équitables dans le cadre de négociations de bonne foi (v. la définition de l'approche de l'Union en ce qui concerne les brevets essentiels à des normes, COM(2017) 712 final, et CA Paris, 16 avril 2019, *Conversant c/ LG*, RG 15/17037). Il existe ainsi diverses méthodes permettant de procéder à la détermination d'un prix dit « raisonnable ». On sait, d'emblée, que les méthodes basées sur le coût sont inadaptées en raison des difficultés liées à l'appréciation des coûts imputables au développement d'une technologie. En 2017, la Commission européenne a apporté quelques éléments utiles. Premièrement, les conditions d'octroi de licences doivent indiquer un lien avec la valeur économique de la technologie brevetée sans inclure d'élément résultant de la décision d'intégrer la technologie dans la norme. Deuxièmement, la détermination d'une valeur FRAND devrait tenir compte de la valeur ajoutée actualisée de la technologie brevetée, indépendamment du succès commercial du produit. Troisièmement, l'évaluation FRAND devrait permettre d'inciter les titulaires de brevets essentiels à continuer d'intégrer leurs meilleures technologies disponibles dans les normes. Quatrièmement, les parties doivent tenir compte d'une redevance globale raisonnable pour la norme, en évaluant la valeur ajoutée globale de la technologie. Il est également possible de fixer, non pas le prix, mais une méthode de négociation FRAND (Cartapanis, 2018, pt 704 et s.)

S'agissant, ensuite, de leur rayonnement, les licences FRAND ont vocation à dépasser le domaine de la normalisation. Signalons par exemple la décision de l'Autorité française de la concurrence qui a imposé à Google de négocier, au titre de mesures conservatoires, la rémunération due au titre des droits voisins pour la reprise de leurs contenus protégés avec les éditeurs et agences de presse dans des conditions FRAND. Elles ont également vocation à dépasser le champ des pratiques anticoncurrentielles (notons par exemple l'autorisation, par la Commission européenne, de la concentration *Bonnier Broadcasting/Telia* sous conditions d'accès aux chaînes en clair et aux chaînes payantes de base, ainsi qu'aux chaînes de sport payantes premium sur une base FRAND).

Bibliographie

BOSCO (D.), « Licences FRAND et droit antitrust », in *Les nouveaux usages du brevet d'invention, tome 2 : Réflexions théoriques et incidences pratiques*, J.-P. Gasnier et N. Bronzo (dir.), Aix-en-Provence, PUAM, 2016, p. 97

CARTAPANIS (M.), *Innovation et droit de la concurrence*, Bayonne, Institut universitaire Varenne, 2018, pt 704 et s.

CARON (C.), « L'efficacité des licences dites "FRAND" (ou l'indispensable conciliation entre la normalisation et le droit des brevets d'invention grâce à la stipulation pour autrui) », *Comm. com. électr.* 2013, étude 12

HOVENKAMP (H.), « Competition in Information Technologies: Standards-Essential Patents, Non-Practicing Entities and FRAND Bidding », *University of Iowa Legal Studies Research Paper* n° 12-32, 2012

IDOT (L.), « Brevet essentiel et licences à des conditions FRAND », *Europe* 2015, comm. 374

LEMLEY (M.-A) et SHAPIRO (C.), « A Simple Approach to Setting Reasonable Royalties for Standard-Essential Patents », *Berkeley Technology L. J.*, 2013, vol. 28, p. 1135

OCDE, Compte rendu de la discussion sur la propriété intellectuelle et le processus de normalisation, DAF/COMP/M(2014)3/ANN2/FINAL, 28 juillet 2006 (voir : https://one.oecd.org/document/DAF/COMP/M(2014)3/ANN2/FINAL/fr/pdf)

PETIT (N.), « Les accords de normalisation en droit européen de la concurrence », in *Propriété intellectuelle et concurrence : pour une (ré)conciliation*, colloque de l'IRPI, Paris, 8 novembre 2011, Paris, LexisNexis, 2012, p. 35

RAYNARD (J.), « Le juge anglais livre sa lecture de l'engagement du donneur de licence sur brevets essentiels. Regard d'un juriste français », Propr. industr. 2020, comm. 61

SIBONY (A.-L.), « Brevets essentiels : La Cour de justice de l'Union européenne précise les conditions de l'action en contrefaçon d'un brevet essentiel (*Huawei Technologies, ZTE*) », *Concurrences* n° 4-2015, art. n° 76086, p. 120

STOFFEL-MUNCK (Ph.), « L'engagement de consentir des licences FRAND : l'exemple de l'ETSI », in *Les nouveaux usages du brevet d'invention, tome 2 : Réflexions théoriques et incidences pratiques*, J.-P. Gasnier et N. Bronzo (dir.), Aix-en-Provence, PUAM, 2016, p. 107

TRÉFIGNY (P.) (dir.), *L'articulation des droits de propriété intellectuelle et du droit de la concurrence*, Paris, Dalloz, 2020

Treppoz (E.), « Licence FRAND : regard européen », *RLC* 2019/85

Ullrich (H.), « FRAND Access to open standards and the patent exclusivity: Restating the principles », *Concurrences* n° 2-2017, art. n° 83890, www.concurrences.com

Communication de la Commission, Définition de l'approche de l'Union en ce qui concerne les brevets essentiels à des normes, COM(2017) 712 final, 29 novembre 2017

Communication de la Commission, Lignes directrices sur l'applicabilité de l'article 101 du traité sur le fonctionnement de l'Union européenne aux accords de coopération horizontale, *JOUE* n° C 11 du 14 janvier 2011, p. 1

Voir aussi

Brevet essentiel - Octroi de licence

G

GAFAM

Emmanuelle INACIO
Université du Littoral Côte d'Opale

■ Premier aperçu

À l'échelle mondiale, presque tous les produits et services numériques sont concentrés autour des GAFAM. Cet acronyme renvoie aux cinq plus grandes plateformes numériques, célèbres essentiellement pour leur moteur de recherche (Google), leur matériel informatique et leurs appareils mobiles (Apple), leurs réseaux sociaux (Facebook), leur place de marché (Amazon) et leurs systèmes d'exploitation (Microsoft). Créées entre 1975 et 2004 aux États-Unis et introduites en Bourse entre 1980 et 2012, les GAFAM occupent les cinq premières places en termes de capitalisation boursière sur le NASDAQ, qui s'élève pour elles cinq à environ 10 000 milliards de dollars au quatrième trimestre de 2021.

Originairement restreint aux GAFA – avant que Microsoft ne les rejoigne –, l'acronyme GAFAM est surtout utilisé en Europe occidentale et a été créé à partir de l'acronyme FAAMG utilisé aux États-Unis, devenu depuis MAMAA, la maison mère de Facebook ayant été rebaptisée Meta fin 2021 et la maison mère de Google ayant changé de nom pour devenir Alphabet en 2015.

Ce qui caractérise les GAFAM est leur position dominante, solide et durable sur le marché du numérique. En effet, les GAFAM bénéficient d'économies d'échelle extrêmes qui résultent souvent de coûts marginaux presque nuls pour ajouter des utilisateurs, de rendements croissants et d'effets de réseau massifs. Phénomène accentué par la crise de la pandémie de la Covid-19, les GAFAM servent aujourd'hui d'intermédiaires pour la majorité des transactions grâce à leur caractère biface, voire multiface, et constituent dès lors des éléments structurants clés pour l'économie numérique actuelle. Or, la position solide et durable des GAFAM entraîne un degré considérable de dépendance des utilisateurs, des effets de verrouillage, un accès à de vastes quantités de données, une intégration verticale et l'accès à des marchés connexes. Dès lors, les GAFAM sont structurellement extrêmement difficiles à concurrencer ou à contester par des opérateurs du marché existants ou nouveaux, indépendamment de leur degré d'innovation et d'efficacité, ce qui conduit à une diminution rapide et potentiellement considérable du choix des utilisateurs.

À l'échelle de l'Union européenne, la Commission européenne sanctionne régulièrement les GAFAM sur le fondement de l'abus de position dominante, prévu à l'article 102 TFUE. À titre d'exemple, les trois procédures engagées par la Commission contre Google lui ont valu un total de 8,25 milliards d'euros d'amendes.

Le droit des pratiques restrictives de concurrence français permet également de sanctionner les GAFAM. Exemple récent, le 28 mars 2022, le tribunal de commerce de Paris a condamné Google à payer deux millions d'euros d'amende civile, sur le fondement de la prohibition du déséquilibre significatif visé à l'article L. 442-1 I 2° du code de commerce.

Or, les sanctions sont prononcées à l'issue d'années d'enquête et d'instruction, sans compter les recours systématiques, ce qui est inadapté face à la rapidité des mutations des GAFAM. De surcroît, le montant des sanctions n'est pas dissuasif. À titre d'exemple, le chiffre d'affaires de Google au quatrième trimestre 2021 s'élève à 75 325 milliards de dollars.

Par ailleurs, le droit de la concurrence est limité face aux comportements anticoncurrentiels des GAFAM. En effet, alors que les GAFAM interviennent sur plusieurs marchés, les comportements anticoncurrentiels sont identifiés dans le cadre d'un seul et unique marché pertinent. Or, les modèles économiques des GAFAM reposent souvent sur la gratuité des services et produits pour l'utilisateur, la plateforme se rémunérant grâce aux autres faces du marché. Par ailleurs, les GAFAM opèrent à une échelle sans précédent, au-delà de leur marché national. Enfin, le contrôle des concentrations ne portant que sur des opérations de rapprochement dépassant certains seuils fixés au niveau européen par le règlement (CE) n° 139/2004 et au niveau national par l'article L. 430-2 du code de commerce, ce critère ne permet pas de contrôler les acquisitions des concurrents naissants par les GAFAM. Par exemple, depuis 2008, Google a absorbé presque 200 entreprises pour développer son activité.

■ Pour aller plus loin

Le 15 décembre 2020, la Commission européenne a publié deux propositions de règlement européen portant sur une législation sur les services numériques (DSA) et sur les marchés numériques (DMA) adoptées selon la procédure législative ordinaire en 2022 et applicables directement au sein de tous les États membres. Alors que le DSA vise à soumettre tous les fournisseurs de services intermédiaires à des obligations pour assurer un environnement en ligne sûr, prévisible et de confiance aux consommateurs et professionnels, le DMA vise à réguler les géants du numérique. Ainsi, plutôt que de réformer le droit de la concurrence, un droit de la régulation a été choisi pour mieux encadrer les GAFAM sur le marché européen.

Le DSA et le DMA s'appliquent tous deux aux géants du numérique. Le DSA définit les « *très grandes plateformes en ligne* » comme celles dont le nombre de bénéficiaires actifs au sein de l'UE dépasse un seuil opérationnel fixé à 45 millions. Au sein du DMA, les « *contrôleurs d'accès* » sont appréhendés à travers leurs services de plateforme essentiels limitativement énumérés et déterminés en s'appuyant sur des seuils quantitatifs qui ciblent les GAFAM.

Au sein du DSA, les « *très grandes plateformes en ligne* » sont soumises à des obligations spécifiques supplémentaires. La proposition de règlement DMA prévoit une démarche *ex ante* en ce qu'elle décrit par avance les pratiques déloyales des contrôleurs d'accès interdites ou contrôlées, car elles limitent la contestabilité du marché. Le démantèlement des GAFAM est envisagé dans l'hypothèse où le contrôleur d'accès ne respecterait pas systématiquement ces obligations. Enfin, le DSA et le DMA partagent des systèmes d'amendes et astreintes d'un montant dissuasif pour les GAFAM en cas de non-respect des dispositions.

Bibliographie

Bania (K.), Brankin (S.-P.), Cattan (J.), Donnat (F.), Geradin (D.), D'Halluin (M.), Larouche (P.), Karanikioti (T.), Streel (A.), Toledano (J.), Treacy (P.), Zimmer (D.), « The Digital Market Act », *Concurrences* n° 3-2022, art. n° 107720, www.concurrences.com

Berlemont (J.), « Play Store : condamnation de Google pour pratiques restrictives de concurrence », *Actualités du droit*, 21 avril 2022

Beydon (R.), « Contrôle des concentrations et acquisitions d'entreprises naissantes dans le secteur du numérique – État des lieux des réflexions engagées au niveau français et européen », *CDE* 2020, dossier 29

Bonnet (A.), « Le démantèlement des GAFAM, une solution aux impensés du contrôle européen des concentrations ? », *Lexbase Hebdo édition affaires* n° 667, 4 mars 2021

Fasquelle (D.), « Propos introductifs – DMA/DSA : Bien mais peut mieux faire », in « DMA/DSA : L'Europe s'est-elle vraiment donné les moyens de ses ambitions ? », *Concurrences* n° 2-2021, art. n° 99721, www.concurrences.com

Fasquelle (D.), « Le droit de la concurrence face au défi de l'économie numérique », *CDE* 2019, dossier 15

Fasquelle (D.) et Faure-Muntian (V.), Rapport n° 3127 sur les plateformes numériques, 24 juin 2020

Fasquelle (D.) et Inacio (E.), « DMA/DSA : une nouvelle et importante étape dans la régulation européenne des acteurs du numérique », *Europe* 2021, étude 2

Fasquelle (D.) et Inacio (E.), « The EU Commission publishes a draft on a legislative package promoting a single market for digital services », 15 décembre 2021, *e-Competitions January 2021*, art. n° 98751

Les GAFAM : Une histoire américaine, *Questions internationales*, n° 109, sept.-oct. 2021, Paris, La Documentation française

Prieto (C.), « Numérique et abus de position dominante », *CDE* 2019, dossier 18

Roda (J.-Ch.), « Le démantèlement des GAFAM : réelle menace ou coup de bluff ? », *D.* 2020, p. 208

Comm. eur., communiqué du 2 mai 2022, *Apple – App Store Practices (e-books/audio-books), Apple – Mobile payments*, aff. AT.40652

Comm. eur., communiqué IP/22/1703 du 11 mars 2022, Pratiques anticoncurrentielles : la Commission ouvre une enquête sur un possible comportement anticoncurrentiel de Google et de Meta dans le secteur de l'affichage publicitaire en ligne

Comm. eur., communiqué IP/21/3143 du 22 juin 2021, Pratiques anticoncurrentielles : la Commission ouvre une enquête sur un possible comportement anticoncurrentiel de Google dans le secteur des technologies de publicité en ligne

Comm. eur., communiqué IP/20/2077 du 10 novembre 2020, Pratiques anticoncurrentielles : la Commission adresse une communication des griefs à Amazon concernant l'utilisation des données non publiques de vendeurs indépendants et ouvre une seconde enquête sur ses pratiques en matière de commerce électronique

Comm. eur., communiqué IP/20/1073 du 16 juin 2020, Pratiques anticoncurrentielles : la Commission ouvre des enquêtes sur les règles de l'App Store d'Apple

Comm. eur., communiqué IP/19/4291 du 17 juillet 2019, Pratiques anticoncurrentielles : la Commission ouvre une enquête sur un éventuel comportement anticoncurrentiel d'Amazon

Proposition de règlement du Parlement européen et du Conseil relatif aux marchés contestables et équitables dans le secteur numérique (législation sur les marchés numériques), COM(2020)842 final, 15 décembre 2020

Proposition de règlement du Parlement européen et du Conseil relatif à un marché intérieur des services numériques (Législation sur les services numériques) et modifiant la directive 2000/31/CE, COM(2020)825 final, 15 décembre 2020

Voir aussi

Amende - Amende civile - Concentration - Déséquilibre significatif - Économies d'échelle - Marché pertinent - Position dominante

G

GROUPE D'ENTREPRISES ET CONGLOMÉRATS

Fayrouze MASMI-DAZI
Dazi Avocats

Premier aperçu

Un « groupe d'entreprises » est un ensemble d'entreprises présentant des liens économiques, capitalistiques et/ou juridiques entre elles et sur lequel s'exerce, de façon directe ou indirecte, en droit ou en fait, un contrôle. Le groupe d'entreprises ne constitue pas nécessairement une unité économique (la Cour a pu le préciser pour des situations particulières telles que celle d'une infraction commise par une nouvelle filiale avant son acquisition par la société mère ; CJUE, 4 septembre 2014, *YKK e.a. c/ Commission*, aff. C-408/12 P, pts 56 à 60) pour l'application du droit de la concurrence. Un « conglomérat » est un type de groupe d'entreprises au sein duquel traditionnellement les activités des différentes entités s'exercent sur des marchés distincts sans liens apparents entre eux. Les conglomérats technologiques sont une forme particulière de conglomérat ayant émergé du fait de la numérisation de l'économie et dont l'une des caractéristiques est de détenir, collecter, agglomérer, croiser et créer au bénéfice de l'ensemble une multitude de données de nature à faciliter plus encore l'extension du groupe à d'autres activités numérisées.

Pour aller plus loin

La qualification de groupe d'entreprises emporte de nombreuses conséquences à la fois procédurales et de substance en droit européen de la concurrence.

En matière de contrôle des concentrations, la Commission définit dans sa communication consolidée (pt 130) le groupe d'entreprises comme l'ensemble des entreprises visées à l'article 5, paragraphe 4, du règlement (CE) n° 139/2004 relatif au contrôle des concentrations, soit l'ensemble des entreprises avec lesquelles l'entreprise concernée par l'opération présente des liens de contrôle ascendants ou descendants, directs ou indirects, en fait ou en droit.

Au stade de l'examen de la compétence juridictionnelle, le franchissement des seuils européens et français s'apprécie en considération du chiffre d'affaires consolidé comprenant l'ensemble des entités faisant l'objet d'un contrôle (art. 5, para. 4, du règl. (CE) n° 139/2004) (la même solution est retenue en droit français – lignes directrices de l'Autorité de la concurrence relatives au contrôle des concentrations, pt 110). S'agissant de l'analyse concurrentielle, seules entreront en ligne de compte les activités conduites par des entreprises contrôlées au sein du groupe, exclusivement ou conjointement, à l'exclusion de celles menées par des participations non contrôlantes. C'est encore au niveau du groupe auquel appartient l'entreprise concernée que les amendes infligées pour des pratiques de *gun jumping* ou pour la communication de renseignements erronés, inexacts ou incomplets sont calculées (art. 14 du règl. (CE) n° 139/2004) afin de refléter la puissance économique d'un ensemble.

En matière de pratiques anticoncurrentielles, la notion de groupe est au moins aussi centrale puisque c'est à travers son prisme que l'on examine l'inapplicabilité du droit de la concurrence à une entente intragroupe (CJCE, 24 octobre 1996, *Viho Europe*, aff. C-73/95 P, pt 17). C'est encore sur le terrain de l'imputabilité de l'infraction ou encore de la responsabilité de la société mère pour les infractions commises par ses filiales qui ne déterminent pas de façon autonome leur comportement sur le marché qu'elle est utilisée (sur le principe : CJCE, 14 juillet 1972, *Imperial Chemical Industries*, aff. 48/69, pts 132 à 137 ; sur la présomption d'absence d'autonomie de la filiale à 100 % : CJCE, 10 septembre 2009, *Akzo Nobel*, aff. C-97/08 P, pt 60), de même pour le plafonnement des amendes infligées.

Dans un arrêt *Sumal* datant du 6 octobre 2021, la Cour de justice de l'Union européenne a donné explicitement corps à l'existence d'un certain type de groupe d'entreprises : le conglomérat (v. en particulier pts 41 à 47). Bien que la notion de conglomérat en tant que telle soit quasiment absente de la jurisprudence de la Cour de justice et de la pratique décisionnelle de la Commission (hormis dans quelques cas où le terme est employé pour présenter les parties sans pour autant expliciter la notion), a toujours existé en droit de la concurrence la notion de « *concentration conglomérale* », correspondant à « *des concentrations entre entreprises entretenant des relations qui ne sont ni purement horizontales (concurrents opérant sur le même marché en cause) ni verticales (fournisseurs ou clients)* » (lignes directrices sur l'appréciation des concentrations non horizontales (2008/C 265/07), pt 5). Le conglomérat était ainsi défini par une double négation.

De même, sans qualifier toute une opération de conglomérale, la Commission européenne a fréquemment visé dans ses décisions l'analyse de risques d'effets congloméraux. Le principal risque traditionnellement analysé d'un point de vue congloméral est celui du verrouillage résultant d'une combinaison de produits ou services liés qui permettrait à l'entreprise issue de l'opération d'être en mesure d'occuper une position de marché importante sur un marché lié par effet de levier et d'avoir des incitations pour ce faire.

De tels risques sont généralement exclus par application d'une présomption traditionnelle selon laquelle de tels effets congloméraux sont en général moins préjudiciables que les effets horizontaux et même verticaux.

Ce n'est que dans quelques circonstances relativement exceptionnelles que de tels effets congloméraux potentiellement anticoncurrentiels ont pu être détectés et ont même donné lieu à des engagements de nature structurelle et quasi structurelle (Comm. eur., déc. du 20 avril 2016, *Worldline / Equens / Paysquare*, aff. M.7873).

La question peut se poser de savoir si cette présomption traditionnelle est pertinente s'agissant des conglomérats technologiques dont l'une des particularités est de procéder successivement à une multitude d'opérations « trampoline » qui ne seraient pas en soi problématiques, mais dont l'appréhension globale montre qu'elles s'alimentent mutuellement en vue de renforcer l'avantage informationnel de ces groupes d'entreprises technologiques vis-à-vis des autres acteurs du marché, fournissant ainsi la capacité et l'incitation à verrouiller que l'analyse des risques d'effets congloméraux cherche précisément à éviter.

L'OCDE a pour sa part produit une définition économique du conglomérat mettant en exergue la diversité des activités menées par les entreprises, le caractère non lié de ces activités et la rationalité de la diversification : « *A conglomerate is a firm or business enterprise having different economic activities in different unrelated industries. Conglomerate firms may emerge through mergers and acquisitions and/ or investments across a diverse range of industries for a variety of reasons such as minimization of risk, increased access to financial and management resources, and more efficient allocation of resources* » (OCDE, « Glossary of Statistical Terms », https://stats.oecd.org/glossary/detail.asp?ID=3170). Il est intéressant d'observer que dans le cas des conglomérats technologiques d'autres ressorts de rationalité sont en cause en considération de l'intérêt porté par l'utilisateur à un sujet et de la source infinie d'opportunités d'entrée et d'expansion que cela représente dans une économie numérisée.

Dans son arrêt *Sumal*, la Cour semble embrasser la définition proposée par l'OCDE en considérant les conglomérats comme des groupes d'entreprises « *actifs dans plusieurs domaines économiques ne présentant aucun lien entre eux* » (pt 45). Il est souligné que le terme de « domaines économiques », plus large, et non celui de « marchés » est utilisé par la Cour. Cette reconnaissance de l'existence d'une forme de conglomérat intervient pour caractériser la possibilité pour une filiale d'être tenue responsable des agissements anticoncurrentiels de sa société mère dans le cadre d'une action en réparation de dommages concurrentiels. La Cour précise à cet égard que tel peut être le cas, à condition toutefois que la filiale en question ait une activité en lien avec le domaine économique affecté par la pratique.

La reconnaissance de la spécificité du conglomérat par rapport à tout autre type de groupe d'entreprises dans la jurisprudence de la Cour est intéressante, pour ce qu'elle dit de la capacité du droit de la concurrence à périmètre constant à prendre en compte des réalités économiques complexes. Nul doute que dans les décisions de la Cour à venir, la nature particulière du conglomérat technologique pourra être appréhendée dans toute sa spécificité et sa rationalité économique.

Bibliographie

Aut. conc., « Lignes directrices de l'Autorité de la concurrence relatives au contrôle des concentrations », 2020

Communication consolidée sur la compétence de la Commission en vertu du règlement (CE) n° 139/2004 du Conseil relatif au contrôle des opérations de concentration entre entreprises, *JOUE* n° C 43 du 2 février 2009, p. 10

Comm. CE, Lignes directrices sur l'appréciation des concentrations non horizontales au regard du règlement du Conseil relatif au contrôle des concentrations entre entreprises, *JOUE* n° C 265 du 18 octobre 2008, p. 6

Règlement (CE) n° 139/2004 du Conseil du 20 janvier 2004 relatif au contrôle des concentrations entre entreprises (« le règlement CE sur les concentrations »), *JOUE* n° L 24 du 29 janvier 2004, p. 1

G

GUN JUMPING

Faustine VIALA
Willkie Farr & Gallagher

■ Premier aperçu

Désignant à son origine les départs effectués avant le coup d'envoi en compétition, le *gun jumping* est une expression désignant la réalisation anticipée de l'opération de concentration, sanctionnée par certaines autorités de concurrence.

L'interdiction de toute réalisation anticipée d'une concentration résulte de la combinaison de deux règles présentes dans la plupart des régimes de contrôle des concentrations : l'obligation de notification de toute opération de concentration préalablement à sa mise en œuvre (v. not. art. 4, para. 1, du règl. (CE) n° 139/2004 relatif au contrôle des concentrations) et l'obligation de suspension ou de *standstill* (v. art. 7, para. 1), qui impose qu'une opération notifiée ne soit pas exécutée jusqu'à son autorisation par l'autorité de concurrence compétente.

Dès lors, cette sanction peut viser deux types de comportements : (i) le cas où les entreprises réalisent une concentration sans procéder à sa notification, et ainsi sans attendre son autorisation par les autorités, mais aussi (ii) le cas où les entreprises qui, ayant notifié la concentration, procéderaient à la réalisation de cette concentration avant d'y être autorisées.

La pratique récente des autorités, et plus particulièrement de la Commission européenne, montre un intérêt croissant et une approche plus sévère pour les questions de *gun jumping*, et notamment au regard des concentrations déjà notifiées. Les affaires *Altice* et *Canon* démontrent également que la Commission a probablement pour intention de maintenir un montant élevé pour les sanctions pécuniaires.

■ Pour aller plus loin

Cette période de suspension, ou obligation de *standstill*, vise à garantir l'exercice effectif par les autorités de concurrence de leur pouvoir de contrôle de l'opération notifiée, mais permet également d'éviter toute modification structurelle des marchés dans l'hypothèse où les entreprises renonceraient à la transaction de leur propre fait ou en raison de la procédure de contrôle des concentrations. En imposant cette période de suspension, le but est dès lors « *d'empêcher que les parties à l'opération cessent, avant la date d'autorisation, de se comporter comme des concurrents pour agir comme entité unique et que l'acquéreur exerce de manière anticipée un contrôle de droit ou de fait sur la cible* » (Aut. conc., déc. n° 16-D-24 du 8 novembre 2016).

Cette période de suspension subit quelques exceptions. Les principales concernent les offres publiques ainsi que les difficultés financières rencontrées par les entreprises (v. art. 7, para. 2 et 3, et art. 3, para. 5, du règl. (CE) n° 139/2004). Ainsi, dans le cas de la reprise d'entreprises en difficulté (p. ex., en liquidation ou redressement judiciaire), le potentiel acquéreur pourra au moment de la notification faire une demande de dérogation dûment justifiée, notamment au regard de l'urgence de la prise de contrôle et de la viabilité de l'entreprise. Une fois celle-ci obtenue, l'acquéreur devra toutefois ne pas prendre de décisions susceptibles de modifier la structure de l'opération. De même, concernant les offres publiques, le transfert de propriété des titres peut être effectué sans avoir à respecter la période de suspension, dès lors que l'acquéreur n'exerce pas les droits de vote associés à ces titres avant l'autorisation de l'opération.

Par ailleurs, certaines situations échappent à l'obligation de *standstill* et de notification, et sont ainsi hors du champ du contrôle des concentrations. Il s'agit notamment des opérations inhérentes à l'activité de certaines institutions financières ou entreprises d'assurances (v. art. 3, para. 5).

Pour caractériser un *gun jumping*, l'opération concernée doit, en tout ou en partie, contribuer au changement durable de contrôle de l'entreprise cible. Ainsi, tous les actes préparatoires accomplis unilatéralement par la cible, qui ne manifestent cependant aucune acquisition de contrôle de la part du tiers acquéreur, ne constituent pas une violation de l'obligation de *standstill*.

La forme la plus classique de *gun jumping* est le transfert de la propriété des actifs et des droits qui s'y rattachent. En dehors de cette hypothèse, le *gun jumping* peut être caractérisé dès lors que l'acquéreur exerce avant la date d'autorisation une influence déterminante sur la cible, influence qui peut découler d'éléments de droit ou de fait tels que (i) la prise de décisions stratégiques pour le compte de la cible, (ii) la mise en œuvre de relations commerciales qui correspond en réalité aux effets attendus de l'opération ou encore (iii) des échanges d'informations stratégiques qui permettent l'exercice d'une surveillance par l'acquéreur sur la cible. Ces échanges d'informations peuvent notamment avoir lieu lors de la préparation de l'intégration des groupes.

Aussi, lorsque les parties à une opération sont concurrentes sur un marché, certains comportements pendant la phase de *pre-closing* peuvent tomber sous le coup de l'article 101 TFUE ou de ses équivalents nationaux, prohibant les accords, décisions et pratiques concertées restrictifs de concurrence. Après une période d'incertitude sur le fondement applicable, la Cour de justice de l'Union européenne a clarifié dans son jugement *Ernst & Young* que toutes les actions de pré-autorisation contribuant à un changement durable dans le contrôle de la cible pouvaient être sanctionnées comme *gun jumping*, alors que tous autres comportements, qui ne contribueraient pas à un tel changement de contrôle, mais qui constitueraient des coordinations anticoncurrentielles entre les parties notifiantes, seraient sanctionnés au titre de l'article 101 TFUE.

Que ce soit au titre d'un *gun jumping* ou d'une violation de l'article 101 TFUE, la sanction peut prendre la forme d'une amende pouvant s'élever jusqu'à 10 % du chiffre d'affaires mondial de l'entreprise. Elle est applicable même si l'opération en cause ne posait aucune difficulté au regard du droit de la concurrence et peut également être prononcée après que l'opération a été autorisée par les autorités de concurrence compétentes.

En l'absence de toute notification, l'autorité de concurrence peut cumuler les sanctions, au regard de l'obligation de notification et du respect de la période de suspension (CJUE, 4 mars 2020, *Mowi ASA c/ Commission*, aff. C-10/18 P). À ce titre, la Cour de justice a eu l'occasion de rappeler que le principe *non bis in idem* ne fait pas obstacle à ce cumul de sanctions, dès lors que l'un des textes prescrit une obligation de faire (de notifier) alors que l'autre impose une obligation de ne pas faire (ne pas mettre en œuvre la transaction). À l'inverse, une opération qui aurait été notifiée mais mise en œuvre avant l'autorisation des autorités de concurrence sera, elle, sanctionnée uniquement au regard de l'obligation de *standstill*.

Par ailleurs, en présence d'un *gun jumping*, les autorités de concurrence peuvent adopter des mesures provisoires ou définitives pour exiger le démantèlement de la concentration dans le cas où elle aurait été déclarée incompatible. Bien que cet outil n'ait jusqu'à présent jamais été utilisé, la commissaire Vestager n'a pas exclu son utilisation à l'avenir.

Afin d'éviter toute sanction au titre du *gun jumping*, particulièrement dans les actes accomplis pendant la phase de *pre-closing*, il est recommandé aux entreprises d'avoir recours à des *clean teams* ou à des *black box*, permettant de s'assurer que les échanges d'informations rendus nécessaires par la préparation de l'opération ne permettent pas à l'acquéreur, ou plus généralement aux parties, de prendre part aux décisions stratégiques des autres parties, en cessant d'agir comme concurrents.

L'accent doit également être porté sur le contenu des SPA (« *share purchase agreements* ») et plus particulièrement des clauses dites « *covenant* » ayant pour but de protéger la valeur de la cible entre la signature et le *closing*. Certaines clauses peuvent notamment contenir une obligation de gestion selon « *le cours normal des affaires* » ou l'interdiction de réaliser des investissements au-delà d'un certain montant. Sur ce point, la jurisprudence (v. not. la décision *Altice*) ne remet pas en cause le principe ou la rédaction de ce type de clauses, dès lors qu'elles traduisent la seule volonté de l'acheteur de préserver la valorisation de la cible et donc sont limitées et proportionnées aux décisions susceptibles d'avoir un impact significatif sur sa valeur (p. ex., vigilance des autorités concernant les seuils utilisés pour approuver une cession, ou concernant les clauses permettant une « gestion courante » de la cible).

Bibliographie

Baches Opi (S.) et Boitos (A.), « Gun Jumping in the European Union: An Analysis in Light of *Ernst & Young* », *Journal of European Competition Law & Practice*, 2019, vol. 10, n° 5, p. 269

De Silva (I.), « *Gun jumping* : Quelles sont les pratiques à éviter ? Réflexions sur la mise en œuvre anticipée des opérations de concentration », *Concurrences* n° 3-2018, art. n° 87364, p. 55

Hatton (C.), Hamilton (A.) et Comtois (Y.) (dir.), *Gun Jumping in Merger Control: A Jurisdictional Guide*, New York, Concurrences, 2019

Règlement (CE) n° 139/2004 du Conseil du 20 janvier 2004 relatif au contrôle des concentrations entre entreprises (« le règlement CE sur les concentrations »), *JOUE* n° L 24 du 29 janvier 2004, p. 1

I

IMPARTIALITÉ

Jean-Paul TRAN THIET, Joana MBIOKA, Noé DELAUNAY
JPTT-Vitale

■ Premier aperçu

L'impartialité, autrement dit l'absence de parti pris sur la solution du dossier dont on est saisi, est une garantie fondamentale de procédure dont le principe est consacré par de nombreuses dispositions nationales et internationales. Cette exigence s'impose, dans les procédures de concurrence, non seulement au juge, mais également aux autorités de concurrence en raison des sanctions qu'elles sont susceptibles d'infliger.

L'impartialité peut être subjective ou objective.

L'impartialité subjective exige du juge ou de l'autorité administrative une absence de préjugé envers les parties et leurs intérêts respectifs. Pour l'apprécier, on tient compte de la conduite personnelle du juge, de son apparence de neutralité et de son attitude *in concreto*. Ainsi, un manquement à l'impartialité subjective est caractérisé lorsque le juge ou le responsable administratif emploie, dans une déclaration publique, des expressions qui sous-entendent une appréciation de la cause dont il a la charge. Il appartient à celui qui s'en prévaut de démontrer l'absence d'impartialité subjective.

L'impartialité objective couvre les situations où le juge ou l'autorité administrative ne présente pas les garanties indispensables à son indépendance de jugement, compte tenu de la structure ou de l'organisation de l'entité à laquelle il ou elle appartient, ou d'une relation antérieure qu'il ou elle a eue avec l'affaire ou l'une ou l'autre des parties.

Le principe d'impartialité peut donc revêtir ces deux dimensions. Cependant, il n'existe pas de barrière étanche entre ces deux composantes.

Pour aller plus loin

Le devoir d'impartialité est une des composantes essentielles du droit à un procès équitable consacré par l'article 6 de la Convention européenne de sauvegarde des droits de l'homme (CESDH).

Ce devoir s'impose tout particulièrement au juge, que ce soit en matière civile et commerciale ou en matière pénale, mais également à toute autorité publique qui statue dans des matières où les sanctions peuvent être considérées comme étant de nature pénale en raison de leur nature et de leur degré de gravité.

Pour la Cour européenne des droits de l'homme (CEDH), les autorités de concurrence disposent d'un pouvoir de sanction pécuniaire très important, ce qui impose que le devoir d'impartialité soit respecté dans toutes les phases de la procédure, aussi bien durant la phase administrative qu'au cours de la phase juridictionnelle.

L'application du devoir d'impartialité s'appuie sur la théorie des apparences : la simple apparence d'un manquement suffit pour annuler un jugement ou une décision. L'enjeu du principe d'impartialité est donc la confiance des justiciables : il ne suffit pas que la justice soit rendue, il faut qu'elle soit perçue comme ayant été effectivement rendue (arrêt *The King v. Sussex Justices, ex parte McCarthy* [1924] 1 KB 256 du 9 novembre 1923) ; la simple apparence d'un manquement au devoir d'impartialité suffit pour annuler une décision judiciaire.

Le devoir d'impartialité est protégé par l'ordre juridique et constitutionnel français. Le Conseil constitutionnel le rattache directement à l'article 16 de la Déclaration des droits de l'homme et du citoyen de 1789.

Il tient également une place fondamentale dans l'ordre juridique de l'Union européenne. Il est consacré, dans la Charte des droits fondamentaux de l'Union européenne, par ses articles 41 (droit à une bonne administration) et 47 (droit à un recours effectif et droit d'accès à un tribunal impartial). Le traité de Lisbonne prévoit même, en son article 6, une adhésion formelle de l'Union européenne à la CESDH, qui entraînera l'obligation pour les juges européens de se conformer à la jurisprudence de la CEDH. La Cour de justice et le Tribunal de l'Union européenne ont érigé le devoir d'impartialité en principe général du droit européen, et consacré l'application de ce principe aux procédures de concurrence. Le règlement (CE) n° 1/2003 mentionne la nécessité du respect du devoir d'impartialité (cons. 37) et renvoie à la Charte. Il s'impose d'autant plus à la Commission qu'elle dispose d'un pouvoir d'appréciation. Ne pas le respecter constitue une atteinte à un droit fondamental, et non simplement une atteinte à un droit de la défense. L'article 4 de la directive ECN + y fait également référence (dir. (UE) 2019/1 du 11 décembre 2018).

Ce devoir revêt une importance particulière en cas de procédures hybrides, dans lesquelles une entreprise fait l'objet d'une procédure contentieuse classique alors que d'autres entreprises suspectées ont accepté de transiger. Ces procédures présentent des risques d'infraction au principe d'impartialité et à la présomption d'innocence, en particulier si l'examen du dossier de l'entreprise qui a refusé de transiger n'est pas conduit sans *a priori* sur sa culpabilité.

Une différence fondamentale entre le droit français et le droit européen a longtemps existé. Le Conseil d'État et le Conseil constitutionnel sanctionnent la violation du devoir d'impartialité par la nullité de la décision viciée. Le défaut d'impartialité des juridictions est sanctionné de manière identique par la Cour de cassation. En revanche, les juges européens, jusqu'à très récemment, exigeaient de tout requérant sollicitant la nullité d'une décision sur la base d'un non-respect du devoir d'impartialité d'établir que cette décision aurait eu un contenu différent en l'absence de cette irrégularité. Cette condition, consacrée depuis l'arrêt *Suiker Unie* du 16 décembre 1975, a récemment été écartée par la Cour, dans son arrêt *HSBC* du 12 janvier 2023, pour lequel une violation établie du devoir d'impartialité doit entraîner l'annulation de la décision attaquée, sans que le requérant ait à démontrer que cette violation a eu un impact réel sur le contenu de cette décision.

Bibliographie

Fricero (N.), « L'impartialité des juges à travers la jurisprudence de la Cour de cassation sur la récusation », in *La création du droit jurisprudentiel : mélanges en l'honneur de Jacques Boré*, Paris, Dalloz, 2007, p. 181

Frison-Roche (M.-A.), « Le droit à un tribunal impartial », in *Libertés et droits fondamentaux*, R. Cabrillac, M.-A. Frison-Roche et Th. Revet (dir.), 18e éd., Paris, Dalloz, 2012, n° 681, p. 557

Frison-Roche (M.-A.), « L'impartialité du juge », *D.* 1999, chron., p. 53

Guinchard (S.), « Indépendance et impartialité du juge. Les principes de droit fondamental », in *L'impartialité du juge et de l'arbitre : étude de droit comparé*, J. Van Compernolle et G. Tarzia (dir.), Bruxelles, Bruylant, 2006, p. 3

Lenaerts (K.), Maselis (I.) et Gutman (K.), *EU Procedural Law*, Oxford University Press, 2015

Directive (UE) 2019/1 du Parlement européen et du Conseil du 11 décembre 2018 visant à doter les autorités de concurrence des États membres des moyens de mettre en œuvre plus efficacement les règles de concurrence et à garantir le bon fonctionnement du marché intérieur, *JOUE* n° L 11 du 14 janvier 2019, p. 3

Règlement (CE) n° 1/2003 du Conseil du 16 décembre 2002 relatif à la mise en œuvre des règles de concurrence prévues aux articles 81 et 82 du traité, *JOCE* n° L 1 du 4 janvier 2003, p. 1

I

IMPORTATIONS PARALLÈLES (COMMERCE PARALLÈLE)

Jérôme PASSA
Université Paris-Panthéon-Assas

■ Premier aperçu

Les importations parallèles sont des activités par lesquelles des tiers indépendants importent sur un territoire national des marchandises authentiques en provenance d'un autre territoire où elles ont été mises en circulation par l'opérateur économique susceptible de tenter de s'opposer à leur introduction ou commercialisation dans l'État d'importation, ou par un tiers lié à lui, donc mises en circulation de manière licite en principe.

Déterminées le plus souvent par des différences suffisamment sensibles de prix, sur lesquelles l'auteur de l'acte prélèvera une marge, les importations parallèles sont, dans l'Union européenne, régies par le principe de libre circulation des marchandises et, en conséquence, licites en principe.

Le plus souvent, l'opérateur ayant consenti à la mise en circulation desdites marchandises dans un État membre de l'Union européenne ne peut s'opposer à leur introduction ou commercialisation dans un autre État membre au motif qu'il y détient un droit de propriété intellectuelle national à effet territorial ou y a mis en place, pour les produits en cause, un réseau de distribution qu'il n'entend pas voir désorganisé ou concurrencé.

■ Pour aller plus loin

Lorsque les marchandises objet d'une importation parallèle incorporent un élément incorporel protégé par un droit de propriété intellectuelle en vigueur dans l'État d'importation, le titulaire de ce droit devrait, dans la pure logique du droit de la propriété intellectuelle, pouvoir s'opposer à une importation non autorisée, toujours interdire par principe dans les différentes branches de la matière. L'exigence de libre circulation des marchandises exclut cependant une solution aussi radicale et la règle d'épuisement des droits interdit au titulaire du droit de propriété intellectuelle de s'opposer aux importations parallèles dans un certain nombre de situations. Tel est le cas lorsque ce titulaire a consenti à la mise en circulation, dans l'UE, du lot de marchandises en cause, à l'importation parallèle duquel il pourrait être tenté de s'opposer. Cela implique, en l'absence d'épuisement international des droits de propriété intellectuelle, que le titulaire peut, au titre de la contrefaçon par importation, s'opposer à une importation parallèle de marchandises mises en circulation par lui ou par un tiers autorisé par lui dans un État tiers, à moins, comme l'a précisé la Cour de justice (CJCE, 20 novembre 2001, *Davidoff*, aff. jtes C-414/99 à C-416/99), que, antérieurement, concomitamment ou postérieurement à cette mise en circulation, il n'ait consenti de manière expresse ou tacite à l'introduction de ces marchandises dans l'UE ; car la règle d'épuisement des droits serait alors applicable.

Lorsque c'est en raison non plus d'un droit de propriété intellectuelle, mais de l'existence dans l'État d'importation d'un réseau de distribution des produits en cause, que le promoteur du réseau ou l'un des distributeurs envisage de s'opposer à une importation parallèle de produits authentiques relevant en principe de ce réseau, la question ne se présente plus de la même façon. C'est alors le régime de la vente hors réseau qui trouve à s'appliquer. On sait, à cet égard, que la vente hors réseau ne constitue pas, en soi, une faute dès lors qu'elle porte sur des produits acquis régulièrement ; l'importateur parallèle ou distributeur approvisionné par lui peut être condamné, sur le fondement de la concurrence déloyale ou en application de l'article L. 442-2 du code de commerce, uniquement si à la distribution hors réseau s'ajoute une faute. De plus, sont admises au regard de la règle de concurrence les clauses des contrats de distribution qui, dans le but notamment d'empêcher les importations parallèles, interdisent au distributeur agréé de revendre à des opérateurs extérieurs au réseau ou celles, d'effet équivalent, limitant la garantie contractuelle du fabricant aux produits acquis auprès d'un distributeur agréé.

Bibliographie

FERRIER (D.) et (N.), Droit de la distribution, 9e éd., Paris, LexisNexis, 2020

FERRIER (N.) et SAUTONIE-LAGUIONIE (L.), « La distribution parallèle à l'épreuve de l'opposabilité du réseau », *RTD civ.* 2011, p. 225

I

IMPUTABILITÉ

Michel DEBROUX
Rizom Legal

■ Premier aperçu

De façon générale, « imputer » consiste à rattacher un fait générateur de responsabilité à une ou des personnes ou entités qui auront à en répondre. Sans se confondre avec la responsabilité, l'imputabilité est nécessaire à son établissement. Plus spécifiquement en droit de la concurrence, le terme « imputabilité » désigne la politique de mise en cause de la responsabilité de l'« entreprise » pour des pratiques anticoncurrentielles dont les auteurs matériels sont l'une ou plusieurs des entités qui la constituent.

Dans cette acception, l'imputabilité a été généralisée par la Commission européenne (ci-après la « Commission ») au début des années 2000 et repose sur l'affirmation, développée dès les années 1970 par la Cour de justice (ci-après la « Cour »), que l'entreprise est le sujet du droit de la concurrence et qu'en considération de l'unité économique qui la caractérise, les pratiques de filiales peuvent, dans certains cas, être rattachées à la société mère. La Commission a ensuite appliqué ce principe dans des contextes toujours plus variés, en s'appuyant sur une présomption prétendument simple d'influence déterminante de la mère sur ses filiales. Validée par la Cour en 2009, cette politique a été consacrée dans la directive (UE) 2019/1 du 11 décembre 2018, dite « ECN + », et est également mise en œuvre par les autorités nationales de concurrence.

Point d'orgue de ces évolutions guidées par la volonté de garantir l'effectivité du droit de la concurrence, cette politique d'imputabilité s'applique désormais tant dans les poursuites publiques que dans les actions en indemnisation du dommage concurrentiel. Enfin, la jurisprudence récente de la Cour retient le principe de la responsabilité « personnelle » des entreprises en raison de leur existence, sans que soit encore nécessaire la démonstration, éventuellement par présomption, d'une influence déterminante de la mère sur la filiale. Cette approche a permis à la Cour d'appliquer sa politique d'imputabilité non seulement dans un sens « ascendant » – imputation des pratiques d'une filiale à sa société mère – mais aussi dans un sens « descendant » – imputation des pratiques d'une société mère à ses filiales.

■ Pour aller plus loin

La notion d'entreprise en droit de la concurrence, fondement de l'imputabilité

En droit européen comme en droit français, c'est l'« entreprise » qui est le destinataire des règles de droit de la concurrence, énoncées respectivement aux articles 101 et suivants TFUE, et L. 420-1 et suivants C. com. Non définie dans les traités, l'entreprise l'a été dans la jurisprudence de la Cour, qui, dans le droit-fil de son arrêt *Höfner* du 23 avril 1991 (aff. C-41/90), a adopté une approche fonctionnelle de l'entreprise, définie comme « *toute entité exerçant une activité économique, indépendamment du statut juridique de cette entité et de son mode de financement* » (CJCE, 28 juin 2005, *Dansk Rørindustri e.a.*, aff. C-189/02 P e.a., pt 112).

La plasticité de la notion d'entreprise est le fondement de la politique d'imputabilité, qui n'existait qu'en germe dans les dernières décennies du XXe siècle, mais qui a connu un développement soutenu à partir de l'année 2003. Dès 1972, la Cour a reconnu que lorsqu'une filiale « *ne jouit pas d'une autonomie réelle dans la détermination de sa ligne d'action sur le marché* », elle peut former une unité économique avec sa société mère, et qu'en considération de cette unité, « *les agissements des filiales peuvent, dans certaines circonstances, être rattachés à la société mère* ». (CJCE, 14 juillet 1972, *ICI*, aff. 48-69, pts 134 et 135). En 1983, la Cour a établi en outre la présomption selon laquelle une filiale détenue à 100 % par une société mère applique nécessairement la politique déterminée par cette dernière.

Une construction évolutive : de la présomption d'influence déterminante de la mère sur la filiale, à l'affirmation de la responsabilité personnelle de l'entreprise pour les pratiques anticoncurrentielles mises en œuvre par les entités qui la constituent, découlant de son existence même

Cette présomption d'influence déterminante de la mère sur ses filiales, déduite de la détention de la totalité ou quasi-totalité du capital (la « présomption capitalistique »), va être très largement invoquée par la Commission à partir de 2003-2004, dans des cas de détention de la totalité ou quasi-totalité du capital de la filiale. Après quelques hésitations initiales, la jurisprudence a validé cette approche, notamment dans un arrêt *Akzo* du 10 septembre 2009 (aff. C-97/08 P), où la Cour confirme que la présomption capitalistique se suffit à elle-même sans nécessiter de compléter la démonstration au moyen d'autres arguments (méthode dite de la « double base »). En outre, tout en réaffirmant la nature simple de la présomption, la Cour énonce qu'elle découle de l'« *ensemble des éléments pertinents relatifs aux liens économiques, organisationnels et juridiques qui unissent cette filiale à la société mère* ». Une telle formulation très générale a été reprise dans une abondante jurisprudence ultérieure et appliquée à une grande variété de situations, dont l'examen révèle que le renversement de la présomption capitalistique est *de facto* impossible, conduisant à des critiques nourries de la doctrine. Construction jurisprudentielle, l'imputabilité par ailleurs a reçu une consécration législative indirecte dans la directive dite « ECN + », qui impose aux autorités nationales d'appliquer la notion d'entreprise telle qu'interprétée par la Cour « *aux fins d'infliger des amendes aux sociétés mères et aux successeurs juridiques et économiques des entreprises* » (art. 13, para. 5 et cons. 46 du règl. (UE) 2019/1).

Enfin, la jurisprudence la plus récente de la Cour a consacré l'extension de l'imputabilité dans le champ de la responsabilité civile (CJUE, 14 mars 2019, *Vantaan kaupunki*, aff. C-724/17) et, surtout, elle semble délaisser le critère de l'influence déterminante comme facteur essentiel de l'imputabilité, au profit d'une affirmation de la responsabilité personnelle de l'entreprise découlant de son existence même. Dans un arrêt *Sumal* du 6 octobre 2021 (aff. C-882/19) où se posait la question de la responsabilité d'une filiale pour l'indemnisation du dommage résultant de pratiques d'une société mère, c'est bien l'existence d'une unité économique, auteur de l'infraction, qui est déterminante pour l'attribution de la responsabilité à l'une ou l'autre des entités constituant cette unité (*Sumal*, pt 43). Mentionnons rapidement que cette tendance n'est pas limitée au droit de la concurrence (v. p. ex. Cass. crim., 7 septembre 2021, *Lafarge*, n° 19-87.367).

Les multiples conséquences de l'imputabilité : montant et paiement de l'amende, successions d'entreprises, responsabilité civile, atteinte à la réputation, etc.

Les conséquences concrètes de l'imputabilité sont multiples. Tout d'abord, dans la détermination du montant de l'amende, le plafond applicable à celui-ci est plus élevé dès lors qu'il est calculé par référence au chiffre d'affaires global de l'entreprise ; l'amende elle-même peut en outre être majorée pour accroître son effet dissuasif à l'égard de grands groupes. De même, la mise en jeu de la responsabilité personnelle de l'entreprise accroît nécessairement les risques de récidive. S'agissant du paiement de l'amende, la règle est celle de la responsabilité solidaire de l'ensemble des sociétés constituant l'entreprise (Trib. UE, 3 mars 2011, *Siemens*, aff. jtes T-122 à T-124/07), étant précisé que cette responsabilité peut être modulée dans le temps en cas de cessions ou restructurations au sein de l'entreprise pendant la durée des pratiques. La même règle s'applique, on l'a vu, en matière de responsabilité civile et d'indemnisation du dommage concurrentiel, à la condition que la victime prouve l'existence d'un lien concret entre l'activité économique de l'entité assignée et l'objet de l'infraction. À ces conséquences directes, il convient enfin d'ajouter des conséquences moins aisément quantifiables, telles que les risques d'atteinte à la réputation ou encore les contraintes liées à la mise en place de programmes de gestion du risque concurrentiel au sein des grands groupes.

Bibliographie

BAILEY (D.) et ODUDU (O.), « The single economic entity doctrine in EU competition law », *Common Market Law Review*, 2014, vol. 51, n° 6, p. 1721

BOSCO (D.), BRUEGGEMANN (N.), PEDRAZ CALVO (M.), PROVOST (M.), THILL-TAYARA (M.) et IDOT (L.), « Private enforcement in Europe after *Sumal* », *Concurrences* n° 1-2022, art. n° 105291, p. 28

DEBROUX (M.), « Sanction des cartels en droit communautaire : Définition et conséquences d'une "responsabilité de groupe" », *Concurrences* n° 1-2008, art. n° 15214, p. 42

IDOT (L.), « Procédures quasi-répressives en droit de la concurrence », *RSC* 2016, p. 145

IDOT (L.), « La responsabilité pénale des personnes morales : Les leçons du droit européen de la concurrence », *Concurrences* n° 1-2012, art. n° 41678, p. 55

IDOT (L.), « La notion d'entreprise en droit de la concurrence, révélateur de l'ordre concurrentiel », in *L'ordre concurrentiel : mélanges en l'honneur d'Antoine Pirovano*, Paris, éd. Frison-Roche 2003, p. 523

KALINTIRI (A.), « Revisiting Parental Liability in EU Competition Law », *European Law Review*, 2018, vol. 43, n° 2, p. 145

LEUPOLD (B.), « Effective enforcement of EU competition law gone too far? Recent case law on the presumption of parental liability », *European Competition Law Review*, 2013, vol. 34, p. 570

OUASSINI SAHLIS (M.), « La responsabilité de la société mère du fait de ses filiales », thèse, Université Paris-Dauphine, 2014

THÉPOT (F.), *The Interaction Between Competition Law and Corporate Governance: Opening the 'Black Box'*, Cambridge University Press, 2019

THOMAS (E.), *L'entreprise contrevenante en droit des pratiques anticoncurrentielles : variations autour de la distinction entre société et entreprise (Union européenne et France)*, Paris, Concurrences, 2021

WHELAN (P.), « Parental antitrust liability and the pressing issue of the legitimacy of EU competition law », *Concurrences* n° 2-2021, art. n° 100083, www.concurrences.com

Directive (UE) 2019/1 du Parlement européen et du Conseil du 11 décembre 2018 visant à doter les autorités de concurrence des États membres des moyens de mettre en œuvre plus efficacement les règles de concurrence et à garantir le bon fonctionnement du marché intérieur, *JOUE* n° L 11 du 14 janvier 2019, p. 3 (cons. 46 et art. 13, para. 5)

Directive 2014/104/UE du Parlement européen et du Conseil du 26 novembre 2014 relative à certaines règles régissant les actions en dommages et intérêts en droit national pour les infractions aux dispositions du droit de la concurrence des États membres et de l'Union européenne, *JOUE* n° L 349 du 5 décembre 2014, p. 1 (art. 2, 2))

Règlement (CE) n° 1/2003 du Conseil du 16 décembre 2002 relatif à la mise en œuvre des règles de concurrence prévues aux articles 81 et 82 du traité, *JOCE* n° L 1 du 4 janvier 2003, p. 1 (art. 23, para. 2)

Voir aussi

Entreprise

I

INDÉPENDANCE

Peter FREEMAN
UK Competition Appeal Tribunal

■ Premier aperçu

L'indépendance et l'impartialité sont des aspects connexes du principe plus large de justice, mais qui diffèrent subtilement dans leur portée et, dans le contexte du droit de la concurrence, dans leur application. Pour les juges (et les tribunaux), les Principes fondamentaux des Nations Unies relatifs à l'indépendance de la magistrature prévoient que :

- « *1. L'indépendance de la magistrature est garantie par l'État et énoncée dans la Constitution ou la législation nationales. Il incombe à toutes les institutions, gouvernementales et autres, de respecter l'indépendance de la magistrature.*
- *2. Les magistrats règlent les affaires dont ils sont saisis impartialement, d'après les faits et conformément à la loi, sans restrictions et sans être l'objet d'influences, incitations, pressions, menaces ou interventions indues, directes ou indirectes, de la part de qui que ce soit ou pour quelque raison que ce soit.* »

■ Pour aller plus loin

Les autorités de concurrence ne sont pas indépendantes au même sens que les tribunaux, mais jouissent de divers degrés d'indépendance opérationnelle. Le principe d'impartialité peut s'appliquer aux autorités lorsqu'elles prennent des décisions.

Le principe de l'indépendance judiciaire est reconnu par la plupart des pays du monde, et certainement par ceux qui disposent d'un système reconnaissable de droit de la concurrence. Au Royaume-Uni, le principe a été reconnu dans l'Act of Settlement de 1701, qui a confirmé que les juges n'exerçaient plus leurs fonctions selon le bon plaisir du souverain. Dans l'Union européenne, l'indépendance du Tribunal et de la Cour de justice est garantie par les traités (art. 19 TUE et art. 251-254 TFUE) et leur indépendance est un principe fondamental du droit communautaire. Aux États-Unis d'Amérique, le principe de l'indépendance des juges est inscrit dans la Constitution (art. III, sect. 1).

Derrière ce principe se cachent toutefois des questions importantes. L'indépendance signifie être libre des intérêts de l'État, c'est-à-dire de l'exécutif et du législatif, et des parties à un litige.

La liberté par rapport aux intérêts de l'État est illustrée au Royaume-Uni par une affaire de 1770 dans laquelle Lord Mansfield a rendu son jugement au milieu d'une foule hurlante à l'extérieur du tribunal. Il a dit : « *Des raisons de politique sont invoquées, en raison du danger pour le royaume, des agitations et de la confusion générale. [...] La constitution ne permet pas aux raisons d'État d'influencer nos jugements : Dieu nous en préserve !* »

Pour déterminer si les juges (et donc les tribunaux) sont indépendants, les facteurs pertinents comprennent le mode de nomination du juge, la durée de son mandat, les garanties contre les pressions extérieures et l'apparence d'indépendance. Au sein d'un système judiciaire, il existe d'autres nuances, par exemple la façon d'empêcher les jeunes juges de s'en remettre à leurs collègues plus anciens dans l'espoir d'une promotion professionnelle. Ces questions sont traitées de différentes manières sont les régimes. Tous contribuent, dans une mesure plus ou moins grande, à l'étendue de l'indépendance judiciaire réelle, c'est-à-dire à la liberté d'un juge de trancher l'affaire en question librement et équitablement.

L'impartialité est étroitement liée à l'indépendance. Là encore, il est fondamental qu'un juge décide d'une affaire sur la base des preuves disponibles, sans influence, partialité ou préjugé, réel ou apparent. Les juges prêtent généralement serment lorsqu'ils acceptent leur fonction. Au Royaume-Uni, il s'agit d'administrer la justice « sans crainte ni faveur, sans affection ni mauvaise volonté ».

Il existe des critères subjectifs (découlant des préjugés ou de la partialité d'un juge particulier) et des critères objectifs (si la composition du tribunal offre une garantie suffisante d'impartialité) pour évaluer l'impartialité. Ces approches peuvent se confondre dans une affaire donnée.

Un exemple en est l'affaire *Pinochet* au Royaume-Uni, où la Chambre des lords a annulé une décision qu'elle avait rendue au motif que l'un des juges concernés avait un lien avec une organisation militante tel qu'il compromettait apparemment son indépendance. Il s'ensuit que les juges doivent divulguer tout intérêt personnel et, si nécessaire, se récuser de toute affaire dans laquelle leur impartialité pourrait être mise en doute.

En ce qui concerne les autorités de concurrence, des questions différentes se posent. Le « modèle de l'agence indépendante », selon lequel de nombreuses autorités de concurrence ont été établies en tant qu'organes distincts « indépendants », souvent dotés d'un pouvoir de décision, implique un certain degré d'indépendance opérationnelle. Il doit y avoir une base juridique solide pour les attributions de l'autorité (bien qu'elle n'ait normalement pas le même statut constitutionnel que les tribunaux) et les mêmes questions de nomination, de mandat, de rémunération, de discipline, de comportement et de révocation s'appliquent. Chaque système traite ces questions à sa manière.

Dans l'Union européenne, l'application de la politique de concurrence est confiée à la Commission par les traités (art. 245 TFUE). La Commission est libre, pendant son mandat, d'utiliser son pouvoir de décision pour faire appliquer la loi comme elle le souhaite. Elle est responsable devant le Parlement européen et les tribunaux de l'UE, mais pas devant les États membres. Aux États-Unis, le ministère de la Justice, qui fait partie de l'exécutif, applique la loi antitrust principalement par le biais des tribunaux. Les termes de son indépendance sont fixés par ses pouvoirs statutaires, mais ses activités peuvent être influencées, par le biais du système de nomination, par les politiques de l'administration actuelle. De même, la Federal Trade Commission, créée par une loi du Congrès, dispose d'une grande liberté d'action dans le cadre de sa juridiction, mais ses activités peuvent être influencées par la politique de l'administration. Au Royaume-Uni, la Competition and Markets Authority (CMA) est établie par la loi et jouit d'une grande liberté d'action ; elle est responsable de ses actions devant le Parlement (et les tribunaux). Le gouvernement contrôle ses membres, ses conditions de rémunération et son budget. Les préférences politiques du gouvernement sont exprimées par une communication (annuelle) à la CMA.

Le principe d'impartialité peut également s'appliquer aux autorités. Lorsqu'une autorité a une fonction décisionnelle, elle doit agir de manière équitable et impartiale, au risque de faire appel. Ainsi, en 2009, la décision de la Commission de la concurrence britannique dans l'affaire *BAA Airports* a été annulée par le Competition Appeal Tribunal (CAT) au motif qu'un membre du comité de décision avait des liens qui donnaient une apparence de partialité. Cette conclusion a été infirmée en appel, mais le principe selon lequel les décisions de l'autorité doivent être exemptes de tout préjugé réel ou apparent a été réaffirmé.

L'affaire *Menarini*, devant la Cour européenne des droits de l'homme (CEDH), illustre comment ces principes s'appliquent différemment aux autorités et aux tribunaux. L'article 6, paragraphe 1, de la Convention européenne des droits de l'homme dispose que « *[t]oute personne a droit à ce que sa cause soit entendue équitablement, publiquement [...], par un tribunal indépendant et impartial, établi par la loi, qui décidera, soit des contestations sur ses droits et obligations de caractère civil, soit du bien-fondé de toute accusation en matière pénale dirigée contre elle.* »

La CEDH a examiné si les procédures de l'autorité italienne de la concurrence répondaient à ces exigences et a conclu qu'elles ne le faisaient pas ; mais la majorité a décidé que le contrôle judiciaire par les tribunaux administratifs était suffisant pour satisfaire à l'article 6. Un juge (le juge Pinto de Albuquerque) n'était pas d'accord pour dire que le contrôle des tribunaux administratifs était suffisant. L'approche majoritaire a depuis été approuvée et suivie par la Cour de justice de l'UE et l'article 47 de la Charte des droits fondamentaux reflète la formulation de l'article 6, paragraphe 1, de la Convention européenne.

Cela reflète largement la position du Royaume-Uni. Une autorité de concurrence doit chercher à agir équitablement, mais, en raison de son rôle d'enquête et d'application, elle ne peut pas nécessairement rendre une décision impartiale ; il appartient aux tribunaux de remédier à toute déficience, normalement par un appel sur le fond devant le CAT.

Bibliographie

« Judicial Independence », discours de Lord Phillips of Worth Matravers (Lord Chief Justice of England and Wales), Commonwealth Law Conference, Kenya, 12 septembre 2007

CEDH, « Guide sur l'article 6 de la Convention européenne des droits de l'homme : droit à un procès équitable », mis à jour au 31 août 2021

Charte des droits fondamentaux de l'Union européenne, *JOCE* n° C 364 du 18 décembre 2000, p. 1

Convention européenne des droits de l'homme (Convention de sauvegarde des droits de l'homme et des libertés fondamentales) de 1950, telle qu'amendée par les protocoles n°s 11, 14 et 15 et complétée par le protocole additionnel et les protocoles n°s 4, 6, 7, 12, 13 et 16

ONU, Principes fondamentaux relatifs à l'indépendance de la magistrature (adoptés le 6 septembre 1985 et approuvés par les résolutions 40/32 du 29 novembre 1985 et 40/146 du 13 décembre 1985 de l'Assemblée générale)

I

INDICES DE CONCENTRATION

Ricardo RIESCO
Autorité chilienne de la concurrence

Premier aperçu

Les indices de concentration sont un ensemble de mesures visant à calculer le niveau de concentration existant sur un marché pertinent. Avec d'autres éléments, ils sont utilisés comme indicateurs initiaux du degré et/ou de l'intensité de la concurrence. En principe, une valeur élevée de l'indice de concentration indique un marché concentré avec une faible intensité de concurrence en raison de la présence de seulement quelques entreprises réalisant la plupart des ventes sur le marché en question. Les indices de concentration sont principalement utilisés comme indicateurs initiaux des effets probables d'une fusion sur un marché pertinent, comme premier outil de sélection pour évaluer si une opération soulève ou non des problèmes potentiels de concurrence et mériterait donc un examen plus approfondi.

Pour aller plus loin

Les parts de marché et les niveaux de concentration sont utiles pour fournir des indications sur la structure du marché et sur la pertinence concurrentielle des acteurs du marché. Les agences antitrust utilisent couramment des indices de concentration pour mesurer le niveau de concentration d'un marché pertinent. L'indice Herfindahl-Hirschman (IHH) est l'outil le plus courant. L'IHH est équivalent à la somme des carrés des parts de marché de chaque entreprise. L'IHH part du principe que la structure de l'industrie est en corrélation avec le comportement de ses acteurs, ce qui justifie le paradigme structure-conduite-performance. D'autres indices de concentration couramment utilisés sont les ratios de concentration (CRn), qui correspondent à la somme des parts de marché détenues par les X plus grandes entreprises sur le marché concerné.

Conformément à l'OCDE (2008), les indices de concentration ne tiennent pas compte de la taille relative des entreprises sur le marché en cause et pourraient donc être moins appropriés comme outil d'évaluation initiale des effets potentiels d'une fusion. Cependant, l'IHH donne proportionnellement plus de poids aux parts de marché plus importantes et peut donc fournir une première mesure précise du degré et/ou de l'intensité de la concurrence sur un marché pertinent.

La concentration du marché et les indices de concentration sont principalement calculés sur la base des parts de marché. Toutefois, comme le reconnaissent plusieurs lignes directrices sur les fusions (pt 19 des lignes directrices sur les fusions de l'UE et sect. 5.3 « Market Concentration » des « Horizontal Merger Guidelines » aux États-Unis), l'impact d'une fusion sur un marché pertinent doit également être évalué parallèlement à d'autres preuves des effets potentiels de la fusion sur la concurrence, comme l'évaluation d'une entrée récente ou potentielle avec une petite part de marché qui n'est pas représentative de son développement futur ; l'existence d'entreprises « non conformistes » ou d'innovateurs pertinents, qui peuvent ne pas être reflétés dans les parts de marché actuelles ; l'existence de participations croisées importantes entre les acteurs du marché (qui pourraient être évaluées plus précisément avec l'IHH modifié développé par O'Brien et Salop, 1999) ou l'existence de pratiques passées ou actuelles de coordination et/ou de facilitation entre les acteurs du marché.

L'utilisation de l'IHH est reconnue dans les lignes directrices sur les fusions dans toutes les juridictions de la concurrence comme un premier outil de dépistage pour identifier les problèmes de concurrence découlant d'une fusion, y compris dans l'UE et aux États-Unis. En général, les niveaux élevés de l'IHH, combinés aux fortes variations prévues des niveaux de l'IHH à la suite d'une fusion ou d'un delta, sont habituellement considérés comme un premier indicateur de problèmes de concurrence qui méritent probablement un examen plus approfondi d'une fusion sur un marché pertinent.

La Commission européenne considère qu'il est peu probable que des problèmes soient soulevés dans des marchés dont l'IHH post-fusion est inférieur à 1 000 points. Dans l'affaire *Sherwin-Williams/Valspar*, la Commission a considéré qu'une faible variation projetée de l'IHH résultant de la fusion (100-200 points), quelle que soit la définition plausible du marché de produits, serait le signe d'une opération qui n'aurait pas d'impact significatif sur la structure du marché. Toutefois, cette constatation initiale qu'une fusion n'est pas susceptible de réduire la concurrence sur la base des variations de l'IHH après la fusion ne donne pas lieu à une présomption légale impérative de l'existence ou de l'absence de tels problèmes.

Aux États-Unis, le DOJ et la FTC considèrent qu'un IHH inférieur à 1 500 points correspond à des marchés non concentrés, qu'un IHH compris entre 1 500 et 2 500 points indique des marchés modérément concentrés, et que les marchés fortement concentrés ont un IHH supérieur à 2 500 points (sect. 5.3 « Market Concentration », « Horizontal Merger Guidelines »). Les lignes directrices américaines considèrent que de faibles changements dans la concentration (c.-à-d. des variations de l'IHH inférieures à 100 points après la fusion) sont peu susceptibles de générer des effets négatifs sur un marché pertinent et ne nécessitent généralement pas d'analyse supplémentaire. En revanche, une présomption réfutable d'effets potentiels probables est établie lorsque des fusions ayant lieu sur des marchés très concentrés (c.-à-d. un IHH supérieur à 2 500 points) génèrent une augmentation de l'IHH post-fusion de plus de 200 points. Si les lignes directrices présument que de telles fusions sont susceptibles de renforcer le pouvoir de marché, cette présomption peut être réfutée par des preuves convaincantes démontrant le contraire. Dans l'affaire *FTC v. Staples, Inc.*, la cour a déclaré que, bien que les lignes directrices sur les fusions ne soient pas contraignantes pour elle, elles fournissent « *une illustration utile de l'application de l'IHH* ». En utilisant cette illustration, il a été considéré que des niveaux élevés d'IHH avant et après la fusion montraient une « probabilité raisonnable » d'effets anticoncurrentiels de la fusion proposée.

Au Royaume-Uni, la CMA utilise également certaines mesures de la concentration comme un premier examen afin de déterminer – comme point de départ d'une évaluation plus approfondie – si une fusion est susceptible de poser des problèmes de concurrence en l'absence de preuves plus convaincantes. Par exemple, dans l'affaire *Masstock Arable (UK) Ltd. / Dalgety Arable Ltd.*, la CMA a considéré que la faible augmentation de l'IHH après la fusion suggérait que la fusion ne soulevait aucun problème de concurrence. Les indices de concentration sont considérés comme un indicateur utile de la perspective d'une diminution substantielle de la concurrence résultant de la fusion. Toutefois, pour mesurer la concentration du marché, plutôt que l'IHH, les lignes directrices de la CMA sur l'évaluation des fusions s'appuient fortement sur les parts de marché traditionnelles et le nombre de concurrents effectifs après la fusion.

Bien que l'IHH soit devenu un outil courant dans l'analyse antitrust, il ne convient pas à tous les contextes. La logique qui sous-tend l'IHH découle directement du modèle d'oligopole de Cournot (c.-à-d. que lorsque le nombre d'entreprises diminue, le prix d'équilibre concurrentiel augmente et l'IHH augmente), qui, à son tour, est fondé sur la concurrence par les quantités, ce qui convient aux marchés où les produits sont homogènes. Lorsque le marché est caractérisé par des produits différenciés, d'autres approches techniques sont plus appropriées, car une analyse structurelle basée sur les indices de concentration pourrait conduire à des prédictions inexactes, notamment lors de l'évaluation des effets unilatéraux des fusions.

Bibliographie

Elhauge (E.) et Geradin (D.), *Global Competition Law and Economics*, 2e éd., Oxford, Hart Publishing 2011, chap. 7

Kwoka (J.), *Mergers, Merger Control and Remedies: A Retrospective Analysis of U.S. Policy*, Cambridge, The MIT Press, 2014

O'Brien (D. P.) et Salop (S. C.), « Competitive Effects of Partial Ownership: Financial Interest and Corporate Control », *Antitrust LJ*, 1999-2000, vol. 67, p. 559

OCDE, « Market Concentration – Issues paper by the Secretariat », DAF/COMP/WD(2018)46, 20 avril 2018

Parker (J.) et Majumdar (A.), *UK Merger Control*, 2e éd., Oxford, Hart Publishing, 2016, chap. 11

DOJ et FTC, « Horizontal Merger Guidelines », 2010

Lignes directrices sur l'appréciation des concentrations horizontales au regard du règlement du Conseil relatif au contrôle des concentrations entre entreprises, JOUE no C 31 du 5 février 2004, p. 5

I

INFORMATIONS FAUSSES OU TROMPEUSES

Lionel LESUR
Franklin

■ Premier aperçu

Si les règles de concurrence sanctionnent dans certains cas la communication d'informations fausses ou trompeuses sur le marché (v. en particulier l'art. L. 442-9 C. com.), c'est pour l'essentiel la soumission d'informations fausses ou trompeuses, mais également incomplètes, à destination des autorités de concurrence qui est appréhendée par les règles de concurrence européennes et françaises, tant en matière antitrust que de contrôle des concentrations. Il est vrai que cela peut altérer leur analyse et donc affecter le contenu, voire le sens, de leur décision finale.

L'article L. 430-8 III du code de commerce prévoit ainsi qu'« *[e]n cas d'omission ou de déclaration inexacte dans une notification, l'Autorité de la concurrence peut infliger aux personnes ayant procédé à la notification une sanction pécuniaire* ». Cette sanction peut atteindre 5 % du chiffre d'affaires annuel réalisé en France et s'accompagner du retrait de la décision d'autorisation. Vico a été sanctionnée à hauteur de 10 000 euros pour avoir omis de signaler l'acquisition d'une autre société sur le même marché, provoquant le retrait de la décision d'autorisation, fondée sur des « *motifs erronés* », et l'adoption d'une nouvelle décision.

Dans le même sens, l'article 14, paragraphe 1 a), du règlement (CE) n° 139/2004 dispose que les parties notifiantes qui, de propos délibéré ou par négligence, « *fournissent un renseignement inexact ou dénaturé dans un mémoire, une certification, une notification ou un complément de celle-ci* » et/ou une demande de renseignement sont passibles d'amendes jusqu'à 1 % de leur chiffre d'affaires total. Sur cette base, la Commission a récemment imposé des amendes significatives à Facebook (110 millions d'euros – fourniture, « *tout au moins* » par négligence, d'informations inexactes ou dénaturées) et à General Electric

(52 millions d'euros – fourniture d'informations inexactes, bien que par négligence). Une fourniture sous astreinte (jusqu'à 5 % du chiffre d'affaires total journalier) peut également être imposée.

Plus généralement, et notamment en matière antitrust, toute entreprise peut être sanctionnée pour avoir fourni à l'Autorité, dans le cadre d'une enquête ou d'une instruction, « *des renseignements incomplets ou inexacts, ou en communiquant des pièces incomplètes ou dénaturées* » (art. L. 464-2, V C. com.). La sanction peut atteindre 1 % du chiffre d'affaires mondial annuel (première amende de 30 millions d'euros imposée à Brenntag pour obstruction à l'enquête et à l'instruction).

Au niveau européen, la Commission peut infliger aux entreprises des amendes jusqu'à 1 % du chiffre d'affaires total lorsque « *de propos délibéré ou par négligence : a) elles fournissent un renseignement inexact ou dénaturé en réponse à une demande [de la Commission]* » (règlement (CE) n° 1/2003, art. 23, para. 1 a) ; p. ex., amende de 27 413 francs imposée à Peugeot pour avoir fourni des renseignements inexacts, soit de façon délibérée, soit par négligence).

Plus récemment, la directive ECN + du 11 décembre 2018 consacre la possibilité pour les autorités nationales de concurrence d'infliger aux entreprises des amendes « *lorsque, de propos délibéré ou par négligence [...] elles fournissent une réponse incorrecte ou trompeuse, elles omettent ou refusent de fournir une réponse complète* » (art. 13, para. 2 c)).

■ Pour aller plus loin

Plus spécifiquement, l'article L. 442-9 I du code de commerce (modifié en 2019) sanctionne également de « *deux ans d'emprisonnement et de 30 000 € d'amende* » la diffusion d'informations mensongères ou calomnieuses visant à « *opérer la hausse ou la baisse artificielle soit du prix de biens ou de services, soit d'effets publics ou privés, notamment à l'occasion d'enchères à distance* ».

Tant au niveau français qu'au niveau européen, ces évolutions normatives et politiques de sanction plus marquées et assumées publiquement par les autorités démontrent une surveillance plus stricte, dans un double objectif de prévention et de répression, à l'égard de toute infraction procédurale et, notamment, de la soumission aux autorités de concurrence d'informations fausses, trompeuses ou incomplètes, qu'elle soit délibérée ou par simple négligence, et ce, quels qu'en soient le cadre et l'auteur, ou même son influence éventuelle sur l'analyse de la Commission. Une vigilance accrue est donc nécessaire, particulièrement pour les multinationales notifiant régulièrement des concentrations aux autorités de concurrence.

Bibliographie

Aut. conc., « Lignes directrices de l'Autorité de la concurrence relatives au contrôle des concentrations », 2020

Directive (UE) 2019/1 du Parlement européen et du Conseil du 11 décembre 2018 visant à doter les autorités de concurrence des États membres des moyens de mettre en œuvre plus efficacement les règles de concurrence et à garantir le bon fonctionnement du marché intérieur (directive ECN +), *JOUE* n° L 11 du 14 janvier 2019, p. 3

Règlement (CE) n° 802/2004 du 21 avril 2004 concernant la mise en œuvre du règlement (CE) n° 139/2004 du 20 janvier 2004 relatif au contrôle des concentrations entre entreprises, *JOUE* n° L 133 du 30 avril 2004, p. 1

Règlement (CE) n° 139/2004 du Conseil du 20 janvier 2004 relatif au contrôle des concentrations entre entreprises (« le règlement CE sur les concentrations »), *JOUE* n° L 24 du 29 janvier 2004, p. 1

Règlement (CE) n° 1/2003 du Conseil du 16 décembre 2002 relatif à la mise en œuvre des règles de concurrence prévues aux articles 81 et 82 du traité, *JOCE* n° L 1 du 4 janvier 2003

I

INSTITUTIONS EUROPÉENNES DE CONCURRENCE

Michel PETITE
Clifford Chance

Premier aperçu

La politique de concurrence de l'Union est mise en œuvre par la Commission européenne et par les autorités nationales de concurrence. Ces institutions n'ont cessé de prendre de l'importance. La Commission européenne joue un rôle central, en instruisant les restrictions à la concurrence affectant les marchés de plusieurs États membres, les concentrations de dimension européenne, et tous les dossiers d'aide d'État. Elle coordonne aussi l'application du droit de la concurrence par les autorités nationales, notamment en ayant institué avec elles un Réseau européen de la concurrence, dans lequel sont diffusées toutes les décisions et débattues les principales orientations et nouvelles questions posées par les évolutions du droit de la concurrence. Les autorités nationales appliquent leur droit national aux affaires internes à leur État, en conformité avec le droit européen.

Pour aller plus loin

Le traité sur le fonctionnement de l'Union européenne prévoit que l'Union dispose d'une compétence exclusive pour « *l'établissement des règles de concurrence nécessaires au fonctionnement du marché intérieur* » (art. 3 TFUE).

Il s'ensuit que les principales dispositions de droit substantiel de la concurrence, au-delà des articles de base du traité, sont adoptées par les institutions de l'Union dotées de fonctions législatives. En l'occurrence sur une procédure spéciale : adoption par le Conseil, sur proposition de la Commission, après simple consultation du Parlement européen. C'est notamment le cas du règlement (CE) n° 1/2003 pour la mise en œuvre des articles 101 (ententes) et 102 (abus de position dominante), du règlement (CE) n° 139/2004 pour le contrôle des concentrations et du règlement (UE) 2015/1589 pour le contrôle des aides d'État.

La mise en œuvre du droit de la concurrence dans l'Union s'opère par une combinaison entre la Commission européenne, qui joue un rôle central, et les autorités nationales de concurrence. Ainsi a été institutionnalisé un Réseau européen de la concurrence, qui contribue fortement à une application coordonnée à tous les niveaux du droit de la concurrence.

Selon les domaines du droit de la concurrence, la combinaison entre la Commission et les autorités nationales est plus ou moins resserrée.

Elle est forte dans le domaine des ententes et abus de position dominante, où le droit européen s'applique dès que le commerce entre États membres est susceptible d'être affecté. Depuis le règlement (CE) n° 1/2003, les rapports entre droit européen et droits nationaux de la concurrence, et par voie de conséquence entre les autorités correspondantes, sont largement clarifiés : les autorités nationales ont compétence pour appliquer les articles 101 et 102 TFUE conformément à leurs règles de droit interne ; en revanche, la Commission conserve une priorité de compétence, qui dessaisit l'autorité nationale, lorsqu'elle ouvre une procédure. En outre, les autorités nationales doivent informer la Commission des procédures qu'elles ouvrent et de leur évolution, ce qui permet éventuellement à celle-ci d'assurer une bonne cohérence des décisions prises au niveau national. Elle le fait soit par contact direct avec l'autorité nationale, soit *via* le Réseau européen de la concurrence lorsqu'il s'agit de débattre de questions plus générales ou systémiques.

Pour les concentrations d'entreprises, la Commission a une compétence exclusive pour les opérations de dimension européenne, ainsi déterminées par une double série de seuils, en fonction du montant du chiffre d'affaires, mondial et européen. L'opération perd cependant sa dimension européenne si les entreprises réalisent deux tiers de leur chiffre d'affaires dans un seul État membre.

La compétence exclusive de la Commission au-dessus des seuils résulte de l'évidente nécessité d'un « guichet unique » pour ces opérations, évitant les compétences concurrentes de multiples autorités nationales. En dessous des seuils, les autorités nationales redeviennent compétentes.

Cependant, des mécanismes de renvoi sont prévus :
- soit permettant à la Commission de renvoyer une concentration vers l'autorité d'un État membre dont l'opération affecterait très particulièrement le marché ;
- soit, plus souvent, permettant à l'autorité nationale ou aux entreprises de renvoyer à la Commission des opérations de faible valeur mais à forte sensibilité. Récemment, la Commission a étendu cette possibilité de renvoi vers elle à la

demande d'autorités nationales, à des opérations pour lesquelles ces autorités n'étaient pas elles-mêmes compétentes.

Enfin, dans le domaine des aides d'État, le principe est celui de la compétence exclusive de la Commission. Toute aide doit être notifiée à la Commission, en vue d'une décision sur sa compatibilité. Certaines catégories d'aides en sont dispensées dans des conditions définies par des « règlements d'exemption ». Par ailleurs, la Commission a développé un volumineux corpus de « lignes directrices », par lesquelles elle précise le sens de ses décisions futures.

Les autorités nationales ne jouent aucun rôle décisionnaire dans le domaine des aides d'État, à l'exception des juridictions nationales qui doivent déclarer inopérantes les aides « illégales » (c'est-à-dire qui auraient dû être notifiées et ne l'ont pas été), et les autorités chargées de la récupération par l'État des aides déclarées « incompatibles avec le marché intérieur » par la Commission.

Il convient enfin de signaler que dans le cadre de l'Espace économique européen, une autorité de surveillance de l'Association européenne de libre-échange (AELE) fonctionne vis-à-vis de la Norvège, de l'Islande et du Liechtenstein, comme la Commission européenne vis-à-vis des États membres de l'Union.

Cette autorité se concerte sur le fond de manière suivie avec la Commission. Elle est compétente lorsque seul le commerce intra-AELE est en cause, et lorsque plus d'un tiers du chiffre d'affaires des entreprises concernées est couvert par l'accord EEE. Dans les autres cas, c'est la Commission européenne qui instruit. La Norvège surtout lui fournit un flux régulier de notifications d'aides d'État.

Les modalités de prise de décision par la Commission européenne sont complexes et sophistiquées :

- seules les décisions importantes et les décisions finales statuant sur une affaire sont prises par le collège des commissaires. La proposition de décision vient de la Direction générale de la concurrence, après avoir reçu l'aval du Service juridique de la Commission. Elle est soumise aux cabinets des 26 commissaires, puis à la réunion des chefs de cabinet qui préparent la réunion hebdomadaire de la Commission. S'il y a des divergences entre services ou commissaires, elles sont en général réglées lors de ces réunions préparatoires, de sorte que le collège des commissaires puisse formellement adopter la décision sans débat ;
- les dossiers de concurrence suivent un traitement très normé, impliquant une série de décisions intermédiaires de la Commission. Ces décisions sont prises par habilitation du commissaire à la concurrence, ou par délégation à la hiérarchie de la Direction générale, selon leur importance ;
- la coopération est étroite avec le Service juridique de la Commission, qui dispose d'une équipe dédiée à la concurrence (ententes et acquisitions d'entreprises), et d'une autre

aux aides d'État. La raison en est que les décisions en matière de concurrence font de plus en plus souvent l'objet de recours contentieux devant la Cour de justice, de la part non seulement des destinataires des décisions de la Commission, mais aussi des concurrents de ces destinataires. Le Service juridique s'assure donc que les décisions de la Commission, qu'il devra défendre devant la Cour, sont juridiquement suffisamment robustes ;

- avant d'être adoptés par la Commission, les projets de décision sont encore soumis pour avis aux comités consultatifs des représentants des autorités nationales des États membres. La coopération au sein du réseau des autorités de concurrence est devenue suffisamment forte pour que les avis de ces comités ne suscitent que rarement la controverse.

Le service opérationnel de la Commission chargé de l'instruction des dossiers de concurrence est la Direction générale de la concurrence, forte de 850 fonctionnaires environ. Elle est divisée en trois grandes sections (ententes, concentrations, aides d'État), qui recoupent des directions sectorielles (énergie et environnement, communication et médias, services financiers, industries de base, transports et autres services). Chaque dossier est instruit par une équipe (« *case team* ») issue d'un de ces secteurs. La Direction générale s'appuie aussi sur un service de « *chief economist* », et sur une direction chargée de la politique générale de concurrence.

La procédure suivie au sein de la Commission est de type « administrative », au contraire des systèmes de concurrence impliquant une décision de la part d'une juridiction. Il a ainsi été critiqué que la Commission puisse à la fois instruire les enquêtes, décider de leur issue, et éventuellement appliquer des sanctions, parfois très lourdes.

La Commission y répond de deux manières :

- d'une part en ayant institué de sérieux éléments de « contradictoire » dans sa procédure interne : droit de réponse à la communication des griefs ; droit à un « *hearing* » présidé par un « *hearing officer* » indépendant des services de la Direction générale de la concurrence ;
- d'autre part en constatant que les décisions de la Commission sont soumises au contrôle de la Cour de justice, de pleine juridiction en matière de concurrence.

Bibliographie

Chagny (M.), « Décision de demande de renseignement : quelles limites aux pouvoirs de la Commission ? », *AJCA* 2014, p. 89

Charbit (N.) et Moretto (Th.) (dir.), *Frédéric Jenny Liber Amicorum Volume II: Standing Up for Convergence and Relevance in Antitrust*, New York, Concurrences, 2021

Decocq (A.) et (G.), *Droit de la concurrence : droit interne et droit de l'Union européenne*, 7e éd., Issy-les-Moulineaux, LGDJ-Lextenso, 2016, p. 383 et s.

Forrester (I.), « The European Commission and the ECN: Imagining the New Era – I would not start from here », in *European Competition Law Annual 2014: Institutional Change and Competition Authorities*, Ph. Lowe et M. Marquis (dir.), Oxford, Hart Publishing, 2015

Gaulard (G.), *La pleine juridiction du juge de l'Union européenne en droit de la concurrence : contrôle et compétence sur les amendes*, Bruxelles, Bruylant, 2020

Giacobbo-Peyronnel (V.) et Verdure (C.) (dir.), *Contentieux du droit de la concurrence de l'Union européenne : questions d'actualité et perspectives*, Bruxelles, Bruylant, 2017, p. 81 et s.

Idot (L.) « Regards sur la modernisation du contrôle des aides d'État », *Concurrences* n° 4-2014, art. n° 69357, p. 83

Picod (F.) (dir.), *Guide européen de droit des affaires 2021-2022*, Paris, LexisNexis, 2021, p. 153 et s.,

Prieto (C.) et Bosco (D.), *Droit européen de la concurrence : ententes et abus de position dominante*, Bruxelles, Bruylant, 2013, p. 1117 et s.

Vogel (L.), *Traité de droit économique, t. 1 : Droit de la concurrence : droit européen*, 3e éd., Bruxelles, Bruylant, 2020

Wils (W. P. J.), « EU antitrust enforcement powers and procedural rights and guarantees: The interplay between EU law, national law, the Charter of fundamental rights of the EU and the ECHR », *Concurrences* n° 2-2011, art. n° 35620, p. 41

Règlement (UE) 2015/1589 du Conseil du 13 juillet 2015 portant modalités d'application de l'article 108 du traité sur le fonctionnement de l'Union européenne, *JOUE* n° L 248 du 24 septembre 2015, p. 9

Règlement (CE) n° 139/2004 du Conseil du 20 janvier 2004 relatif au contrôle des concentrations entre entreprises (« le règlement CE sur les concentrations »), *JOUE* n° L 24 du 29 janvier 2004, p. 1

Règlement (CE) n° 1/2003 du Conseil du 16 décembre 2002 relatif à la mise en œuvre des règles de concurrence prévues aux articles 81 et 82 du traité, *JOCE* n° L 1 du 4 janvier 2003, p. 1

I

INTERNATIONAL COMPETITION NETWORK (ICN)

Giuliana GALBIATI
Autorité de la concurrence

■ Premier aperçu

L'International Competition Network (ICN), ou Réseau international de concurrence (RIC), est un réseau informel d'autorités de concurrence qui vise, par l'élaboration de projets thématiques, à favoriser la coopération internationale entre autorités et à promouvoir la convergence entre les droits et les politiques de concurrence applicables dans le monde, afin d'améliorer la mise en œuvre des règles de concurrence sur le plan international.

Créé à l'automne 2001 par 15 agences de concurrence (Afrique du Sud, Allemagne, Australie, Canada, Corée, États-Unis, France, Israël, Italie, Japon, Mexique, Royaume-Uni, Union européenne et Zambie), l'ICN compte aujourd'hui parmi ses membres 140 autorités de concurrence du monde entier, ainsi que des centaines d'experts non gouvernementaux (avocats, juristes, économistes, universitaires, magistrats, etc.) représentant la société civile, désignés par les autorités membres. L'ICN entretient par ailleurs des liens réguliers avec certaines organisations internationales travaillant dans des domaines proches, telles que l'Organisation de coopération et de développement économiques (OCDE) et la Conférence des Nations Unies sur le commerce et le développement (CNUCED).

Les travaux de l'ICN s'organisent principalement autour de cinq groupes de travail, spécialisés sur les sujets d'ententes (Cartel Working Group), de pratiques unilatérales (Unilateral Conduct Working Group), de contrôle des concentrations (Merger Working Group), de promotion de la culture de concurrence (Advocacy Working Group) et de méthodes de travail et d'organisation des agences (Agency Effectiveness Working Group). Chaque groupe de travail est présidé par trois autorités de concurrence, désignées pour une durée de trois ans. Par ailleurs, le comité de pilotage de l'ICN est également amené à conduire certains projets de nature plus transversale.

Les travaux réalisés par les groupes de travail, comme la rédaction de guides de bonnes pratiques ou d'autres documents de référence, établis sur la base du consensus, ont une nature juridique non contraignante. L'ICN organise chaque année une conférence visant à présenter ses travaux et à aborder les sujets d'actualité. Les membres de l'ICN se retrouvent par ailleurs, à distance ou en présentiel, lors d'évènements tels que des webinaires ou des ateliers de travail. Les nombreux documents produits par l'ICN ainsi que les programmes de travail des groupes et les évènements peuvent être consultés sur son site internet (https://www.internationalcompetitionnetwork.org/).

■ Pour aller plus loin

L'ICN est organisé sous forme de réseau informel, sans siège ni personnel propres, le secrétariat étant assuré par l'autorité canadienne. Il est dirigé par un comité de pilotage (« *steering group* »), avec à sa tête un président, épaulé par deux vice-présidents, et composé de vingt et un membres (actuellement, les autorités d'Afrique du Sud, Allemagne, Australie, Brésil, Canada, Colombie, Corée, États-Unis (DOJ et FTC), France, Hongrie, Italie, Japon, Kenya, Mexique, Portugal, Royaume-Uni, Russie, Singapour, Turquie et Union européenne).

Occupant cette fonction depuis 2013, le président de l'ICN est actuellement Andreas Mundt, président du Bundeskartellamt. Il a succédé à Eduardo Perez Motta – Mexique (2012), John Fingleton – Royaume-Uni (2009), Sheridan Scott – Canada (2007), Ulf Böge – Allemagne (2004), Fernando Sánchez Ugarte – Mexique (2003) et Konrad von Finckenstein – Canada (2001). Le mandat du président est renouvelable tous les deux ans.

Le fonctionnement et les missions de l'ICN sont détaillés dans un document cadre opérationnel révisé en 2012 (https://www.internationalcompetitionnetwork.org/wp-content/uploads/2018/07/ICNOperationalFramework.pdf).

Bibliographie

Anderson (D.) et Lugard (P.) (dir.), *The International Competition Network at Twenty: Origins, Accomplishments and Aspirations*, New York, Concurrences, 2022

Coppola (M.), « One network's effect: The rise and future of the ICN », *Concurrences* nº 3-2011, art. nº 37133, p. 222

Coppola (M.), Kraus (E.), Lagdameo (C.), O'Brien (P.) et Tritell (R.), « (Nearly) A Century with the ICN », *Competition Policy International*, 2020

Devellennes (Y.) et Kiriazis (G.), « Vers un réseau international de la concurrence », *LPA* 18 déc. 2001, nº PA200125102, p. 20

▶

Fingleton (J.), « The ICN's Vision for its Second Decade », speech, ICN Annual Conference, 2011

Hollman (H. M.) et Kovacic (W. E.), « The International Competition Network: Its Past, Current and Future Role », *Minnesota Journal of International Law*, 2011, vol. 20, n° 2, p. 274

Lugard (P.), *The International Competition Network at Ten: Origins, Accomplishments and Aspirations*, Cambridge, Intersentia, 2011

Mundt (A.), « Entering the ICN's Third Decade », 2021

O'Brien (P.), « The ICN: Using 20 Years of Network Effects to Look to the Future », *Antitrust Magazine Online*, 2021

Picard (L.), « Le Réseau international de la concurrence », *Notes de synthèse*, Centre d'études sur l'intégration et la mondialisation, 2009

Townley (Ch.), Guidi (M.) et Tavares (M.), *The Law and Politics of Global Competition: Influence and Legitimacy in the International Competition Network*, Oxford University Press, 2022

I

INVESTISSEMENTS DIRECTS ÉTRANGERS

Thomas FAGART
Cour d'appel de Paris

■ Premier aperçu

L'Insee définit les investissements directs étrangers (IDE) comme « *les investissements qu'une unité institutionnelle résidente d'une économie effectue dans le but d'acquérir un intérêt durable dans une unité institutionnelle résidente d'une autre économie et d'exercer une influence significative sur sa gestion dans le cadre d'une relation à long terme* ».

Les IDE peuvent prendre la forme de titres de participation (achat d'actions, apports au capital, réinvestissement des bénéfices) ou de titres de créances (obligations, prêts, dépôts, crédits commerciaux).

Les IDE se différencient des investissements de portefeuille par les notions de relation à long terme et d'influence sur la gestion de l'entreprise cible de l'investissement présentes dans la définition. En théorie, les IDE impliquent un pouvoir de décision de l'investisseur sur l'unité institutionnelle rachetée (totalement ou partiellement), ou construite à l'étranger.

Statistiquement, on considère qu'un investissement est un IDE à partir de l'instant où l'investisseur possède au moins 10 % du capital de l'unité institutionnelle cible. Les investissements directs comprennent donc l'ensemble des opérations qui établissent la relation entre les deux unités. Les statistiques internationales prennent donc en compte dans les IDE des opérations où la prise de participation est minoritaire et où l'influence de l'investisseur sur les décisions de l'unité institutionnelle cible est pratiquement nulle. De la même manière, une prise de participation inférieure à 10 % peut permettre à l'investisseur d'exercer une certaine influence sur l'unité institutionnelle cible lorsque son actionnariat est particulièrement éclaté, mais ne sera pas prise en compte dans le calcul statistique des IDE.

■ Pour aller plus loin

On peut distinguer plusieurs formes d'IDE, suivant l'objectif poursuivi vis-à-vis de l'entité cible et son niveau d'intégration dans la chaîne de production de l'entreprise.

- Lorsqu'il s'agit de création d'une nouvelle filiale *ex nihilo* et que l'investissement se concrétise par l'installation de matériel (moyens de production, bureaux, surfaces de vente, etc.) et le recrutement de nouveaux employés, on parle d'IDE de création.
- Lorsque l'investissement prend la forme d'une acquisition d'une entité étrangère déjà existante, on parle d'IDE d'acquisition. Les fusions-acquisitions transfrontalières, soumises au droit de la concurrence, rentrent dans cette catégorie.
- Lorsque l'investissement consiste en un apport de fonds à une filiale déjà existante, dans l'objectif d'accroître sa capacité, on parle d'IDE d'extension.
- Lorsque l'investissement a pour but de soutenir l'activité d'une filiale en difficultés financières, on parle d'IDE de restructuration.

Enfin, on différencie les IDE horizontaux des IDE verticaux en fonction du positionnement de l'entité cible par rapport à la chaîne de production de l'entité mère. Dans un IDE horizontal, la filiale va produire des biens identiques à la maison mère, l'intérêt principal de ce type d'IDE étant de rapprocher la production des consommateurs afin de diminuer l'impact des différents obstacles aux échanges internationaux (barrières tarifaires ou réglementaires et coûts de transport). À l'inverse, dans un IDE vertical, la filiale complète la chaîne de production de l'entité acquéreur. L'entreprise cible produit alors un bien différent de celui de l'entreprise mère, pouvant soit compléter la gamme de produits du groupe, soit se situer en amont de la chaîne de production, en internalisant ainsi la production d'un des entrants de cette chaîne de la production, ou en aval, afin de se rapprocher du consommateur final.

Bibliographie

Canh (N. P.), Binh (N. T.), Thanh (S. D.) et Schinckus (C.), « Determinants of foreign direct investment inflows: The role of economic policy uncertainty », *International Economics*, 2020, vol. 161, p. 159

Head (K.) et Spencer (B. J.), « Oligopoly in International Trade: Rise, Fall and Resurgence », *Canadian Journal of Economics / Revue canadienne d'économique*, 2017, vol. 50, n° 5, p. 1414

Insee, Définition « Investissements directs étrangers », 2019

OCDE, *Définition de référence de l'OCDE des investissements directs internationaux : Quatrième édition 2008*, Paris, Éditions OCDE, 2010

Rodriguez-Clare (A.), Ramondo (N.) et Tintelnot (F.), « Multinational Production: Data and Stylized Facts », *American Economic Review*, 2015, vol. 105, n° 5, p. 530

I

INVESTISSEUR PRIVÉ EN ÉCONOMIE DE MARCHÉ

Marie-Pascale HEUSSE
BNP Paribas

Premier aperçu

La notion d'investisseur privé en économie de marché est le standard juridique de référence, utilisé par la Commission européenne (ci-après la « Commission ») et contrôlé par la Cour de justice de l'Union européenne (ci-après la « Cour »), pour apprécier l'existence ou non d'une aide d'État au sens de l'article 107 TFUE en cas d'intervention publique dans la vie économique d'un État membre.

Ce standard est né de la coexistence de deux principes de droit de l'Union européenne :

- d'une part, le droit pour les États membres d'intervenir dans l'économie. En ne préjugeant « *en rien [du] régime de la propriété dans les États membres* », l'article 345 TFUE reconnaît en effet que les États membres sont libres d'entreprendre des activités économiques, au même titre que des entreprises privées, par exemple par le biais de prise d'une participation – même majoritaire – dans une entreprise ;
- d'autre part, le devoir des États membres de ne pas fausser la concurrence en favorisant une entreprise ou une production donnée ; l'article 107 du TFUE prévoyant qu'une aide accordée par un État membre est incompatible avec le marché intérieur si elle fausse ou menace de fausser la concurrence en favorisant certaines entreprises/productions et si elle affecte les échanges entre les États membres.

L'application concomitante de ces dispositions par la Commission a résulté dans la création d'un test spécifique (dit de l'« investisseur privé en économie de marché ») dont l'objet est de vérifier si, dans des circonstances et des conditions similaires, un opérateur privé aurait effectué les mêmes investissements que l'État membre en question, et de déceler, en cas de réponse négative, l'existence d'une aide publique entrant dans le champ de l'article 107 TFUE.

À l'image de la notion de « bon père de famille » consacrée par le droit français, la notion d'investisseur privé en économie de marché permet donc de mesurer le caractère « normal » ou « raisonnable » du comportement économique d'un État membre afin de s'assurer que ce comportement n'enfreint pas les dispositions du TFUE relatives aux aides d'État.

■ Pour aller plus loin

Le test a été très tôt consacré par le juge de l'Union (CJCE, 10 juillet 1986, *Belgique c/ Commission*, aff. 40/85, pt 13 : « *En vue de vérifier si une [...] mesure présente le caractère d'une aide étatique, il est pertinent d'appliquer le critère [...] indiqué dans la décision de la Commission* »), qui l'a encadré et en a régulièrement précisé la portée, en jugeant par exemple que « *si le comportement de l'investisseur privé, auquel doit être comparée l'intervention des pouvoirs publics [...] n'est pas nécessairement celui de l'investisseur ordinaire plaçant des capitaux en vue de leur rentabilisation à plus ou moins court terme, il doit, au moins, être celui d'un holding privé ou d'un groupe privé d'entreprises [...] guidé par des perspectives de rentabilité à plus long terme* » (CJCE, 21 mars 1991, *Italie c/ Commission*, aff. C-305/89, pt 20 ; CJCE, 14 septembre 1994, *Royaume d'Espagne c/ Commission*, aff. 42/93, pt 14 ; CJCE, 3 mai 1996, *RFA c/ Commission*, aff. C-399/95 R ; TPICE, 18 décembre 2008, *Componenta c/ Commission*, aff. T-455/05, pt 86 ; Trib. UE, 21 mai 2010, *France e.a. c/ Commission*, aff. jtes T-425/04, T-444/04, T-450/04 et T-456/04, spéc. pt 216).

L'utilisation du test de l'investisseur privé relève du pouvoir discrétionnaire de la Commission. Pour autant, la pratique de la Cour l'a progressivement conduite à contrôler la méthode employée par la Commission en s'assurant notamment du caractère *in concreto* de l'analyse. La Cour juge en effet que la Commission doit mener son analyse « *compte tenu des circonstances de chaque cas d'espèce* » (Trib. UE, 15 décembre 2009, *EDF c/ Commission*, aff. T-156/04, pt 233) et se replacer dans le contexte économique et temporel en vigueur lors de l'investissement public (CJCE, 3 octobre 1991, *Italie c/ Commission*, aff. C-261/89, pt 12).

Cette position a conduit la Cour à refuser, dans la mise en œuvre du test, les analyses *ex post* « *pour rechercher si l'État a adopté ou non le comportement d'un investisseur avisé dans une économie de marché, il y a lieu de se replacer dans le contexte de l'époque au cours de laquelle les mesures de soutien [...] ont été prises pour évaluer la rationalité économique du comportement de l'État et donc de s'abstenir de toute appréciation fondée sur une situation postérieure* », la Commission devant s'appuyer sur les « *informations disponibles et [en tenant compte des] évolutions prévisibles à la date desdits apports* » (CJCE, 16 mai 2002, *France c/ Commission*, aff. C-482/99, pts 71 et 70)

Très fréquemment utilisé dans la pratique de la Commission et la jurisprudence de la Cour, le recours au critère de l'investisseur privé s'étend aujourd'hui bien au-delà de l'hypothèse d'une prise de participation publique dans le capital d'une entreprise et a été décliné au gré des différentes facettes de l'État intervenant comme un opérateur économique : cession de biens, fourniture de prestation, achat de service, abandon de créance, mise à disposition de capitaux, consentement à un prêt ou à une garantie, etc. Cette utilisation extensive conduit parfois à renommer ce standard « test de l'opérateur privé en économie de marché » comme pour mieux souligner que son application très large recouvre tous les visages économiques que peuvent prendre l'État et ses démembrements.

Bibliographie

Communication de la Commission relative à la notion d'« aide d'État » visée à l'article 107, paragraphe 1, du traité sur le fonctionnement de l'Union européenne, *JOUE* n° C 262 du 19 juillet 2016, p. 1

Communication de la Commission relative à l'application des articles 92 et 93 CEE et de l'article 5 de la directive 80/723/CEE aux entreprises du secteur manufacturier, *JOCE* n° C 307 du 13 novembre 1993, p. 3

Communication de la Commission relative à l'application des articles 92 et 93 CEE aux prises de participation des autorités publiques dans les capitaux des entreprises, *Bull. CE* 9-1984

Directive 2006/111/CE de la Commission du 16 novembre 2006 relative à la transparence des relations financières entre les États membres et les entreprises publiques ainsi qu'à la transparence financière dans certaines entreprises, *JOUE* n° L 318 du 17 novembre 2006, p. 17

J

JURIDICTIONS SPÉCIALISÉES

Béatrice CHARLIER-BONATTI
Tribunal judiciaire de Paris

■ Premier aperçu

En ce qui concerne la compétence matérielle, l'action en concurrence déloyale doit être portée devant les juridictions de droit commun : tribunal de commerce, tribunal judiciaire ou conseil de prud'hommes. Les litiges entre commerçants relèvent du tribunal de commerce.

En revanche, conformément aux articles L. 615-19 et L. 716-3 du code de la propriété intellectuelle, les actions portant à la fois sur une contrefaçon de brevet ou de marque et des actes de concurrence déloyale relèvent obligatoirement de la compétence du tribunal judiciaire. Il en va de même lorsque les deux parties sont des non-commerçants. C'est le cas des litiges entre professions libérales. Quand un commerçant attaque un non-commerçant, il doit le faire devant le tribunal judiciaire. En revanche, si un non-commerçant désire agir contre un commerçant, il a le choix du type de tribunal. Enfin, il faut saisir les prud'hommes si la concurrence déloyale, pour les aspects ayant trait aux agissements d'un salarié, est liée au comportement dudit salarié – notamment la violation de l'obligation générale de loyauté du salarié envers son employeur. Le plus souvent, le comportement déloyal intervient par la violation d'une clause de non-concurrence.

■ Pour aller plus loin

Concernant la compétence territoriale, le demandeur peut porter l'affaire devant la juridiction du domicile du défendeur, celle du lieu du fait dommageable ou encore celle du lieu où le dommage a été subi. Il existe des compétences territoriales spéciales en matière de brevet.

Concernant les actions indemnitaires du fait de pratiques anticoncurrentielles, elles relèvent de la compétence :

- soit des juridictions de l'ordre judiciaire spécialisées en application de l'article L. 420-7 du code de commerce ;

- soit des juridictions de l'ordre administratif lorsque la personne publique est soit auteur (Cass. 1re civ., 29 septembre 2004, *EDF c/ SNIET*, n° 02-18.335 ; CAA Paris, 14 juin 2010, *M. Scalet c/ FFF et LFP*, n° 08PA00502), soit victime de la pratique anticoncurrentielle (CE, 19 décembre 2007, *Société Campenon Bernard*, n° 268918 ; T. conf., 16 novembre 2015, *Région Île-de-France c/ M. Nautin et autres* n° C4035).

En application de l'article L. 420-7 du code de commerce, des juridictions de l'ordre judiciaire sont désignées dans la partie réglementaire de ce même code (art. R. 420-3, R. 420-4 et R. 420-5 C. com. pour la métropole, et R. 914-1, R. 924-1, R. 954-1 C. com. pour les collectivités d'outre-mer) afin de connaître de tout litige relatif à l'application des règles énoncées aux articles L. 420-1 à L. 420-5 C. com. ainsi qu'aux articles 101 et 102 (anciens art. 81 et 82 TCE) TFUE, et ceux dans lesquels ces dispositions sont invoquées. En première instance, ces juridictions spécialisées sont au nombre de huit (Marseille, Bordeaux, Tourcoing, Fort-de-France, Lyon, Nancy, Paris et Rennes).

En appel, la cour d'appel de Paris est exclusivement compétente pour connaître des appels exercés contre les décisions rendues par les juridictions désignées en première instance. Des précisions concernant la désignation des juridictions compétentes à Mayotte et aux îles Wallis et Futuna sont précisées dans l'article 8 de l'ordonnance n° 2017-303 du 9 mars 2017 relative aux actions en dommages et intérêts du fait des pratiques anticoncurrentielles.

Dans le cadre d'une action ayant pour objet la réparation des préjudices nés de la commission de pratiques anticoncurrentielles, le demandeur fonde ses prétentions sur le droit de la responsabilité civile en invoquant la commission par le défendeur d'une pratique anticoncurrentielle définie aux articles L. 420-1 à L. 420-5 C. com. et aux articles 101 et 102 TFUE. Dès lors que ces dernières dispositions sont invoquées dans le cadre de la démonstration du fait générateur de responsabilité, l'action indemnitaire relève de la compétence des juridictions civiles et commerciales spécialisées précitées (v. Cass. com., 9 novembre 2010, n° 10-10.937). Il s'agit d'une compétence exclusive sanctionnée par une fin de non-recevoir d'ordre public qui doit être soulevée d'office en application de l'article 125 du code de procédure civile à tout stade de la procédure.

Concernant les litiges fondés sur l'article L. 442-6 du code de commerce relatif aux pratiques restrictives de concurrence, qui englobent notamment les notions de déséquilibre significatif dans les droits et obligations des parties et de rupture brutale de relation commerciale établie, ils relèvent de la compétence exclusive des juridictions spécialisées prévue par les articles D. 442-3 et D. 442-4, ainsi que par les annexes 4-2-1 et 4-2-2 du même code (selon que le litige est porté devant un tribunal de commerce ou un tribunal judiciaire).

En première instance sont désignées les huit juridictions ci-dessus détaillées, en appel de la compétence exclusive de la cour d'appel de Paris. Aux termes d'un arrêt du 29 mars 2017, confirmé par un second arrêt du 26 avril 2017, la Cour de cassation, a cependant jugé que dans certaines situations, ces litiges peuvent échapper à la compétence exclusive de la cour d'appel de Paris et être valablement portés devant une autre cour d'appel. Ces règles de compétence exclusive sont applicables depuis le 1er décembre 2009 et s'appliquent aux procédures judiciaires introduites postérieurement à cette date.

Concernant les référés, le code de procédure civile ne prévoit pas de dispositions particulières en ce qui concerne la compétence territoriale du juge des référés. Les règles de droit commun relatives à la compétence territoriale sont donc applicables. Ainsi le juge des référés compétent sera en principe celui de la juridiction territorialement compétente au fond. Néanmoins la jurisprudence a admis que cette compétence n'excluait pas celle du juge dans le ressort duquel est né l'incident ou celui dans le ressort duquel les mesures d'urgence doivent être prises (Cass. 2e civ., 10 juillet 1991, nº 90-11.815).

Par ailleurs, en application de l'article L. 420-7 C. com., les actes introductifs d'instance devant les juridictions des référés invoquant l'application des articles L. 420-1 à L. 420-5 C. com. et des articles 101 et 102 TFUE paraissent devoir être enrôlés devant les juridictions spécialisées rappelées ci-dessus. Une solution similaire a été retenue en jurisprudence pour l'application des articles L. 442-6 et D. 442-3 C. com. relatifs à la spécialisation des juridictions statuant sur les pratiques restrictives de concurrence (v. CA Paris, 5 juin 2014, RG 13/19047).

Bibliographie

Ordonnance nº 2017-303 du 9 mars 2017 relative aux actions en dommages et intérêts du fait des pratiques anticoncurrentielles, *JORF* nº 0059 du 10 mars 2017

K

KILLER ACQUISITIONS

Cynthia PICART
Picart

■ Premier aperçu

En droit des concentrations, une acquisition prédatrice ou « *killer acquisition* » vise la situation dans laquelle un acteur dominant ou structurant sur un marché fait l'acquisition directe ou indirecte d'un acteur innovant ou prometteur, afin de renforcer sa position sur le marché et d'opérer une croissance externe qui a pour conséquence ou pour objectif d'empêcher l'émergence d'un concurrent potentiel et d'éliminer ou de mettre en sommeil celui-ci ou les produits ou services qu'il développait.

En principe, tous les projets de rachat et fusion dépassant une certaine taille et remplissant les conditions de seuils de chiffres d'affaires fixés par la loi (art. L. 430-2 C. com.) ou le règlement (CE) n° 139/2004 du Conseil du 20 janvier 2004 relatif au contrôle des concentrations entre entreprises doivent être notifiés aux autorités de contrôle (nationales ou à la Commission lorsque l'opération relève de la compétence de l'Union européenne). Elles veillent ainsi par ce contrôle en amont à ce que ces opérations ne réduisent pas la concurrence et conditionnent leur autorisation à la mise en place de solutions adaptées, en cas de risque d'atteinte à la concurrence.

Cependant, dans le cas où de telles concentrations visent des entreprises dont le chiffre d'affaires est faible, elles sont « sous les seuils » et non soumises à l'obligation de notification prévue par les textes (art. 1 du règl. (CE) n° 139/2004 ; art. L. 430-1 et s. C. com.).

C'est là que se situe le terrain de jeux de la plupart des acquisitions prédatrices ou *killer acquisitions*, les start-up étant les cibles de choix de ce type d'acquisition.

D'un point de vue économique et concurrentiel, de telles acquisitions sont susceptibles de causer un préjudice, aussi bien aux consommateurs qu'au marché. Elles peuvent en effet réduire la concurrence sur le marché par la disparition d'un opérateur indépendant, tout en augmentant la concentration des données ou des technologies et en empêchant les concurrents d'y avoir accès, particulièrement sur les marchés présentant de fortes barrières à l'entrée et un faible nombre d'opérateurs. De telles acquisitions peuvent donc être source de discriminations et entraîner des effets d'éviction.

Elles peuvent également inciter les concurrents à réagir en augmentant leurs prix, conduisant à une hausse inévitable des prix sur le marché, au détriment du consommateur, voire freiner de manière significative l'innovation et l'apparition de concurrents potentiels.

À cet égard, l'adoption du Digital Markets Act (DMA) le 12 octobre 2022, applicable à compter du 2 mai 2023, ambitionne notamment d'empêcher les grandes plateformes en lignes, dites « contrôleuses d'accès » ou « *gatekeepers* », d'abuser de leur position dominante. Plus spécifiquement, et afin de lutter contre les *killer acquisitions*, les *gatekeepers* devront désormais informer la Commission européenne des acquisitions et fusions qu'ils entendent réaliser, y compris lorsqu'elles seront situées en deçà des seuils de notification prévus par les textes, dès lors que l'opération permet la collecte de données (art. 14, para. 1, du règl. (UE) 2002/1925).

■ Pour aller plus loin

Avec l'essor des plateformes numériques d'envergure mondiale et le développement des services fondés sur les technologies numériques, le pouvoir de marché considérable acquis par certains acteurs eu égard à leur expertise technologique, l'importance des effets de réseau, la collecte massive de données ou les économies d'échelle dont ils bénéficient ont conduit les autorités de concurrence française et européenne à mener une réflexion approfondie sur la mise à jour de leur grille d'analyse, de leurs méthodes et des outils à leur disposition.

À cet égard, il est à relever que la Commission européenne a fait évoluer sa lecture de l'article 22 du règlement (CE) n° 139/2004 sur les concentrations, qui permet à un ou plusieurs États membres de demander à la Commission d'examiner une opération de concentration qui n'est pas de dimension européenne (sous les seuils), mais qui affecte le commerce entre États membres et menace d'affecter de manière significative la concurrence sur le territoire du ou des États membres qui en formulent la demande.

À cet égard, à la suite des annonces de la société Illumina, société américaine leader du séquençage ADN, de son projet de rachat de la start-up française Grail, qui a mis au point des tests sanguins de dépistage du cancer, l'Autorité de la concurrence a fait usage du mécanisme de renvoi de l'article 22, et sollicité de la Commission qu'elle contrôle l'opération.

La Commission européenne a accepté la requête soumise par la France, à laquelle se sont par la suite joints la Belgique, la Grèce, l'Islande, les Pays-Bas et la Norvège, acceptation par ailleurs admise par le Tribunal de l'Union par une décision du 13 juillet 2022, dans laquelle ce dernier admet, dans son principe, la compétence de la Commission pour examiner cette opération, qui ne présentait pas de dimension européenne.

L'adoption du DMA relance également le débat de la portée de la jurisprudence dite « Continental Can ». En effet, dans un arrêt ancien du 21 février 1973, soit avant que l'Union européenne ne soit dotée d'un outil de contrôle *ex ante* des concentrations, la Cour de justice avait considéré que pouvait caractériser un abus le fait, pour une entreprise en position dominante, d'acquérir un de ses concurrents, en éliminant ainsi pratiquement la concurrence sur le marché concerné dans une partie substantielle du marché européen.

Depuis l'adoption du règlement (CE) n° 139/2004, la portée de cette jurisprudence fait débat, certains la considérant comme obsolète. À l'inverse, il est à relever que dans ses conclusions générales présentées le 13 octobre 2022 dans l'affaire C-449/21, l'avocate générale Juliane Kokott préconise l'application de la jurisprudence *Continental Can* aux concentrations qui se situent en deçà des seuils prévus par les textes, de sorte que de telles opérations pourraient, *a posteriori*, faire l'objet d'un contrôle par les autorités de concurrence sur la base de l'interdiction de l'abus de position dominante.

Bibliographie

ESPESSON-VERGEAT (B.), « L'impact des algorithmes dans les pratiques concurrentielles du secteur de la santé », *RLC* 2021/107

FURMAN (J.) et coll., « Unlocking digital competition: Report of the Digital Competition Expert panel », mars 2019

LONGUET (G.), « Le devoir de souveraineté numérique », Rapport n° 7 (2019-2020), fait au nom de la commission d'enquête, déposé le 1er octobre 2019

Règlement (UE) 2022/1925 du Parlement européen et du Conseil du 14 septembre 2022 relatif aux marchés contestables et équitables dans le secteur numérique et modifiant les directives (UE) 2019/1937 et (UE) 2020/1828 (règlement sur les marchés numériques), *JOUE* n° L 265 du 12 octobre 2022, p. 1

Règlement (CE) n° 139/2004 du Conseil du 20 janvier 2004 relatif au contrôle des concentrations entre entreprises (« le règlement CE sur les concentrations »), *JOUE* n° L 24 du 29 janvier 2004, p. 1

Aut. conc., « Contribution de l'Autorité de la concurrence au débat sur la politique de concurrence et les enjeux numériques », 19 février 2020

BEUC, « Google-Fitbit merger: Competition concerns and harms to consumer », 7 mai 2020

Comm. eur., Orientations de la Commission concernant l'application du mécanisme de renvoi établi par l'article 22 du règlement sur les concentrations à certaines catégories d'affaires, *JOUE* n° C du 31 mars 2021, p. 1

L

LETTRE AU TITRE DE L'ARTICLE 11

Philipp GIRARDET, Kyle LE CROY, Rahul SAHA
Willkie Farr & Gallagher

■ Premier aperçu

Les demandes d'information au titre de l'article 11 du règlement (CE) n° 139/2004 du 20 janvier 2004 relatif au contrôle des concentrations entre entreprises (ci-après le « règlement sur les concentrations ») sont adressées par la Commission européenne (ci-après la « Commission »), dans le cadre de ses procédures de contrôle des concentrations, aux parties à la concentration et aux autres acteurs du marché potentiellement concernés. Ces demandes peuvent prendre la forme de « demandes simples » ou de « décisions formelles » qui obligent le destinataire à fournir les informations et/ou les documents demandés. Les décisions formelles sont également notifiées par la Commission aux autorités de concurrence des États membres de l'UE concernés. Les réponses incomplètes ou trompeuses, ainsi que l'absence de réponse à une décision formelle dans le délai imparti, sont passibles d'amendes.

■ Pour aller plus loin

L'article 11, paragraphe 1, du règlement sur les concentrations autorise la Commission à exiger des personnes contrôlant des entreprises, ainsi que des entreprises et des associations d'entreprises, qu'elles fournissent « *tous les renseignements nécessaires* » pour lui permettre de s'acquitter de ses obligations en vertu dudit règlement (principalement, la détermination de la compatibilité d'une concentration avec le marché intérieur de l'UE). Bien que l'article 11, paragraphe 7, du règlement sur les concentrations habilite également la Commission à interroger des personnes physiques et morales, la présente note se concentre sur l'utilisation de demandes visant à obtenir des informations et des documents écrits des parties à une concentration et d'autres acteurs du marché.

La Commission dispose d'un large pouvoir discrétionnaire pour émettre des demandes. Dans l'affaire *Omya* (TPICE, 4 février 2009, aff. T-145/06), le Tribunal a estimé que la « nécessité » de l'information doit être évaluée par rapport à l'opinion que la Commission pouvait raisonnablement avoir au moment où la demande a été faite, plutôt que par rapport à tout besoin réel d'information dans la procédure ultérieure (pt 30). Ce pouvoir discrétionnaire s'étend également au délai fixé pour la réponse. Dans l'affaire *Schneider Electric* (TPICE, 22 octobre 2002, aff. T-310/01), le Tribunal a considéré comme raisonnable une demande d'information qui contenait 322 questions et concernait 300 000 éléments d'information à rassembler en seulement cinq jours ouvrables, sur la base de « *l'impératif de célérité* » qui caractérise le régime communautaire des concentrations (pts 79 et 94-100).

Alors que la Commission adresse souvent des demandes informelles d'informations aux parties à la concentration au cours de la phase de prénotification, elle n'adresse généralement une demande formelle qu'après la date de la notification officielle de la concentration, conformément à son guide des meilleures pratiques (pts 26-28). Ces demandes formelles peuvent prendre la forme de « demandes simples » ou de « décisions formelles » qui peuvent être exécutées par des amendes et des astreintes. Les demandes doivent indiquer leur base juridique, préciser les informations requises, fixer un délai de réponse et indiquer les sanctions prévues en cas de fourniture d'informations incorrectes ou trompeuses. Les demandes formulées par décision formelle doivent également informer le destinataire de son droit à un contrôle juridictionnel devant la Cour de justice de l'UE.

Contrairement aux procédures américaines de contrôle des concentrations, les demandes d'information dans l'UE ne sont pas limitées aux enquêtes approfondies de la phase II, mais constituent des outils d'investigation fréquemment utilisés lors de l'examen des concentrations en phase I. Historiquement, ces demandes ne concernaient que des observations écrites et des données relatives, par exemple, à la proximité de la concurrence, aux ventes, aux prix ou aux appels d'offres. Toutefois, ces dernières années, le volume des demandes de documents a augmenté de manière significative, principalement en raison des réformes introduites après trois arrêts décisifs critiquant l'utilisation des preuves disponibles par la Commission. Outre l'analyse économétrique, les documents jouent désormais un rôle important dans l'évaluation par la Commission des effets d'une concentration sur la concurrence, une approche que les juridictions communautaires ont approuvée (Trib. UE, 6 juillet 2010, *Ryanair* aff. T-342/07, pt 138). Cette tendance est particulièrement nette dans les affaires de concentration complexes, dans lesquelles les demandes de documents de la Commission peuvent concerner plusieurs dépositaires, périodes et questions. À titre d'exemples récents, les acteurs du marché ont reçu de nombreuses demandes dans le cadre de fusions dans des secteurs que la Commission a considérés comme étant caractérisés par une concurrence axée sur l'innovation (par exemple, les produits pharmaceutiques, les produits chimiques) et une forte concentration (par exemple, les télécommunications, les plateformes en ligne).

Peu d'exigences formelles s'appliquent aux demandes de documents (v. ci-dessus), bien que des lignes directrices doivent être publiées au cours du mandat actuel de la Commission (2019-2024). Dans la pratique, les demandes de documents, même étendues, contiennent trois sections principales : (i) définitions et champ d'application, (ii) documents, et (iii) instructions. Le terme « document » désigne généralement toute information enregistrée électroniquement (par exemple, des courriels, des présentations, des rapports, des feuilles de calcul) que le destinataire a en sa possession, sous sa garde ou sous son contrôle (produite en interne ou par un tiers). L'étendue des dépositaires dont les documents doivent faire l'objet d'une recherche varie, mais inclut généralement les cadres supérieurs, les vendeurs et les conseillers juridiques internes (dont les communications, contrairement à celles des conseillers juridiques externes, ne bénéficient pas d'un privilège professionnel légal en tant que tel en vertu du droit européen). Quant aux documents entrant dans le champ d'application, il n'est pas rare qu'ils soient datés de trois à cinq ans avant la fusion proposée. La deuxième section de la demande précise le contenu des documents qui concernent les activités des parties à la fusion liées à la concurrence (par exemple, en ce qui concerne les chevauchements dans leurs activités commerciales, tels que les courriels, les plans d'affaires, les procès-verbaux des conseils d'administration, les stratégies d'investissement, les évaluations de la concurrence). Dans les affaires complexes, la Commission a pris l'habitude de partager un projet de demande avec les destinataires prévus pour en discuter, notamment en convenant des mots-clés auxquels les recherches électroniques pourraient être limitées. La dernière section de la demande précise le format dans lequel les documents doivent être produits (en général, en format natif et formaté pour la reconnaissance optique de caractères après suppression de tout mot de passe). Des instructions supplémentaires peuvent exiger du destinataire qu'il produise un rapport méthodologique et un registre des privilèges juridiques. À ce jour, il n'existe aucune exigence formelle de traduction des documents.

La production d'informations inexactes, incomplètes ou trompeuses en réponse à une simple demande ou à une décision formelle ou le fait de ne pas fournir les informations requises par une décision formelle dans le délai fixé par la Commission peuvent entraîner des amendes et des astreintes pour le destinataire de la demande, y compris pour des tiers (Comm. CE, 12 juillet 2000, *Mitsubishi Heavy Industries*, aff. COMP/M.1634), même si la Commission considère que la violation n'a pas eu d'incidence sur le résultat de son enquête (Comm. eur., 17 mai 2017, *Facebook/WhatsApp*, aff. M.8228, pt 100). Elle peut également conduire la Commission à

« arrêter l'horloge » dans le cadre d'un examen de concentration en cours, c'est-à-dire à suspendre le calendrier d'examen fixé par le règlement sur les concentrations.

Les décisions concernant l'exclusion d'informations ou de documents pour des raisons de proportionnalité de la demande ou de secret professionnel doivent être prises avec prudence. Bien que le pouvoir de la Commission d'émettre des demandes soit soumis au principe de proportionnalité (*Omya*, préc., pt 34), comme nous l'avons vu plus haut, les tribunaux de l'UE ont accepté que « l' impératif de célérité » et l'obligation d'évaluer la question de la proportionnalité au moment où la demande est faite puissent permettre des demandes étendues dans un court laps de temps. Cela dit, en ce qui concerne l'invocation du secret professionnel pour les communications d'un conseiller interne situé en dehors de l'UE dans une juridiction où les conseils d'un conseiller interne sont protégés par le secret professionnel (comme aux États-Unis), à la connaissance des auteurs, la Commission n'a pas cherché à ce jour à imposer la production de ces documents.

Enfin, dans le cadre de l'examen de fusions multi juridictionnelles, la décision d'un destinataire concernant la portée de sa réponse à une demande ou son approche du secret professionnel, dans une juridiction donnée, peut produire des effets dans plusieurs autres. Les paragraphes 5 et 6 de l'article 11 du règlement sur les concentrations établissent des mécanismes de coopération au sein de l'UE, mais la Commission se coordonne aussi régulièrement avec d'autres grandes autorités de concurrence dont les calendriers administratifs, ou les règles de secret professionnel ou de protection des données, peuvent différer des siens. Les destinataires des demandes doivent envisager ces effets potentiels, y compris en ce qui concerne toute fusion à laquelle le destinataire pourrait être partie à l'avenir, en consultation avec des conseils externes.

Bibliographie

Holian (J.), Cruise (J.), Parker (J.) et Motta (R.), « Three Key Issues for Managing Discovery in Global Merger Investigations: Coordinating Multijurisdictional Antitrust Reviews in Light of New Developments in UK and EU Merger Control Investigations », *Journal of European Competition Law & Practice*, 2019, vol. 10, n° 3, p. 131

Levy (N.) et Karadakova (V.), « The EC's increasing reliance on internal documents under the EU Merger Regulation: issues and implications », *European Competition Law Review*, 2018, vol. 31, n° 1, p. 12

Powell (M.) et Czapracka (K.), « The shifting sands of EU merger control – un, deux, trois, piano! », *Competition Law & Policy Debate*, 2017, vol. 3, n° 4, p. 41

Van Gerven (G.) et Gotlieb (M.), « Data Gathering and Analysis: The Anatomy of a Merger Investigation in Europe », *Fordham International Law Journal*, 2015, vol. 39, n° 1, p. 1

Wilson (Th.), « Document requests in complex EU merger cases », *Zeitschrift für Wettbewerbsrecht*, 2017, vol. 15, n° 2, p. 146

Règlement (CE) n° 139/2004 du Conseil du 20 janvier 2004 relatif au contrôle des concentrations entre entreprises (« le règlement CE sur les concentrations »), *JOUE* n° L 24 du 29 janvier 2004, p. 1

LETTRE DE REJET DE PLAINTE

Cédric KACZMAREK
Cour de justice de l'Union européenne

■ Premier aperçu

L'expression « lettre de rejet de plainte », si elle est communément utilisée, ne doit pas tromper quant à la substance de l'acte qu'elle désigne. Le rejet d'une plainte introduite par une personne physique ou morale auprès d'une autorité de concurrence – que ce soit la Commission européenne ou une autorité nationale de concurrence –, en vue de sa saisine aux fins de la constatation d'une infraction aux règles de concurrence, prend, en règle générale, la forme d'une décision motivée et sujette à contrôle juridictionnel.

Au niveau du droit de l'Union, la Cour et le Tribunal ont reconnu à la Commission un pouvoir discrétionnaire dans le traitement des plaintes, afin de lui garantir la possibilité de définir les priorités dans la mise en œuvre de la politique de la concurrence, tout en tenant compte des ressources limitées dont elle dispose pour ce faire. Ce pouvoir discrétionnaire, qui lui permet de ne pas avoir à instruire chaque plainte dont elle est saisie, n'est pas pour autant sans borne et le juge de l'Union a parallèlement souligné que la réglementation encadrant la matière conférait des droits procéduraux aux plaignants, comme ceux d'être informés des motifs du rejet de leur plainte et de présenter des observations à ce sujet.

Pour ce qui est des règlements en vigueur, le traitement des plaintes introduites, au titre de l'article 7, paragraphe 2, du règlement (CE) n° 1/2003, est encadré par les articles 5 à 8 du règlement n° 773/2004. En dehors du cas des demandes irrecevables pour défaut d'intérêt légitime du plaignant, la décision qui rejette une plainte indique les motifs pour lesquels l'institution considère, sur la base de l'information dont elle dispose, qu'il n'existe pas de motifs suffisants pour donner suite à la saisine, sans que l'institution soit tenue pour autant d'établir l'absence d'infraction au soutien d'une telle décision. Ces motifs développés, pour la plupart, par la voie prétorienne tiennent, pour l'essentiel, au défaut d'intérêt suffisant de l'Union à poursuivre l'examen de l'affaire, à l'absence d'éléments justifiant les allégations avancées, au fait que le comportement dénoncé ne viole pas les règles de concurrence ou n'entre pas dans leur champ d'application ou au fait que l'accord ou la pratique faisant l'objet de la plainte ont déjà été traités par une autorité nationale de concurrence. D'une manière générale, la jurisprudence tend à se montrer plus exigeante quant à la nécessité d'un examen attentif des éléments de fait et de droit qui ont été portés à la connaissance de l'institution par les plaignants.

En droit français, l'article L. 462-8 du code de commerce, qui a remplacé l'ancien article 19 de l'ordonnance n° 86-1243 du 1er décembre 1986, encadre, de manière similaire, le rejet de plainte par l'Autorité de la concurrence. Les modifications successives de cette disposition du code de commerce l'ont enrichie des motifs pour lesquels une plainte peut être rejetée par décision motivée, tantôt en reprenant des aspects découlant du droit de l'Union, tantôt en intégrant des spécificités du droit français.

■ Pour aller plus loin

La Commission européenne a publié une communication concernant le traitement par cette dernière des plaintes déposées au titre des articles 101 et 102 TFUE (anciennement art. 81 et 82 TCE), dans laquelle elle apporte notamment des précisions, à l'appui d'exemples concrets, sur les notions d'« intérêt légitime » des plaignants ou d'« intérêt de l'Union », ainsi que sur la manière dont l'institution examine une plainte au regard des dispositions précitées. Cette communication commence, certes, à dater, puisqu'elle a été publiée au *Journal officiel de l'Union européenne* en 2004, mais elle fournit toujours des repères utiles pour appréhender les exigences entourant l'introduction d'une plainte.

Bibliographie

Figueroa Regueiro (P.), « Some brief considerations on the Commission's "non-unlimited" discretionality when rejecting competition law complaints under regulation 1/2003 – The General Court's ruling in case T-201/11 Si.mobil v. European Commission », *Estudios de Deusto*, 2015, vol. 63, n° 1, p. 149

Idot (L.), « Rejet de plainte », *Europe* 2018, comm. 11, p. 28

Idot (L.), « Traitement des plaintes », *Europe* 2017, p. 24

Lacarra (A. C.), « Rejection of Complaints: Recent Case Law », *CoRe* n° 3-2019, p. 252

van Ginneken (P.), « The CEAHR Judgment: Limited Discretion to Reject Complaints », *Journal of European Competition Law & Practice*, 2011, vol. 2, n° 4, p. 348

Règlement (CE) n° 773/2004 de la Commission du 7 avril 2004 relatif aux procédures mises en œuvre par la Commission en application des articles 81 et 82 du traité CE, *JOUE* n° L 123 du 27 avril 2004, p. 18

Projet de Communication de la Commission relative au traitement par la Commission des plaintes déposées au titre des articles 81 et 82 du traité CE, *JOUE* n° C 101 du 27 avril 2004, p. 65

Règlement (CE) n° 1/2003 du Conseil du 16 décembre 2002 relatif à la mise en œuvre des règles de concurrence prévues aux articles 81 et 82 du traité, *JOCE* n° L 1 du 4 janvier 2003, p. 1

L

LIGNES DIRECTRICES (OU ENCADREMENT)

Guillaume PERRET
Tribunal de l'Union européenne

Premier aperçu

En droit de l'Union européenne, un certain nombre d'actes de « droit mou » (*soft law*) peuvent être adoptés pour désigner des règles indicatives de conduite des institutions au moyen d'instruments juridiques non contraignants, par opposition au « droit dur » (*hard law*), qui désigne, lui, les règles impératives, contraignantes et normatives du droit de l'Union comme les traités et les règlements. Parmi les nombreux instruments de droit mou, des actes d'application du droit dur, parmi lesquels figurent les lignes directrices et autres encadrements, peuvent être adoptés.

La Commission dispose d'une certaine marge de manœuvre pour faire appliquer les règles de concurrence contenues dans le droit dur. Afin de structurer son pouvoir discrétionnaire, voire de s'autolimiter, elle adopte des lignes directrices et autres encadrements. En expliquant par ces actes la position qu'elle adoptera face à une situation appelée à se répéter, la Commission donne une plus grande visibilité aux opérateurs économiques et contribue ainsi à la mise en place d'une sécurité juridique et au respect des principes d'égalité de traitement et de proportionnalité. En droit des ententes et des abus de position dominante, ces actes permettent en outre une application uniforme des règles de concurrence sur le territoire de l'Union, en servant de guide d'analyse aux autorités nationales de concurrence.

En édictant de tels actes, la Commission ne saurait contourner les procédures d'adoption des actes de nature réglementaire. Les lignes directrices et encadrements se bornent, en principe, à présenter un mode de raisonnement, une façon de mettre en application des règles de droit dur, sans ajouter à ces règles.

Ainsi, les lignes directrices sur l'applicabilité de l'article 101 TFUE aux accords de coopération horizontale (2011/C 11/01) visent à indiquer aux entreprises les principes sur lesquels la Commission se fonde pour apprécier ces accords au regard de l'article 101 TFUE. De même, l'encadrement temporaire de crise pris dans le contexte de la guerre en Ukraine (2022/C 131 I/01) est destiné à expliciter la manière dont la Commission apprécie la compatibilité avec le marché intérieur des aides d'État destinées à remédier à une perturbation grave de l'économie, conformément à l'article 107, paragraphe 3, sous b, TFUE.

S'agissant en particulier de la détermination des amendes, tant la Commission que les autorités nationales de concurrence, en vertu de l'autonomie procédurale des États membres, adoptent des lignes directrices. Ainsi, les lignes directrices de la Commission pour le calcul des amendes ou encore le communiqué de l'autorité française de concurrence relatif aux sanctions sont des textes qui indiquent précisément la méthode avec laquelle les sanctions seront déterminées et restreignent considérablement le pouvoir discrétionnaire que les règles de droit dur octroient à ces institutions en la matière. Cela permet, d'un côté, aux institutions de respecter plus aisément l'égalité de traitement entre les entreprises mises en cause et la proportionnalité des amendes et, de l'autre, aux entreprises de prévoir raisonnablement le montant des sanctions auxquelles elles s'exposent.

Par ailleurs, tant la Commission que les autorités nationales de concurrence édictent des lignes directrices en matière de contrôle des concentrations en vertu de la répartition des compétences prévue par le règlement (CE) n° 139/2004. L'autorité française de concurrence a ainsi adopté des lignes directrices qui présentent aux entreprises les objectifs, critères et méthodes employés par elle pour les analyses au fond.

Parmi les actes de droit mou d'application du droit de l'Union, l'on pourrait également citer les communications interprétatives, dans lesquelles la Commission peut indiquer son interprétation d'une notion non définie dans le droit dur, telle que celle de « marché pertinent » et qui a fait l'objet de la communication du 9 décembre 1997 (97/C 372/03). L'on remarquera également que d'autres communications peuvent aller plus loin et se montrer presque normatives, telle que la communication de la Commission sur les accords d'importance mineure (2014/C 291/01), qui ne se borne pas à interpréter la norme de droit dur, mais la complète en fixant des seuils en dessous desquels la Commission considère que les accords n'ont pas d'effet sensible. Ces communications se distinguent toutefois des lignes directrices et encadrements en ce qu'elles ne font qu'expliquer la compréhension de la Commission d'une notion ou écarter automatiquement certains accords, sans toutefois encadrer le pouvoir discrétionnaire de celle-ci et présenter un mode de raisonnement pour apprécier des faits au regard des règles de droit dur.

■ Pour aller plus loin

Le droit de la concurrence comprenant peu de règles de droit dur, ces dernières peuvent se montrer trop générales, voire imprécises, et ne permettent pas de connaître à l'avance la manière dont elles seront appliquées à des faits. Cela est d'autant plus vrai que l'appréciation de comportements potentiellement anticoncurrentiels nécessite souvent – et de plus en plus – le recours à une approche économique. En effet, contrairement à l'approche essentiellement juridique qui prévalait dans le passé – rigide mais prévisible –, la nouvelle approche économique prônée en droit de la concurrence se caractérise par un plus grand pragmatisme mais aussi une absence de certitude.

Dès lors, afin de conserver une certaine sécurité juridique, la Commission introduit les notions économiques dans le processus d'application de la règle de droit par le biais de lignes directrices, d'encadrements ou encore d'orientations, actes qui restent suffisamment généraux et qui ne sont pas modifiés fréquemment, au contraire de la jurisprudence qui, elle, est spécifique à un cas d'espèce et évolue constamment. Ces actes, en expliquant les notions économiques qui seront utilisées par la Commission pour appliquer telle règle de droit dur à une situation donnée, codifient, en quelque sorte, la théorie économique.

Les orientations de la Commission sur l'application de l'article 82 du traité CE, devenu 102 du TFUE (2009/C 45/02), présentent par exemple le test du « *concurrent hypothétique aussi efficace* », par lequel l'institution appréciera l'existence d'une éventuelle pratique d'éviction fondée sur les prix.

D'aucuns pourront toutefois s'interroger sur la capacité d'instruments juridiques non contraignants à créer une sécurité juridique et à assurer une uniformisation du droit de la concurrence sur le territoire de l'Union.

Le juge de l'Union a admis l'opposabilité des lignes directrices à la Commission, en considérant qu'elles énoncent une règle de conduite, certes indicative de la pratique à suivre, mais dont la Commission ne saurait se départir sous peine de se voir sanctionner au titre d'une violation de principes généraux du droit, tels que l'égalité de traitement ou la protection de la confiance légitime (v. CJCE, 28 juin 2005, *Dansk Rørindustri e.a. c/ Commission*, aff. C-189/02 P e.a., pts 209 et 211). Toutefois, dans des cas particuliers, il est admis que la Commission puisse s'écarter de ses lignes directrices en donnant des raisons compatibles avec le principe d'égalité de traitement (v. Trib. UE, 9 septembre 2015, *Panasonic et MT Picture Display c/ Commission*, aff. T-82/13, pt 168).

Les règles de droit mou ne semblent pas opposables aux autorités nationales de concurrence, qui seront libres toutefois de s'en inspirer fortement, si lesdites règles ne font pas état de déclarations par ces autorités selon lesquelles elles auraient pris acte des principes qui y sont exposés et acceptent de les respecter

(v. CJUE, 13 décembre 2012, *Expedia*, aff. C-226/11, pts 24 à 29, à propos cependant non pas de lignes directrices mais de la communication de la Commission concernant les accords d'importance mineure).

Par ailleurs, les lignes directrices et autres encadrements peuvent produire des effets contraignants à l'égard des États membres. En matière d'aides d'État, ces derniers sont en effet tenus d'appliquer les règles énoncées dans des lignes directrices dès qu'ils les ont acceptées (v. CJCE, 15 octobre 1996, *Ijssel-Vliet Combinatie BV c/ Minister van Economische Zaken*, aff. C-311/94, pt 44).

Enfin, rappelons que le Tribunal et la Cour de justice ne sont pas liés par les lignes directrices et autres encadrements de la Commission. En effet, la Commission rappelle par exemple dans ses lignes directrices que celles-ci ne préjugent pas de l'interprétation pouvant être donnée par la Cour de justice de l'Union européenne de l'application de la règle de droit dur concernée.

Bibliographie

Bouveresse (A.), « La portée normative de la soft law », *Rev. UE* 2015, p. 291

de Sadeleer (N.), « Classification des actes de droit non contraignants de l'Union européenne », in *Les sources du droit revisitées, vol. 1 : Normes internationales et constitutionnelles*, I. Hachez (dir.), Publication des Facultés Universitaires Saint-Louis (Bruxelles), 2012, p. 253

Idot (L.), « À propos de l'internationalisation du droit. Réflexions sur la soft law en droit de la concurrence », *Concurrences* n° 2-2007, art. n° 44996, www.concurrences.com

Malaurie-Vignal (M.), *Droit de la concurrence interne et européen*, 8 éd. 2020, Paris, Sirey, 2019

Oana (S.), *Soft Law in Court: Competition Law, State Aid and the Court of Justice of the European Union*, Alphen-sur-le-Rhin, Wolters Kluwer, 2012

Aut. conc., Communiqué de l'Autorité de la concurrence relatif à la méthode de détermination des sanctions pécuniaires, 30 juillet 2021

Aut. conc., « Lignes directrices de l'Autorité de la concurrence relatives au contrôle des concentrations », 2020

Comm. eur., Lignes directrices sur les restrictions verticales, *JOUE* n° C 130 du 19 mai 2010, p. 1

Comm. CE, Lignes directrices concernant les aides d'État à la protection de l'environnement, *JOUE* n° C 82 du 1er avril 2008, p. 1

Comm. CE, Lignes directrices pour le calcul des amendes infligées en application de l'article 23, paragraphe 2, sous a), du règlement (CE) n° 1/2003, *JOUE* n° C 210 du 1er septembre 2006, p. 2

Règlement (CE) n° 139/2004 du Conseil du 20 janvier 2004 relatif au contrôle des concentrations entre entreprises, *JOUE* n° L 24 du 29 janvier 2004, p.

▶

Comm. CE, Lignes directrices sur l'appréciation des concentrations horizontales au regard du règlement du Conseil relatif au contrôle des concentrations entre entreprises, *JOUE* n° C 31 du 5 février 2004, p. 5

Communication de la Commission, Encadrement temporaire de crise pour les mesures d'aide d'État visant à soutenir l'économie à la suite de l'agression de la Russie contre l'Ukraine, *JOUE* n° C 131 I, du 24 mars 2022, p. 1

Communication de la Commission, Communication concernant les accords d'importance mineure qui ne restreignent pas sensiblement le jeu de la concurrence au sens de l'article 101, paragraphe 1, du traité sur le fonctionnement de l'Union européenne (communication *de minimis*), *JOUE* n° C 291 du 30 août 2014, p. 1

Communication de la Commission, Lignes directrices sur l'applicabilité de l'article 101 du traité sur le fonctionnement de l'Union européenne aux accords de coopération horizontale, *JOUE* n° C 11, du 14 janvier 2011 p. 1

Communication de la Commission, Orientations sur les priorités retenues par la Commission pour l'application de l'article 82 du traité CE aux pratiques d'éviction abusives des entreprises dominantes, *JOUE* n° C 45 du 24 février 2009, p. 7

Communication de la Commission, Lignes directrices concernant l'application de l'article 81, paragraphe 3, du traité, *JOUE* n° C 101 du 27 avril 2004, p. 97

Communication de la Commission sur la définition du marché en cause aux fins du droit communautaire de la concurrence, *JOCE* n° C 372 du 9 décembre 1997, p. 5

Voir aussi

Abus de position dominante - Aide d'État - Amende - Autonomie procédurale - Communications de la Commission européenne - Entente (ou cartel) - Entreprise - Marché pertinent - Principe d'égalité de traitement - Principe de proportionnalité

L

LOI APPLICABLE

Sylvaine POILLOT-PERUZZETTO
Cour de Cassation

Premier aperçu

Dans une situation présentant des liens avec plusieurs États comme il est fréquent avec les opérations économiques, il convient de se poser d'abord la question du juge ou de l'Autorité compétente et ensuite, par application des règles de conflit de l'État de ce juge ou autorité ainsi désignés, celle de la loi applicable.

La question de la loi applicable se pose différemment selon qu'il s'agit du droit de la libre concurrence ou du droit de la concurrence déloyale, mais, dans les deux occurrences, les réponses sont essentiellement de source européenne.

En matière de libre concurrence, il convient en outre de distinguer selon que la question se pose dans le cadre de l'action publique ou dans celui de l'action privée. Lorsque l'action publique est mise en œuvre devant la Commission, une autorité nationale ou une juridiction nationale, il s'agit de déterminer si les dispositions de l'article 101 et suivants du traité sur le fonctionnement de l'Union européenne sont ou non cumulativement applicables aux dispositions nationales et, dans l'affirmative, comment ces dispositions s'articulent entre elles. C'est l'article 3 du règlement (CE) n° 1/2003 qui en précise les réponses.

Devant un juge d'un État membre de l'Union européenne, la détermination de la loi applicable à une action privée, qu'il s'agisse d'une action en réparation d'un acte de concurrence déloyale ou d'un acte enfreignant les règles de la libre concurrence, se fait, selon les règles de l'article 6 du règlement dit « Rome II » relatif à la loi applicable aux obligations non contractuelles.

Pour aller plus loin

L'article 6 du règlement dit « Rome II » prévoit une solution spécifique à la détermination de la loi du *locus damni*, en ce qu'il clarifie le principe général pour les actions en réparation d'une atteinte à la libre concurrence ou d'un acte de concurrence déloyale.

La solution du règlement est impérative : dès lors que les intérêts en jeu intègrent des intérêts publics, les parties ne peuvent y déroger par un choix de loi ou un accord procédural. La loi applicable aux actions en réparation pour atteinte à la libre concurrence, soit pour la violation, en France, des articles L. 420 et suivants du code de commerce et, en droit européen, des articles 101 et 102 TFUE est, en principe, par miroitement à la loi applicable à l'action publique, celle du marché affecté ou susceptible de l'être, peu important les effets indirects de ces actes. Une interrogation demeure tant sur l'intégration, dans ce paragraphe, des pratiques restrictives qui ont une perspective macroéconomique, comme les règles de libre concurrence, et microéconomique, comme les règles sur la concurrence déloyale, que sur l'intégration dans le champ de la loi ainsi désignée des questions relatives à l'atteinte à la concurrence.

En cas de pluralité de marchés affectés, pour favoriser la concentration des contentieux, le demandeur qui agit devant le juge du domicile du défendeur peut agir pour l'ensemble en se fondant sur la loi du domicile du demandeur, sous réserve que le marché de cet État relève des marchés affectés.

En cas de pluralités de défendeurs cités devant le juge du domicile de l'un d'eux, le demandeur doit fonder sa demande sur la loi de l'État de ce juge pour autant que l'acte reproché aux défendeurs affecte le marché de cet État.

La solution retenue en matière de libre concurrence imprègne celle en matière de concurrence déloyale lorsque l'on raisonne en termes d'affectation de marché : la loi applicable à une action en réparation sur ce fondement est celle du pays sur le territoire duquel les relations de concurrence ou les intérêts collectifs des consommateurs sont affectés ou susceptibles de l'être. Cependant, par une exception difficile à caractériser, le règlement, revenant à une approche plus civiliste de la responsabilité civile, pour justifier le retour à la règle générale sur la loi applicable aux obligations non contractuelles, le règlement prévoit que lorsqu'un acte de concurrence déloyale affecte exclusivement les intérêts d'un concurrent déterminé, l'article 4 est applicable.

Ces solutions qui montrent, en droit européen, l'influence de l'approche des actions publiques sur les actions privées et l'influence des règles de la libre concurrence sur celles de la concurrence déloyale mettent en évidence l'importance donnée aux intérêts publics dans la recherche de la loi applicable, sans passer par le mécanisme exceptionnel des lois de police. Mais, à l'égard d'une loi d'un État tiers qui prévoirait des dommages-intérêts punitifs, le recours à l'exception d'ordre public, de source européenne, pour écarter cette loi, fût-elle celle du marché affecté ou susceptible de l'être, semble dicté par la directive 2014/104/UE du 26 novembre 2014.

Bibliographie

AUDIT (B.) et D'AVOUT (L.), *Droit international privé*, 8e éd., Paris, LGDJ, 2018, n° 1009

BOSKOVIC (O.), *Rép. internat. Dalloz*, V° Règlement Rome II : obligations non contractuelles, n° 52 et s.

BUREAU (D.) et MUIR WATT (H.), *Droit international privé*, 4e éd., Paris, PUF, 2017, n° 1012

CORNELOUP (S.) et JOUBERT (N.) (dir.), *Le règlement communautaire « Rome II » sur la loi applicable aux obligations non contractuelles*, Paris, Litec, 2008

FRANCQ (S.), « Le règlement "Rome II" concernant la loi applicable aux obligations non contractuelles : entre droit communautaire et droit international privé », *JDE* 2008, p. 289

LARDEUX (G.), « Sources extracontractuelles des obligations – Détermination de la loi applicable », *JCL. Droit international*, fasc. 553-1, n° 74 et s.

LOUSSOUARN (Y.), BOUREL (P.) ET DE VAREILLES-SOMMIÈRES (P.), *Droit international privé*, 10e éd., Paris, Dalloz, 2013, n° 635

MAYER (P.), HEUZÉ (V.) et RÉMY (B.), *Droit international privé*, 12e éd., Issy-les-Moulineaux, LGDJ, 2019, n° 228

NIBOYET (M.-L.) et DE GEOUFFRE DE LA PRADELLE (G.), *Droit international privé*, 7e éd., Paris-La Défense, LGDJ, 2020, n° 104

PIRONON (V.), « Concurrence déloyale et actes restreignant la libre concurrence », in *Le règlement communautaire « Rome II » sur la loi applicable aux obligations non contractuelles*, S. Corneloup et N. Joubert (dir.), Paris, Litec, 2008

Directive 2014/104/UE du Parlement européen et du Conseil du 26 novembre 2014 relative à certaines règles régissant les actions en dommages et intérêts en droit national pour les infractions aux dispositions du droit de la concurrence des États membres et de l'Union européenne, *JOUE* n° L 349 du 5 décembre 2014, p. 1

Règlement (CE) n° 864/2007 du Parlement européen et du Conseil du 11 juillet 2007 sur la loi applicable aux obligations non contractuelles (« Rome II »), *JOUE* n° L 199 31 juillet 2007, p. 40

Règlement (CE) n° 1/2003 du Conseil du 16 décembre 2002 relatif à la mise en œuvre des règles de concurrence prévues aux articles 81 et 82 du traité, *JOCE* n° L 1 du 4 janvier 2003, p. 1

M

MANDATAIRE (CONCENTRATIONS)

Lionel LESUR
Franklin

Premier aperçu

L'Autorité de la concurrence (ci-après « l'Autorité »), comme la Commission européenne, est chargée du suivi des engagements structurels et comportementaux, que doivent respecter les parties aux termes de toute décision d'autorisation conditionnelle d'une concentration, et responsable d'y constater tout manquement éventuel (CE, 21 mars 2016, *Numericable*, n° 390023).

Si les nouvelles lignes directrices relatives au contrôle des concentrations de l'Autorité semblent tendre vers un assouplissement des cas de recours aux mandataires, il est généralement demandé à la partie notifiante de prévoir la nomination d'un mandataire, l'Autorité ne pouvant, quotidiennement, participer directement au contrôle de la mise en œuvre des engagements. Celui-ci revient donc au mandataire, personne morale ou physique, qui en rend compte à l'Autorité et doit, si nécessaire, contribuer à leur mise en œuvre pour en garantir l'efficacité. Le mandataire sera « les yeux et les oreilles » de l'Autorité, qui peut, contrairement aux parties, lui donner toute instruction pour garantir le respect des engagements.

Les conditions de nomination et de révocation du mandataire sont communes aux engagements structurels et comportementaux. Ainsi, la partie notifiante doit, dans un délai généralement d'un mois à partir de la notification de la décision d'autorisation, proposer au moins trois candidats. Le mandataire est nommé par la partie notifiante mais après approbation de l'Autorité, qui évalue l'adéquation du candidat, du contrat de mandat et du plan de travail proposés. Il est rémunéré par les parties, avec un système ne devant pas entraver son indépendance et son efficacité.

Trois conditions, appréciées à la lumière des exigences de chaque affaire, doivent être remplies par le mandataire pour qu'il soit agréé : être indépendant des parties, disposer des compétences requises et moyens suffisants pour exécuter son mandat et ne pas faire ou devenir l'objet d'un conflit d'intérêts.

À cet égard, le manque d'indépendance suffit pour annuler une décision d'autorisation se fondant, notamment, sur un rapport d'un mandataire non indépendant (CJUE, 6 novembre 2012, *Commission c/ Éditions Odile Jacob*, aff. jtes C-553/10 P et C-554/10 P). Ainsi, l'auditeur d'une partie, ou une personne qui a été membre de l'organe de direction d'une partie, y compris simultanément à ses fonctions de mandataire, pendant plus d'un mois, ne pourra pas remplir sa mission de manière indépendante (Trib. UE, 13 septembre 2010, *Éditions Odile Jacob c/ Commission*, aff. T-452/04).

Un mandataire pourra être chargé du suivi de la mise en œuvre des engagements comportementaux, afin, notamment, de contrôler les procédures mises en place par les parties pour ce faire et informer l'Autorité de toute plainte de tiers, dont il est le point de contact.

Quant au suivi des engagements structurels, il convient de distinguer le mandataire chargé du contrôle (« *monitoring trustee* ») et celui chargé de la cession (« *divestiture trustee* »). En fonction des engagements pris, une même personne pourra endosser le double rôle.

Durant la période laissée à la partie notifiante pour trouver elle-même un tiers acquéreur (la « première période »), l'engagement de cession pourra donc être réalisé sous le seul contrôle du *monitoring trustee*.

Ce dernier vérifie que les parties respectent les mesures correctives et sa mission est précisément définie dans le contrat de mandat. Les engagements définissent, eux, les besoins du mandataire en termes de soutien des parties et de coopération avec elles. Sa mission s'étire de l'adoption de la décision de l'Autorité jusqu'au transfert légal de l'activité ou des actifs concernés à l'acquéreur agréé par l'Autorité. À ce titre, le mandataire vérifie l'avancement du processus de cession et de recherche d'acquéreurs potentiels et s'assure, notamment, que les actifs cédés sont gérés séparément et indépendamment de ceux non cédés pendant la période transitoire. Il établit des rapports de suivi mensuels à l'Autorité portant également sur le maintien de la viabilité et de la compétitivité des actifs à céder (y compris en encourageant le personnel essentiel à rester avec l'activité) et sur toute difficulté. Finalement, il soumet à l'Autorité un avis motivé concernant le caractère approprié et l'indépendance de l'acquéreur proposé ainsi que la viabilité de l'activité à céder et précisant si celle-ci est vendue dans le respect de la décision de l'Autorité et des engagements.

Au plus tard un mois avant la fin de la première période, la partie notifiante doit soumettre à l'Autorité une liste d'au moins trois personnes qui pourront être désignées *divestiture trustee* si un acquéreur approprié n'a pas été trouvé à l'issue de cette première période.

Celui choisi recevra alors un mandat exclusif et irrévocable pour céder l'activité concernée à un acquéreur approprié, sous la surveillance de l'Autorité, dans un délai donné et sans prix minimum fixé. Les engagements lui permettent d'inclure dans le contrat de cession les modalités et conditions qu'il juge appropriées pour le conclure rapidement. Il adressera un rapport final confirmant la réalisation de la cession à l'Autorité après l'autorisation préalable de celle-ci.

■ Pour aller plus loin

Selon les autorités de concurrence, des cabinets d'audit ou de conseil sont particulièrement bien placés pour être *monitoring trustee* (CompetitionRx a, par exemple, été agréé par l'Autorité lors du rachat de SFR par Numericable ; déc. n° 15-DAG-02). Les banques d'investissement semblent, elles, particulièrement qualifiées pour être *divestiture trustee*.

Si l'Autorité agrée plusieurs mandataires parmi ceux proposés, la partie notifiante choisit librement celui recevant le mandat. *A contrario*, une nouvelle liste doit être proposée sous une semaine. Si l'Autorité refuse à nouveau les candidats, elle désigne alors elle-même le mandataire aux frais de la partie notifiante.

En outre, afin d'assurer l'indépendance du mandataire et de permettre aux tiers de contribuer à la surveillance de la mise en œuvre des engagements, les décisions d'agrément ou de refus d'agrément, ainsi que l'identité du mandataire retenu, sont publiées sur le site de l'Autorité.

Une fois l'ensemble des mesures correctives mis en œuvre et constaté par l'Autorité, le mandat prend fin. Il peut, en outre, être révoqué par le mandataire si une cause le justifie avec un préavis écrit à la partie notifiante et copie à l'Autorité. L'Autorité peut également le révoquer si le mandataire n'exerce pas sa mission adéquatement. Enfin, même après l'issue du mandat, le mandataire pourra à nouveau être désigné si l'Autorité estime que les engagements n'ont finalement pas été pleinement ou correctement mis en œuvre.

Bibliographie

« Mandataire devant les autorités de la concurrence : une mission délicate et exigeante », *Le monde du droit*, 21 février 2017

Decocq (G.), « Le mandataire doit être objectivement indépendant et ne pas seulement agir avec indépendance », *Contrats, conc., consom.* 2013

Flaicher-Maneval (E.), « Concentration avec engagements : attention à l'indépendance du mandataire », CMS Francis Lefebvre, 4 décembre 2012

Galmiche (P.) et Lucas (J.), « Contrôle français des concentrations : comment assurer le suivi des engagements ? », *JCP E* n° 18, 13 mai 2012, 1295, p. 25

Guibert (Ph.), El Hariri (S.) et Faurant (C.), « Droit de la concurrence – l'Autorité de la concurrence publie ses nouvelles lignes directrices relatives au contrôle des concentrations », Newsletter, De Pardieu Brocas Maffei, 21 septembre 2020

Aut. conc., « Lignes directrices de l'Autorité de la concurrence relatives au contrôle des concentrations », 2020

Comm. eur., « Modèle de contrat de mandat pour les mandataires chargés du suivi des engagements », 5 décembre 2013, https://competition-policy.ec.europa.eu/system/files/2021-03/trustee_mandate_fr.pdf

Communication de la Commission concernant les mesures correctives recevables conformément au règlement (CE) n° 139/2004 du Conseil et au règlement (CE) n° 802/2004 de la Commission, *JOUE* n° C 267 du 22 octobre 2008, p. 1

Communication juridictionnelle codifiée de la Commission concernant le règlement (CE) n° 139/2004 du Conseil relatif au contrôle des opérations de concentration entre entreprises, *JOUE* n° C 95 du 16 avril 2008, p. 1

M

MANIPULATION DES PROCÉDURES D'APPEL D'OFFRES

Vincent BRIDOUX
Ministère de l'Économie, des Finances et de la Souveraineté industrielle et numérique

■ Premier aperçu

La manipulation des procédures d'appel d'offres désigne les accords illégaux d'opérateurs économiques, participants ou non à une procédure d'attribution, qui, en faussant la concurrence, visent à obtenir l'attribution d'un contrat de la commande publique (Comm. eur., Communication sur les outils de lutte contre la collusion dans les marchés publics et orientations sur la manière d'appliquer le motif d'exclusion y relatif). De telles pratiques peuvent, plus occasionnellement, dépasser le cadre de la commande publique et cibler des procédures de vente ou d'achat publiques ou privées nécessitant le dépôt d'offres de la part d'entreprises.

La principale forme de collusion mise en œuvre par les opérateurs économiques consiste à déposer une offre de couverture, offre qui est intentionnellement irrecevable ou dont le prix est délibérément supérieur à celle déposée par le concurrent désigné par l'entente pour remporter le marché. Ces pratiques, parfois limitées à un appel d'offres précis, intègrent fréquemment des accords globaux destinés à une répartition géographique ou sectorielle des marchés ou au verrouillage des prix. La volonté de faire échec à l'efficacité de la commande publique et l'impact sur les deniers publics et sur le bon fonctionnement des services publics caractérisent leur haut degré de nocivité (Aut. conc., avis n° 16-A-05).

La collusion entre opérateurs économiques peut s'accompagner par de la corruption, affaiblissant davantage la capacité à identifier de telles pratiques (ex. : Cons. conc., déc. n° 07-D-15 du 9 mai 2007, *Pratiques mises en œuvre dans les marchés publics relatifs aux lycées d'Île-de-France*).

Dans sa décision n° 20-D-19 du 25 novembre 2020, *France AgriMer*, l'Autorité de la concurrence a consacré une évolution importante de sa pratique décisionnelle en refusant d'appliquer l'article 101 TFUE aux offres concertées d'entreprises formant une unité économique, reprenant ainsi les précisions apportées par la Cour de justice (CJUE, 17 mai 2018, *« Ecoservice projektai » UAB*, aff. C-531/16).

■ Pour aller plus loin

Le Conseil d'État a précisé qu'un acheteur dont la procédure de mise en concurrence a été la cible d'une entente peut saisir le juge administratif « *alternativement ou cumulativement, d'une part, de conclusions tendant à ce que celui-ci prononce l'annulation du marché litigieux et tire les conséquences financières de sa disparition rétroactive, et, d'autre part, de conclusions tendant à la condamnation du cocontractant, au titre de sa responsabilité quasi-délictuelle, à réparer les préjudices subis en raison de son comportement fautif* » (CE, 10 juillet 2020, *Société Lacroix Signalisation*, n° 420045).

Bibliographie

Bridoux (V.), *Droit de la commande publique et droit de la concurrence de l'Union européenne : étude sur une dynamique commune*, Paris, Concurrences, 2021

Guézou (O.), « Les comportements anticoncurrentiels dans la passation des marchés publics », thèse, Université Paris-Nanterre, 1998

Kuźma (K.) et Hartung (W.), *Combating Collusion in Public Procurement: Legal Limitation on Joint Bidding*, Cheltenham, Edward Elgar Publishing, 2020

OCDE, « Roundtable on Collusion and Corruption in Public Procurement », DAF/COMP/GF(2010)6, 15 octobre 2010

Sánchez Graells (A.), *Public Procurement and EU Competition Rules*, 2ᵉ éd., Oxford, Hart Publishing

Comm. eur., Communication sur les outils de lutte contre la collusion dans les marchés publics et orientations sur la manière d'appliquer le motif d'exclusion y relatif, *JOUE* n° C 91 du 18 mars 2021, p. 1

M

MARCHÉ AMONT

Gillian ARNOUX
CMA CGM

■ Premier aperçu

La notion de marché ou d'activité amont est une clé de voûte pour définir les relations entre certains opérateurs économiques. Les activités amont sont des marchés, généralement pertinents, qui se définissent économiquement compte tenu du lien fonctionnel vertical qu'ils entretiennent avec d'autres marchés dits « aval » (ou situés plus bas dans la chaîne de création de valeur économique).

Dans ses orientations sur les priorités retenues pour l'application de l'article [102 TFUE], la Commission européenne définit en creux les activités amont en se référant à celles des marchés aval, notamment dans le cadre d'obligations de fourniture. « *[D]es problèmes de concurrence se posent lorsque l'entreprise dominante concurrence sur le marché "en aval" l'acheteur qu'elle refuse d'approvisionner. Par "marché en aval", on entend le marché pour lequel l'intrant refusé est nécessaire à la fabrication d'un produit ou à la fourniture d'un service* » (communication de la Commission, 2009/C 45/02, pt 76).

L'exemple le plus classique d'interaction amont/aval est le rapport entre des marchés de gros (échelon amont) et des marchés de détail (échelon aval). Les autorités de concurrence se sont ainsi penchées sur l'accès à certaines infrastructures qui sont nécessaires pour commercialiser des offres télécoms au détail. De multiples instructions ont notamment porté sur le lien concurrentiel qui unit l'activité de gros de fourniture d'accès à la boucle locale téléphonique par un opérateur national historique (marché amont) et le marché de détail de la fourniture d'internet haut débit à des particuliers (marché aval) (v. Comm. eur., déc. du 22 juin 2011, *Telekomunikacja Polska*, aff. COMP/39.525, ou Cons. conc., déc. nº 05-D-09 du 7 novembre 2005).

Les activités amont reposent sommairement sur un triptyque, dont l'accès est clé pour mener des activités aval :

- les intrants : des produits physiques bruts ou intermédiaires qui entrent dans la production d'autres produits vendus au détail, comme dans l'industrie chimique (CJCE, 6 mars 1974, *ICI/Commercial Solvents*, aff. jtes 6 et 7-73) ;

- les infrastructures physiques : sans lesquelles il est impossible de prester des services à des utilisateurs finaux, comme les capacités ferroviaires (Comm. eur., déc. du 2 octobre 2017, *Baltic rail*, aff. AT.39813 ; v. égal. Aut. conc., déc. n° 12-D-25 du 18 décembre 2012, pts 417 à 498) ; et
- les éléments protégés par des droits de propriété intellectuelle (CJCE, 29 avril 2004, *IMS Health*, aff. C-418/01).

Les effets économiques entre marché amont et marché aval sont principalement étudiés au titre des abus de position dominante (art. 102 TFUE et L. 420-2 C. com.). Ce cadre juridique tend, notamment, à prévenir des comportements d'entreprises en position dominante sur un marché en amont visant à essayer d'évincer les concurrents au moins aussi efficaces sur le marché en aval (CJUE, 17 février 2011, *TeliaSonera*, aff. C-52/09, pt 87), même si la localisation de l'abus peut également avoir lieu en aval. Ces possibles effets anticoncurrentiels sont susceptibles d'être renforcés dès lors que l'entreprise en cause est verticalement intégrée et que cette intégration verticale touche une activité en amont indispensable pour être actif sur un marché aval (*TeliaSonera*, préc., pts 69 à 71, 87 et 88).

Par effet de levier depuis le marché amont, l'exploitation abusive de l'entreprise en position dominante peut revêtir diverses formes, que ce soient des pratiques tarifaires inéquitables comme de la compression de marges sur le marché aval (*TeliaSonera*, préc.) ou des refus d'accès à des infrastructures ou à des intrants, y compris de façon constructive (communication de la Commission, préc., pt 75 et s.).

■ Pour aller plus loin

La question des liens verticaux (amont/aval) est un paramètre systématiquement analysé dans le cadre d'une opération de concentration. À cette fin, et pour toute opération induisant une intégration verticale, la Commission européenne a développé une grille d'analyse pour mettre en lumière les effets possibles de l'opération, qu'ils soient sur le marché amont (test de verrouillage du marché des intrants) ou sur les marchés en aval (test de verrouillage de l'accès à la clientèle) (v. lignes directrices sur l'appréciation des concentrations non horizontales au regard du règlement du Conseil relatif au contrôle des concentrations entre entreprises, 2008/C 265/07, pt 29 et s.).

Bibliographie

Bavasso (A.) et Long (D.), « The Application of Competition Law in the Communications and Media Sectors: A Survey of Recent Cases », *Journal of European Competition Law & Practice*, 2014, vol. 5, n° 4, p. 233

Bourreau (M.), Hombert (J.), Pouyet (J.) et Schutz (N.), « Upstream Competition Between Vertically Integrated Firms », *Journal of Economic Literature*, 2011, vol. 59, n° 4, p. 677

Hart (O.) et Tirole (J.), « Vertical Integration and Market Foreclosure », *Brookings Papers: Microeconomics*, 1990, p. 205

OCDE, « Refusals to deal », DAF/COMP(2007)46, 3 septembre 2009

Van Dijk (T.) et Gratz (L.), « Margin squeeze: Recent developments in EU and national case law », 5 avril 2018, *e-Competitions Margin squeeze*, art. n° 86350

Wiethaus (L.) et Nitsche (R.), « Margin squeeze: An overview of EU and national case law », 15 avril 2014, *e-Competitions Margin squeeze*, art. n° 65238

Communication de la Commission, Orientations sur les priorités retenues par la Commission pour l'application de l'article 82 du traité CE aux pratiques d'éviction abusives des entreprises dominantes, *JOUE* n° C 45 du 24 février 2009, p. 2

Comm. CE, Lignes directrices sur l'appréciation des concentrations non horizontales au regard du règlement du Conseil relatif au contrôle des concentrations entre entreprises, *JOUE* n° C 265 du 18 octobre 2008, p. 6

M

MARCHÉ AVAL

Elisabeth VAN HECKE-DE GHELLINCK
Autorité belge de la concurrence

■ Premier aperçu

Le marché aval s'inscrit, comme le marché amont, dans une vision des liens verticaux entre opérateurs économiques avec leurs fournisseurs dans le cas du marché amont et leurs acheteurs/distributeurs dans le cas du marché aval. Il est parfois utile de distinguer le marché aval, sur lequel s'effectuent les ventes aux clients finaux, des marchés intermédiaires, sur lesquels une « *entreprise "en aval" achète la production [d'une] entreprise "en amont" et l'utilise comme intrant dans sa propre production, qu'elle vend ensuite à ses clients* » (note 4 des lignes directrices de 2008 sur l'appréciation des concentrations non horizontales). Les questions d'abus de position dominante ou d'exploitation d'une situation de déséquilibre significatif par une entreprise en aval à l'égard de ses fournisseurs en amont concernent les marchés intermédiaires. Cette note se focalise sur les restrictions verticales affectant les marchés aval.

Les restrictions de concurrence dans les interactions verticales entre acteurs non concurrents situés à différents niveaux de la chaîne de production ou de distribution portant sur les conditions d'achat, de vente et de revente sont généralement considérées par les économistes comme moins préoccupantes du point de vue de la concurrence que les restrictions concernant les relations horizontales entre concurrents directs opérant sur un même marché pertinent. La complémentarité entre les activités d'opérateurs économiques engagés dans une relation verticale réduit le bénéfice de l'exploitation du pouvoir de marché à un stade du processus de production et de distribution par son impact sur la demande par les opérateurs situés en amont ou en aval et requiert une coordination entre parties pour diminuer les coûts de transaction et de distribution et assurer un niveau optimal d'investissement (règl. 2010 d'exemption par catégorie des accords verticaux, ci-après « VBER 2010 », cons. 6).

Les principales restrictions observées dans les marchés aval concernent la distribution sélective, la distribution exclusive, des restrictions sur le prix de vente, et l'insertion de clauses du client le plus favorisé (clause MFN) ou de parité de prix (clause PPC). Dans certains cas, ces restrictions sont considérées comme objectivement nécessaires à la promotion d'un nouveau produit et/ou à la prévention des comportements de passager clandestin. Dans d'autres cas, elles contribuent à freiner l'impact d'un manque de concurrence dans les marchés successifs sur le prix au consommateur final ou permettent une diminution des coûts de transaction et de distribution.

Il n'est dès lors pas étonnant d'observer que les parties à une relation verticale acceptent fréquemment des restrictions de concurrence afin de bénéficier de ces gains d'efficience.

La présomption d'effets positifs engendrés par ces restrictions verticales conduit à une exigence d'impacts négatifs plus importants des restrictions de concurrence qu'elles comportent avant de pouvoir conclure à leur nocivité. Cela se traduit, en particulier, au niveau du seuil de part de marché de chacune des parties à l'accord vertical en dessous duquel ce type d'accord peut bénéficier de l'exemption par catégorie. Dans le cas des accords verticaux tombant dans le champ d'application de l'article 101 TFUE, le seuil pris en compte (art. 3, para. 1, VBER 2010) est plus élevé (30 %) que celui pris en considération dans le cadre des accords horizontaux (15 %).

Les restrictions de concurrence concernent tant la concurrence intramarque entre distributeurs d'un même fournisseur que la concurrence intermarques entre fournisseurs lorsqu'elles rendent l'accès des fournisseurs concurrents au marché aval plus difficile ou contribuent à stabiliser un accord collusif entre fournisseurs sur le marché amont.

La balance coûts-bénéfices des restrictions verticales dépend des caractéristiques des marchés et produits concernés ainsi que du type de restriction verticale considéré, favorisant une approche basée sur l'analyse des effets (Chowdhury, 2021). Certains accords sont toutefois exclus du bénéfice de cette exemption par catégorie lorsqu'ils comportent des restrictions caractérisées dans l'article 4 VBER 2010 comme des restrictions par objet ou des obligations listées dans l'article 5.

■ Pour aller plus loin

L'expansion rapide du commerce en ligne et l'émergence d'opérateurs de plateformes numériques modifient la nature de la concurrence dans les marchés aval. Les ventes en ligne et hors-ligne deviennent de plus en plus complémentaires tant pour les acheteurs intermédiaires que pour les acheteurs finaux qui valorisent la possibilité de disposer d'un choix plus large de canaux de vente. Cette évolution est prise en compte dans la jurisprudence à travers la définition de marchés aval pertinents englobant les ventes tant en ligne que hors-ligne (p. ex., Aut. conc., déc. n° 21-D-02 du 27 janvier 2021).

Différents arrêts de la Cour européenne de justice en matière de restrictions relatives au commerce en ligne dans les accords de distribution sélective ont par ailleurs permis de clarifier les circonstances dans lesquelles certaines restrictions peuvent être considérées comme acceptables. C'est ainsi que dans l'arrêt *Pierre Fabre* (C-439/09) de 2011, l'interdiction absolue des ventes en ligne peut être considérée comme une restriction par objet suivant l'article 4 du VBER 2010, ce qui n'est pas le cas de l'interdiction de vente sur plateforme numérique par un fournisseur de produits de luxe ayant recours à un réseau de distribution sélective suivant l'arrêt *Coty* (C-230/16) de 2017.

L'analyse des jurisprudences nationales révèle des approches divergentes dans certains domaines tels que l'utilisation de clauses de parité des prix nécessitant une clarification au niveau européen pour assurer la cohérence dans la mise en œuvre des politiques de concurrence (SWD(2020), p. 60)

Ces développements servent de toile de fond au projet révisé de VBER et de lignes directrices mis en consultation par la Commission le 9 juillet 2021.

Bibliographie

Chowdhury (A.), « Most favoured nation clauses: In need of an effects-based approach », in « The VBER and Vertical Guideline: Revision or Reform? Reflection on critical issues », *Concurrences* n° 1-2021, art. n° 98133, p. 20

Rey (P.), « Vertical restraints – an economic perspective », Revised draft report, 13 octobre 2012, http://www.fne.gob.cl/wp-content/uploads/2013/11/Patrick-Rey.-Vertical-Restraints.pdf

Comm. eur., Draft revised Vertical block exemption Regulation et Draft revised Vertical Guidelines, 9 juillet 2021, disponible sur https://ec.europa.eu/competition-policy/public-consultations/2021-vber_en

Comm. eur., Staff Working Document Evaluation of the Vertical Block Exemption Regulation, SWD(2020) 173 final, 8 septembre 2020

Comm. eur., Lignes directrices sur les restrictions verticales, *JOUE* n° C 130 du 19 mai 2010, p. 1

Règlement (UE) n° 330/2010 de la Commission du 20 avril 2010 concernant l'application de l'article 101, paragraphe 3, du traité sur le fonctionnement de l'Union européenne à des catégories d'accords verticaux et de pratiques concertées, *JOUE* n° L 102 du 23 avril 2010, p. 1

Comm. CE, Lignes directrices sur l'appréciation des concentrations non horizontales au regard du règlement du Conseil relatif au contrôle des concentrations entre entreprises, *JOUE* n° C 265 du 18 octobre 2008, p. 6

M

MARCHÉ DE PRODUITS OU DE SERVICES

Lénaïc GODARD
Magenta

Premier aperçu

Le marché de produits ou de services constitue, avec le marché géographique, l'un des deux critères pour définir le marché pertinent sur lequel les entreprises seront considérées en concurrence.

Le marché de produits ou de services se définit comme étant composé de tous les produits et/ou services considérés, en particulier par ses utilisateurs, comme interchangeables ou substituables, en raison de leurs caractéristiques, de leur prix et de l'usage auquel ils sont destinés (communication de la Commission européenne sur la définition du marché en cause aux fins du droit de la concurrence, pt 7).

Pour délimiter le marché de produits ou de services, il est donc nécessaire d'identifier les produits ou services qui seront considérés comme étant substituables/interchangeables. Cette appréciation se fait généralement du côté de la demande (du point de vue de l'utilisateur) mais peut également se faire du côté de l'offre (du point de vue des entreprises proposant les produits ou services).

Côté demande, la substituabilité signifie que l'utilisateur perçoit les produits ou services comme équivalents en raison d'éléments qualitatifs ou quantitatifs. Côté offre, la substituabilité signifie que les entreprises peuvent adapter leurs outils de production aux produits ou services en fonction des fluctuations de la demande et entrer à moindres coûts et à brève échéance sur un marché.

Il convient de noter, en outre, que pour certains secteurs, notamment dans la distribution, d'autres facteurs peuvent être pris en considération. En effet, les canaux de vente mais aussi la segmentation en fonction de différentes catégories d'acheteurs peuvent être retenus pour la définition du marché de produits ou de services.

■ Pour aller plus loin

Deux principales observations méritent d'être faites.

En premier lieu, le marché de produits ou de services sera délimité avec plus ou moins de précision selon la nature de la procédure et des règles mises en œuvre.

Il faut, à cet égard, distinguer le contrôle *ex post* de la mise en œuvre *ex ante* du droit de la concurrence.

En matière de pratiques anticoncurrentielles, il sera impératif de définir le marché de produits ou de services avec précision lorsqu'il s'agit d'appréhender un abus de position dominante. Il faut, en effet, au préalable que soit caractérisée une position dominante.

Cette exigence est moindre en matière d'ententes anticoncurrentielles. En cette matière, l'Autorité de la concurrence a rappelé, dans sa décision nº 20-D-20, que pour la mise en œuvre des articles 101 TFUE et L. 420-1 du code de commerce, « *il n'est pas nécessaire de définir le marché avec précision, comme en matière d'abus de position dominante, dès lors que le secteur et les marchés ont été suffisamment identifiés pour permettre de qualifier les pratiques qui y ont été constatées et de les imputer aux opérateurs qui les ont mises en œuvre* » (pt 164). La définition de marché n'en demeure pas moins une étape importante, notamment lorsqu'il s'agit de s'assurer que les entreprises bénéficient des seuils *de minimis* ou d'exemption.

En matière de contrôle des concentrations, une délimitation définitive et conclusive du marché de produits ou de services n'est pas systématiquement indispensable. En effet, lorsqu'il apparaît que l'opération n'est pas de nature à porter atteinte à la concurrence, l'Autorité de la concurrence estime qu'elle peut « *laisser ouverte tout ou partie de la question de la délimitation exacte des marchés pertinents* » (lignes directrices de l'Autorité de la concurrence relatives au contrôle des concentrations de 2020, pt 517). Surtout, il convient de relever que la définition de marché répond ici à un besoin différent : l'objectif n'est pas de procéder à une approche rétrospective, mais bien d'adopter une démarche prospective et d'intégrer à l'analyse les évolutions en cours ou anticipées.

En second lieu, le marché de produits ou de services peut être défini de façon plus ou moins restreinte.

Il est d'ailleurs possible qu'il ne soit composé que d'un seul produit. Ainsi, et sans prétendre à l'exhaustivité, il faut noter qu'un brevet, un droit de propriété intellectuelle, une molécule ou un logiciel peuvent constituer un marché pertinent (v. p. ex. déc. nº 21-D-07 de l'Autorité de la concurrence de laquelle il ressort qu'il pourrait exister un marché de la distribution d'applications mobiles iOS). De même, un appel d'offres constitue un marché pertinent isolément (pour des illustrations, v. en dernier lieu Aut. conc., déc. nº 22-D-08 et nº 22-D-04).

Lorsque le marché pertinent de produits ou de services est défini autour d'un seul bien ou service, celui-ci pourra, sous réserve que les conditions soient réunies, ensuite être qualifié de facilité essentielle, imposant à l'entreprise qui le possède diverses obligations.

Dans d'autres circonstances, la définition du marché de produits ou de services peut aboutir au résultat selon lequel des produits ayant des caractéristiques *a priori* différentes seront néanmoins considérés comme étant en concurrence. Tel est le cas par exemple lorsque le Conseil de la concurrence estime, dans la décision n° 07-D-39, que l'avion et le train sont en concurrence pour le transport de personnes sur la route Paris-Londres. Dans la même lignée, l'Autorité de la concurrence a, dans la décision n° 14-D-18, refusé de reconnaître un marché des ventes événementielles en considérant que les entreprises organisant de telles ventes en ligne étaient en concurrence avec des entreprises classiques avec une offre de déstockage ou encore avec des magasins d'usine.

Si la définition du marché de produits ou de services peut parfois surprendre, c'est notamment parce que l'Autorité de la concurrence ne recherche pas la substituabilité parfaite puisqu'elle s'observe rarement. Il faut, estime-t-elle, regarder « *comme substituables et comme se trouvant sur un même marché les produits ou services dont on peut raisonnablement penser que les demandeurs les considèrent comme des moyens alternatifs entre lesquels ils peuvent arbitrer pour satisfaire une même demande* » (Aut. conc., déc. n° 10-D-19 du 24 juin 2010, pt 159).

Bibliographie

Aut. conc., « Lignes directrices de l'Autorité de la concurrence relatives au contrôle des concentrations », 2020

Communication de la Commission sur la définition du marché en cause aux fins du droit communautaire de la concurrence, *JOCE* n° C 372 du 9 décembre 1997, p. 5

Voir aussi

Facilité essentielle - Marché géographique - Marché pertinent - Substituabilité

MARCHÉ GÉOGRAPHIQUE

Lénaïc GODARD
Magenta

■ Premier aperçu

Le marché géographique constitue, avec le marché de produits ou de services, l'un des deux critères pour définir le marché pertinent sur lequel les entreprises seront considérées en concurrence.

Le marché géographique se définit comme étant le territoire sur lequel les entreprises sont considérées en situation de concurrence pour l'offre des biens et services en cause (communication de la Commission européenne sur la définition du marché en cause aux fins du droit de la concurrence, pt 8).

Pour délimiter le marché géographique, il est donc nécessaire de prendre en compte les caractéristiques de la demande et les habitudes des acheteurs pour déterminer si ces derniers pourraient s'approvisionner auprès d'entreprises implantées ailleurs, à court terme et à moindre coût (*ibid.*, pt 29).

La définition du marché géographique suppose également de vérifier si, du côté de l'offre, une entreprise implantée dans une zone distincte se heurte à des barrières ne lui permettant pas de vendre dans des conditions concurrentielles. Les obstacles en cause peuvent, notamment, être de nature légale (p. ex., obtention administrative pour s'implanter sur le territoire) ou économique (en raison du coût d'implantation d'un réseau de distribution ou des coûts de traduction découlant de la barrière de la langue, etc.).

■ Pour aller plus loin

La définition géographique du marché importe tant pour le contrôle des concentrations que pour la mise en œuvre du droit des pratiques anticoncurrentielles.

Une fois le marché pertinent défini, il est possible d'apprécier les parts de marché détenues par l'entreprise, ainsi que par ses partenaires et/ou concurrents le cas échéant, et d'étudier la faisabilité d'une opération donnée ou la licéité d'une pratique.

À cet égard, il faut noter que le marché pertinent peut correspondre à une zone géographique plus ou moins restreinte.

Pour donner quelques exemples, il faut relever, notamment, que le Tribunal de l'Union européenne a, dans la décision *Aéroports de Paris*, considéré que le marché des services de gestion des aéroports parisiens était limité à ces infrastructures (TPICE, 20 décembre 2000, *Aéroports de Paris c/ Commission des communautés européennes*, aff. T-128/98, pts 140-144). De même, en raison de barrières linguistiques et culturelles, les marchés de la vente de livres par les éditeurs aux revendeurs font l'objet d'une définition supranationale en englobant les pays francophones de l'Union européenne (Aut. conc., déc. nº 21-DCC-70 du 29 avril 2021, pt 36). En revanche, le marché de la fabrication des processeurs pour ordinateurs est défini par la jurisprudence comme étant un marché de dimension mondiale (Trib. UE, 12 juin 2014, *Intel Corp. c/ Commission européenne*, aff. T-286/09, pt 24).

La question de la délimitation géographique du marché demeure essentielle, quand bien même l'économie se digitalise. L'essor d'internet n'emporte pas nécessairement une délimitation mondiale des marchés pertinents. Ainsi, la Commission européenne a reconnu, dans la décision autorisant la prise de contrôle par Facebook de WhatsApp, que le marché de la publicité en ligne – et ses potentiels sous-segments – doit être défini comme étant de dimension nationale ou, éventuellement, comme s'étendant sur différents pays parlant la même langue (Comm. eur., déc. du 3 octobre 2014, *Facebook/ WhatsApp*, aff. M.7217, pt 83).

En ce qui concerne tout particulièrement le contrôle des concentrations, il faut s'intéresser en particulier au commerce de détail. Il existe, en effet, des règles spécifiques qui ont été adoptées pour ce secteur.

L'Autorité de la concurrence peut, sur le fondement de l'article L. 430-2 II du code de commerce, contrôler des opérations qui ne correspondent pas aux seuils habituels du contrôle des concentrations, dans l'optique qu'une opération de concentration n'altère pas la concurrence dans des zones de chalandise locales.

L'Autorité de la concurrence définit, dans ses lignes directrices, le commerce de détail par référence aux règles applicables en matière d'équipement commercial : « *Un magasin de commerce de détail s'entend comme un magasin qui effectue, pour plus de la moitié de son chiffre d'affaires, de la vente de marchandises à des consommateurs pour un usage domestique. Est incluse la vente d'objets d'occasion (brocante, dépôts vente, etc.). Sont traditionnellement assimilés à du commerce de détail, bien que ne constituant pas de la vente de marchandises, un certain nombre de prestations de service à caractère artisanal : pressing, coiffure et esthétique, cordonnerie, photographie, entretien de véhicules et montage de pneus* » (Aut. conc., lignes directrices relatives au contrôle des concentrations de 2020, pt 103).

En matière de commerce de détail, la pratique décisionnelle de l'Autorité de la concurrence a recours à la méthode « isochrone ». Elle définit le marché géographique en fonction du temps de trajet supporté par l'acheteur.

Ainsi, dans la décision relative à l'acquisition du contrôle exclusif des actifs de Conforama France par le groupe Mobilux, l'Autorité de la concurrence a défini le marché géographique comme étant une zone isochrone de 45 minutes autour de chaque point de vente considéré (Aut. conc., déc. n° 22-DCC-78 du 28 avril 2022, pt 126).

De même, en matière de définition de marché de la distribution automobile, l'Autorité de la concurrence raisonne désormais en zone de chalandise et non sur la base des limites administratives départementales, considérant qu'un consommateur peut consentir à effectuer un trajet plus ou moins long pour acquérir un véhicule neuf ou d'occasion (Aut. conc., déc. n° 19-DCC-42 du 12 mars 2019).

Bibliographie

Aut. conc., « Lignes directrices de l'Autorité de la concurrence relatives au contrôle des concentrations », 2020

Communication de la Commission sur la définition du marché en cause aux fins du droit communautaire de la concurrence, *JOCE* n° C 372 du 9 décembre 1997, p. 5

Voir aussi

Marché pertinent - Marché de produits ou de services

M

MARCHÉ PUBLIC

Christian BOVET
Université de Genève

Premier aperçu

Les marchés publics tendent à permettre à des entités publiques ou assimilées d'obtenir l'offre qui est économiquement la plus avantageuse pour la collectivité. Elles mettent face à face un pouvoir adjudicateur et des soumissionnaires dans une procédure formalisée et aboutissent généralement à une décision d'adjudication suivie de la conclusion d'un contrat. Cette dernière phase est mise en exergue dans les définitions légales et réglementaires. Ainsi, l'article 2, paragraphe 5, de la directive 2014/24/UE du 26 février 2014 sur la passation des marchés publics décrit les marchés publics comme « *des contrats à titre onéreux conclus par écrit entre un ou plusieurs opérateurs économiques et un ou plusieurs pouvoirs adjudicateurs et ayant pour objet l'exécution de travaux, la fourniture de produits ou la prestation de services* ». Quant aux paragraphes 6, 8 et 9 de cette même disposition, ils définissent respectivement les marchés publics de travaux, de fournitures et de services. Les législations nationales déclinent ensuite ces différentes composantes, à l'image des articles L-1110-1 et s. du code français de la commande publique.

Si la détermination de l'offre économiquement la plus avantageuse « *devrait dans tous les cas comporter un élément en rapport avec le prix ou le coût* », il n'en demeure pas moins que les États membres sont autorisés à interdire le recours au seul critère de prix ou de coût pour évaluer une telle offre (cons. 90 de la dir. 2014/24/UE). Des effets sociaux et environnementaux durables entreront dès lors souvent en ligne de compte (p. ex. art. L3-1 CCP), la bonne utilisation des deniers publics étant en outre accompagnée par la mise en œuvre des principes d'égalité de traitement et de non-discrimination des soumissionnaires, de transparence des procédures d'adjudication, de concurrence effective et de lutte contre la corruption et la fraude.

Tout en les encadrant relativement strictement, la réglementation européenne propose une panoplie de procédures destinées à atteindre ces objectifs : la plus lourde est la procédure ouverte, où « *tout opérateur économique intéressé peut soumettre une offre en réponse à un appel à la concurrence* » (art. 27, para. 1, dir. 2014/24/UE). Les autres permettent au pouvoir adjudicateur d'effectuer une

« *sélection qualitative* » (procédure restreinte (art. 28 de la dir. 2014/24/UE) et procédure concurrentielle avec négociation (art. 29 de la dir. 2014/24/UE)) ou de conclure un partenariat d'innovation (art. 31 de la dir. 2014/24/UE). Enfin, les plus légères en termes d'étapes procédurales consistent en un « *dialogue compétitif* », où les opérateurs économiques peuvent soumettre une demande de participation en réponse à un avis de marché (art. 30 de la dir. 2014/24/UE), ou au recours à la procédure négociée sans publication préalable (art. 32 de la dir. 2014/24/UE). L'utilisation de plateformes électroniques, y compris d'enchères ou d'instruments dynamiques pour les commandes récurrentes, soutient également les pouvoirs adjudicateurs et les candidats soumissionnaires dans ces efforts d'efficience.

Par nature, le texte conventionnel fondateur – l'Accord de l'Organisation mondiale du commerce (OMC) sur les marchés publics du 15 avril 1994, amendé le 30 mars 2012 (AMP 2012) – pose les principes régissant ce domaine. Il définit par exemple les deux grandes catégories de procédures que sont les appels d'offres ouverts (art. I m) AMP 2012) et sélectifs (art. I q) AMP 2012) ; de même, il fixe les conditions auxquelles l'on peut recourir à un appel d'offres limité (art. XIII). Alors que cet accord est entré en vigueur dans l'Union européenne et aux États-Unis le 6 avril 2014, ce texte n'a pris effet au Royaume-Uni ou en Suisse que le 1er janvier 2021. Les intentions affichées de mise en concurrence des opérateurs économiques au niveau international n'ont pas empêché une certaine complexité sur le plan réglementaire : en droit européen, les directives 2014/23/UE sur l'attribution des contrats de concession et 2014/25/UE relative à la passation de marchés par des entités opérant dans les secteurs de l'eau, de l'énergie, des transports et des services postaux s'ajoutent à la directive 2014/24/UE ; les droits nationaux ne sont ensuite pas toujours facilement accessibles et trop souvent présentés en ordre dispersé, peu abordables pour les étrangers. Enfin, ceux-ci peuvent être découragés de participer à des marchés publics de petite ou moyenne taille pour des questions de langue, de culture, de standards ou d'usages locaux.

■ Pour aller plus loin

Le droit de la concurrence soutient les objectifs de la réglementation sur les marchés publics. La pratique des autorités est donc relativement significative dans ce domaine. L'Autorité française de la concurrence a par exemple rendu le 3 mars 2022 une décision relative à des pratiques mises en œuvre dans le secteur de la collecte et de la gestion des déchets en Haute-Savoie (déc. n° 22-D-08), où elle constate des échanges d'informations illicites entre des opérateurs économiques. Ceux-là s'accompagnaient de consignes de prix et étaient suivis de devis (ou offres) de couverture reprenant en tout ou partie les prix transmis. Selon une jurisprudence constante, ces pratiques de soumissions concertées (« *bid rigging* ») sont d'une nocivité et d'une gravité particulières dans la mesure où elles faussent le jeu de la concurrence et trompent le pouvoir adjudicateur sur les procédures en cours ; l'intention ultime des membres de l'entente est de se répartir artificiellement les marchés publics, en instituant un mécanisme de tournus et en excluant d'autres concurrents.

Le droit des marchés publics intègre cette dimension dans la mesure où le pouvoir adjudicateur peut exclure un opérateur économique lorsqu'il dispose d'éléments suffisamment plausibles pour conclure à l'existence d'un accord anticoncurrentiel (art. 57, para. 4 d), de la dir. 2014/24/UE, ainsi qu'art. L4 et L2141-9 CCP), un comportement que le considérant 101 de ladite directive qualifie de « *faute professionnelle grave* ». Dans son arrêt du 24 octobre 2018 dans l'affaire C-124/17, *Vossloh Laeis GmbH c/ Stadtwerke München GmbH*, la CJUE a clairement affirmé que, dans le cadre des mesures destinées à rétablir la fiabilité d'un soumissionnaire exclu, « *le pouvoir adjudicateur doit être en mesure de demander à un opérateur économique qui a été reconnu responsable d'une infraction au droit de la concurrence qu'il fournisse la décision de l'autorité de concurrence le concernant* » (pt 30). Cette conception, d'une part, lève un certain nombre d'obstacles liés à l'accès au dossier des autorités de concurrence et à des objections liées à la protection des données et, d'autre part, facilite les procédures en réparation du préjudice causé par le comportement illicite.

En 2011 déjà, la Commission européenne a souligné dans son livre vert sur la modernisation de la politique de l'UE en matière de marchés publics (COM(2011) 15 final) « *l'objectif d'une cohérence maximale entre le droit des marchés publics et [...] le contrôle des aides d'État* » (p. 13). Elle requérait notamment une certaine prudence lors de la création de différents niveaux d'exigences procédurales (p. 20), rappelant en outre l'importance du lien avec l'objet du marché – un assouplissement de celui-là risquant « *de séparer l'application des règles européennes de passation des marchés publics de celle des règles européennes en matière d'aides d'État* » (p. 41). En 2022, le Tribunal a eu pour sa part l'occasion de faire le point sur des mécanismes de compensation intervenant par exemple à l'échéance de contrats d'utilité publique et sur leur éventuelle qualification en tant qu'aides d'État (arrêt du 7 septembre 2022 dans l'affaire T-642/19, *JCDecaux Street Furniture Belgium*).

Bibliographie

BENCHENDIKH (F.), *Droit de la commande publique*, Paris, Dalloz, 2019

BRIDOUX (V.), *Droit de la commande publique et droit de la concurrence de l'Union européenne : étude sur une dynamique commune*, Paris, Concurrences, 2021

DE LA ROSA (S.), *Droit européen de la commande publique*, 2e éd., Bruxelles, Bruylant, 2020

OCDE, « Lutte contre les soumissions concertées dans les marchés publics : Rapport sur l'implémentation de la Recommandation de l'OCDE », 2016

OMC, Accord sur les marchés publics, amendé le 30 mars 2012 (AMP 2012), https://www.wto.org/french/docs_f/legal_f/rev-gpr-94_01_f.pdf

Directive 2014/25/UE du Parlement européen et du Conseil du 26 février 2014 relative à la passation de marchés par des entités opérant dans les secteurs de l'eau, de l'énergie, des transports et des services postaux et abrogeant la directive 2004/17/CE, *JOUE* n° L 94 du 28 mars 2014, p. 243

Directive 2014/24/UE du Parlement européen et du Conseil du 26 février 2014 sur la passation des marchés publics et abrogeant la directive 2004/18/CE, *JOUE* n° L 94 du 28 mars 2014, p. 65

Directive 2014/23/UE du Parlement européen et du Conseil du 26 février 2014 sur l'attribution de contrats de concession Texte présentant de l'intérêt pour l'EEE, *JOUE* n° L 94 du 28 mars 2014, p. 1

Comm. eur., Livre vert sur la modernisation de la politique de l'UE en matière de marchés publics, « Vers un marché européen des contrats publics plus performant », COM(2011) 15 final, 27 janvier 2011

M

MESURE PUBLIQUE

Sébastien MARTIN
Université Montesquieu – Bordeaux IV

■ Premier aperçu

Appartiennent à la catégorie des mesures publiques, les lois, les décrets, les arrêtés. De manière générale, il s'agit de toute décision adoptée par une autorité publique, qu'il s'agisse d'un acte, d'un refus, voire d'une omission.

Même si les dispositions du traité relatives au droit de la concurrence visent directement les entreprises, il n'en reste pas moins que le droit de l'Union impose aux États membres, selon la jurisprudence de la Cour de justice, de s'abstenir de prendre toute mesure susceptible de mettre en péril l'effet utile de ces normes.

« *Les États membres, en ce qui concerne les entreprises publiques et les entreprises auxquelles ils accordent des droits spéciaux ou exclusifs, n'édictent ni ne maintiennent aucune mesure contraire aux règles des traités, notamment à celles prévues aux articles 18 et 101 à 109 inclus* » (art. 106, para. 1, TFUE).

« *[P]areillement, [ils] ne sauraient édicter des mesures permettant aux entreprises privées de se soustraire aux contraintes imposées par les [ex]articles 85 à 94 du traité* » (CJCE, 16 novembre 1977, *SA G.B.-INNO-B.M. c/ Association des détaillants en tabac*, aff. 13-77, pt 33).

Les mesures publiques peuvent tomber sous le coup du droit de la concurrence dans deux cas de figure :

- d'une part, lorsque les autorités publiques adoptent des mesures qui réglementent l'accès et/ou encadrent l'exercice de certaines activités économiques. Ces mesures, qui peuvent correspondre à la création d'un monopole légal ou à l'octroi de droits exclusifs, ne doivent pas « *placer l'entreprise dans une situation où elle contreviendrait [au droit des pratiques anticoncurrentielles]* » (CE, Section, 3 novembre 1997, *Société Million et Marais*, n° 169907, à propos de l'interdiction des abus de position dominante) ;

– d'autre part, lorsque les personnes publiques assurent elles-mêmes des activités industrielles et commerciales. Il s'agit ici des hypothèses où des personnes publiques sont présentes sur le marché, que ce dernier soit concurrentiel ou non. « *[U]ne telle intervention ne doit pas se réaliser suivant des modalités telles qu'en raison de la situation particulière dans laquelle se trouverait cette personne publique par rapport aux autres opérateurs agissant sur le même marché, elle fausserait le libre jeu de la concurrence sur celui-ci* » (CE, Assemblée, 31 mai 2006, *Ordre des avocats au barreau de Paris*, n° 275531).

■ Pour aller plus loin

Les mesures publiques pourront être sanctionnées dès lors qu'elles méconnaissent :

- le principe d'interdiction des ententes (cf. CJCE, 1er octobre 1987, *ASBL Vereniging van Vlaamse Reisbureaus*, aff. C-311/85) ;
- le principe d'interdiction des abus de position dominante (cf. CJCE, 23 avril 1991, *Höfner et Elser*, aff. C-41/90) ;
- les règles de compatibilité des aides d'État (cf. art. 107 TFUE).

Reste néanmoins que le droit de la concurrence n'interdit pas toute mesure publique. Les autorités publiques peuvent ainsi :

- octroyer des droits exclusifs ou spéciaux à une entreprise (cf. CJCE, 19 mai 1993, *Paul Corbeau*, aff. C-320/91 : le droit de l'Union « *permet ainsi aux États membres de conférer à des entreprises, qu'ils chargent de la gestion de services d'intérêt économique général, des droits exclusifs qui peuvent faire obstacle à l'application des règles du traité sur la concurrence, dans la mesure où des restrictions à la concurrence, voire une exclusion de toute concurrence, de la part d'autres opérateurs économiques, sont nécessaires pour assurer l'accomplissement de la mission particulière qui a été impartie aux entreprises titulaires des droits exclusifs* ») ;
- accorder des subventions à des opérateurs (cf. CJCE, 24 juillet 2003, *Altmark Trans GmbH*, aff. C-280/00 : « *[U]ne intervention étatique doit être considérée comme une compensation représentant la contrepartie des prestations effectuées par les entreprises bénéficiaires pour exécuter des obligations de service public, de sorte que ces entreprises ne profitent pas, en réalité, d'un avantage financier et que ladite intervention n'a donc pas pour effet de mettre ces entreprises dans une position concurrentielle plus favorable par rapport aux entreprises qui leur font concurrence* »).

Bibliographie

Martin (S.), « La gratuité du service public des transports », *AJDA* 2020, p. 999

Martin (S.), « La régulation administrative d'une activité numérique : l'exemple de la régulation des jeux en ligne », in *Le droit administratif au défi du numérique*, Association française pour la recherche en droit administratif, Paris, Dalloz, 2019, p. 137

Martin (S.), « L'influence du droit de l'Union sur l'accès aux professions de transport » in Dossier spécial « L'influence du droit de l'Union sur les professions réglementées », S. de La Rosa (dir.), *RAE* 2017, p. 465

Martin (S.), « Analyse comparée des régimes de répétition de l'indu et de récupération des aides d'État », *Rev. UE* 2013, p. 497

Martin (S.), « Les autorités publiques indépendantes : réflexions autour d'une nouvelle personne publique », *RDP* n° 1-2013, p. 53

M

MESURES PROVISOIRES

Liliana ESKENAZI, Eléa CORLET, Caroline TORBAY
Fréget Glaser & Associés

■ Premier aperçu

La Commission européenne et l'Autorité de la concurrence en France (comme d'autres autorités nationales de concurrence) peuvent être amenées à prononcer en urgence des mesures provisoires en attendant de se prononcer sur le fond d'un dossier. Ce type de mesures vise à préserver la situation concurrentielle uniquement durant le temps d'instruction, ainsi qu'à éviter que la situation devienne irréversible. La décision de mesure conservatoire ne vaut pas constat d'infraction au droit de la concurrence. Toutefois, elle a un caractère obligatoire et s'impose à l'entreprise en cause jusqu'à la décision au fond. Ces mesures nommées au niveau européen « mesures provisoires » portent le nom de « mesures conservatoires » en droit interne.

En droit européen, en matière de pratiques anticoncurrentielles, la Commission européenne agissant d'office peut ordonner des mesures provisoires lorsque les conditions cumulatives suivantes sont réunies (art. 8 du règl. (CE) n° 1/2003 du 16 décembre 2002 ; Comm. eur., 16 octobre 2019, *Broadcom*, aff. AT.40608 ; TPICE, 26 octobre 2001, *IMS Health*, aff. T-184/01 R ; Comm. CE, 16 mai 1995, *CCI Morlaix*, aff. IV/35.388 ; CJCE, 19 juillet 1995, *Atlantic Container Line*, aff. C-149/95 P(R) ; TPICE, 24 janvier 1992, *La Cinq*, aff. T-44/90 ; CJCE, 17 janvier 1980, *Camera Care*, aff. 792/79 R) :

- Premièrement, elles sont réservées aux cas d'urgence justifiés par le fait qu'un préjudice grave et irréparable risque d'être causé à la concurrence. Cela signifie : (i) que le préjudice représente un risque concret ou qu'il est prévisible avec un degré de probabilité suffisant, et (ii) qu'il ne peut plus être réparé par la décision au fond. La gravité du dommage implique que l'atteinte à la concurrence présente un certain degré d'ampleur ou de sévérité, qui se détermine de manière casuistique. La robustesse du commencement de preuve peut être prise en considération lors de l'évaluation de l'urgence et, le cas échéant, de la mise en balance des intérêts.

- Deuxièmement, elles nécessitent le constat *prima facie* d'une violation aux règles de concurrence. Il n'est pas nécessaire que l'existence de l'infraction soit prouvée, c'est-à-dire que la Commission n'est pas tenue d'établir une infraction claire et flagrante ou la probabilité d'une telle violation.
- Troisièmement, les mesures provisoires doivent être de caractère provisoire et conservatoire, indispensables à l'exercice effectif des fonctions de la Commission et limitées à ce qui est nécessaire dans la situation en cause. La proportionnalité s'apprécie en mettant en balance l'intérêt public à éviter un dommage grave et irréparable à la concurrence et l'impact probable des mesures envisagées sur l'entreprise en cause.
- Dernièrement, les mesures provisoires doivent être prononcées pour une durée déterminée et peuvent être renouvelées si cela s'avère nécessaire et opportun.

En matière de concentration, des mesures provisoires peuvent également être adoptées par la Commission afin de rétablir ou de maintenir les conditions d'une concurrence effective lorsque l'opération a été réalisée (i) avant d'avoir été notifiée et déclarée compatible avec le marché commun ; (ii) en violation d'une condition dont est assortie la décision déclarant l'opération compatible avec le marché commun ; (iii) et a été déclarée incompatible avec le marché commun (art. 8, para. 5, du règl. (CE) n° 139/2004 du 20 janvier 2004).

En droit français, le standard de preuve est moins contraignant et quelque peu différent. Une mesure provisoire, nommée « mesure conservatoire », peut être accordée si les conditions cumulatives suivantes sont réunies (art. L. 464-1 C. com. ; Cass. com., 8 novembre 2005, *Neuf Télécom*, n° 04-16.857) :

- une atteinte grave et immédiate à l'économie générale, à celle du secteur intéressé, à l'intérêt des consommateurs ou, le cas échéant, à l'entreprise plaignante. La gravité de l'atteinte et son immédiateté sont deux critères cumulatifs (Aut. conc., déc. n° 13-D-04 du 14 février 2013, *EDF*) ;
- les faits visés par l'instruction dans la procédure au fond apparaissent susceptibles, en l'état des éléments produits aux débats, de constituer une pratique anticoncurrentielle. L'Autorité ne doit établir l'existence ni d'une telle pratique, ni d'une présomption raisonnablement forte – ce critère français est plus souple, puisque l'Autorité ne doit pas constater l'existence d'une infraction *prima facie* telle qu'en droit européen, comme l'avait rappelé la Cour de cassation (*Neuf Télécom*, préc.) ;
- l'existence d'un lien de causalité entre les faits dénoncés et l'atteinte, c'est-à-dire que la pratique en cause doit être à l'origine directe et certaine de l'atteinte dénoncée ;
- enfin, la mesure provisoire doit rester proportionnée à la nature des atteintes (CA Paris, 4 avril 2019, *Google*, RG 19/03274) et strictement limitée à ce qui est nécessaire pour faire face à l'urgence.

La demande de mesures conservatoires peut être déposée par le ministre chargé de l'économie, une entreprise ou l'une des personnes visées à l'article L. 462-1, alinéa 2, du code de commerce (art. L. 464-1 C. com.) ainsi que d'autres acteurs prévus par les textes. Depuis la transposition de la directive ECN +, l'Autorité peut se saisir d'office pour imposer des mesures conservatoires (ord. n° 2021-649 du 26 mai 2021 ; art. L. 464-1 C. com).

La demande de mesures conservatoires doit être accessoire à une saisine au fond (art. R. 464-1 C. com.). Le rejet de la saisine au fond emporte donc par voie de conséquence le rejet de la demande de mesures conservatoires, sans examen de celle-ci (Cass. com., 9 octobre 2012, *EDF*, n° 10-28.718).

Les mesures mentionnées par le code de commerce, à savoir une suspension de la pratique concernée et une injonction aux parties de revenir à l'état antérieur, ne sont pas limitatives (Cass. com., 13 janvier 2009, *Schering-Plough*, n° 08-12.510). L'Autorité peut également prononcer des mesures conservatoires qui lui paraissent nécessaires, différentes de celles sollicitées par l'auteur de la saisine.

■ Pour aller plus loin

Mesures provisoires structurelles et comportementales

Huit décisions enjoignant des mesures conservatoires ont été prononcées par l'Autorité de la concurrence depuis 2009, alors qu'une seule décision de la Commission européenne a imposé des mesures provisoires depuis l'adoption du règlement (CE) n° 1/2003 (*Broadcom*, préc.).

La cour d'appel de Paris a rappelé qu'une mesure conservatoire doit être de nature à prévenir une situation économique déviante, ne peut être qualifiée de structurelle et ne peut imposer un modèle commercial à une entreprise (CA Paris, 8 octobre 2020, *Google*, RG 20/08071). Dans son étude thématique de 2007, le Conseil de la concurrence rappelait déjà que, en raison de la nature temporaire des mesures, il ne pouvait prononcer des mesures irréversibles, et l'Autorité a retenu qu'une proposition de mesures structurelles ne remplissait pas le critère de proportionnalité (Aut. conc., déc. n° 16-MC-01 du 2 mai 2016, *Engie*, pt 332).

Les mesures adoptées peuvent en revanche être comportementales, c'est-à-dire qu'elles tendent à la modification du comportement d'une ou des entreprises en cause. En France, l'Autorité de la concurrence a déjà enjoint à Google de négocier avec les éditeurs et agences de presse qui en font la demande afin d'aboutir à une proposition de rémunération effective (Aut. conc., déc. n° 20-MC-01 du 9 avril 2020 et n° 21-D-17 du 12 juillet 2021, *Google*) ; à Engie de fixer les prix de ses offres de marché individualisées en tenant compte de tous les coûts qu'elle doit supporter à court terme pour la commercialisation de ces offres (*Engie*, préc.) ; à la Ligue nationale de rugby et au Groupe Canal Plus de suspendre l'accord de distribution exclusive des matchs de rugby conclu entre eux pour cinq ans et à la Ligue nationale de rugby de procéder à un nouvel appel d'offres (Aut. conc., déc. n° 14-MC-01 du 30 juillet 2014, *Groupe Canal Plus*) ; ou encore à GDF Suez de donner accès à ses concurrents à certaines données de son fichier historique des clients aux tarifs réglementés de vente (TRV) de gaz (Aut. conc., déc. n° 14-MC-02 du 9 septembre 2014, *GDF Suez*).

Au niveau européen, la Commission a ordonné à Broadcom de cesser d'appliquer certaines clauses figurant dans les contrats conclus avec six de ses principaux clients, de s'abstenir de convenir de clauses identiques ou ayant un objet ou un effet équivalent dans d'autres contrats conclus avec ses clients, et de s'abstenir de recourir à des pratiques punitives ou de représailles ayant un objet ou un effet équivalent (*Broadcom*, préc.).

En matière d'opérations de concentration, la Commission européenne a adopté, pour la première fois à la suite de réalisation anticipée d'une concentration (dont elle s'était saisie dans les circonstances particulières d'un renvoi au titre de l'art. 22 du règl. (CE) n° 139/2004), des mesures provisoires dans l'affaire *Illumina/GRAIL*. Elle enjoignait que GRAIL demeure distincte d'Illumina, qu'Illumina apporte les fonds nécessaires à l'exploitation et au développement de GRAIL, qu'elles ne s'échangent pas des informations commerciales confidentielles, qu'elles interagissent dans des conditions de concurrence normales et sans qu'Illumina favorise GRAIL, et que GRAIL recherche d'autres solutions que l'opération en cause en vue d'une potentielle annulation de la concentration (Comm. eur., 29 octobre 2021, *Illumina/GRAIL*, aff. M.10493, décision faisant actuellement l'objet d'un recours devant le Tribunal de l'UE – aff. T-755/21).

Recours possible contre les décisions de mesures conservatoires

Les décisions prononçant des mesures conservatoires de l'Autorité peuvent faire l'objet d'un recours en annulation ou en réformation devant la cour d'appel de Paris dans un délai de dix jours suivant la notification de la décision, ce recours n'étant pas suspensif (art. L. 464-7 C. com.). Toutefois, un sursis à l'exécution des mesures conservatoires est possible, lorsqu'elles sont susceptibles d'entraîner des conséquences manifestement excessives ou que des faits nouveaux d'une exceptionnelle gravité sont intervenus postérieurement à leur notification (CA Paris, 8 octobre 2014, *GDF Suez*, RG 2014/19405).

Sanctions en cas de non-respect des mesures provisoires

Les parties qui contreviennent à une décision ordonnant des mesures provisoires encourent des sanctions :

- en matière de pratiques anticoncurrentielles au niveau européen, la Commission peut leur infliger des amendes et/ou des astreintes (art. 23, para. 2, et 24, para. 1, du règl. (CE) n° 1/2003) ;

- en matière d'opérations de concentration au niveau européen, la Commission peut infliger des amendes pouvant atteindre jusqu'à 10 % de leur chiffre d'affaires total (art. 14, para. 2 c), du règl. (CE) n° 139/2004) ;
- en matière de pratiques anticoncurrentielles au niveau français, l'Autorité peut infliger une sanction pécuniaire respectant les plafonds de l'article L. 464-2 I C. com. (art. L. 464-3 et R. 464-9 C. com.) et/ou des astreintes pour contraindre au respect des mesures dans la limite de 5 % du chiffre d'affaires mondial total journalier moyen, par jour de retard à compter de la date qu'elle fixe (art. L. 464-2 II b) C. com.). À titre d'illustration, l'Autorité a sanctionné une entreprise pour avoir méconnu plusieurs injonctions prononcées dans le cadre d'une décision de mesures conservatoires et lui a enjoint de se conformer aux injonctions sous astreintes (Aut. conc., déc. n° 21-D-17 du 12 juillet 2021).

Les mesures conservatoires dans le cadre des accords de regroupement à l'achat

Depuis 2015, l'Autorité de la concurrence s'est vu confier de nouveaux pouvoirs d'examen des accords de regroupement à l'achat avant leur mise en œuvre. Dans ce cadre, elle peut prendre d'office des mesures conservatoires dans le cas où un accord de regroupement à l'achat occasionne ou est susceptible d'occasionner des atteintes à la concurrence présentant un caractère suffisant de gravité (art. L. 462-10 III C. com). Aucune décision de mesures conservatoires n'a à ce jour été rendue sur ce fondement, toutefois les services d'instruction ont proposé à deux reprises de prononcer des mesures conservatoires qui n'ont pas été adoptées en raison de propositions d'engagements des entreprises en cause (Aut. conc., n° 20-D-13 du 22 octobre 2020, *Auchan* et n° 20-D-22 du 17 décembre 2020, *Carrefour*).

Conséquences procédurales du rejet d'une décision au fond sur la demande de mesure conservatoire

En droit français, les services d'instruction sont tenus dans un premier temps d'examiner si les faits visés par l'instruction au fond apparaissent susceptibles de constituer une pratique anticoncurrentielle, et, si tel est le cas, ils peuvent dans un second temps examiner les mesures conservatoires envisagées. Lors de ce second temps, une phase contradictoire peut être menée en vue du prononcé d'une mesure conservatoire et la personne visée est entendue. En cas de rejet de la saisine au fond, et par voie de conséquence de la mesure conservatoire accessoire, le fait d'avoir été entendu lors de cette phase ne confère pas la qualité de partie en cause (CA Paris, 3 novembre 2022, *EDF*, RG 22/03703).

Rapprochement avec l'article 809 du code de procédure civile

Enfin, toujours en droit français, la possibilité octroyée à l'Autorité de prononcer des mesures conservatoires peut être comparée à l'article 809 du code de procédure civile, qui permet au juge des référés de prendre des mesures conservatoires en cas soit de dommage imminent, soit de trouble manifestement illicite. Ces conditions alternatives ressortent également en matière de droit de la concurrence puisque la Cour de cassation a déjà considéré qu'en cas d'atteinte grave et immédiate, l'Autorité n'est pas tenue de constater des pratiques manifestement illicites (Cass. com., 18 avril 2000, *Numéricâble*, n° 99-13.627).

Bibliographie

CLAUDEL (E.), « Mesures conservatoires : des progrès, mais des efforts restent à faire », *RTD com.* 2006, p. 324

CLAUDEL (E.), DURAND (E.) et HUBERT (P.), « Comment constituer un bon dossier de mesures conservatoires ? », *Concurrences*, n° 2-2012, art. n° 45238, www.concurrences.com

Cons. conc., « Études thématiques – Les mesures conservatoires », in *Rapport annuel 2007*, Paris, La Documentation française, 2008, p. 45

FRÉGET (O.) et HERRENSCHMIDT (F.), « Les mesures conservatoires devant le Conseil de la concurrence : la "procédure conservatoire" » en question ? », *RLDA* 2005/83 et 84

GIRAUD (A.) et BLANC (G.), « Les mesures conservatoires à la française : un modèle réellement enviable ? », *Concurrences*, n° 3-2018, art. n° 87231, www.concurrences.com

Ordonnance n° 2021-649 du 26 mai 2021 relative à la transposition de la directive (UE) 2019/1 du Parlement européen et du Conseil du 11 décembre 2018 visant à doter les autorités de concurrence des États membres des moyens de mettre en œuvre plus efficacement les règles de concurrence et à garantir le bon fonctionnement du marché intérieur, *JORF* n° 0121 du 27 mai 2021

Règlement (CE) n° 139/2004 du Conseil du 20 janvier 2004 relatif au contrôle des concentrations entre entreprises (« le règlement CE sur les concentrations »), *JOUE* n° L 24 du 29 janvier 2004, p. 1

Règlement (CE) n° 1/2003 du Conseil du 16 décembre 2002 relatif à la mise en œuvre des règles de concurrence prévues aux articles 81 et 82 du traité, *JOCE* n° L 1 du 4 janvier 2003, p. 1

MONOMARQUISME

Alexandre RIÉRA
Université de Perpignan

■ Premier aperçu

Selon les lignes directrices sur les restrictions verticales (2010/C 130/01), la rubrique « monomarquisme » englobe les accords dont le trait principal est d'obliger ou d'inciter l'acheteur à s'approvisionner, pour un type donné de produit, auprès d'un seul fournisseur. Cette obligation ou incitation résulte généralement de la stipulation de clauses de non-concurrence (obligeant ou incitant l'acheteur à couvrir plus de 80 % de ses besoins sur un marché donné en s'approvisionnant auprès d'un seul et même fournisseur), de quotas d'achat (obligation d'achat minimal ou de constitution de stocks), ou de l'application d'une tarification non linéaire (rabais conditionnels ou prix à double composante, redevance fixe plus prix à l'unité), voire d'une clause anglaise au terme de laquelle l'acheteur ne peut accepter l'offre d'un tiers que si le fournisseur ne s'aligne pas sur elle (CJCE, 13 décembre 1979, *Hoffmann-La Roche*, aff. 85/76).

Les mêmes lignes directrices pointent les possibles effets restrictifs de concurrence d'une telle situation : risque de fermer l'accès du marché pour des fournisseurs concurrents ou potentiels, d'atténuer la concurrence, de faciliter la collusion entre fournisseurs en cas d'utilisation cumulative et, lorsque l'acheteur est un détaillant vendant aux consommateurs finals, d'affaiblir la concurrence intermarques à l'intérieur du point de vente.

En conséquence, le monomarquisme ne bénéficie de l'exemption catégorielle prévue par le règlement (UE) n° 330/2010 du 20 avril 2010 qu'à la double condition que :

- la part de marché de chacune des parties à l'accord soit inférieure à 30 % ;
- la durée de l'obligation de non-concurrence soit inférieure à cinq ans.

Dans l'hypothèse où l'une au moins de ces conditions n'est pas respectée, les accords de monomarquisme peuvent bénéficier d'une exemption individuelle pour laquelle il conviendra de prendre notamment en compte la durée de l'obligation de monomarquisme, le pouvoir de marché détenu par le fournisseur, la pression concurrentielle exercée par ses concurrents, l'existence de barrières à l'entrée, ou encore le stade commercial (CJCE, 12 décembre 1967, *Brasserie de Haecht*, aff. 23-67 ; CJCE, 28 février 1991, *Delimitis c/ Henninger Bräu*, aff. C-234/89 ; TPICE, 1er avril 1993, *BPB Industries et British Gypsum c/ Commission*, aff. T-65/89 ; CJCE, 7 décembre 2000, *Neste c/ Yötuuli Ky*, aff. C-214/99).

Enfin, en présence d'effets anticoncurrentiels avérés, une exemption sur la base de l'article 101, paragraphe 3, TFUE est envisageable.

■ Pour aller plus loin

L'approche du monomarquisme dans le secteur de la distribution automobile a connu d'importants changements au cours des vingt dernières années. Le règlement automobile (CE) n° 1400/2002 se montrait particulièrement hostile au monomarquisme, visant au contraire à favoriser le multimarquisme. Ainsi, toute obligation d'approvisionnement supérieure à 30 % des achats totaux en biens contractuels ou en biens correspondants était assimilée à une obligation de non-concurrence et n'était pas couverte par l'exemption catégorielle. Cette approche a, par la suite, été nuancée par le règlement (UE) n° 461/2010 et les lignes directrices l'accompagnant (2010/C 138/05) si bien que, depuis le 1er juin 2013, la question du monomarquisme dans le domaine de la distribution automobile est réglée conformément au droit commun.

Bibliographie

Auguet (Y.), Galokho (C.) et Riéra (A.), *Droit de la concurrence : droit interne, droit de l'Union européenne et droit international*, Paris, Ellipses, 2020

Riéra (A.), « L'obligation d'information précontractuelle dans les contrats de distribution après la réforme du droit des contrats », *AJCA* 2017, p. 155

Riéra (A.), « La réforme du droit des contrats : l'impact sur la franchise », *AJCA* 2016, p. 20

Riéra (A.), « Vers un nouveau contrat d'affiliation ? », *AJCA* 2015, p. 411

Riéra (A.), *Contrat de franchise et droit de la concurrence*, Bayonne, Institut universitaire Varenne, 2014

Règlement (UE) n° 461/2010 de la Commission du 27 mai 2010 concernant l'application de l'article 101, paragraphe 3, du traité sur le fonctionnement de l'Union européenne à des catégories d'accords verticaux et de pratiques concertées dans le secteur automobile, *JOUE* n° L du 28 mai 2010, p. 52

Communication de la Commission, Lignes directrices supplémentaires sur les restrictions verticales dans les accords de vente et de réparation de véhicules automobiles ▶

et de distribution de pièces de rechange de véhicules automobiles, *JOUE* n° C 138 du 28 mai 2010, p. 16

Règlement (UE) n° 330/2010 de la Commission du 20 avril 2010 concernant l'application de l'article 101, paragraphe 3, du traité sur le fonctionnement de l'Union européenne à des catégories d'accords verticaux et de pratiques concertées, *JOUE* n° L 102 du 23 avril 2010, p. 1

Comm. eur., Lignes directrices sur les restrictions verticales, *JOUE* n° C 130 du 19 mai 2010, p. 1

N

NE BIS IN IDEM

Enrique VERGARA VIAL
Tribunal de Defensa de la Libre Competencia de Chile

Premier aperçu

Le *ne bis in idem* est un principe de droit pénal selon lequel une personne ne peut être punie et faire l'objet de plusieurs procédures deux fois pour les mêmes faits. En termes simples, le principe vise à éviter les doubles poursuites et les doubles punitions.

Pour aller plus loin

Comme nous pouvons le constater, il existe deux dimensions du principe *ne bis in idem*. D'une part, on trouve la phase dite « objective » ou « substantielle », c'est-à-dire qu'une personne ne peut être jugée et punie deux fois pour les mêmes faits. D'autre part, il y a l'aspect procédural, qui vise à empêcher qu'une personne soit soumise à plusieurs procédures pour les mêmes faits.

En droit de la concurrence, ce principe peut être applicable lorsque des poursuites pénales et administratives coexistent (affaires de cartel). En fait, la plupart des autorités chargées de la poursuite, de l'enquête et de la sanction des comportements anticoncurrentiels sont des organes administratifs et non des procureurs ou des juges pénaux, sauf dans les affaires de cartel où il existe une certaine intersection entre les deux institutions. Le problème vient du fait que les autorités administratives et pénales peuvent poursuivre, enquêter et, finalement, statuer sur les mêmes faits ou les mêmes personnes. Par conséquent, en tant qu'expression des procédures de droit administratif, les principes du droit pénal – l'un d'entre eux étant le *ne bis in idem* – doivent être appliqués pour établir ces responsabilités.

Néanmoins, il est très rare de trouver des cas où des poursuites sont considérées comme illégales sur la base de ce principe. Quoi qu'il en soit, ce dilemme peut également être résolu de deux manières. La première est d'ordre pratique : dans la plupart des affaires de cartel, l'agent économique qui est condamné diffère dans les procédures administratives et pénales et, par conséquent, la condition appelée « unité de l'auteur de l'infraction », requise par le principe *ne bis in idem*, n'est pas remplie. En effet, généralement, la personne morale (entreprise) est condamnée à une amende par l'autorité de concurrence (procédure administrative), tandis que les dirigeants ou représentants impliqués dans l'entente sont accusés par les procureurs pénaux. La seconde approche fait appel au principe selon lequel différentes responsabilités peuvent coexister pour un même fait si la mise en œuvre de ces responsabilités répond à différents objectifs ou intérêts juridiques protégés. En d'autres termes, si le motif punitif est différent, il n'y a pas de violation du principe *ne bis in idem*. Toutefois, cette distinction n'est pas totalement claire dans le cadre de la poursuite des cartels. En effet, alors que le droit de la concurrence poursuit la protection du processus concurrentiel et du bien-être des consommateurs, le droit pénal poursuit un objectif similaire, à savoir la protection de l'ordre économique, dans un sens plus large.

Bibliographie

CALVO CARAVACA (A. L.), *Derecho Antitrust Europeo, Tomo I. Parte General : La Competencia*, La Coruña, Colex, 2009, p. 620-621

DE LA CUESTA (J. L.), « Les compétences criminelles concurrentes nationales et internationales et le principe '*ne bis in idem*'. Rapport général », *Revue internationale de droit pénal*, vol. 73, n° 3-4, 2002, p. 673

GOMEZ GONZALEZ (R. F.), « El *non bis in idem* en el derecho administrativo sancionador. Revisión de sus alcances en la jurisprudencia administrativa », *Revista de Derecho de la Pontificia Universidad Católica de Valparaíso*, n° 49, 2017, p. 101

MAÑALICH (J. P.) « El principio *ne bis in idem* frente a la superposición del derecho penal y el derecho administrativo sancionatorio », *Polít. crim.*, vol. 9, n° 18, 2014, art. 8, p. 543

N

NOTIFICATION

Romain FERLA
Weil, Gotshal & Manges

Premier aperçu

Lorsque sont apparus les systèmes de contrôle préalable des concentrations, la notification a été choisie comme le moyen le plus adéquat permettant aux entreprises de présenter formellement leurs projets de concentration à la Commission européenne et/ou aux autorités nationales de concurrence (ci-après « ANC »).

Initialement, outre les concentrations, la notification était également utilisée pour les accords « non concentratifs ». En vertu de l'article 4 du règlement n° 17-62 du 21 février 1962, les entreprises qui souhaitaient obtenir une décision d'exemption individuelle au titre de l'article 101, paragraphe 3, TFUE (ancien art. 85, para. 3, TCE) pouvaient notifier leurs accords de coopération commerciale ou de distribution sur la base du formulaire dit « A/B ». Les entreprises étaient d'autant plus incitées à notifier ces accords qu'en principe aucune amende ne pouvait leur être infligée pour la période postérieure à la notification (art. 15, para. 5, du règl. n° 17-62). Ce système de notification des accords non concentratifs a été supprimé avec l'adoption du règlement (CE) n° 1/2003 du 16 décembre 2002. La suppression du régime de notification des accords commerciaux a permis à la Commission d'économiser ses moyens humains pour les concentrer sur la poursuite des infractions les plus graves (art. 6 de la communication de la Commission relative à des orientations informelles sur des questions nouvelles qui se posent dans des affaires individuelles au regard des articles 81 et 82 du traité CE (lettres d'orientation) renvoyant au cons. 3 du règl. (CE) n° 1/2003) et sur l'examen des notifications de concentrations.

En matière de concentrations, depuis septembre 1990, 8 367 opérations ont été notifiées auprès de la Commission. Au cours de la seule année 2021, 405 opérations de concentration ont été notifiées à la Commission (v. « Statistics on Mergers cases », https://competition-policy.ec.europa.eu/mergers/statistics_en). En 2020, 195 opérations de concentration ont été notifiées devant l'Autorité de la concurrence (v. rapport annuel 2020).

Pour aller plus loin

Que notifier ?

Toute opération de concentration dépassant certains seuils doit, préalablement à sa réalisation effective (« *closing* »), être notifiée à la Commission européenne ou à l'ANC compétente. Les seuils définis dans le règlement (CE) n° 139/2004 ne constituent pas un indice de la nocivité de l'opération de concentration ; ils constituent avant tout un critère de répartition des compétences entre la Commission européenne et les ANC. Seules les concentrations importantes dites de « dimension communautaire » relèvent de la compétence de la Commission.

Au niveau européen et en France, les seuils de contrôle sont exprimés uniquement en chiffre d'affaires des entreprises concernées. Les règles de calcul du chiffre d'affaires sont décrites dans le règlement (CE) n° 139/2004 et la communication juridictionnelle consolidée de la Commission (les textes français font expressément référence à ces textes européens). Certaines législations (en Europe et hors d'Europe) ont des seuils de notification exprimés en parts de marché, ou en valeur des actifs détenus par les entreprises, ou encore en valeur de la transaction.

Le système de notification préalable est intrinsèquement et naturellement associé aux systèmes de contrôle préalable et obligatoire des concentrations qui atteignent certains seuils. Toutefois, conformément à la nouvelle interprétation du mécanisme de renvoi prévu par l'article 22 du règlement (CE) n° 139/2004 (v. art. 22 du règl. et orientations de la Commission concernant l'application du mécanisme de renvoi établi à l'article 22 du règlement sur les concentrations à certaines catégories d'affaires), la Commission européenne peut désormais examiner *ex post*, des opérations sous les seuils nationaux et européens mais qui, *prima facie*, affectent de manière significative la concurrence sur le territoire du ou des États membres qui formulent cette demande de renvoi. Ainsi, depuis 2021, le fait qu'une opération ne soit pas « notifiable » ne signifie plus qu'elle ne sera pas « contrôlée » par les autorités de concurrence, ce qui n'est pas sans soulever des questions pour la sécurité juridique des opérations.

Comment notifier ?

La concentration doit être notifiée avant sa réalisation. La notification peut intervenir dès lors que la ou les parties concernées sont en mesure de présenter un projet suffisamment abouti pour permettre l'instruction du dossier et notamment lorsqu'elles ont conclu un accord de principe, signé une lettre d'intention ou dès l'annonce d'une offre publique (art. L. 420-3, al. 1, C. com. ; lignes directrices de l'Autorité de la concurrence relatives au contrôle des concentrations ; art. 4, para. 1, du règl. (CE) n° 139/2004). Néanmoins, comme le recommandent la Commission et les ANC (et ce, quel que soit le degré de la complexité de l'opération), les entreprises ont la possibilité d'entrer en contact informel avec la Commission afin de l'avertir du projet de concentration, quel que soit son degré d'avancement. Cette procédure de prénotification ne fait pas courir les délais d'examen (v. Jalabert-Doury et coll., 2012).

En cas de fusion ou de prise de contrôle en commun, l'opération doit être notifiée conjointement par les entreprises parties à l'opération de concentration (art. 4, para. 1, du règl. (CE) n° 139/2004). Dans les autres cas, la notification incombe à l'acquéreur.

Devant la Commission, le dossier de notification prend la forme d'un formulaire CO (v. les annexes I et II du règl. d'exécution (UE) n° 1269/2013) ou d'un formulaire CO simplifié (v. l'annexe II du règlement relatif à la mise en œuvre du règlement relatif au contrôle des concentrations) – dans lequel les informations à fournir sont allégées par rapport au formulaire CO standard – lorsque la concentration remplit des conditions précisées par la communication de la Commission relative à une procédure simplifiée du traitement de certaines opérations de concentration (v. pts 5 à 7 de la communication). Devant l'Autorité de la concurrence française, les informations devant figurer dans le formulaire de notification sont prévues par le code de commerce (art. R. 430-2 C. com.). La notification contient souvent des informations confidentielles. Toutefois, la Commission et les ANC sont tenues de tenir compte de l'intérêt légitime des entreprises à la protection de leurs secrets d'affaires (la Commission est liée par une obligation générale de confidentialité, énoncée à l'art. 286 TFUE, et ne peut divulguer aucun secret d'affaires).

Quels sont les effets d'une notification ?

La notification suspend la réalisation de la concentration pendant toute la durée de l'examen par la Commission ou l'ANC, et jusqu'à ce qu'elle ait été déclarée compatible (obligation dite de « *standstill* »). La violation de l'obligation de *standstill* constitue une infraction (dite de « *gun jumping* »). Toutefois, le règlement prévoit la possibilité pour les parties, en parallèle de la procédure de notification ou en dehors, de demander une dérogation à l'effet suspensif pour les opérations qui nécessitent une reprise immédiate des actifs de la cible (par exemple, dans le cadre d'une procédure de redressement judiciaire ; v. déc. de la Commission du 25 juillet 2012, *Sofiprotéol/Actifs Doux*, aff. COMP/M.6696).

Quelles sont les sanctions en cas de défaut de notification ?

Le défaut de notification d'une concentration à la Commission ou à l'ANC compétente constitue également une infraction de *gun jumping*. La Commission peut ordonner aux parties de revenir au *statu quo ante*, voire prononcer des mesures conservatoires (v. art. 8, para. 4 et 5, du règl. (CE) n° 139/2004). Récemment, la Commission et l'Autorité de la concurrence française ont respectivement sanctionné Canon (déc. du 27 juin 2019, *Canon / Toshiba Medical Systems Corporation*, aff. M.8179) et le groupe Castel (déc. n° 13-D-22 du 20 décembre 2013) pour avoir manqué à l'obligation de notification. La sanction pour défaut de notification prend la forme d'une amende pouvant s'élever jusqu'à 10 % du chiffre d'affaires mondial de l'entreprise.

Bibliographie

Jalabert-Doury (N.), Amory (B.), Mouy (N.), Tayar (D.) et Clerckx (S.), « La procédure de prénotification », *Concurrences* n° 4-2012, art. n° 49236, p. 12

Aut. conc., « Encourager un avenir plus positif – rapport annuel 2020 », 2021

Aut. conc., « Lignes directrices de l'Autorité de la concurrence relatives au contrôle des concentrations », 2020

Communication de la Commission relative à une procédure simplifiée du traitement de certaines opérations de concentration en application du règlement (CE) n° 139/2004 du Conseil, *JOUE* n° C 366 du 14 décembre 2013, p. 5

Communication de la Commission relative à des orientations informelles sur des questions nouvelles qui se posent dans des affaires individuelles au regard des articles 81 et 82 du traité CE (lettres d'orientation), *JOUE* n° C 101 du 27 avril 2004, p. 78

Orientations de la Commission concernant l'application du mécanisme de renvoi établi à l'article 22 du règlement sur les concentrations à certaines catégories d'affaires, *JOUE* n° L C 113 du 31 mars 2021

Règlement d'exécution (UE) n° 1269/2013 de la Commission du 5 décembre 2013 modifiant le règlement (CE) n° 802/2004 concernant la mise en œuvre du règlement (CE) n° 139/2004 du Conseil relatif au contrôle des concentrations entre entreprises *JOUE* n° L 336 du 14 décembre 2013, p. 1

Règlement (CE) n° 139/2004 du Conseil du 20 janvier 2004 relatif au contrôle des concentrations entre entreprises (« le règlement CE sur les concentrations »), *JOUE* n° L 24 du 29 janvier 2004, p. 1

Règlement (CE) n° 17 du Conseil du 6 février 1962 – premier règlement d'application des articles 85 et 86 du traité, *JOCE* n° 13 du 21 février 1962, p. 204

N

NOTIFICATION DES GRIEFS

Laure DOSOGNE VARAIRE
Autorité de la concurrence

■ Premier aperçu

Lorsque les services d'instruction chargés du dossier devant l'Autorité de la concurrence, représentés par le rapporteur général, estiment avoir assez d'éléments permettant de soutenir que les pratiques des parties intéressées sont anticoncurrentielles, ils leur adressent, ainsi qu'au commissaire du gouvernement, par lettre recommandée avec avis de réception, une notification des griefs.

La notification des griefs est le premier acte de la procédure contradictoire devant l'Autorité de la concurrence, qui comprend, contrairement à la procédure devant la Commission européenne, deux tours écrits et un tour oral (art. L. 463-2 C. com.). Ainsi, les entreprises notifiées acquièrent le statut de parties en cause et ont accès à l'ensemble des pièces du dossier, limitées aux informations purgées de tous secrets des affaires (art. L. 463-4 C. com.), à l'exception des éléments confidentiels nécessaires à l'exercice des droits de la défense ou au débat devant l'Autorité (art. R. 463-15 C. com.). Les parties ainsi notifiées ont deux mois pour formuler leurs observations.

La notification des griefs doit être suffisamment claire pour que les mis en cause puissent se défendre (CA Paris, 23 février 2010, RG 2009/05544). Elle établit les faits puis les qualifie au vu des articles français et si applicables européens relatifs au droit de la concurrence, désigne les entreprises mises en cause et précise les griefs qui leur sont imputés. Enfin, depuis décembre 2020, si le rapporteur général a décidé qu'il n'y aurait pas de rapport, la notification des griefs devra comporter les déterminants de la sanction encourue (art. L. 463-3 C. com.).

■ Pour aller plus loin

Afin de garantir les droits de la défense, il est essentiel que la notification des griefs précise sans équivoque les griefs (l'Autorité ne peut pas retenir une infraction qui n'aurait pas été notifiée : CA Paris, 23 février 2010, RG 2009/05544), ainsi que la personne juridique à laquelle sera imputée une éventuelle sanction. L'entité désignée doit donc disposer de la personnalité juridique. Toutefois, une simple erreur matérielle ne peut être retenue contre l'Autorité, sauf si elle a porté atteinte aux intérêts de la personne sanctionnée (Cass. com., 24 juin 2020, n° 17-28.115). La notification des griefs doit également spécifier le lien entre le mis en cause et l'infraction : auteur de l'infraction, société mère ou les deux (CJCE, 3 septembre 2009, aff. jtes C-322/07 P, C-327/07 P et C-338/07 P et Aut. conc., déc. n° 15-D-04 du 26 mars 2015). En outre, la Cour de cassation rappelle que le rapporteur général doit motiver précisément sa décision lorsqu'il est appelé à lever la protection du secret des affaires (Cass. com., 29 janvier 2020, n° 18-11.725).

Bibliographie

Chagny (M.) (dir.), *Lamy droit économique : concurrence, relations commerciales, distribution, consommation*, Paris, Wolters Kluwer, 2020

Articles L. 463-1 à L. 463-4 du code de commerce

Articles R. 463-11 à R. 463-15 du code de commerce

N

NULLITÉ

Marie-Laure DALLERY
Cour d'appel de Paris

Premier aperçu

S'agissant des pratiques anticoncurrentielles, la nullité est un moyen de protection du marché lorsque l'effectivité de la concurrence peut être atteinte de manière sensible par des accords ou des abus de domination.

En droit de l'Union européenne, l'article 101, paragraphe 2, TFUE, dispose que sont nuls de « plein droit » les accords ou décisions qui violent l'article 101, paragraphe 1, TFUE, à savoir, les accords entre entreprises ou décisions d'associations d'entreprises qui sont susceptibles d'affecter le commerce entre États membres et ont pour objet ou pour effet d'empêcher, de restreindre ou de fausser le jeu de la concurrence sur le marché intérieur, dans la mesure où ils ne sont pas exemptés. Ainsi, en est-il des ententes qui remplissent les conditions de l'article 101, paragraphe 1, TFUE.

En droit interne, l'article L. 420-3 du code de commerce dispose qu'« *[e]st nul tout engagement, convention ou clause contractuelle se rapportant à une pratique prohibée par les articles L. 420-1, L. 420-2, L. 420-2-1 et L. 420-2-2* ».

En matière de pratiques restrictives de concurrence, la nullité qui tend à protéger les opérateurs (partenaires ou concurrents) sanctionne une atteinte indirecte à la concurrence. Contrairement aux pratiques anticoncurrentielles, de telles pratiques ne nécessitent pas la preuve d'une atteinte au marché.

Avant l'ordonnance n° 2019-359 du 24 avril 2019, les pratiques restrictives visées par l'article L. 442-6 I du code de commerce étaient sanctionnées par une action en responsabilité, alors que la nullité n'était expressément prévue que pour les cinq types de clauses ou contrats visés à l'article L. 442-6 II du code de commerce.

L'ordonnance n° 2019-359 du 24 avril 2019 a apporté une simplification : la partie victime des pratiques prévues aux articles L. 442-1, L. 442-2, L. 442-3, L. 442-7 et L. 442-8 du code de commerce peut faire constater la nullité des clauses ou contrats illicites et demander la restitution des avantages indûment obtenus.

Il en est de même pour le ministre chargé de l'économie, en tant que défenseur de l'ordre public économique, et pour le ministère public, à la condition d'avoir informé par tous moyens les victimes de ces pratiques de l'introduction de cette action (art. L. 442-4 I C. com.).

Le président de l'Autorité de la concurrence peut également agir lorsqu'il constate une pratique abusive à l'occasion des affaires relevant de sa compétence.

■ Pour aller plus loin

S'agissant des pratiques anticoncurrentielles

En droit de l'Union européenne, la CJUE a précisé le caractère absolu et rétroactif de la nullité et a indiqué que toute personne est en droit de faire valoir la nullité d'une entente interdite par l'article 81 TCE.

Le prononcé de la sanction incombe aux juridictions des États membres, selon leurs règles procédurales.

Les juridictions nationales peuvent surseoir à statuer si la Commission a engagé une procédure ou interroger la CJUE.

Cette nullité de plein droit est totale ou partielle en fonction du caractère séparable des éléments anticoncurrentiels de l'accord dans son ensemble.

Le droit désigné par le droit international privé permet la détermination des effets de la nullité. Les conséquences de cette nullité pour tous les autres éléments de l'accord sont à apprécier par les juridictions nationales selon leur propre droit.

À noter que l'article 102 TFUE, qui interdit l'exploitation abusive d'une position dominante sur le marché intérieur ou sur une partie de celui-ci, dans la mesure où le commerce entre États membres est susceptible d'en être affecté, ne prévoit pas une telle sanction.

En droit interne, le prononcé de la nullité incombe aux tribunaux judiciaires français spécialisés en la matière. Le juge ne peut s'abstenir de rechercher si la clause litigieuse a pour objet ou pour effet d'affecter d'une façon sensible le commerce entre États membres et le jeu de la concurrence.

Le tribunal judiciaire et le tribunal de commerce, à l'exclusion de l'Autorité de la concurrence, sont compétents pour prononcer la nullité d'une clause ou d'un accord anticoncurrentiels. Le juge a une simple faculté de relever d'office la nullité d'un contrat anticoncurrentiel.

Toute personne justifiant d'un intérêt ainsi que le ministère public peuvent agir sur ce fondement. La juridiction saisie a la faculté de surseoir à statuer sur la demande d'annulation afin de consulter l'Autorité de la concurrence, notamment sur la qualification anticoncurrentielle des pratiques (art. L. 462-3 C. com.)

La nullité est absolue ; elle peut être prononcée même si tous les cocontractants n'y ont pas participé ou n'en ont pas eu connaissance. Elle peut atteindre des opérations juridiques annexes, lorsque le contrat vicié s'insère dans un ensemble contractuel. Le prononcé de la nullité a pour effet de priver rétroactivement la clause anticoncurrentielle ou la convention de tout effet.

La cour d'appel de Paris a ainsi annulé des clauses de non-réaffiliation insérées dans des contrats de franchise ainsi que des clauses insérées dans des contrats liant transporteurs aériens et agents de voyages.

En matière de pratiques restrictives de concurrence

Avant l'ordonnance n° 2019-359 du 24 avril 2019, la possibilité de faire constater la nullité des clauses ou contrats illicites et de demander la répétition de l'indu n'était expressément prévue que pour le ministre de l'Économie et le ministère public par l'article L. 442-6 III C. com.

Dans son avis n° 14-02 du 23 janvier 2014, la Commission d'examen des pratiques commerciales a indiqué que « *[s]'il est vrai que l'article L. 442-6-I du code de commerce mentionne uniquement l'engagement de la responsabilité civile de l'auteur de la pratique, cette disposition spéciale n'interdit pas à la victime d'une pratique visée par ce texte de demander la nullité de la clause ou du contrat contraire à l'ordre public concurrentiel sur le fondement du droit commun* ». Par arrêt du 30 septembre 2020, la Cour de cassation a dit la partie victime d'un déséquilibre significatif, au sens de l'article L. 442-6 I 2° du code de commerce, fondée à faire prononcer la nullité de la clause du contrat qui crée ce déséquilibre, s'agissant d'une clause illicite qui méconnaît les dispositions d'ordre public de ce texte.

Depuis l'ordonnance n° 2019-239 du 24 avril 2019, les clauses nulles *per se* sont limitées à deux cas. L'article L. 442-3 prévoit que sont nuls de plein droit les clauses ou contrats permettant de bénéficier (i) rétroactivement de remises, de ristournes ou d'accords de coopération commerciale et (ii) automatiquement de conditions plus favorables consenties aux entreprises concurrentes par le cocontractant.

Les actions fondées sur les pratiques restrictives de concurrence comme celles fondées sur les pratiques anticoncurrentielles se prescrivent par cinq ans (art. 2224 C. civ.).

Bibliographie

Barbier (H.), « La concurrence désordonnée entre le réputé non écrit et la nullité partielle », *RTD civ.* 2021, p. 124

Chagny (M.), « Action en nullité exercée par la victime d'un déséquilibre significatif : la messe est dite ? », *RTD com.* 2021, p. 53

Ordonnance n° 2019-359 du 24 avril 2019 portant refonte du titre IV du livre IV du code de commerce relatif à la transparence, aux pratiques restrictives de concurrence et aux autres pratiques prohibées, *JORF* n° 0097 du 25 avril 2019

O

OBJET OU EFFET CONCURRENTIEL

Natasha TARDIF, Marc LEVY
Reed Smith

■ Premier aperçu

Les articles 101 TFUE et L. 420-1 C. com. prohibent les accords qui ont « *pour objet ou peuvent avoir pour effet* » d'empêcher, de restreindre ou de fausser le jeu de la concurrence sur un marché, par exemple en limitant l'accès au marché ou encore en faisant obstacle à la libre fixation des prix par le jeu de la concurrence.

Ces notions d'« objet anticoncurrentiel » et d'« effet anticoncurrentiel » sont au cœur de la prohibition des pratiques anticoncurrentielles puisque de leur interprétation dépend la légalité des accords conclus entre deux ou plusieurs entreprises.

Le texte sépare ces deux notions par la conjonction de coordination « ou » et insiste ainsi sur leur caractère alternatif à deux égards.

D'une part, les autorités sont dispensées d'attendre qu'un accord produise des effets anticoncurrentiels sur le marché avant de le prohiber. Le seul fait qu'un accord ait un objet anticoncurrentiel suffit pour le rendre nul et considérer qu'il est prohibé.

D'autre part, l'examen des effets est subsidiaire. Les autorités commencent par vérifier l'objet même de l'accord : si cet objet est anticoncurrentiel, il n'est alors pas nécessaire de rechercher ses effets sur la concurrence.

Objet anticoncurrentiel

La distinction entre les restrictions par objet et par effet résulte de ce que certaines formes de collusions entre entreprises « *peuvent être considérées, par leur nature même, comme nuisibles au bon fonctionnement du jeu normal de la concurrence* » (CJCE, 20 novembre 2008, *Beef Industry*, aff. C-209/07, pt 17). En effet, une restriction de concurrence par objet présente un tel degré de nocivité pour le jeu de la concurrence que l'examen de ses effets n'est pas nécessaire (CJCE, 13 juillet 1966, *Grundig*, aff. jtes 56 et 58-64). Pour caractériser ce degré de nocivité et qualifier une restriction de concurrence par objet, les autorités examinent la teneur de l'accord, le but qui est poursuivi ainsi que le contexte économique et juridique dans lequel il s'insère (CJUE, 11 septembre 2014, *Groupement des cartes bancaires*, aff. C-67/13 P).

Effet anticoncurrentiel

C'est seulement si l'accord n'a pas un objet anticoncurrentiel qu'il convient d'analyser ses effets restrictifs sur la concurrence, en tenant compte aussi bien des effets actuels que des effets potentiels. Comme l'explique la Commission dans ses lignes directrices, la concurrence réelle et/ou potentielle doit être affectée à un tel point qu'il est possible de prévoir avec une certaine probabilité que la pratique aura des effets négatifs sensibles sur les prix, la production, l'innovation ou la diversité ou qualité des produits et services sur le marché considéré. Il faut pour cela prendre en compte le cadre concret de la pratique, notamment le contexte économique et juridique, la nature des biens et services concernés, ainsi que les conditions réelles du fonctionnement et de la structure du marché, puis comparer avec une situation de concurrence dans laquelle l'accord n'aurait pas produit d'effet (CJUE, 30 janvier 2020, *Generics (UK)*, aff. C-307/18, pts 116-118).

Conséquences en cas d'objet ou d'effet anticoncurrentiel

Un accord ayant un objet ou un effet anticoncurrentiel, et remplissant les autres conditions prévues par les articles 101 TFUE ou L. 420-1 du code de commerce, est prohibé et nul. Néanmoins, un tel accord est susceptible d'être exempté. Il peut s'agir d'une exemption individuelle sur le fondement des articles 101, paragraphe 3, TFUE ou L. 420-4 I 2° du code de commerce ou d'une exemption par catégorie fondée sur les règlements européens d'exemption pertinents (p. ex. le règl. (UE) n° 330/2010 applicable aux accords verticaux, le règl. (UE) n° 316/2014 applicable aux accords de transfert de technologie).

■ Pour aller plus loin

Si la distinction objet/effet anticoncurrentiel est établie depuis les premiers arrêts *Société Technique Minière* et *Grundig*, la doctrine s'est longtemps interrogée sur la réalité de cette distinction au regard de l'analyse jurisprudentielle effectuée sous couvert du contexte économique et juridique dans lequel s'insérait l'accord pour caractériser l'objet anticoncurrentiel.

En effet, la pratique décisionnelle avait entamé au niveau européen une évolution prônant une conception plus large de cette notion. Dans les arrêts *T-Mobile Netherlands* et *Allianz Hungária*, la Cour de justice a par exemple considéré que pour avoir un objet anticoncurrentiel, il suffisait que la pratique concernée soit susceptible de produire des effets négatifs sur la concurrence, ou, en d'autres termes, soit « *concrètement apte, en tenant compte du contexte juridique et économique dans lequel elle s'inscrit, à empêcher, à restreindre ou à fausser le jeu de la concurrence au sein du marché commun* » (CJCE, 4 juin 2009, *T-Mobile Netherlands*, aff. C-8/08, pt 31 ; CJUE, 14 mars 2013, *Allianz Hungária*, aff. C-32/11, pt 38), prenant en considération notamment la structure de ce marché, l'existence de canaux de distribution alternatifs et leur importance respective ainsi que le pouvoir de marché des entreprises concernées (*Allianz Hungária*, préc., pt 48).

Il a fallu attendre l'arrêt de la Cour de justice de l'Union européenne dit « Groupement des cartes bancaires » pour revenir à une conception stricte de l'objet anticoncurrentiel.

Désormais, l'objet anticoncurrentiel est réservé aux pratiques collusoires entre entreprises révélant un degré suffisant de nocivité à l'égard de la concurrence pour qu'il puisse être considéré que l'examen de leurs effets n'est pas nécessaire, car ces pratiques sont, par leur nature même, nuisibles au bon fonctionnement du jeu normal de la concurrence (*Groupement des cartes bancaires*, préc., pts 55 à 58 ; Cass. com., 29 janvier 2020, n° 18-10.967).

En dépit de l'affirmation de cette conception stricte, la jurisprudence maintient que l'examen de l'objet anticoncurrentiel passe notamment par l'appréciation du contexte économique et juridique dans lequel la pratique litigieuse s'insère, c'est-à-dire la prise en considération de la nature des biens ou des services affectés ainsi que des conditions réelles du fonctionnement et de la structure du ou des marchés en question (*Generics (UK)*, préc., pt 68).

Le caractère alternatif des notions d'objet et d'effet anticoncurrentiel, qui constitue davantage un instrument procédural au service de l'analyse à laquelle procèdent les autorités qu'une différence de nature entre les accords, n'empêche pas les autorités de les examiner cumulativement, lorsqu'elles le jugent opportun (conclusions AG Bobek, 5 septembre 2019, *Budapest Bank*, aff. C-228/18, pts 27-28).

En effet, les autorités et juridictions peuvent analyser et démontrer qu'un seul et même comportement a tant pour objet que pour effet de restreindre la concurrence : ce peut être le cas notamment pour qualifier des accords relevant d'une zone grise, par prudence ou souci procédural (CJUE, 2 avril 2020, *Budapest Bank*, aff. C-228/18, pts 39-40 ; L. Idot, « Restriction de concurrence par objet », *Europe* 2020, comm. 197). Dans ce cas, elles restent toutefois tenues d'apporter les preuves nécessaires en les distinguant selon la nature de la restriction considérée (*Budapest Bank*, préc., pt 43).

De plus, la jurisprudence n'est pas revenue sur son approche visant à entrevoir l'intention des parties à l'accord comme un élément utile mais non nécessaire pour déterminer le caractère restrictif dudit accord (*Groupement des cartes bancaires*, préc., pt 54).

En outre, si la catégorie des accords ayant un objet anticoncurrentiel constitue une catégorie restrictive par rapport aux accords ayant un effet anticoncurrentiel, elle comprend elle-même une catégorie plus limitative dite des « restrictions caractérisées ».

En effet, la Commission européenne considère « en règle générale » les restrictions caractérisées comme des restrictions par objet qui sont interdites dans les règlements d'exemption par catégorie.

Pour autant, ces deux notions ne se confondent pas. D'une part, la liste (non exhaustive) des restrictions par objet ne coïncide pas avec celle, plus restreinte, des restrictions caractérisées. D'autre part, l'existence d'une restriction caractérisée permet uniquement de priver un accord du bénéfice de l'exemption par catégorie. Ainsi, tant les restrictions par objet que les restrictions caractérisées peuvent, au moins en théorie, bénéficier d'une exemption individuelle.

Une partie de la doctrine soutient également que la notion de restriction par objet ne doit pas non plus se confondre avec la notion d'infraction *per se* issue du droit américain (not. L. Idot, R. Kovar). Elle est soutenue par le Tribunal de l'Union européenne, qui a explicitement rejeté l'assimilation entre ces deux notions, car un « *un tel raisonnement suppose admise l'existence d'infractions per se, non susceptibles d'être exemptées, ce que le droit communautaire de la concurrence, dont l'applicabilité est subordonnée à l'existence d'une pratique ayant un objet anticoncurrentiel ou produisant un tel effet sur un marché déterminé, ne consacre nullement* » (TPICE, 15 juillet 1994, *Matra Hachette*, aff. T-17/93, pt 85 ; Trib. UE, 8 septembre 2016, *Sun*, aff. T-460/13, pt 295). Enfin, s'agissant plus spécifiquement des effets anticoncurrentiels, la Cour de justice a affirmé dans l'arrêt *Société Technique Minière* que les effets de l'accord doivent avoir affecté le jeu de la concurrence de façon sensible. Ainsi, les effets anticoncurrentiels d'un accord ne sont pris en compte que s'ils sont significatifs (CJCE, 9 juillet 1969, *Völk*, aff. 5-69, pt 7). La communication *de minimis* de la Commission européenne du 30 août 2014 fixe des seuils de parts de marché des parties concernées en deçà desquelles un accord restrictif par effet n'est pas considéré comme restreignant sensiblement le jeu de la concurrence au sens de l'article 101 TFUE.

Pour apprécier le caractère sensible de la restriction de concurrence par effet, les autorités tiennent compte d'un faisceau d'indices comprenant entre autres la gravité de la pratique, la part de marché concernée par l'entente, la nature des produits, le nombre d'entreprises concernées.

Bibliographie

Bailey (D.) et John (L. A.) (dir.), *Bellamy & Child: European Union Law of Competition*, 8e éd., Oxford University Press, 2018

Idot (L.), « Restriction de concurrence par objet », *Europe* 2020, comm. 197

Idot (L.), « La distinction restriction de concurrence par objet / restriction de concurrence par effet et l'article 101 TFUE : Un sujet de *disputatio* », *Concurrences* n° 3-2017, art. n° 93464, www.concurrences.com

Idot (L.), « Le retour de l'objet anticoncurrentiel… », *Concurrences* n° 4-2009, art. n° 29202, p. 1

Kovar (J.-Ph.) et (R.), « L'objet anticoncurrentiel au sens de l'article 101, paragraphe 1, du TFUE : Un objet difficile à identifier », *Concurrences* n° 1-2016, art. n° 77266, p. 48

Petit (N.), *Droit européen de la concurrence*, 3e éd., Paris-La Défense, LGDJ, 2020

Petit (N.), « La rationalisation au long cours de la restriction de concurrence par "objet" dans la jurisprudence de la Cour de justice de l'Union européenne », *AJCA* 2015, p. 422

Whish (R.) et Bailey (D.), *Competition Law*, 9e éd., Oxford University Press, 2018

Communication de la Commission, Communication concernant les accords d'importance mineure qui ne restreignent pas sensiblement le jeu de la concurrence au sens de l'article 101, paragraphe 1, du traité sur le fonctionnement de l'Union européenne (communication *de minimis*), *JOUE* n° C 291 du 30 août 2014, p. 1

Règlement (UE) n° 316/2014 de la Commission du 21 mars 2014 relatif à l'application de l'article 101, paragraphe 3, du traité sur le fonctionnement de l'Union européenne à des catégories d'accords de transfert de technologie, *JOUE* n° L 93 du 28 mars 2014, p. 17

Règlement (UE) n° 330/2010 de la Commission du 20 avril 2010 concernant l'application de l'article 101, paragraphe 3, du traité sur le fonctionnement de l'Union européenne à des catégories d'accords verticaux et de pratiques concertées, *JOUE* n° L 102 du 23 avril 2010, p. 1

O

OBLIGATION DE NON-CONCURRENCE

Angélique DE BROUSSE
Johnson & Johnson

Premier aperçu

Une obligation de non-concurrence est une obligation contractuelle par laquelle l'acheteur de biens ou de services s'engage à acheter de façon exclusive ou quasi exclusive ces produits ou services auprès d'un seul fournisseur, ou de ne pas fabriquer, acheter, vendre ou revendre les biens ou services objet du contrat. Cette obligation recouvre donc aussi bien une obligation d'achat exclusif ou quasi exclusif (encore appelée « monomarquisme »), une obligation d'achat minimum (ou encore « quota d'achat ») qu'une clause anglaise.

Une telle obligation est définie à l'article 1er du règlement (UE) 2022/720 comme « *toute obligation directe ou indirecte interdisant à l'acheteur de fabriquer, d'acheter, de vendre ou de revendre des biens ou des services qui sont en concurrence avec les biens ou les services contractuels, ou toute obligation directe ou indirecte imposant à l'acheteur d'acquérir auprès du fournisseur ou d'une autre entreprise désignée par le fournisseur plus de 80 % de ses achats annuels en biens ou en services contractuels et en biens et en services substituables sur le marché en cause, calculés sur la base de la valeur ou, si cela est de pratique courante dans le secteur, du volume des achats qu'il a effectués au cours de l'année civile précédente.* »

Bien qu'elle soit souvent confondue avec la clause de non-concurrence, il s'agit d'une notion distincte, la clause de non-concurrence ayant pour effet de restreindre la possibilité d'une partie de faire concurrence à une autre (dans une relation horizontale donc), tandis que l'obligation de non-concurrence vise une relation verticale et a une portée plus large (v. égal. plus bas, « Pour aller plus loin »).

Elle est aussi souvent assimilée à une forme d'exclusivité, même si en droit européen de la concurrence, une obligation d'exclusivité porte sur le vendeur (distribution exclusive par exemple), tandis qu'une obligation de non-concurrence porte sur l'acheteur.

Comme il ressort de la définition, l'obligation est qualifiée de non-concurrence si elle porte sur plus de 80 % des achats. Cela signifie que toute obligation comprise entre 80 % et 100 % des besoins de l'acheteur sera assimilée à une exclusivité d'achat pour l'analyse de ses effets. En effet, un engagement couvrant des volumes au-delà de 80 % est considéré comme ayant un effet similaire à une obligation d'achat exclusive, car elle limite la part des ventes possibles par des fournisseurs tiers à 20 % au plus des besoins de l'acheteur. Elle aura donc le potentiel d'exclure les fournisseurs concurrents pour une part très importante des besoins de l'acheteur (aussi appelé « effet de verrouillage »). C'est pourquoi une telle obligation peut entraîner des restrictions de concurrence si l'une ou plusieurs des parties détiennent un certain pouvoir de marché. Une clause anglaise pourra avoir un effet similaire si elle oblige l'acheteur à ne pouvoir accepter une offre concurrente que si le fournisseur ne s'aligne pas sur cette dernière (lignes directrices, pt 298).

Exemption catégorielle

Dans le cadre du règlement (UE) 2022/720, une telle obligation est automatiquement exemptée si l'acheteur et le fournisseur détiennent une part de marché respective de moins de 30 %. Concernant le fournisseur, il convient de tenir compte de sa part de marché dans la vente des produits ou services qu'il fournit, tandis que concernant l'acheteur, il faut tenir compte de la proportion des achats qu'il représente dans la totalité des achats pour les produits ou services en question (par le fournisseur et ses concurrents sur le marché géographique pertinent). Les parts de marché de l'acheteur sur son propre marché à la vente (en aval) ne sont donc en théorie pas pertinentes pour évaluer l'applicabilité du règlement d'exemption catégoriel (même si un acheteur puissant en aval est plus susceptible de l'être également en tant qu'acheteur, en amont).

Ces seuils de parts de marché permettent donc d'exclure du champ de l'exemption automatique du règlement d'exemption catégoriel les accords entre fournisseurs puissants et/ou acheteurs puissants. En effet, au-delà d'un certain pouvoir de marché (présumé au-delà d'une part de marché de 30 %), une obligation de non-concurrence est plus susceptible d'entraîner un verrouillage de marché en (i) limitant l'accès à un fournisseur important pour des acheteurs ayant besoin de ses produits (verrouillage en amont) et/ou (ii) en limitant l'accès à un acheteur important pour des fournisseurs concurrents dans l'hypothèse où l'acheteur représente un débouché très important pour les fournisseurs (verrouillage en aval).

Les parts de marché à prendre en compte pour apprécier l'application du règlement d'exemption par catégorie sont celles calculées sur la base de la valeur des ventes réalisées lors de l'année civile précédente (art. 8 (a) du règl. (UE) 2022/720). Si la part de marché est initialement inférieure ou égale à 30 %, mais franchit ensuite ce seuil, l'exemption prévue à l'article 2 continue à s'appliquer pendant deux années civiles consécutives suivant l'année pendant laquelle le seuil de 30 % a été dépassé pour la première fois (art. 8 (d) du règl. (UE) 2022/720).

Une obligation de non-concurrence est présumée avoir un effet restrictif sur la concurrence – et devra donc être analysée dans le cadre d'une éventuelle exemption individuelle en application de l'article 101, paragraphe 3, TFUE – dans plusieurs cas de figure.

Si elle dépasse cinq ans, quelle que soit la position de marché des parties

Dans ce premier cas de figure, une obligation de non-concurrence ne sera pas couverte par l'exemption catégorielle du règlement (UE) 2022/720 si sa durée excède cinq ans, et ce, y compris si les parts de marché des parties sont inférieures à 30 %. Un renouvellement tacite au-delà de cinq ans sera assimilé à une durée indéfinie, sauf s'il est possible pour l'une ou l'autre partie de mettre un terme au contrat moyennant un préavis et un coût raisonnable (lignes directrices, pt 300).

Cette limitation de durée est prévue afin de permettre aux parties de changer de cocontractants au-delà de cinq ans, permettant ainsi à d'autres fournisseurs ou acheteurs d'être mis en concurrence au-delà de cette période.

Il est possible cependant de justifier une durée plus longue si les biens ou services contractuels sont vendus par le fournisseur à partir de locaux et de terrains dont le fournisseur est propriétaire ou que le fournisseur loue à des tiers non liés à l'acheteur, à condition que la durée de l'obligation de non-concurrence ne dépasse pas la période d'occupation des locaux et des terrains par l'acheteur (art. 5, para. 2, du règl. (UE) 2022/720). De la même façon, des obligations de non-concurrence relatives aux biens ou services achetés par un franchisé et nécessaires au maintien de l'identité commune et de la réputation du réseau franchisé pourront être conclues pour une durée plus longue, pour autant qu'elle n'excède pas celle de l'accord de franchise (lignes directrices, pt 166).

En dehors de cette exception et au-delà de cinq ans, il conviendra alors de déterminer dans quelle mesure une durée supérieure peut être justifiée au regard des conditions d'une exemption individuelle, en vert de l'article 101, paragraphe 3, TFUE.

Si l'une des parties au moins a une part de marché supérieure à 30 %

Pour tous ces cas de figure, il convient alors d'évaluer dans quelle mesure l'obligation de non-concurrence est susceptible d'être exemptée à titre individuel, en vertu de l'article 101, paragraphe 3, TFUE.

Exemption individuelle

Au-delà de 30 % de parts de marché, ou au-delà d'une durée contractuelle de cinq ans, à défaut d'exemption automatique, il conviendra d'établir dans quelle mesure l'obligation peut être exemptée à titre individuel, en vertu des critères de l'article 101, paragraphe 3, TFUE. Cette analyse se fera au cas par cas, au regard des nouvelles lignes directrices sur les restrictions verticales, publiées par la Commission européenne en date du 30 juin 2022, et accompagnant le nouveau règlement d'exemption catégoriel (UE) 2022/720.

Plus la part de marché du fournisseur et/ou de l'acheteur est élevée, et plus la durée des obligations de non-concurrence est longue, plus le degré de verrouillage du marché risque d'être sensible (lignes directrices, pt 302). Ainsi :

- une obligation de non-concurrence d'une durée allant jusqu'à un an par des entreprises qui ne sont pas en position dominante n'est généralement pas considérée comme pouvant donner lieu à une restriction de concurrence appréciable ;
- une obligation de non-concurrence d'une durée d'un à cinq ans par des entreprises non dominantes doit faire l'objet d'une analyse des effets pro- et anticoncurrentiels. L'analyse devra alors tenir compte des circonstances applicables au cas d'espèce, et en particulier :
  - dans quelle mesure le fournisseur est un partenaire commercial « inévitable », notamment s'il commercialise « un produit incontournable » (lignes directrices, pt 303),
  - si les concurrents ont une position similaire sur le marché et peuvent offrir des produits tout aussi attrayants (lignes directrices, pt 301),
  - de l'existence d'accords similaires sur le marché avec d'autres fournisseurs et de l'éventuel effet cumulatif de tels accords (lignes directrices, pts 303 et 304),
  - de l'ampleur des barrières à l'entrée (lignes directrices, pt 305),
  - du pouvoir d'achat compensateur de l'acheteur (lignes directrices, pt 306),
  - si les biens objet du contrat sont des produits intermédiaires ou finaux (lignes directrices, pts 307 à 310),
  - s'il existe des gains d'efficience (lignes directrices, pts 313 à 314),
  - si l'obligation de non-concurrence est assortie d'avantages spécifiques pour l'acheteur (tels que des rabais) qui rendraient l'incitation d'autant plus importante pour l'acheteur,
  - si l'accord s'accompagne d'un transfert de savoir-faire (lignes directrices, pt 318).

Il convient aussi de noter que si la relation contractuelle requiert un investissement significatif du fournisseur, une durée supérieure à cinq ans peut être justifiée. Cet investissement doit néanmoins être spécifique à la relation contractuelle. Ce sera le cas par exemple lorsqu'un fournisseur engage des investissements significatifs pour augmenter sa capacité de production afin de répondre à la demande créée par le contrat en question. Non seulement l'obligation d'achat exclusif se justifie par le fait de garantir un volume de vente minimum face à l'investissement, mais compte tenu de l'investissement significatif, l'obligation permet de garantir ce volume de vente sur une durée suffisamment longue pour assurer l'amortissement dudit investissement (lignes directrices, pt 315).

Sanctions

Ne s'agissant pas d'une restriction caractérisée, une obligation de non-concurrence ne bénéficiant pas d'une exemption catégorielle ni individuelle sera considérée automatiquement nulle et non avenue, mais n'entraînera pas automatiquement la nullité du contrat. Cela signifie que l'une ou l'autre partie est en droit de ne pas la respecter dès qu'elle découvre son inapplicabilité (dès l'origine du contrat si les conditions d'une exemption – catégorielle ou individuelle – ne sont pas remplies ou au-delà de la durée contractuelle pendant laquelle une telle clause est exemptée, selon le cas).

■ Pour aller plus loin

Une obligation de non-concurrence est à distinguer d'une clause de non-concurrence, qui oblige l'une ou plusieurs parties à ne pas faire concurrence à son ou à ses cocontractants. Ces clauses font l'objet d'un chapitre distinct et interviennent donc plus communément entre concurrents, pendant la durée d'un contrat ou à l'issue de ce contrat. Elles peuvent aussi intervenir entre non-concurrents, typiquement (i) pour empêcher un acteur de devenir concurrent lui-même, (ii) pendant la durée d'un projet commun ou d'une entreprise commune afin de préserver ses chances de succès, (iii) à l'issue d'un accord, pour une durée déterminée visant à préserver les droits des parties, ou encore (iv) à la suite d'une acquisition, afin de préserver la valeur du business vendu contre la concurrence du vendeur qui disposerait encore de la connaissance, du savoir-faire et des relations clients.

Bibliographie

Communication de la Commission, Lignes directrices sur les restrictions verticales, C(2022) 4238 final, 28 juin 2022

Règlement (UE) 2022/720 de la Commission du 10 mai 2022 concernant l'application de l'article 101, paragraphe 3, du traité sur le fonctionnement de l'Union européenne à des catégories d'accords verticaux et de pratiques concertées, *JOUE* n° L 134 du 11 mai 2022, p. 4

Voir aussi

Accord de distribution - Clause de non-concurrence - Monomarquisme

O

OCTROI DE LICENCE

Florian BIEN
Université de Wurtzbourg

Rebekka FLAMIND
Université Paris I Panthéon-Sorbonne

■ Premier aperçu

On distingue généralement deux grandes catégories de licences. Ne sera pas traitée ici la première d'entre elles, à savoir l'autorisation administrative permettant l'accès à certaines activités comme celles des professions libérales et des banques ou la diffusion de la radio ou de la télévision. La deuxième catégorie de licence est octroyée par le biais d'un contrat de droit privé.

En principe, le titulaire d'un droit de propriété intellectuelle ou industrielle (notamment, droit d'auteur, brevet, dessin ou modèle industriels, droit de marque) est libre d'exploiter personnellement l'œuvre ou l'invention protégées. Or, il peut également autoriser une autre personne à l'exploiter. Réaliser l'adaptation d'un roman en film, fabriquer un produit sur la base d'une technique protégée, créer et distribuer un objet selon un modèle protégé et distribuer un produit sous un nom de marque protégé sont des exemples parmi tant d'autres.

Cette autorisation peut prendre deux formes : la cession et la licence du droit. Dans le premier cas, le titulaire *transfère la propriété de ses droits de propriété intellectuelle* à un tiers. Le donneur de licence lui-même n'est plus autorisé à exploiter le droit intellectuel respectif ou de le concéder à d'autres personnes tierces. Il n'a pas non plus de responsabilité à l'égard du droit telle que l'obligation de payer une taxe de renouvellement. C'est sous la deuxième forme d'autorisation, à savoir l'octroi d'une licence (concession de licence), que la présente entrée se concentrera. Celle-ci permet au donneur de licence (aussi communément appelé « concédant ») de conserver la propriété du droit et de continuer à l'exploiter lui-même. La licence peut être exclusive ou non exclusive (simple). Dans le premier cas de figure, le donneur s'interdit de concéder des licences à d'autres tiers. Si la licence est non exclusive, le concédant peut également permettre à d'autres licenciés d'exploiter le droit. En vertu du contrat de licence, exclusif ou non, le licencié (preneur de licence) peut également être autorisé à concéder à des tiers des sous-licences d'exploitation.

L'octroi de licence peut être gratuit, mais il est généralement accordé en échange d'un paiement. Ce dernier peut prendre la forme d'une somme forfaitaire ou d'une redevance périodique, qui peut être calculée, par exemple, sur la base du chiffre d'affaires réalisé par le preneur de licence.

Généralement, le régime des contrats de licence est celui du droit commun des contrats (art. 1101 et s. C. civ.), mais à chaque type de contrat de licence peuvent incomber des conditions formelles particulières. Ainsi, par exemple, les articles L. 613-8, alinéa 5, et L. 131-2, alinéa 2, du code de la propriété intellectuelle exigent que le contrat de licence portant sur un brevet et les transmissions de droit d'auteur soient écrits. L'article L. 613-9, alinéa 1, du code de la propriété intellectuelle requiert que la licence, pour être opposable aux tiers, soit inscrite sur le Registre national des brevets.

L'octroi de licence se fait généralement de manière volontaire par le biais d'un contrat. De manière exceptionnelle, il peut également s'établir sans l'accord du titulaire du droit, par décision d'une autorité judiciaire ou administrative intervenant pour servir un intérêt d'ordre général. On parle ici de licence obligatoire. À titre d'exemple, on peut citer les articles L. 613-16 et suivants du code de la propriété intellectuelle concernant les brevets délivrés pour des médicaments mis à la disposition du public en qualité ou quantité insuffisantes, ou à des prix anormalement élevés.

▪ Pour aller plus loin

Les droits de la concurrence et de la propriété intellectuelle semblent orientés vers des objectifs concordants et ne sont plus considérés comme opposés. Néanmoins, certaines interfaces doivent être examinées plus en détail. En général, dans le cadre de sa liberté contractuelle, le titulaire d'un droit de propriété intellectuelle est libre de décider s'il veut accorder des licences, à qui il les accorde, et à quelles conditions. Pourtant, il pourrait, par exemple, enfreindre l'article 101 TFUE lors de la répartition de marchés, de la fixation des prix dans le cadre d'accords de licences croisées ou de *pools* de brevets. De la même manière, il pourrait enfreindre l'article 102 TFUE s'il exploite sa position dominante pour exiger des redevances excessives ou si l'opérateur dominant refuse d'octroyer une licence. Dans ces cas de figure, un nouvel opérateur pourrait se heurter à des barrières à l'entrée du marché.

Le règlement d'exemption par catégorie des accords de transfert de technologie (règl. (UE) n° 316/2014) clarifie la façon dont l'article 101

TFUE s'applique à certaines catégories d'accords de licences et les critères utilisés pour évaluer ces accords. Ce règlement s'accompagne de lignes directrices qui fournissent des orientations sur l'application des règles. De la même manière, le règlement d'exemption par catégorie des accords de recherche et de développement (règl. (UE) n° 1217/2010) pose les conditions dans lesquelles un tel accord peut être exempté au titre de l'article 101, paragraphe 3, TFUE.

La jurisprudence européenne a peu à peu clarifié l'interférence entre le droit de la propriété intellectuelle et le droit de la concurrence pour distinguer les cas dans lesquels le titulaire d'un droit intellectuel abuse de sa position dominante. Elle a établi pour principe que le droit de l'Union protège l'exercice de droits exclusifs, mais que des circonstances exceptionnelles peuvent entraîner l'illégalité de l'exercice d'un droit de propriété intellectuelle.

Ainsi, la Cour a déjà statué en 1978, dans l'affaire *Hoffmann-La Roche*, que l'exercice du droit de marque n'est pas contraire à l'interdiction de l'abus d'une position dominante pour le seul motif qu'il est le fait d'une entreprise qui détient une position dominante sur le marché, ce qu'elle affirme dix ans plus tard pour l'exercice des brevets et d'un modèle protégé et ensuite en 1995 également pour l'exercice du droit d'auteur. Bien que la Cour y considère que le refus de concéder une licence constitue la substance même du droit exclusif, elle demande, dans les circonstances particulières de l'affaire irlandaise *Magill*, aux auteurs de livrer les informations nécessaires afin de permettre la commercialisation d'un produit nouveau, pour lequel existe une demande potentielle de la part des consommateurs, à savoir la publication d'un guide hebdomadaire général de télévision.

Dans l'affaire *IMS Health*, la Cour démontre, en se basant sur les affaires *Magill* et *Bronner*, comment la théorie des infrastructures essentielles – sans que ce terme ne soit employé par la Cour – peut s'appliquer, de manière exceptionnelle, au droit de propriété intellectuelle, dans le cas d'espèce, à une structure modulaire protégée par le droit d'auteur, devenu un *de facto* standard dans le secteur pharmaceutique allemand. Dans l'affaire *Microsoft*, le Tribunal étend la jurisprudence *IMS Health* au secteur numérique et plus spécialement aux informations relatives à l'interopérabilité. Le Tribunal résume en 2007 les circonstances exceptionnelles dans lesquelles le refus d'octroyer une licence par le titulaire d'un droit de propriété intellectuelle se trouvant en position dominante est susceptible de violer l'article 82 TCE (devenu art. 102 TFUE), à moins qu'il ne soit objectivement justifié : (i) que la licence porte sur un produit ou un service indispensable pour l'exercice d'une activité donnée sur un marché voisin, (ii) que le refus est de nature à exclure toute concurrence effective sur ce marché voisin et (iii) que le refus fait obstacle à l'apparition d'un produit nouveau pour lequel il existe une demande potentielle des consommateurs.

Dans son arrêt *Huawei*, la Cour de justice se prononce en 2015 pour la première fois sur le cas particulier des conditions FRAND (*fair, reasonable and non-discriminatory*). Elle donne une instruction détaillée sur l'obligation de négociation équitable, raisonnable et non discriminatoire d'un accord de licence portant sur un brevet essentiel à une norme.

Bibliographie

ABELLO (A.), *La licence, instrument de régulation des droits de propriété intellectuelle*, Paris, LGDJ-Lextenso, 2008

AZÉMA (J.) et GALLOUX (J.-Ch.), *Droit de la propriété industrielle*, 7e éd., Paris, Dalloz, 2012

BASIRE (Y.), « Licence de brevet », *JCl. Brevets*, fasc. 4740

BERGÉ (J.-S.), « Synthèse – Droit européen et droit international de la propriété littéraire et artistique », *JCl. Propriété littéraire et artistique*, fasc.

BINCTIN (N.), *Droit de la propriété intellectuelle : droit d'auteur, brevet, droits voisins, marque, dessins et modèles*, 4e éd., Paris, LGDJ-Lextenso, 2016

BRUGUIÈRE (J.-M.) (dir.), *La propriété intellectuelle dans les droits du marché et de la rivalité concurrentielle*, Paris, Dalloz, 2016

GUINCHARD (S.) et DEBARD (Th.) (dir.), *Lexique des termes juridiques*, 21e éd. 2014, Paris, Dalloz, 2013

PASSA (J.), *Droit de la propriété industrielle*, tome 2 : *Brevets d'invention, protections voisines*, Paris, LGDJ-Lextenso, 2013

PIRIOU (F. M.), « Synthèse – Organismes de gestion collective des droits d'auteur et des droits voisins », *JCl. Propriété littéraire et artistique*, fasc.

POLLAUD-DULIAN (F.), *La propriété industrielle : propriété intellectuelle*, 2e éd., Paris, Economica, 2022

SOLTMANN (W.), « Association de la norme technique à l'innovation. Étude de droit de la propriété intellectuelle et de droit de la concurrence », thèse, Université Lyon 3, 2015

VIVANT (M.) et BRUGUIÈRE (J.-M.), *Droit d'auteur et droits voisins*, 2e éd. 2013, Paris, Dalloz, 2015

Règlement (UE) n° 316/2014 de la Commission du 21 mars 2014 relatif à l'application de l'article 101, paragraphe 3, du traité sur le fonctionnement de l'Union européenne à des catégories d'accords de transfert de technologie, *JOUE* n° L 93 du 28 mars 2014, p. 17

Communication de la Commission, Lignes directrices concernant l'application de l'article 101 du traité sur le fonctionnement de l'Union européenne à des catégories d'accords de transfert de technologie, *JOUE* n° C 89 du 28 mars 2014, p. 3

Règlement (UE) n° 1217/2010 de la Commission du 14 décembre 2010 relatif à l'application de l'article 101, paragraphe 3, du traité sur le fonctionnement de l'Union européenne à certaines catégories d'accords de recherche et de développement, *JOUE* n° L 335 du 18 décembre 2010, p. 36

Voir aussi

Droit de propriété intellectuelle - FRAND - Licence obligatoire - Position dominante

O

ORGANISATION / ASSOCIATION PROFESSIONNELLE

Daniel DIOT, Richard PANQUIAULT
Institut de liaisons des entreprises de consommation

Premier aperçu

Les organisations professionnelles sont des organismes qui rassemblent les acteurs d'un même secteur d'activité. Elles peuvent prendre la forme d'associations, de syndicats, d'ordres professionnels, de fédérations ou de comités. Elles ont pour fonction de promouvoir, de réglementer et de protéger les intérêts d'une ou plusieurs professions ou d'un secteur d'activité, en informant leurs membres, et peuvent agir en justice au nom de leurs adhérents.

Pour aller plus loin

Représentants d'intérêt au sens de la loi n° 2016-1691 du 9 décembre 2016, dite « Sapin 2 », les organisations professionnelles sont consultées par les pouvoirs publics (gouvernement, parlementaires, autorités et organismes, administrations, etc.), à propos des sujets concernant les intérêts qu'elles représentent. Ce sont en effet des observateurs privilégiés du secteur au sein duquel elles interviennent, et elles ont de ce fait bien souvent une vision plus large que les entreprises, car transversale.

Leurs missions sont variées : elles exercent une action d'influence (législative, réglementaire ou autre) auprès des décideurs publics (ministre, parlementaire, fonctionnaires, etc.). À ce titre, elles participent à l'élaboration de la norme juridique, en contribuant souvent directement à l'écriture des textes. Pour le compte de leurs adhérents, elles accomplissent généralement des prestations telles que la veille juridique et économique, la réalisation d'études et d'enquêtes, la mise à disposition d'informations générales ou spécifiques portant sur le secteur d'intervention.

Les organisations professionnelles constituent un espace de rencontres et d'échanges entre les acteurs d'un marché au sein duquel les règles de concurrence doivent être une priorité. À ce titre, elles font l'objet d'une défiance certaine de la part des autorités de concurrence. C'est fréquemment un lieu où des concurrents se rencontrent, ce qui génère une forme de présomption de suspicion de pratiques illicites en leur sein.

De nombreuses décisions de ces autorités sanctionnent pour entente illicite des pratiques qui se sont déroulées au cœur de telles organisations, la plupart du temps consistant en des échanges illicites sur les prix et des pratiques de répartition des marchés et volumes. Citons à titre d'exemple la décision de l'Autorité de la concurrence (alors Conseil de la concurrence) qui le 16 décembre 2008 a condamné le cartel de l'acier pour une entente sur les prix entre onze sociétés et la Fédération française de distribution des métaux, ou encore la décision du 6 mars 2012 qui a donné lieu à la condamnation par l'Autorité du cartel « des endives » – selon elle, des producteurs et plusieurs de leurs organisations professionnelles s'étaient entendus pour déterminer un prix minimum de revente des endives.

Ces décisions, combinées à la suspicion envers ces instances, ont conduit le législateur à augmenter considérablement le quantum des sanctions pouvant être prononcées à l'encontre des organisations professionnelles. Ainsi, elles peuvent désormais être condamnées à des amendes pouvant atteindre jusqu'à 10 % du chiffre d'affaires mondial total réalisé par chaque membre actif sur le marché affecté par l'infraction de l'association.

Ces décisions des autorités de concurrence et l'alourdissement des sanctions ont conduit les associations à se structurer, et à mettre en place des procédures strictes pour garantir le respect des règles du droit de la concurrence. Ainsi, elles doivent sécuriser les données qu'elles collectent, qui proviennent de leurs adhérents, en les agrégeant et en les rendant anonymes, et en s'abstenant de toute communication de données individuelles. Elles mettent en place des chartes éthiques et de conformité aux règles de concurrence, des procédures de validation interne, des formations internes, pour sensibiliser les représentants des adhérents sur ces sujets.

Le bon fonctionnement d'une organisation professionnelle suppose un formalisme strict des réunions qu'elle organise : des convocations avec des ordres du jour précis adressées aux membres des différentes instances, la signature de feuilles de présence, des comptes rendus et la présence des permanents juridiques aux réunions constituent un gage du respect des règles et sont de nature à rassurer et à sécuriser les adhérents.

Pourtant, c'est un point souvent méconnu, les organisations professionnelles peuvent avoir des effets proconcurrentiels non négligeables. C'est vrai sur le plan collectif comme sur le plan individuel.

Sur le plan collectif, c'est généralement une instance qui élabore, pour ses membres, des recommandations de bonnes pratiques. À ce titre, les organisations professionnelles jouent un rôle de sensibilisation et d'alerte à l'attention de leurs membres. Les chartes éthiques et de compliance sont souvent enrichies par une vision transversale découlant d'un partage des expériences des adhérents.

Intervenant dans la représentation et la défense des intérêts collectifs auprès des pouvoirs publics ou autres, elles contribuent à l'élaboration de normes juridiques et économiques, comme les accords collectifs, les textes législatifs et réglementaires, etc.

Elles sont souvent également un interlocuteur privilégié des pouvoirs publics, et les alertent sur des problématiques sectorielles, contribuant ainsi à permettre aux autorités de prendre des mesures bénéfiques pour le marché. Elles peuvent également alerter l'Autorité de la concurrence sur l'existence de pratiques anticoncurrentielles au sein du secteur sur lequel elles interviennent.

Sur le plan individuel, elles contribuent à structurer le comportement des entreprises qui en sont membres. Ainsi, une association peut donner des avis, faire des analyses (financières, juridiques, etc.), mais tout en laissant libre chaque adhérent de définir ses propres actions, en fonction de ses intérêts spécifiques.

Les décisions prises par l'Autorité de la concurrence ont conduit ces organisations à se structurer davantage, à prendre conscience de leur rôle pédagogique en la matière, et à se professionnaliser. Celles-ci jouent un rôle essentiel, constituant un relais incontournable entre les pouvoirs publics et le monde de l'entreprise.

Bibliographie

Loi n° 2016-1691 du 9 décembre 2016 relative à la transparence, à la lutte contre la corruption et à la modernisation de la vie économique, *JORF* n° 0287 du 10 décembre 2016

P

PARASITISME

Godefroy DE MONCUIT DE BOISCUILLÉ
Université Côte d'Azur

■ Premier aperçu

Définition

Le parasitisme est traditionnellement défini comme un comportement par lequel un agent économique s'immisce dans le sillage d'un autre afin de tirer profit, sans rien dépenser, de ses efforts et de son savoir-faire (Cass. com., 26 janvier 1999, n° 96-22.457 : *D.* 2000, p. 87, obs. Y. Serra). Le parasitisme s'est d'abord développé en dehors du champ de la concurrence déloyale, qui renferme des comportements déloyaux spécifiques classifiés de manière non exhaustive par Roubier à travers une trilogie comprenant les pratiques de dénigrement, l'imitation fautive responsable d'un risque de confusion dans l'esprit de la clientèle et l'utilisation de moyens de désorganisation (Roubier, 1952, n° 110, p. 504, ainsi que n° 119 et s., p. 536 ; P. Roubier, 1948, spéc. p. 564). Le parasitisme économique constitue désormais une sous-catégorie des comportements déloyaux qui s'ajoute à la trilogie indicative établie (Decocq, 2010, n° 18). Deux formes de parasitisme peuvent être distinguées : d'une part, la concurrence parasitaire, qui décrit « le parasitisme entre concurrents » (Picod et coll., 2010) ; d'autre part, le parasitisme caractérisé par des agissements parasitaires en l'absence de tout rapport concurrentiel (Cass. com., 30 janvier 1996, n° 94-15.725 : *D.* 1996, inf. rap. p. 63), si bien que le risque de confusion n'est pas une condition de l'action fondée sur le parasitisme (Cass. com., 20 mai 2014, n° 13-16.943 ; Cass. 1re civ., 20 mars 2014, n° 12-18.518 ; Cass. com., 11 mars 2003, n° 00-22.722 ; v. aussi Malaurie-Vignal, 2019, n° 431).

Fondement

Comme pour la concurrence déloyale, le parasitisme est fondé sur le droit commun de la responsabilité civile (nouv. art. 1240 et 1241 C. civ.), ce qui implique la détermination d'une faute, d'un préjudice et d'un lien de causalité (Le Tourneau, 2020). Si l'action fondée sur le parasitisme est une forme de l'action en concurrence déloyale, la détermination de la faute parasitaire se distingue de la faute tirée d'un comportement déloyal, car elle suppose de démontrer que le parasite s'est approprié, à titre lucratif et de façon injustifiée, la valeur économique d'autrui (CA Paris, 12 avril 2016, RG 15/00425 ; TGI Paris, ch. 3, 1re sect., 22 mai 2014, nº 12/17575 ; T. com. Paris, 15e ch., 22 juin 2012 : *Comm. com. électr.* 2012, comm. 112, obs. M. Chagny). La faute du parasite lui permet de retirer des gains illicites et de réaliser des économies d'investissement (Le Tourneau, 1993 ; *JCl. Concurrence – Consommation*, fasc. 227). Par conséquent, l'acte parasitaire constitue toujours une faute lucrative (Moncuit de Boiscuillé, 2020). Au contraire, si l'acte de concurrence déloyale peut générer des gains illicites, il peut aussi constituer une faute dommageable non lucrative (à titre d'exemple, le débauchage fautif peut désorganiser la victime sans enrichir le responsable). Le parasitisme se manifeste par des actes générateurs d'un enrichissement ou d'une économie pour le fautif, que ce soit par l'appropriation indue d'un travail, d'une recherche ou d'un savoir-faire (Cass. com., 24 novembre 2015, nº 14-16.806 : *Comm. com. électr.* 2016, comm. 36, obs. M. Malaurie-Vignal ; Cass. 1re civ., 22 juin 2017, nº 14-20.310 ; CA Paris, 15 avril 2016, RG 12/072530 : *D.* 2016, p. 2141, obs. J. Larrieu ; Malaurie-Vignal, 1996) ; mais aussi par l'usurpation d'un signe et l'appropriation indue d'une notoriété (CJCE, 18 juin 2009, *Sté L'Oréal c/ Sté Bellure*, aff. C-487/07 : *JCP G* 2009, 180, note M.-L. Marino : le parasite est celui qui se place « *dans le sillage de la marque renommée afin de bénéficier du pouvoir d'attraction, de la réputation et du prestige de cette dernière, et [exploite], sans compensation financière, l'effort commercial déployé par le titulaire de la marque pour créer et entretenir l'image de celle-ci* ». V. aussi : Trib. UE, 5 juillet 2016, *Future Enterprises c/ EUIPO et McDonald's*, aff. T-518/13 ; Trib. UE, 25 janvier 2012, *Sté Viaguara c/ OHMI*, aff. T-332/10 ; Cass. com., 31 mars 2015, nº 13-21.300) ; ou encore la reprise parasitaire d'une idée, à condition que celle-ci soit dotée d'une singularité acquise au prix d'investissements que le fautif a détournés à son profit (CA Paris, 7 octobre 2015, RG 10/11257 : *Comm. com. électr.* 2015, comm. 90, obs. G. Loiseau). De même, une partie de la doctrine milite pour la protection, au titre du parasitisme et sous réserve de certaines conditions, des idées apportant une valeur ajoutée et procurant un avantage concurrentiel (*JCl. Concurrence – Consommation*, fasc. 570, 2020, nos 106-108).

Régime de sanction

La particularité de l'acte parasitaire en tant que faute lucrative a récemment conduit la Cour de cassation à innover quant au régime de sanction applicable. En principe, l'action en parasitisme est soumise au principe de réparation intégrale. La victime ne peut donc obtenir que des dommages-intérêts compensatoires. La Cour de cassation avait dû notamment rappeler que « *le préjudice subi du fait d'actes de concurrence déloyale et de parasitisme ne s'identifie pas à l'économie réalisée par l'auteur de ces actes* » (Cass. com., 21 février 2012, nº 10-27.966). La Cour de cassation est néanmoins revenue sur cette jurisprudence pour reconnaître, dans l'hypothèse d'une action en concurrence déloyale pour des faits de parasitisme, que la réparation du dommage peut être évaluée au regard de l'économie réalisée et de l'avantage indu retiré par le fautif (Cass. com., 12 février 2020, n° 17-31.614 : *RLC* 2020/95, obs. G. de Moncuit).

■ Pour aller plus loin

L'arrêt de la Cour de cassation associe donc l'acte parasitaire à une faute lucrative en ouvrant la possibilité à l'évaluation du préjudice au regard du profit réalisé sous la forme d'une économie injustifiée et de l'« avantage indu » retiré du parasitisme. La prise en compte desdites conséquences profitables de l'acte parasitaire (sur l'« avantage indu », v. aussi : CA Paris, 10 novembre 2020, n° 18/02205) renvoie à la définition de la faute lucrative proposée dans notre ouvrage et décrite comme « *toute faute commise au préjudice d'autrui qui rapporte un gain, une économie, ou un avantage indu à son auteur* » (Moncuit de Boiscuillé, 2020, p. 268). Cela traduit une rupture avec le principe de réparation intégrale et l'obligation faite au juge de réparer « *tout le dommage mais rien que le dommage* », selon une formule consacrée. Un mois après cet arrêt, la cour d'appel de Bordeaux a également relié le parasitisme à la notion de faute lucrative, considérant que l'acte parasitaire constitue une faute lorsque l'appropriation indue des investissements est source d'« *un profit abusif* » qui vient rompre l'égalité entre les partenaires et perturber le jeu de la libre concurrence (CA Toulouse, 4 mars 2020, RG 17/01448). En conséquence, les juges du fond ont là encore fixé le montant du dommage au titre de l'économie et de l'avantage indu réalisés par la société fautive.

Cette considération pour le résultat lucratif de l'acte parasitaire ouvre la voie à des dommages-intérêts restitutoires qui seraient complémentaires des dommages-intérêts compensatoires. Le 22 juillet 2020, la Commission des lois du Sénat a décidé que l'appréhension des fautes lucratives ne pouvait s'inscrire que dans une réforme à long terme de la responsabilité civile (Rapport d'information n° 663, 2019-2020). Cette « procrastination » législative s'explique probablement par la crainte inspirée par l'amende civile confiscatoire affectée d'un coefficient multiplicateur proposé par le projet de réforme (Projet de réforme de la responsabilité civile, mars 2017, art. 1266-1). La jurisprudence semble néanmoins engager elle-même un mouvement de réforme en consacrant, en cas d'actes parasitaires, une forme d'action en restitution des profits illicites en complément de l'action en réparation du dommage causé. Ce mouvement jurisprudentiel pourrait conduire le législateur à abandonner définitivement l'amende civile dans la réforme de la responsabilité civile pour lui préférer, en cas de faute lucrative, des dommages-intérêts restitutoires.

Les conséquences pratiques de cette jurisprudence récente sont importantes. La victime d'un acte parasitaire semble disposer désormais d'une option supplémentaire : dans l'hypothèse où le dommage est difficile à quantifier, sauf à engager des dépenses disproportionnées par rapport aux enjeux du litige, la réparation du préjudice peut être évaluée en prenant en considération l'avantage indu que s'est octroyé l'auteur des actes parasitaires. Cette possibilité ouvre une piste à la difficile conciliation entre le principe de réparation intégrale et l'impossibilité de mesurer le préjudice subi par le demandeur (Borghetti, 2020, n° 24). Elle témoigne d'une approche réaliste du contentieux en concurrence déloyale et parasitisme. L'évaluation du parasitisme des investissements intellectuels, matériels ou promotionnels et du dommage en résultant est souvent complexe en raison de la nature même du préjudice subi, qui constitue un « préjudice économique pur » à la fois abstrait et progressif, et dont les effets, échelonnés dans le temps, sont par conséquent difficiles à quantifier au moment de l'action en réparation. Les victimes de concurrence déloyale pour des faits de parasitisme semblent désormais autorisées à évaluer leur dommage en invoquant les économies et avantages injustifiés du parasite. La possibilité, pour ces dernières, de former une demande de restitution intégrale des profits illicites complémentaire de la demande en réparation a pour mérite de renforcer la fonction dissuasive de la responsabilité civile.

Bibliographie

Borghetti (J.-S.), « La réparation intégrale du préjudice à l'épreuve du parasitisme », *D.* 2020, p. 1086

Decocq (G.), « Concurrence déloyale et parasitisme : deux régimes autonomes ? », *RJ com.* 2010, étude 88

Le Tourneau (Ph.), « Parasitisme – Notion de parasitisme », *JCl. Concurrence – Consommation*, fasc. 570, 2020

Le Tourneau (Ph.) (dir.), *Droit de la responsabilité et des contrats, régimes d'indemnisation*, 12e éd., 2021-2022, Paris, Dalloz, 2020, Titre 011 – La faute

Le Tourneau (Ph.), « Le parasitisme dans tous ses états », *D.* 1993, p. 310

Malaurie-Vignal (M.), *Droit de la concurrence interne et européen*, 8e éd., Paris, Sirey, 2019

Malaurie-Vignal (M.), « Le parasitisme des investissements et du travail d'autrui », *D.* 1996, p. 177

Moncuit de Boiscuillé (G. de), *La faute lucrative en droit de la concurrence*, Paris, Concurrences, 2020

Picod (Y.), Auguet (Y.) et Dorandeu (N.), *Rép. com. Dalloz*, v° Concurrence déloyale, 2010, n° 195 et s.

Roubier (P.), *Le droit de la propriété industrielle*, t. 1, Paris, Librairie du Recueil Sirey, 1952

Roubier (P.), « Théorie générale de l'action en concurrence déloyale », *RTD com.* 1948, p. 541

Voir aussi

Concurrence déloyale

P

PART DE MARCHÉ

Alexandre CARBONNEL, Marc IVALDI
NERA Economic Consulting

Premier aperçu

La part de marché mesure l'importance relative d'une entreprise au sein d'un marché donné. Elle peut être calculée en volume, notamment à partir des quantités vendues ou des capacités de production, ou en valeur, par exemple à partir des données de chiffres d'affaires. Lorsque la part de marché est calculée à partir des données de vente, elle s'obtient en divisant les ventes de l'entreprise par les ventes totales sur le marché exprimées dans les mêmes unités. Il est donc nécessaire de définir au préalable le marché pertinent sur lequel opère l'entreprise, à la fois du point de vue des produits et de celui du périmètre géographique.

La part de marché d'une entreprise constitue un indicateur de son pouvoir de marché potentiel. Plus elle est élevée, plus l'entreprise est susceptible de disposer d'un pouvoir de marché important. Cependant, l'évaluation du pouvoir de marché doit également être effectuée en fonction d'autres caractéristiques fondamentales du marché étudié. Ainsi, l'absence de barrières à l'entrée ou l'existence d'un pouvoir d'acheteur important limitent le pouvoir de marché d'une entreprise. À l'inverse, des rendements d'échelle croissants renforcent le pouvoir de marché associé à une part de marché. La significativité de la part de marché en matière de mesure de pouvoir de marché ne repose donc pas uniquement sur la définition correcte du marché pertinent. Par ailleurs, il est nécessaire de tenir compte de la proximité concurrentielle des entreprises à l'intérieur du marché pertinent. Dans ce contexte, un calcul de parts de marché est plus adapté pour mesurer le pouvoir de marché d'entreprises pouvant être traitées sur le même plan, car vendant un produit homogène, que pour des entreprises produisant chacune des produits différenciés et qui sont en concurrence plus ou moins forte entre elles.

La part de marché d'une entreprise ne constitue qu'un des indicateurs potentiels pour juger de son pouvoir de marché. Dans le cadre de l'examen d'opérations de concentration, les analyses de parts de marché sont généralement effectuées à un stade préliminaire afin d'identifier les situations dans lesquelles une opération ne serait pas susceptible de réduire significativement la concurrence. En pratique, les autorités de concurrence définissent habituellement des seuils de part de marché cumulée des parties à l'opération en dessous desquels celle-ci ne fait pas l'objet d'un examen approfondi. Les autorités de concurrence peuvent également tenir compte de la valeur de l'indice de Herfindahl-Hirschman (ou HHI en anglais), qui correspond à la somme du carré des parts de marché des entreprises faisant partie du marché pertinent, ou de son augmentation attribuable à l'opération de concentration.

■ Pour aller plus loin

Lorsqu'un examen approfondi est nécessaire, l'analyse des effets unilatéraux peut être réalisée à partir d'outils permettant de tenir compte de la proximité concurrentielle entre les parties, comme les tests UPP (*upward pricing pressure*), GUPPI (*gross upward pricing pressure index*) ou IPR (*indicative price rise*) dans le cas d'opérations de concentration horizontales, ou en utilisant des modèles économétriques permettant de simuler les effets des opérations de concentration. Ces analyses permettent d'affiner l'évaluation préliminaire des effets d'une transaction réalisée à partir du calcul des parts de marché.

Bibliographie

Aut. conc., « Lignes directrices de l'Autorité de la concurrence relatives au contrôle des concentrations », 2020

Comm. CE, Lignes directrices sur l'appréciation des concentrations horizontales au regard du règlement du Conseil relatif au contrôle des concentrations entre entreprises, *JOUE* n° C 031 du 5 février 2004, p. 5

P

PHASE I (CONCENTRATION)

Sara DARLEY-REYGNER
Autorité de la concurrence

Premier aperçu

Première phase de l'analyse formelle d'une opération de concentration, la phase I débute avec le dépôt, par la ou les parties notifiantes, du formulaire de notification. Elle dure vingt-cinq jours à compter de la date de réception de la notification complète (art. L. 430-5 I C. com. Et art. 10 du règlement (CE) n° 139/2004).

La phase I peut intervenir après une phase facultative de prénotification, à l'initiative des parties à l'opération, qui a notamment vocation à anticiper des questions d'analyse concurrentielle complexes.

À l'issue de la phase I, les autorités de concurrence peuvent, exceptionnellement, constater le caractère non contrôlable d'une opération. Dans la plupart des cas, les autorités de concurrence autorisent l'opération, éventuellement sous conditions. Pour adopter une telle décision, il faudra que l'analyse concurrentielle à l'issue de la phase I permette d'écarter tout risque d'atteinte à la concurrence, ou que les engagements proposés par les parties y remédient de façon certaine. Dans le cas contraire, les autorités de concurrence engagent un examen approfondi.

Pour aller plus loin

Le contenu du dossier de notification qui doit être déposé par la partie notifiante au début de la phase I est décrit à l'annexe 4-3 de la partie réglementaire du code de commerce et en annexe du règlement d'exécution n° 1269/2013 de la Commission. En France, le caractère complet du dossier est validé par l'envoi d'un accusé de réception de complétude adressé par le greffe du service des concentrations. Le dépôt d'une notification donne lieu à une publication sur le site internet de la Commission (https://ec.europa.eu/competition/elojade/isef/index.cfm?fuseaction=dsp_merger_ongoing) ou de l'Autorité (https://www.autoritedelaconcurrence.fr/fr/controle-des-concentrations-en-coursd-examen). Cette publication précise le nom des entreprises concernées et leur service d'activité. Elle a vocation à rendre l'opération publique auprès des tiers pour leur permettre de formuler des observations sur les effets de la concentration.

Lors de la phase I, les rapporteurs procèdent à l'instruction des effets de l'opération notifiée (dans la continuité du travail éventuellement commencé lors de la prénotification). Ils s'appuient, pour cela, sur les informations recueillies auprès de la partie notifiante par le biais de questionnaires, et plus exceptionnellement, d'auditions ou d'entretiens informels. Ces questionnaires peuvent, dans certains cas, conduire à une suspension des délais d'instruction de phase I, notamment lorsqu'ils portent sur des questions nécessaires à l'analyse des effets de l'opération ou s'ils font suite à la survenue d'un fait nouveau. Dans un tel cas, les délais reprennent lorsque la partie notifiante a fourni l'intégralité des éléments visés par les questionnaires.

Les rapporteurs peuvent également recueillir des informations auprès des tiers à l'opération principalement par le biais de tests de marché ou d'auditions des opérateurs du secteur concerné, réalisés, pour ce qui est du droit français, sur le fondement de l'article L. 450-3 du code de commerce.

La phase I est prolongée de dix jours (dans l'UE) à quinze jours (en France) en cas de dépôt, par la partie notifiante, d'engagements visant à remédier aux effets anticoncurrentiels identifiés par l'autorité de concurrence. S'ils peuvent être déposés à tout moment de la procédure, plus le dépôt intervient tôt dans la procédure, plus l'autorité de contrôle aura le temps d'en apprécier la portée, éventuellement à l'issue d'un test de marché.

En France, les délais d'examen peuvent par ailleurs être prolongés de quinze jours sur demande de la partie notifiante, en cas de nécessité particulière (comme la finalisation d'engagements).

Bibliographie

Aut. conc., « Lignes directrices de l'Autorité de la concurrence relatives au contrôle des concentrations », 2020, pt 201 et s.

Article L. 430-5 du code de commerce

Règlement d'exécution (UE) n° 1269/2013 de la Commission du 5 décembre 2013 modifiant le règlement (CE) n° 802/2004 concernant la mise en œuvre du règlement (CE) n° 139/2004 du Conseil relatif au contrôle des concentrations entre entreprises *JOUE* n° L 336 du 14 décembre 2013, p. 1

Règlement (CE) n° 139/2004 du Conseil du 20 janvier 2004 relatif au contrôle des concentrations entre entreprises (« le règlement CE sur les concentrations »), *JOUE* n° L 24 du 29 janvier 2004, p. 1

P

PHASE II (CONCENTRATION)

Erwan LE NOAN
Altermind

Patrice GEOFFRON
Université Paris-Dauphine

■ Premier aperçu

Les opérations de concentration soumises au contrôle de la Commission européenne ou de l'Autorité de la concurrence en France peuvent faire l'objet d'une « phase II », prévue par l'article 6, paragraphe 1 c), du règlement (CE) n° 139/2004 dans le premier cas et l'article L. 430-5 du code de commerce dans le second (cette entrée présente essentiellement la phase II devant l'ADLC).

L'ouverture de cette phase d'examen approfondi intervient à l'issue d'une « phase I » (prolongeant éventuellement une prénotification au caractère facultatif), qui aura laissé subsister un « doute sérieux d'atteinte à la concurrence » (art. L. 430-5 C. com.).

Cette ouverture procède d'une décision formelle de l'Autorité de la concurrence (art. L. 430-5 C. com.), éventuellement à l'invitation du ministre de l'Économie (art. L. 430-7-1 C. com.), même si – comme rappelé dans les lignes directrices de l'Autorité de la concurrence relatives au contrôle des concentrations (ci-après « LD ») – elle n'est pas tenue d'y accéder eu égard à son statut d'autorité administrative indépendante.

Les services d'instruction cherchent à déterminer si l'opération considérée est de nature à porter atteinte à la concurrence (art. L. 430-6 C. com.), par exemple en étant susceptible de déboucher sur une position dominante ou de la renforcer. Ils doivent également évaluer si « *l'opération apporte au progrès économique une contribution suffisante pour compenser les atteintes à la concurrence* ».

La phase II affecte la procédure, qui est allongée de soixante-cinq jours ouvrés (art. L. 430-7 C. com. ; art. 10 du règl. (CE) n° 139/2004). Surtout, elle est dès lors régie par les articles L. 463-2, alinéa 2, L. 463-4, L. 463-6 et L. 463-7 C. com. et est contradictoire. En pratique, elle donne lieu à un rapport (para. 311 LD), transmis à la partie notifiante, au collège de l'Autorité, aux ministres intéressés et au commissaire du gouvernement (DGCCRF), qui peuvent y répondre dans un délai court de quinze jours ouvrés (art. L. 430-6 C. com. et para. 312 LD). Elle implique un examen de l'opération par le collège de l'ADLC, donnant lieu à une séance, lors de laquelle la partie notifiante ainsi que les services d'instruction prennent la parole pour défendre leur position. Des tiers peuvent également être auditionnés, hors de la présence des parties. Le cas échéant, des autorités de régulation sectorielles peuvent être interrogées au cours de l'instruction (et dans le cas de celles citées à l'art. R. 463-9 C. com., dont l'ARCOM et de l'ACPR, doivent l'être), sans que leur avis, joint au dossier, lie l'ADLC.

Les issues possibles de la phase II, qui interviennent après le délibéré du collège, sont plus nombreuses que celles de la phase I : de l'autorisation, éventuellement placée sous réserve d'engagements, voire assortie d'injonctions (ce que ne peut faire la Commission, v. art. 8 du règl. (CE) nº 139/2004), jusqu'à l'interdiction (v., pour la première occurrence, la déc. nº 20-DCC-116 du 28 août 2020).

Le ministre de l'Économie dispose par ailleurs d'un pouvoir dit « d'évocation » qui peut l'amener à « *statuer sur l'opération en cause pour des motifs d'intérêt général autres que le maintien de la concurrence* » (art. L. 430-7-1 II C. com.).

■ Pour aller plus loin

La phase II, plus qu'une simple extension de la phase I, constitue un examen approfondi qui est appelé à durer. La partie notifiante doit donc se préparer à des échanges intenses, soutenus par des arguments robustes, et s'inscrire dans une stratégie d'argumentation solide : l'ouverture d'une phase II par l'ADLC doit être comprise comme un indice de sa volonté d'instruire de façon exhaustive.

La configuration procédurale de la phase II contribue par ailleurs à modifier la relation avec les services d'instruction. Si ceux-ci restent les interlocuteurs privilégiés de la partie notifiante jusqu'à la séance et ceux qui introduisent le cas auprès du collège, c'est ce dernier qui est décisionnaire, dans toute son indépendance – et non plus le seul président. La phase II introduit donc une collégialité de la décision de contrôle des concentrations. Elle peut, à ce titre, contribuer à ouvrir des opportunités de conviction pour la partie notifiante, tout au long des échanges et du travail d'analyse avec l'équipe de rapporteurs, qui constitue même un travail « épuisant et exhaustif » (Whish et Bailey, 2015), mais aussi au moment des démonstrations devant le collège – et d'autant plus en réalité que l'ouverture d'une phase II doit être anticipée dès avant que ne s'engage la phase I, dans les discussions de prénotification.

Les lignes directrices (para. 298) proposent plusieurs illustrations de ce que peut être un « *doute sérieux d'atteinte à la concurrence* » : les cas où « *la pratique décisionnelle n'est pas suffisamment établie* » ou que « *des évolutions importantes et récentes sur les marchés concernés sont susceptibles de justifier une modification significative de la pratique* » ; ceux qui présentent des « *enjeux particulièrement complexes* » qui ne peuvent être suffisamment analysés dans le cadre de la phase I (« *par exemple en ce qui concerne la définition des marchés pertinents* ») ; ou lorsque la partie notifiante n'a pas proposé d'engagements suffisants – ni suffisamment pertinents. Autrement dit, c'est une phase incontournable pour que l'ADLC fasse évoluer, par exemple, une définition de marché comme elle l'a fait dans sa décision n° 16-DCC-111 du 27 juillet 2016 (*Fnac/Darty*), par laquelle « *[p]our la première fois, l'Autorité a défini un marché incluant les canaux de distribution en ligne et en magasins* » (communiqué de presse du 18 juillet 2016).

Bibliographie

WHISH (R.) et BAILEY (D.), *Competition Law*, 8e éd., Oxford University Press, 2015

Aut. conc., « Lignes directrices de l'Autorité de la concurrence relatives au contrôle des concentrations », 2020

Règlement (CE) n° 139/2004 du Conseil du 20 janvier 2004 relatif au contrôle des concentrations entre entreprises (« le règlement CE sur les concentrations »), *JOUE* n° L 24 du 29 janvier 2004, p. 1

Voir aussi

Phase I (concentration)

PLURALISME DES MÉDIAS

Pascal WILHELM
Wilhelm & Associés

■ Premier aperçu

Le pluralisme des médias a pour corollaire le principe de la liberté des médias et se présente comme un élément essentiel du bon fonctionnement de la liberté d'expression et de la démocratie. Le pluralisme des médias implique l'indépendance des médias à l'égard de tout contrôle de tiers privés et de toute ingérence indue des acteurs économiques, sociaux et/ou politiques.

Le pluralisme repose sur la variété des acteurs économiques, en ce qu'il suppose l'absence de monopole du côté des fournisseurs, mais aussi sur la diversité des contenus, en ce qu'il ne peut être atteint qu'en l'absence d'appauvrissement de l'offre globale des contenus disponibles.

La radio, la télévision, le cinéma, la presse ou encore l'édition participent historiquement à l'expression pluraliste des idées et sont soumis à un ensemble de règles. L'ère numérique a modifié cette filière traditionnelle et les services de l'internet et les réseaux sociaux jouent désormais un rôle essentiel dans la préservation du pluralisme des médias. La sélection des contenus ciblés sur les intérêts des utilisateurs est cependant susceptible d'uniformiser les opinions, et ainsi de porter atteinte au pluralisme des courants de pensée. Aussi, le 24 mars 2022, le Conseil et le Parlement européen sont parvenus à un accord provisoire sur le projet de règlement sur les marchés numériques (DMA), visant à encadrer les activités économiques des plus grandes plateformes.

Compte tenu des profondes mutations du secteur des médias, le Sénat a lancé, le 24 novembre 2021, une commission d'enquête parlementaire sur la concentration des médias, en vue d'évaluer les conséquences de ce phénomène sur la démocratie et les stratégies économiques. Les conclusions de son rapport, rendu le 31 mars 2022, pourraient susciter des réformes du cadre français de la régulation.

■ Pour aller plus loin

Le cadre juridique pour la préservation du pluralisme au niveau européen et national

Au niveau européen, le pluralisme des médias est garanti par l'article 10 de la Convention européenne des droits de l'homme, l'article 11 de la Charte des droits fondamentaux de l'Union européenne, ainsi que la jurisprudence de la Cour européenne des droits de l'homme et de la Cour de justice de l'Union européenne.

Le pluralisme des médias est aussi préservé par les règles de concurrence, au travers desquelles la commission européenne contrôle le pouvoir exercé par une entreprise en position dominante – ou susceptible de l'être – à la fois sur le marché (v. les art. 101 et 102 TFUE ainsi que le règl. (CE) n° 139/2004) et sur l'opinion.

La directive (UE) 2018/1808 (ci-après « directive SMA ») fixe des règles sur lesquelles les États membres peuvent s'appuyer pour garantir le pluralisme des médias. Les radiodiffuseurs devront continuer à se conformer aux règles existantes sur la programmation des œuvres européennes, tandis que les fournisseurs de services de médias audiovisuels à la demande – qui n'étaient auparavant concernés par aucun quota – devront veiller à ce que leurs catalogues contiennent *a minima* 30 % d'œuvres européennes.

S'appuyant sur cette directive, la législation européenne sur la liberté des médias, qui devrait être adoptée en 2022, a pour ambition de mettre en place un cadre commun en vue de faire progresser le marché intérieur des médias.

En France, la directive SMA a été transposée par ordonnance n° 2020-1642 du 21 décembre 2020, suivie d'un décret d'application n° 2021-793 du 22 juin 2021, opérant une nouvelle étape de l'adaptation de la réglementation audiovisuelle aux évolutions du secteur.

L'ordonnance n° 2020-1642 ainsi que la loi n° 2021-1382 du 25 octobre 2021 ont modifié la loi n° 86-1067 relative à la liberté de communication (ci-après « loi de 1986 modifiée »). L'ordonnance poursuit deux objectifs : assurer la pérennité du système de financement de la production et garantir l'équité entre les diffuseurs français et les plateformes mondiales. La loi n° 2021-1382 a entériné la fusion du Conseil supérieur de l'audiovisuel et de la Haute Autorité pour la diffusion des œuvres et la protection des droits sur internet au sein de l'Autorité de régulation de la communication audiovisuelle et numérique (ARCOM).

La loi de 1986 modifiée assure par ailleurs le respect du dispositif anti-concentration des médias.

En matière de presse, nul ne peut posséder des journaux couvrant plus de 20 % de la diffusion de la presse quotidienne imprimée d'information politique et générale sur le territoire national (art. 41-1 et 41-1-1 de la loi de 1986 modifiée).

En matière de radio, nul ne peut être titulaire d'une ou plusieurs autorisations relatives chacune à un service de radio dont l'audience potentielle cumulée terrestre dépasse 20 % des audiences potentielles cumulées de l'ensemble des services de radio (art. 41 de la loi de 1986 modifiée).

En matière de télévision, on observe :
- *une limitation tenant aux parts de capital* : une personne ne peut posséder plus de 49 % du capital ou des droits de vote d'un service de télévision dont l'audience est supérieure à 8 % du total (art. 39 de la loi de 1986 modifiée) ;
- *une limitation tenant aux autorisations* : une personne physique ou morale ne peut disposer que d'une seule autorisation pour un service national analogique, et pas plus de sept autorisations pour un service national numérique (art. 41 de la loi de 1986 modifiée).

Sur le plan national, les trois situations suivantes ne peuvent pas être cumulées :
- détention de télévision hertzienne desservant un territoire de plus de 4 millions d'habitants ;
- détention d'une ou plusieurs radios desservant un territoire de plus de 30 millions d'habitants ;
- détention de quotidiens couvrant plus de 20 % de la diffusion nationale (art. 41-1 et 41-1-1 de la loi de 1986 modifiée).

Sur le plan local, les trois situations suivantes ne peuvent pas être cumulées :
- détention d'une ou plusieurs télévisions reçues localement ;
- détention d'une ou plusieurs radios reçues localement dépassant 10 % de l'audience locale cumulée ;
- détention d'un ou plusieurs quotidiens d'information politique et générale diffusés sur cette zone (art. 41-2 et 41-2-1 de la loi de 1986 modifiée).

Le respect de ces seuils est désormais contrôlé par l'ARCOM.

Bibliographie

Loi n° 2021-1382 du 25 octobre 2021 relative à la régulation et à la protection de l'accès aux œuvres culturelles à l'ère numérique, *JORF* n° 0250 du 26 octobre 2021

Décret n° 2021-793 du 22 juin 2021 relatif aux services de médias audiovisuels à la demande, *JORF* n° 0144 du 23 juin 2021

Ordonnance n° 2020-1642 du 21 décembre 2020 portant transposition de la directive (UE) 2018/1808 du Parlement européen et du Conseil du 14 novembre 2018 modifiant la directive 2010/13/UE visant à la coordination de certaines dispositions législatives, réglementaires et administratives des États membres relatives à la fourniture de services de médias audiovisuels, compte tenu de l'évolution des réalités du marché, et modifiant la loi du 30 septembre 1986 relative à la liberté de communication, le code du cinéma et de l'image animée, ainsi que les délais relatifs à l'exploitation des œuvres cinématographiques, *JORF* n° 0310 du 23 décembre 2020

Directive (UE) 2018/1808 du Parlement européen et du Conseil du 14 novembre 2018 modifiant la directive 2010/13/UE visant à la coordination de certaines dispositions législatives, réglementaires et administratives des États membres relatives à la fourniture de services de médias audiovisuels (directive « Services de médias audiovisuels »), compte tenu de l'évolution des réalités du marché, *JOUE* n° L 303 du 28 novembre 2018, p. 69

Loi n° 86-1067 du 30 septembre 1986 relative à la liberté de communication (Loi Léotard)

Règlement (CE) n° 139/2004 du Conseil du 20 janvier 2004 relatif au contrôle des concentrations entre entreprises (« le règlement CE sur les concentrations »), *JOUE* n° L 24 du 29 janvier 2004, p. 1

P

POLITIQUE DE CONCURRENCE

Jacques STEENBERGEN
Autorité belge de la Concurrence

■ Premier aperçu

La notion de « politique de concurrence » n'est pas une notion définie, ni même utilisée dans les traités de l'Union européenne. Les traités ne déterminent pas non plus les objectifs d'une politique de concurrence et ne définissent donc pas la notion de « concurrence » par une description de ses objectifs, à l'exception de l'indication implicite que la mise en œuvre des règles de concurrence doit contribuer à la réalisation et au bon fonctionnement du marché intérieur.

Eu égard aussi aux multiples références aux articles 101 et 102 TFUE, la notion de « politique de concurrence » peut être décrite, sinon définie, comme la politique de mise en œuvre des règles de concurrence du TFUE afin de contribuer à la réalisation et au bon fonctionnement du marché intérieur de l'Union, et à la diffusion d'une culture de la concurrence.

Cette définition ou description est en substance institutionnelle, car les règles de concurrence octroient en premier lieu des compétences aux institutions de l'Union, dont le traité constitutif est basé sur le modèle de compétences attribuées (exclusives ou partagées), toute compétence non attribuée appartenant aux États membres (art. 3, para. 6, et 4, para. 1, TUE). Et le traité sur son fonctionnement donne aux institutions de l'Union la mission de mettre en œuvre les instruments mis à leur disposition (art. 3, para. 1 b), TFUE).

■ Pour aller plus loin

La notion en droit de l'Union européenne

La notion de « politique de concurrence » n'apparaît pas dans le traité sur l'Union européenne ou dans le traité sur le fonctionnement de l'Union européenne. Elle apparaît toutefois dans le premier considérant du règlement (CE) n° 1/2003 du Conseil du 16 décembre 2002 relatif à la mise en œuvre des règles de concurrence : « *Le règlement n° 17 [...] a permis de développer une politique communautaire de la concurrence qui a contribué à la diffusion d'une culture de la concurrence dans la Communauté.* »

Et les règles de concurrence du TFUE figurent dans le titre VII de la troisième partie du TFUE sur « *Les politiques et actions internes de l'Union* ».

Le TFUE fait référence à la « concurrence » et aux règles de concurrence. Par exemple :

- article 3, paragraphe 1 b) : « *L'Union dispose d'une compétence exclusive dans les domaines suivants : b) l'établissement des règles de concurrence* » ;
- titre VII de la troisième partie : « *Les règles communes sur la concurrence* » ;
- chapitre 1 du titre VII de la troisième partie : « *Les règles de concurrence* » ;
- article 101, paragraphe 1 : « *le jeu de la concurrence* » ;
- article 101, paragraphe 3 : « *éliminer la concurrence* » ;
- article 107 (aides d'État) : « *fausser la concurrence* » ;
- article 119, paragraphe 1 (article introductif du titre VIII sur la politique économique et monétaire) : « économie de *marché ouverte où la concurrence est libre* » (repris dans les art. 120 et 127, para. 1, sur les différents volets de ces politiques).

D'autres dispositions ne mentionnent pas la notion de politique de concurrence ou de concurrence, mais se réfèrent aux articles pertinents du TFUE. Par exemple :

- article 103 : règlements et directives de mise en œuvre ;
- article 104 : disposition transitoire ;
- article 105 : mise en œuvre en matière d'infractions et exemptions par catégorie ;
- article 106 : entreprises publiques, entreprises bénéficiant de droits spéciaux ou exclusifs et entreprises chargées de la gestion de services d'intérêt économique général ou présentant le caractère de monopole fiscal.

Certaines dispositions ne font pas référence à la notion de concurrence et ne se réfèrent pas aux règles de concurrence du TFUE, mais visent à avoir un impact sur la façon dont les règles de concurrence doivent être mises en œuvre. Cela est notamment le cas pour l'article 14 TFUE au sujet des services d'intérêt économique général.

Le protocole n° 27 sur le marché intérieur et la concurrence dispose que « *le marché intérieur tel qu'il est défini à l'article 3 du traité sur l'Union européenne comprend un système garantissant que la concurrence n'est pas faussée* ».

Les règles de concurrence du droit de l'Union sont ainsi conçues comme contribuant à la réalisation et au bon fonctionnement du marché intérieur. Le droit de concurrence national utilise parfois la notion de politique de concurrence sans la définir. L'article IV.19, § 1, 2° du Code de droit économique belge (CDE) dispose par exemple que le président contribue « *à la préparation et l'évaluation de la politique de concurrence en Belgique* ».

Cette conception de la nature d'une politique de concurrence dans le cadre juridique de l'Union est confirmée par la jurisprudence de la Cour de justice. La Cour tend à confirmer la marge d'appréciation de la Commission pour le développement de sa politique sans privilégier une école doctrinale ou tendance idéologique plutôt qu'une autre. La Cour ne s'est par exemple pas prononcée sur une hiérarchie entre les considérations à prendre en compte conformément à l'article 9 TFUE. Et elle n'a pas confirmé un accent exclusif sur l'objectif du bien-être du consommateur tel qu'interprété dans la doctrine économique. Dans son arrêt du 6 octobre 2009 (*GlaxoSmithKline*, aff. C-501/06 P, pt 63) elle a décidé que « *l'article 81 CE [maintenant 101 TFUE] vise, à l'instar des autres règles de concurrence énoncées dans le traité, à protéger non pas uniquement les intérêts des concurrents ou des consommateurs, mais la structure du marché et, ce faisant, la concurrence en tant que telle* ».

Comme il est toujours dangereux pour la légitimité d'une institution avec les ambitions de l'Union d'être identifiée avec une tendance politique ou idéologique, le fait que les traités contiennent un mélange pas toujours bien articulé entre des dispositions de droit institutionnel, substantiel et procédural présente un défi spécifique à la Cour quand elle est appelée à définir les contours des compétences de la Commission pour la mise en œuvre des règles de concurrence. Sa jurisprudence précitée aide à clarifier la distinction entre le cadre imposé par les traités et ce qui doit être considéré comme des décisions de politique de concurrence prises par la Commission dans les limites de ses compétences attribuées.

L'Union a progressivement développé un ordre juridique fondé sur des valeurs communes (art. 2 et 3 TUE) avec un marché intérieur caractérisé par les quatre libertés fondamentales (libre circulation des personnes, des biens, des services et des capitaux, figurant dans la partie du TFUE sur les politiques de l'Union), avec une libre concurrence favorisant une allocation efficace des ressources (art. 119, para. 1, 120 et 127, para. 1, TFUE) et « encadré » par les règles et décisions adoptées par les institutions dans le respect de leurs compétences attribuées (principe de subsidiarité ; art. 5 TUE) et les principes de proportionnalité (art. 5 TUE) et d'égalité de traitement (art. 2 TUE et divers articles du TFUE).

Les institutions de l'Union et des États membres compétents pour la mise en œuvre des règles de concurrence de l'Union (art. 5 et 6 du règl. (CE) n° 1/2003) disposent ainsi d'une importante marge d'appréciation (v. p. ex. TPICE, 18 septembre 1992, *Automec II*, aff. T-24/90, au sujet de la prise en compte de plaintes ; CJUE, 29 juin 2010, *Alrosa*, aff. C-441/07 P, au sujet de l'appréciation d'engagements). Mais il suit de la jurisprudence de la Cour que leurs actions doivent viser des opérateurs économiques (CJCE, 23 avril 1991, *Höfner et Elser*, aff. C-41/90) et le bon fonctionnement du marché, ainsi que satisfaire aux standards de preuve et de respect pour les règles procédurales.

Ces exigences procédurales peuvent toutefois mener à des décisions à dimension de droit substantiel. Ceci est par exemple le cas pour le standard de preuve pour la qualification de pratiques comme étant des infractions par objet (v. p. ex. CJUE, 11 septembre 2014, *Groupement des cartes bancaires*, aff. C-67/13 P).

La détermination des priorités d'une autorité, la décision d'ouvrir ou de ne pas prendre une affaire, le choix entre une approche inspirée par l'école ordolibérale, l'École de Chicago ou de Harvard, la décision de considérer que l'objectif principal ou exclusif est le bien-être des consommateurs ou le bien-être général, l'impact de considérations visant à favoriser un développement durable, la prise en compte de l'impact de concentrations sur le marché du travail, etc., sont des choix à effectuer par les institutions dans le cadre de leur politique de concurrence.

Bibliographie

Brault (D.), *Droit et politique de la concurrence*, Paris, Economica, 1997

Canivet (G.) et Idot (L.), *Vingtième anniversaire de l'ordonnance du 1er décembre 1986 : évolutions et perspectives*, Paris, Litec, 2008

Hawk (B. E.), *Antitrust and Competition Laws*, Huntingdon, Juris Publishing, Inc., 2020

Lianos (I.) et Geradin (D.) (dir.), *Handbook on European Competition Law: Substantive Aspects*, Cheltenham, Edward Elgar Publishing, 2013

Lyons (B.), *Cases in European Competition Policy: The Economic Analysis*, Cambridge University Press, 2009

Motta (M.), *Competition Policy: Theory and Practice*, Cambridge University Press, 2004

Traité sur le fonctionnement de l'Union européenne (version consolidée), *JOUE* n° C 326 du 26 octobre 2012, p. 47

Traité sur l'Union européenne (version consolidée), *JOUE* n° C 326 du 26 octobre 2012, p. 13

Règlement (CE) n° 1/2003 du Conseil du 16 décembre 2002 relatif à la mise en œuvre des règles de concurrence prévues aux articles 81 et 82 du traité, *JOCE* n° L 1 du 4 janvier 2003, p. 1

P

POLITIQUE DE CONTRÔLE DES OPÉRATIONS DE CONCENTRATION

Anne WACHSMANN
Linklaters

Premier aperçu

En France, si la loi du 19 juillet 1977 a introduit un contrôle facultatif des opérations de concentration, ce n'est qu'en 2001 – et loi sur les nouvelles régulations économiques (« NRE ») – qu'un régime obligatoire et *ex ante* a été instauré. Au niveau européen, avant la création d'un tel mécanisme appelé de ses vœux par la Commission européenne (ci-après la « Commission ») dès les années 1960, cette dernière avait eu ponctuellement recours aux articles 85 et 86 du traité instituant la communauté économique européenne (aujourd'hui art. 101 et 102 TFUE) pour s'opposer à la réalisation de certaines concentrations. Ce contrôle avait été validé dans ses grandes lignes par la Cour de justice, notamment dans la célèbre affaire *Continental Can* du 21 février 1973 (aff. 6-72).

Le contrôle des concentrations en Europe n'est entré en vigueur qu'avec l'adoption du règlement (CEE) n° 4064/89 du 21 décembre 1989, caractérisé par un régime de notification obligatoire et suspensive si certains seuils en chiffre d'affaires sont remplis.

Sur le fond, l'analyse des concentrations a connu une évolution dix ans plus tard. À l'origine, le règlement (CEE) n° 4064/89 prévoyait que les concentrations qui « *créent ou renforcent une position dominante ayant comme conséquence qu'une concurrence effective serait entravée de manière significative* » (art. 2, para. 3) devaient être interdites.

Au début des années 2000, l'annulation de trois décisions (d'interdiction) emblématiques de la Commission par le Tribunal (v. les arrêts *Airtours* (aff. T-342/99), *Schneider Electric* (aff. T-310/01) et *Tetra Laval* (aff. T-5/02)) ont mis en évidence les lacunes du test en vigueur que la Commission avait exploité au-delà de ses limites. Le temps des réformes des outils d'analyse était donc venu.

Après des débats vifs entre juristes défendant l'ancienne approche et économistes qui voulaient l'élargir, un nouveau test a finalement été introduit en 2004 par le règlement (CE) n° 139/2004. Désormais, sont considérées comme incompatibles avec le marché intérieur les concentrations qui « *entraveraient de manière significative une concurrence effective dans le marché commun ou une partie substantielle de celui-ci, notamment du fait de la création ou du renforcement d'une position dominante* » (art. 2, para. 3).

Le test de l'entrave significative à une concurrence effective (SIEC, pour « *significant impediment to effective competition* » en anglais), dans lequel la constatation d'une position dominante n'est plus nécessaire, a vocation à permettre une analyse concurrentielle plus large, tenant mieux compte de l'influence négative de l'opération sur la concurrence à court et moyen terme, des risques de hausse des prix, des effets sur l'innovation ainsi que de la proximité sur le marché entre les parties à la concentration. Dans la foulée de cette réforme a logiquement été créée, au sein de la Commission, la position d'économiste en chef (et de son équipe) en 2003.

En France sont interdites les concentrations de nature à « *porter atteinte à la concurrence, notamment par création ou renforcement d'une position dominante* » (art. L. 430-6 C. com.). Ce test, qui depuis 2009 n'a donné lieu qu'à deux décisions formelles d'interdiction (Aut. conc., déc. n° 20-DCC-116 du 28 août 2020, *Leclerc*, et n° 21-DCC-79 du 12 mai 2021, *Ardian SPMR*), n'a pas subi de changement substantiel depuis 2001, tant il était suffisamment large dès l'origine.

En revanche, la loi de modernisation de l'économie du 4 août 2008 a apporté un changement institutionnel majeur en transférant à l'Autorité de la concurrence le pouvoir de décision en matière de contrôle des concentrations, auparavant détenu par le ministre de l'Économie et suspecté, à tort ou à raison, d'une certaine partialité comparativement à l'indépendance statutaire de l'Autorité. Ce dernier ne conserve aujourd'hui qu'un pouvoir d'évocation des affaires de concentration pour des motifs d'intérêt général. Ce pouvoir résiduel n'a pour l'instant été exercé qu'une seule fois dans l'affaire dite « William Saurin », où le ministre de l'Économie a invalidé les cessions d'actifs décidées par l'Autorité pour des raisons tenant à la protection de l'emploi en France.

Au-delà des questions cruciales de l'analyse substantielle, le contrôle des concentrations fait depuis l'origine l'objet de débat tout aussi politique concernant le périmètre des opérations contrôlables en fonction de seuils prédéfinis. On parle ici d'*enforcement gap*. Il s'agit de trouver un équilibre permettant de contrôler les opérations susceptibles d'avoir un effet négatif sur la concurrence sans pour autant assujettir à une procédure lourde toutes celles qui ne posent pas de problème, et ce, par souci de rationalité administrative.

Enfin, la politique de contrôle des concentrations a également une dimension politique au niveau international. D'une part, depuis le lancement de l'International Competition Network en 2002, les autorités de concurrence disposent d'un forum d'échanges informel, répondant notamment à un besoin de coordination afin d'éviter les divergences d'appréciation (la fusion entre General Electric interdite par la Commission en juillet 2001 avait en revanche été autorisée aux États-Unis en mai 2001). D'autre part, sous réserve de l'accord des parties, les échanges entre autorités de concurrence saisies d'une même transaction sont de plus en plus fréquents et quasiment systématiques dans les cas les plus complexes afin d'harmoniser notamment les engagements requis. Ce risque de divergence s'est accru récemment en Europe à la suite du Brexit. Certaines opérations, auparavant du seul ressort de la Commission, seront en effet désormais revues de manière parallèle par l'autorité britannique (la CMA), qui fonctionne sur la base d'un système de notification volontaire.

■ Pour aller plus loin

Une tension existe entre une ligne partisane d'un contrôle des concentrations tenant compte des impératifs de la politique industrielle, prônée par certains gouvernements notamment en vue de créer des « champions » nationaux ou européens, et les tenants d'un système fondé sur un cadre juridique et économique orthodoxe centré sur la protection de la concurrence et le bien-être des consommateurs.

Ce débat est ancien puisque déjà en 1973, le Conseil s'était opposé à la proposition de la Commission de créer un mécanisme de contrôle des concentrations en Europe, notamment en raison de la crainte de certains États membres (dont la France et l'Italie) de voir émerger une procédure de nature à gêner leurs politiques industrielles nationales. Deux autres propositions de la Commission en 1981 et en 1984 avaient également échoué à réunir le soutien des États membres pour des raisons similaires.

Ce débat a récemment refait surface avec l'interdiction très médiatisée de la fusion entre Alstom et Siemens en février 2019, rapprochement ostensiblement soutenu par la France et l'Allemagne. En réaction à cette interdiction de la Commission, les ministres des Finances des deux pays ont publié au même moment un manifeste conjoint au titre sans ambiguïté : « Pour une politique industrielle adaptée au XXIe siècle ». Le manifeste proposait de « *prendre en compte les enjeux de politique industrielle [et] permettre aux entreprises européennes d'être concurrentielles sur la scène mondiale* », reprochant expressément à la Commission une analyse limitée à l'Europe et court-termiste. D'autres initiatives semblables de plusieurs gouvernements se sont agrégées à ce mécontentement.

Si la commissaire Vestager s'est exprimée contre de telles propositions, ainsi que de nombreuses personnalités, dont le prix Nobel d'économie Jean Tirole, précisément pour ne pas rendre le contrôle des concentrations trop politique et aléatoire, la Commission a néanmoins annoncé, en décembre 2019, son intention de réformer sa communication en matière de définition du marché qui datait de 1997. L'objectif affiché est, entre autres, de prendre en compte la digitalisation et la mondialisation de l'économie. Ce processus de réforme est encore en cours. Sans être directement liées au contrôle des concentrations *stricto sensu*, les initiatives récentes du Digital Markets Act et du Digital Services Act proposées en décembre 2020 procèdent de la même volonté de « mieux » contrôler le pouvoir de marché des entreprises actives dans le secteur du numérique.

Par ailleurs, le problème de l'*enforcement gap* a donné lieu à des débats passionnés depuis près de cinq ans. Le fait que certaines opérations ne soient pas soumises à un quelconque contrôle a particulièrement été identifié dans les domaines du numérique et de l'industrie pharmaceutique où certaines entreprises génèrent peu de chiffre d'affaires tout en ayant un rôle très important dans le jeu concurrentiel. Cette réflexion des autorités de concurrence s'est appuyée sur les rachats de WhatsApp par Facebook en 2014 et de Shazam par Apple en 2018, deux affaires sous les seuils européens, mais finalement notifiées à la Commission par le truchement des mécanismes de renvois.

Différentes solutions ont été envisagées pour remédier à ce problème. En France, l'Autorité de la concurrence a envisagé la création d'un contrôle *ex post* lors de consultations en 2017 et en 2018. En Allemagne, un seuil supplémentaire en valeur de la transaction, fixé à 400 millions d'euros, a été instauré à compter de 2017 pour capter les concentrations où le chiffre d'affaires de la cible est inférieur à 5 millions d'euros en Allemagne.

En Europe, à l'instigation de la France, la Commission a décidé d'une réforme à droit constant, annoncée en décembre 2019, en modifiant son interprétation de l'article 22 du règlement (CE) nº 139/2004. Historiquement, la Commission décourageait les renvois par les autorités de concurrence sur le fondement de l'article 22 lorsque les seuils de notification nationaux n'étaient pas remplis. Désormais, la Commission les encourage à le faire dès lors qu'une opération affecte le commerce entre États membres et est susceptible de menacer significativement la concurrence sur le territoire du ou des États membres qui formulent la demande (v. les orientations de la Commission du 31 mars 2021 concernant l'application du mécanisme de renvoi établi à l'article 22 du règlement sur les concentrations à certaines catégories d'affaires). Il s'agit là de critères vagues, en rupture avec l'usage bien ancré jusque-là en Europe, de seuils obligatoires, dont la pratique dira si cela concerne quelques cas par an ou au contraire un volume plus important d'affaires, éventuellement au détriment de la sécurité juridique à laquelle étaient habituées les entreprises à ce sujet.

Bibliographie

COOK (C. J.) et KERSE (C. S.), *EC Merger Control*, 5e éd., Londres, Sweet & Maxwell, 2009

LEVY (N.), « EU Merger Control: From Birth to Adolescence », *World Competition*, 2003, vol. 26, n° 2, p. 195

LEVY (N.) et COOK (C.), *European Merger Control Law: A Guide to the Merger Regulation*, 1re éd. publiée en 2003 (mis à jour périodiquement), Lexis Nexis

LEVY (N.), LITTLE (D. R.) et MOSTYN (H.), « European champions – Why politics should stay out of EU merger control », in « Which competition and industrial policies for the new EU Commission after *Siemens/Alstom*? », *Concurrences* n° 2-2019, art. n° 89966, www.concurrences.com

SCHWARTZ (E.), « Politics as Usual: The History of European Community Merger Control », *Yale Journal of International Law*, 1993, vol. 18, p. 607

Orientations de la Commission concernant l'application du mécanisme de renvoi établi à l'article 22 du règlement sur les concentrations à certaines catégories d'affaires, *JOUE* n° C 113 du 31 mars 2021, p. 1

Manifeste franco-allemand pour une politique industrielle européenne adaptée au XXIe siècle, 19 février 2019, n° 1043

Règlement (CEE) n° 4064/89 du Conseil, du 21 décembre 1989, relatif au contrôle des opérations de concentration entre entreprises, *JOCE* n° L 395 du 30 décembre 1989, p. 1

P

POLITIQUE INDUSTRIELLE

François LÉVÊQUE
MINES ParisTech

Premier aperçu

La politique industrielle a longtemps été proscrite, officiellement sinon dans les faits. Pour ses contempteurs, la meilleure des politiques industrielles était de ne pas en mener, l'argument se résumant à l'incapacité de l'État de résister aux lobbies et d'identifier à l'avance les futurs champions et les secteurs d'avenir. Pour ses partisans, le terme même devait être évité. Un document de travail du Fond Monétaire International sur les principes de la politique industrielle s'intitule ironiquement « Le retour de la politique qui ne doit pas être nommée ». Il date de 2019. Depuis, le terme n'est plus tabou, y compris à Bruxelles.

L'absence d'une définition généralement admise de ce qu'est la politique industrielle explique en partie la querelle. Pour certains, elle se borne aux aides publiques à l'industrie manufacturière ; pour d'autres, elle concerne tous les secteurs d'activité et comprend les mesures de soutien à la R&D ainsi que la formation professionnelle. Ni l'une ni l'autre approche ne conviennent, car elles ignorent deux traits fondamentaux des politiques industrielles. En premier lieu, ce sont des politiques sélectives : elles ciblent certaines entreprises et certains secteurs, et non toutes les entreprises, ni même toutes celles du seul secteur manufacturier. Ce sont des politiques dites « verticales », et non horizontales comme le sont par exemple la politique de concurrence ou la politique fiscale sur les bénéfices des sociétés.

En second lieu, les deux approches occultent l'objectif même de la politique industrielle, à savoir viser des gains de productivité et son corollaire, une plus forte croissance économique. Comme le propose l'économiste Dani Rodrik, le terme de « politique de productivité » serait mieux approprié que la vague qualification « industrielle ». D'autant qu'il se réfère alors plus largement au défi que cherchent à relever les politiques industrielles : réorienter la structure de production vers des activités nouvelles qui offrent des perspectives de productivité et d'expansion plus élevées.

Un tel changement structurel appelle l'intervention publique, car le marché se heurte à toute une série d'effets externes. Citons les retombées d'apprentissage (*spillovers*), par exemple lors du déploiement d'une technologie qui réduit le coût pour les autres industriels à l'instar de l'installation à grande échelle d'éoliennes. Citons également les défaillances de coordination et d'agglomération. Une entreprise investit et se localise sans tenir compte des bénéfices ou pertes que sa décision peut entraîner pour les autres entreprises de la filière ou de la zone d'activité. À la sélectivité et à la productivité s'ajoute donc un troisième attribut fondamental de la politique industrielle : la correction d'externalités sans laquelle la réorientation structurelle serait plus lente et de moindre ampleur.

Ce triptyque peut s'enrichir de caractéristiques secondaires comme un objectif d'emploi local, ou une portée délibérément circonscrite à des entreprises manufacturières ou à des entreprises de haute technologie. Il est important de noter qu'ainsi définie par ces trois attributs, la politique industrielle n'est pas au service des entreprises en difficulté et sans avenir, ni même plus largement de l'industrie tout entière, mais bien au service de l'intérêt général, et que son adoption se justifie parfaitement dans une économie fermée, c'est-à-dire en dehors de toutes considérations de compétitivité internationale, de souveraineté, et d'échanges avec des nations qui ne respectent pas les règles du commerce international.

■ Pour aller plus loin

Dès que ces dernières considérations entrent en jeu, les politiques industrielles se compliquent et peuvent donner lieu à des formes très éloignées du modèle théorique précédent. Il en est de même lorsque les gouvernements se laissent capturer par des intérêts particuliers.

Le caractère sélectif des politiques industrielles et les avantages qu'elles procurent aux entreprises choisies (subventions, crédits, réductions fiscales, etc.) conduisent à exacerber les activités de lobbying et les risques de capture. La politique industrielle peut alors dériver vers une sorte de clientélisme et profiter à des entreprises qui n'en ont pas besoin mais savent se faire entendre. Cette dérive n'a rien cependant d'inéluctable. Le manque d'une résistance à toute épreuve de la puissance publique face aux lobbies et son déficit d'information pour sélectionner à bon escient les entreprises ne sont pas des obstacles insurmontables qui conduiraient par conséquent à éviter de mettre en œuvre des politiques industrielles malgré leurs mérites théoriques. La preuve en est donnée par les politiques industrielles adoptées aujourd'hui. Elles sont mieux préalablement informées, mieux conçues en comprenant notamment des clauses d'extinction et des subventions remboursables, plus transparentes, et enfin mieux contrôlées et évaluées.

Les considérations de politique extérieure, quant à elles, compliquent la donne de deux façons. En premier lieu, elles peuvent servir de prétexte pour protéger et accorder des rentes à certains secteurs : la politique industrielle sert alors de faux-nez à des politiques protectionnistes et mercantilistes. En second lieu, elles imposent d'articuler soigneusement la politique industrielle aux politiques de commerce extérieur et de défense nationale. À défaut de protection assurée contre la concurrence étrangère déloyale, une politique industrielle même bien conçue peut se solder par un échec. Pour des raisons de souveraineté, il peut être justifié de mener une politique industrielle en faveur d'entreprises traditionnelles sans espoir de gains exceptionnels de productivité et de croissance.

À propos d'adéquation entre différentes politiques, il est important de rappeler que la politique de concurrence n'est pas l'ennemie de la politique industrielle, et réciproquement, sauf bien sûr à considérer dans une vision simpliste et erronée que la politique industrielle a pour but de créer des champions de grande taille et la politique de concurrence celui de sanctionner la grande taille *per se*. L'Europe peut être citée en exemple avec sa politique de contrôle des aides d'État, qui réduit les risques d'effets anticoncurrentiels des politiques industrielles nationales, et plus récemment sa politique en matière d'alliances industrielles, qui prend soin d'encourager plusieurs consortiums, par exemple pour les batteries et l'hydrogène, et non à en favoriser ou vouloir en créer un seul.

Bibliographie

Aghion (Ph.), Cai (J.), Dewatripont (M.), Du (L.), Harrison (A.) et Legros (P.), « Industrial Policy and Competition », *American Economic Journal: Macroeconomics*, 2015, vol. 7, n° 4, p. 1

Bonnet (C.), Conpinschi (Ph.), Hafner (M.) et Laboué (P.), « L'alliance européenne des batteries : enjeux et perspectives européennes », Observatoire de la sécurité des flux et des matières énergétiques, rapport n° 6, décembre 2020

Cherif (R.) et Hasanov (F.), « The Return of the Policy That Shall Not Be Named: Principles of Industrial Policy », *IMF Working Papers* 19/74, mars 2019

Criscuolo (C.), Martin (R.), Overman (H. G.) et Van Reenen (J.), « Some Causal Effects of an Industrial Policy », *American Economic Review*, 2019, vol, 109, n° 1, p. 48

Mollet (F.) et Pilati (M.), Updating the European industrial strategy for the post-pandemic world, European Policy Centre, Policy Brief, 29 mars 2021

Pack (H.) et Saggi (K.), « Is There a Case for Industrial Policy? A Critical Survey », *The World Bank Research Observer*, 2006, vol. 21, n° 2, p. 267

Rodrik (D.), « Industrial Policy for the Twenty-First Century », in *One Economics, Many Recipes*, Princeton University Press, 2007, chap. 4

P

POSITION DOMINANTE

Maxime HAUVILLER
Cour de justice de l'Union européenne

■ Premier aperçu

L'article 102, premier alinéa, TFUE énonce qu'est incompatible avec le marché intérieur et interdit, dans la mesure où le commerce entre les États membres est susceptible d'être affecté, le fait pour une ou plusieurs entreprises d'exploiter de façon abusive une position dominante sur le marché intérieur ou dans une partie substantielle de celui-ci. L'article L. 420-2, premier alinéa, du code de commerce prévoit, suivant une formulation quasiment identique, qu'est prohibée l'exploitation abusive par une entreprise ou un groupe d'entreprises d'une position dominante sur le marché intérieur ou une partie substantielle de celui-ci. Ainsi, la qualification d'une pratique donnée d'« exploitation abusive d'une position dominante » suppose nécessairement que l'entreprise qui met en œuvre cette pratique détienne au préalable une position dominante. Autrement dit, l'existence d'une situation de position dominante de la part d'une entreprise est la condition préalable et nécessaire à l'éventuel constat d'un abus de position dominante et, partant, à la mise en œuvre de l'article 102 TFUE (et/ou, le cas échéant, à celle de l'art. L. 420-2 C. com.).

Selon une jurisprudence ancienne et itérative, fruit d'un dialogue entre juristes et économistes, la position dominante concerne une situation de puissance économique détenue par une entreprise qui lui donne le pouvoir de faire obstacle au maintien d'une concurrence effective sur le marché pertinent en lui fournissant la possibilité de comportements indépendants dans une mesure appréciable vis-à-vis de ses concurrents, de ses clients et, finalement, des consommateurs. La position dominante peut être individuelle, en ce sens que l'entreprise en cause se trouve seule dans cette situation de puissance économique, ou collective, lorsque plusieurs entreprises juridiquement indépendantes les unes des autres agissent, d'un point de vue économique, comme une entité collective sur le marché pertinent.

Pour établir l'existence d'une situation de position dominante, il convient donc, en principe, de déterminer en amont le marché pertinent, en vue de définir le périmètre à l'intérieur duquel doit être appréciée la question de savoir si l'entreprise en cause est à même d'exploiter de façon abusive cette position dominante. Cette détermination du marché pertinent suppose elle-même de définir, en premier lieu, le marché de produits et, en second lieu, le marché géographique. Ce n'est qu'une fois que le marché pertinent aura été déterminé que pourra être recherché si l'entreprise en cause détient une position dominante sur ce marché. À cet égard, il convient toutefois de souligner que la seule constatation de l'existence d'une position dominante n'implique, en soi, aucun reproche à l'égard de l'entreprise concernée, mais fait cependant peser sur celle-ci la responsabilité particulière de ne pas porter atteinte, par son comportement, à une concurrence effective et non faussée dans le marché intérieur.

▪ Pour aller plus loin

Pour déterminer l'existence d'une position dominante sur le marché pertinent, différents critères, indices et facteurs d'ordre notamment économique peuvent être examinés. En effet, l'existence d'une position dominante résulte en général de la réunion de plusieurs facteurs qui, pris isolément, ne seraient pas nécessairement déterminants.

Au premier rang de ces facteurs figure la part de marché de l'entreprise en cause, qui permet d'apprécier la situation dans laquelle cette entreprise se trouve vis-à-vis de ses concurrents, de ses clients et des consommateurs. À cet égard, il ressort de la jurisprudence que des parts de marché extrêmement importantes constituent par elles-mêmes, et sauf circonstances exceptionnelles, la preuve de l'existence d'une position dominante. En effet, la possession d'une part de marché extrêmement importante met l'entreprise qui la détient pendant une certaine durée, par le volume de production et d'offre qu'elle représente, dans une situation de force qui fait d'elle un partenaire obligatoire et qui, déjà de ce fait, lui assure, tout au moins pendant des périodes relativement longues, l'indépendance de comportement caractéristique de la position dominante (Trib. UE, 25 juin 2010, *Imperial Chemical Industries c/ Commission*, aff. T-66/01).

En pratique, il a déjà été jugé qu'une part de marché inférieure à 10 % excluait l'existence d'une position dominante (CJCE, 22 octobre 1986, *Metro c/ Commission*, aff. 75/84), alors qu'une part de marché supérieure ou égale à 50 % constituait, par elle-même et sauf circonstances exceptionnelles, la preuve de l'existence d'une position dominante (CJCE, 3 juillet 1991, *AKZO c/ Commission*, aff. C-62/86). Dans ce prolongement, il a également été jugé qu'une part de marché de 70 à 80 % constituait un indice clair de l'existence d'une position dominante (TPICE, 12 décembre 1991, *Hilti c/ Commission*, aff. T-30/89).

De son côté, la Commission européenne a fait savoir, dans sa communication intitulée « Orientations sur les priorités retenues par la Commission pour l'application de l'article [102 TFUE] aux pratiques d'éviction abusives des entreprises dominantes », qu'elle considérait que des parts de marché modestes étaient généralement un bon indicateur de l'absence d'un fort pouvoir de marché, et que si la part de marché de l'entreprise en cause représentait moins de 40 % du marché pertinent, il était peu probable qu'elle s'y trouve en position dominante.

Pour évaluer l'importance de la part de marché de l'entreprise dominante, il convient toutefois de tenir compte des parts de marché respectives de ses différents concurrents. En effet, la valeur absolue de cette part de marché n'est parfois qu'un indicateur abstrait, et ce n'est que si la disproportion entre la part de marché de l'entreprise en cause et les parts de marché de ses concurrents est importante que l'on peut présumer l'existence d'une position dominante. Ainsi, il n'est pas totalement exclu qu'une entreprise qui détiendrait une part de marché de 30 % puisse se trouver en situation de position dominante face à une multitude de concurrents dont les parts de marché respectives seraient extrêmement faibles, alors que tel ne serait probablement pas le cas si cette même entreprise devait uniquement faire face à trois concurrents principaux dont les parts de marché respectives s'élèveraient à plus de 20 %.

Parmi les autres facteurs qui peuvent être pris en compte pour déterminer la position d'une entreprise sur le marché pertinent, on retrouve un ensemble de facteurs pouvant schématiquement s'analyser comme des avantages structurels, tels que, par exemple, l'importance des droits de propriété intellectuelle détenus, l'importance des autres droits de nature réglementaire, les barrières à l'entrée du marché pertinent, les avantages liés à la position de premier entrant, les investissements de recherche et développement, l'évolution de la structure du marché ou encore les ressources financières de l'entreprise en cause.

Bibliographie

Bosco (D.) et Prieto (C.), *Droit européen de la concurrence : ententes et abus de position dominante*, Bruxelles, Bruylant, 2013, chap. 2 « La domination du marché », p. 815

Combe (E.), *Économie et politique de la concurrence*, 2e éd., Paris, Dalloz, 2020, chap. 5 « L'abus de position dominante », p. 281

Desaunettes-Barbero (L.) et Thomas (E.), *Droit matériel européen des abus de position dominante : textes et commentaires*, Bruxelles, Bruylant, 2019, titre 4 « L'abus », p. 117

Communication de la Commission, Orientations sur les priorités retenues par la Commission pour l'application de l'article 82 du traité CE aux pratiques d'éviction abusives des entreprises dominantes, *JOUE* n° C 45 du 24 février 2009, p. 7

Voir aussi

Abus de position dominante - Barrières à l'entrée - Communications de la Commission européenne - Entreprise - Marché pertinent - Part de marché - Position dominante collective

P

POSITION DOMINANTE COLLECTIVE

Liza LOVDAHL GORMSEN
Financial Conduct Authority

Premier aperçu

L'article 102 TFUE est la disposition réglementaire régissant l'abus de position dominante dans l'Union européenne. Cette disposition vise à la fois la position dominante individuelle et la position dominante collective. L'article 102 TFUE stipule que l'exploitation abusive par une ou plusieurs entreprises d'une position dominante sur le marché intérieur ou dans une partie substantielle de celui-ci est interdite comme incompatible avec le marché intérieur, dans la mesure où elle est susceptible d'affecter le commerce entre États membres. Certains marchés – les marchés oligopolistiques – se prêtent à une position dominante collective en raison de leur structure, avec un petit nombre d'opérateurs qui peuvent observer les actions concurrentielles de chacun. L'article 102 TFUE et le règlement de l'Union européenne sur les concentrations appréhendent tous deux la position dominante collective.

Pour aller plus loin

Le comportement de plusieurs opérateurs peut s'apparenter à celui d'une seule entreprise dominante et s'il s'avère qu'ils sont collectivement dominants, ce comportement pourrait tomber sous le coup de l'interdiction de l'abus de position dominante. La notion de position dominante collective au sens de l'article 102 TFUE a été acceptée pour la première fois par le Tribunal dans l'affaire *Italian Flat Glass* (TPICE, 10 mars 1992, aff. jtes T-68/89, T-77/89 et T-78/89). Dans l'affaire *Compagnie maritime belge transports* (CJCE, 16 mars 2000, aff. jtes C-395/96 P et C-396/96 P, pt 45), la Cour de justice a déclaré que la position dominante collective est une position « *peut être détenue par deux ou plusieurs entités économiques, juridiquement indépendantes l'une de l'autre, à condition que, du point de vue économique, elles se présentent ou agissent ensemble sur un marché spécifique, comme une entité collective* ».

La position dominante collective est également un concept connu dans les affaires de concentration. L'affaire de référence est *Airtours* (TPICE, 6 juin 2002, aff. T-342/99, pt 62), dans laquelle le Tribunal a établi un test à trois volets pour conclure à une position dominante collective. Premièrement, chaque opérateur doit avoir la capacité de surveiller le comportement des autres pour savoir s'ils adoptent une politique commune. Cela signifie qu'il doit y avoir un certain niveau de transparence. Deuxièmement, la situation de collusion tacite doit être durable dans le temps. Troisièmement, la réaction des concurrents réels ou potentiels (pression concurrentielle compensatrice) et des consommateurs (puissance d'achat compensatrice) ne doit pas compromettre les résultats de la politique commune. La Cour de justice a confirmé le test *Airtours* dans l'affaire *Impala II* (CJCE, 10 juillet 2008, aff. C-413/06 P, pt 251) et a estimé que les trois critères *Airtours* peuvent également être établis de manière indirecte.

Airtours a confirmé la position dominante collective dans le cadre du contrôle des concentrations. *Laurent Piau* (TPICE, 26 janvier 2005, aff. T-193/02, pts 109-111) a précisé que l'évaluation de la position dominante collective au titre de l'article 102 TFUE et du contrôle des concentrations devait être fondée sur les mêmes principes. Si la dominance collective est prouvée, chaque entreprise individuelle est en principe soumise à la responsabilité particulière des entreprises dominantes en vertu de l'article 102 TFUE. Une entreprise collectivement dominante peut commettre un abus même si elle n'agit pas conjointement avec les autres, mais le Tribunal a jugé dans l'affaire *Irish Sugar* (TPICE, 7 octobre 1999, aff. T-228/97, pt 66) que le comportement doit être « *l'une des manifestations de la détention d'une telle position dominante collective* ».

Le droit national de la concurrence suit le droit européen de la concurrence et la position dominante collective n'y échappe pas. Au niveau national, la plupart des affaires concernant la position dominante collective surviennent dans le contexte du contrôle des concentrations plutôt que dans celui de l'abus de position dominante. Il ressort de la jurisprudence nationale que certaines industries telles que les médias, les télécommunications, les banques et l'énergie sont plus susceptibles de créer des problèmes de position dominante collective que d'autres, bien que des allégations de position dominante collective puissent être formulées dans tout autre secteur. La jurisprudence nationale suit la norme juridique développée par *Airtours*, bien que le Competition Appeal Tribunal britannique ait déclaré dans *Brannigan* ([2007] CAT 23, pt 106) qu'il n'est pas toujours nécessaire de démontrer qu'il existe une transparence des prix sur le marché concerné. Dans l'affaire *AEM/ASM Brescia* (AGCM, 13 décembre

2007, aff. C8835), l'autorité italienne de la concurrence a considéré qu'après la fusion, les liens structurels entre le deuxième et le troisième plus grand fournisseur d'électricité pouvaient les inciter à coordonner leur comportement, indépendamment de la présence d'un leader sur le marché – ENEL. L'autorité de la concurrence n'a pas tenu compte des caractéristiques du marché et de la capacité des entreprises à surveiller, détecter et sanctionner les écarts par rapport au résultat collusoire.

Bibliographie

O'Donoghue (R.) et Padilla (J.), *The Law and Economics of Article 102 TFEU*, 2e éd., Oxford, Hart Publishing, 2013

Petit (N.) et Neyrinck (N.), « Collective dominance: An overview of national case law », 28 mai 2015, *e-Competitions Collective dominance*, art. n° 39129

P

POUVOIR D'ACHAT

Philippe JOUVET
Tereos

■ Premier aperçu

Dans le langage commun, le pouvoir d'achat correspond à la quantité de biens et de services qu'un revenu permet d'acheter.

S'agissant du droit de la concurrence, le pouvoir d'achat ou la puissance d'achat désigne la capacité d'un ou de plusieurs acheteurs, fondée sur leur poids économique sur le marché concerné, d'obtenir de leurs fournisseurs des conditions d'achat avantageuses.

Le renforcement de la puissance d'achat d'une entreprise peut avoir des effets proconcurrentiels significatifs : baisse des prix à l'amont répercutée au bénéfice des consommateurs, augmentation des incitations à investir et à innover pour les fournisseurs, puissance compensatrice capable d'équilibrer le pouvoir de marché des vendeurs.

Les effets anticoncurrentiels ne doivent pas non plus être négligés :

- en amont : risque d'alignement tarifaire des fournisseurs, baisse des volumes et diminution de la diversité des produits ;
- en aval : le fait que peu d'acheteurs disposent d'un fort pouvoir d'achat peut entraîner des risques de collusion, ainsi que l'éviction d'acheteurs.

Les autorités de contrôle peuvent apprécier les concentrations qui créent et renforcent une puissance d'achat sur les marchés amont.

Notamment, lors de l'examen approfondi par l'Autorité de la concurrence d'une opération, l'Autorité va déterminer si l'opération est de nature à porter atteinte à la concurrence, « *par création ou renforcement d'une puissance d'achat qui place les fournisseurs en situation de dépendance économique* » (art. L. 430-6 C. com.).

Les lignes directrices de la Commission sur l'appréciation des concentrations horizontales (2004/C 31/03) et les lignes directrices de l'Autorité de la concurrence relatives au contrôle des concentrations mettent en avant « *la puissance d'achat compensatrice* », c'est-à-dire le pouvoir de négociation qu'un acheteur détient à l'égard d'un vendeur dans ses pourparlers commerciaux, en raison de sa taille, de son importance commerciale pour le vendeur en question et de sa capacité à s'approvisionner auprès d'autres fournisseurs.

Le pouvoir d'achat peut aussi être évalué au titre du droit des ententes. Les lignes directrices sur l'applicabilité de l'article 101 du traité sur le fonctionnement de l'Union européenne aux accords de coopération horizontale considèrent que la puissance d'achat est peu susceptible d'entraîner des effets anticoncurrentiels si les parties à l'accord d'achat ont une part de marché inférieure à 15 %.

L'analyse des autorités de concurrence (contrôle des concentrations ou droit des pratiques anticoncurrentielles) regarde particulièrement la capacité pour les entreprises disposant d'un pouvoir d'achat à répercuter les gains de l'amont vers l'aval (auprès du consommateur) dans le bilan concurrentiel.

■ Pour aller plus loin

Le pouvoir d'achat est difficilement appréhendé par le droit de la concurrence. La part de marché est en effet l'élément le plus simple et le plus accessible pour déterminer le pouvoir d'achat d'une entreprise. Or, les acheteurs ne contrôlent généralement qu'une part relativement faible d'un marché de produit déterminé en aval et ne peuvent donc être efficacement régulés par les autorités de concurrence. L'analyse des effets de la concentration des acheteurs sur les marchés amont de l'approvisionnement trouve aussi des limites, car la concentration à l'achat implique souvent des conséquences bénéfiques pour le consommateur, alors que d'autres effets négatifs à long terme (la raréfaction de la diversité des produits dans les linéaires par exemple) sont difficiles à appréhender.

Afin d'évaluer le pouvoir d'achat sur le marché amont, la Commission, lors de l'examen d'opérations (p. ex., *Carrefour/Promodès* en 2000), a créé le concept de « *taux de menace* » et a demandé aux fournisseurs d'indiquer à partir de quel pourcentage de leur chiffre d'affaires ils considéraient que la perte d'un client représenterait une menace pour l'existence même de leur entreprise. Le seuil de 22 % a donc émergé de cette pratique européenne et demeure le seul indicateur objectif et simple d'utilisation pour mesurer le pouvoir d'achat.

Conscient que les outils classiques (contrôle des concentrations, droit des pratiques anticoncurrentielles et même droit des pratiques restrictives avec un bilan très contrasté de l'application l'art. L. 442-6 C. com. sur les pratiques des grandes enseignes) étaient insuffisants pour réguler les abus de puissance d'achat observés sur le marché de la distribution de détail, notamment alimentaire, le législateur français a inséré au terme de la loi Macron, complétée par la loi EGalim, l'article L. 462-10 au code de commerce, en vertu duquel « *[d]oit être communiqué à l'Autorité de la concurrence, à titre d'information, au moins quatre mois avant sa mise en œuvre, tout accord entre des entreprises ou des groupes de personnes physiques ou morales exploitant, directement ou indirectement, un ou plusieurs magasins de commerce de détail de produits de grande consommation, ou intervenant dans le secteur de la distribution comme centrale de référencement ou d'achat d'entreprises de commerce de détail, visant à négocier de manière groupée l'achat ou le référencement de produits ou la vente de services aux fournisseurs* ».

Aux termes de l'article L. 462-10, III, l'Autorité de la concurrence dispose de larges pouvoirs (mesures conservatoires, injonctions) afin de faire modifier les accords si elle devait constater une atteinte grave à la concurrence.

Bibliographie

« La puissance d'achat », *Bulletin de l'Ilec* n° 320, 2001

Benzoni (L.) et Journo (A.), « La puissance d'achat : nouveaux enseignements économiques », *AJCA* 2015, p. 508

Delord (N.), « Puissance d'achat et concurrence dans la grande distribution », thèse, Université Nancy 2, 2007

Freytag (C.), « La puissance d'achat en droit européen de la concurrence : contextes européen, français et allemand », thèse, Université Paris Ouest Nanterre La Défense et Université de Hambourg, 2014

Galbraith (J. K.), *American Capitalism: The Concept of Countervailing Power*, Boston, Houghton Mifflin, 1952

Herrera Anchustegui (I.), *Buyer Power in EU Competition Law*, Paris, Concurrences, 2017

Aut. conc., « Lignes directrices de l'Autorité de la concurrence relatives au contrôle des concentrations », 2020

Communication de la Commission, Lignes directrices sur l'applicabilité de l'article 101 du traité sur le fonctionnement de l'Union européenne aux accords de coopération horizontale, *JOUE* n° C 11 du 14 janvier 2011, p. 1

Comm. CE, Lignes directrices sur l'appréciation des concentrations horizontales au regard du règlement du Conseil relatif au contrôle des concentrations entre entreprises, *JOUE* n° C 31 du 5 février 2004, p. 5

P

POUVOIR DE MARCHÉ

Pierre RÉGIBEAU
Commission européenne – DG concurrence

■ Premier aperçu

Une firme dispose d'un certain pouvoir de marché si elle peut influencer le prix de son produit. Par « influencer », l'on entend que la firme réalise qu'elle ne peut augmenter ses ventes que si elle consent à baisser le prix de son produit. Cela contraste avec la situation d'une firme opérant dans un environnement parfaitement concurrentiel qui suppose qu'elle peut vendre n'importe quel volume au prix dicté par le marché. En termes plus techniques, elle a un pouvoir de marché si la demande résiduelle à laquelle elle fait face a une pente négative.

Les autorités de concurrence se soucient du pouvoir de marché parce qu'il peut influencer le niveau des prix par rapport aux coûts de production et peut donc affecter le bien-être des consommateurs. Cette association entre pouvoir de marché et niveau des prix est claire lorsque la firme se doit d'offrir le même prix à tous ses clients potentiels. Cela crée un dilemme pour la firme : diminuer son prix augmente le nombre d'unités vendues mais diminue le profit réalisé sur chacune de ces unités. Donc, si la firme baisse son prix suffisamment pour vendre une unité supplémentaire, elle obtient un revenu supplémentaire égal au prix reçu pour la nouvelle unité moins la perte de revenus sur toutes les autres unités qui auraient pu se vendre à un prix (légèrement) supérieur. Donc, quand la firme choisit un prix unique, son revenu marginal (revenu « additionnel ») est inférieur au prix unitaire. Plus la firme doit baisser son prix pour vendre une unité supplémentaire, moins la perspective d'une baisse de prix est attrayante. Donc une firme qui fait face à une demande qui est moins sensible au prix (moins « élastique ») choisira un prix plus élevé : elle a davantage de pouvoir de marché qu'une firme confrontée à une demande plus élastique. D'une manière similaire, pour une sensibilité au prix donnée, une firme qui vend plus est moins tentée par une baisse de prix afin de vendre encore plus, car cette baisse de prix est répercutée sur un plus grand nombre d'unités qui auraient pu être vendues à un prix supérieur. C'est la raison pour laquelle une part de marché élevée peut être considérée comme une indication que la firme jouit d'un pouvoir de marché important.

Il y a un lien étroit entre la notion de pouvoir de marché, la définition de marchés pertinents et l'évaluation de fusions horizontales. L'élasticité de la demande pour le produit de la firme dépend bien sûr des préférences des consommateurs, mais elle dépend aussi de l'intensité de la concurrence. Plus la concurrence à laquelle la firme fait face est intense, plus la demande pour son produit est sensible au prix, plus faible est son pouvoir de marché. Dans cette optique la logique SSNIP (« *small but significant and non-transitory increase in price* ») pour définir un marché pertinent consiste à « neutraliser » l'effet concurrentiel de substituts proches jusqu'au point où le monopoliste notionnel ainsi déterminé est confronté à une demande suffisamment inélastique – c.-à-d. a suffisamment de pouvoir de marché – pour choisir un prix supérieur d'au moins 5 % au prix concurrentiel.

Le pouvoir de marché peut aussi être exercé du côté de la demande par des acheteurs dont le comportement est capable d'influencer le prix. Dans ce cas, le pouvoir de marché se traduit par un prix inférieur pour le produit en cause.

La logique du pouvoir de marché sous-tend également l'analyse des fusions horizontales. Les taux de diversion entre les parties sont essentiels pour l'évaluation de telles transactions. Le taux de diversion entre deux parties, A et B, est la proportion des ventes que A perd à la suite d'une augmentation de son prix qui est « récupérée » par B. Plus la concurrence entre A et B est intense, plus cette proportion est élevée. La fusion élimine cette « fuite » de ventes puisqu'elles sont récupérées par une autre partie de la même compagnie. Donc l'élasticité de la demande considérée par A baisse : le pouvoir de marché et le prix augmentent.

Pour conclure, notons que si une bonne compréhension du concept de pouvoir de marché et de ses conséquences est importante, il est aussi nécessaire de connaître quelles sont les sources ultimes de ce pouvoir de marché. Les sources principales sont les facteurs qui différencient les produits vendus par chaque firme (différentes caractéristiques, différentes qualités ou différences d'information à propos des consommateurs) et les facteurs qui empêchent le plein exercice de la concurrence (limite de capacités ou barrières réglementaires).

■ Pour aller plus loin

La notion de pouvoir de marché décrite ci-dessus est étroitement liée au fait que la firme vend son produit à un prix unique, quelle que soit l'identité du consommateur ou quel que soit le nombre d'unités acquises par ce client. C'est à cause de cette uniformité que la firme ne peut pas vendre plus sans baisser son prix sur la totalité de ses ventes. La notion de pouvoir de marché reste-t-elle utile en dehors de ce contexte particulier ?

Dans le cadre de négociations bilatérales, chaque partie peut influencer le prix, donc chaque partie dispose d'un certain pouvoir de marché qui est lié aux alternatives disponibles en cas de désaccord. Le niveau du prix dépend donc du pouvoir de marché relatif des parties. Nous perdons cependant le lien direct entre pouvoir de marché et part de marché.

La notion de pouvoir de marché est aussi pertinente quand les transactions font l'objet d'appels d'offres (enchère). En fait, comme le montre Klemperer (2004), il y a une équivalence fondamentale entre certains modèles de vente aux enchères et les modèles de concurrence oligopolistique où chaque firme choisit un prix unique.

Finalement, le lien entre le pouvoir de marché et la discrimination par les prix est complexe. Bien sûr, une firme ne peut discriminer que si elle peut choisir des prix différents pour différents groupes ou types de consommateurs. Néanmoins, cette capacité d'imposer des prix différents n'implique pas la présence de pouvoir de marché (v. Borenstein (1985), Levine (2002) et Epple et coll. (2019)).

Bibliographie

Borenstein (S.), « Price discrimination in free-entry markets », *Rand Journal of Economics*, 1985, vol. 16, n° 3, p. 380

Epple (D.), Romano (R.), Sarpça (S.), Sieg (H.) et Zaber (M. A.), « Market Power and Price Discrimination in the US Market for Higher Education », *Rand Journal of Economics*, 2019, vol. 50, n° 1, p. 201

Klemperer (P.), « Why Every Economist Should Learn Some Auction Theory », *Auctions: Theory and Practice*, Princeton University Press, 2004, p. 75

Levine (M. E.), « Price Discrimination Without Market Power », *Yale Journal of Regulation*, 2002, vol. 19, n° 1, p. 1

P

PRATIQUES COMMERCIALES DÉLOYALES

Erwann KERGUELEN
Autorité de la concurrence

Premier aperçu

Une pratique commerciale déloyale entre professionnels peut être définie comme une rupture de la condition de loyauté qu'un cocontractant peut attendre de son partenaire, qu'il s'agisse du fonctionnement de la relation commerciale ou de sa poursuite même. Le code de la consommation définit une pratique commerciale déloyale comme celle « *contraire aux exigences de la diligence professionnelle et [qui] altère ou est susceptible d'altérer de manière substantielle le comportement économique du consommateur normalement informé et raisonnablement attentif et avisé, à l'égard d'un bien ou d'un service* » (art. L. 121-1 C. consom.). Si le code de commerce ne définit pas à proprement parler ces pratiques, elles ont toutes une conséquence commune : la génération d'un déséquilibre économique plus ou moins significatif suivant l'ampleur de la pratique.

Éviter d'abuser d'un déséquilibre économique

Dans la directive (UE) 2019/633 du Parlement européen et du Conseil du 17 avril 2019 sur les pratiques commerciales déloyales dans les relations interentreprises au sein de la chaîne d'approvisionnement agricole et alimentaire, la Commission décrivait les pratiques commerciales déloyales de la manière suivante : « *[L]es déséquilibres significatifs entre le pouvoir de négociation des fournisseurs de produits agricoles et alimentaires et celui des acheteurs de ces produits [...] sont susceptibles de conduire à des pratiques commerciales déloyales lorsque des partenaires commerciaux de plus grande taille et plus puissants essaient d'imposer certaines pratiques ou dispositions contractuelles qui leur sont favorables dans le cadre d'opérations de vente* » (cons. 1).

En réalité, la définition de ces pratiques ressort en creux des interdictions listées aux articles L. 442-1 et suivants du code de commerce, qu'il s'agisse de pratiques bien connues et régulièrement mises en œuvre – comme la rupture brutale de relation commerciale, le déséquilibre significatif entre les droits et obligations des parties, ou encore l'obtention d'avantages sans contrepartie – ou d'autres, moins mises en œuvre, portant sur les enchères à distance ou l'utilisation irrégulière du domaine public de l'État ou de collectivités. Dans tous les cas, son fondement est d'éviter l'exploitation d'un rapport de force commercial défavorable au profit d'une seule partie.

Avec le droit des pratiques anticoncurrentielles, le droit des pratiques commerciales déloyales a en commun qu'il vise à maintenir l'ordre public économique, soit une certaine égalité des chances sur le vaste terrain de jeux que constitue le marché, et ce, en évitant *in fine* les comportements les plus dommageables à l'économie.

De nombreux secteurs concernés

Visant à l'origine à contenir les abus les plus manifestes de la grande distribution, le dispositif sanctionnant les pratiques commerciales déloyales s'applique de manière transversale à l'ensemble des secteurs économiques. Beaucoup de secteurs présentent en effet des caractéristiques économiques ou contractuelles susceptibles de favoriser un rapport de force déséquilibré, condition initiale à l'émergence, puis au développement, d'abus unilatéraux. Les pratiques commerciales déloyales se sont ainsi enrichies au cours du temps pour tenir compte des différentes réalités économiques, dont une en particulier : les effets négatifs des pratiques déloyales ne se limitent pas aux seules relations entre la grande distribution et ses fournisseurs. C'est par exemple le cas de secteurs comme les relations entre des tiers vendeurs et des plateformes d'intermédiation de notoriété mondiale ou encore dans la sous-traitance automobile ou aéronautique.

Un seuil d'intervention plus bas que le droit de la concurrence

Contrairement au droit de la concurrence, dont l'emploi impose le critère plus exigeant de l'affectation du marché, une pratique commerciale déloyale peut être sanctionnée *per se* dans le cadre d'une relation bilatérale, c'est-à-dire sans qu'il soit nécessaire de démontrer en quoi le marché a pu être affecté ou est susceptible de l'avoir été.

Les pratiques commerciales déloyales peuvent ainsi sanctionner l'abus d'un pouvoir de marché sans pour autant qu'il émane d'une entreprise en position dominante. Ce pouvoir de marché relatif exercé au sein d'une relation bilatérale peut se manifester à travers de nombreux paramètres parmi lesquels figure le coût d'une alternative à la relation commerciale liant les deux cocontractants. Suivant la part de chiffre d'affaires impactée, le type de produit, le secteur ou encore l'existence d'investissements spécifiques, trouver de nouveaux débouchés à court terme pour le cocontractant lésé peut s'avérer complexe. La prévisibilité quant à la poursuite ou non de la relation commerciale peut ainsi être déterminante sur les choix stratégiques de l'opérateur subissant le rapport de force.

Bénéficiant souvent d'une asymétrie d'information importante, l'opérateur mettant en œuvre les pratiques illicites peut jouer sur le facteur « peur », à la fois en altérant artificiellement la prévisibilité qui aurait dû prévaloir entre les deux partenaires économiques et en dissuadant le cocontractant d'utiliser les outils habituels de règlement des litiges comme le droit commun des contrats par exemple.

La possibilité d'une action autonome indépendante des parties

C'est précisément cette lacune qui a conduit les pouvoirs publics à s'accorder sur la nécessité de créer un dispositif spécial, distinct du droit commun, au sein duquel le ministre pourrait agir de manière autonome pour sanctionner les principales pratiques commerciales déloyales, sans que les sociétés victimes aient à donner leur consentement au déclenchement de l'action.

Comme pour les pratiques sanctionnées en droit de la consommation, l'acceptation formalisée dans le contrat n'est donc pas suffisante à écarter toute responsabilité, notamment en cas de soumission à un rapport de force déséquilibré.

Des préoccupations partagées

Longtemps présenté comme une spécificité française, le dispositif sanctionnant les pratiques commerciales déloyales s'inscrit en réalité dans un paysage au moins européen, voire mondial, beaucoup de pays prenant conscience des effets délétères de tels abus sur le développement de leur économie. La directive (UE) 2019/633 illustre bien le fait que les préoccupations quant aux effets néfastes de ces pratiques sont partagées au sein de l'EEE. L'étude ayant précédé cette directive est intéressante dans la mesure où elle établissait que, déjà en 2014, plusieurs États membres disposaient de dispositifs sanctionnant les pratiques commerciales déloyales les plus néfastes (v. livre vert sur les pratiques commerciales déloyales dans la chaîne d'approvisionnement alimentaire et non alimentaire interentreprises en Europe, COM(2013) 37 final, 31 janvier 2013).

À l'origine de la directive se trouve le constat que certaines pratiques peuvent fragiliser des acteurs économiques, alors que parallèlement ils constituent des acteurs importants de l'économie, et dans certains cas peuvent revêtir une importance stratégique particulière. Tel est le cas par exemple du secteur agricole, qui représente non seulement un secteur important pour l'économie et pour la balance commerciale française, mais qui est également stratégique dans la mesure où de son évolution dépend la question stratégique de la souveraineté alimentaire.

À court terme, une pratique commerciale déloyale vise à transférer de manière indue un risque commercial au bénéfice d'un opérateur bénéficiant du rapport de force déséquilibré. L'approche bilatérale sous-jacente des pratiques commerciales déloyales ne doit pas faire oublier le fondement économique du dispositif.

En garantissant que l'ensemble des opérateurs jouent suivant les mêmes règles, les pouvoirs publics s'assurent qu'aucun opérateur n'essaie de fixer des règles du jeu qui lui soient trop favorables. En effet, la mise en œuvre d'une pratique déloyale peut impacter non seulement directement la partie lésée par rapport à ses concurrents (la victime peut alors avoir un désavantage dans la concurrence comparativement à un autre opérateur qui ne subirait pas la même pratique), mais également les propres concurrents de la société bénéficiant de la pratique (elle bénéficie alors d'un avantage que ne peuvent pas théoriquement répliquer ses concurrents), et ainsi altérer le fonctionnement concurrentiel du marché.

Au-delà de leur sanction

Le dispositif visant à prévenir les pratiques commerciales déloyales repose souvent sur des obligations de transparence, qu'il s'agisse par exemple de la contractualisation entre les acteurs de la grande distribution et leurs fournisseurs (v. art. L. 441-3 et s. C. com.) ou encore des obligations au niveau des plateformes d'intermédiation sur le référencement ou non de leurs clients vendeurs (v. art. L. 442-1 III C. com.).

■ Pour aller plus loin

Comme évoqué, les pratiques commerciales déloyales revêtent beaucoup de formes différentes. D'une application souple, le dispositif a pu démontrer une certaine complémentarité avec le droit des pratiques anticoncurrentielles, dont l'application, si elle présente des garanties importantes, peut toutefois souffrir d'une certaine inertie inhérente au standard de preuve plus élevé exigé tant par la pratique décisionnelle que par la jurisprudence.

Il permet ainsi une intervention rapide des pouvoirs publics pour rétablir l'ordre public économique, par exemple en interdisant les clauses de parité, qu'elles soient restreintes ou étendues (v. CA Paris, 21 juin 2017, *Expedia*, RG 15/18784) ou en s'assurant que la plateforme d'intermédiation fonctionne suivant des règles transparentes et non discriminatoires (T. com. Paris, 2 septembre 2019, *Amazon*, RG 2017050625).

Parmi les infractions les plus emblématiques du droit spécial figure notamment la notion du déséquilibre entre les droits et obligations des parties, ou encore la rupture brutale des relations commerciales.

Bibliographie

Kerguelen (E.), Fourgoux (J.-L.) et Djavadi (L.), *Les pratiques commerciales déloyales*, Paris, Concurrences, 2021

Directive (UE) 2019/633 du Parlement européen et du Conseil du 17 avril 2019 sur les pratiques commerciales déloyales dans les relations interentreprises au sein de la chaîne d'approvisionnement agricole et alimentaire, *JOUE* n° L 111 du 25 avril 2019, p. 59

Comm. eur., Livre vert sur les pratiques commerciales déloyales dans la chaîne d'approvisionnement alimentaire et non alimentaire interentreprises en Europe, COM(2013) 37 final, 31 janvier 2013

P

PRATIQUES CONCERTÉES

Valérie NOËL
Tribunal de l'Union européenne

■ Premier aperçu

L'article 101, paragraphe 1, TFUE interdit les « *accords entre entreprises* », les « *décisions d'associations d'entreprises* », mais également les « *pratiques concertées* », qui sont susceptibles d'affecter le commerce entre États membres et qui ont pour objet ou pour effet d'empêcher, de restreindre ou de fausser le jeu de la concurrence à l'intérieur du marché intérieur. L'article L. 420-1 du code de commerce prohibe quant à lui les « *actions concertées, conventions, ententes expresses ou tacites ou coalitions* » lorsqu'elles ont pour objet ou peuvent avoir pour effet d'empêcher, de restreindre ou de fausser le jeu de la concurrence sur un marché.

Selon la jurisprudence, la notion de pratique concertée vise une forme de coordination entre entreprises qui, sans avoir été poussée jusqu'à la réalisation d'une convention proprement dite, substitue sciemment une coopération pratique entre elles aux risques de la concurrence (CJCE, 16 décembre 1975, *Suiker Unie e.a. c/ Commission*, aff. jtes 40/73 à 48/73, 50/73, 54/73 à 56/73, 111/73, 113/73 et 114/73, pt 26).

Une pratique concertée comporte trois éléments constitutifs.

Tout d'abord, une concertation entre des entreprises, laquelle suppose l'existence de contacts caractérisés par la réciprocité. Le Tribunal de l'Union européenne a précisé que cette condition était satisfaite lorsque la divulgation, par un concurrent à un autre, de ses intentions ou de son comportement futurs sur le marché, a été sollicitée ou, à tout le moins, acceptée par le second (TPICE, 15 mars 2000, *Cimenteries CBR e.a. c/ Commission*, aff. jtes T-25/95, T-26/95, T-30/95 à T-32/95, T-34/95 à T-39/95, T-42/95 à T-46/95, T-48/95, T-50/95 à T-65/95, T-68/95 à T-71/95, T-87/95, T-88/95, T-103/95 et T-104/95, pt 1849 ; TPICE, 8 juillet 2008, *BPB c/ Commission*, aff. T-53/03, pt 153).

Outre la concertation entre des entreprises, une pratique concertée implique un comportement sur le marché faisant suite à cette concertation et un lien de causalité entre ces deux éléments (CJCE, 8 juillet 1999, *Hüls c/ Commission*, aff. C-199/92 P, pt 161 ; CJCE, 8 juillet 1999, *Commission c/ Anic Partecipazioni*, aff. C-49/92 P, pt 118). À cet égard, il est présumé, sous réserve de la preuve contraire qu'il incombe aux opérateurs intéressés de rapporter, que les entreprises participant à la concertation et qui demeurent actives sur le marché tiennent compte des informations échangées avec leurs concurrents pour déterminer leur comportement sur ce marché. Il en sera d'autant plus ainsi lorsque la concertation a lieu sur une base régulière au cours d'une longue période (arrêts *Hüls c/ Commission*, préc., pt 162 et *Commission c/ Anic Partecipazioni*, préc., pt 121).

Tout comme pour un accord anticoncurrentiel, la prise en considération des effets concrets d'une pratique concertée est superflue lorsqu'il apparaît que l'infraction a pour objet d'empêcher, de restreindre ou de fausser le jeu de la concurrence (CJCE, 4 juin 2009, *T-Mobile Netherlands e.a.*, aff. C-8/08, pt 29).

■ Pour aller plus loin

Les critères de coordination et de coopération constitutifs d'une pratique concertée au sens de l'article 101, paragraphe 1, TFUE, loin d'exiger l'élaboration d'un véritable « plan », doivent être compris à la lumière de la conception inhérente aux dispositions du traité relatives à la concurrence, selon laquelle tout opérateur économique doit déterminer de manière autonome la politique qu'il entend suivre sur le marché intérieur et les conditions qu'il entend réserver à sa clientèle.

S'il est exact que cette exigence d'autonomie n'exclut pas le droit des opérateurs économiques de s'adapter intelligemment au comportement constaté ou à escompter de leurs concurrents, elle s'oppose cependant rigoureusement à toute prise de contact direct ou indirect entre de tels opérateurs, ayant pour objet ou pour effet d'aboutir à des conditions de concurrence qui ne correspondraient pas aux conditions normales du marché en cause, compte tenu de la nature des produits ou des prestations fournies, de l'importance et du nombre des entreprises et du volume dudit marché (arrêt *Suiker Unie e.a. c/ Commission*, préc., pts 173 et 174).

La charge de prouver l'existence d'une pratique concertée incombe à l'autorité administrative. Cependant, même lorsque celle-ci découvre des pièces attestant de manière explicite une prise de contact illégitime entre des opérateurs, elles ne seront normalement que fragmentaires et éparses, de sorte qu'il se révèle souvent nécessaire de reconstituer certains détails par des déductions. Tout comme pour les accords anticoncurrentiels, l'existence d'une pratique concertée doit, dans la plupart des cas, être inférée d'un certain nombre de coïncidences qui, considérées ensemble, peuvent constituer, en l'absence d'une autre explication cohérente, la preuve d'une violation des règles de la concurrence (CJCE, 7 janvier 2004, *Aalborg Portland e.a. c/ Commission*, aff. jtes C-204/00 P, C-205/00 P, C-211/00 P, C-213/00 P, C-217/00 P et C-219/00 P, pts 55 à 57).

Ainsi, selon la jurisprudence, il suffit que l'autorité administrative démontre que l'entreprise concernée a participé à des réunions entre entreprises au caractère manifestement anticoncurrentiel, sans s'y être manifestement opposée, pour prouver sa participation à l'entente. Il incombe alors à cette entreprise d'avancer des indices de nature à établir que sa participation auxdites réunions était dépourvue de tout esprit anticoncurrentiel, en démontrant qu'elle avait indiqué à ses concurrents qu'elle participait à ces réunions dans une optique différente de la leur (arrêt *Hüls c/ Commission*, préc., pt 155). La circonstance qu'une entreprise ne donne pas suite aux résultats de ces réunions n'est pas de nature à écarter sa responsabilité, à moins qu'elle ne se soit distanciée publiquement de leur contenu (CJCE, 16 novembre 2000, *Sarrió c/ Commission*, aff. C-291/98 P, pt 50).

Il a également été jugé qu'un parallélisme de comportements sur le marché peut, à certaines conditions, être considéré comme apportant la preuve de l'existence d'une concertation, en l'occurrence si la concertation en constitue la seule explication plausible (CJCE, 31 mars 1993, *Ahlström Osakeyhtiö e.a. c/ Commission*, aff. jtes C-89/85, C-104/85, C-114/85, C-116/85, C-117/85 et C-125/85 à C-129/85, pt 71).

En fin de compte, les notions d'« accord », de « décision d'association d'entreprises » et de « pratique concertée » appréhendent, du point de vue subjectif, des formes de collusion qui partagent la même nature et ne se distinguent que par leur intensité et par les formes dans lesquelles elles se manifestent (arrêt *Commission c/ Anic Partecipazioni*, préc., pt 131). Le concept de « pratique concertée » a ainsi été introduit dans les traités aux fins de permettre l'application du droit de la concurrence à des collusions ne prenant pas la forme d'un accord formel de volontés et, par là même, plus difficiles à identifier et à établir (Trib. UE, 5 octobre 2020, *Les Mousquetaires et ITM Entreprises c/ Commission*, aff. T-255/17, pt 237).

Cependant, malgré l'effectivité de la notion de pratiques concertées pour lutter contre les ententes sur le marché, la distinction entre ces pratiques et les autres formes d'infraction à l'article 101, paragraphe 1, TFUE tend à s'estomper, lorsque les autorités administratives ont recours au concept d'« infraction unique, complexe et continue », sous la dénomination de laquelle des accords et des pratiques concertées peuvent coexister.

Dans le cadre de ce type d'infractions complexes, qui impliquent plusieurs producteurs pendant plusieurs années poursuivant un objectif de régulation en commun du marché, il est établi que l'on ne peut exiger de l'autorité administrative qu'elle qualifie précisément l'infraction, pour chaque entreprise et à chaque instant donné, d'accord ou de pratique concertée, dès lors que, en toute hypothèse, l'une et l'autre de ces formes d'infraction sont visées à l'article 101 TFUE. L'autorité administrative est ainsi en droit de qualifier une telle infraction complexe d'accord « et/ou » de pratique concertée, dans la mesure où cette infraction comporte des éléments devant être qualifiés d'« accord » et des éléments devant être qualifiés de « pratique concertée » (TPICE, 20 avril 1999, *Limburgse Vinyl Maatschappij e.a. c/ Commission*, aff. jtes T-305/94 à T-307/94, T-313/94 à T-316/94, T-318/94, T-325/94, T-328/94, T-329/94 et T-335/94, pts 696 à 698).

Bibliographie

Bellis (J.-F.), *Droit européen de la concurrence*, 2e éd., Bruxelles, Bruylant, 2017

Bosco (D.) et Prieto (C.), *Droit européen de la concurrence : ententes et abus de position dominante*, Bruxelles, Bruylant, 2013

Whish (R.) et Bailey (D.), *Competition Law*, 10e éd., Oxford University Press, 2021

Voir aussi

Entente (ou cartel)

P

PRATIQUES DISCRIMINATOIRES

Rodolphe MESA
Université du Littoral Côte d'Opale

■ Premier aperçu

Dans l'absolu, la discrimination consiste soit à traiter différemment deux personnes qui sont dans une situation identique, soit à traiter identiquement deux personnes qui sont dans une situation différente. En droit de la concurrence, les pratiques discriminatoires, par lesquelles leur auteur soumet sans justification objective les opérateurs économiques à des conditions non égalitaires, peuvent être appréhendées soit comme pratique restrictive de concurrence, soit comme pratique anticoncurrentielle.

S'agissant, en premier lieu, du droit des pratiques restrictives, l'article L. 442-1 du code de commerce, dans sa rédaction retouchée par la loi n° 2021-1357 du 18 octobre 2021 visant à protéger la rémunération des agriculteurs, permet d'engager la responsabilité civile de l'opérateur économique qui, concernant les produits alimentaires et les produits destinés à l'alimentation des animaux de compagnie, pratique à l'égard de l'autre partie, ou obtient d'elle, des prix, des délais de paiement ou des conditions ou modalités de vente discriminatoires et non justifiés par des contreparties réelles prévues par la convention, en créant, de ce fait, pour ce partenaire, un désavantage ou un avantage dans la concurrence.

S'agissant, en second lieu, des pratiques anticoncurrentielles, est, en vertu de l'article L. 420-2 du code de commerce, constitutif d'un abus de position dominante le fait, par une entreprise ou un groupe d'entreprises en position dominante sur un marché, de recourir à des conditions de vente discriminatoires. Le recours à de telles conditions est également caractéristique, d'après le même texte, d'un abus de dépendance économique lorsqu'il émane d'une entreprise ou d'un groupe d'entreprises qui exploite l'état de dépendance économique dans lequel se trouve à son égard une entreprise cliente ou fournisseur, dès lors qu'une telle pratique est susceptible d'affecter le fonctionnement ou la structure de la concurrence. Dans un sens proche, l'article 102 TFUE qualifie d'abus de position dominante le fait, par une ou plusieurs entreprises, d'exploiter de façon abusive une position dominante sur le marché intérieur ou dans une partie substantielle de celui-ci en appliquant à l'égard de partenaires commerciaux des conditions inégales à des prestations équivalentes, qui aboutit à leur infliger un désavantage dans la concurrence. Pour être caractéristique d'une pratique anticoncurrentielle, la différence de traitement discriminatoire doit être génératrice d'une atteinte à la concurrence.

■ Pour aller plus loin

Antérieurement à l'ordonnance n° 2019-359 du 24 avril 2019 portant refonte du titre IV du livre IV du code de commerce relatif à la transparence, aux pratiques restrictives de concurrence et aux autres pratiques prohibées, certaines pratiques discriminatoires ont été regardées comme caractéristiques de pratiques restrictives de concurrence. Dans ce sens, il ressort d'une réponse ministérielle rendue au cours de l'année 2015 que le fait, pour un vendeur, de renoncer à réclamer le paiement de pénalités de retard peut engager sa responsabilité civile pour pratique discriminatoire sur le fondement de l'ancien article L. 442-6 du code de commerce dès lors qu'il est démontré que cette renonciation, effectuée sans contrepartie, a entraîné un préjudice indemnisable pour un concurrent de l'acheteur (Rép. min. n° 18436 ; *JOAN Q*, 4 décembre 1995, p. 515). S'agissant des obligations inhérentes à la facturation, il ressort, à l'opposé, d'un arrêt rendu par la chambre commerciale de la Cour de cassation le 8 février 2005, que le fait que les mentions apposées sur une facture de coopération ou de participation publicitaire soient insuffisantes au regard de l'obligation de facturation détaillée, édictée par l'article L. 441-9 du code de commerce, n'est pas à lui seul de nature à établir ou à faire présumer l'existence d'une pratique discriminatoire (Cass. com., 8 février 2005, n° 02-12.855). Une pratique discriminatoire peut par ailleurs, à suivre l'Autorité de la concurrence, être restrictive de concurrence lorsqu'elle a pour objet ou pour effet d'évincer un concurrent du marché, ou encore, lorsque des clients de l'entreprise en position dominante se voient désavantagés dans la concurrence sur leur propre marché (Cons. conc., déc. n° 09-D-04 du 27 janvier 2009 ; Aut. conc., déc. n° 10-MC-01 du 30 juin 2010). Si ses conséquences vont au-delà, impactent négativement le marché, portent atteinte à la concurrence, la pratique discriminatoire peut devenir une pratique anticoncurrentielle.

L'appréhension de la pratique discriminatoire comme abus de position dominante n'est pas toujours aisée. Par ailleurs, elle pourrait, dans une certaine mesure, être regardée comme étant en contradiction avec la liberté contractuelle, qui passerait alors au second plan par rapport à la protection du marché. À suivre la jurisprudence de l'Autorité de la concurrence, la discrimination constitutive, qui réside dans des différences de traitement injustifiées, peut soit consister à renforcer de manière artificielle l'entreprise qui la met en œuvre dans la compétition qu'elle livre sur le marché dominé ou sur un autre marché, soit porter atteinte au jeu concurrentiel sans que l'entreprise qui la met en œuvre soit directement partie prenante sur le marché affecté (Aut. conc., déc. nº 13-D-07 du 28 février 2013 ; *Contrats, conc., consom.* 2013, comm. nº 91, obs. M. Chagny).

Il importe, pour qu'une pratique discriminatoire soit qualifiable d'abus de position dominante, qu'elle soit à l'origine d'un désavantage dans la concurrence, au sens notamment de l'article 102 TFUE, qu'elle soit susceptible d'avoir pour effet une distorsion de la concurrence entre l'auteur de la pratique et ses partenaires commerciaux (CJUE, 19 avril 2018, aff. C-525/16 ; *RTD eur.* 2018, p. 812, obs. L. Idot). La position de l'Autorité de la concurrence est de la même veine. Cette dernière a ainsi considéré, dans une décision en date du 25 juillet 2017, que la promotion croisée des programmes d'une chaîne de télévision sur l'antenne d'une autre ne constitue pas un abus de position dominante dès lors, d'une part, que cette pratique consiste, pour une chaîne, à annoncer la diffusion d'un programme d'une autre chaîne par un message à caractère purement informatif, d'autre part, que la pratique litigieuse n'est pas discriminatoire dans la mesure où les deux chaînes sont contrôlées par le même groupe audiovisuel et qu'elle n'est pas de nature à évincer la concurrence sur le marché de la publicité télévisuelle (Aut. conc., déc. nº 17-D-11 du 25 juillet 2017).

L'appréhension de la discrimination comme caractéristique d'un abus de position dominante s'est montrée à l'origine de difficultés s'agissant de la pratique, qui concerne principalement le secteur du numérique, dite de « l'autopréférence ». S'agissant de cette dernière pratique, il ressort d'un arrêt rendu par le Tribunal de l'Union européenne le 10 novembre 2021 que sont interdites les pratiques ayant pour base une discrimination interne opérée entre le propre service de comparaison de produits de l'entreprise mise en cause et les services de comparaison de produits concurrents, par le biais d'un effet de levier à partir d'un marché dominé, caractérisé par de fortes barrières à l'entrée, à savoir le marché des services de recherche générale (Trib. UE, 10 novembre 2021, aff. T-612/17).

Bibliographie

Chagny (M.), « Le nouveau droit des pratiques restrictives de concurrence après la refonte du titre IV du livre IV du code de commerce », *RLC* 2019/84, p. 24

Choné-Grimaldi (A.-S.), « Les abus de position dominante dans le secteur numérique (réflexions à partir de la décision Google-Android) », *D.* 2020, p. 343

Sautel (O.), « La discrimination en prix : la position des autorités de concurrence à la lumière de la théorie économique », *RLC* 2016/55, p. 43

Loi n° 2021-1357 du 18 octobre 2021 visant à protéger la rémunération des agriculteurs, *JORF* n° 0244 du 19 octobre 2021

Ordonnance n° 2019-359 du 24 avril 2019 portant refonte du titre IV du livre IV du code de commerce relatif à la transparence, aux pratiques restrictives de concurrence et aux autres pratiques prohibées, *JORF* n° 0097 du 25 avril 2019

P

PRESCRIPTION

Julie KLEIN
SciencesPo Paris

■ Premier aperçu

Comme en toute matière, la prescription en droit de la concurrence répond à un impératif de sécurité juridique et au besoin d'éviter le dépérissement des preuves. C'est pourquoi tant l'intervention des autorités compétentes (art. 25 du règl. (CE) n° 1/2003 et art. L. 462-7 C. com.) que les actions civiles qui en découlent (art. L. 482-1 C. com.) peuvent se heurter aux règles de prescription.

Les pouvoirs de l'Autorité de la concurrence et ceux de la Commission sont enfermés dans un délai de prescription quinquennal à compter des faits en cause, doublé d'un délai butoir de dix ans (art. L. 462-7, al. 1 et 3, C. com. et art. 25, para. 1 et 5, du règl. (CE) n° 1/2003). Ce délai est suspendu aussi longtemps que la décision de la Commission fait l'objet d'une procédure pendante devant la Cour de justice (art. 25, para. 6, du règl. (CE) n° 1/2003) ou jusqu'à la notification à l'Autorité de la concurrence d'une décision juridictionnelle irrévocable en cas d'appel de l'ordonnance délivrée aux fins d'une visite, d'une saisie de document ou d'une pose de scellés ou de recours contre le déroulement de ces opérations, de recours contre la décision de l'Autorité de la concurrence, ou contre celle du rapporteur général de refuser la protection du secret des affaires ou de lever la protection accordée (art. L. 462-7, al. 5, C. com.).

Le délai de prescription peut être interrompu, en droit de l'Union, par tout acte de la Commission ou d'une autorité de concurrence d'un État membre visant à l'instruction ou à la poursuite de l'infraction (les causes énoncées par l'art. 25, para. 3, du règl. (CE) n° 1/2003 n'étant pas limitatives : Trib. UE, 6 octobre 2015, aff. T-250/12). En droit interne, tout acte interruptif de la prescription de l'action publique (art. L. 462-7, al. 2, C. com.) a un effet interruptif de prescription, de même que tout acte tendant à la recherche, à la constatation ou à la sanction des pratiques anticoncurrentielles (art. L. 462-7, al. 1, C. com.).

Tandis qu'en droit interne, la prescription interdit à l'Autorité de la concurrence de constater ou de poursuivre une infraction, en droit de l'Union, l'acquisition du délai interdit seulement à la Commission d'infliger des amendes, mais ne s'oppose pas à la poursuite et au constat d'une infraction si la Commission démontre avoir un intérêt légitime à y procéder (art. 7, para. 1, du règl. (CE) n° 1/2003).

■ Pour aller plus loin

Les règles de prescription doivent être conciliées avec la nécessité d'assurer l'effectivité des règles du droit de l'Union européenne. Doit ainsi être écartée la réglementation nationale qui exclut qu'un acte de poursuite postérieur à la décision d'ouverture d'une enquête par l'autorité compétente puisse avoir un effet interruptif de prescription lorsqu'une telle exclusion présente un risque systémique d'impunité des faits constitutifs de telles infractions (CJUE, 21 janvier 2021, aff. C-308/19). De même, la durée de la prescription ne saurait être courte au point que, combinée aux règles relatives à son régime, elle rende l'exercice du droit des victimes de demander réparation excessivement difficile (CJUE, 28 mars 2019, aff. C-637/17).

Une importante partie du contentieux se concentre sur la détermination du point de départ de la prescription. Il est fonction de la date de l'infraction et, partant, de sa nature instantanée ou continue, la prescription ne pouvant dans cette seconde hypothèse courir avant le jour où l'infraction a cessé (art. 25, para. 2, du règl. (CE) n° 1/2003), sans que le point de départ puisse être reporté au jour de la cessation des effets de l'infraction (v. p. ex. la fixation au jour de la signature du contrat du point de départ de la prescription en matière de soumission concertée à un appel d'offres : CJUE, 14 janvier 2021, aff. C-450/19). La Cour de cassation estime qu'une pratique anticoncurrentielle revêt un caractère continu lorsque l'état délictuel se prolonge dans le temps par la réitération constante ou par la persistance de la volonté anticoncurrentielle après l'acte initial sans qu'un acte matériel ait nécessairement à la renouveler dans le temps (Cass. com., 15 mars 2011, n° 09-17.055). En droit européen, le recours à la notion d'infraction « unique et répétée » permet également de reporter le point de départ au jour où la pratique a cessé (CJUE, 11 juillet 2013, aff. C-429/11 P).

La Cour de cassation s'en tient à une approche formelle de l'article L. 462-7 du code de commerce et refuse de faire dépendre l'effet interruptif de prescription de la finalité effective de l'acte tendant à la recherche, à la constatation ou à la sanction des faits (Cass. com., 6 novembre 2007, n° 06-16.194, *contra*, en droit de l'Union : TPICE, 19 mars 2003, aff. T-213/00).

L'interruption produit un effet *erga omnes* à l'égard de toutes les entreprises concernées (Cass. com., 6 mars 2007, n° 06-13.501) et pour l'ensemble des faits dénoncés dès lors que ceux-ci présentent entre eux un lien de connexité (Cass. com.,

11 janvier 2017, 15-17.134). À l'inverse, la suspension et la prescription opèrent *inter partes*, la CJUE ayant notamment refusé d'étendre à la société mère le bénéfice de la prescription acquise par ses filiales (CJUE, 27 avril 2017, aff. C-516/15 ; v. égal., pour un refus d'extension de l'effet suspensif d'un recours : CJUE, 29 mars 2011, aff. jtes C-201/09 P et C-216/09 P).

En matière d'action consécutive en dommages-intérêts, l'article L. 482-1 du code de commerce issu de l'ordonnance n° 2017-303 du 9 mars 2017 fait désormais par principe courir la prescription du jour où la victime a cumulativement connaissance du fait constitutif d'une pratique anticoncurrentielle, du fait que cette pratique lui cause un dommage et de l'identité de l'un des auteurs de cette pratique, tout en précisant que la prescription ne court pas tant que la pratique anticoncurrentielle n'a pas cessé et qu'elle ne court pas davantage à l'égard des victimes du bénéficiaire d'une exonération totale de sanction pécuniaire en application d'une procédure de clémence tant qu'elles n'ont pas été en mesure d'agir à l'encontre des auteurs de la pratique anticoncurrentielle autres que ce bénéficiaire.

Il ressort de la jurisprudence fondée sur l'article 2224 du code civil, applicable avant l'entrée en vigueur du texte nouveau, que le point de départ de la prescription se confond avec la date de la décision de l'Autorité de la concurrence lorsqu'il n'est pas établi que la connaissance des pratiques concurrentielles par la victime était suffisamment précise précédemment pour lui permettre de déterminer si un préjudice lui avait bien été causé et par quels opérateurs (Cass. com., 27 janvier 2021, 18-16.279, et devant le juge administratif : CE, 22 novembre 2019, *SNCF Mobilités*, n° 418645 ; v. cependant, pour une hypothèse où, au regard des données de l'espèce, la connaissance de la victime a été estimée acquise avant le prononcé de la décision de l'Autorité de la concurrence : T. com. Paris, 1re ch., 1er octobre 2019, *CNAMTS c/ Sanofi*, RG 2017053369).

La prescription de l'action consécutive en dommages-intérêts est également désormais interrompue par tout acte tendant à la recherche, à la constatation ou à la sanction de pratiques anticoncurrentielles par l'Autorité de la concurrence, une autorité nationale de concurrence d'un autre État membre de l'Union européenne ou la Commission européenne (art. L. 462-7, al. 4, C. com.).

Bibliographie

Amaro (R.) et Laborde (J.-F.), *La réparation des préjudices causés par les pratiques anticoncurrentielles : recueil de décisions commentées*, 2e éd., Paris, Concurrences, 2020

Condomines (A.), « La durée des pratiques anticoncurrentielles : enjeux et critères d'appréciation en droit français et européen », *Contrats, conc., consom.* 2016, étude 10

Loubières (F.) et Saint-Olive (F.), « Private enforcement et prescription : les victimes de pratiques anticoncurrentielles peuvent-elles espérer avoir moins de difficultés pour obtenir réparation ? », *RLC* 2014/39, p. 181

Règlement (CE) n° 1/2003 du Conseil du 16 décembre 2002 relatif à la mise en œuvre des règles de concurrence prévues aux articles 81 et 82 du traité, *JOCE* n° L 1 du 4 janvier 2003, p. 1

P

PRINCIPE D'EFFECTIVITÉ

Loïc GRARD
Université de Bordeaux

■ Premier aperçu

Le principe revêt deux acceptions : économico-juridique et strictement juridique. Le premier point de vue se rapporte à la nature recherchée du marché par les régulateurs dont les décisions se réfèrent à la concurrence effective. Le second point de vue est ancré dans les procédures qui doivent être organisées de manière à maximiser l'application des règles au service du marché : mise en œuvre effective du droit de la concurrence.

■ Pour aller plus loin

Première figure du principe d'effectivité : un objectif

À peu de chose près, la même formule revient de manière constante, quand il s'agit de stigmatiser une pratique contraire à la loi de l'offre et la demande : « *[F]aire obstacle au maintien d'une concurrence effective sur le marché en cause en lui fournissant la possibilité de comportements indépendants dans une mesure appréciable vis-à-vis de ses concurrents, de ses clients et finalement des consommateurs.* » Au nom du principe d'effectivité, tout comportement qui empêche la concurrence fondée sur les mérites est condamnable. Promouvoir et protéger une concurrence effective sur les marchés, en produisant des résultats efficients au bénéfice des consommateurs : tel est le credo des autorités de concurrence. Toute entrave significative à l'exercice d'une concurrence effective expose aux fourches caudines du droit qu'elles mettent en œuvre. Le législateur formate ainsi leur rôle, comme l'atteste, entre autres exemples, l'article 2, paragraphe 2, du règlement (CE) n° 139/2004 : « *Les concentrations qui n'entraveraient pas de manière significative une concurrence effective dans le marché commun ou une partie substantielle de celui-ci, notamment du fait de la création ou du renforcement d'une position dominante, doivent être déclarées compatibles avec le marché commun.* »

La quête de l'effectivité se manifeste dès le 21 février 1973. Dans l'arrêt de la CJCE *Europemballage Corporation et Continental Can Company Inc. c/ Commission des Communautés européennes*, le juge exprime sans détour que l'article 102 TFUE ne vise pas seulement les pratiques susceptibles de causer un préjudice immédiat aux consommateurs, mais également celles qui leur causent préjudice en portant atteinte à une structure de concurrence effective, en écho de feu l'article 3 f) du traité CEE. Dominer le marché par une pratique qui substitue exagérément la loi de l'entreprise ou des entreprises à celle, naturelle, de l'offre et de la demande est considéré comme privant d'effectivité cette dernière. En d'autres termes, transgresser les lois du marché se caractérise lorsqu'est porté atteinte au caractère réel et concret de la concurrence. L'autorité de concurrence avec le principe d'effectivité se donne pour cap la concurrence maximale, mais pas totale. L'optimisation de la concurrence peut donc admettre des entraves à la liberté économique, qui ne sont pas assimilables à des altérations de la concurrence, car l'effectivité de cette dernière en dépend.

Seconde figure du principe d'effectivité : garantir des procédures, (i) ne rendant pas excessivement difficile, voire impossible, le respect des règles de concurrence ; (ii) stimulant le plein effet de ces dernières

Le principe d'effectivité, ou de protection juridictionnelle effective, oblige les États membres à garantir que les voies de recours et les règles de procédure ne rendent pas excessivement difficile, voire impossible, l'exercice des droits conférés aux personnes par l'ordre juridique de l'UE. Spécifiquement dans le domaine du droit de la concurrence, ils doivent veiller à ce que les règles qu'ils établissent ou appliquent ne portent pas atteinte notamment à l'application effective des articles 101 et 102 TFUE. L'article 19, paragraphe 1, TUE dispose que « *[l]es États membres établissent les voies de recours nécessaires pour assurer une protection juridictionnelle effective dans les domaines couverts par le droit de l'Union* ». Ainsi libellé, il se manifeste spécifiquement en faveur de la mise en œuvre des règles de concurrence. Elles sont appliquées par les États, dans le respect de leur autonomie procédurale, dans des limites fixées au nom du principe d'effectivité. Les règles nationales ne doivent pas porter atteinte à l'intégrité du droit européen de la concurrence. Sans qu'il soit nécessaire de les harmoniser, les différences entre ces dernières ne doivent pas nuire à l'application unitaire de celui-ci. Les procédures nationales sont en particulier soumises à la condition de permettre l'exécution immédiate et effective des décisions de l'Union portant mise en œuvre du droit de la concurrence. Le principe d'effectivité fait converger les droits nationaux sans les harmoniser, en pourfendant les déviances qui nuisent à l'unité du droit de la concurrence européen.

Au nom de la mise en œuvre effective du droit de la concurrence dans l'Union européenne, la législation de cette dernière exerce son emprise jusqu'aux procédures civiles dans les États. C'est ainsi qu'elle postule, en faveur des personnes physiques ou morales, la possibilité d'invoquer des violations du droit de la concurrence à l'appui de réparation d'un préjudice subi ou d'un manque à gagner. De la sorte, le *private enforcement* s'est imposé. Le livre vert de la Commission européenne publié le 19 décembre 2005 avait, dans cette perspective, scénarisé différentes mesures de nature à faciliter les actions en réparation, dans l'optique non dissimulée de renforcer l'effectivité de la mise en œuvre du droit de la concurrence. L'article 4 de la directive 2014/104/UE du 26 novembre 2014 relative à certaines règles régissant les actions en dommages et intérêts en droit national pour les infractions aux dispositions du droit de la concurrence des États membres et de l'Union européenne résume cet état des choses : « *Conformément au principe d'effectivité, les États membres veillent à ce que toutes les règles et procédures nationales ayant trait à l'exercice du droit de demander des dommages et intérêts soient conçues et appliquées de manière à ne pas rendre pratiquement impossible ou excessivement difficile l'exercice du droit, conféré par l'Union, à réparation intégrale du préjudice causé par une infraction au droit de la concurrence.* »

En somme, le principe d'effectivité conduit soit à la censure des procédures ne garantissant pas l'intégrité du droit de la concurrence, soit à la légitimation des législations européennes destinées à donner plein effet à ce dernier.

Bibliographie

IDOT (L.), CANIVET (G.), BARBIER DE LA SERRE (E.), DON (H.), O'KEEFFE (S.), « TR II – Autonomie procédurale : Faut-il réinterpréter le principe pour assurer l'effectivité du droit de la concurrence ? (*New Frontiers of Antitrust Conference – Paris, 10 février 2012*) », *Concurrences* n° 2-2012, art. n° 45931, www.concurrences.com

RIEM (F.), « Concurrence effective ou concurrence efficace ? L'ordre concurrentiel en trompe-l'œil », *RIDE* 2008/1, p. 67

RITLENG (D.), « L'effectivité du droit européen de la concurrence », *Rev. UE* 2015, p. 277

Comm. CE, Livre vert, « Actions en dommages et intérêts pour infraction aux règles communautaires sur les ententes et les abus de position dominante », COM(2005) 0672 final, 19 décembre 2005

Directive (UE) 2019/1 du Parlement européen et du Conseil du 11 décembre 2018 visant à doter les autorités de concurrence des États membres des moyens de mettre en œuvre plus efficacement les règles de concurrence et à garantir le bon fonctionnement du marché intérieur, *JOUE* n° L 11 du 14 janvier 2019, p. 3 (art. 1, 3, 4, 5, 13)

Directive 2014/104/UE du Parlement européen et du Conseil du 26 novembre 2014 relative à certaines règles régissant les actions en dommages et intérêts en droit national pour les infractions aux dispositions du droit de la concurrence des États membres et de l'Union européenne, *JOUE* n° L 349 du 5 décembre 2014, p. 1 (art. 1 et 4)

Règlement (UE) 2015/1589 du Conseil du 13 juillet 2015 portant modalités d'application de l'article 108 du traité sur le fonctionnement de l'Union européenne, *JOUE* n° L 248 du 24 septembre 2015, p. 9 (art. 16)

Règlement (CE) n° 139/2004 du Conseil du 20 janvier 2004 relatif au contrôle des concentrations entre entreprises (« le règlement CE sur les concentrations »), *JOUE* n° L 24 du 29 janvier 2004, p. 1 (art. 2)

Règlement (CE) n° 1/2003 du Conseil du 16 décembre 2002 relatif à la mise en œuvre des règles de concurrence prévues aux articles 81 et 82 du traité, *JOCE* n° L 1 du 4 janvier 2003, p. 1 (art. 35)

P

PRINCIPE D'ÉGALITÉ DE TRAITEMENT

Adriano CAPUOCCIOLO, Hugues VILLEY-DESMESERETS
BCTG Avocats

■ Premier aperçu

Le principe d'égalité de traitement constitue un principe général du droit consacré par l'article 20 (« Égalité en droit ») et l'article 21 (« Non-discrimination ») de la Charte des droits fondamentaux de l'Union européenne (v. not. CJUE, 14 septembre 2010, *Akzo Nobel Chemicals*, aff. C-550/07 P, pt 54). L'égalité de traitement présuppose une égalité des situations. Ainsi le principe est-il violé, soit lorsqu'un traitement différent est réservé à des situations identiques, soit lorsqu'un traitement identique est appliqué à des situations différentes.

L'application du droit de la concurrence ne fait pas exception à la règle. En la matière, la jurisprudence de l'Union européenne et la jurisprudence française rappellent, de façon constante et similaire, que « *le principe d'égalité de traitement [ou de non-discrimination] exige que des situations comparables ne soient pas traitées de manière différente et que des situations différentes ne soient pas traitées de manière égale, à moins qu'un tel traitement ne soit objectivement justifié* » (v. not. *Akzo Nobel Chemicals e.a.*, préc., pt 55 ; CA Paris, 25 septembre 2014, *Bigard*, RG 2013/05595).

Par ailleurs, l'application du principe d'égalité de traitement « *doit se concilier avec le respect [du principe de] légalité, selon lequel nul ne peut invoquer, à son profit, une illégalité commise en faveur d'autrui* » (CJUE, 16 juin 2016, *Evonik Degussa e.a.*, aff. C-155/14 P, pt 58).

■ Pour aller plus loin

En matière de contrôle des aides d'État, le principe d'égalité de traitement apparaît utile pour apprécier certaines notions ou critères applicables dans cette matière. C'est le cas, par exemple, de la notion de sélectivité, qui implique (comme le principe d'égalité de traitement) d'« *identifier des catégories de sujets de droit afin de comparer le traitement juridique qui leur est réservé par les autorités publiques, et [d']apprécier le cas échéant des éléments de justification d'une différence de traitement* » (Peiffert, 2017, pt 8). De même, il est de jurisprudence constante que « *[l]e critère du comportement d'un investisseur privé est une émanation du principe d'égalité de traitement entre les secteurs public et privé* » (l'application du critère s'effectuant indépendamment du caractère privé ou public de l'investissement et de la nature privée ou publique de l'entreprise bénéficiaire) (CJCE, 21 mars 1991, *Italie c/ Commission*, aff. C-303/88, pts 19 et 20 ; TPICE, 21 janvier 1999, *Neue Maxhütte Stahlwerke*, aff. jtes T-129/95, T-2/96 et T-97/96, pt 105).

À tous les stades d'application du droit antitrust, le principe d'égalité de traitement joue un rôle central dans le contrôle de l'action de l'administration.

Dès le stade de l'enquête, le rapporteur de l'Autorité de la concurrence peut décider de notifier les griefs à certaines entreprises et non à d'autres sans violer le principe d'égalité de traitement – associé au principe d'impartialité – dans la mesure où il estime qu'il n'y a pas d'éléments suffisamment probants à l'égard de ces dernières (CA Paris, 15 mars 2018, *L M e.a.*, RG 16/14231 ; CA Paris, 6 juillet 2017, *Smith & Smith Characters e.a.*, RG 2016/22365 ; CA Paris, 3 décembre 2020, *Brenntag*, RG 13/13058).

Le conseiller-auditeur de la Commission européenne, organe susceptible d'intervenir au cours de la procédure aussi bien au stade de l'enquête qu'à celui de la procédure proprement dite, est également tenu de respecter le principe d'égalité de traitement (CJUE, 14 mars 2017, *Evonik Degussa*, aff. C-162/15 P, pt 56 ; CJUE, 26 juillet 2017, *AGC Glass*, aff. C-517/15 P, pt 56).

En cas de volonté de la Commission européenne de s'engager dans une procédure de transaction avec les entreprises poursuivies, elle doit la proposer à toutes les entreprises en cause dans la procédure (Communication de la Commission relative aux procédures de transaction engagées en vue de l'adoption de décisions en vertu des articles 7 et 23 du règlement (CE) n° 1/2003 du Conseil dans les affaires d'entente, pt 6).

Dans le cadre de la procédure de clémence, ce principe trouve également à s'appliquer. Ainsi a-t-il été jugé qu'un demandeur de clémence ayant déposé une demande d'immunité est dans une situation différente de l'entreprise ayant présenté une demande de réduction d'amendes (Communication de la Commission sur l'immunité d'amendes et la réduction de leur montant dans les affaires portant sur des ententes ; v. not. CJUE, 1er février 2018, *Deutsche Bahn e.a.*, aff. C-264/16 P, pt 68). En revanche, une différence de traitement entre deux entreprises ne se justifie pas du simple fait qu'une des entreprises a reconnu les faits reprochés en répondant la première aux questions posées par la Commission (TPICE, 13 décembre 2001, *Compañia española para la fabricación de aceros inoxidables*, aff. T-48/98, pt 140).

Au stade du calcul du montant de l'amende, le principe d'égalité de traitement encadre naturellement la discrétion dont disposent les autorités de concurrence dans ce domaine. Pour constater l'absence de situation comparable entre les entreprises poursuivies, les autorités de concurrence prennent en compte la singularité de chaque entreprise poursuivie (durée de participation, chiffre d'affaires réalisé, appartenance à un groupe, récidive, etc.) (v. not. CJUE, 19 décembre 2019, *Viscas Corp.*, aff. C-582/18 P, pt 57 ; CJUE, 19 décembre 2019, *Fujikura*, aff. C-590/18 P, pt 49 ; CJUE, 19 décembre 2019, *Furukawa Electric*, aff. C-589/18 P, pt 61 ; CJCE, 28 juin 2005, *Dansk Rørindustri e.a.*, aff. C-189/02 P e.a., pt 297 et s. ; Trib. UE, 24 septembre 2019, *Printeos e.a.*, aff. T-466/17, pt 87 et s.). En conséquence de cette individualisation, le montant des amendes imposées à chaque entreprise en cause peut varier significativement sans violer le principe d'égalité de traitement (pour une illustration, v. Trib. UE, 12 juillet 2018, *Silec e.a.*, aff. T-438/14, pt 171 et s.).

En droit français, le principe d'individualisation de la sanction trouve sa déclinaison dans le code de commerce (art. L. 464-2 I, al. 3) et dans le communiqué sanction de l'Autorité, qui se réserve la possibilité d'adapter sa méthode de calcul de la sanction au cas d'espèce qui lui est présenté (Aut. conc., comm. du 16 mai 2011 relatif à la méthode de détermination des sanctions pécuniaires ; v. not. Aut. conc. déc. n° 12-D-09 du 13 mars, pt 827 : l'Autorité adapte sa méthode de prise en compte de la durée de participation à une infraction du fait de la participation à l'infraction d'une des entreprises poursuivies d'une durée inférieure à une année complète). Le principe d'égalité de traitement a ainsi été appliqué par la cour d'appel de Paris, qui a été amenée à augmenter (d'un point – de 18 à 19 %) la réduction de sanction accordée à l'une des entreprises sanctionnées en ce que ses engagements visant à mettre en place un programme de conformité étaient plus « *amples* » que ceux souscrits par une autre entreprise, qui avait bénéficié de la même réduction d'amende (CA Paris, 27 octobre 2016, *Beiersdorf e.a.*, RG 15/01673 ; v. égal. CA Paris, 18 juin 2020, *L'Oréal*, RG 19/08826 : la Cour réforme la décision de l'Autorité et décide d'appliquer au bénéfice d'une entreprise en cause une réduction de 23 % au lieu des 14 % accordés par l'Autorité compte tenu de sa participation limitée à l'entente par rapport à une autre entreprise en cause – qui avait également bénéficié d'une réduction de 14 %).

En revanche, le fait que les autorités de concurrence aient appliqué dans le passé des amendes d'un certain niveau à certains types d'infractions ne saurait les priver de la possibilité d'élever ce niveau pour sanctionner le même type de pratiques par la suite. Elles conservent ainsi toute latitude pour élever le niveau des amendes en vue de renforcer leur effet dissuasif si cela s'avère nécessaire pour assurer la mise en œuvre de la politique européenne de la concurrence (v. not. CJCE, 7 juin 1983, *Musique Diffusion française e.a.*, aff. jtes 100 à 103/80, pts 105 à 108 ; CJCE, 14 juillet 1972, *ICI*, aff. 48-69, pt 385 ; TPICE, 14 mai 1998, *Mayr-Melnhof Kartongesellschaft*, aff. T-347/94, pt 259).

Enfin, le principe d'égalité de traitement peut également jouer un rôle supplétif à l'application du droit de la concurrence.

D'une part, le principe d'égalité de traitement, qui gouverne les procédures de passation des marchés publics (avec le principe de transparence) (art. L. 3 CCP), permettra désormais d'appréhender les pratiques de soumissions concertées à des marchés publics par des entreprises appartenant à un même groupe envers lesquelles le droit de la concurrence a montré ses limites après le rappel de la Cour de justice en cette matière, selon laquelle ces pratiques n'entrent pas dans le champ du droit de la concurrence dès lors qu'une entente ne peut être observée entre entreprises appartenant à un même groupe (CJUE, 17 mai 2018, *Šiaulių regiono atliekų tvarkymo centras et « Ecoservice projektai » UAB*, aff. C-531/16 ; Aut. conc., déc. n° 20-D-19 du 25 novembre 2020).

D'autre part, l'analyse par le juge administratif d'un comportement au regard du droit de la concurrence intervient à titre subsidiaire après avoir examiné la conformité dudit comportement au regard des principes du droit administratif, parmi lesquels figure le principe d'égalité (concl. rapp. publ. Arrighi de Casanova sous CE, 13 octobre 1999, *Air France c/ ADP*, n° 193195).

Bibliographie

Boutard Labarde (M.-Ch.), Canivet (G.), Claudel (E.), Michel-Amsellem (V.) et Vialens (J.), *L'application en France du droit des pratiques anticoncurrentielles*, Paris, LGDJ, 2008

Cornu (G.) (dir.), *Vocabulaire juridique*, 12e éd., Paris, PUF, 2018

Iliopoulou (A.), « Le principe d'égalité et de non-discrimination », in *Droit administratif européen*, J.-B. Auby et J. Dutheil de la Rochère (dir.), Bruxelles, Bruylant, 2007

Karpenschif (M.), « L'investisseur privé en économie de marché », *Concurrences* n° 3-2011, art. n° 37424, www.concurrences.com

Lenaerts (K.), « L'égalité de traitement en droit communautaire, un principe unique aux apparences multiples », *CDE* 1991, p. 3

Peiffert (O.), « Comparaison n'est pas raison : Pour une clarification du critère de sélectivité d'une aide d'État », *Concurrences* n° 3-2017, art. n° 84402, p. 52

Voss (K.), « The Principle of Equality: A Limit to the Commission's Discretion in EU Competition Law Enforcement? », *Global Antitrust Review*, 2013, n° 6, p. 149

Aut. conc., Communiqué du 16 mai 2011 relatif à la méthode de détermination des sanctions pécuniaires

Communication de la Commission relative aux procédures de transaction engagées en vue de l'adoption de décisions en vertu des articles 7 et 23 du règlement (CE) n° 1/2003 du Conseil dans les affaires d'entente, *JOUE* n° C 167 du 2 juillet 2008, p. 1

Communication de la Commission sur l'immunité d'amendes et la réduction de leur montant dans les affaires portant sur des ententes, *JOCE* n° C 298 du 8 décembre 2006, p. 17

P

PRINCIPE D'ÉQUIVALENCE

Pascal WILHELM
Wilhelm & Associés

■ Premier aperçu

D'origine prétorienne, le principe d'équivalence énoncé par la Cour de justice le 15 juillet 1964 dans son célèbre arrêt *Costa c/ E.N.E.L.* constitue l'une des expressions de la primauté du droit de l'Union européenne dans le cadre de l'exercice, par les États membres, de l'autonomie procédurale qui leur est reconnue.

Lorsque le droit de l'Union ne prévoit pas tous les moyens et modalités procéduraux de sa mise en œuvre, les droits nationaux jouissent d'une autonomie en la matière, sous réserve de respecter notamment le principe d'équivalence. Conformément aux termes de l'arrêt *Rewe* de la Cour de justice du 16 décembre 1976 : « *[E]n l'absence de réglementation communautaire en la matière, il appartient à l'ordre juridique interne de chaque État membre de désigner les juridictions compétentes et de régler les modalités procédurales des recours en justice destinés à assurer la sauvegarde des droits que les justiciables tirent de l'effet direct du droit communautaire, étant entendu que ces modalités ne peuvent être moins favorables que celles concernant des recours similaires de nature interne [...]* » La Cour de justice a également précisé, aux termes d'un arrêt *Susanne Bulicke c/ Deutsche Büro Service GmbH* du 8 juillet 2010, que « *[l]e respect du principe d'équivalence suppose que la règle litigieuse s'applique indifféremment aux recours fondés sur la violation du droit de l'Union et à ceux fondés sur la méconnaissance du droit interne ayant un objet et une cause semblables* ».

Autrement dit, les modalités procédurales de mise en œuvre du droit de l'Union européenne prévues par le droit national doivent être similaires aux modalités de mise en œuvre de ce droit national, pour un droit interne ayant un objet ou une cause semblable. Aucune différence de traitement procédural ne doit exister en raison du fait que le droit du justiciable, dont la protection est en jeu, est tiré du droit de l'Union européenne. Il importe de souligner que le principe d'équivalence est repris directement au sein de textes de droit dérivé, tels que, par exemple, la directive 2014/104/UE du Parlement et du Conseil du 26 novembre 2014 en matière de réparation du dommage concurrentiel. Par ailleurs, à côté de ce principe d'équivalence, l'autonomie procédurale est encadrée par le principe d'effectivité. Celui-ci commande que les modalités procédurales de droit national ne doivent pas rendre « *en pratique impossible ou excessivement difficile l'exercice des droits conférés par l'ordre juridique de l'Union* ». Ensemble, ils permettent de maintenir une cohérence dans l'application du droit de l'Union.

Pour aller plus loin

Le principe d'équivalence est l'un des principes du droit de l'Union européenne dont l'application est transversale et qui doit être respecté en toute matière. La Cour de justice énonce d'ailleurs fréquemment qu'il revient au juge national, « *qui a une connaissance directe des modalités procédurales applicables, de vérifier la similitude des recours concernés sous l'angle de leur objet, de leur cause et de leurs éléments essentiels* ».

Une illustration de l'application fréquente de ces principes ressort du contentieux de l'engagement de la responsabilité de l'État pour violation du droit de l'Union européenne. En vertu du principe de coopération loyale prévu à l'article 4, paragraphe 3, TUE, il incombe aux États membres d'effacer les conséquences illicites causées aux justiciables par une violation du droit de l'Union. Ainsi, la Cour de justice juge de manière constante que cette réparation incombe à l'État dans le cadre du droit national de la responsabilité, droit national qui ne doit pas être appliqué de manière moins favorable que pour une situation similaire relevant du droit interne. En droit de la concurrence, le principe de l'autonomie procédurale, limité par le principe d'équivalence, s'exprime en matière de preuves des pratiques anticoncurrentielles. En effet, la Cour de justice a rappelé que les articles 2 et 5 du règlement (CE) n° 1/2003 du 16 décembre 2002 ne font que prévoir la répartition de la charge de la preuve d'un comportement anticoncurrentiel, tout en reconnaissant que les principes posés par ce règlement ne portent pas atteinte aux règles nationales sur le niveau de preuve requis, sans toutefois prévoir de règles spécifiques sur le droit de la preuve lui-même et le niveau de preuve requis. Ainsi, la Cour juge qu'il appartient aux ordres juridiques internes d'établir les règles probatoires, en vertu de l'autonomie procédurale et dans le respect du principe d'équivalence et du principe d'effectivité.

De même, en matière de réparation du dommage subi du fait de pratiques anticoncurrentielles sollicitée devant les juges nationaux, la directive 2014/104/UE rappelle en son article 4 que « *[c]onformément au principe d'équivalence, les règles et procédures nationales relatives aux actions en dommages et intérêts découlant d'infractions à l'article 101 ou 102 du traité sur le fonctionnement de l'Union européenne ne sont pas moins favorables aux parties prétendument lésées que celles régissant les actions similaires en dommages et intérêts découlant d'infractions au droit national* ».

Enfin, en matière de protection des consommateurs, la Cour de justice s'est expressément appuyée, dans un arrêt du 17 mai 2018 dit « Karel de Grote » sur le principe d'équivalence pour mettre à la charge du juge national une obligation de relever d'office l'existence de clauses abusives au sens de la directive 93/13/CEE du Conseil du 5 avril 1993, lorsqu'il est « *compétent, selon les règles de procédure internes, pour examiner d'office la contrariété d'une demande aux règles nationales d'ordre public* ».

Bibliographie

AUBERT DE VINCELLES (C.), « Chronique de droit européen des contrats », *Contrats, conc., consom.* 2019, chron. 3

BERGÉ (J.-S.) et ROBIN-OLIVIER (S.), *Droit européen : Union européenne*, 2e éd., Paris, PUF, 2011

CIOLFI (A.), « L'autonomie procédurale : un principe en voie de disparition ? », *RJSP* 2017, n° 13, p. 13

MAITROT DE LA MOTTE (A.), « Les impositions perçues en violation du droit de l'Union européenne et la prescription des actions en restitution », *Dr. fisc.* 2015, 5, comm. 123

Directive 2014/104/UE du Parlement européen et du Conseil du 26 novembre 2014 relative à certaines règles régissant les actions en dommages et intérêts en droit national pour les infractions aux dispositions du droit de la concurrence des États membres et de l'Union européenne, *JOUE* n° L 349 du 5 décembre 2014, p. 1

Règlement (CE) n° 1/2003 du Conseil du 16 décembre 2002 relatif à la mise en œuvre des règles de concurrence prévues aux articles 81 et 82 du traité, *JOCE* n° L 1 du 4 janvier 2003, p. 1

P

PRINCIPE DE PROPORTIONNALITÉ

Jean-Philippe CHRISTIENNE
Cour de justice de l'Union européenne

■ Premier aperçu

Au départ d'ordre mathématique, la notion de proportionnalité est apparue dans le domaine du droit sous l'angle pénal. Dans son célèbre ouvrage *Dei delitti e delle pene*, paru en 1764, Beccaria exprimait l'exigence d'une « proportion entre les délits et les peines », aujourd'hui consacrée par l'article 49 de la Charte des droits fondamentaux de l'Union européenne. Même si le droit de la concurrence, en droit français et de l'Union, n'a pas un caractère pénal au sens strict (p. ex., art. 23, para. 5, du règl. (CE) n° 1/2003), il n'en est pas de même au sens de l'article 6 de la CESDH. Quoi qu'il en soit, l'on s'accordera à constater qu'il présente à l'évidence des fins tant dissuasives que répressives (CJCE, 7 juin 1983, *Musique Diffusion française e.a. c/ Commission*, aff. jtes 100 à 103/80, pts 22 et 105 à 109 ; CA Paris, 20 février 2020, *GIE Radio taxi Antibes-Juan-les-Pins*, RG 19/08337, pt 138) qui doivent se conformer à cette exigence.

Pour autant, il importe de distinguer, à tout le moins d'un point de vue théorique, selon que le « principe de proportionnalité » est une composante de la hiérarchie des normes, ou plutôt un instrument intellectuel.

En tant que composante de la hiérarchie des normes, la proportionnalité constitue un principe général du droit dont le juge veille au respect dans le cadre du contrôle de légalité et de constitutionnalité (CJCE, 29 novembre 1956, *Fédération charbonnière de Belgique c/ Haute Autorité*, aff. 8-55, *Rec.* p. 304 ; TPICE, 8 juillet 2004, *JFE Engineering e.a. c/ Commission*, aff. jtes T-67/00, T-68/00, T-71/00 et T-78/00, pt 532 ; Cons. const., déc. n° 2011-126 QPC du 13 mai 2011, *Société Système U Centrale Nationale et autre*). Cela implique notamment, en matière de droit de la concurrence, que les amendes ne doivent pas être démesurées par rapport aux objectifs visés, c'est-à-dire par rapport au respect de ce droit, et que le montant de l'amende infligée à une entreprise au titre d'une infraction en matière de concurrence doit être proportionné à l'infraction, appréciée dans son ensemble, en tenant compte, notamment, de la gravité de celle-ci (Trib. UE, 11 juillet 2019, *Huhtamäki et Huhtamaki Flexible Packaging Germany c/ Commission*, aff. T-530/15, pt 167 et jurisprudence citée).

En tant qu'instrument intellectuel, le principe de proportionnalité permet aux autorités nationales de concurrence et à la Commission de parvenir à l'adoption de mesures conservatoires ou de sanctions appropriées, ce que le juge contrôlera et, le cas échéant, sanctionnera préférentiellement au titre de sa « pleine juridiction » (TPICE, 9 juillet 2003, *Cheil Jedang c/ Commission*, aff. T-220/00, pts 100 à 103), autrement dit de son pouvoir de réformation (CA Paris, 8 octobre 2020, *Société Google LLC e.a.*, RG 20/08071, pts 230 à 232).

Alors que, dans le premier cas, il s'agit simplement pour le juge de déterminer si une décision donnée méconnaît ou non ledit principe, ce qui constitue un tamis d'analyse parfois trop grossier, l'office du juge le conduit, dans le second cas, à vérifier si la mesure qui lui est soumise est la plus adéquate possible, ce qui présuppose qu'il s'assure de son exacte proportionnalité et, le cas échéant, substitue avec la finesse voulue sa propre appréciation à celle de l'auteur de la décision.

■ Pour aller plus loin

Sur le fondement de la *soft law* et en vertu de la théorie de l'autolimitation, le principe de proportionnalité est aussi invocable en tant que l'Autorité de la concurrence ou la Commission se sont engagées à le mettre en œuvre d'une certaine manière.

Ainsi, l'Autorité de la concurrence, par son communiqué du 16 mai 2011 relatif à la détermination du montant des sanctions pécuniaires, mis à jour le 30 juillet 2021, expose en quoi et dans quelles limites ledit communiqué l'engage (pt 7), comment elle entend utiliser le large pouvoir d'appréciation qui lui est notamment reconnu « *en vertu […] du principe de proportionnalité* » (pt 10). Elle indique, par exemple, que le critère de la valeur des ventes constitue « *une référence appropriée et objective pour déterminer le montant de base de la sanction pécuniaire, dans la mesure où elle permet d'en proportionner au cas par cas l'assiette à l'ampleur économique de l'infraction ou des infractions en cause, d'une part, et au poids relatif, sur le(s) secteur(s) ou marché(s) concerné(s), de chaque entreprise ou organisme qui y a participé, d'autre part* » (pt 23), mais que ce critère ne doit pas lui-même revêtir « *une importance disproportionnée par rapport à d'autres éléments à prendre en considération* » (pt 24). C'est pourquoi, afin d'assurer le caractère proportionné de la sanction pécuniaire, l'Autorité peut prendre en considération d'autres éléments objectifs propres à la situation de l'entreprise ou de l'organisme concerné (pt 47). Le principe de proportionnalité est également au cœur de la prise en considération de la réitération du comportement en cause, en particulier en tenant compte du délai entre le précédent constat d'infraction et la nouvelle pratique (pts 50 et 51). Le respect de ce communiqué est contrôlé par le juge (p. ex., CA Paris, 16 janvier 2020, *Canna France S.A.S.U.*, RG 19/034107, pts 90 à 94).

La Commission, silencieuse dans ses lignes directrices pour le calcul des amendes infligées en application de l'article 23, paragraphe 2, sous a), du règlement (CE) nº 1/2003 de 2006 sur le principe de proportionnalité, place pourtant celui-ci au centre de sa pratique. Il suffit, pour s'en convaincre, de constater qu'elle utilise également, pour déterminer le montant de base d'une amende, une proportion de la valeur des ventes, déterminée en fonction du degré de gravité de l'infraction, multipliée par le nombre d'années d'infraction (pt 19).

La trop grande part laissée à la subjectivité dans le cadre de la mise en œuvre, et du contrôle du respect, du principe de proportionnalité constitue la principale critique portée à l'encontre des décisions administratives et juridictionnelles en matière de concurrence. C'est précisément afin de prévenir le risque que la large marge d'appréciation reconnue aux autorités de concurrence, nationales et de l'Union, ne véhicule un soupçon d'arbitraire que la publication du communiqué et des lignes directrices est intervenue. Il convient d'ajouter que, selon la CJUE, la pratique administrative connue et accessible de la Commission est soumise à l'entier contrôle du juge de l'Union, dont la jurisprudence constante a permis de préciser certaines notions indéterminées que pouvait contenir l'article 23, paragraphes 2 et 3, du règlement (CE) nº 1/2003. Pour autant, et même si le fait qu'un opérateur économique ne puisse, à l'avance, connaître avec précision le niveau des amendes que la Commission infligera dans chaque espèce ne saurait constituer une violation du principe de légalité des peines (CJUE, 16 février 2017, *Hansen & Rosenthal et H&R Wax Company Vertrieb c/ Commission*, aff. C-90/15 P, pts 79 et 80), d'aucuns regretteront l'absence, au regard de comportements donnés, d'« *une échelle correspondante de châtiments, du plus dur au plus léger* », prônée par Beccaria.

Bibliographie

Azéma (J.), « Le principe de proportionnalité dans le droit de la concurrence », in *Le principe de proportionnalité en droit belge et en droit français : actes du colloque organisé par les Barreaux de Liège et de Lyon le 24 novembre 1994 à Liège*, Éditions du jeune Barreau de Liège, 1995, p. 176

Bernardeau (L.) et Christienne (J.-Ph.), « Principe de proportionnalité versus caractère proportionné de l'amende », in *Les amendes en droit de la concurrence : pratique décisionnelle et contrôle juridictionnel du droit de l'Union*, Bruxelles, Larcier, 2013, p. II-1271, ainsi que p. II-1642

Christienne (J.-Ph.), « Tendances en matière de mesures correctives et de sanctions (y compris la notion de valeur des ventes) », in *Contentieux du droit de la concurrence de l'Union européenne : questions d'actualité et perspectives*, V. Giacobbo-Peyronnel et C. Verdure (dir.), Bruxelles, Bruylant, 2017, spéc. p. 274, 275 et 282

Ottoni (S.), « Principe de proportionnalité et droit de la concurrence », thèse, Université Paris 2 et Université La Sapienza (Rome), 2014

Vieu-Planchon (M.-H.), « Le principe de proportionnalité devant la Cour de justice et le Tribunal de première instance des Communautés européennes », thèse, Université de la Réunion, 2000

Aut. conc., Communiqué du 16 mai 2011 relatif à la détermination du montant des sanctions pécuniaires

Comm. CE, Lignes directrices pour le calcul des amendes infligées en application de l'article 23, paragraphe 2, sous a), du règlement (CE), *JOUE* n° C 210 du 1er septembre 2006, p. 2

P

PRIVATISATION

Vincent BRIDOUX
Ministère de l'Économie, des Finances
et de la Souveraineté industrielle et numérique

■ Premier aperçu

La notion de privation désigne le transfert au secteur privé de la majorité des actifs d'une entreprise qui relevait jusqu'alors du secteur public (art. 22 V a) de l'ord. nº 2014-948 du 20 août 2014 relative à la gouvernance et aux opérations sur le capital des sociétés à participation publique). Ce transfert peut prendre plusieurs formes telles que la cession de titres, l'échange, la fusion ou la scission, l'émission d'actions ou d'obligations convertibles, ou encore la dissolution ou la liquidation.

Par conséquent, la conclusion d'une concession ou d'un marché de partenariat par lequel une personne publique confie une activité au secteur privé ne relève pas de la privatisation. De même, les opérations dites de « respiration » du secteur public, qui n'impliquent pas un transfert majoritaire de propriété au secteur privé, n'entrent pas dans le régime de la privatisation (art. 22 II et III de l'ord. nº 2014-948).

La privatisation permet aux autorités publiques de bénéficier d'un apport de liquidité, de préparer une ouverture à la concurrence, d'étendre les activités de l'entreprise privatisée au-delà de ses activités traditionnelles ou encore de disposer d'une plus grande liberté managériale.

Selon les cas, elle concerne des entreprises évoluant déjà sur des marchés concurrentiels (secteur de la banque ou des assurances, par exemple) ou peut avoir lieu dans un contexte de libéralisation de secteurs historiquement monopolistiques.

L'article 345 TFUE consacre une obligation de neutralité du droit européen à l'égard du régime de propriété dans les États membres ; il laisse aux États membres ce choix politique entre entreprises publiques ou privées et n'impose par conséquent aucune privatisation.

La privatisation n'entraîne pas un changement radical de la situation de l'entreprise concernée du point de vue du droit de la concurrence. Entreprises publiques comme privées sont soumises aux règles de concurrence, qu'il s'agisse du contrôle de leurs comportements ou des aides d'État dont elles peuvent être bénéficiaires.

Des aménagements sont néanmoins possibles, dans un cas comme dans l'autre, en considération des missions particulières qui leur sont confiées.

▪ Pour aller plus loin

En France, l'article 34 de la Constitution confie au seul législateur le pouvoir de décider de l'opportunité des privatisations. Néanmoins, le Conseil constitutionnel, dans sa décision nº 86-207 DC du 26 juin 1986, *Loi autorisant le Gouvernement à prendre diverses mesures d'ordre économique et social*, a précisé que l'usage de cette compétence devait se faire dans le « *respect des principes et des règles de valeur constitutionnelle qui s'imposent à tous les organes de l'État* ».

La protection constitutionnelle de la propriété publique impose en effet qu'un tel transfert ne soit pas réalisé à un prix inférieur à sa valeur. Les dispositions du neuvième aliéna du préambule de la Constitution s'opposent quant à elles à la privatisation d'une activité qui revêt le caractère de monopole de fait ou de service public national.

L'obligation de neutralité consacrée à l'article 345 TFUE doit être relativisée à plusieurs égards.

En effet, le régime juridique des établissements publics à caractère industriel et commercial est menacé par la présomption posée par la jurisprudence européenne selon laquelle l'octroi d'une garantie implicite et illimitée de l'État à de tels établissements constituerait un avantage au sens de l'article 107 TFUE (CJUE, 3 avril 2014, *France c/ Commission*, aff. C-559/12 P).

Par ailleurs, et s'il est vrai que la Commission ne saurait imposer une privatisation, il peut arriver en pratique que l'autorisation d'une aide soit accordée en considération de la privatisation de l'entreprise bénéficiaire (Comm. CE, déc. 98/204/CE du 30 juillet 1997, not. art. 2. Il est indiqué dans cette décision que « *[l]a solution proposée par les autorités françaises passe par l'adossement des deux pôles d'activité, la banque et l'assurance, à des partenaires indépendants et plus directement soumis aux lois du marché. La Commission considère cette solution comme appropriée car elle permet de reconstituer un système de contrôle plus efficace basé sur l'action sans distorsion des marchés* »).

Bibliographie

Belloubet-Frier (N.), « Privatisations et droit public », *Rev. eur. dr. pub.* 1994, p. 187

Bernard (S.), « Constitution et privatisation : sur l'existence de limites constitutionnelles au transfert au secteur privé », in *Les métamorphoses du droit : hommage à Jean-Marie Rainaud*, Paris, L'Harmattan, 2009, p. 121

Karpenschif (M.), « La privatisation des entreprises publiques : une pratique encouragée sous surveillance communautaire », *RFDA* 2002, p. 95

Köthenbürger (M.), Sinn (H.-W.) et Whalley (J.) (dir.), *Privatization Experiences in the European Union*, Cambridge, The MIT Press, 2006

Lombard (M.), « Les limites constitutionnelles à la privatisation des entreprises dont l'activité a le caractère d'un monopole », in *Mouvement du droit public. Du droit administratif au droit constitutionnel. Du droit français aux autres droits : Mélanges en l'honneur de Franck Moderne*, Paris, Dalloz, 2004, p. 673

Nicinski (S.), « Les privatisations dans la loi PACTE », *AJDA* 2019, p. 1261

OCDE, *A Policy Maker's Guide to Privatisation*, Paris, Éditions OCDE, 2019

Rapp (L.), « Les lois de privatisation et la "respiration" du secteur public », *RFDA* 1987, p. 153

Thirion (N.), « Existe-t-il des limites juridiques à la privatisation des entreprises publiques ? », *RIDE* 2002/4, p. 627

Ordonnance n° 2014-948 du 20 août 2014 relative à la gouvernance et aux opérations sur le capital des sociétés à participation publique, *JORF* n° 0194 du 23 août 2014

P

PRIX

Marcel BOYER
Université de Montréal

■ Premier aperçu

La notion de prix apparaît à d'innombrables endroits dans le droit de la concurrence, tant dans l'analyse des pratiques anticoncurrentielles que dans les concepts fondamentaux que sont la création de valeur et la compensation juste et équitable. Les prix sont des signaux de la valeur d'échange des biens et services, y compris du travail.

La détermination de la valeur d'un bien, d'un service, d'un investissement, d'une heure de travail, d'un bien ou actif public, d'une œuvre permanente tels une sculpture, un film, une chanson ou un enregistrement sonore, est un des plus importants enjeux de l'économie et du droit, mais aussi de la sociologie, de la philosophie, de la psychologie et de bien d'autres domaines des sciences humaines et sociales. La distinction entre la valeur totale, la valeur moyenne, la valeur marginale et la valeur de marché, telle que développée depuis la deuxième moitié du XIXe siècle, est cruciale et essentielle à la bonne compréhension des phénomènes économiques.

Les économistes sont à plus d'un titre les scientifiques de la valeur, y compris de la valeur du travail, du capital humain, du capital intellectuel, physique ou financier, des ressources naturelles, de l'environnement (espace, air, eau), des entreprises, des infrastructures, de la santé, de l'éducation, de la vie, etc.

Un prix juste et équitable est un prix qui respecte à la fois les intérêts des offreurs/producteurs (offre) – tant les offreurs de travail, de compétences, de capital humain et de biens et services intermédiaires que les offreurs de capital physique, financier ou intellectuel – et les intérêts des demandeurs/acheteurs (demande), utilisateurs ou employeurs de ces biens et services. Le respect des intérêts des partenaires à l'échange exige que ces derniers agissent de manière volontaire ou consentante, donc un contexte d'échange informé, libre ou concurrentiel.

Ainsi, un prix concurrentiel, personnalisé ou non (v. ci-dessous les prix de Lindahl), qui met en équilibre offre et demande, est fondamentalement synonyme d'un prix juste et équitable, car respectant les intérêts librement exprimés à la fois des offreurs et des demandeurs. Plus généralement, la compensation de tous les facteurs et la valeur de leur meilleure utilisation alternative respective doivent s'effectuer ou être calculées sur une base ajustée pour le risque encouru par le facteur considéré.

Nul ne peut en toute justice et équité forcer ses concitoyens à rémunérer ses compétences ou financer ses opérations si ces compétences et opérations ne génèrent rien d'utile ou de valable pour eux.

Avec l'arrivée du Big Data, la possibilité de prix personnalisés est devenue réalité. « *[L]e fait qu'une pratique d'une entreprise occupant une position dominante puisse [...] être qualifiée de "discrimination par les prix", à savoir l'application de prix différents à des clients différents ou à des catégories différentes de clients pour des produits ou des services dont les coûts sont les mêmes, ou, inversement, l'application d'un prix unique à des clients pour lesquels les coûts de l'offre varient, ne saurait, à lui seul, suggérer la présence d'une pratique d'éviction abusive* » (CJUE, 27 mars 2012, *Post Danmark A/S c/ Konkurrencerådet*, aff. C-209/10, pt 30).

■ Pour aller plus loin

La meilleure garantie que les offreurs seront équitablement rémunérés pour leurs biens et services, y compris leur travail, réside dans la concurrence que doivent se livrer les demandeurs de biens et services, y compris les demandeurs de main-d'œuvre. Et la meilleure garantie que les demandeurs seront appelés à verser un prix ou une rémunération équitable réside dans la concurrence que doivent se livrer les offreurs de biens et services, y compris de travail (v. règl. (CE) n° 1/2003).

À l'équilibre concurrentiel, le prix d'un produit, bien ou service, est égal à sa valeur d'opportunité marginale, c'est-à-dire à la valeur, telle qu'estimée par les acheteurs, que le non-achat à ce prix permettrait de générer au mieux, y compris en consommation, en loisir ou en toute autre activité.

Ainsi, la valeur des biens ou services qu'une personne contribue à offrir ou à vendre est déterminée par ses concitoyens, qui estiment librement ce que ces produits leur apportent à la marge en termes d'utilité, de bien-être ou de potentiel, et par le coût ou la valeur d'opportunité des ressources, travail et autres, incorporées dans ces produits, la différence entre les deux étant la compensation que la personne peut retirer de sa participation à la production et à la vente d'une unité additionnelle (valeur marginale). Dans ce contexte, le prix ou la valeur marginale des choses, des biens et services qu'une personne contribue à produire, ne pourrait augmenter que si elle pouvait contribuer à produire des biens et services de plus grande valeur pour ses concitoyens. Par ailleurs, cela peut être une source de motivation à modifier son portefeuille de compétences ou le panier de biens et services produits. Aussi, comme consommateur ou acheteur, toute personne envoie un message de ce genre lorsqu'elle décide de ne pas acheter tel produit, bien ou service.

L'entreprise peut être comprise comme une institution, un processus ou un mécanisme transformateur qui mélange fructueusement ou efficacement différents facteurs de production, y compris le travail humain, les matériaux, les ressources naturelles, les technologies, les capitaux empruntés et les capitaux propres, pour générer des biens et services utiles à ses concitoyens clients, consommateurs ou entreprises, de manière que la valeur totale de ses produits soit supérieure ou du moins non inférieure au coût total de tous les facteurs utilisés lorsque ces derniers sont payés ou compensés à la valeur de leur meilleure utilisation alternative. Si c'est le cas, l'entreprise est véritablement génératrice de valeur nette et de richesse. Comment s'en assurer ? Par la concurrence et les échanges libres et consentis.

Considérons trois types d'entreprises : l'entreprise capitaliste, l'entreprise travailliste et l'entreprise idéiste. Dans chacun des cas, le pouvoir résiduel de décisions, autres que celles prévues par contrat, appartiendra au groupe rémunéré en dernier, à savoir le capital financier en fonds propres (entreprise capitaliste), le capital humain (entreprise travailliste) ou le capital intellectuel (entreprise idéiste).

L'entreprise capitaliste (travailliste, idéiste) paiera en priorité tous ses facteurs autres que les fonds propres (le travail, les idées), qui sont rémunérés par la valeur résiduelle, à savoir la valeur totale des produits moins le coût total des facteurs prioritaires. Cette valeur résiduelle est incertaine, peut être positive ou négative, variable dans le temps, mais doit représenter en moyenne ou en espérance la valeur des fonds propres (du travail, des idées) dans leur meilleure utilisation alternative.

Étant donné les bienfaits de la libre concurrence et le rôle crucial des prix concurrentiels dans la création de richesse et de bien-être collectif, les États ont adopté des lois, politiques, moyens et institutions afin de favoriser la libre concurrence et de contrecarrer les dangers et méfaits des prix de monopole ou de cartel (fixation des prix, allocation des marchés, réduction de production) ou d'abus de position dominante, des prix d'éviction ou de prédation et des prix de revente contrôlés en amont. Les comportements illégaux peuvent être sujets à des amendes et peines de prison, calibrées en fonction du sérieux des manquements afin d'assurer la dissuasion des comportements illégaux et la restitution des gains obtenus le cas échéant (v. Comm. eur., communiqué IP/06/857 du 28 juin 2006 et document sur les amendes sanctionnant les infractions au droit de la concurrence).

Dans le cas des biens et actifs d'information, produits à coûts fixes élevés et à coûts variables faibles, voire nuls, et consommés réellement ou virtuellement en totalité par tous les consommateurs, les prix individualisés seront naturellement de mise. Afin de couvrir efficacement les coûts totaux de production, ces prix seront fonction des valeurs qu'en tirent les consommateurs plutôt que des coûts de production (prix de Lindahl – Schinkel et Tóth, 2016). Le développement économique des réseaux, fondés sur des standards technologiques assurant l'interconnexion des biens et services (téléphones intelligents et internet des objets, par exemple), a fait émerger le concept de prix juste, raisonnable et non discriminatoire (FRAND) des brevets dits « essentiels ». Dans les deux cas, il s'agit bel et bien de prix de type concurrentiel.

Bibliographie

Allain (m.-l.), Boyer (m.) et Ponssard (J.-P.), « The determination of optimal fines in cartel cases: Theory and practice », *Concurrences* n° 4-2011, art. n° 63260, p. 32

Allain (m.-l.), Boyer (m.), kotchoni (R.) et Ponssard (J.-P.), « Are Cartel Fines Optimal? Theory and Evidence from the European Union », *International Review of Law and Economics*, 2015, vol. 42, p. 38

Boyer (m.) et Faye (A. C.), « Music Royalty Rates for Different Business Models: Lindahl Pricing and Nash Bargaining », in *Encyclopedia of Law and Economics*, A. Marciano et G. Battista Ramello (dir.), New York, Springer, 2018

Boyer (m.) et Kotchoni (R.), « How Much Do Cartels Overcharge? », *Review of Industrial Organization*, 2015, vol. 47, n° 2, p. 119 ; The « Working Paper Version », CIRANO 2015s-37, juillet 2015, http://www.cirano.qc.ca/files/publications/2015s-37.pdf ; *TSE Working Papers* 14-462, Toulouse School of Economics (TSE)

Boyer (m.), Faye (A. C.), Gravel (E.) et Kotchoni (R.), « Guiding Principles in Setting Cartel Sanctions », *Concurrences* n° 3-2019, art. n° 91218, www.concurrences.com

Combe (E.) et Monnier (C.), « Fines against Hard Core Cartels in Europe: The Myth of Overenforcement », *The Antitrust Bulletin*, 2011, vol. 56, n° 2, p. 235

Connor (J. M.), « Price-fixing Overcharges », 3e éd., 2014 (disponible en ligne, https://papers.ssrn.com/sol3/papers.cfm?abstract_id=2400780)

Connor (J. M.) et Bolotova (Y.), « A Meta-Analysis of Cartel Overcharges », *International Journal of Industrial Organization*, 2006, vol. 24, p. 1109

Ginsburg (D. H.) et Wright (J. D.), « Antitrust Sanctions », *Competition Policy International*, 2010, vol. 6, n° 2, p. 3

Hirshleifer (J.), Glazer (A.) et Hirshleifer (D.), *Price Theory and Applications: Decisions, Markets, and Information*, 7e éd., Cambridge University Press, 2005

Kovacic (W. E.) et Shapiro (C.), « Antitrust Policy: A Century of Economic and Legal Thinking », *Journal of Economic Perspectives*, 2000, vol. 14, n° 1, p. 43

LERNER (J.) et TIROLE (J.), « Standard-Essential Patents », *Journal of Political Economy*, 2015, vol. 123, n° 3, p. 547

OCDE, « Table ronde sur les enquêtes d'office relatives aux ententes et sur l'utilisation de filtres pour détecter les ententes – Note de référence » DAF/COMP(2013)14, 11 juin 2014

SCHINKEL (M. P.) et TÓTH (L.), Balancing the Public Interest-Defense in Cartel Offenses, *Amsterdam Law School Legal Studies Research Paper* n° 2016-05 /*Amsterdam Center for Law & Economics Working Paper Paper* n° 2016-01, février 2016

TIROLE (J.), *Théorie de l'organisation industrielle*, Paris, Economica, 2015

Règlement (CE) n° 1/2003 du Conseil du 16 décembre 2002 relatif à la mise en œuvre des règles de concurrence prévues aux articles 81 et 82 du traité, *JOCE* n° L 1 du 4 janvier 2003, p. 1

Comm. eur., communiqué IP/06/857 du 28 juin 2006, Concurrence : la Commission modifie les lignes directrices pour le calcul des amendes dans les affaires antitrust

Voir aussi

Amende - Entreprise - FRAND

P

PRIX ABUSIFS

Benjamin WAN
Ministère de l'Économie, des Finances et de la Souveraineté industrielle et numérique

■ Premier aperçu

Selon l'OCDE, un prix abusif est un prix nettement supérieur au prix concurrentiel, du fait de l'existence d'un monopole ou de l'exercice d'une puissance sur le marché.

Sur un marché concurrentiel, toute augmentation tarifaire par un acteur l'expose au risque de perte de clientèle au profit d'une société concurrente mieux-disante, la concurrence agissant comme un mécanisme de régulation du marché. De ce point de vue, la pratique par une entreprise d'un prix élevé ne représente pas un danger particulier pour le marché. Il en va autrement lorsqu'une entreprise dominante opère sur un marché captif, c'est-à-dire un marché où les consommateurs n'ont pas d'alternative crédible afin de s'affranchir du surcoût des offres de l'entreprise dominante. La position dominante de celle-ci peut notamment être conférée par la présence d'un brevet, d'un droit d'auteur ou encore par des effets de réseau comme sur les marchés numériques, par exemple. Dans ce cas, la pratique du prix excessif constitue un abus d'exploitation prohibé par l'article 102 TFUE et l'article L. 420-2 du code de commerce (v. Cons. conc., déc. n° 00-D-27 du 13 juin 2000, dite « Prison d'Osny », concernant les prix pratiqués par la seule boutique se situant dans une prison).

La reconnaissance d'un cas d'abus de position dominante du fait de la fixation d'un prix abusif n'a rien d'évident. Dans un système d'économie de marché, le mécanisme d'affectation des ressources repose sur la rencontre de l'offre et de la demande autour d'un prix qui doit être souple et fluctuant. La liberté de fixation de prix constitue ainsi une composante fondamentale de l'économie de marché. En Europe, si le principe de la prohibition du prix abusif pratiqué par une entreprise dominante semble bien posé (CJCE, 13 novembre 1975, *General Motors*, aff. 26-75), sa démonstration reste soumise à un standard de preuve élevé.

Critères pour caractériser un prix abusif

Afin de déterminer si un prix pratiqué par une entreprise dominante est abusif, la Cour de justice de l'Union européenne pose un test d'adéquation entre la valeur économique de la prestation fournie et le prix pratiqué. Il y a prix abusif lorsque peut être démontrée une disproportion manifeste entre ces deux éléments (*General Motors*, préc. ; CJCE, 11 novembre 1986, *British Leyland*, aff. 226/84). Cela est évidemment le cas si l'opérateur en position dominante exige des paiements alors même qu'il n'y a pas de prestation en contrepartie (s'agissant d'un système allemand de collecte et de valorisation des déchets d'emballage, CJCE, 16 juillet 2009, *Der Grüne Punkt – Duales System Deutschland GmbH*, aff. C-385/07 P).

En revanche, même en présence d'une telle disproportion manifeste, l'abus n'est pas constitué lorsque l'entreprise dominante est capable d'apporter une justification économique (CJCE, 8 juin 1971, *Deutsche Grammophon*, aff. 78-70). Par ailleurs, il faut que ce soit la position dominante de l'entreprise en cause qui lui ait permis d'obtenir les avantages des transactions relevant d'abus d'exploitation (CA Paris, 14 novembre 2019, RG 18/23992, p. 92).

Démonstration du prix inéquitable

Quant à la détermination pratique du caractère inéquitable d'un prix, deux méthodes peuvent se présenter : l'une consiste à définir pour chaque marché examiné un seuil au-delà duquel le prix est considéré comme abusif – cette méthode a le mérite de la simplicité, mais elle est susceptible de porter une atteinte excessive à la liberté tarifaire de l'entreprise en cause, compte tenu des caractéristiques propres du marché dans lequel elle se trouve (structure de marché, caractéristiques des produits, etc.) ; l'autre consiste à comparer le prix pratiqué à un contrefactuel, c'est-à-dire un niveau théorique de prix jugé raisonnable (cela peut notamment correspondre au niveau de prix concurrentiel). Néanmoins, la robustesse du contrefactuel calculé par les autorités de concurrence pourrait être fréquemment remise en cause.

Sur l'appréciation du caractère inéquitable d'un prix, la jurisprudence européenne a apporté progressivement des précisions méthodologiques. Les autorités de concurrence doivent, après avoir examiné s'il existe une disproportion excessive entre le coût effectivement supporté et le prix effectivement réclamé, examiner s'il y a imposition d'un prix inéquitable, soit au niveau absolu, soit par comparaison avec les produits concurrents. Cette analyse doit reposer sur une comparaison effectuée sur une base homogène dans le cadre d'une analyse des composants du prix pratiqué (CJCE, 14 février 1978, *United Brands*, aff. 27/76, pt 252).

Dans une récente affaire *AKKA/LAA*, la CJUE écarte la méthodologie se fondant sur un seuil d'abus déterminé à l'avance. En effet, le niveau du prix en lui-même n'est pas le seul déterminant du caractère inéquitable du prix ; il convient de prendre en compte l'ensemble des éléments du dossier, notamment les modalités objectives de la fixation du prix par une entreprise en position dominante, dans la situation concrète du marché concerné. L'arrêt précise par ailleurs que lorsqu'une autorité de concurrence compare les tarifs pratiqués par une entreprise en cause et ceux des produits concurrents, l'écart entre les tarifs comparés doit être considéré comme sensible si celui-ci est significatif et persistant. Un tel écart constitue un indice d'abus de position dominante et il appartient à l'entreprise en cause de démontrer que ses prix sont équitables en se fondant sur des éléments objectifs (CJUE, 14 septembre 2017, *Autortiesību un komunicēšanās konsultāciju aģentūra / Latvijas Autoru apvienība c/ Konkurences padome*, aff. C-177/16, pt 56).

Enfin, dans un arrêt remarqué, la Cour de cassation française a jugé que l'appréciation du caractère équitable d'une augmentation tarifaire se confondait avec celle du caractère équitable du prix en résultant. Ainsi, une augmentation tarifaire brutale, significative et non transitoire pratiquée par une entreprise dominante, même sans justification objective et pertinente, ne suffit pas en elle-même à constituer un abus de position dominante. Il convient également d'établir le caractère inéquitable du prix résultant d'une telle augmentation tarifaire (Cass. com., 7 juillet 2021, arrêt n° 19-25.586, dit « Sanicorse »).

Malgré ces clarifications bienvenues, la démonstration du caractère inéquitable des prix reste un exercice techniquement délicat.

■ Pour aller plus loin

Il convient d'évoquer d'autres cas où une pratique tarifaire peut être considérée comme abusive. C'est d'abord le cas du prix prédateur, c'est-à-dire la fixation par une entreprise dominante d'un prix intérieur à certains de ses coûts, dans l'intention crédible d'évincer, à terme, les concurrents actuels ou potentiels. Une présomption d'abus est même établie par la jurisprudence européenne et nationale pour la fixation des prix inférieurs au coût variable. C'est aussi le cas du prix abusivement bas, qui sont « *les offres de prix ou pratiques de prix de vente aux consommateurs abusivement bas par rapport aux coûts de production, de transformation et de commercialisation, dès lors que ces offres ou pratiques ont pour objet ou peuvent avoir pour effet d'éliminer d'un marché ou d'empêcher d'accéder à un marché une entreprise ou l'un de ses produits* », et prohibés par l'article L. 420-5 du code de commerce. Les lecteurs intéressés peuvent se reporter aux pages du dictionnaire dédiées aux prix prédateurs.

Bibliographie

OCDE, Centre pour la coopération avec les économies en transition, *Glossaire d'économie industrielle et de droit de la concurrence*, Paris, OCDE, 1993

Voir aussi

Abus de position dominante - Droit d'auteur - Effets de réseau - Prix d'éviction (ou prédatoire ou prédateur)

P

PRIX BAS

Emmanuel COMBE
Université Paris I Panthéon-Sorbonne

■ Premier aperçu

En économie, un prix bas est généralement considéré comme le signe du bon fonctionnement concurrentiel des marchés ; en effet, en présence de multiples offreurs ou si l'entreprise en place est menacée par l'arrivée de nouveaux concurrents, le prix ne peut être durablement élevé par rapport au coût unitaire de production. Dans un cas limite, celui de la concurrence pure et parfaite, le prix va tendre vers le coût marginal de production, qui équivaut au coût de production d'une unité supplémentaire. Du point de vue collectif, un prix bas est en règle générale une bonne nouvelle pour le surplus des consommateurs, mais également pour le bien-être total, qui augmente. On comprend dans ces conditions que le prix bas ne constitue pas en soi une préoccupation centrale du droit de la concurrence.

Pour autant, dans des cas très particuliers, un prix bas peut devenir problématique s'il est inférieur au coût de production et s'il a pour objet ou effet d'évincer/d'empêcher l'accès au marché d'un concurrent aussi efficace.

Lorsque l'entreprise est en situation de position dominante, le prix abusivement bas relève de l'article L. 420-2 du code de commerce (ou de l'art. 102 TFUE), relatif à l'abus de position dominante, lorsqu'il prend la forme d'une pratique de « prix prédateur ».

Même en l'absence d'une position dominante, un prix peut être considéré comme abusivement bas, au titre de l'article L. 420-5 du code de commerce : « *Sont prohibées les offres de prix ou pratiques de prix de vente aux consommateurs abusivement bas par rapport aux coûts de production, de transformation et de commercialisation, dès lors que ces offres ou pratiques ont pour objet ou peuvent avoir pour effet d'éliminer d'un marché ou d'empêcher d'accéder à un marché une entreprise ou l'un de ses produits [...]* »

En pratique toutefois, si l'Autorité de la concurrence a été saisie à plusieurs reprises sur le fondement de l'article L. 420-5, aucune sanction n'a été prononcée jusqu'ici à ce titre, le plus souvent parce que les faits dénoncés ne visaient pas le consommateur final.

C'est donc principalement sous l'angle de l'abus de position dominante que le prix excessivement bas est appréhendé. Il constitue le pendant du prix excessivement élevé et repose sur un standard de preuve très strict. L'enjeu est en effet d'éviter de sanctionner une pratique de prix bas qui résulterait du jeu normal de la concurrence. Une entreprise peut en effet pratiquer des prix bas pour des raisons proconcurrentielles, notamment lorsqu'elle lance un nouveau produit ou pour bénéficier d'effets d'expérience.

■ Pour aller plus loin

La question centrale est celle de la démonstration d'un prix abusivement bas. Dans son arrêt *AKZO* du 3 juillet 1991, la Cour de justice a distingué deux situations dans lesquelles un prix bas peut être qualifié de « prix prédateur ». Dans les deux cas, il s'agit d'un test qui met en relation un prix observé avec les coûts pertinents de l'entreprise mise en cause.

Un premier cas de figure est celui dans lequel le prix pratiqué par l'entreprise en position dominante est inférieur à la moyenne de ses coûts variables. Dans ce cas, la pratique de prix prédateur peut être présumée. Cette présomption est toutefois réfragable. Ainsi, dans la décision nº 00-D-50 concernant la Française des jeux, le Conseil de la concurrence a considéré que si « *la jurisprudence considère généralement que la vente au-dessous du coût variable moyen suffit à caractériser une stratégie prédatrice, aucune autre justification ne pouvant être apportée à un tel comportement [...], cependant, d'une part, ce critère ne peut être appliqué lorsqu'un prix n'est inférieur au coût variable moyen que de façon épisodique ; [...] d'autre part, l'existence d'une stratégie prédatrice doit être crédible au regard du contexte* ».

Un second cas est celui d'un prix inférieur à la moyenne des coûts totaux, qui comprennent les coûts fixes et les coûts variables, mais supérieur à la moyenne des coûts variables. Dans ce cas de figure, le prix bas peut être considéré comme abusif s'il est fixé dans le cadre d'un plan ayant pour but d'éliminer/discipliner un concurrent aussi efficace. Afin de démontrer ce « plan d'éviction », la pratique des prix bas doit donc s'accompagner d'indices suffisamment sérieux, probants et concordants. Par exemple, dans sa décision nº 04-D-10 (*UGC Ciné Cité*), le Conseil de la concurrence a considéré qu'une pratique de prédation suppose qu'elle soit appliquée pendant un temps suffisamment long « *pour évincer les concurrents, dans l'espoir de récupérer les pertes subies en pratiquant des prix élevés une fois les concurrents sortis du marché* ». Le Conseil de la concurrence a ajouté que « *[p]our qu'une telle stratégie ait une chance d'être profitable, il faut, d'une part, que les concurrents ne puissent pas résister trop longtemps aux prix bas et décident de sortir assez vite du marché et d'autre part, qu'il existe des barrières à l'entrée substantielles sur le marché considéré, de manière à ce que les prix élevés pratiqués dans le futur n'induisent pas le retour des concurrents évincés ou l'entrée de nouveaux opérateurs* ». Les économistes insistent beaucoup sur la nécessité de prouver la possibilité pour l'entreprise en position dominante de « récupérer » ses pertes après la période de prédation, ce qui suppose qu'il existe des barrières à l'entrée assez élevées. À l'occasion des affaires *Tetra Pak* (1996) et *France Télécom* (2009), la Cour de justice n'a toutefois pas intégré le test de « recoupement des pertes » comme une condition nécessaire à la démonstration d'un scénario de prix prédateurs.

En pratique, la démonstration d'un prix abusivement bas n'est pas une tâche aisée, en particulier lorsque l'entreprise est multiproduit ou dispose de capacités de production supplémentaires. La notion de « coût marginal » est alors remplacée par celle de coût évitable moyen (CEM), qui désigne la moyenne des coûts qui auraient pu être évités si l'entreprise n'avait pas produit la quantité supplémentaire dont on soupçonne qu'elle est prédatrice. En pratique, cela revient à vérifier que les recettes de la vente supplémentaire couvrent bien les coûts supplémentaires de cette vente. De même, le coût total moyen est remplacé par la notion de coût moyen incrémental de long terme (CMILT) : ce coût désigne la moyenne de tous les coûts, fixes comme variables, que supporte l'entreprise sur le produit en cause.

Bibliographie

Bolton (P.), Brodley (J. F.) et Riordan (M. H.), « Predatory Pricing: Strategic Theory and Legal Policy », Working paper, 1999

Combe (E.), *Économie et politique de la concurrence*, 2e éd., Paris, Dalloz, 2020, chap. 5

P

PRIX D'ÉVICTION (OU PRÉDATEUR)

Walid CHAIEHLOUDJ
Université de Perpignan

Premier aperçu

Les prix prédateurs sont justiciables de l'article 102 TFUE et de l'article L. 420-2 du code de commerce. Il s'agit d'une stratégie d'éviction mise en place par une entreprise dominante aux fins d'éliminer des concurrents potentiels ou actuels du marché. Précisément, l'entreprise en position dominante accepte délibérément de supporter des pertes ou de renoncer à des bénéfices à court terme de façon à évincer ses concurrents réels ou potentiels. Aussi, mettre en place une stratégie de prix prédateurs, est-ce parier sur un avenir concurrentiel paisible, c'est-à-dire sans concurrents. Ici, le dessein de l'entreprise dominante est clair : maintenir son monopole à long terme tantôt en dissuadant l'entrée d'un rival sur le marché en lui adressant un signal faussé ; tantôt en asphyxiant les entreprises d'ores et déjà présentent sur le marché. Partant, les prix prédateurs apparaissent redoutables tant dans leur dimension préventive que dans leur dimension curative.

Pour comprendre l'essence de cette pratique, revenir à la définition du mot « prédateur » ne semble pas inutile. Étymologiquement, il vient du latin *praedator*, qui signifie « pillard, voleur », lequel dérive du terme *praeda*, qui veut dire « proie prise à la chasse ou à la pêche ». Autrement dit, est prédateur celui qui s'approprie le bien d'autrui de façon illicite. Ainsi, les prix prédateurs ne sont-ils rien d'autre que des prix scélérats, déconnectés de la réalité des coûts supportés par l'entreprise dominante. Le résultat de la manœuvre ressemble à s'y méprendre à un vol, mais à un vol fort singulier, puisqu'il s'agit de voler des… consommateurs et de les tromper. En somme, les prix prédateurs portent une injure flagrante à la concurrence par les mérites, les consommateurs étant attirés par les prix bas de l'entreprise dominante que les concurrents ne peuvent pas pratiquer sous peine de tomber dans les limbes de la cessation des paiements. Mais comment identifier un prix prédateur ? Et existe-t-il différentes « espèces » de prix prédateurs ?

L'identification des prix prédateurs

L'identification d'un prix prédateur n'est guère évidente. La principale difficulté tient au fait que cette stratégie produit des effets paradoxaux pour le consommateur. En effet, en apparence, un prix prédateur contribue grandement à son bien-être, du moins lorsque l'on observe les effets de la pratique à court terme. Profitant de prix très faibles, le consommateur voit son « surplus » s'accroître, si bien que le solde entre la somme qu'il est prêt à débourser et le prix effectivement payé apparaît outrageusement positif. Or, il ne s'agit que d'une apparence trompeuse. Car à long terme, le bien-être du consommateur est puissamment affecté, notamment lorsque la stratégie conduit à sortir une entreprise efficace du marché ou à la décourager d'y entrer. Quoi qu'il en soit, il a fallu bâtir un test économique pour déterminer dans quelles circonstances objectives un prix doit être qualifié de prédateur. Historiquement, on doit la paternité de ce test à deux économistes américains : les professeurs Areeda et Turner. Selon ces auteurs, lorsque les prix fixés par une entreprise dominante sont inférieurs aux coûts moyens totaux, mais supérieurs aux coûts moyens variables, il existe une présomption simple selon laquelle le prix n'est pas prédateur. En revanche, si le prix est inférieur aux coûts moyens variables, son caractère prédateur doit être présumé, si bien que la stratégie mise en œuvre se révèle anticoncurrentielle. En ce cas, le produit ou le service est proposé à un prix inférieur à son coût de production. Aussi, s'agit-il d'une vente… à perte ! Or, en principe, il n'est pas rationnel pour une entreprise de choisir de perdre de l'argent pour chaque unité vendue. En effet, pourquoi une entreprise adopterait-elle un comportement qui ne peut que la conduire à une mort économique ?

Nonobstant la grande controverse doctrinale que provoqua outre-Atlantique l'article d'Areeda et Turner, leur test convainquit la Cour de justice. Celle-ci s'en est grandement inspirée pour contrôler la licéité des prix prédateurs. Dans son célèbre arrêt *Akzo*, où la Cour a pour la première fois eu affaire à une pratique de prix prédateur, elle a jugé que les « *prix inférieurs à la moyenne des coûts variables (c'est-à-dire de ceux qui varient en fonction des quantités produites) par lesquels une entreprise dominante cherche à éliminer un concurrent doivent être considérés comme abusifs* » (CJCE, 3 juillet 1991, aff. C-62/86, pt 71). Concrètement, avec cette décision, la Cour a posé une présomption d'illicéité de la pratique, présomption qui englobe également « l'intention » prédatrice de l'entreprise dominante. Aussi, n'est-il pas nécessaire de démontrer que l'entreprise poursuivie avait eu l'intention d'évincer un concurrent du marché. En elle-même, la pratique doit être considérée comme contraire à l'article 102 TFUE. Cependant, la Cour n'a pas jeté l'anathème sur toutes les formes de prix bas. Influencée par l'école de Chicago, elle a ajouté dans la même affaire que « *des prix inférieurs à la moyenne des coûts totaux, qui comprennent les coûts fixes et les coûts variables, mais supérieurs à la moyenne des coûts variables doivent être considérés comme abusifs [uniquement] lorsqu'ils sont fixés dans le cadre d'un plan ayant pour but d'éliminer un concurrent* » (*ibid.*, pt 72). Autrement dit, dans une telle hypothèse, le demandeur voit sa charge probatoire s'alourdir puisqu'il devra apporter des preuves tangibles montrant l'intention de l'entreprise dominante d'évincer ses concurrents du marché. Quoique stable dans ces principes, la jurisprudence de la Cour s'est vue contestée. Il faut dire que le test Areeda-Turner n'emporta guère l'adhésion de toute la doctrine, une partie estimant qu'un prix prédateur ne devrait être illicite que lorsqu'il est constaté qu'après avoir évincé ses concurrents l'entreprise dominante a augmenté ses prix pour récupérer les pertes subies. Partant, cette doctrine poussa-t-elle à l'application d'un test plus souple, imposant la démonstration de la récupération des pertes subies postérieurement à la mise en œuvre de la pratique. Cette défense des prix prédateurs a, semble-t-il, séduit les plaideurs. Certains d'entre eux essayèrent dans leur pourvoi de renverser la jurisprudence *Akzo*. La première tentative pour faire adopter le test « de la récupération des pertes » s'est donnée à voir dans l'affaire *Tetra Pak II*. Elle fut ostensiblement infructueuse. Dans son arrêt, la Cour ferma quasiment la porte à un revirement en énonçant que « *dans les circonstances de [l']espèce, il ne serait pas opportun d'exiger en outre, à titre de preuve supplémentaire, qu'il soit démontré que Tetra Pak avait une chance réelle de récupérer ses pertes* » (CJCE, 14 novembre 1996, aff. C-333/94 P, pt 44). Cependant, on put penser en lisant la lettre de l'arrêt que la Cour n'était pas entièrement rétive à la consécration du test de la récupération des pertes. Certains d'ailleurs ne se privèrent pas d'interpréter l'arrêt comme une décision dont la portée était strictement limitée à l'espèce. Dans la seconde tentative, la Cour mit définitivement fin à toute spéculation. Dans l'affaire dite « Wanadoo », elle refusa sèchement de suivre son avocat général qui, dans ses conclusions, plaidait pour conditionner la caractérisation de l'abus à la preuve de la récupération des pertes. Or, pour la juridiction luxembourgeoise, « *il ne ressort pas de la jurisprudence de la Cour que la preuve de la possibilité de récupération des pertes subies du fait de l'application, par une entreprise en position dominante, de prix inférieurs à un certain niveau de coûts constitue une condition nécessaire afin d'établir le caractère abusif d'une telle politique de prix* » (CJCE, 2 avril 2009, aff. C-202/07 P, pt 110).

En somme, la jurisprudence européenne permet d'établir une grille d'analyse au terme de laquelle il est possible de déterminer si un prix prédateur constitue ou non une stratégie d'éviction contraire à l'article 102 TFUE. Trois scénarios sont envisageables :

– lorsque les prix pratiqués par l'entreprise dominante sont supérieurs aux coûts totaux moyens, la pratique est licite et ne sera pas qualifiée d'abus de position dominante (zone blanche) ;

– lorsque les prix sont inférieurs à la moyenne des coûts totaux et supérieurs aux coûts moyens variables, il faut démontrer que les prix ont été fixés pour éliminer un concurrent. L'absence de cette preuve conduit à écarter l'illicéité de la pratique (zone grise) ;

- lorsque les prix sont inférieurs à la moyenne des coûts variables, la pratique est illicite. La stratégie est présumée enfreindre l'article 102 TFUE, de sorte qu'il n'est pas nécessaire d'apporter la preuve de l'intention de l'entreprise (zone noire). Autrement dit, la Commission européenne et les autorités nationales de concurrence n'ont pas à démontrer les effets concrets de la pratique sur le marché.

Les différentes espèces de prix prédateurs

Les prix prédateurs peuvent prendre plusieurs formes. Aussi est-il possible d'ériger une petite taxinomie des différentes espèces de prix prédateurs. Trois formes méritent une attention particulière :

- tout d'abord, la « prédation par signal » : dans ce scénario, l'entreprise prédatrice adresse un faux signal à sa proie aux fins qu'elle renonce à entrer sur le marché. Pour ce faire, l'entreprise dominante accepte de supporter des pertes colossales dans le dessein de biaiser l'information des potentiels entrants. En pratique, l'entreprise cherche à envoyer un message négatif de non-rentabilité du marché. Si l'information est considérée comme crédible et sérieuse, la stratégie sera redoutable ;
- ensuite, la « prédation financière » : très efficace, cette stratégie ne fonctionne que dans les hypothèses où le nouvel entrant est dépendant d'un financement externe. L'idée est de fragiliser la confiance des établissements de crédit, réputés moins tolérants à l'égard des nouveaux entrants. Ici, l'entreprise dominante pratiquera des prix extrêmement bas pour tarir les sources de financement de ses concurrents. Obligées de suivre les prix pratiqués par le prédateur, les proies accusent des mauvais résultats et peu à peu les robinets du financement leur seront fermés. Privées d'argent, elles ne peuvent plus investir dans des équipements, dans la recherche et le développement, et finissent par sortir du marché. Une mort lente donc, mais inéluctable ;
- enfin, la stratégie dite « d'innovation prédatrice » : dans ce scénario, l'entreprise dominante évince le nouvel entrant en commercialisant à un prix très faible une innovation. Pour réussir, cette stratégie exige du prédateur d'agir avec célérité. Il doit mettre sur le marché son nouveau produit afin que les consommateurs achètent prioritairement son produit, si bien que la demande pour le produit du nouvel entrant sera quasi nulle.

▪ Pour aller plus loin

Les pratiques de prix prédateurs bénéficient d'un régime sensiblement différent des deux côtés de l'Atlantique. Dans l'Union, la place donnée à la présomption est importante. Aussi, l'approche retenue apparaît-elle moins économique que celle à l'œuvre aux États-Unis. De plus, la Cour de justice accorde un rôle substantiel à l'intention. Pour leur part, les juridictions américaines ont développé leur jurisprudence en s'appuyant davantage sur les théories économiques conçues par l'École de Chicago que sur le test Areeda-Turner. Phobiques aux erreurs de type I, les juridictions ont privilégié une approche fondée sur les effets. Aussi ont-elles fait du test de la récupération des pertes subies le principe dans le contentieux des prix prédateurs. Dès 1989, dans l'affaire *Rose Acre*, la cour d'appel du septième circuit refusa d'ouvrir les prétoires antitrust aux demandeurs. Pour la juridiction, dès lors qu'il n'est pas démontré la possibilité pour l'entreprise poursuivie de récupérer ses pertes, les actions judiciaires ne sont pas recevables. L'arrêt de principe quant à lui viendra quatre années plus tard. Dans l'arrêt *Brooke*, la Cour suprême fit du test de la récupération des pertes subies « le » test antitrust à appliquer dans les affaires de prix prédateurs. La Cour américaine avait jugé dans cet arrêt que « *la récupération des pertes est l'objet ultime de la pratique prédatrice illicite ; c'est le moyen par lequel le prédateur profite de la prédation. Sans elle, les prix prédateurs entraînent une baisse globale des prix sur le marché, et augmentent le bien-être des consommateurs* ».

À quelle école convient-il de se rallier ? L'européenne ou l'américaine ? La réponse n'est guère aisée. Assurément, l'Européen saluera le courage, voire la hardiesse, de la Cour de justice, qui n'a pas craint de voir éclore des faux positifs sur le vieux continent. Ce risque de sanctionner des pratiques qui en réalité ne sont pas anticoncurrentielles semble tout à fait assumé. De leur côté, les américanophiles féliciteront sans doute le choix de ne prohiber que les pratiques dont on a la certitude qu'elles enfreignent le Sherman Act. À vrai dire, cette seconde thèse, aussi séduisante soit-elle, apparaît quelque peu fragile. Pour s'en convaincre, il suffit de s'intéresser à l'état du contentieux des prix prédateurs aux États-Unis. Depuis la décision *Brooke*, ce contentieux ne s'est pas simplement rapetissé, il a complètement disparu. Aussi, est-il permis de se demander si le standard actuel ne provoque pas un effet délétère indésiré, à savoir le maintien de stratégies anticoncurrentielles sur le marché. Finalement, à force de courir après les faux positifs, les États-Unis n'ont-ils pas fait des faux négatifs les grands gagnants de la course ?

Bibliographie

AREEDA (P.) et TURNER (D. F.), « Predatory Pricing and Related Practices Under Section 2 of the Sherman Act », *Harvard L. Rev.*, 1975, vol. 88, n° 4, p. 697

EASTERBROOK (F. H.), « Predatory Strategies and Counterstrategies », *U. Chi. L. Rev.*, 1981, vol. 48, p. 263

FUDENBERG (D.) et TIROLE (J.), « A "signal-jamming" theory of predation », *RAND Journal of Economics*, 1986, vol. 17, n° 3, p. 366

PETIT (N.), *Droit européen de la concurrence*, 3e éd., Paris-La Défense, LGDJ, 2020

PRIETO (C.) et BOSCO (D.), *Droit européen de la concurrence : ententes et abus de position dominante*, Bruxelles, Bruylant, 2013

VOGEL (L.) (dir.), *L'américanisation du droit de la concurrence : jusqu'où ?*, Paris, Éditions Panthéon-Assas, 2020

Communication de la Commission, Orientations sur les priorités retenues par la Commission pour l'application de l'article 82 du traité CE aux pratiques d'éviction abusives des entreprises dominantes, *JOUE* n° C 45 du 24 février 2009, p. 2

P

PRIX DE VENTE IMPOSÉ

Alexandre GLATZ
Osborne Clarke

Premier aperçu

Si le principe est celui de la libre fixation des prix déterminés par le jeu de la concurrence, il n'en demeure pas moins que la pratique consistant à imposer à un distributeur indépendant un prix de vente fixe ou minimal est en principe illicite.

Une telle pratique est en effet susceptible de constituer une pratique restrictive de concurrence au sens de l'article L. 442-6 du code de commerce, qui punit d'une « *amende de 15 000 € le fait par toute personne d'imposer, directement ou indirectement, un caractère minimal au prix de revente d'un produit ou d'un bien, au prix d'une prestation de service ou à une marge commerciale* ».

La pratique de prix de vente imposé peut, en outre, constituer une entente au sens des articles L. 420-1 du code de commerce et 101 TFUE ou un abus de position dominante au sens des articles L. 420-2 du code de commerce et 102 TFUE et, à ce titre, être interdite comme constituant une pratique anticoncurrentielle.

Le règlement (UE) 2022/720 sur les restrictions verticales, tel qu'interprété par les lignes directrices du 10 mai 2022, considère la pratique des prix de vente imposés – c'est-à-dire les accords ou pratiques concertées ayant directement ou indirectement pour objet l'établissement d'un prix de vente fixe ou minimal que l'acheteur est tenu de respecter – comme une restriction caractérisée qui doit être exclue du bénéfice de l'exemption par catégorie. En revanche, le fournisseur reste libre d'imposer un prix de vente maximal ou de conseiller un prix de revente, à condition que le revendeur conserve réellement la liberté de déterminer le prix de revente au public soit en dessous du prix maximal, soit sans se sentir lié par le prix conseillé (art. 4 a) du règl. (UE) 2022/720 et lignes directrices sur les restrictions verticales (ci-après « LD »), pt 185 et s.).

La preuve d'une pratique d'entente sur les prix de revente suppose la démonstration d'un accord de volonté entre le fournisseur et son distributeur. Lorsque le prix de vente est directement fixé, la restriction est évidente. Ce concours de volonté peut se manifester à travers l'existence de preuves documentaires explicites, telles que des conditions générales de vente ou clauses contractuelles (v. en ce sens, Aut. conc., déc. n° 21-D-26 du 8 novembre 2021).

Il arrive cependant plus fréquemment que des clauses contractuelles imposent un prix de vente fixe ou minimal par des moyens indirects ou dissimulés, par exemple en fixant la marge du distributeur ou le niveau maximal de réductions, en subordonnant l'octroi de ristournes au respect d'un niveau de prix déterminé, en liant le prix de revente imposé aux prix de vente pratiqués par la concurrence, ou encore en usant de mesures de contraintes (menaces, intimidations, avertissements) ou de sanctions (retards ou suspensions de livraison ou résiliation de l'accord) en cas de non-respect d'un niveau de prix donné. Ces différents moyens peuvent être renforcés par des systèmes de surveillance des prix ou de dénonciation des distributeurs déviants (LD, pt 185 et s. ; v. not., pour un exemple récent de mesures de représailles et de sanctions, Aut. conc., déc. n° 20-D-20 du 3 décembre 2020, *Dammann Frères*).

En l'absence de documents ou de clauses contractuelles claires établissant la concertation, les autorités françaises ont développé un test en trois temps pour démontrer le consentement des distributeurs à la politique de prix du fournisseur, résultant de la réunion d'un faisceau d'indices précis, graves et concordants constitué par (v. en ce sens, Cons. conc., déc. n° 07-D-50 du 20 décembre 2007 ou en sens inverse, Aut. conc., n° 19-D-17 du 30 juillet 2019) :

- l'évocation, entre le fournisseur et les distributeurs, des prix de vente au détail ;
- la mise en place d'une police des prix auprès des distributeurs « déviants » ou au moins d'une surveillance des prix ;
- le constat que les prix de vente recommandés sont appliqués de manière significative par les distributeurs.

Les pratiques de prix imposés peuvent bénéficier de l'exemption individuelle prévue aux articles 101, paragraphe 3, TFUE ou L. 420-4 du code de commerce lorsque les conditions cumulatives prévues à ces articles sont remplies : la preuve des gains d'efficience, le caractère nécessaire et proportionné de la restriction de concurrence, une répercussion des profits sur les utilisateurs finaux et l'absence d'élimination de toute concurrence sur le marché.

En ce sens, les lignes directrices sur les restrictions verticales mentionnent quatre hypothèses dans lesquelles une pratique de prix de vente imposé par le fournisseur pourrait se voir exempter en raison des gains d'efficience générés : une période de lancement d'un nouveau produit, une campagne de prix bas coordonnée de courte durée dans un réseau de distribution, le moyen d'empêcher un distributeur d'utiliser le produit comme produit d'appel, et la distribution de produits d'expérience ou complexes (LD, pt 197).

À noter que le nouveau règlement sur les restrictions verticales est entré en vigueur le 1er juin 2022.

■ Pour aller plus loin

Par deux avis en date du 31 mai 2021, la Commission d'examen des pratiques commerciales (CEPC) est venue préciser ces règles, notamment s'agissant des pratiques consistant, premièrement, pour un fournisseur, à distribuer à des revendeurs des catalogues mentionnant des tarifs à destination des clients finaux et, deuxièmement, à imposer aux franchisés d'un réseau de distribution l'alignement sur les prix des produits annoncés sur le site internet dudit réseau (CEPC, avis nº 21-4 et nº 21-5 du 31 mai 2021).

À cette occasion, la CEPC rappelle notamment le principe de la distinction entre les prix de revente fixes ou minimaux imposés (illicites) et les prix de revente conseillés (licites), ainsi que l'existence de tempéraments à l'interdiction des prix de revente fixes ou minimaux imposés.

Dans son avis nº 21-4, la CEPC souligne que :

- par exception à la prohibition des ententes, une coopérative de commerçant détaillants a la possibilité de définir et de mettre en œuvre par tous moyens une politique commerciale commune propre à assurer le développement et l'activité de ses membres « *par la réalisation d'opérations commerciales publicitaires ou non pouvant comporter des prix communs* » (art. L. 124-1, 6° C. com.) ;
- ne constitue pas une pratique prohibée la fixation concertée de prix de revente, réalisée sous certaines modalités, par des commerçants indépendants regroupés sous une même enseigne, lorsque ces derniers ne se situent pas sur les mêmes zones de chalandise (Cons. conc., déc. nº 94-D- 60 du 13 décembre 1994, p. 21 ; Aut. conc., avis nº 10-A- 26 du 7 décembre 2010).

Bibliographie

Communication de la Commission, Lignes directrices sur les restrictions verticales, C(2022) 4238 final, 28 juin 2022

Règlement (UE) 2022/720 de la Commission du 10 mai 2022 concernant l'application de l'article 101, paragraphe 3, du traité sur le fonctionnement de l'Union européenne à des catégories d'accords verticaux et de pratiques concertées, *JOUE* nº L 134 du 11 mai 2022, p. 4

P

PRIX RÉGULÉS

Etienne PFISTER
RBB Economics

Premier aperçu

Selon les alinéas 1 et 2 de l'article L. 410-2 du code de commerce, « *[s]auf dans les cas où la loi en dispose autrement, les prix des biens, produits et services relevant antérieurement au 1er janvier 1987 de l'ordonnance n° 45-1483 du 30 juin 1945 sont librement déterminés par le jeu de la concurrence. Toutefois, dans les secteurs ou les zones où la concurrence par les prix est limitée en raison soit de situations de monopole ou de difficultés durables d'approvisionnement, soit de dispositions législatives ou réglementaires, un décret en Conseil d'État peut réglementer les prix après consultation de l'Autorité de la concurrence* ». La « régulation des prix » désigne le mécanisme de fixation des prix par une autorité administrative qui se substitue à la concurrence dans ces cas où le législateur estime, le plus souvent du fait d'inefficiences de marché, que la concurrence n'est pas le mode de régulation approprié des prix.

Réguler les prix suppose alors fréquemment de définir les prix au même niveau que celui auquel aurait abouti un processus concurrentiel sur le marché en cause. Sur un marché concurrentiel où les prix sont libres, une entreprise efficace couvre ses coûts et dégage une marge dite « raisonnable », correspondant à la rémunération attendue par ses actionnaires, compte tenu du risque spécifique à son activité et des possibilités alternatives de placements qui s'offrent à eux. De façon analogue, des prix réglementés doivent alors être fixés à un niveau permettant de dégager une telle marge raisonnable. Enfin, comme une régulation trop stricte des prix au niveau des coûts risquerait de dissuader l'entreprise de diminuer ses coûts, le régulateur peut définir un prix plafond pour une certaine durée, permettant ainsi à l'entreprise régulée de conserver, pendant cette durée, les bénéfices supplémentaires réalisés en diminuant ses coûts.

Cette régulation peut être mise en œuvre par des administrations ou des autorités de régulation dédiées. Les prix (ou parfois les prix maximums) sont alors définis *ex ante* et sont censés s'appliquer pour une certaine période. Beaucoup plus rarement, la régulation des prix peut être mise en œuvre *ex post*, par des autorités de concurrence, le droit de la concurrence prohibant les prix excessifs pratiqués par des entreprises en position dominante.

■ Pour aller plus loin

Les inefficiences de marché à l'origine des prix régulés peuvent être de plusieurs types. Elles peuvent ainsi découler d'une insuffisance de concurrence, par exemple du fait de barrières réglementaires à l'entrée ou de l'importance des coûts fixes par rapport à la taille du marché. Les situations de monopole naturel telles que l'exemplifient les industries de réseau, mais aussi les marchés de petite taille ou insulaires ou encore les situations de pénurie sont ainsi fréquemment associées à une concurrence insuffisante, qui pourrait alors rendre nécessaire une régulation des prix.

Dans d'autres cas d'inefficience de marché, le secteur est propice à l'exercice d'une concurrence, mais celle-ci ne conduirait pas à un équilibre de marché souhaitable, du fait de certaines caractéristiques particulières des marchés. Il en va ainsi sur des marchés où la dissociation de la demande et du paiement des produits fait que les clients n'auront que peu intérêt à faire jouer la concurrence et donc à diminuer les prix. Il en va ainsi dans le secteur de la santé, où le subventionnent de la demande rend peu efficace la mise en concurrence des offreurs. Une information insuffisante quant à la qualité des prestations proposées peut aussi rendre la concurrence en prix inefficace, en conduisant à une réduction de la qualité des prestations offertes. Cet argument est parfois utilisé pour justifier la régulation des prix de certaines offres plus ou moins techniques, difficiles à évaluer par les clients. Dans d'autres secteurs encore, l'exercice de la concurrence peut générer des externalités négatives et une régulation des prix peut alors se substituer à la concurrence pour que soient définis des prix raisonnables des prestations. Le marché des taxis, où la concurrence pourrait entraîner un trop grand nombre de taxis tout en étant difficile à mettre en œuvre sur la voie publique, du moins avant l'apparition des enseignes de taxis et plus récemment des applications de véhicules avec chauffeurs, paraît présenter de tels critères.

Enfin, dans certains secteurs, comme dans le cas de certaines professions juridiques, le législateur a souhaité des conditions de vente uniformes sur l'ensemble du territoire national, ce qui, compte tenu des degrés de concurrence et des coûts différents selon les régions, peut nécessiter que les prix soient homogénéisés sur l'ensemble du territoire à travers une réglementation des prix.

Réguler les prix est cependant un exercice complexe du fait des nombreuses informations que cela nécessite. C'est particulièrement vrai lorsque les produits et les entreprises concernés sont nombreux et variés, lorsque le niveau et la structure des coûts et des revenus sont difficiles à déterminer (p. ex., si les mêmes entreprises conduisent des activités non régulées à partir du même outil de production que celui utilisé pour les activités régulées, si le nombre élevé d'entreprises dans le secteur régulé rend difficile la collecte des données pertinentes, si le marché connaît régulièrement des entrées ou des sorties d'entreprises ou encore si l'entreprise est intégrée verticalement et l'ensemble de la chaîne de valeur nécessite alors d'être analysé), lorsque l'activité présente des aléas tels que la rémunération du capital, censée être permise par la régulation des prix, est difficile à évaluer ou encore lorsqu'il existe peu d'activités comparables susceptibles d'aider à la définition d'un taux de rémunération raisonnable. Dans ce contexte, évaluer les niveaux des prix procurant une rémunération raisonnable aux offreurs est long, coûteux et, potentiellement, d'une précision incertaine. Or, mal réalisé, cet exercice complexe peut avoir des conséquences négatives importantes : des prix réglementés à un niveau trop bas risquent de décourager l'activité ; des prix régulés à un niveau trop élevé peuvent soit entraîner la création de rentes, soit réduire drastiquement la demande et à nouveau décourager l'activité. De même, lorsque les entreprises sont nombreuses à devoir être régulées, des prix réglementés peuvent être trop bas pour certaines et trop élevés pour d'autres, notamment si la demande est variable d'une région du territoire à l'autre. Enfin, la régulation des prix ne doit pas conduire les entreprises à réduire leurs efforts de productivité ou d'innovation en les empêchant de bénéficier des économies de coût qu'elles sont parvenues à réaliser. De ce fait, la régulation des prix est le plus souvent circonscrite à des situations précises où, pour les raisons présentées *supra*, la concurrence n'est pas un processus de détermination des prix efficient.

Bibliographie

COMBE (E.), *La concurrence*, Paris, PUF, 2021

DE CONINCK (R.), « Excessive Prices: An overview of EU and national case law », 21 juin 2018, *e-Competitions Excessive prices*, art. n° 86604

EVANS (D. S.) et PADILLA (J.), « Excessive Prices: Using Economics to Define Administrable Legal Rules », *Journal of Competition Law and Economics*, 2005, vol. 1, n° 1, p. 97

Konkurrensverket (dir.), *The Pros and Cons of High Prices*, Kalmar, Lenanders Grafiska, 2007

P

PROCÉDURE D'INFRACTION

Loraine DONNEDIEU DE VABRES-TRANIÉ
Tactics

Morgan DE WALSCHE
Université Paris-Panthéon-Assas

Premier aperçu

La procédure d'infraction est une voie de droit qui vise à faire constater par la Cour de justice de l'Union européenne le manquement d'un État membre à une des obligations qui lui incombent en vertu des traités afin qu'il y remédie. Des procédures de manquement spécialisées fondées sur un régime dérogatoire s'ajoutent également à cette procédure générale, telle que la procédure simplifiée applicable au contrôle des aides d'État (art. 108 TFUE).

La procédure générale

La procédure « générale » d'infraction, également appelée procédure en manquement, prévue aux articles 258, 259 et 260 TFUE, peut être engagée à l'encontre d'un État membre par la Commission européenne ou par tout autre État membre. Le déroulement de cette procédure s'articule autour de deux phases.

Lors de la phase précontentieuse, la Commission adresse à l'État concerné une lettre de mise en demeure identifiant les violations présumées et fixant un délai de réponse pour l'État. Si la réponse de l'État ne convainc pas la Commission, cette dernière peut alors discrétionnairement décider d'émettre un avis motivé par lequel elle enjoint à l'État de se conformer à ses obligations dans un délai qu'elle fixe. Si, à l'échéance de ce délai, l'État n'a pas pris les mesures nécessaires pour mettre fin au manquement, la Commission peut alors saisir la Cour de justice de l'Union européenne.

La procédure contentieuse ainsi engagée pourra aboutir à un arrêt de constat de manquement auquel l'État membre devra se conformer. En cas d'inexécution de cet arrêt, la Commission peut de nouveau saisir la Cour après avoir mis en demeure l'État concerné afin qu'elle constate un « manquement sur manquement » et qu'elle prononce une amende et/ou une astreinte de nature à sanctionner et à dissuader l'État contrevenant (art. 260, para. 2, TFUE).

En matière de pratiques anticoncurrentielles, la procédure en manquement est peu sollicitée dans la mesure où, en vertu de l'article 106, paragraphe 3, TFUE, la Commission est compétente pour veiller au respect des règles de concurrence par les États lorsqu'ils agissent en tant qu'entreprises publiques ou qu'ils accordent des droits spéciaux ou exclusifs à une entreprise privée et peut leur adresser directement des décisions appropriées. Néanmoins, il existe un cas de recours en manquement ayant conduit la Cour à constater une violation de l'article 85 TCE (devenu art. 101 TFUE) lu en combinaison avec l'article 5 TCE (devenu art. 4, para. 3, TUE) dans un arrêt du 18 juin 1998, *Commission c/ Italie*, aff. C-35/96 (v. *infra* « Pour aller plus loin »).

En matière de contrôle des concentrations, la Cour n'a également constaté l'existence d'un manquement que dans un seul arrêt, à l'encontre de l'Espagne, pour irrespect d'une décision préalable de la Commission autorisant une opération de concentration sans conditions (CJCE, 6 mars 2008, *Commission c/ Espagne*, aff. C-196/07).

La procédure simplifiée de l'article 108 TFUE

En vertu de l'article 108, paragraphe 1, TFUE, la Commission est compétente pour examiner les régimes d'aides existant dans les États membres, et peut, en vertu du paragraphe 2 du même article, constater l'incompatibilité d'une aide avec le marché intérieur sur la base de l'article 107 TFUE. Si l'État membre ne se conforme pas à la décision lui enjoignant de supprimer ou de modifier l'aide en cause dans le délai imparti, la Commission ou tout autre État intéressé peut, par dérogation aux articles 258 et 259 TFUE, saisir directement la Cour dans le cadre d'une procédure simplifiée prévue à l'article 108 TFUE. Toutes les parties intéressées, et pas seulement l'État membre concerné comme c'est le cas dans le cadre de la procédure de manquement de droit commun, peuvent présenter des observations (CJCE, 4 février 1992, *British Aerospace et Rover c/ Commission*, aff. C-294/90).

À la demande d'un État membre, le Conseil, statuant à l'unanimité et par dérogation à l'article 107 TFUE, peut décider que l'aide doit être considérée comme compatible si des circonstances exceptionnelles justifient une telle décision. Le Conseil ne peut plus le faire si une décision de la Commission a constaté l'incompatibilité de l'aide en question.

Devant la Cour, et dès lors qu'une aide a définitivement été déclarée incompatible, les États ne peuvent invoquer qu'un seul moyen de défense tiré de l'impossibilité absolue d'obtenir le remboursement d'une aide incompatible (CJCE, 23 février 1995, *Commission c/ Italie*, aff. C-349/93). Cependant, cette exception est encadrée par des conditions strictes (les difficultés doivent être

« *imprévues et imprévisibles* ») et est soumise à une obligation de coopération loyale avec la Commission, raison pour laquelle elle est rarement retenue par la Cour.

Concernant l'articulation entre la procédure générale et la procédure spécifique, si l'existence de la seconde ne fait nullement obstacle à ce que la compatibilité d'un régime d'aide au regard de règles communautaires autres que celles contenues dans l'article 107 TFUE soit appréciée suivant la procédure prévue à l'article 258 TFUE (CJCE, 24 avril 1980, *Commission c/ Italie*, aff. C-72/79, pt. 12), la Commission doit suivre la procédure de l'article 108, paragraphe 2, si elle souhaite constater l'incompatibilité de ce régime avec le marché intérieur, dès lors que celle-ci « *accorde à toutes les parties intéressées des garanties qui sont adaptées de manière spécifique aux problèmes particuliers que présentent les aides étatiques* » (CJCE, 30 janvier 1985, *Commission c/ France*, aff. C-290/83).

■ Pour aller plus loin

Dans l'arrêt du 18 juin 1998, *Commission c/ Italie*, aff. C-35/96, la Cour a constaté une violation de l'Italie à l'obligation d'interdiction des ententes anticoncurrentielles figurant à l'article 85 TCE (devenu art. 101 TFUE). Selon une jurisprudence bien établie (CJCE, 16 novembre 1977, *GB-Inno-BM c/ ATAB*, aff. 13-77, et 21 septembre 1988, *Van Eycke c/ ASPA*, aff. 267/86), si cet article concerne uniquement le comportement des entreprises et ne vise pas des mesures législatives ou réglementaires émanant des États membres, il n'en reste pas moins que, lu en combinaison avec l'article 5 TCE, il impose aux États membres de ne pas prendre ou maintenir en vigueur des mesures susceptibles d'éliminer l'effet utile des règles de concurrence applicables aux entreprises. Aussi, en adoptant et maintenant en vigueur une loi qui imposait au Conseil national des expéditeurs en douane « *l'adoption d'une décision d'association d'entreprises contraire à l'article 85 du traité CE, consistant à fixer un tarif obligatoire pour tous les expéditeurs en douane* » (pt 60), l'Italie a manqué à son obligation de coopération loyale. L'utilisation exceptionnelle de la procédure de manquement de droit commun en matière de concurrence s'explique par l'impossibilité pour la Commission de se fonder sur l'article 90, paragraphe 3, TCE (devenu art. 106, para. 3. TFUE) en l'absence de droits exclusifs (v. L. Idot, *Europe* 1998, comm. 288, p. 17-18).

Bibliographie

Blanc (B.), « Les procédures du recours en manquement, le traité, le juge et le gardien : entre unité et diversité en vue d'un renforcement de l'Union de droit », in *Contentieux de l'Union européenne : questions choisies*, S. Mahieu (dir.), Bruxelles, Larcier, 2014, p. 429

Clément-Wilz (L.), « Une nouvelle interprétation de l'article 228-2 CE favorisée par le dialogue entre la Cour et son avocat général. Observations sur l'affaire *Commission c/ France*, arrêt du 12 juillet 2005 », *CDE* 2005, p. 725

Decocq (G.), « Concentration et recours en manquement – Nouvel épisode dans l'affaire *E.ON c/ Endesa* », *Contrats, conc., consom.* 2008

Lenaerts (K.), Maselis (I.) et Gutman (K.), *EU Procedural Law*, Oxford University Press, 2014, spéc. p. 173 à 175.

Lotarski (J.), *Droit du contentieux de l'Union européenne*, 5e éd., Issy-les-Moulineaux, LGDJ-Lextenso, 2014

Masson (B.), « "L'obscure clarté" de l'article 228 § 2 CE », *RTD eur.* 2004, p. 639

Materne (T.), La procédure en manquement d'État : guide à la lumière de la jurisprudence de la Cour de justice de l'Union européenne, Bruxelles, Larcier, 2012

Rigaux (A.), « Manquement sur manquement : la France expérimente le cumul des sanctions pécuniaires », *Europe* 2005, étude 10, p. 9

Simon (D.), « Recours en constatation de manquement – Effets des arrêts de manquement. – Procédures spécifiques », *JCl. Europe Traité*, fasc. 381

Traversa (E.), « Arrêt important de la Cour de justice sur l'application des articles 5 et 85 du traité aux barèmes des honoraires des ordres professionnels », *Competition Policy Newsletter*, 1998, n° 3, p. 17

Wathelet (M.) et Wildemeersch (J.), *Contentieux européen*, Bruxelles, Larcier, 2010

P

PROGRAMME DE MISE EN CONFORMITÉ (COMPLIANCE)

Marie-Anne FRISON-ROCHE
SciencesPo Paris

■ Premier aperçu

Dans une perspective traditionnelle du droit de la concurrence, la « compliance » n'apparaît pas en tant que branche du droit. Il s'agit plutôt de venir simplement en appui d'un corps de règles préexistantes – ici les règles du droit de la concurrence. L'enjeu est d'obtenir en premier lieu que le droit de la concurrence soit plus effectif, c'est-à-dire mieux respecté dans ses exigences, par exemple que des ententes ou des abus de position dominante ne se réalisent pas. C'est aussi d'obtenir en second lieu que le droit de la concurrence soit plus efficace, c'est-à-dire que les buts poursuivis par celui-ci soient atteints, par exemple l'innovation. Plus le droit de la concurrence aura des buts ambitieux, par exemple l'inclusion ou la lutte contre la corruption ou le changement climatique, et plus les programmes de compliance, reposant sur la puissance et la volonté des entreprises, vont prendre de l'importance.

Pour obtenir cette efficacité et comme le font les autres branches du droit (droit financier ou droit de l'environnement, par exemple), le droit de la concurrence va puiser parmi les « outils de la compliance » la technique des « programmes de conformité ». Par ceux-ci, l'entreprise donne par avance à voir à tous qu'elle se structure pour détecter et prévenir les comportements contraires au droit de la concurrence.

Par la « détection » de comportements répréhensibles, elle rectifie d'elle-même ceux-ci en *ex post* : ce sont donc des « programmes de mise en conformité ». Par la « prévention » de tels comportements, évités en *ex ante* afin que les buts du droit de la concurrence soient atteints, ce sont plutôt des « programmes de compliance ». La seconde terminologie incluant la première dimension, et pas l'inverse, la terminologie « programme de compliance » est plus appropriée.

L'Autorité de la concurrence utilise plutôt l'expression « programme de mise en conformité », ce qui traduit sa nature d'autorité *ex post* et sa conception de l'entreprise comme étant en position d'obéir, dans un simple calcul des risques de sanction. Mais les programmes de compliance rendent l'entreprise plus active. Elle ne donne pas seulement à voir, par le principe procédural de transparence, à tous qu'elle ne viole effectivement pas les règles de droit qui lui sont applicables. Elle contribue aussi par son action à leur respect et fait en sorte que les buts soient atteints. Convergeant vers la fonction d'*advocacy* des autorités publiques, l'entreprise devient agent d'efficacité du droit et atteint elle-même les buts de celui-ci, parce qu'elle est mieux placée que quiconque pour le faire.

L'accomplissement par l'entreprise des programmes de compliance amène le droit de la concurrence davantage vers l'*ex ante*. Les autorités de concurrence les encouragent très fortement (Comm. eur., *Compliance matters*, 2012), notamment parce que celles-ci peuvent ainsi quitter l'*ex post* de la sanction pour s'appuyer sur l'efficacité de l'*ex ante*.

Parce qu'ils ouvrent au droit de la concurrence la voie puissante de l'*ex ante*, les programmes de compliance ont un très grand avenir. Ils contiennent tous les outils de l'*ex ante* : tout d'abord, les engagements pour le futur, relevant par nature de l'*ex ante* ; ensuite, les systèmes d'audit, de contrôle et d'enquête interne ; enfin, l'éducation systématique des personnes dont l'entreprise doit répondre (personnel mais aussi parties prenantes), l'entreprise étant à son tour l'*advocacy* des règles qui encadrent son action.

L'entreprise agit sur ordre de la loi, de l'autorité de concurrence et par calcul des risques de sanction, l'auteur des règles l'incitant à bien se conduire. Dans cette conception, l'autorité de concurrence doit proposer une réduction des sanctions en échange. Cette conception française et européenne, basée sur le contrat, est aujourd'hui suspendue en Europe, alors qu'elle prospère aux États-Unis. En Europe, l'on préfère compter sur les deux ressorts que sont le souci réputationnel et le souci éthique de l'intérêt collectif et du bien commun.

Ces programmes transforment techniquement les entreprises. Par un retournement, tandis que les autorités de concurrence deviennent *advocacy* des règles, l'entreprise devient procureur et juge d'elle-même. Pour détecter les comportements, elle est enquêteur, poursuit et sanctionne, le droit tirant comme conséquence de sa juridictionnalisation son obligation de respecter les droits de la défense. Pour l'obtention des informations, le programme de compliance prévoit alors des systèmes de lanceur d'alerte, l'Europe ayant décidé de les protéger (directive européenne du 12 octobre 2019), mais refusant la solution américaine d'une incitation par la récompense financière.

Le programme de compliance porte cette double ambiguïté : est-il l'expression d'un calcul ou d'une conscience ? S'il est un calcul, est-il un calcul solitaire de l'entreprise face au risque de sanction ou un calcul partagé entre celle-ci et l'autorité de concurrence ? Dans ce dernier cas, il faut rémunérer le lanceur d'alerte, et corréler compliance et clémence. Les droits français et européen ne le font pas. Ils ne reposent que sur un calcul de probabilité de sanctions (qui doivent donc être très élevées dans un droit très dur) et sur l'amour du droit et de la loyauté concurrentielle (conscience éthique exprimée dans un droit très souple). Cette ambiguïté permanente se retrouve dans le droit positif gris des programmes de compliance et de mise en conformité dans le droit de la concurrence.

■ Pour aller plus loin

Il convient de partir du plus contraignant (*hard law*) pour aller vers le moins contraignant (*soft law*), puisque le comportement consistant pour chacun dans l'entreprise et pour chaque personne dont elle répond d'avoir conscience de la nécessité de ne pas méconnaître le droit de la concurrence, voire de concourir à la bonne effectivité de ses règles, voire d'agir pour que l'ordre public qui le sous-tend règne, est avant tout une question de « culture de compliance ». En effet, si l'on quitte la perspective procédurale du seul respect de la réglementation, ce à quoi renvoie parfois le terme « conformité », pour aller vers une culture qui jouxte l'éthique et la RSE des entreprises, ce à quoi renvoie le terme « compliance », l'on part du « droit dur » pour aller vers le « droit souple » et des façons de faire (*best practices*).

Dans une conception où ce sont les autorités de concurrence qui, par les sanctions, exigent la mise en place de programmes précis ou, par des incitations, conçoivent les programmes, ce sont encore les autorités publiques qui sont la source première. Dans une conception plus libérale, où chaque entreprise exprime son identité par un programme au-delà du calcul du risque, le rapport d'incitation sera moins direct.

La première façon « dure » est pour l'autorité de concurrence d'imposer un programme de compliance à l'occasion d'une sanction, à l'instar des « peines de conformité » qui peuvent être prononcées lorsque des faits de corruption ou de trafic d'influence sont sanctionnés, en application de la loi dite « Sapin 2 ». La seconde façon, plus incitative, consiste pour l'autorité à échanger le constat d'un programme de conformité effectif contre sa clémence. Cela demeure un droit très ferme, car dans un tel échange c'est encore l'autorité publique qui tient les cartes.

En ce qui concerne tout d'abord l'exigence d'un programme de mise en conformité dans le cadre d'une procédure de sanction, il peut s'agir d'une acceptation par l'Autorité d'engagements justifiant l'arrêt de cette procédure. Par ce moyen, l'Autorité peut obtenir un effet de régulation, comme la mise en place d'une politique tarifaire orientée vers les coûts (Aut. conc., déc. nº 17-D-06 du 21 mars 2017 et nº 17-D-16 du 7 septembre 2017, *Engie*) ou un espace favorable pour l'innovation des autres (Aut. conc., déc. nº 14-D-09 du 4 septembre 2014, *Nespresso*).

Le droit peut être plus dur, prenant la forme d'une injonction. Ainsi, par sa décision nº 19-D-26 du 19 décembre 2019, l'Autorité a non seulement sanctionné Google pour l'usage discrétionnaire de ses règles sur sa plateforme publicitaire, et donc abusif, l'obligeant à clarifier ses règles, mais encore lui a imposé de « *mettre en place de[s] mesure de prévention, de détection et de traitement* » des violations de son propre système normatif. C'est exactement un « plan de vigilance ».

La seconde façon juridiquement dure d'amener une entreprise à adopter un programme de compliance effectif est de lui garantir une réduction des sanctions lorsque, malgré tous ses efforts structurels, un comportement constitutif d'un manquement lui est pourtant ultérieurement imputé. Cette perspective d'une clémence avait été expressément admise. La question de la considération par l'Autorité de la concurrence de l'existence d'un programme de conformité comme pouvant justifier une réduction de la sanction a varié dans le temps. Dans son document-cadre du 10 février 2012 sur les programmes de conformité aux règles de concurrence, l'Autorité de la concurrence avait expressément lié existence d'un tel programme et clémence lorsque, malgré les efforts de l'entreprise, un manquement était advenu. Ce faisant l'entreprise obéit par avance à l'Autorité et se trouve récompensée de ces efforts.

Dans sa communication *Compliance matters* du 8 février 2013, la Commission européenne a adopté la même ligne consistant à exprimer une volonté d'obtenir des entreprises une attitude conforme au droit de la concurrence plutôt que d'avoir à sanctionner leurs manquements. Pour cela, lier l'adoption et le suivi d'un programme de compliance justifiait de sa part la réduction corrélative de la sanction des manquements pourtant advenus.

Mais l'Autorité de la concurrence dans son communiqué du 19 octobre 2017 relatif à la procédure de transaction et aux programmes de conformité, tout en insistant sur l'opportunité des programmes de conformité, n'explicite plus cette contrepartie. Plus encore, par sa décision nº 17-D-20 du 18 octobre 2017, *Forbo e.a.*, elle affirme que « *l'élaboration et la mise en œuvre de programmes de conformité ont vocation à s'insérer dans la gestion courant des entreprises* ». Dès lors que cela ne constitue plus un effort particulier, il ne devrait plus y avoir de récompense particulière. En effet, dans sa publication pratique du 29 juillet 2019 sur la clémence, l'Autorité de la concurrence ne lie programme de conformité et clémence qu'en ce que le premier permet de détecter plus vite le fait et permet à l'entreprise d'être la première à bénéficier du programme de clémence.

Cette neutralité vient en reflet de la position de la CJUE, qui ne veut pas prendre en considération l'existence de programmes de compliance, ni comme circonstance aggravante ni comme justifiant en soi une clémence.

L'Europe ne veut donc pas adopter la perspective américaine par laquelle les autorités entrent dans un échange entre la réduction *ex post* des sanctions et l'accroissement *ex ante* de la prévention et de la détection. L'idée est plutôt de convaincre et d'aider les entreprises à avoir conscience activement du bien-fondé de la prohibition des comportements dommageables pour la concurrence.

Dans cette seconde perspective tout en souplesse pédagogique, l'Autorité de la concurrence vient en appui. Ainsi, elle a publié en janvier 2020 un livre sur les « engagements comportementaux », lesquels peuvent figurer dans les programmes de conformité.

Dans ce travail de conviction, les autorités de concurrence de tous les pays – l'autorité française ne faisant pas exception – rappellent que toutes les entreprises ont intérêt à respecter le droit de la concurrence plutôt qu'à le méconnaître. Comme il s'agit de la même règle procédurale de calcul efficace du risque ou d'amour commun pour l'intérêt général, les diverses autorités de concurrence s'expriment d'une même voix en la matière. La voix du droit est alors non seulement mélodieuse mais en concert. C'est ainsi que l'on retrouve les mêmes louanges faites aux programmes de compliance de la part des autorités brésilienne, espagnole ou américaine de concurrence. Comme les entreprises sont globales, il n'est pas exclu que ce droit global de concurrence, tant souhaité par certains, prenne finalement forme par les programmes de compliance.

Bibliographie

Augagneur (L.-M.), « L'efficacité des programmes de compliance : l'exemple du droit de la concurrence », in *Compliance : l'entreprise, le régulateur et le juge*, N. Borga, J.-CL. Marin et J.-Ch. Roda (dir.), Paris, Journal of Regulation & Compliance/Dalloz, 2018, p. 137

Bracq (S.), « Programme de conformité, procédure de clémence. Le droit européen de la concurrence entre impunité et impératif de justice », in *De L'impunité : tensions, controverses et usages*, M. Hastings et B. Villalba (dir.), Villeneuve-d'Ascq, Presses universitaires du Septentrion, 2017, p. 207

Frison-Roche (M.-A.), « Droit de la concurrence et droit de la compliance », *Concurrences* n° 4-2018, art. n° 88053, p. 1

Ledoux (V.) et Roda (J.-Ch.), « Les "compliance programs" en droit de la concurrence », *Contrats, conc., consom.* 2007, étude 14

Lenaerts (K.), « Le juge de l'Union européenne dans une Europe de la compliance », in *Pour une Europe de la compliance*, M.-A. Frison-Roche (dir.), Paris, Journal of Regulation & Compliance/Dalloz, 2019, p. 1

MONNERIE (N.), « États-Unis : Le vent est-il vraiment en train de tourner ? Vers une refonte de l'antitrust américain par les programmes de *compliance* et les *deferred prosecution agreements* », *Concurrences* n° 3-2020, art. n° 95467, p. 198

RILEY (A.), STEPHAN (A.), TUBBS (A.) (dir.), *Perspectives on Antitrust Compliance*, Paris, Concurrences, 2022

RODA (J.-Ch.), « Compliance et antitrust : le discours de la méthode », *Rev. int. compliance*, n° 3, juin 2020

Aut. conc., *Les engagements comportementaux / Behavioural Remedies*, Paris, Direction de l'information légale et administrative, 2019

Aut. conc., « La clémence : agir à temps pour protéger l'entreprise », 29 juillet 2019

Aut. conc., « Communiqué du 19 octobre 2017 relatif à la procédure de transaction et aux programmes de conformité »

Com., eur., *Compliance matters: what companies can do better to respect EU competition rules*, Luxembourg, Office des publications de l'Union européenne, 2013

P

PROTECTION CONTRE L'AUTO-INCRIMINATION

Emma SALEMME
Cour de justice de l'Union européenne

Premier aperçu

Le privilège contre l'auto-incrimination (*nemo tenetur prodere seipsum*) est le droit de garder le silence et de ne pas être contraint de produire des preuves à sa charge dans une procédure pénale. Bien que cela ne soit pas expressément stipulé dans la Convention européenne des droits de l'homme (ci-après la « Convention ») ou dans la Charte des droits fondamentaux de l'Union européenne (ci-après la « Charte »), la Cour européenne des droits de l'homme (ci-après la « CEDH ») a souligné à plusieurs reprises que ces droits sont des « *normes internationales généralement reconnues qui sont au cœur de la notion de procès équitable consacrée par [l'article 6 de la Convention]* » et que « *[l]eur raison d'être tient notamment à la protection de l'accusé contre une coercition abusive de la part des autorités, ce qui évite les erreurs judiciaires et permet d'atteindre les buts de l'article 6* » (CEDH, 17 décembre 1996, *Saunders c/ Royaume-Uni*, n° 19187/91, pt 68).

Pour aller plus loin

En droit de la concurrence, l'applicabilité du privilège contre l'auto-incrimination a été invoquée pour la première fois devant la Cour de justice (ci-après la « Cour ») dans l'affaire *Orkem* (CJCE, 18 octobre 1989, *Orkem c/ Commission*, aff. C-374/87). Dans cette affaire, la Cour a examiné si les entreprises pouvaient refuser de répondre à certaines questions dans le cadre d'une demande de renseignements de la Commission dans une situation où elles s'auto-incrimineraient. Elle a constaté que le règlement n° 17 (remplacé par le règlement (CE) n° 1/2003) ne contient aucun droit exprès au silence et que la Commission est en droit de contraindre une entreprise à fournir toutes les informations nécessaires concernant les faits dont elle peut avoir connaissance. Toutefois, afin de sauvegarder les droits de la défense, principe fondamental de l'ordre juridique communautaire, la Cour a considéré qu'il était nécessaire de limiter les pouvoirs d'investigation de la Commission et a distingué deux catégories de questions : les questions autorisées (questions factuelles) et les questions non autorisées (questions à charge). Les questions factuelles sont des questions relatives à l'objet et à la mise en œuvre des mesures d'exécution de l'infraction de concurrence alléguée. L'exception à l'obligation de fournir des informations ne s'étend pas aux questions purement factuelles, à la lumière de l'obligation de coopération avec la Commission. Cette obligation comprend la production de tous les documents préexistants, ainsi, même si les documents en possession de l'entreprise peuvent être utilisés pour établir l'existence d'un comportement anticoncurrentiel, cela ne porte pas atteinte aux droits de la défense de l'entreprise concernée. Par conséquent, une entreprise ne peut pas refuser une demande de production de documents déjà existants, même si les informations qu'ils contiennent sont utilisées contre elle ultérieurement.

En ce qui concerne les questions à charge, la Cour a ajouté que la Commission ne peut pas contraindre une entreprise à lui fournir des réponses qui pourraient impliquer l'admission d'une infraction aux règles de concurrence de la part de l'entreprise, en ce qu'il incombe toujours à la Commission de prouver l'existence de l'infraction. À cet égard, la Cour a déclaré que des questions qui visent à vérifier chaque démarche ou mesure concertée qui a pu être envisagée ou adoptée pour soutenir de telles initiatives en matière de prix pourraient être considérées comme obligeant la requérante à reconnaître sa participation à l'accord de fixation de prix interdit et susceptible de restreindre la concurrence. Répondre à ce type de question obligerait en effet l'entreprise à admettre son rôle dans la prétendue infraction à la concurrence.

Quatre ans après le prononcé initial dans l'affaire *Orkem*, la CEDH, dans le célèbre arrêt *Funke* (CEDH, 25 février 1993, *Funke c/ France*, n° 10828/84), a pour la première fois lié expressément l'application du droit au silence à l'article 6 de la Convention, estimant que ce droit découle directement du « sens autonome » dudit article. Deuxièmement, elle a reconnu que ce droit était applicable aux procédures administratives. Troisièmement, elle a estimé que ce droit pouvait être invoqué pendant la phase d'enquête préliminaire en l'absence de preuve d'une infraction, et qu'il pouvait s'appliquer non seulement aux informations directement incriminantes, mais aussi aux remarques à décharge et aux informations factuelles.

Successivement à cet arrêt, la Cour de justice a tenu compte de l'évolution de la jurisprudence de la CEDH lors de l'interprétation des droits fondamentaux.

Dans l'affaire *SGL Carbon* (CJCE, 29 juin 2006, *Commission c/ SGL*

Carbon AG, aff. C-301/04 P), la Commission a demandé à SGL de décrire l'objectif d'un certain nombre de réunions auxquelles elle a participé, ce qui s'est passé lors de ces réunions et quels en ont été les résultats/conclusions. Les plaignants ont fait appel avec succès devant le Tribunal de l'Union européenne, qui a estimé qu'une demande de cette nature était de nature à obliger l'entreprise à admettre sa participation à une infraction au droit de la concurrence. Cette décision a, ensuite, été annulée par la Cour sur pourvoi au motif que l'arrêt *Orkem* impose une obligation de coopération active, y compris celle de mettre à la disposition de la Commission toute information relative à l'objet de l'enquête, même si elle sert à établir la preuve d'un comportement anticoncurrentiel, et qu'une entreprise ne peut se soustraire à des demandes similaires au motif qu'en s'y conformant, elle serait tenue de fournir des preuves contre elle-même. De même, dans l'affaire *Amann & Söhne* (Trib. UE, 28 avril 2010, *Amann & Söhne et Cousin Filterie c/ Commission*, aff. T-446/05), la Commission a recherché des informations sous la forme de demandes concernant des réunions avec des concurrents (date, lieu, liste des participants, objet, comportement) et non par l'adoption de décisions. Le Tribunal a souligné que les entreprises n'étaient pas obligées de répondre aux questions si leurs réponses les conduisaient à admettre qu'elles avaient participé à l'infraction alléguée. Toutefois, comme elles ont répondu volontairement, le droit de ne pas s'incriminer n'a pas été violé.

Bibliographie

Salemme (E.), *Enforcing European Competition Law through Leniency Programmes in the Light of Fundamental Rights: with an Overview of the US Leniency Programme*, Baden-Baden, Nomos, 2019

Scordamaglia-Tousis (A.), *EU Cartel Enforcement: Reconciling Effective Public Enforcement with Fundamental Rights*, Alphen-sur-le-Rhin, Wolters Kluwer, 2013

Règlement (CE) n° 1/2003 du Conseil du 16 décembre 2002 relatif à la mise en œuvre des règles de concurrence prévues aux articles 81 et 82 du traité, *JOCE* n° L 1 du 4 janvier 2003, p. 1

Règlement (CE) n° 17 du Conseil du 6 février 1962 – premier règlement d'application des articles 85 et 86 du traité, *JOCE* n° 13 du 21 février 1962, p. 204

Voir aussi

Demande de renseignements - Impartialité - Principe de proportionnalité

P

PROTECTION DE L'ENVIRONNEMENT

Mathilde BRABANT
Engie

Premier aperçu

Protéger l'environnement, c'est accorder une plus grande valeur à la restauration des écosystèmes, à l'utilisation durable des ressources et à l'amélioration de la santé humaine. Au-delà de la simple conservation de la nature, il s'agit de comprendre le fonctionnement systémique de notre environnement afin d'identifier les actions humaines qui l'endommagent au point de porter préjudice aux générations actuelles et futures et de mettre en place les actions correctives. Cette démarche est à la fois scientifique, citoyenne, politique, économique, mais aussi plus que jamais juridique.

Cette définition est en partie reprise, au niveau européen, des lignes directrices concernant les aides d'État à la protection de l'environnement et à l'énergie pour la période 2014-2020, qui définissent la protection de l'environnement comme : « *toute action visant à réparer ou à prévenir une atteinte au milieu physique ou aux ressources naturelles due aux propres activités du bénéficiaire, à réduire le risque d'une telle atteinte ou à entraîner une utilisation plus rationnelle des ressources naturelles, notamment par des mesures d'économie d'énergie et le recours à des sources d'énergie renouvelable* ». Au nom de l'objectif de conditions de concurrence égales, la protection de l'environnement se traduit ici par une incitation législative à l'augmentation de l'efficacité énergétique et des énergies renouvelables, pour contribuer d'une manière efficace et économique à la transition vers la neutralité climatique. Dans le cadre du pacte vert, ce texte devrait également mettre fin aux entraves commerciales au déploiement de produits propres.

Dans le même sens, la directive (UE) 2018/2001 du 11 décembre 2018 relative à la promotion de l'utilisation de l'énergie produite à partir de sources renouvelables et la directive 2012/27/UE du 25 octobre 2012 relative à l'efficacité énergétique visent à assurer une égale concurrence sur le marché de l'énergie en harmonisant les nouvelles exigences à l'échelle européenne.

C'est également en réponse aux nombreuses divergences entre les règles nationales, sources d'importantes distorsions de concurrence, que la Commission européenne a lancé plusieurs initiatives relatives à la finance durable, au nombre desquelles le règlement (UE) 2019/2088 du 27 novembre 2019 sur la publication d'informations en matière de durabilité dans le secteur des services financiers, entré en vigueur le 10 mars 2021. Ce règlement introduit les notions essentielles de facteurs de durabilité, définis comme les questions environnementales, sociales et de gouvernance (les risques dits « ESG »), de respect des droits de l'homme et de lutte contre la corruption. Il fixe la manière dont les acteurs d'une certaine importance doivent informer les investisseurs de l'impact des investissements sur l'environnement. Il entend également lutter contre le « *greenwashing* » en encadrant la promotion d'un produit financier vendu comme « durable ».

En matière de protection de l'environnement, le droit de la concurrence n'est plus un objectif en tant que tel, mais davantage un outil pour associer les acteurs, publics et privés, et les inciter à contribuer, sur un pied d'égalité, à l'atteinte des objectifs d'une Europe climatiquement neutre d'ici 2050.

À cet égard, se distingue, au niveau national, la loi n° 2017-399 du 27 mars 2017 relative au devoir de vigilance des sociétés mères et des entreprises donneuses d'ordre. Cette loi pionnière a pour objectif de remettre le respect des droits humains au cœur des préoccupations des grands groupes, français mais aussi internationaux, dès lors qu'ils emploient plus de 10 000 salariés en France. Elle oblige ainsi ces grandes entreprises, tous secteurs d'activité confondus, à prévenir les risques ESG liés à leurs opérations, en France comme à l'étranger ; cette obligation peut aussi s'étendre aux activités de leurs filiales et de leurs partenaires commerciaux (sous-traitants et fournisseurs) avec qui elles entretiennent une « relation commerciale établie ». En cas de manquement (en particulier en présence d'un plan jugé insuffisant ou dont la mise en œuvre a souffert de défaillances), la responsabilité civile de l'entreprise n'est pas présumée, mais peut être engagée, à condition que le plaignant apporte la preuve d'une faute, d'un dommage et d'un lien de causalité.

Le guide de l'OCDE parle du « *devoir de diligence* » pour une conduite responsable des entreprises, défini comme « *un processus que les entreprises devraient mettre en œuvre pour identifier, prévenir, et atténuer les impacts négatifs réels et potentiels de leurs activités, de leur chaîne d'approvisionnement et de leurs relations d'affaires, mais aussi pour rendre des comptes de la manière dont ces impacts sont traités* ».

Si certains détracteurs ont pu brandir une prétendue menace à la compétitivité économique française, bien au contraire, le respect des droits humains et environnementaux se place au cœur de la stratégie des multinationales et devient par là même un enjeu compétitif à part entière.

Le 10 mars 2021, le Parlement européen s'est à son tour prononcé à une importante majorité en faveur d'une législation européenne sur le devoir de vigilance.

■ Pour aller plus loin

Ce mouvement naissant de responsabilisation des États et des grandes entreprises vis-à-vis de la protection de l'environnement, amorcé par les législateurs, est de plus en plus relayé par les juges, qui aujourd'hui vont jusqu'à enjoindre aux gouvernements de démontrer dans quelle mesure leurs propositions de trajectoires de réduction des émissions de gaz à effet de serre (GES) (avec des mouvements de réduction et d'accélération) sont réalisables et suffisamment efficaces pour respecter les objectifs définis au niveau international (v. not. les affaires *Urgenda* aux Pays-Bas, *Grande Synthe* en France). Demain, les États pourraient être régulièrement condamnés pour leur inaction climatique et contraints de prendre des mesures supplémentaires pour lutter concrètement et efficacement contre la crise climatique. C'est le cas dans l'*Affaire du Siècle* où, pour la première fois, l'État français est reconnu responsable de manquements dans la lutte contre le réchauffement climatique.

Désormais, les juges tirent une force obligatoire et contraignante de différentes normes nationales, interprétées à l'aune des engagements internationaux et des objectifs qu'ils fixent aux États signataires… bien loin d'un droit « mou » laissant ces textes pour lettres mortes.

S'il est impossible d'en dresser ici une liste exhaustive, voici quelques-unes des références incontournables de ce doit naissant et déjà foisonnant.

Au niveau international, la convention-cadre des Nations Unies sur les changements climatiques (CCNUCC) du 9 mai 1992 et plus spécifiquement l'accord de Paris du 12 décembre 2015, premier accord mondial juridiquement contraignant sur le changement climatique, posent l'objectif de limiter le réchauffement climatique à un niveau bien inférieur à 2 °C, de préférence à 1,5 °C, par rapport au niveau préindustriel, et déterminent la contribution nationale de chaque État pour atteindre cet objectif de température. Pour le concrétiser, les pays signataires soumettent, par cycle de cinq ans, leurs plans d'action climatique, comportant les mesures prises pour réduire les émissions de GES afin de parvenir à un monde climatiquement neutre d'ici 2050. Ces mesures étatiques doivent dès lors être lues à la lumière des objectifs portés par l'accord de Paris. Au niveau européen, les articles 2 et 8 de la Convention européenne de sauvegarde des droits de l'homme et des libertés fondamentales sont régulièrement invoqués pour engager la responsabilité des États membres, notamment quant à leur contribution nationale à la réduction des émissions de GES.

Dans le prolongement de la décision 94/69/CE du Conseil du 15 décembre 1993 concernant la conclusion de la CCNUCC et afin de mettre en œuvre ses engagements pris au titre de l'accord de Paris, l'Union européenne a adopté deux paquets énergie-climat, respectivement pour 2020 et 2030, ou pacte vert pour l'Europe.

Ainsi, le règlement (UE) 2018/842 du 30 mai 2018 relatif aux réductions annuelles contraignantes des émissions de GES par les États membres de 2021 à 2030 contribuant à l'action pour le climat afin de respecter les engagements pris dans le cadre de l'accord de Paris fixe, pour chaque État membre, leurs contributions minimales et a ainsi assigné à la France une obligation de réduction de ses émissions de 37 % en 2030 par rapport à leur niveau de 2005.

Au niveau national, l'article L. 100-4 du code de l'énergie, issu de la loi du 8 novembre 2019 relative à l'énergie et au climat, assigne à la France un objectif encore plus fort de réduction des émissions de GES de 40 % entre 1990 et 2030 ; la trajectoire pour atteindre cet objectif est précisée dans les budgets carbone de l'article L. 222-1 A du code de l'environnement, fixés par décret par période de cinq ans et répartis par grands secteurs d'activité conformément à la « *stratégie bas-carbone* » de l'article L. 222-1 B du code de l'environnement.

Face à la pression citoyenne pour des engagements étatiques réellement contraignants, au-delà des intentions inscrites dans la Constitution et la Charte de l'environnement, un projet de loi constitutionnelle complétant l'article 1er de la Constitution et relatif à la préservation de l'environnement a été adopté par l'Assemblée nationale le 11 mars 2021 afin d'inscrire dans la Constitution que la France « *garantit la préservation de l'environnement et de la diversité biologique et lutte contre le dérèglement climatique*.

Notons enfin que cet élan de judiciarisation des obligations climatiques est également soutenu par le législateur. Ainsi, la loi n° 2020-1672 du 24 décembre 2020 relative au parquet européen, à la justice environnementale et à la justice pénale spécialisée instaure, dans le ressort de chaque cour d'appel, des juridictions spécialisées compétentes pour juger des délits environnementaux et infractions connexes et de manière plus générale des affaires environnementales en matière civile.

Bibliographie

« Dossier : Le contentieux climatique devant le juge administratif français », *RFDA* 2019, p. 629

Aut. conc., AMF, Arcep, ART, CNIL, CRE, CSA, HADOPI, « Accord de Paris et urgence climatique : enjeux de régulation », mai 2020

Cournil (Ch.) et Fleury (M.), « De "l'Affaire du siècle" au "casse du siècle" ? Quand le climat pénètre avec fracas le droit de la responsabilité administrative », *La Revue des Droits de l'Homme* 2021

Holmes (S.), Middelschulte (D.) et Snoep (M.), *Competition Law, Climate Change & Environmental Sustainability*, New York, Concurrences, 2021

OCDE, « Guide OCDE sur le devoir de diligence pour une conduite responsable des entreprises », 2018

Tabau (A.-S.) et Cournil (Ch.), « Nouvelles perspectives pour la justice climatique, Cour du District de La Haye, 24 juin 2015, Fondation Urgenda contre Pays-Bas », *RJE* 4/2015, p. 672

Torre-Schaub (M.) et Lormeteau (B.), « La question climatique est-elle contraignante ? Regards croisés à l'occasion du 5e anniversaire de l'accord de Paris », *Énergie - Env. - Infrastr.* 2021, p. 15

Torre-Schaub (M.), *Justice climatique : procès et actions*, Paris, CNRS éditions, 2020

Tran (H.), *Les obligations de vigilance des États parties à la Convention européenne des droits de l'homme : essai sur la transposition en droit européen des droits de l'homme d'un concept de droit international général*, Bruxelles, Bruylant, 2012

Loi n° 2020-1672 du 24 décembre 2020 relative au parquet européen, à la justice environnementale et à la justice pénale spécialisée, *JORF* n° 0312 du 26 décembre 2020

Règlement (UE) 2019/2088 du Parlement européen et du Conseil du 27 novembre 2019 sur la publication d'informations en matière de durabilité dans le secteur des services financiers, *JOUE* n° L 317 du 9 décembre 2019, p. 1

Directive (UE) 2018/2001 du Parlement européen et du Conseil du 11 décembre 2018 relative à la promotion de l'utilisation de l'énergie produite à partir de sources renouvelables (refonte), *JOUE* n° L 328 du 21 décembre 2018, p. 82

Règlement (UE) 2018/842 du Parlement européen et du Conseil du 30 mai 2018 relatif aux réductions annuelles contraignantes des émissions de gaz à effet de serre par les États membres de 2021 à 2030 contribuant à l'action pour le climat afin de respecter les engagements pris dans le cadre de l'accord de Paris et modifiant le règlement (UE) n° 525/2013, *JOUE* n° L 156 du 19 juin 2018, p. 26

Loi n° 2017-399 du 27 mars 2017 relative au devoir de vigilance des sociétés mères et des entreprises donneuses d'ordre, *JORF* n° 0074 du 28 mars 2017

Communication de la Commission, Lignes directrices concernant les aides d'État à la protection de l'environnement et à l'énergie pour la période 2014-2020, *JOUE* n° C 200 du 28 juin 2014, p. 1

Directive 2012/27/UE du Parlement européen et du Conseil du du 25 octobre 2012 relative à l'efficacité énergétique, modifiant les directives 2009/125/CE et 2010/30/UE et abrogeant les directives 2004/8/CE et 2006/32/CE, *JOUE* n° L 315 du 14 novembre 2012, p.1

P

PROTECTION DES CONSOMMATEURS

Yves PICOD
Université de Perpignan

■ Premier aperçu

Le consumérisme est le fruit d'une réaction contre les excès de la société de consommation et les abus de certains professionnels. Il repose sur l'idée que le consommateur est manipulé par la publicité et le marketing, générateurs de besoins artificiels et d'illusions d'une fausse abondance : la liberté de la concurrence ne suffit pas à elle seule à assurer sa protection. La protection passe par la prévention autant que par la sanction des comportements déloyaux ou abusifs des professionnels et surtout par les actions collectives (actions en cessation, actions en suppression de clauses abusives ou illicites, actions de groupe, etc.), à travers l'action des associations de consommateurs. Les faibles intérêts en jeu n'incitent pas les consommateurs à l'exercice d'actions individuelles : les pouvoirs publics mettent aujourd'hui l'accent sur la médiation et les modes alternatifs de règlement des conflits. Enfin, l'administration, notamment à travers la DGCCRF, joue un rôle important dans la protection.

Une des difficultés récurrentes de la protection est de localiser les règles de protection des consommateurs, sachant que le code de la consommation ne rassemble pas toutes les règles de ce droit : certaines se trouvent par exemple dans le code civil (la responsabilité du fait des produits défectueux en est l'illustration), dans le code monétaire et financier, dans le code des transports, dans le code du tourisme ou dans de nombreux textes non codifiés. Les sources européennes (traités, directives, règlements) sont en tout cas de plus en plus prégnantes.

Si le droit de la concurrence se situe en amont du droit de la consommation, le droit de la consommation s'applique aux rapports entre professionnels et consommateurs et vise à protéger les consommateurs et, dans certains cas, des non-professionnels face aux professionnels. Le code de la consommation réglemente le marché spécifique du BtoC : il définit ses institutions, sa police et organise la régulation de ses pratiques essentielles, telles que les pratiques commerciales déloyales. Alors que l'objectif principal du droit de la consommation est de protéger le consommateur, le droit de la concurrence vise avant tout à éviter que certaines entreprises ne se trouvent en situation préférentielle par rapport à d'autres : la sanction des ententes, des abus de domination ou du paracommercialisme est destinée à sauvegarder un certain équilibre économique.

En droit de la concurrence comme en droit de la consommation, il s'agit toutefois de réguler les déséquilibres apparus sur le marché, ce qui explique que l'on ait proposé d'incorporer les deux disciplines dans un ensemble plus large : le droit du marché. Le traité de Lisbonne du 13 décembre 2007, entré en vigueur le 1er décembre 2009, ne pose-t-il pas comme principe que la concurrence n'est plus un objectif en soi qui peut fonder les politiques de l'Union, mais qu'elle peut être utilisée comme un outil au service des consommateurs ?

■ Pour aller plus loin

La protection du consommateur est progressivement devenue une priorité de l'Union européenne, à travers la poursuite de quatre grands objectifs :

- renforcer la sécurité du consommateur vis-à-vis des biens, des services et de la chaîne alimentaire ;
- aider les consommateurs à s'informer correctement sur ce qu'ils achètent, et sur les recours auxquels ils ont droit, ce qui nécessite d'associer les organisations de consommateurs au processus ;
- améliorer l'effectivité des règles ;
- adapter la législation aux changements, par exemple au développement du commerce en ligne ou du numérique.

Les consommateurs sont en effet le moteur de la concurrence, essentiellement par leurs choix individuels, mais aussi par les moyens de défense de la liberté de concurrence dont disposent les associations de consommateurs : elles ont notamment la possibilité de saisir l'Autorité de la concurrence (art. L. 462-5 C. com.).

Il faut aussi observer que certaines limitations de la concurrence peuvent être justifiées par l'intérêt du consommateur. Ainsi, l'intérêt du consommateur est l'une des composantes du progrès économique qui justifie les atteintes à la concurrence. De même, en droit européen, les décisions d'exemption tiennent compte de l'intérêt du consommateur pour justifier des restrictions de concurrence.

De la même façon, la lutte contre les pratiques déloyales à l'égard des consommateurs profite indirectement aux concurrents loyaux ; ainsi, dans son huitième considérant, la directive 2005/29/CE du Parlement européen et du Conseil du 11 mai 2005 relative aux pratiques commerciales déloyales des entreprises vis-à-vis des consommateurs dans le marché intérieur prévoit : « *La présente directive protège expressément les intérêts économiques des consommateurs contre les pratiques commerciales déloyales des entreprises à leur égard. Dès lors, elle protège aussi indirectement les entreprises légitimes contre les concurrents qui ne suivent pas les règles du jeu fixées par la présente directive, garantissant ainsi une concurrence loyale dans le secteur d'activité qu'elle coordonne.* » Sur ce terrain, si le droit des pratiques déloyales trompeuses et agressives, transposé de la directive, est destiné à protéger les consommateurs, il transcende les intérêts du marché : l'article L. 121-5 du code de la consommation précise que ce droit est applicable aux pratiques qui visent les professionnels ainsi que les non-professionnels.

Bibliographie

Aubert de Vincelles (C.), Brunaux (G.), Sauphanor-Brouillaud (N.) et Usunier (L.), *Les contrats de consommation : règles communes*, 2e éd., Issy-les-Moulineaux, LGDJ, 2018

Fenouillet (D.), *Droit de la consommation 2021-2022*, Paris, Dalloz, 2020

Julien (J.), *Droit de la consommation*, 3e éd., Issy-les-Moulineaux, LGDJ, 2019

Picod (Y.) et (N.), *Droit de la consommation*, 5e éd., Paris, Sirey, 2020

Picod (Y.), Picod (N.) et Chevalier (E.), *Code de la consommation 2023, annoté et commenté*, 27e éd., Paris, Dalloz, 2022

Directive no 2005/29/CE du Parlement européen et du Conseil du 11 mai 2005 relative aux pratiques commerciales déloyales des entreprises vis-à-vis des consommateurs dans le marché intérieur, *JOUE* no L 149 du 11 juin 2005, p. 22

PROTECTION DU SECRET PROFESSIONNEL

Jérémy BERNARD
Delcade Avocats & Solicitors

Premier aperçu

S'il existe plusieurs formes de secret professionnel, tel celui de l'avocat, des professions médicales ou des agents publics, le droit de la concurrence a développé un régime particulier pour protéger celui de l'avocat, tant en droit interne qu'en droit de l'Union européenne.

Ce régime est fondé, en droit interne, sur l'article 66-5 de la loi n° 71-1130 du 31 décembre 1971 portant réforme de certaines professions judiciaires et juridiques et, en droit de l'Union européenne, sur le respect des droits de la défense ainsi que posé par l'arrêt *AM & S Europe* de la Cour de justice (ci-après la « Cour ») (18 mai 1982, aff. 155/79, pts 21 à 24).

Il résulte dudit régime que :

- seul un avocat indépendant, à savoir inscrit à un barreau, et non un juriste d'entreprise, bénéficie de la protection du secret professionnel de l'avocat ; et
- l'Autorité de la concurrence (ci-après l'« Autorité »), la Direction générale de la concurrence, de la consommation et de la répression des fraudes (ci-après la « DGCCRF ») et la Commission européenne (ci-après la « Commission ») ne peuvent ni faire état de documents protégés par ce secret, ni en prendre connaissance, sauf de manière superficielle pour les reconnaître comme tels.

Pour aller plus loin

En liant la protection du secret professionnel de l'avocat au respect des droits de la défense (*AM & S Europe*, préc., pt 21), la Cour donne pour base légale à ce secret le droit primaire (Charte des droits fondamentaux de l'Union européenne, art. 48, para. 2, combiné avec traité sur l'Union européenne, art. 6, para. 1er). En revanche, le Conseil constitutionnel a refusé de reconnaître l'existence d'un tel lien et ainsi de consacrer la valeur constitutionnelle de ce secret (Cons. const., déc. nº 2015-478 QPC du 24 juillet 2015, pt 16).

Le droit de l'Union européenne limite le champ d'application du secret professionnel de l'avocat à l'exercice d'une défense à raison de son lien avec les droits de la défense (*AM & S Europe*, préc., pt 23). Si la loi française prévoit son application dans le domaine de la défense comme du conseil (art. 66-5, al. 1er, de la loi nº 71-1130 du 31 décembre 1971), la Cour de cassation en a restreint le champ d'application en matière d'opérations de visite et saisie de l'Autorité ou de la DGCCRF au seul exercice des droits de la défense (Cass. crim., 25 novembre 2020, nº 19-84.304 ; Cass. crim., 4 mars 2020, nº 18-84.071), lequel doit s'entendre comme l'exercice de ces droits d'une manière générale et non comme ceux dans le seul dossier concerné par l'opération de visite et saisie (Cass. crim., 20 janvier 2021, nº 19-84.292).

Outre les communications entre un Conseil et son client, le droit de l'Union européenne étend le bénéfice du secret professionnel de l'avocat aux documents du client reproduisant ces communications (TPICE (ord.), 4 avril 1990, *Hilti*, aff. T-30/89, pts 16 à 18) et à ceux préliminaires établis afin de demander son avis à un avocat pour l'exercice d'une défense (Trib. UE, 17 septembre 2007, *Akzo Nobel*, aff. jtes T-125/03 et T-253/03, pts 122 et 123 – confirmé par CJUE, 14 septembre 2010, *Akzo Nobel*, aff. C-550/07 P, pts 40 et 41).

Jusqu'à il y a peu, le droit interne limitait le bénéfice de ce secret aux communications entre un Conseil et son client ainsi qu'aux notes du client prises lors d'une réunion avec un avocat (Cons. conc., déc. nº 07-D-49 du 19 décembre 2007, pts 157 à 159 ; Aut. conc., déc. nº 16-D-24 du 8 novembre 2016, pt 318).

En 2022, la Cour de cassation (s'inspirant sans doute du droit de l'Union européenne) a étendu le champ du secret professionnel aux documents émanant du client n'étant pas adressés à son avocat et reprenant la stratégie de défense mise en place par ce dernier pour le premier lorsque cette stratégie constitue l'objet essentiel dudit document (Cass. crim., 26 janvier 2022, nº 17-87.359, pts 19 à 21).

Cette extension heureuse doit être rapprochée d'un arrêt de la même chambre de la haute juridiction rendu la même année dans une affaire de stupéfiants, lequel apporte une restriction importante au secret professionnel de l'avocat. Cette décision a en effet validé un procès-verbal rapportant une conversation téléphonique entre un avocat et la compagne de son client au motif que cette dernière n'ayant alors pas été placée en garde à vue et n'étant pas partie à la procédure, cette conversation ne saurait relever de l'exercice des droits de la défense (Cass. crim., 13 septembre 2022, nº 21-87.452, pt 9).

La transposition de cet arrêt au droit de la concurrence, laquelle ne peut être exclue, repousserait ainsi l'application du secret professionnel de l'avocat et plus généralement l'exercice des droits de la défense aux premières mesures d'enquête coercitives de l'Autorité ou de la DGCCRF, telles qu'une visite et saisie.

Lors d'une enquête de concurrence, le droit interne habilite l'Autorité ou la DGCCRF à saisir en bloc les messageries électroniques afin de préserver leur intégrité. Il leur revient ensuite, hors de la présence de l'entreprise visitée ou de son conseil, d'en extraire les documents protégés par le secret professionnel de l'avocat et de les restituer. Il revient également à tout intéressé de solliciter une telle restitution du juge compétent (Cass. crim., 30 novembre 2011, n° 10-81.748 ; Cass. crim., 20 décembre 2017, n° 16-83.469).

Cet état du droit interne n'a pas soulevé d'objection de la Cour européenne des droits de l'homme (CEDH, 21 mars 2017, *Janssen Cilag SAS c/ France*, n° 33931/12). Pourtant, l'entreprise visitée ou son conseil ne pouvant assister à l'extraction des documents protégés par ce secret des messageries saisies, ils ne peuvent dans ces conditions s'assurer que l'Autorité ou la DGCCRF n'en prenne pas connaissance.

À l'opposé, si la Commission pratique également la saisie en bloc des messageries électroniques, ses agents placent le support sur lequel est reproduite la messagerie saisie dans une enveloppe scellée et invitent l'entreprise inspectée ou son conseil à assister à l'ouverture de cette enveloppe et à l'extraction des documents protégés par le secret professionnel de l'avocat (Commissions, note explicative concernant les inspections menées par la Commission, 11 septembre 2015, pt 14).

En cas de controverse sur la nature protégée d'un document, l'entreprise peut saisir le conseiller-auditeur afin de faciliter le règlement de cette question (déc. 2011/695/UE du 13 octobre 2011 relative à la fonction et au mandat du conseiller-auditeur dans certaines procédures de concurrence, art. 4, para. 2 a).

Enfin, le secret professionnel de l'avocat n'interdit pas de procéder à une enquête de concurrence dans un cabinet d'avocats pour autant que ce secret soit bien respecté durant cette enquête (Cons. const., déc. n° 2015-715 DC du 5 août 2015, *Loi pour la croissance, l'activité et l'égalité des chances économiques*, pt 63).

Bibliographie

Chagny (M.) (dir.), *Le Lamy droit économique : concurrence, relations commerciales, distribution, consommation*, Wolters Kluwer, 2020

Mémento Concurrence Consommation 2021, Paris, Éditions Francis Lefebvre, 2020

Ronzano (A.), *L'actu-concurrence*, 4 février 2022, n° 18/2022

Ronzano (A.), *L'actu-concurrence*, 22 mars 2021, n° 11/2021

Ronzano (A.), *L'actu-concurrence*, 21 décembre 2020, n° 47/2020

Ronzano (A.), *L'actu-concurrence*, 12 mars 2020, n° 28/2020

Ronzano (A.), *L'actu-concurrence*, 2 mars 2018, n° 21/2018

Comm. eur., Note explicative concernant les inspections menées par la Commission en vertu de l'article 20, paragraphe 4, du règlement n° 1/2003, 11 septembre 2015

Loi n° 71-1130 du 31 décembre 1971 portant réforme de certaines professions judiciaires et juridiques, *JORF* du 5 janvier 1972

P

PROTECTION JURIDICTIONNELLE EFFECTIVE

Cyril NOURISSAT
Université Jean Moulin Lyon 3

■ Premier aperçu

Le droit à une protection juridictionnelle effective n'est pas propre au droit de la concurrence, que l'on envisage le droit de l'Union ou le droit des États membres. Il se présente de manière générale comme la traduction de ce que l'on a longtemps appelé la « Communauté de droit » (certains parleront désormais de l'« État de droit ») et se manifeste alors par l'affirmation du principe fondamental du « droit au juge » pour les individus. Ce droit des justiciables d'accéder à un tribunal se veut éminemment concret et couvre un vaste domaine, englobant des aspects assez divers comme l'égalité des justiciables face à l'accès au tribunal, leur protection provisoire, le respect du contradictoire et/ou l'égalité des armes et, même, l'exécution effective des décisions de justice… Cela précisé, il est nécessaire de souligner que ce « droit au juge », compris comme un « accès au juge », s'envisage non seulement comme un accès au juge de l'Union (Cour de justice de l'Union européenne et Tribunal), mais aussi comme un accès au juge des États membres, chaque fois avec la volonté de garantir la défense des droits qu'un justiciable tire de l'ordre juridique de l'Union européenne (cf. en ce sens l'arrêt de référence, CJCE, 13 mars 2007, *Unibet*, aff. C-432/05).

■ Pour aller plus loin

Ce droit à une protection juridictionnelle effective prend une signification particulière en droit des pratiques anticoncurrentielles, observation étant faite que cette matière a été un terrain d'intervention privilégié de la CJUE (ainsi que du Tribunal) duquel peuvent être extraits aussi bien le sens que la portée de ce droit. Et parce que le message s'adresse aussi bien aux institutions de l'Union qu'à celles des États membres (ne serait-ce qu'en raison de l'application décentralisée de ce droit des pratiques anticoncurrentielles depuis l'entrée en vigueur du règlement (CE) n° 1/2003), il est à souligner que, par exemple, l'examen de la jurisprudence de la Cour de cassation française permet de constater que le juge interne s'aligne sur certains des standards forgés au niveau européen (Cass. crim., 13 juin 2019, n° 18-80.678 ; Cass. com., 4 octobre 2017, n° 14-28.234 e.a. ; Cass. com., 19 janvier 2016, n°s 14-21.670 et 14-21.671). Le Tribunal de l'Union l'a encore très nettement rappelé dans un arrêt important intéressant la Pologne : « *[L]e droit fondamental à un procès équitable devant un tribunal indépendant garanti par l'article 47, deuxième alinéa, de la Charte revêt également une importance tout aussi particulière pour l'application efficace des articles 101 et 102 TFUE. En effet, les juridictions nationales sont appelées, d'une part, à contrôler la légalité des décisions des autorités de concurrence nationales et, d'autre part, à appliquer directement les articles 101 et 102 TFUE. La Cour a déjà souligné à cet égard qu'il incombait aux États membres, en vertu de l'article 19, paragraphe 1, second alinéa, TUE, d'établir les voies de recours nécessaires pour assurer aux justiciables le respect de leur droit à une protection juridictionnelle effective dans les domaines couverts par le droit de l'Union, y compris dans le domaine du droit de la concurrence* » (Trib. UE, 9 février 2022, *Sped-Pro SA*, aff. T-791/19, pt 91).

Cette construction d'une protection juridictionnelle effective des individus (et, en droit des pratiques anticoncurrentielles, des entreprises, qu'elles soient auteurs ou victimes de ces pratiques) est donc avant tout d'origine jurisprudentielle et s'appuient sur deux normes fondamentales de protection des droits de l'homme : d'une part, l'article 6 de la Convention européenne des droits de l'homme ; d'autre part, l'article 47 de la Charte des droits fondamentaux de l'Union européenne.

Il est alors possible d'illustrer le sens et la portée de la protection juridictionnelle effective des entreprises dans le cadre du droit des pratiques anticoncurrentielles.

C'est, tout d'abord, l'existence même d'un contrôle juridictionnel qui est posée. Ainsi, le juge européen a-t-il pu affirmer que « *l'exigence d'un contrôle juridictionnel effectif de toute décision de la Commission constatant et réprimant une infraction aux règles de la concurrence constitue un principe général de droit de l'Union qui découle des traditions constitutionnelles communes aux États membres [...]. Ce principe est désormais inscrit à l'article 47 de la charte des droits fondamentaux [de l'Union européenne]* » (Trib. UE, 27 mars 2014, *Saint-Gobain*, aff. jtes T-56/09 et T-73/09, pt 82).

Et de soumettre ce juge à diverses exigences qui en découlent :
- la juridiction doit être indépendante et impartiale, condition de la protection juridictionnelle due aux justiciables, dans les recours nécessitant un examen approfondi de faits complexes ;
- le contrôle opéré par le juge est un contrôle de légalité, ce qui signifie

qu'il appartient au juge d'examiner tous les moyens susceptibles d'être invoqués par la personne physique ou morale concernée au soutien de sa demande d'annulation de la décision de l'autorité et ainsi d'apprécier le bien-fondé en droit comme en fait de l'accusation portée par l'autorité dans le domaine de la concurrence ;

- le contrôle de légalité est complété par un contrôle de pleine juridiction, ce qui conduit, le cas échéant, le juge à substituer son appréciation à celle de l'autorité et, par voie de conséquence, à supprimer, à réduire ou à majorer la sanction pécuniaire ou l'astreinte infligée par cette autorité. Cependant, il n'est pas contraire au principe de protection juridictionnelle effective que le contrôle de légalité exercé par le juge de l'Union soit limité par les demandes des parties telles que formulées dans les conclusions de leurs écrits de procédure. Ainsi, l'absence de contrôle d'office de l'ensemble de la décision attaquée ne viole pas le principe de protection juridictionnelle effective (CJUE, 8 décembre 2011, *Chalkor c/ Commission*, aff. C-386/10 P ; CJUE, 14 novembre 2017, *British Airways plc*, aff. C-122/16 P).

Au-delà de ces affirmations générales tenant au recours lui-même, la Cour de justice a été amenée à compléter son approche en consacrant diverses exigences dont le respect participe de cette protection juridictionnelle effective. Par exemple, et s'agissant de cette protection juridictionnelle effective due par le juge national, la Cour a retenu le nécessaire respect des principes d'équivalence et d'effectivité qui ont pu être mis en lumière à propos de la prescription d'une action indemnitaire dite de « *follow-on* » (avant l'harmonisation intervenue à la faveur de la transposition de la directive 2014/104/UE du 26 novembre 2014 relative à certaines règles régissant les actions en dommages et intérêts en droit national pour les infractions aux dispositions du droit de la concurrence des États membres et de l'Union européenne) dans une affaire *Cogeco* (CJUE, 28 mars 2019, *Cogeco*, aff. C-637/17). Par ailleurs, l'octroi de mesures provisoires et conservatoires, le délai raisonnable ou encore, mais cela est très discuté, un recours direct et immédiat (sur cette question, cf. les évolutions issues de la loi n° 2016-1547 du 18 novembre 2016, qui attribue à la cour d'appel de Paris les recours intentés contre les décisions du rapporteur général de l'Autorité de la concurrence refusant la protection du secret des affaires ou accordant la levée de ce secret) sont régulièrement avancés sur le terrain de cette protection juridictionnelle effective… Avec des succès divers, faut-il le souligner !

Bibliographie

Fromont (L.) et Van Waeyenberge (A.), « La protection juridictionnelle effective en Europe ou l'histoire d'une procession d'Echternach », *CDE* 2015, p. 113

Muguet-Poullennec (G.), Domenicucci (D.) et Hoseinian (E.), « Sanctions prévues par le règlement n° 1/2003 et droit à une protection juridictionnelle effective : les leçons des arrêts KME et Chalkor de la CJUE », *RLC* 2012/32, p. 57

Payet (S.), « Le droit à une protection juridictionnelle effective en droit de l'Union européenne », thèse, Université de La Réunion, 2012

Loi n° 2016-1547 du 18 novembre 2016 de modernisation de la justice du xxie siècle, *JORF* n° 0269 du 19 novembre 2016

Directive 2014/104/UE du Parlement européen et du Conseil du 26 novembre 2014 relative à certaines règles régissant les actions en dommages et intérêts en droit national pour les infractions aux dispositions du droit de la concurrence des États membres et de l'Union européenne, *JOUE* n° L 349 du 5 décembre 2014, p. 1

Voir aussi

Astreinte - Contrôle juridictionnel - Entreprise - Mesures provisoires - Principe d'effectivité - Principe d'équivalence

P

PROTECTION TERRITORIALE ABSOLUE

Catherine PRIETO
Université Paris I Panthéon-Sorbonne

■ Premier aperçu

Le monopole est l'archétype du pouvoir de marché. Or, une répartition de territoires revient à créer des petits monopoles. C'est la raison pour laquelle l'article 101, paragraphe 1 c), TFUE vise spécialement ce comportement en tant que restriction de concurrence : les opérateurs économiques ne doivent pas s'entendre pour se répartir entre eux des territoires, qu'il s'agisse d'accords entre concurrents (restrictions horizontales) ou entre non-concurrents (restrictions verticales).

Les restrictions de concurrence horizontales sont les plus évidentes. Les concurrents sont souvent tentés de recourir à des ententes secrètes pour la réservation d'un territoire. Deux affaires emblématiques illustrent ces accords par lesquels « chacun reste chez soi » : le *gentlemen's agreement* portant respect des territoires respectifs entre producteurs japonais et producteurs européens sur le marché des transformateurs de puissance (CJUE, 20 janvier 2016, *Toshiba*, aff. C-373/14 P) ; le pacte de non-agression mutuelle entre les meuniers allemands et les meuniers français (Aut. conc., déc. n° 12-D-09 du 13 mars 2012 sur les farines en sachets). Dans l'arrêt *Toshiba*, la Cour rappelle que des accords portant sur la répartition des territoires constituent des violations particulièrement graves de la concurrence et relèvent de la catégorie de restriction par l'objet (pt 28 ; lignes directrices relatives à l'article [101 TFUE] du 27 avril 2004, pt 21). Les ententes secrètes ne sont pas les seules en cause. Certaines clauses contractuelles révèlent des répartitions de territoires entre concurrents, comme une clause de non-concurrence insérée dans un contrat de cession de contrôle (CJUE, 13 décembre 2017, *Telefónica*, aff. C-487/16 P, pts 62 et 63).

Les restrictions de concurrence verticales résultent d'un diagnostic de nocivité dégagé très tôt par la Cour de justice : « *la protection territoriale absolue* » établie par un contrat de concession (CJCE, 13 juillet 1966, *Grundig et Consten*, aff. jtes 56 et 58-64). La concurrence peut être affectée par des opérateurs à des stades économiques différents et ainsi par des contrats de distribution. En l'espèce, le contrat visait à isoler le marché français dans la distribution de produits de la marque *Grundig* en recréant les barrières entre États que le traité avait supprimées. Ces produits étaient par là même soustraits à une concurrence efficace et étaient directement contraires à la construction d'un grand marché intérieur. Néanmoins, il convient de relever l'importance de l'adjectif « absolu », qui laisse entendre qu'un certain degré de protection territoriale peut être admis.

C'est tout l'intérêt des règlements successifs d'exemption relatifs aux restrictions verticales d'avoir introduit une exception dans la qualification de restriction caractérisée à l'égard des restrictions actives de territoire exclusif, dès lors que ces restrictions ne limitent pas les ventes de la part des clients à l'acheteur (même énoncé de l'art. 4, b-i) du règl. (CE) n° 2790/1999, puis du règl. (UE) n° 330/2010). Une distinction est donc faite entre les restrictions de ventes actives, qui sont admises, et les restrictions de ventes passives, qui demeurent prohibées en tant que « protection territoriale absolue ». Le contrat de concession peut organiser une protection territoriale de chacun des concessionnaires par laquelle ils s'interdisent des démarches actives sur leurs territoires respectifs. En revanche, il ne saurait interdire à un concessionnaire de vendre à des consommateurs qu'il n'a pas sollicités, car les consommateurs ne peuvent pas être prisonniers d'un monopole, aussi petit soit-il.

Il en va de même pour les contrats de concession de licence. Une clause faisant obligation de ne pas fournir un dispositif de décodage permettant l'accès à l'extérieur du territoire couvert par le contrat de licence entrave la prestation transfrontalière de services de radiodiffusion et crée une exclusivité territoriale absolue (CJUE, 4 octobre 2011, *Football Association Premier League*, aff. C-403/08, pt 142 ; v. aussi *mutatis mutandis* CJUE, 9 décembre 2020, *Groupe Canal+*, aff. C-132/19 P, au stade d'une simple évaluation préliminaire ayant donné lieu à une décision d'engagement).

■ Pour aller plus loin

Si la protection territoriale absolue est fustigée, un certain degré de protection territoriale est admis. Tout dépend du choix de politique commerciale du producteur : veut-il neutraliser le risque de parasitisme commercial entre ses distributeurs ou veut-il privilégier la sélection de ses distributeurs en fonction de leur adéquation avec son produit ? Dans le premier cas, il a recours au contrat de concession territoriale, qui confère au distributeur une sécurité l'incitant à investir dans la publicité et dans une offre de services additionnels. Il n'a plus à craindre des comportements opportunistes des autres distributeurs. Dans le second cas, le contrat de distribution sélective convient mieux au producteur. Dès lors qu'il s'est détourné du contrat de concession, toute protection territoriale perd alors sa raison d'être. Dans un contrat de distribution sélective est donc qualifiée de restriction caractérisée la prohibition des ventes actives comme celle des ventes passives (art. 4, b) du règl. (CE) n° 2790/1999, puis du règl. (UE) n° 330/2010).

Le prochain règlement d'exemption relatif aux restrictions verticales conforte cette disparité de traitement de la protection territoriale selon la raison d'être du contrat de distribution ou du choix de politique commerciale du fournisseur. Son article 4, dont la lisibilité est renforcée, apporte cependant certaines nuances. Dans l'hypothèse d'une juxtaposition géographique d'un réseau de distribution exclusive et d'un réseau de distribution sélective, le distributeur exclusif peut se voir imposer des restrictions de ventes à la fois actives et passives à l'égard de distributeurs non agréés situés sur le territoire du réseau de distribution sélective. La deuxième précision concerne l'hypothèse du choix de ne retenir ni un contrat de distribution exclusive ni un contrat de distribution sélective. *A priori*, aucune protection territoriale ne devrait être accordée. Cependant, un certain degré de protection territoriale est admis *a minima* : la restriction des ventes actives de l'acheteur et de ses clients est admise sur un territoire que s'est réservé le fournisseur ou qu'il a alloué à un nombre limité d'acheteurs. Pour faire respecter cette protection territoriale *a minima*, le distributeur agréé sur un autre territoire pourra se voir imposer une restriction de ses ventes actives.

Le règlement (CE) n° 330/2010 n'avait pas expressément mentionné le commerce en ligne. Seules les lignes directrices l'accompagnant avaient des indications pour appliquer les qualifications de restrictions de ventes actives et passives à diverses interdictions de vendre en ligne : la vente sur un site était considérée comme une vente passive (pt 52) tandis que divers moyens de publicité ou de ciblage, tels que les mails et les bandeaux, étaient des ventes actives (pt 53). Dans le futur règlement, les définitions précises des ventes actives et passives figurent désormais dans l'article 1er. À la différence des lignes directrices de 2010, il convient d'y relever que l'offre de différentes versions linguistiques sur un site sera désormais considérée comme une vente active, de même qu'un site avec un nom de domaine correspondant à un territoire autre que celui où le distributeur est établi. S'agissant de la distribution sélective, la Cour de justice avait considéré non seulement que certaines exigences de qualité relatives à la vente en ligne pouvaient être considérées comme disproportionnées au regard de la protection nécessaire de produits vendus et donc contraires au paragraphe 1 de l'article 101 TFUE, mais encore qu'elles pouvaient être retenues comme des restrictions de ventes passives au sens du règlement d'exemption (CJUE, 13 octobre 2011, *Pierre Fabre Dermo-Cosmétique*, aff. C-439/09 ; tel n'est pas le cas de l'interdiction de vendre sur une plateforme tierce, CJUE, 6 décembre 2017, *Coty Germany*, aff. C-230/16).

Le modèle de traitement des restrictions de ventes actives et passives dans les contrats de distribution exclusive est adapté de manière très fine aux contrats de concession de licence dans l'article 4 du règlement (UE) n° 316/2014 relatif aux accords de transfert de technologie. Sont à cet égard déterminantes la sous-distinction entre accords entre non-concurrents et accords entre concurrents et, à l'intérieur de cette dernière catégorie, celle entre accords réciproques et accords non réciproques.

Bibliographie

Blaise (J.-B.) et Choné-Grimaldi (A.-S), *Droit des affaires de l'Union européenne*, Paris, PUF, 2017

Combe (E.), *Économie et politique de la concurrence*, 2e éd., Paris, Dalloz, 2020

Petit (N.), *Droit européen de la concurrence*, 3e éd., Paris-La Défense, LGDJ, 2020

Règlement (UE) n° 316/2014 de la Commission du 21 mars 2014 relatif à l'application de l'article 101, paragraphe 3, du traité sur le fonctionnement de l'Union européenne à des catégories d'accords de transfert de technologie, *JOUE* n° L 93 du 28 mars 2014, p. 17

Règlement (UE) n° 330/2010 de la Commission du 20 avril 2010 concernant l'application de l'article 101, paragraphe 3, du traité sur le fonctionnement de l'Union européenne à des catégories d'accords verticaux et de pratiques concertées, *JOUE* n° L 102 du 23 avril 2010, p. 1

Communication de la Commission, Lignes directrices relatives à la notion d'affectation du commerce figurant aux articles 81 et 82 du traité, *JOUE* n° C 101 du 27 avril 2004, p. 81

Règlement (CE) n° 2790/1999 de la Commission, du 22 décembre 1999, concernant l'application de l'article 81, paragraphe 3, du traité à des catégories d'accords verticaux et de pratiques concertées, *JOCE* n° L 336 du 29 décembre 1999, p. 21

Voir aussi

Clause de non-concurrence - Distribution exclusive - Distribution sélective - Parasitisme - Pouvoir de marché - Restrictions caractérisées - Restrictions verticales - Transfert de technologie

R

REFUS DE VENTE

Nicolas ÉRÉSÉO
Université de Strasbourg

Premier aperçu

Le refus de vente désigne le fait pour un professionnel de refuser de fournir un bien (ou par extension d'assurer une prestation de service) malgré une demande en ce sens faite par un consommateur ou un autre professionnel.

Il est l'expression de la liberté contractuelle (art. 1102 C. civ.) et de la liberté du commerce et de l'industrie (loi d'Allarde des 2 et 17 mars 1791) de sorte que son interdiction éventuelle ne peut découler que d'une disposition spéciale et doit s'appliquer dans la limite de celle-ci.

Entre professionnels et consommateurs, le refus de vente est pénalement sanctionné en ces termes : « *Est interdit le fait de refuser à un consommateur la vente d'un produit ou la prestation d'un service, sauf motif légitime* » ; ce dernier pouvant par exemple être retenu si la demande est anormale ou si le produit ou service est indisponible (art. L. 121-11 C. consom.). La sanction prévue est contraventionnelle, mais lorsque le refus repose sur un motif discriminatoire l'infraction prend une nature délictueuse (art. L. 225-1 et s. C. pén.).

Entre professionnels, le refus de vente n'est plus interdit en lui-même (*per se*) depuis la loi dite « Galland » n° 96-588 du 1er juillet 1996. Cela ne signifie pas pour autant qu'il est toujours loisible à un offreur de refuser d'accéder à la demande de bien ou de service formulée par autre opérateur. En effet, le refus de vente peut être appréhendé sur le fondement d'autres dispositions, qu'il s'agisse du droit des pratiques restrictives ou du droit des pratiques anticoncurrentielles.

Pour aller plus loin

Le refus de vente peut, tout d'abord, être appréhendé de manière indirecte lorsqu'il prend la forme d'une rupture brutale des relations commerciales établies entre les deux professionnels (art. L. 442-1 II C. com.).

Ensuite et surtout, il peut relever de l'interdiction des pratiques anticoncurrentielles prévue tant par le droit français que par le droit européen.

S'agissant, en premier lieu, des abus de domination, il convient de relever que le texte même de l'article L. 420-2 du code de commerce mentionne expressément le refus de vente, parmi les exemples d'abus de position dominante (al. 1) comme d'abus de dépendance économique (al. 2).

Compte tenu de la rareté des applications dont l'interdiction des abus de dépendance économique a fait l'objet jusqu'à présent, c'est plutôt sur le fondement des articles L. 420-2, alinéa 1, du code de commerce et 102 TFUE que le refus de contracter émanant d'une entreprise dominante a pu être sanctionné.

La Cour de justice a ainsi admis depuis longtemps que le refus de fournir des produits (CJCE, 6 mars 1974, *Commercial Solvents*, aff. jtes 6 et 7-73), comme celui d'assurer des prestations de services (CJCE, 3 octobre 1985, *Telemarketing*, aff. 311/84 ; CJCE, 26 novembre 1998, *Bronner*, aff. C-7/97 ; Trib. UE, 9 septembre 2009, *Clearstream*, aff. T-301/04), puisse constituer l'exploitation abusive d'une position dominante. L'éventail des pratiques saisies est large puisqu'il concerne aussi le refus d'accorder une licence de droits de propriété intellectuelle (CJCE, 6 avril 1995, *Magill*, aff. jtes C-241/91 P et C-242/91 P).

Toutefois, le principe étant celui de la liberté de choix de ses partenaires et de la libre disposition de ses biens, « *une intervention fondée sur le droit de la concurrence doit être soigneusement pesée lorsqu'[elle] risque de déboucher sur l'imposition d'une obligation de fourniture à l'entreprise dominante* » (Orientations sur les priorités retenues par la Commission pour l'application de l'article 82 du traité CE aux pratiques d'éviction abusives des entreprises dominantes, pt 75).

Cette prudence se manifeste notamment dans le recours à la théorie des facilités essentielles, dont l'application est assujettie à la réunion de conditions strictes, encore renforcées lorsqu'elle concerne un droit de propriété intellectuelle.

Lorsque le refus a pour objet un bien matériel ou un service, la qualification d'abus repose traditionnellement sur un test en trois étapes :

- le refus porte sur un produit ou un service qui est objectivement nécessaire pour pouvoir exercer une concurrence efficace sur un marché en aval ;
- le refus est susceptible de conduire à l'élimination d'une concurrence effective sur le marché en aval ;
- le refus n'est pas objectivement justifié.

Lorsque le refus porte sur un droit de propriété intellectuelle, la qualification d'abus est plus stricte afin de ne pas décourager l'innovation. Aux trois étapes précédentes s'ajoute la nécessité d'établir que l'auteur du refus a fait obstacle à l'apparition d'un produit nouveau demandé par les consommateurs (comp. Orientations préc., pt 81 et s., qui présentent un test légèrement différent sans mettre à part le cas particulier des droits de propriété intellectuelle, l'intérêt des consommateurs à l'innovation étant systématiquement pris en compte).

La condition a été pour la première fois posée dans la célèbre affaire *Magill*, qui concernait le refus par des chaînes de télévision d'accorder une licence de reproduction sur leurs programmes à un éditeur qui envisageait de commercialiser un guide complet qui n'était alors pas proposé sur le marché (CJCE, 6 avril 1995, préc.). Elle a été affinée par l'arrêt *IMS Health*, selon lequel le demandeur de licence ne doit pas se limiter, en substance, à reproduire des produits ou des services qui sont déjà offerts sur le marché dérivé par le titulaire du droit de propriété intellectuelle, en l'espèce une base de données reposant sur une structure modulaire spécifique (CJCE, 29 avril 2004, aff. C-418/01).

L'affaire *Microsoft* a donné le sentiment d'avoir abandonné cette quatrième condition en retenant que « *la circonstance relative à l'apparition d'un produit nouveau [...] ne saurait constituer l'unique paramètre permettant de déterminer si un refus de donner en licence un droit de propriété intellectuelle est susceptible de porter préjudice aux consommateurs au sens de l'article [102]. Ainsi qu'il ressort du libellé de cette disposition, un tel préjudice peut survenir en présence d'une limitation non seulement de la production ou des débouchés, mais aussi du développement technique* » (TPICE, 17 septembre 2007, aff. T-201/04, pt 647), mais la jurisprudence ultérieure n'a jamais confirmé cette solution.

Le seul cas particulier concerne les brevets essentiels à une norme (BEN) et le refus de consentir une licence à des conditions équitables (licences dites « FRAND ») malgré un engagement pris en ce sens devant les organismes de normalisation. Dans ce cas de figure, la Cour de justice semble avoir retenu un test simplifié très proche d'une interdiction *per se* (CJUE, 16 juillet 2015, *Huawei*, aff. C-170/13, pt 53 : « *[E]u égard au fait qu'un engagement de délivrer des licences à des conditions FRAND crée des attentes légitimes auprès des tiers que le titulaire du BEN leur octroie effectivement des licences à de telles conditions, un refus du titulaire du BEN d'octroyer une licence à ces mêmes conditions peut constituer, en principe, un abus au sens de l'article 102 TFUE.* »).

En second lieu, le refus de vente peut être sanctionné en application du droit des ententes anticoncurrentielles. Il est cependant nécessaire d'établir que le refus découle d'un accord ou d'une pratique concertée entre l'auteur du refus et une ou plusieurs autres entreprises pour que la qualification d'entente puisse être retenue.

Dans le contexte des réseaux de distribution sélective, la qualification d'entente est nécessairement retenue lorsque le refus découle des critères de sélection du fournisseur. En effet, en intégrant le réseau, chaque distributeur acquiesce par avance à la mise en œuvre des critères de sélection choisis par le fournisseur.

En revanche, l'hypothèse d'une sélection discriminatoire, c'est-à-dire non fondée sur les critères de sélection, est davantage discutée. Initialement, la cour d'appel de Paris jugeait que la qualification d'entente devait être systématiquement retenue, sans doute pour priver les fournisseurs non dominants de la possibilité de mener une sélection discrétionnaire (CA Paris, 23 janvier 2019, RG 16/16856, *Concurrences* n° 2-2019, art. n° 90201 p. 88, note N. Éréséo). Cependant, la même formation de la cour a par la suite opéré un revirement en décidant que le refus d'agrément discriminatoire devait s'analyser comme un acte unilatéral, sauf à ce que les requérants apportent la preuve d'un concours de volontés et donc établissent l'acquiescement des autres distributeurs à la politique discriminatoire du fournisseur (CA Paris, 27 novembre 2019, RG 18/06901, *Concurrences* n° 1-2020, art. n° 92946, p. 96, note Ph. Vanni ; CA Paris, 21 octobre 2020, RG 18/27620, l'acquiescement peut concerner un seul distributeur, en l'espèce le successeur de celui qui avait été évincé).

Encore faut-il, pour que la qualification d'entente anticoncurrentielle soit retenue, que le refus de vente ait un objet ou un effet anticoncurrentiel. Or, cet objet ou cet effet ne sont généralement pas vérifiés lorsque la victime du refus peut mener son activité en s'adressant à d'autres opérateurs (CA Paris, 27 mars 2019, RG 17/09056, prise en compte de la possibilité pour un réparateur agréé de s'adresser à un autre constructeur automobile ; Cass. com., 16 février 2010, n°s 09-11.968 et 09-65.440, prise en compte de la possibilité pour les concurrents de la société Orange, bénéficiaire d'une exclusivité de fourniture offerte par la société Apple, de s'approvisionner auprès des concurrents de cette dernière ; CA Paris, 5 juillet 2017, RG 15/12365, sanction admise en l'espèce dès lors que le fournisseur était « *un leader technologique […] [dont les] produits […] sont incontournables et non substituables pour les distributeurs interrogés* »).

En outre, lorsque le fournisseur et ses acheteurs disposent de parts de marché inférieures au seuil de 30 %, le refus de commercer est couvert par le règlement d'exemption par catégorie (UE) n° 330/2010, dont tous les réseaux de distribution sélective bénéficient, sans qu'il soit tenu compte de la nature des produits concernés, des critères de sélection choisis par le fournisseur et de leur mise en œuvre éventuellement discriminatoire (CA Paris, 20 février 2019, RG 15/13603).

Compte tenu des limites inhérentes au droit de la concurrence, les victimes de refus de commercer ont tenté d'invoquer le droit commun des contrats en prétendant qu'il pouvait fonder l'exigence d'une sélection non discriminatoire, mais la Cour de cassation a fermement répondu que « *l'exigence de bonne foi ne requiert pas, de la part de la tête d'un réseau de distribution [,] la détermination et la mise en œuvre d'un tel processus de sélection* » (Cass. com., 27 mars 2019, n° 17-22.083).

Bibliographie

Decocq (A.), « Sur l'abolition du délit civil de refus de vente », *JCP E* 1997, I, p. 3997

Ferrier (D.) et (N.), *Droit de la distribution*, 9e éd., Paris, LexisNexis, 2020

Marty (F.) et Pillot (J.), « Le recours à la théorie des facilités essentielles dans la pratique décisionnelle des juridictions concurrentielles : ambiguïté du droit et régulation de la concurrence », *Documents de travail de l'OFCE* n° 2009-11

Petit (N.), *Droit européen de la concurrence*, 3e éd., Paris-La Défense, LGDJ, 2020

Serna (J.-Ch.), *Le refus de contracter*, Paris, LGDJ, 1967

Communication de la Commission, Orientations sur les priorités retenues par la Commission pour l'application de l'article 82 du traité CE aux pratiques d'éviction abusives des entreprises dominantes, *JOUE* n° C 45 du 24 février 2009, p. 7

Voir aussi

Distribution sélective - Entente (cartel)

R

RÈGLE DE RAISON

David BAILEY
King's College London

Premier aperçu

La « règle de raison » exige qu'un tribunal mette en balance les effets favorables et les effets anticoncurrentiels d'un accord, conformément à la section 1 du Sherman Act de 1890 aux États-Unis ; si les seconds l'emportent sur les premiers, l'accord sera considéré comme une restriction illégale du commerce. Le droit européen de la concurrence ne reconnaît pas de règle de raison au titre de l'article 101, paragraphe 1, TFUE. En effet, la structure de l'article 101 est différente de celle de la section 1 du Sherman Act ; les effets favorables et défavorables à la concurrence d'un accord sont évalués en vertu de l'article 101, paragraphe 3, TFUE.

Pour aller plus loin

La section 1 du Sherman Act de 1890 interdit « *tout contrat, combinaison sous forme de trust ou autre, ou conspiration, en vue de restreindre les échanges ou le commerce* ». Pris au pied de la lettre, ce libellé interdit toute restriction du commerce. Depuis les premiers arrêts de la Cour suprême des États-Unis interprétant cette disposition au XXe siècle, la Cour a estimé qu'elle n'interdisait que les restrictions déraisonnables au commerce. Hormis les restrictions qui tendraient toujours ou presque toujours à restreindre la concurrence, qui sont considérées *per se* comme une violation de la section 1, les tribunaux américains appliquent la « règle de la raison » pour décider si un comportement collusoire constitue une restriction déraisonnable de la concurrence : *Chicago Board of Trade v. United States* (1918). Les facteurs pertinents pour cette évaluation au cas par cas comprennent l'historique de la restriction en question, le but recherché et ses effets réels et probables : *Continental TV v. GTE Sylvania* (1977). La question de savoir si les entreprises concernées ont un pouvoir de marché est une autre considération importante : *Leegin Creative Leather Products v. PSKS* (2007).

Il est juste de dire qu'au cours des quarante dernières années, la règle de raison est devenue le point de départ pour déterminer si les pratiques collusoires restreignent le commerce en violation de la section 1. Cela ne veut pas dire que la règle de raison a été à l'abri des critiques. Il a été souligné que la règle de raison est, le plus souvent, imprécise et imprévisible : *ABA Antitrust Section, Monograph No. 23, The Rule of Reason (1999)*. La Cour suprême des États-Unis a répondu à cette préoccupation en permettant aux tribunaux de créer « une structure de litige » qui permet à la règle de raison d'éliminer les restrictions anticoncurrentielles et de fournir davantage de conseils aux entreprises (*Leegin*). Le jugement de la cour d'appel des États-Unis pour le circuit du District de Columbia dans l'affaire *Polygram v. Federal Trade Commission* (2005) est un exemple d'une règle de raison plus structurée. La cour d'appel a d'abord considéré le préjudice concurrentiel allégué, puis a examiné toute justification légitime du comportement incriminé, et enfin a évalué les effets globaux sur les consommateurs et la concurrence.

Dans les années 1980 et au début des années 1990, une grande partie des commentaires ont critiqué l'application formaliste et indûment large de l'article 101, paragraphe 1, TFUE, en raison de laquelle, selon certains, de nombreux accords nécessitant une exemption au titre de l'article 101, paragraphe 3, n'auraient pas dû relever de l'article 101, paragraphe 1, car ils ne restreignaient pas du tout la concurrence. De nombreux commentateurs ont appelé à l'adoption en droit communautaire d'une « règle de raison » dans l'application de l'article 101, paragraphe 1. La Cour de justice a toujours résisté à cet appel du pied. Dans l'affaire *Consten et Grundig c/ Commission* (1966), la Cour a refusé d'évaluer les effets favorables et les effets défavorables à la concurrence d'un accord de distribution conférant une « protection territoriale absolue » au distributeur ; un accord de ce type empêche le commerce parallèle au sein de l'UE et a été jugé illégal au titre de l'article 101. Dans l'affaire *Generics (UK) c/ Competition and Markets Authority* (2020), la Cour a récemment réaffirmé cette position : le droit européen de la concurrence ne reconnaît pas de règle de raison (pt 104).

Bibliographie

ABA Antitrust Section, Monograph No. 23, The Rule of Reason (1999)

Bailey (D.) et John (L. A.) (dir.), *Bellamy & Child: European Union Law of Competition*, 8e éd., Oxford University Press, 2018, chap. 2

Forrester (I.) et Norall (Ch.), « The Laicization of Community Law: Self-help and the Rule of Reason: How Competition Law Is and Could Be Applied », *Common Market Law Review*, 1984, vol. 21, n° 1, p. 11

Hovenkamp (H.), « The Rule of Reason », *Florida Law Review*, 2018, vol. 70, n° 1, p. 81

STUCKE (M. E.), « Does the Rule of Reason Violate the Rule of Law? », *UC Davis Law Review*, 2009, vol. 42, nº 5, p. 1375

WHISH (R.) et BAILEY (D.), *Competition Law*, 10e éd., Oxford University Press, 2021, chap. 3

RÈGLEMENT D'HABILITATION ET RÈGLEMENT D'APPLICATION

Vivien TERRIEN
Tribunal de l'Union européenne

■ Premier aperçu

En droit de la concurrence, le Conseil peut prévoir, dans des actes non législatifs, des clauses habilitant la Commission à adopter, par voie de règlement, des dispositions pour la mise en œuvre des règles qu'il édicte.

Les règlements d'habilitation indiquent l'objet que les règlements d'application peuvent couvrir, précisent leurs modalités d'adoption et imposent qu'il y figure certaines dispositions, telles que celles relatives à leur application dans le temps.

Le recours aux habilitations poursuit deux objectifs : permettre à la Commission d'établir des règlements précisant des aspects procéduraux ou d'élaborer des règlements d'exemption par catégorie.

Les règlements d'application s'inscrivent dans le cadre défini par l'habilitation (v., à cet égard, arrêts *Deutsche Tradax*, pt 10 ; *Belgique c/ Commission*, pt 53 ; et *Schunk et Schunk Kohlenstoff-Technik c/ Commission*, pts 47 à 49).

Ainsi, en premier lieu, la Commission a adopté des règlements procéduraux en matière d'accords entre entreprises et de positions dominantes, d'aides d'État, et de contrôle des concentrations. En second lieu, elle a adopté des règlements d'exemption par catégorie à portée générale (relatifs, notamment aux accords verticaux et horizontaux, et aux aides d'État) et à portée sectorielle (relatifs, entre autres aux accords dans le secteur de l'automobile et aux aides dans les secteurs de l'agriculture et de la pêche). Les règlements d'application ont une durée de validité limitée.

Depuis le traité de Lisbonne, la compétence réglementaire de la Commission en ce qui concerne les exemptions par catégorie est inscrite dans le droit primaire.

Pour aller plus loin

Des dispositions de droit primaire autorisent le Conseil à édicter des règlements pour la mise en œuvre des règles de concurrence. La Cour a confirmé que ces règlements peuvent prévoir l'octroi d'une compétence réglementaire au profit de la Commission aux fins de l'adoption de dispositions d'application (arrêt *ACF Chemiefarma*, pts 60 à 62).

Comportements visés aux articles 101 et 102 TFUE

Conformément à l'article 103 TFUE, le Conseil adopte, sur proposition de la Commission et après consultation du Parlement, les règlements utiles en vue de l'application des principes figurant aux articles 101 et 102 TFUE, à la majorité qualifiée (art. 16 TUE). Par ces actes, le Conseil a autorisé la Commission à adopter des règlements d'application tant pour la mise en œuvre des règles de concurrence que pour l'exemption de certains accords de la procédure de notification prévue à l'article 101, paragraphe 3, TFUE.

Règlements relatifs à la procédure

Par le règlement (CEE) n° 17/62, le Conseil a habilité la Commission à arrêter des dispositions d'application concernant certains aspects procéduraux (p. ex., forme des notifications, auditions des intéressés). Le règlement (CE) n° 1/2003, qui l'a remplacé, autorise désormais la Commission à adopter toutes dispositions utiles en vue de son application, après, d'une part, publication du projet au Journal officiel afin de recueillir les observations de toutes les parties intéressées et, d'autre part, consultation du comité consultatif en matière d'ententes et de positions dominantes.

Dans le cadre de l'habilitation du règlement (CE) n° 1/2003, la Commission a adopté le règlement (CE) n° 773/2004, qui établit des règles régissant l'ouverture des procédures d'application des articles 101 et 102 TFUE, ainsi que le traitement des plaintes et l'audition des parties concernées.

Règlements d'exemption par catégorie

Sur le fondement de l'actuel article 103 TFUE, le Conseil a adopté des règlements habilitant la Commission à déclarer l'inapplicabilité des dispositions de l'article 101, paragraphe 1, TFUE à certaines catégories d'accords, par voie de règlement. Depuis le traité de Lisbonne, l'habilitation de la Commission à cet égard repose sur le troisième paragraphe de l'article 105 TFUE, dès lors que le Conseil a adopté un règlement ou une directive relatifs à l'article 103, paragraphe 2, alinéa b, TFUE.

– Accords verticaux

Par le règlement n° 19/65/CEE, le Conseil habilite la Commission à déclarer, par voie de règlement, l'inapplicabilité des dispositions de l'article 101, paragraphe 1, TFUE à certaines catégories d'accords verticaux, à savoir tous types d'accords, passés entre plusieurs entreprises, relatifs à l'acquisition, la vente ou la revente de biens ou services, ou auxquels ne participent que deux entreprises et qui imposent des limitations en rapport avec l'attribution de droits de propriété industrielle.

Ainsi, la Commission a adopté, d'une part, le règlement (UE) 2022/720 relatif aux accords verticaux et, d'autre part, le règlement (UE) n° 316/2014 portant sur les accords de transfert de technologie. Outre ces règlements d'application à portée générale, la Commission a également adopté des règlements d'exemption par catégorie dans le secteur automobile (v. règl. (UE) n° 461/2010).

– Accords horizontaux
Par le règlement (CEE) n° 2821/71, le Conseil confère à la Commission la capacité à déclarer, par voie de règlement, l'inapplicabilité des dispositions de l'article 101, paragraphe 1, TFUE à certaines catégories d'accords horizontaux, ayant pour objet, notamment, la recherche et le développement, ou la spécialisation.

La Commission a fait usage de cette habilitation en adoptant des règlements d'exemption pour certaines catégories d'accords, d'une part, en matière de recherche et de développement (règl. (UE) n° 1217/2010) et, d'autre part, en matière de spécialisation (règl. (UE) n° 1218/2010).

– Accords sectoriels
Premièrement, le Conseil a habilité la Commission à adopter des règlements d'exemption par catégorie, d'une part, dans le secteur des assurances (règl. (CEE) n° 1534/91) et, d'autre part, dans le secteur des transports aériens (règl. (CE) n° 487/2009). Après avoir pris divers règlements d'application dans ces secteurs, la Commission y a mis fin, progressivement, tirant les enseignements, notamment, de l'évolution de ces marchés.

Deuxièmement, dans le secteur des transports maritimes, le Conseil a adopté le règlement (CE) n° 246/2009, habilitant la Commission à adopter des règlements d'exemption par catégorie. Celle-ci a fait usage de sa compétence en adoptant des règlements concernant des catégories d'accords entre compagnies maritimes relatifs à l'exploitation en commun de services de transports maritimes de ligne (règl. (CE) n° 906/2009).

Aides d'État

Conformément à l'article 109 TFUE, tous règlements utiles en vue de l'application des règles en matière d'aides d'État, telles qu'établies aux articles 107 et 108 TFUE, peuvent être adoptés, sur proposition de la Commission et après consultation du Parlement, par le Conseil, à la majorité qualifiée (art. 16 TUE). Sur cette base, le Conseil a habilité la Commission à adopter des règlements relatifs tant aux conditions d'application de la procédure prévue à l'article 108, paragraphe 3, TFUE, qu'aux catégories d'aides dispensées de cette procédure.

Règlements relatifs à la procédure

Par le règlement (UE) 2015/1589, le Conseil habilite la Commission à adopter des dispositions d'application limitées à certains aspects de la procédure, après, consultation du comité consultatif en matière d'aides d'État.

Conformément aux limites de cette habilitation, la Commission a adopté le règlement (CE) n° 794/2004, qui, dans sa dernière version, porte sur les règles relatives aux notifications, aux rapports annuels, aux délais, au taux d'intérêt et au traitement des plaintes.

Règlements d'exemption par catégorie

Par le règlement (UE) 2015/1588, le Conseil permet à la Commission d'adopter, après, d'une part, publication du projet afin de recueillir les observations de toutes les personnes et organisations intéressées et, d'autre part, consultation du comité consultatif en matière d'aide d'État, des règlements d'exemption de la procédure de notification pour certaines catégories d'aides horizontales, considérées comme compatibles avec le marché commun du fait soit de la satisfaction de certains critères, soit de leur faible montant.

Dans ce cadre, d'une part, le Conseil impose à la Commission, dans l'exercice de sa compétence réglementaire, qu'elle précise, notamment, l'objectif des aides concernées par l'exemption, les catégories de bénéficiaires, les seuils au-delà desquels l'exemption ne s'applique plus, ainsi que la durée de validité des règlements d'application.

D'autre part, l'habilitation est limitée à certains domaines (p. ex., aides en faveur des PME, de la recherche et du développement, de la protection de l'environnement, de l'emploi et de la formation, de la culture, du secteur des transports et de certaines infrastructures à haut débit ; aides destinées à remédier aux dommages causés par les calamités naturelles et par certaines conditions climatiques défavorables dans le secteur de la pêche ; aides à l'innovation, au secteur forestier, au sport ; et aides à finalité régionale).

Sur le fondement de cette habilitation, la Commission a, premièrement, adopté un règlement général d'exemption par catégorie (règl. (UE) n° 651/2014), ainsi que des règlements spécifiques d'exemption par catégorie dans les secteurs de l'agriculture (règl. (UE) n° 702/2014) et de la pêche (règl. (UE) n° 1388/2014).

Deuxièmement, la Commission a adopté un règlement général relatif aux aides *de minimis* (règl. (UE) n° 1407/2013) ainsi que des règlements *de minimis* concernant les aides accordées aux entreprises fournissant des services d'intérêt économique général (règl. (UE) n° 360/2012), la pêche (règl. (UE) n° 717/2014) et l'agriculture (règl. (UE) n° 1408/2013).

Le traité de Lisbonne a ajouté un quatrième paragraphe à l'article 108 TFUE autorisant la Commission à adopter des règlements concernant les catégories d'aides d'État que le Conseil a déterminées, conformément à l'article 109 TFUE, comme pouvant être dispensées de la procédure prévue au paragraphe 3 de l'article 108 TFUE.

Concentrations

Sur le fondement des articles 103 et 352 TFUE, le Conseil a adopté le règlement (CEE) n° 4064/89) habilitant la Commission à arrêter des dispositions d'application concernant la forme, la teneur et les autres modalités des notifications, les délais d'engagement de la procédure et des décisions ainsi que les auditions des intéressés et des tiers. Afin de modifier le standard d'appréciation au fond des opérations de concentration, le Conseil a remplacé ce règlement par le règlement (CE) n° 139/2004. Ce dernier reprend le contenu de l'habilitation donnée par le Conseil dans la dernière version du règlement (CEE) n° 4064/89.

Conformément à cette habilitation, la Commission a adopté, après consultation du comité consultatif en matière de concentrations, le règlement (CE) n° 802/2004, qui fixe les règles de procédure pour la notification et l'examen des concentrations.

Bibliographie

KELLERBAUER (M.) et MEESSEN (G.), « Article 103 TFEU », in *The EU Treaties and the Charter of Fundamental Rights: A Commentary*, M. Kellerbauer, M. Klamert et J. Tomkin (dir.) Oxford University Press, 2019, p. 1059

KHAN (D.-E.) et SUH (C.-K. P.), « Article 103 », in *European Union Treaties: A Commentary*, R. Geiger, D.-E. Khan et M. Kotzur (dir.), Oxford, Hart Publishing, 2015, p. 508

MAXIAN RUSCHE (T.), « Article 108 » et « Article 109 », in *The EU Treaties and the Charter of Fundamental Rights: A Commentary*, M. Kellerbauer, M. Klamert et J. Tomkin (dir.) Oxford University Press, p. 1167 et p. 1217

NUCARA (A.), « Exemption Regulations », in *EU Competition Law, Volume I, Procedure: Antitrust – Mergers – State Aid*, G. L. Tosato et L. Bellodi (dir.), 2e éd., Cheltenham, Claeys and Casteels/Edward Elgar Publishing, 2016, p. 217

Règlement (UE) 2022/720 de la Commission du 10 mai 2022 concernant l'application de l'article 101, paragraphe 3, du traité sur le fonctionnement de l'Union européenne à des catégories d'accords verticaux et de pratiques concertées, *JOUE* n° L 134 du 11 mai 2022, p. 4

Règlement (UE) 2015/1589 du Conseil du 13 juillet 2015 portant modalités d'application de l'article 108 du traité sur le fonctionnement de l'Union européenne, *JOUE* n° L 248 du 24 septembre 2015, p. 9

Règlement (UE) 2015/1588 du Conseil du 13 juillet 2015 sur l'application des articles 107 et 108 du traité sur le fonctionnement de l'Union européenne à certaines catégories d'aides d'État horizontales, *JOUE* n° L 248 du 24 septembre 2015, p. 1

Règlement (UE) n° 1388/2014 de la Commission du 16 décembre 2014 déclarant certaines catégories d'aides aux entreprises actives dans la production, la transformation et la commercialisation des produits de la pêche et de l'aquaculture compatibles avec le marché intérieur en application des articles 107 et 108 du traité sur le fonctionnement de l'Union européenne, *JOUE* n° L 369 du 24 décembre 2014, p. 37

Règlement (UE) n° 717/2014 de la Commission du 27 juin 2014 concernant l'application des articles 107 et 108 du traité sur le fonctionnement de l'Union européenne aux aides de minimis dans le secteur de la pêche et de l'aquaculture, *JOUE* n° L 190 du 28 juin 2014, p. 45

Règlement (UE) n° 702/2014 de la Commission du 25 juin 2014 déclarant certaines catégories d'aides, dans les secteurs agricole et forestier et dans les zones rurales, compatibles avec le marché intérieur, en application des articles 107 et 108 du traité sur le fonctionnement de l'Union européenne, *JOUE* n° 193 du 1er juillet 2014, p. 1

Règlement (UE) n° 651/2014 de la Commission du 17 juin 2014 déclarant certaines catégories d'aides compatibles avec le marché intérieur en application des articles 107 et 108 du traité, *JOUE* n° L 187 du 26 juin 2014, p. 1

Règlement (UE) n° 316/2014 de la Commission du 21 mars 2014 relatif à l'application de l'article 101, paragraphe 3, du traité sur le fonctionnement de l'Union européenne à des catégories d'accords de transfert de technologie, *JOUE* n° L 93 du 28 mars 2014, p. 17

Règlement (UE) n° 1408/2013 de la Commission du 18 décembre 2013 relatif à l'application des articles 107 et 108 du traité sur le fonctionnement de l'Union européenne aux aides *de minimis* dans le secteur de l'agriculture, *JOUE* n° L 352 du 24 décembre 2013, p. 9

Règlement (UE) n° 1407/2013 de la Commission du 18 décembre 2013 relatif à l'application des articles 107 et 108 du traité sur le fonctionnement de l'Union européenne aux aides *de minimis*, *JOUE* n° L 352 du 24 décembre 2013, p. 1

Règlement (UE) n° 360/2012 de la Commission du 25 avril 2012 relatif à l'application des articles 107 et 108 du traité sur le fonctionnement de l'Union européenne aux aides *de minimis* accordées à des entreprises fournissant des services d'intérêt économique général, *JOUE n° L 114 du 26 avril 2012, p. 8*

Règlement (UE) n° 1218/2010 de la Commission du 14 décembre 2010 relatif à l'application de l'article 101, paragraphe 3, du traité sur le fonctionnement de l'Union européenne à certaines catégories d'accords de spécialisation, *JOUE* n° L 335 du 18 décembre 2010, p. 43

Règlement (UE) n° 1217/2010 de la Commission du 14 décembre 2010 relatif à l'application de l'article 101, paragraphe 3, du traité sur le fonctionnement de l'Union européenne à certaines catégories d'accords de recherche et de développement, *JOUE* n° L 335 du 18 décembre 2010, p. 36

Règlement (UE) n° 461/2010 de la Commission du 27 mai 2010 concernant l'application de l'article 101, paragraphe 3, du traité sur le fonctionnement de l'Union européenne à des catégories d'accords verticaux et de pratiques concertées dans le secteur automobile, *JOUE* n° L du 28 mai 2010, p. 52

Règlement (CE) n° 906/2009 de la Commission du 28 septembre 2009 concernant l'application de l'article 81, paragraphe 3, du traité à certaines catégories d'accords, de décisions et de pratiques concertées entre compagnies maritimes de ligne, *JOUE* n° L 256 du 29 septembre 2009, p. 31

Règlement (CE) n° 487/2009 du Conseil du 25 mai 2009 concernant l'application de l'article 81, paragraphe 3, du traité à des catégories d'accords et de pratiques concertées dans le domaine des transports aériens, *JOUE* n° L 148 du 11 juin 2009, p. 1

Règlement (CE) nº 246/2009 du Conseil du 26 février 2009 concernant l'application de l'article 81, paragraphe 3, du traité à certaines catégories d'accords, de décisions et de pratiques concertées entre compagnies maritimes de ligne, *JOUE* nº L 79 du 25 mars 2009, p. 1

Règlement (CE) nº 802/2004 du 21 avril 2004 concernant la mise en œuvre du règlement (CE) nº 139/2004 du 20 janvier 2004 relatif au contrôle des concentrations entre entreprises, *JOUE* nº L 133 du 30 avril 2004, p. 1

Règlement (CE) nº 794/2004 de la Commission du 21 avril 2004 concernant la mise en œuvre du règlement (CE) nº 659/1999 du Conseil portant modalités d'application de l'article 93 du traité CE, *JOUE* nº L 140 du 30 avril 2004, p. 1

Règlement (CE) nº 773/2004 de la Commission du 7 avril 2004 relatif aux procédures mises en œuvre par la Commission en application des articles 81 et 82 du traité CE, *JOUE* nº L 123 du 27 avril 2004, p. 18

Règlement (CE) nº 139/2004 du Conseil du 20 janvier 2004 relatif au contrôle des concentrations entre entreprises (« le règlement CE sur les concentrations »), *JOUE* nº L 24 du 29 janvier 2004, p. 1

Règlement (CE) nº 1/2003 du Conseil du 16 décembre 2002 relatif à la mise en œuvre des règles de concurrence prévues aux articles 81 et 82 du traité, *JOCE* nº L 1 du 4 janvier 2003, p. 1

Règlement (CEE) nº 1534/91 du Conseil, du 31 mai 1991, concernant l'application de l'article 85 paragraphe 3 du traité à certaines catégories d'accords, de décisions et de pratiques concertées dans le domaine des assurances, *JOCE* nº L 143 du 7 juin 1991, p. 1

Règlement (CEE) nº 4064/89 du Conseil, du 21 décembre 1989, relatif au contrôle des opérations de concentration entre entreprises, *JOCE* nº L 395 du 30 décembre 1989, p. 1

Règlement (CEE) nº 2821/71 du Conseil, du 20 décembre 1971, concernant l'application de l'article 85 paragraphe 3 du traité à des catégories d'accords, de décisions et de pratiques concertées, *JOCE* nº L 285 du 29 décembre 1971, p. 46

Règlement nº 19/65/CEE du Conseil, du 2 mars 1965,concernant l'application de l'article 85 paragraphe 3 du traité à des catégories d'accords et de pratiques concertées, *JOCE* nº 36 du 6 mars 1965, p. 533

Règlement (CEE) nº 17 du Conseil du 6 février 1962 – premier règlement d'application des articles 85 et 86 du traité, *JOCE* nº 13 du 21 février 1962, p. 204

R

RÉGULATION

Sébastien MARTIN
Université Montesquieu – Bordeaux IV

Premier aperçu

La notion juridique de « régulation » a pu être hésitante notamment en raison de sa proximité avec celle de « réglementation ». Dans cette perspective, on peut renvoyer à la définition de Claude Champaud, selon lequel la régulation désigne « *un système destiné à rétablir un équilibre indispensable à l'existence d'une situation ou au bon fonctionnement d'un système complexe* » ; il s'agit donc d'« *un ensemble de techniques juridiques au service de finalités sociétales* » (Champaud, 2002, p. 39 et 40).

Néanmoins, dans le cadre des services en réseau, où la notion s'est particulièrement développée, elle n'a d'intérêt que dans la mesure où les deux peuvent être distinguées. On peut alors considérer, comme Martine Lombard, que la régulation correspond à « *la fonction tendant à réaliser certains équilibres entre concurrence et d'autres impératifs d'intérêt général* » (Lombard, 2005, p. 531).

La notion juridique de régulation est apparue dans le contexte de l'élaboration de politiques de libéralisation des services publics. L'ouverture de ces marchés organisés antérieurement sous la forme de monopole à de nouveaux opérateurs favorisait la reconnaissance du principe de libre concurrence mais nécessitait que des objectifs d'intérêt général puissent être protégés. Derrière cette notion de régulation apparaît l'idée selon laquelle le cadre juridique pour l'organisation et le fonctionnement du marché libéralisé a changé (dans ce sens, cf. Gallot, 1998, p. 3).

La notion de régulation renvoie, ainsi, à une transformation non seulement de l'interventionnisme public en matière économique, mais également des instruments juridiques utilisés. Pour ce qui est de l'interventionnisme, l'État ne peut plus être présent de la même manière. En particulier, à partir du moment où il y est présent par l'intermédiaire de la détention d'un opérateur sur le marché, la Cour de justice lui interdit, au nom du principe d'impartialité, d'en contrôler le fonctionnement (cf. CJCE, 13 décembre 1991, *Régie des télégraphes et des téléphones c/ GB-Inno-BM SA*, aff. C-18/88). Dans le prolongement de cette jurisprudence, un nouvel instrument s'est développé avec la figure de l'autorité de régulation. À côté de la réglementation classique posée par les pouvoirs législatif et exécutif nationaux ou européens, celle-ci s'est vu confier différentes prérogatives qui sont l'apanage des autorités publiques pour assurer le contrôle du bon fonctionnement du marché.

■ Pour aller plus loin

Pour satisfaire aux exigences contemporaines d'efficacité, de compétence technique, d'impartialité et de proximité, la fonction de régulation a souvent été confiée à des autorités indépendantes de l'exécutif, qui leur a octroyé différentes prérogatives.

Le législateur français, à travers notamment l'adoption de la loi organique n° 2017-54 du 20 janvier 2017 et de la loi n° 2017-55 du 20 janvier, a instauré un cadre pour poser les garanties d'indépendance suffisantes en faveur des autorités de régulation. Un travail a d'abord été réalisé pour garantir l'indépendance des membres des autorités de régulation. Ainsi, pour ce qui est du mandat de membre, ou de président, d'une autorité de régulation, le cadre législatif assure leur irrévocabilité sauf motif légitime, mais impose aussi de nombreuses incompatibilités comme des règles relatives au cumul. De plus, les membres des autorités doivent exercer leurs fonctions avec dignité, probité et intégrité, de manière comparable à ce qui est exigé pour les fonctionnaires. Enfin, dans l'exercice de leurs attributions, les membres des autorités de régulation ont l'interdiction de recevoir ou de solliciter des instructions, que ce soit de la part d'une autorité publique ou d'un opérateur. Par ailleurs, pour assurer leur indépendance financière, le législateur a pris différentes mesures afin de limiter les possibilités de contrôle financier des autorités de régulation, mais aussi pour leur conférer une large autonomie dans le cadre de la gestion de leur budget. De manière générale, le président est reconnu comme étant l'ordonnateur des recettes et des dépenses de l'autorité. Le Parlement a également limité l'application de la loi du 10 août 1922 relative à l'organisation du contrôle des dépenses engagées en excluant tout à la fois les autorités administratives indépendantes et les autorités publiques indépendantes, leur permettant d'échapper au contrôle *a priori* du ministère des Finances. On remarquera que le Conseil constitutionnel veille au respect de l'indépendance de ces autorités (cf., p. ex., Cons. const., déc. n° 89-260 DC du 28 juillet 1989, *Loi relative à la sécurité et à la transparence du marché financier*).

Ces autorités sont dotées de pouvoirs étendus leur permettant d'adopter des normes générales et impersonnelles, des décisions individuelles, voire des sanctions. Le Conseil constitutionnel a précisé le rôle du législateur dans le cadre de la création d'une autorité indépendante et notamment pour l'attribution des prérogatives (Cons. const., déc. n° 88-248 DC du 17 janvier 1989, *Loi modifiant la loi n° 86-1067 du 30 septembre 1986 relative à la liberté de communication*). Le juge de la Constitution impose en particulier le respect de la séparation des fonctions de poursuite et de jugement par les autorités de régulation quand bien même elles n'exercent pas leurs pouvoirs de sanction en tant que juridiction (Cons. const., déc. n° 2012-280 QPC du 12 octobre 2012, *Société Groupe Canal Plus et autre*). Elles disposent aussi le plus souvent des pouvoirs d'orientation et de référence leur permettant de remplir leurs missions, à travers des mesures moins contraignantes, telles que les codes de bonnes pratiques, les lignes directrices, les recommandations ou les avis, qui se sont ainsi multipliés. Ces actes de droit souple adoptés par les autorités de régulation sont soumis au contrôle du juge administratif (cf. CE, ass., 21 mars 2016, *Société Fairvesta International GmbH et autres*, n° 368082).

Bibliographie

Champaud (C.), « Régulation et droit économique », *RIDE* 2002/1, p. 23

Fravalo (A.), « La régulation juridique dans le domaine économique », thèse, Université Paris 12, 2003, p. 5

Frison-Roche (M.-A.), « Définition du droit de la régulation économique », *D.* 2004, chron., p. 126

Frison-Roche (M.-A.), « Le droit de la régulation », *D.* 2001, chron., p. 610

Gallot (J.), « Introduction », in « La régulation : monisme ou pluralisme ? Équilibre dans le secteur des services publics concurrentiels », M.-A. Frison-Roche et L. Cohen-Tanugi L. (dir.), colloque DGCCRF, *LPA* 10 juill. 1998, p. 3

Jobart (J.-Ch.), « Essai de définition du concept de régulation : de l'histoire des sciences aux usages du droit », *RRJ* 2004-1, p. 33

Lombard (M.), « Institutions de régulation économique et démocratie politique », *AJDA* 2005, p. 530

Loi organique n° 2017-54 du 20 janvier 2017 relative aux autorités administratives indépendantes et autorités publiques indépendantes, *JORF* n° 0018 du 21 janvier 2017

Loi n° 2017-55 du 20 janvier 2017 portant statut général des autorités administratives indépendantes et des autorités publiques indépendantes, *JORF* n° 0018 du 21 janvier 2017

REMÈDES (ANTITRUST)

Julien NETO
Autorité de la concurrence

Premier aperçu

Les autorités de concurrence peuvent, en fonction du cadre procédural dans lequel elles interviennent, proposer, imposer ou rendre obligatoires diverses mesures destinées à remédier aux problématiques générales de concurrence, aux préoccupations de concurrence ou aux infractions qu'elles ont constatées.

L'Autorité de la concurrence formule ainsi fréquemment des recommandations aux pouvoirs publics lorsqu'elle est saisie pour avis dans le cadre de l'élaboration de projets de texte, de la préparation de réformes ou à l'occasion d'une réflexion menée pour faire face à une situation de crise. L'Autorité peut également, de sa propre initiative, se saisir d'office pour réaliser des enquêtes sectorielles qui aboutissent à la publication d'un avis dans lequel elle peut être amenée à formuler des préconisations.

En matière contentieuse, les autorités de concurrence sont investies – en parallèle du pouvoir d'infliger des sanctions pécuniaires – de la capacité de prononcer des mesures conservatoires (art. 8 du règl. (CE) n° 1/2003 et L. 464-1 C. com.) et des injonctions (art. 7 du règl. (CE) n° 1/2003 et L. 464-2 C. com.) ou d'accepter des engagements (art. 9 du règl. (CE) n° 1/2003 et L. 464-2 C. com.). Elles n'ont cependant pas compétence, à la différence des juridictions administratives et judiciaires, pour évaluer le préjudice des victimes de pratiques anticoncurrentielles et ordonner sa réparation.

Les remèdes, qu'ils soient négociés ou imposés, regroupent une grande diversité de mesures, au sein de laquelle on distingue communément les remèdes structurels des remèdes comportementaux. Alors que les premiers modifient directement et par eux-mêmes la structure des marchés (cessions d'actif(s) ou rupture de liens contractuels, par exemple), les seconds se limitent à réguler les comportements de ceux à qui il incombe de les mettre en œuvre. En droit de l'Union, l'article 7 du règlement (CE) n° 1/2003 prévoit que la Commission ne peut imposer une injonction structurelle que s'il n'existe pas de mesure comportementale qui soit aussi efficace ou si, à efficacité égale, cette dernière s'avérait plus contraignante pour l'entreprise concernée que la mesure structurelle.

Les remèdes sont soumis au principe de proportionnalité : les autorités de concurrence ne peuvent imposer des mesures correctives que dans la mesure où elles sont proportionnées à l'infraction ou aux préoccupations de concurrence identifiées et, le cas échéant, nécessaires pour faire cesser effectivement l'infraction. La portée du principe est toutefois atténuée dans le cas des remèdes proposés par les entreprises elles-mêmes et rendus obligatoires dans les procédures d'engagements dans la mesure où l'objet de celles-ci n'est pas de mettre fin à l'infraction mais à de simples préoccupations de concurrence.

Les autorités de concurrence assurent le suivi de la mise en œuvre des remèdes qu'elles ont imposés ou rendus obligatoires. En droit français, le non-respect d'une injonction ou d'un engagement peut donner lieu au prononcé d'une sanction pécuniaire dans les mêmes conditions et limites que celles sanctionnant les auteurs de pratiques anticoncurrentielles (art. L. 464-3 C. com.).

▪ Pour aller plus loin

Depuis l'entrée en vigueur de l'ordonnance n° 2021-649 du 21 mai 2021 pour la transposition de la directive ECN +, l'Autorité de la concurrence peut, à l'instar de la Commission européenne, enjoindre aux entreprises mises en cause d'adopter des mesures d'ordre structurel, non plus uniquement dans les cas d'exploitation abusive d'une position dominante ou d'un état de dépendance économique (art. L. 430-9 C. com.), mais également en matière d'ententes (art. L. 464-2 C. com.). L'Autorité peut également désormais, à l'instar de la Commission européenne (art. 8 du règl. (CE) n° 1/2003), se saisir d'office afin d'examiner le bien-fondé du prononcé de mesures conservatoires (art. L. 464-1 C. com.).

Le législateur a également doté l'Autorité de la concurrence du pouvoir de prononcer des injonctions structurelles à l'encontre de certaines entreprises détenant une position dominante dans les collectivités d'outre-mer, en raison des contraintes particulières de ces territoires et indépendamment de la notification d'une opération de concentration ou du constat d'une infraction. Initialement conçu comme instrument visant à favoriser le fonctionnement concurrentiel des marchés dans le secteur du commerce de détail, son champ a ensuite été étendu, en 2020, au commerce de gros et ses conditions d'exercice ont été assouplies (art. L. 752-27 C. com.). La volonté du législateur de renforcer l'injonction structurelle en l'étendant à l'ensemble du territoire français s'est cependant heurtée à la censure du Conseil constitutionnel en 2015 (déc. n° 2015-715 DC du 5 août 2015).

Bibliographie

Arhel (P.), « Pratiques anticoncurrentielles : injonctions et sanctions », *Rép. com. Dalloz*, 2021

Bosco (D.), Saint-Esteben (R.), Kinsella (S.), Beaumeunier (V.), Alexiadis (P.), Went (D. J.), Sependa (E.), « Injonction structurelle : Un instrument hors norme », *Concurrences* n° 2-2013, art. n° 51486, p. 12

Ritter (C.), « How Far Can the Commission Go When Imposing Remedies for Antitrust Infringements? », Journal of European Competition Law & Practice, 2016, vol. 7, n° 9, p. 587

Règlement (CE) n° 1/2003 du Conseil du 16 décembre 2002 relatif à la mise en œuvre des règles de concurrence prévues aux articles 81 et 82 du traité, *JOCE* n° L 1 du 4 janvier 2003, p. 1

Aut. conc., *Les engagements comportementaux / Behavioural Remedies*, Paris, Direction de l'information légale et administrative, 2019

R

RENVOI (CONCENTRATION)

Quentin COLOMBIER
Bredin Prat

Premier aperçu

Le règlement (CE) n° 139/2004 du 20 janvier 2004 relatif au contrôle des concentrations entre entreprises (ci-après le « Règlement ») organise un système permettant à la Commission et aux autorités compétentes des États membres de se renvoyer les affaires, afin que chaque affaire soit traitée par l'autorité la plus appropriée (cons. 14). Aux termes du considérant 11 du Règlement, ce système prend racine dans « *le besoin de sécurité juridique et le principe du guichet unique* », autrement dit dans l'exigence d'une bonne administration de la justice.

En effet, d'une part, une opération de « *concentration* » au sens de l'article 3 du Règlement, lorsqu'elle n'est pas de « *dimension communautaire* » au sens de son article 1er, est susceptible d'être notifiable dans plusieurs États membres. Or, aux termes du considérant 12 du Règlement, « *[l]es notifications multiples d'une même transaction augmentent l'insécurité juridique, les efforts et les coûts pour les entreprises et peuvent conduire à des appréciations contradictoires* ». Partant, le Règlement prévoit, selon que la demande de renvoi émane des entreprises concernées (art. 4, para. 5) ou d'un État membre (art. 22), un système permettant le renvoi ascendant des concentrations à la Commission par les États membres concernés.

D'autre part, une opération de « *concentration* » au sens de l'article 3 du Règlement, lorsqu'elle est de « *dimension communautaire* » au sens de son article 1er, est susceptible d'affecter de manière significative la concurrence sur un marché à l'intérieur d'un État membre qui présente toutes les caractéristiques d'un marché distinct. Dans une telle hypothèse, si l'opération affecte la concurrence sur un tel marché et que ce marché ne constitue pas une partie substantielle du marché commun, l'exigence d'une bonne administration de la justice implique que « *la Commission [soit] tenue, sur demande, de renvoyer l'ensemble ou une partie de l'affaire à l'État membre en question* » (cons. 15).

Par conséquent, le Règlement prévoit, selon que la demande de renvoi émane des entreprises concernées (art. 4, para. 4) ou d'un État membre (art. 9, para. 2), un système permettant le renvoi descendant des concentrations à un État membre par la Commission.

Enfin, les dispositions du Règlement relatives au système de renvoi sont précisées dans la communication de la Commission 2005/C 56/02 sur le renvoi des affaires en matière de concentrations (ci-après la « Communication »), qui expose de façon détaillée les conditions juridiques du renvoi (cons. 1er).

■ Pour aller plus loin

La Communication rappelle, s'il en était besoin, que les renvois constituent « *une dérogation à la règle générale qui détermine la compétence en fonction de seuils de chiffres d'affaires objectivement déterminables* » (pt 7). En effet, le système communautaire de contrôle des concentrations économiques repose sur des seuils de chiffre d'affaires objectifs fixés à l'article 1er du Règlement, ce qui est également le cas des systèmes nationaux de contrôle des États membres (v., à titre d'exemple, l'art. L. 430-2 C. com).

Comme l'a déclaré la commissaire européenne à la concurrence à l'occasion de la 24e rencontre de l'International Bar Association du 11 septembre 2020, un tel système ne permet pas de contrôler certaines opérations « sous les seuils » susceptibles de porter atteinte à la concurrence. À titre d'illustration, l'Autorité de la concurrence (ci-après l'« Autorité ») considère qu'il existe, de *lege lata*, un risque que « *certaines opérations portant sur des acteurs très innovants, qui commencent tout juste à valoriser leur innovation sur le marché, puissent échapper au contrôle des concentrations, la cible ayant un chiffre d'affaires insuffisant pour que les seuils de notification s'appliquent* » (communiqué de presse du 15 septembre 2020).

Afin de pallier ce que l'Autorité identifie comme une « lacune » du contrôle européen et national des concentrations (*ibid.*), la Commission a décidé de renouveler, à droit constant, sa doctrine concernant l'article 22 du Règlement en adoptant à cet effet une nouvelle communication (communication de la Commission 2021/C 113/01 concernant l'application du mécanisme de renvoi établi à l'article 22 du Règlement à certaines catégories d'affaires).

Pour mémoire, l'article 22 du Règlement prévoit qu'« *[u]n ou plusieurs États membres peuvent demander à la Commission d'examiner toute concentration, telle que définie à l'article 3, qui n'est pas de dimension communautaire au sens de l'article 1er, mais qui affecte le commerce entre États membres et menace d'affecter de manière significative la concurrence sur le territoire du ou des États membres qui formulent cette demande* ».

Si cette disposition n'exige pas *expressis verbis* que ce ou ces États membres soient eux-mêmes compétents pour contrôler l'opération en cause en vertu de leur droit national, la Commission européenne avait historiquement annoncé qu'elle n'accepterait une demande de renvoi sur ce fondement que dans l'hypothèse où l'opération franchirait les seuils de notification nationaux d'au moins un État membre (*ibid.*, pt 8).

Ainsi, dans le but de contrôler les acquisitions qualifiées de « prédatrices » par les autorités de concurrence européennes (en anglais, « *killer acquisitions* ») – définies par l'Autorité dans son communiqué du 13 juillet 2022 comme des « *acquisitions [sous les seuils] d'entreprises à forte valeur dans les domaines, par exemple, de l'innovation numérique, de la santé ou des biotechs, qui peuvent permettre de consolider le pouvoir de marché d'entreprises déjà puissantes ou dominantes* » –, la Commission accepte désormais d'examiner les demandes de renvoi formulées par une autorité nationale de concurrence incompétente pour contrôler l'opération en cause en vertu de son droit national de la concurrence.

Cette nouvelle approche controversée a été, pour la première fois, mise en œuvre dans l'affaire *Illumina / Grail* (communiqué de presse MEX/21/1846). Dans le cadre d'un recours formé contre la décision de la Commission d'accueillir la demande de renvoi formulée par l'Autorité, le Tribunal de l'Union européenne a jugé que cette lecture renouvelée était légale (Trib. UE, 13 juillet 2022, aff. T-227/21). Les entreprises concernées ont toutes deux formé un pourvoi contre cet arrêt. L'affaire est donc, à ce stade, pendante devant la Cour de justice de l'Union (aff. C-611/22 P et C-625/22 P).

Bibliographie

Frison-Roche (M.-A.) et Roda (J.-Ch.), *Droit de la concurrence*, 2e éd., Paris, Dalloz 2022, pts 295 et s.

Prieto (C.), « Synthèse – Contrôle européen des concentrations », *JCL. Europe Traité*, pts 26 et s. (mis à jour au 30 novembre 2021)

Aut. conc., communiqué de presse du 13 juillet 2022, Rachat de Grail par Illumina : l'Autorité se félicite de l'arrêt du Tribunal de l'Union européenne

Orientations de la Commission concernant l'application du mécanisme de renvoi établi à l'article 22 du règlement sur les concentrations à certaines catégories d'affaires, *JOUE* n° C 113 du 31 mars 2021, p. 1

Aut. conc., communiqué de presse du 15 septembre 2020, L'Autorité se félicite de l'annonce de la Commission européenne, qui acceptera désormais que les autorités nationales de concurrence puissent lui renvoyer pour examen des opérations de concentration sensibles, y compris lorsqu'elles ne sont pas soumises au contrôle national

Communication de la Commission sur le renvoi des affaires en matière de concentrations, *JOUE* n° C 56 du 5 mars 2005, p. 2

Règlement (CE) n° 139/2004 du Conseil du 20 janvier 2004 relatif au contrôle des concentrations entre entreprises (« le règlement CE sur les concentrations »), *JOUE* n° L 24 du 29 janvier 2004, p. 1

R

RÉPERCUSSION DU PRÉJUDICE

Olivier PÉRONNET
Finexsi

Premier aperçu

Dans le cadre d'un cartel entre fournisseurs, l'effet de celui-ci est une augmentation des prix vis-à-vis de leurs clients directs. Le client direct a subi ces prix « inflatés », et se trouve ainsi victime du cartel. La question est de savoir si, pour fixer ses propres prix, il a répercuté à son propre client le surprix qui lui a été facturé.

Ce phénomène est appelé répercussion ou « *pass on* ». Le *pass on* est susceptible de réduire le préjudice du client direct en le transférant sur le client indirect, mais cette répercussion peut avoir un effet sur les volumes de vente du client direct.

La directive 2014/104/UE du 26 novembre 2014 a été transposée par l'ordonnance du 9 mars 2017. Celle-ci a créé l'article L. 481-5 du code de commerce, qui dispose que « *[l]'acheteur direct ou indirect, qu'il s'agisse de biens ou de services, qui prétend avoir subi l'application ou la répercussion d'un surcoût doit en prouver l'existence et l'ampleur* ». Il « *est réputé avoir apporté la preuve de [la] répercussion lorsqu'il justifie que :*

1° Le défendeur a commis une pratique anticoncurrentielle [...]

2° Cette pratique a entraîné un surcoût pour le contractant direct du défendeur ;

3° Il a acheté des biens ou utilisé des services concernés par la pratique anticoncurrentielle, ou acheté des biens ou utilisé des services dérivés de ces derniers ou les contenant ».

Ces présomptions établies juridiquement visent à faciliter les actions en réparation lorsqu'une collusion est établie entre fournisseurs.

■ Pour aller plus loin

La Commission européenne a publié en 2016 une note technique détaillée qui présente les orientations à direction des juridictions nationales sur la façon d'estimer la part du surcoût répercutée sur les acheteurs indirects. Le principe de réparation intégrale s'applique en la matière, et il convient de rechercher le manque à gagner – *lucrum cessans* –, le dommage réel – *damnum emergens* – et les intérêts.

La mesure des effets d'une telle entente est complexe, car elle fait intervenir à la fois :

- des informations et données propres au secteur qui doivent être suffisantes pour apprécier la sensibilité au prix pour les opérateurs du marché sur lequel des surcoûts ont été subis ;
- la capacité du client direct à répercuter le surcoût, selon des situations concurrentielles propres à chaque opérateur qui verra sa marge affectée en absence de répercussion ;
- la mesure de cette répercussion nette de l'éventuel effet volume pour le client direct qui aura cherché à maintenir sa marge mais aura vu ses ventes baisser.

Les hausses de prix peuvent avoir des effets généralisés, lorsque les concurrents remontent leurs propres prix, ce que l'on appelle l'effet d'ombrelle.

Pour estimer l'effet global, il existe des modèles d'analyse qui permettent de mesurer les différents effets de distorsion :

- approche contrefactuelle, à partir de l'analyse de la microstructure du marché, par des études de simulation de marché, ou une approche comparée avec celle d'un pays où aucun cartel n'a existé ;
- approche par mesures économétriques qui vont observer des données temporelles sur les prix d'achat et les prix de vente et mesurer les variations des prix de vente consécutives à l'augmentation des prix d'achat, ce qui constitue précisément une mesure de la répercussion ou *pass on*.

Il existe une littérature abondante sur ces techniques, qui peuvent être utilisées alternativement ou cumulativement pour cerner le plus précisément l'existence et le quantum du *pass on*.

Bibliographie

Akerlof (G. A.), « The Market for "Lemons": Quality Uncertainty and the Market Mechanism », *Quaterly Journal of Economics*, 1970, vol. 84, n° 3, p. 488

Amaro (R.), Laborde (J.-F.), *La réparation des préjudices causées par les pratiques anticoncurrentielles*, Paris, Concurrences, 2020

Anderson (S. P.), de Palma (A.) et Kreider (B.), « Tax incidence in differentiated product oligopoly », *Journal of Public Economics*, 2001, vol. 81, n° 2, p. 173

BERTRAND (J.), « Revue de recherches sur les principes mathématiques de la théorie des richesses de Cournot », *Journal des savants*, 1883, p. 499

BESLEY (Th.), « Commodity Taxation and Imperfect Competition: A Note on the Effects of Entry », *Journal of Public Economics*, 1989, vol. 40, n° 3, p. 359

BONNET (C.), CORRE (T.) et RÉQUILLART (V.), « Price Transmission in Food Chains: The Case of the Dairy Industry », *TSE Working Papers* 15-563, 2015

BULOW (J. I.) et PFLEIDERER (P.), « A Note on the Effect of Cost Changes on Prices », *Journal of Political Economy*, 1983, vol. 91, n° 1, p. 182

CAHUC (P.), *La nouvelle microéconomie*, Paris, La Découverte, 1998

CHAUVIN (P.-M.), « Architecture des prix et morphologie sociale du marché. Le cas des Grands crus de Bordeaux », *Revue française de sociologie*, vol. 52, n° 2, 2011, p. 277

Comm. eur., DG concurrence, *Quantifying antitrust damages towards non-binding guidance for courts*, Luxembourg, Office des publications de l'Union européenne, 2010

COURNOT (A.), *Recherches sur les principes mathématiques de la théorie des richesses*, Paris, Calmann-Lévy, 1974

COURSIÈRE-PLUNTZ (V.), « Réparation du préjudice lié à une pratique anticoncurrentielle : l'incidence de la répercussion du surcoût », Actualité juridique PDGB Avocats, 13 décembre 2021

DELIPALLA (S.) et KEEN (M.), « The comparison between ad valorem and specific taxation under imperfect competition », *Journal of Public Economics*, 1992, vol. 49, n° 3, p. 351

DURKHEIM (E.), *Les règles de la méthode sociologique*, Paris, F. Alcan, 1895

FRANCK (J.) et PEITZ (M.), « Toward a coherent policy on cartel damages », *ZEW Discussion Papers* 17-009, 2017

HASSOUNEH (I.), HOLST (C.), SERRA (T.), VON CRAMON-TAUBADEL (S.) et GIL (J.), « Overview of price transmission and reasons of different adjustments in different EU Member States », Technical report, TRANSFOP project (KBBE-265601-4), 2013

KREPS (D. M.) et SCHEINKMAN (J.), « Quantity Precommitment and Bertrand Competition Yield Cournot Outcomes », *Bell Journal of Economics*, 1983, vol. 14, n° 2, p. 326

LAMBERT (Ch.), « Quelle méthode d'évaluation des préjudices pour l'indemnisation des pratiques de cartel », *La lettre Option Droit & Affaires*, 6 mars 2019

MACKAY (A.), MILLER (N. H.), REMER (M.) et SHEU (G.), « Bias in reduced-form estimates of pass-through », *Economics Letters*, 2014, Vol. 123, n° 2, p. 200

MAIER-RIGAUD (F.), « The Irrelevance of Pass-on Considerations for the Quantification of Antitrust Damages in the EU », Working Paper, 2013

O'HARA (M.), *Market Microstructure Theory*, Oxford, Blackwell Business, 1995

OCDE, « Market Definition », Policy Roundtables, DAF/COMP(2012)19, 11 octobre 2012

PIGANIOL (M.), « Le prix du compromis politique : Quand les politiques du logement et de la dette s'affrontent dans le marché foncier », *Revue française de sociologie*, vol. 58, n° 2, 2017, p. 267

POLANYI (K.), *La grande transformation : aux origines politiques et économiques de notre temps*, Paris, Gallimard, 2009

PORTER (R. H.), « A Study of Cartel Stability: The Joint Executive Committee, 1880-1886 », *Bell Journal of Economics*, 1983, vol. 14, n° 2, p. 301

RBB Economics pour la Commission européenne, *Study on the Passing-on of Overcharges: Final Report*, Luxembourg, Office des publications de l'Union européenne, 2017

RONZANO (A.), « Actions privées en réparation du dommage concurrentiel : La Commission européenne publie une étude sur l'évaluation économique de la répercussion du surcoût », *Concurrences* n° 1-2017, art. n° 83231, www.concurrences.com

STERN (N.), « The effects of taxation, price control and government contracts in oligopoly and monopolistic competition », *Journal of Public Economics*, 1987, vol. 32, n° 2, p. 133

STIGLITZ (J. E.), « Imperfect information in the product market », in *Handbook of Industrial Organization*, vol. 1, R. Schmalensee et R. Willig (dir.), Amsterdam, North-Holland, 1989, chap. 13

VATIN (F.), *Le lait et la raison marchande : essais de sociologie économique*, Presses universitaires de Rennes, 1996

VERBOVEN (F.) et VAN DIJK (T.), « Cartel Damages Claims and the Passing-on Defense », *Journal of Industrial Economics*, 2009, vol. 57, n° 3, p. 457

WALRAS (L.), *Éléments d'économie politique pure ou Théorie de la richesse sociale*, Primary Source Edition, 2019

R

RÉSEAU EUROPÉEN DE LA CONCURRENCE (REC)

Pierre BARTHELMÉ
Conseil de la concurrence du Luxembourg

Premier aperçu

En établissant un système de compétences parallèles des autorités nationales de concurrence (ANC) et de la Commission européenne pour l'application des articles 101 et 102 TFUE, le règlement (CE) nº 1/2003 a accru la nécessité de la coopération entre ces autorités, rassemblées au sein du Réseau européen de la concurrence (REC, en anglais « European Competition Network » ou « ECN »), afin de garantir l'application efficace et homogène des règles européennes de concurrence.

D'une part, les règles régissant le REC organisent la répartition du travail entre les ANC et la Commission européenne. Un rôle clé du REC est en effet d'assurer l'attribution des affaires dont les effets anticoncurrentiels se font sentir sur plusieurs marchés nationaux à la ou les autorités les mieux placées pour agir. Le REC facilite également l'assistance entre autorités au cours de leurs enquêtes respectives, en permettant par exemple la réalisation d'opérations de visite et saisie pour le compte d'une autorité d'un autre État membre ou l'échange d'informations confidentielles à leur disposition. La directive (UE) 2019/1 (directive « ECN + ») a été adoptée en vue d'encore approfondir, quinze ans après la création du REC, cette assistance mutuelle entre autorités de concurrence, en particulier en matière d'inspections et dans le domaine du recouvrement des amendes. Par ailleurs, la directive ECN + assure la convergence entre les programmes de clémence des différentes autorités du REC, sans toutefois aller jusqu'à la mise en place d'un guichet unique européen, voire d'un système de reconnaissance mutuelle, pour traiter les demandes multijuridictionnelles. Sa transposition est intervenue en droit français par ordonnance du 26 mai 2021.

D'autre part, un mécanisme de coopération au sein du REC favorise, à l'instar de la règle de convergence prévue à l'article 3, paragraphe 2, du règlement

(CE) n° 1/2003, l'application homogène du droit européen de la concurrence, dont la Commission a la responsabilité ultime en tant que « gardienne du traité ». Ce mécanisme prévoit ainsi que les ANC informent préalablement la Commission européenne de leurs projets de décisions positives (constatation d'infraction, engagements, retrait du bénéfice d'un règlement d'exemption par catégorie) fondées sur les articles 101 et/ou 102 TFUE. En cas de risque d'application incohérente du droit européen, par exemple lorsque des ANC envisagent des décisions contradictoires ou bien manifestement contraires à la jurisprudence constante, la Commission peut alors dessaisir les ANC en ouvrant sa propre procédure. Si l'usage de cette disposition reste exceptionnel, il est en revanche courant que la Commission formule des observations sur les projets qui lui sont adressés.

Enfin, les autorités de concurrence coopèrent au sein du REC en vue du développement de la politique de concurrence en se réunissant au sein de groupes de travail sectoriels, procéduraux, etc. Le REC constitue ainsi une plateforme d'échange permanente entre autorités, qui peuvent ainsi échanger leurs expériences et points de vue respectifs.

■ Pour aller plus loin

Les autorités réunies au sein du REC se coordonnent également dans le domaine du contrôle des concentrations, que ce soit au sein du EU Merger Working Group, dont l'objectif est d'améliorer le traitement réservé aux opérations de concentration ayant un impact transfrontalier, ou *via* les mécanismes de renvoi prévus au règlement (CE) n° 139/2004, qu'ils soient ascendants des ANC vers la Commission ou descendants de la Commission vers les ANC.

Bibliographie

Israel (A.), Lang (J.) et Hübener (F.), « A Practitioner's View on the Role and Powers of National Competition Authorities: Background to the *ECN plus* project », Study for the ECON Committee, IP/A/ECON/2016-06, PE 578.972, 2016

Lasserre (B.), « Le Conseil de la concurrence dans le réseau communautaire », *Concurrences* n° 3-2005, art. n° 229, p. 42

Lemaire (C.), Lacresse (A.) et Bousin (J.), « Politique de concurrence : le Parlement européen et le Conseil adoptent la Directive ECN+ et renforcent la convergence institutionnelle et procédurale au sein du Réseau européen de concurrence (*Directive 2019/1*) », *Concurrences* n° 2-2019, art. n° 90462, p. 144

Directive (UE) 2019/1 du Parlement européen et du Conseil du 11 décembre 2018 visant à doter les autorités de concurrence des États membres des moyens de ▸

mettre en œuvre plus efficacement les règles de concurrence et à garantir le bon fonctionnement du marché intérieur, *JOUE* n° L 11 du 14 janvier 2019, p. 3

Règlement (CE) n° 139/2004 du Conseil du 20 janvier 2004 relatif au contrôle des concentrations entre entreprises (« le règlement CE sur les concentrations »), *JOUE* n° L 24 du 29 janvier 2004, p. 1

Règlement (CE) n° 1/2003 du Conseil du 16 décembre 2002 relatif à la mise en œuvre des règles de concurrence prévues aux articles 81 et 82 du traité, *JOCE* n° L 1 du 4 janvier 2003, p. 1

RESTRICTIONS ACCESSOIRES

Adrienne BONNET
Welfarm

Premier aperçu

Dans le sillage de la « règle de raison », inspirée de la « *rule of reason* » nord-américaine, la qualification de « restrictions accessoires » confère un traitement de faveur à certains comportements anticoncurrentiels lorsque ceux-ci se rattachent à une pratique licite. À partir du moment où l'opération principale n'est pas restrictive de concurrence, la restriction accessoire, c'est-à-dire directement liée et nécessaire à la réalisation de cette opération principale, n'a plus à faire l'objet d'une vérification de sa compatibilité.

Issue du droit des ententes, cette notion fait l'objet d'un strict encadrement en droit des concentrations.

Le règlement (CE) nº 139/2004 du 20 janvier 2004 relatif au contrôle des concentrations prévoit que les décisions concluant à la compatibilité des opérations avec le marché sont réputées couvrir les restrictions accessoires, à condition que celles-ci soient directement liées et nécessaires à la réalisation de ces concentrations.

Il revient aux parties à l'opération de se livrer à une autoappréciation (sur l'importance de la phase d'autoévaluation Trib. UE, 28 juin 2016, *Telefónica SA c/ Commission*, aff. T-216/13 et *Portugal Telecom SGPS c/ Commission*, aff. T-208/13), avec l'aide de la communication relative aux restrictions accessoires, la Commission disposant d'un pouvoir résiduel pour en examiner le bien-fondé en présence de questions inédites ou non résolues (2005/C 56/03, pt 2).

En l'absence de textes en droit interne, l'Autorité de la concurrence s'inspire des principes du droit européen en la matière (lignes directrices de l'Autorité de la concurrence relatives au contrôle des concentrations, 2020 (ci-après « lignes directrices de l'ADLC »), pt 798 et s.).

Elle en admet la transposition pour les opérations de dimension nationale en relevant qu'il lui est possible d'examiner les restrictions attachées à l'opération lors de la phase I (art. L. 430-5 C. com.) ou de la phase II du contrôle (art. L. 430-7 C. com.).

En présence d'une restriction dont elle nierait le caractère accessoire, l'Autorité peut apprécier l'accord sous l'angle du droit des pratiques anticoncurrentielles. À moins que les parties aient renoncé à ces restrictions, le rapporteur général peut ainsi proposer à l'Autorité de se saisir d'office de l'analyse de leur conformité à l'article L. 420-1 du code de commerce (art. L. 462-5 III C. com. ; lignes directrices de l'ADLC, pt 801). Par ailleurs, ne sont pas qualifiés de restrictions accessoires les accords qui ne limitent pas la « *liberté d'action des parties sur le marché* » ou qui ne « *restreignent pas la concurrence* » (Aut. conc., déc. n° 16-DCC-34 du 10 mars 2016, pt 30).

▪ Pour aller plus loin

En droite ligne de l'adage selon lequel « *l'accessoire suit le principal* », le juge a d'abord dégagé la théorie dite des « restrictions accessoires » en accueillant la licéité d'une clause de non-concurrence, car celle-ci était stipulée dans un accord lui-même licite (CJCE, 11 juillet 1985, *Remia BV e.a. c/ Commission*, aff. 42/84). Les lignes directrices de 2004 relatives à l'application de l'article 101, paragraphe 3, TFUE (ex-art. 81, para. 3, TCE) ont ensuite admis que les restrictions directement liées et nécessaires à la réalisation de l'opération échappent à la prohibition des ententes, en marge de l'exemption prévue à l'article 101, paragraphe 3, TFUE et des exemptions individuelles (2004/C 101/08, pt 28 et s.).

Le règlement (CEE) n° 4064/89 du 21 décembre 1989 en a édicté une première déclinaison en droit des concentrations (art. 8, para 2., al. 2). La Commission a ensuite rapidement publié une communication pour préciser sa méthode d'appréciation (90/C 203/06). L'examen de toutes les restrictions accessoires ayant néanmoins soulevé son lot de difficultés, la Commission a définitivement renoncé à leur analyse systématique en publiant une nouvelle communication en 2001 (2001/C 188/03). Le règlement (CE) n° 139/2004 en a par la suite consacré le principe. La communication de 2005 fournit une grille d'analyse destinée à faciliter la phase d'autoévaluation par les parties à l'opération et recense les trois restrictions les plus courantes, à savoir : les clauses de non-concurrence, les accords de licence et les obligations d'achat et de livraison.

À propos du premier critère, c'est-à-dire celui du « lien direct » qui doit unir la restriction à l'opération, les parties doivent montrer que la restriction présente un « *lien évident* » avec la concentration (communication 2005/C 56/03, pt 12 ; TPICE, 18 septembre 2001, *Métropole Télévision (M6) e.a. c/ Commission*, aff. T-112/99).

Le second critère relatif à la « nécessité » de la restriction porte quant à lui sur la démonstration selon laquelle, en l'absence de cette restriction, l'opération n'aurait pas pu être réalisée ou dans des conditions compromettant sa viabilité (communication 2005/C 56/03 , pt 12 ; CJUE, 11 septembre 2014, *MasterCard Inc. e.a. c/ Commission*, aff. C-382/12 P ; lignes directrices de l'ADLC, pt 801).

Lorsque les parties à l'opération portent à la connaissance de l'Autorité l'existence de restrictions accessoires et que celle-ci décide de les apprécier, elle s'assure de la réunion des deux conditions cumulatives requises par cette qualification. Conformément au droit européen (*Métropole Télévision (M6) e.a. c/ Commission*, préc., pts 105 et 106 ; *MasterCard Inc. e.a. c/ Commission*, préc., pt 89), l'Autorité veille à ce qu'elle soit « *directement liée* » et « *objectivement nécessaire [...] et proportionnée* » à la réalisation de l'opération (lignes directrices de l'ADLC, pt 801). Il en va ainsi d'une clause de non-concurrence ou de non-sollicitation imposée au vendeur, ou bien encore d'obligations d'achat et de livraison. Encore faut-il cependant que les clauses considérées soient limitées dans leur durée, leur étendue géographique et leur champ d'application matériel. La pratique décisionnelle de l'Autorité de la concurrence témoigne de sa vigilance à cet égard (v. not. Aut. conc., déc. n° 09-DCC-74 du 14 décembre 2009, pt 23 et s. ; déc. n° 19-DCC-217 du 25 novembre 2019, pt 25 et s.).

Il reste que la présomption de légalité attachée aux restrictions accessoires est régulièrement discutée, notamment parce que le caractère limité de leur définition rend le sort d'autres clauses incertain.

Bibliographie

BERLIN (D.), *Contrôle des concentrations*, Éd. de l'Université libre de Bruxelles, 2009

BONNET (A.), « Les groupes et le contrôle européen des concentrations d'entreprises : essai sur la cohérence substantielle du contrôle européen des concentrations d'entreprises », thèse, Université de Pau et des Pays de l'Adour, 2020

CHAGNY (M.) (dir.), *Le Lamy, droit économique : concurrence, relations commerciales, distribution, consommation*, Paris, Wolters Kluwer France, 2020

CLAUDEL (E.), « Ententes anticoncurrentielles et droit des contrats », thèse, Université Paris X Nanterre, 1994

GAVALDA (C.) et PARLÉANI (G.), « Étude », *JCP E* 2002, p. 1251

GRYNFOGEL (C.) et POILLOT-PERUZZETTO (S.), « Concentration », *Rép. eur. Dalloz*, 2020

IDOT (I.), « Clause de non-concurrence dans un accord de cession d'entreprise », *RDC* 2017, n° 113z3, p. 113

IDOT (I.), « La qualification de restriction de concurrence : à propos des lignes directrices de la Commission concernant l'application de l'article 81 § 3 CE », in *La modernisation du droit de la concurrence*, G. Canivet (dir.), Paris, LGDJ, 2006, p. 85

Michel (J.), « Les échanges d'informations entre concurrents en droit de la concurrence », thèse, Université Toulouse 1 Capitole, 2015

Prieto (C.), « Ententes », *JCl. Europe Traité*, 2020

Rivel (G.), « La règle de raison et le droit communautaire de la concurrence, "inelegantia juris" ? », *D.* 2008, chron., p. 237

Roda (J.-Ch.), « Le contrat, instrument de sécurisation d'une opération de concentration », *RTD com.* 2013, p. 439

Souty (F.), *Le droit et la politique de la concurrence de l'Union européenne*, 4e éd., Paris, Montchrestien-Lextenso, 2013

Viala (F.), « La restriction accessoire à une opération de concentration, une immunité circonscrite », *Concurrences* n° 3-2018, art. n° 87228, www.concurrences.com

Vogel (L.), *Droit de la concurrence : européen et français*, Paris, LawLex, 2012

Aut. conc., « Lignes directrices de l'Autorité de la concurrence relatives au contrôle des concentrations », 2020

Communication de la Commission, Lignes directrices concernant l'application de l'article 81, paragraphe 3, du traité, *JOUE* n° C 101 du 27 avril 2004, p, 97

Règlement (CE) n° 139/2004 du Conseil du 20 janvier 2004 relatif au contrôle des concentrations entre entreprises (« le règlement CE sur les concentrations »), *JOUE* n° L 24 du 29 janvier 2004, p. 1

Communication de la Commission relative aux restrictions directement liées et nécessaires à la réalisation des opérations de concentration, *JOCE* n° C 188, du 4 juillet 2001, p. 5

Communication de la Commission concernant les opérations de concentration et de coopération au titre du règlement (CEE) n° 4064/89 du Conseil, du 21 décembre 1989, relatif au contrôle des opérations de concentration entre entreprises, *JOCE* n° C 203 du 14 août 1990, p. 10

Règlement (CEE) n° 4064/89 du Conseil, du 21 décembre 1989, relatif au contrôle des opérations de concentration entre entreprises, *JOCE* n° L 395 du 30 décembre 1989, p. 1

Comm. CE, Communication de la Commission relative aux restrictions directement liées et nécessaires à la réalisation des opérations de concentration, *JOUE* n° C 56 du 5 mars 2005, p. 24

R

RESTRICTIONS CARACTÉRISÉES

Natasha TARDIF, Marc LEVY
Reed Smith

■ Premier aperçu

La notion de « restrictions caractérisées » est pertinente aux fins de l'application des règlements d'exemption par catégorie mettant en œuvre l'article 101, paragraphe 3, TFUE. Il s'agit de restrictions sévères, qui sont susceptibles de restreindre la concurrence et de porter préjudice aux consommateurs ou qui ne sont pas indispensables à la réalisation de gains d'efficacité. Les accords contenant des restrictions caractérisées sont exclus du bénéfice de l'exemption par catégorie, quelles que soient les parts de marché des parties. Parmi les exemples de restrictions caractérisées, on peut citer l'imposition de prix de revente fixes ou minimaux ou de certaines restrictions territoriales ou de vente à la clientèle dans les accords verticaux, ainsi que la répartition des marchés, les restrictions quantitatives ou la fixation des prix dans les accords horizontaux.

■ Pour aller plus loin

Chaque règlement d'exemption par catégorie comprend une liste fermée de restrictions caractérisées. Cette liste offre une certaine sécurité juridique aux entreprises qui, dans le cadre de l'autoévaluation de leurs accords, peuvent identifier les mesures susceptibles de susciter des inquiétudes quant à leur compatibilité avec l'article 101 TFUE.

Les restrictions caractérisées peuvent être directes, par exemple par le biais d'une disposition contractuelle expresse, ou résulter de mesures indirectes visant à inciter l'autre partie à se conformer à une certaine restriction, telles que des menaces de résiliation du contrat ou des incitations financières subordonnées au respect d'une certaine obligation par l'autre partie.

Les restrictions caractérisées peuvent être adoptées isolément ou en combinaison avec d'autres facteurs sous le contrôle des parties.

L'inclusion d'une restriction caractérisée dans un accord entraîne la perte du bénéfice de l'exemption par catégorie pour l'ensemble de l'accord. Cela signifie que les entreprises devront procéder à un autoexamen approfondi tant de la restriction caractérisée que de toutes les autres restrictions susceptibles d'être incluses dans leur accord, afin de tenter de démontrer que leur accord est conforme à l'article 101 TFUE.

En outre, les accords contenant des restrictions énumérées comme étant des restrictions caractérisées dans les règlements d'exemption par catégorie ne peuvent pas bénéficier de la sphère de sécurité prévue par la communication *de minimis* pour les accords entre entreprises dont la Commission européenne considère qu'ils ont des effets négligeables sur la concurrence.

Malgré ce qui précède, un accord contenant une restriction caractérisée n'enfreint pas nécessairement l'article 101 TFUE. Plus précisément, une restriction caractérisée ne constitue pas nécessairement une restriction par objet au sens de l'article 101 TFUE. Dans l'affaire *Coty*, l'avocat général Wahl a souligné que la notion de « restriction caractérisée » devait être distinguée de celle de « restriction de concurrence par objet », bien qu'elles fassent toutes deux référence à des restrictions présumées particulièrement préjudiciables à la concurrence. Les entreprises peuvent donc tenter de démontrer qu'une restriction caractérisée donnée, examinée dans son contexte économique et juridique, est objectivement justifiée et ne tombe pas sous le coup de l'interdiction énoncée à l'article 101, paragraphe 1, TFUE. Il s'agira toutefois d'une entreprise très difficile dans la pratique.

De l'avis de la Commission européenne, les restrictions caractérisées constituent généralement des restrictions par objet lorsqu'elles sont appréciées individuellement et, en fait, les restrictions caractérisées énumérées dans les différents règlements d'exemption par catégorie correspondent généralement à des restrictions qui ont été identifiées dans des décisions antérieures comme des restrictions par objet dans la catégorie d'accords couverte par chaque règlement. La Commission considère en outre qu'il existe une présomption selon laquelle un accord contenant une restriction caractérisée a des effets négatifs réels ou probables et relève de l'article 101, paragraphe 1, TFUE.

Cette présomption a toutefois été remise en cause. Dans l'affaire *Pedro IV Servicios*, la Cour de justice a précisé que, lorsqu'un accord ne remplit pas toutes les conditions prévues par un règlement d'exemption par catégorie, il ne tombe sous le coup de l'interdiction prévue à l'article 101, paragraphe 1, TFUE que s'il a pour objet ou pour effet de restreindre sensiblement la concurrence dans le marché intérieur et s'il est susceptible d'affecter le commerce entre États membres. S'appuyant sur cette décision, l'avocat général Mazák a déclaré, dans ses conclusions présentées dans l'affaire *Pierre Fabre*, qu'il n'existait pas, selon lui, de « présomption légale » selon laquelle un accord comportant une restriction caractérisée enfreint l'article 101, paragraphe 1, TFUE. Il a ajouté qu'un examen individuel est donc nécessaire pour déterminer si un accord a un objet anticoncurrentiel, même s'il contient une restriction caractérisée et ne peut bénéficier d'une exemption par catégorie.

Les lignes directrices verticales reconnaissent également que, dans des cas exceptionnels, les restrictions caractérisées peuvent être objectivement nécessaires à l'existence d'un accord d'un type ou d'une nature particulière et ne relèvent pas de l'article 101, paragraphe 1, TFUE. Les lignes directrices verticales donnent des exemples de restrictions caractérisées des ventes nécessaires pour assurer la sécurité ou la santé publique, pour encourager les investissements entrepris pour développer un nouveau marché ou pour tester ou introduire un nouveau produit.

Comme autre défense, les entreprises peuvent faire valoir qu'un accord spécifique contenant une restriction caractérisée devrait bénéficier d'une exemption individuelle au titre de l'article 101, paragraphe 3, TFUE. Dans l'affaire *Pierre Fabre*, la Cour de justice a estimé qu'une entreprise a la possibilité, en toutes circonstances, de faire valoir, sur une base individuelle, l'applicabilité de l'exception prévue à l'article 101, paragraphe 3, TFUE.

La Commission considère qu'il existe une présomption selon laquelle il est peu probable que les accords contenant une restriction caractérisée remplissent les conditions de l'article 101, paragraphe 3, TFUE, ce qui explique qu'ils ne bénéficient pas de l'exemption par catégorie. Cette présomption est réfutable et les entreprises peuvent démontrer que des gains d'efficacité probables résultent de l'inclusion de la restriction caractérisée dans l'accord et que toutes les conditions de l'article 101, paragraphe 3, TFUE sont remplies. Toutefois, cela s'est avéré très difficile dans la pratique, certains commentaires indiquant qu'au cours des quinze dernières années, aucune entreprise n'a réussi à invoquer l'article 101, paragraphe 3, TFUE dans les cas où la Commission jugeait que ce type de restriction était susceptible de soulever des problèmes de concurrence importants.

Bibliographie

BAILEY (D.) et JOHN (L. A.) (dir.), *Bellamy & Child: European Union Law of Competition*, 8e éd., Oxford University Press, 2018

FAULL (J.) et NIKPAY (A.) (dir.), *Faull and Nikpay: The EU Law of Competition*, 3e éd., Oxford University Press, 2014

TUYTSCHAEVER (F.) et WIJCKMANS (F.), *Vertical Agreements in EU Competition Law*, 3e éd., Oxford University Press, 2018

Whish (R.) et Bailey (D.), *Competition Law*, 9e éd., Oxford University Press, 2018

Communication de la Commission, Communication concernant les accords d'importance mineure qui ne restreignent pas sensiblement le jeu de la concurrence au sens de l'article 101, paragraphe 1, du traité sur le fonctionnement de l'Union européenne (communication *de minimis*), *JOUE* n° C 291 du 30 août 2014, p. 1

Document de travail des services de la Commission, Guidance on restrictions of competition "by object" for the purpose of defining which agreements may benefit from the De Minimis Notice), SWD(2014) 198 final, 25 juin 2014

Communication de la Commission, Lignes directrices concernant l'application de l'article 81, paragraphe 3, du traité, *JOUE* n° C 101 du 27 avril 2004, p. 97

Document de travail des services de la Commission, Résumé de l'évaluation du règlement d'exemption par catégorie applicable aux accords verticaux, SWD(2020) 172 final, 8 septembre 2020

REVENTE À PERTE

Pascal WILHELM
Wilhelm & Associés

■ Premier aperçu

L'article L. 442-5 du code de commerce interdit de revendre ou d'annoncer la revente d'un produit en l'état à un prix inférieur à son prix d'achat effectif correspondant au prix unitaire net figurant sur la facture d'achat, qui doit être :

- minoré des avantages financiers consentis par le vendeur exprimés en pourcentage du prix unitaire net ;
- majoré des taxes sur le chiffre d'affaires, des taxes spécifiques à cette revente et du prix du transport.

L'article L. 442-5 II du code de commerce prévoit une liste limitative d'exceptions pouvant être invoquées de manière autonome, pour lesquelles le délit de revente à perte n'est pas caractérisé :

- les ventes volontaires ou forcées motivées par la cessation ou le changement d'activité commerciale ;
- la fin de la saison des ventes, ou l'intervalle entre deux saisons, des produits présentant un caractère saisonnier marqué ;
- les produits démodés ou dont la demande a chuté en raison de l'apparition de perfectionnements techniques ;
- les produits aux caractéristiques identiques, réapprovisionnés en baisse, le prix d'achat effectif correspondant au prix figurant sur la nouvelle facture d'achat ;
- la possibilité de s'aligner sur les prix pratiqués par un concurrent, pour les mêmes produits, dans la même zone d'activité, uniquement pour les produits alimentaires vendus dans un magasin d'une surface de vente de moins de 300 mètres carrés et les produits non alimentaires vendus dans un magasin d'une surface de vente de moins de 1 000 mètres carrés.

La jurisprudence précise que le revendeur doit prouver la matérialité des prix sur lesquels il s'est aligné. La partie poursuivante doit en prouver le caractère illégal, le cas échéant ;

- les produits périssables menacés d'altération rapide, à la condition qu'ils ne fassent pas l'objet d'une publicité à l'extérieur du point de vente ;
- les produits soldés dans les conditions de l'article L. 310-3 du code de commerce, à savoir notamment des produits proposés à la vente et payés depuis un mois à la date de début de la période de soldes en cause.

Pour autant, ces exceptions ne sont pas opposables au prononcé de la faillite personnelle ou à la condamnation pour banqueroute, dans les conditions énoncées aux articles L. 653-5 2° et L. 654-2 1° du code de commerce, d'une personne qui s'est procuré des fonds en vue d'éviter ou de retarder l'ouverture d'une procédure de redressement ou de liquidation.

La revente à perte est un délit sanctionné d'une amende de 75 000 euros pour une personne physique et de 375 000 euros pour une personne morale (art. 131-38 C. pén.). Les personnes morales encourent la peine d'affichage de la décision ou de sa diffusion par la presse écrite ou tout moyen de communication au public par voie électronique (art. 131-39 9° C. pén.).

Si l'infraction résulte d'une annonce publicitaire, l'amende peut être portée à la moitié des dépenses publicitaires réalisées, et la cessation de l'annonce peut être ordonnée par le juge dans les mêmes conditions que celles applicables à la cessation d'une pratique commerciale trompeuse (art. L. 132-8 C. consom.).

■ Pour aller plus loin

L'opération matérielle de revente d'un produit « en l'état » à perte ou sa seule annonce sont interdites, pour la revente aux consommateurs comme aux professionnels.

Le produit est dit « en l'état » dès lors qu'il n'a pas subi de transformation significative. Ainsi, l'infraction n'est pas caractérisée si le produit a été transformé par le distributeur ou s'il l'a fabriqué lui-même, ou encore s'il s'agit d'une prestation de services, à moins que le service soit vendu de manière indivisible avec un produit.

S'agissant du prix d'achat effectif, les avantages financiers minorant celui-ci doivent s'entendre principalement des réductions de prix sur facture et des ristournes hors facture. Le prix du transport majorant ce prix est quant à lui entendu comme les frais de transport jusqu'au site du distributeur, et non les frais de distribution au consommateur.

Le prix d'achat effectif fait l'objet de règles particulières pour :

- les grossistes distribuant des produits ou services uniquement à une clientèle composée de professionnels indépendants qui exercent une

activité de revendeur au détail, de transformateur ou de prestataire final de services, peuvent appliquer un coefficient de 0,9 % au prix d'achat effectif ;
- les distributeurs qui vendent aux consommateurs des denrées alimentaires et des produits destinés à l'alimentation des animaux de compagnie peuvent appliquer un coefficient de 1,1 au prix d'achat effectif.

Pour lutter contre la guerre des prix entre enseignes de la grande distribution, l'ordonnance n° 2018-1128 du 12 décembre 2018 a instauré, à compter du 1er février 2019, un relèvement du seuil de revente à perte de 10 %, pour une durée expérimentale de deux ans. La loi n° 2020-1525 du 7 décembre 2020 d'accélération et de simplification de l'action publique a prolongé cette expérimentation jusqu'au 15 avril 2023.

Par ailleurs, pour que l'infraction soit constituée, la Cour de cassation exige la démonstration d'une intention coupable (art. 121-3, al. 1, C. pén.), caractérisée en réalité par la simple violation, en connaissance de cause, de la prohibition de la revente à perte.

La tentative de revente à perte ne peut être poursuivie, le législateur ne l'ayant pas prévu expressément (art. 121-4 2 °C. pén.). Cependant, l'incrimination de la seule annonce de revente permet d'appréhender l'infraction avant même sa réalisation matérielle.

Rappelons que ce régime reste soumis à l'appréciation de sa compatibilité avec la directive 2005/29/CE du 11 mai 2005 relative aux pratiques des entreprises vis-à-vis des consommateurs, telle qu'interprétée par la Cour de justice.

Cette dernière considère que la revente à perte doit être prohibée uniquement si son caractère déloyal est établi après analyse des critères posés par la directive, à savoir une pratique contraire aux exigences de la diligence professionnelle et pouvant altérer substantiellement le comportement économique du consommateur moyen. Si la Cour de cassation considère que l'interdiction de la revente à perte entre professionnels n'entre pas dans le champ d'application de la directive, la question de la compatibilité du régime français s'agissant des consommateurs reste ouverte.

Bibliographie

Benzoni (L.), « Relèvement du seuil de revente à perte et encadrement des promotions : comment faire remonter l'eau à sa source ? », RLC 2019/80, n° 3523

Bernheim-Desvaux (S.), « L'interdiction de la revente à perte : le débat est-il déjà refermé ? », *Contrats, conc., consom.* 2018, comm. 37

Chagny (M.), « L'interdiction de la revente à perte sauvée des eaux européennes ? », *RTD com.* 2016, p. 477

Fortunato (A.), « Vente à perte : l'étau se resserre sur l'interdiction française (CJUE, 19 oct. 2017, aff. n° C-295/16) », *AJCA* 2017, p. 539

IDOT (L.), « Vingt ans après : vers une interdiction de la revente à perte en France ? », *Europe* 2013, alerte 23

Le Lamy droit économique, pts 2892, 2893, 2896, 2916, 2919 et 2923

THIZON (E.), « Ventes et prestations de services, Ventes et prestations de services illégales », *JCL. Pénal des Affaires*, fasc. 20 ?

MALAURIE-VIGNAL (M.), « Relèvement du seuil de revente à perte et encadrement des promotions pour les denrées et certains produits alimentaires », *Contrats, conc., consom.* 2019, comm. 24.

Mémento Concurrence Consommation 2021, Paris, Éditions Francis Lefebvre, 2020, § 71025

Directive 2005/29/CE du Parlement européen et du Conseil du 11 mai 2005 relative aux pratiques commerciales déloyales des entreprises vis-à-vis des consommateurs dans le marché intérieur et modifiant la directive 84/450/CEE du Conseil et les directives 97/7/CE, 98/27/CE et 2002/65/CE du Parlement européen et du Conseil et le règlement (CE) n° 2006/2004 du Parlement européen et du Conseil (« directive sur les pratiques commerciales déloyales »), *JOUE* n° L 149 du 11 juin 2005, p. 22

Loi n° 2020-1525 du 7 décembre 2020 d'accélération et de simplification de l'action publique, *JORF* n° 0296 du 8 décembre 2020, art. 125

Ordonnance n° 2018-1128 du 12 décembre 2018 relative au relèvement du seuil de revente à perte et à l'encadrement des promotions pour les denrées et certains produits alimentaires, *JORF* n° 0288 du 13 décembre 2018

R

RUPTURE BRUTALE DES RELATIONS COMMERCIALES ÉTABLIES

Antoine BURIN DES ROZIERS
Tribunal de commerce de Paris

Premier aperçu

La rupture brutale des relations commerciales établies effectuée sans préavis écrit d'une durée suffisante et raisonnable est sanctionnée par les dispositions de l'article L. 442-1 du code de commerce résultant de la modification de l'article L. 442-6 I 5 par l'ordonnance nº 2019-359 du 24 avril 2019 (ci-après « l'Ordonnance »).

Ce nouvel article L. 442-1 dispose : « *II. – Engage la responsabilité de son auteur et l'oblige à réparer le préjudice causé le fait, par toute personne exerçant des activités de production, de distribution ou de services de rompre brutalement, même partiellement, une relation commerciale établie, en l'absence d'un préavis écrit qui tienne compte notamment de la durée de la relation commerciale, en référence aux usages du commerce ou aux accords interprofessionnels. En cas de litige entre les parties sur la durée du préavis, la responsabilité de l'auteur de la rupture ne peut être engagée du chef d'une durée insuffisante dès lors qu'il a respecté un préavis de dix-huit mois. Les dispositions du présent II ne font pas obstacle à la faculté de résiliation sans préavis, en cas d'inexécution par l'autre partie de ses obligations ou en cas de force majeure.* »

L'article L. 442-1 II du code de commerce conditionne donc son application à la démonstration de trois critères étroitement liés :

- une relation commerciale établie ;
- une brutalité de la rupture de la relation commerciale établie ;
- un préjudice réparable.

Pour aller plus loin

Une relation commerciale établie

La jurisprudence impose de démontrer le caractère établi de la relation (Cass. com., 27 mars 2019, n° 17-18.047). Cette relation commerciale doit être établie, ce qui suppose de prendre en compte deux éléments :
- la durée : la relation doit exister depuis un temps suffisamment long ;
- la croyance légitime en la pérennité de la relation. Cette croyance dépend notamment des usages du secteur concerné.

Cette qualification peut donc être retenue ou non, quel que soit le secteur d'activité en cause, au vu de la durée des relations d'affaires, de l'importance du chiffre d'affaires réalisé ainsi que de la continuité et de l'évolution à la hausse ou à la baisse de cette relation d'affaires.

Le caractère établi de la relation est présumé s'il n'est pas contesté par celui qui se prétend victime de la rupture (CA Paris, 20 juin 2019, RG 17/02742). En revanche, la relation n'est pas établie, en cas de précarité de celle-ci, par exemple lors de recours systématique à des appels d'offres (Cass. com., 18 octobre 2017, n° 16-15.138). La loi ne distingue pas entre les relations contractuellement établies et les autres.

La brutalité de la rupture

Le nouvel article L. 442-1 II du code de commerce dispose que la rupture d'une relation commerciale établie n'est pas préjudiciable si elle respecte un certain préavis écrit.

La rupture en tant que telle n'est pas sanctionnée. En revanche, son caractère brutal, imprévisible et abusif, sans préavis, expose la responsabilité de son auteur.

Cette rupture peut ne pas être totale, par exemple lorsque la rupture découle d'un déréférencement partiel, à savoir le fait de ne plus acheter la gamme complète d'un produit mais seulement une partie.

Le préavis doit tenir compte de la durée et de l'importance des relations commerciales antérieures, en référence aux usages du commerce ou aux accords interprofessionnels.

Ainsi, la baisse brutale des commandes et du chiffre d'affaires de la victime de la rupture alléguée ne permet pas, à elle seule, d'établir la brutalité de la rupture : le demandeur à l'action en rupture brutale doit établir en quoi les pratiques critiquées caractérisent une rupture brutale (Cass. com., 27 mars 2019, n° 17-18.676). En effet, cette baisse peut être due à d'autres facteurs tels que la crise économique du secteur dans lequel intervient le client. Toutefois, et c'est un apport de l'Ordonnance, le législateur considère désormais qu'en cas de litige entre les parties sur la durée du préavis, la responsabilité de l'auteur de la rupture ne peut plus être engagée du chef d'une durée insuffisante dès lors qu'il a respecté un préavis de dix-huit mois.

À cet égard, le juge n'est pas lié par la durée prévue par les parties : il peut, selon les circonstances ou les usages de la profession, allonger ou réduire la durée du préavis, dans la limite de dix-huit mois. Souvent, en présence d'une dépendance économique de l'une des parties à l'égard de l'autre, le juge intervient pour modifier la durée du préavis. Plus la dépendance est forte, plus le préavis sera long.

Aux termes du troisième et dernier alinéa de l'article L. 442-1 II, l'Ordonnance maintient les deux hypothèses dans lesquelles la résiliation de la relation commerciale peut intervenir sans préavis, à savoir en cas de force majeure ou d'inexécution par l'autre partie de ses obligations.

Dans ce dernier cas, pour pouvoir se dispenser de préavis, l'auteur de la rupture devra opposer un manquement revêtant un degré de gravité suffisant justifiant l'absence de préavis (v. Cass. com., 27 mars 2019, n° 17-16.548).

Un préjudice réparable

La Cour de cassation rappelle que la réparation du préjudice due à une telle rupture ne peut porter que sur le caractère brutal de la rupture et non sur la rupture elle-même.

Elle précise que le préjudice doit être évalué en considération de la marge brute escomptée pendant la période de préavis non octroyée.

La marge brute est la différence entre le chiffre d'affaires hors taxes et les coûts hors taxes réellement engagés : en cas de rupture brutale de relation commerciale établie, il s'agit donc de déterminer le chiffre d'affaires hors taxes dont la victime a été privée sous déduction des frais qu'elle aurait normalement dû engager durant la période de préavis non octroyée. Ces charges sont de nature variable en fonction de l'activité de la victime (achat de marchandises, sous-traitance, honoraires divers, etc.) ou de nature fixe (charges de personnel, assurances, loyer, etc.).

La cour d'appel de Paris retient souvent la marge sur coûts variables.

Les juges procèdent à une appréciation *in concreto* du préjudice subi par la victime de la rupture brutale. Le principe de non-cumul des responsabilités délictuelle et contractuelle n'interdit pas au créancier d'une obligation de présenter, outre sa demande en responsabilité contractuelle, une demande distincte en responsabilité délictuelle fondée sur la brutalité de la rupture.

Un fait générateur peut en effet caractériser deux dommages distincts : l'un résultant d'un manquement contractuel et l'autre de la rupture brutale des relations commerciales (Cass. com., 24 octobre 2018, n° 17-25.672 ; Cass. com., 27 mars 2019 n° 16-24.630 ; Cass. com., 10 avril 2019, n° 18-12.882).

Application dans le temps de l'Ordonnance

L'Ordonnance s'est appliquée immédiatement à tous les contrats et avenants conclus postérieurement au 26 avril 2019 et à compter du 1er mars 2020 pour les contrats pluriannuels en cours d'exécution.

S'agissant des contrats conclus antérieurement à l'entrée en vigueur de l'Ordonnance mais rompus postérieurement, la solution reste incertaine et tributaire de la qualification contractuelle ou extracontractuelle pour l'action en responsabilité pour rupture brutale.

Qualifiée de délictuelle en droit interne, elle est qualifiée en revanche de contractuelle en droit européen (CJUE, 14 juillet 2016, *Granarolo SpA c/ Ambrosi Emmi France SA*, aff. C-196/15).

Or, si le principe de la survie de la loi ancienne s'impose en matière contractuelle, celui de l'application de la loi en vigueur au moment de la réalisation du fait dommageable gouverne la matière extracontractuelle.

Sanctions de la rupture brutale

La victime de rupture brutale peut :

- assigner en référé l'auteur de la rupture sous astreinte pour obtenir la continuation de la relation ; ou
- assigner au fond pour se voir allouer des dommages-intérêts en réparation du préjudice subi.

Seules huit juridictions de premier degré, à savoir les tribunaux de commerce de Bordeaux, Fort-de-France, Lyon, Marseille, Nancy, Paris, Rennes et Tourcoing peuvent traiter des contentieux de rupture brutale de relations commerciales établies.

La cour d'appel de Paris est la seule juridiction d'appel des jugements rendus par ces juridictions spécialisées. L'auteur d'une rupture brutale s'expose aussi à une amende civile d'un montant de 5 millions euros qui peut être portée au triple du montant des avantages indûment perçus ou à 5 % du chiffre d'affaires réalisé en France par l'auteur de cette pratique restrictive de concurrence lors du dernier exercice clos depuis l'exercice précédant celui au cours duquel ladite pratique a été mise en œuvre.

La rupture brutale en droit international

Selon la jurisprudence *Granarolo*, l'action en rupture brutale ne relève pas en droit européen de la matière délictuelle mais de la matière contractuelle. Cette précision conduit le juge à choisir l'instrument approprié de détermination de la loi applicable : « Rome I » (applicable aux obligations contractuelles) plutôt que « Rome II » (applicable aux obligations non contractuelles).

L'action indemnitaire fondée sur une rupture brutale de relations commerciales établies dans un litige intracommunautaire ne relève pas de la matière délictuelle ou quasi délictuelle s'il existait entre les parties une relation contractuelle tacite. C'est ainsi que la Cour de cassation, se ralliant à la jurisprudence de la CJUE ci-dessus citée, a jugé dans un arrêt du 20 septembre 2017 (Cass. com., 20 septembre 2017, n° 16-14.812). Dans un contexte international, la Cour de cassation se prononce en faveur de l'arbitrabilité des litiges fondés sur l'article L. 442-6 du code de commerce.

Bibliographie

CHAGNY (M.), « Rupture brutale des relations commerciales : La Chambre 5-10 de la Cour d'appel de Paris écarte le grief de rupture brutale et de déséquilibre significatif à raison de la levée d'une exclusivité en cours de préavis (*Nadal/Agco*) », *Concurrences* n° 1-2017, art. n° 83211, www.concurrences.com

DURAND (V.), « Rupture brutale : La Cour de cassation précise la nature de la responsabilité applicable lorsque la demande d'indemnisation est fondée sur le droit commun de la responsabilité civile (*Cap Recouvrement / Pathologie Nord-Unilabs*) », *Concurrences* n° 1-2021, art. n° 98924, p. 157

LECLERC (F.), « Rupture brutale : Les difficultés liées à la détermination de la compétence juridictionnelle internationale face à une rupture brutale de relation commerciale établie (*Delta Temp NV / Delta Temp France*) », *Concurrences* n° 1-2019, art. n° 89129, www.concurrences.com

MITCHELL (M.-Cl.), « Rupture brutale : La Cour de cassation revient sur les conditions de poursuite des relations en cas de cession d'activité et sur le contrôle du juge sur la durée du préavis (*Rave Distribution / Franciaflex*) », *Concurrences* n° 2-2021, art. n° 100447, p. 112

MOULY-GUILLEMAUD (Cl.), « Clause d'exclusivité : La Cour d'appel de Paris juge que la violation de l'exclusivité emporte une inexécution contractuelle et une rupture brutale partielle avec deux préjudices distincts (*Farrow & Ball / Bleu de Cobalt*) », *Concurrences* n° 2-2021, art. n° 99905, www.concurrences.com

MOULY-GUILLEMAUD (Cl.), « Réforme : Le Gouvernement réforme par ordonnance le régime de la rupture brutale (*Loi Egalim*) », *Concurrences* n° 3-2019, art. n° 91045, www.concurrences.com

PROUZET (E.) et IDOT (L.), « La conciliation avec le droit de l'UE (La réécriture du Titre IV du Livre IV du code de commerce – Nanterre, 4 avril 2019) », *Concurrences* n° 3-2019, art. n° 91027, www.concurrences.com

Ronzano (A.), « Rupture brutale d'une relation commerciale établie : La Cour de cassation dit pour droit que le strict respect des conditions d'exemption posées par le règlement automobile CE 1400/2002 n'est pas de nature à faire échec à l'application de l'article L. 442-6 du code de commerce (*BMW/Taurisson*) », *Concurrences* n° 4-2016, art. n° 82192, www.concurrences.com

VOGEL (L.) et (J.), *La rupture brutale de relations commerciales établies*, 3e éd., Paris, LawLex / Bruxelles, Bruylant, 2020

Ordonnance n° 2019-359 du 24 avril 2019 portant refonte du titre IV du livre IV du code de commerce relatif à la transparence, aux pratiques restrictives de concurrence et aux autres pratiques prohibées, *JORF* n° 0097 du 25 avril 2019

S

SANCTIONS PÉNALES

Fabienne SIREDEY-GARNIER
Autorité de la concurrence

Premier aperçu

La pénalisation des pratiques anticoncurrentielles n'est ni universelle ni uniforme. Elle peut, comme pour la Commission européenne, être absente de l'arsenal des sanctions encourues ou au contraire, comme aux États-Unis, y occuper une place prépondérante. Elle peut n'être que partielle, certaines infractions en étant passibles et d'autres non. Enfin, au cas où des sanctions pénales sont prévues, elles peuvent différer dans leur nature et leur ampleur, certains États disposant d'un éventail quasi complet de sanctions, allant de l'emprisonnement à l'amende en passant par des interdictions d'exercer des fonctions de direction et des confiscations, d'autres se limitant aux peines d'emprisonnement et/ou d'amende.

En France, la répression pénale des pratiques anticoncurrentielles est ancienne en son principe. Elle figure en effet déjà dans le code pénal de 1810. Son champ d'application s'est toutefois petit à petit réduit et l'article 11 de l'ordonnance n° 86-1243 du 1er décembre 1986 relative à la liberté des prix et de la concurrence, devenu l'article L. 420-6 du code de commerce, a parachevé ce mouvement de dépénalisation, en ne prévoyant désormais que la seule sanction pénale des personnes physiques ayant pris une part personnelle, déterminante et frauduleuse dans la conception, l'organisation ou la mise en œuvre des pratiques visées par les articles L. 420-1 (ententes), L. 420-2 (abus de position dominante et abus de dépendance économique) et L. 420-2-2 (pratiques en matière de transport de personnes) du code de commerce.

Les peines maximales encourues à ce titre sont quatre ans d'emprisonnement et 75 000 euros d'amende. Le tribunal peut également ordonner la publication de la sanction aux frais du condamné.

Si le champ matériel de l'article L. 420-6 reste, nonobstant le mouvement de dépénalisation, beaucoup plus étendu que celui existant dans des États comme le Royaume-Uni ou les États-Unis, dans la mesure où, contrairement à ces derniers, il recouvre l'ensemble des pratiques anticoncurrentielles, et non seulement les cartels, il n'a reçu, dans les faits, qu'une application limitée, tant au regard du faible nombre de décisions rendues – dont la plupart concernent des affaires où d'autres infractions (corruption, faux, abus de biens sociaux, etc.) étaient poursuivies concomitamment – que de la nature des pratiques anticoncurrentielles sanctionnées (uniquement des ententes horizontales) et de l'ampleur des sanctions prononcées, la plupart du temps des peines de prison intégralement assorties du sursis et largement inférieures au maximum encouru.

Du côté des pratiques restrictives de concurrence, les réformes successives ont été à l'origine d'une dépénalisation, d'abord au profit des sanctions civiles, puis, depuis la loi Hamon n° 2014-344 du 17 mars 2014, au bénéfice des sanctions administratives. Il subsiste cependant un îlot de prohibitions assorties de sanctions. Il résulte cependant des bilans de jurisprudence publiés par la Commission d'examen des pratiques commerciales que leur mise en œuvre est assez limitée.

■ Pour aller plus loin

La question de l'application de l'article L. 420-6 aux personnes morales n'est à ce jour pas tranchée par la jurisprudence : pour certains, le libellé même du texte, qui vise uniquement les personnes physiques, exclut la possibilité de sanctionner les personnes morales sur ce fondement. Pour d'autres, au contraire, la loi du 9 mars 2004, dite loi « Perben II », qui a modifié l'article L. 121-2 du code pénal en supprimant le principe de spécialité de la responsabilité des personnes morales, permet de poursuivre et de sanctionner les personnes morales.

Dans cette dernière hypothèse, se poserait alors la question du *non bis in idem* en cas de cumul de sanctions administratives et de sanctions pénales. De même, le recours à la convention judiciaire d'intérêt public (CJIP) pourrait être envisagé, dès lors que les infractions de concurrence seraient considérées comme connexes aux infractions pouvant actuellement faire l'objet d'une CJIP (corruption, trafic d'influence, fraude fiscale, blanchiment de fraude fiscale).

Par un arrêt du 19 décembre 2018, la Cour de cassation a refusé de transmettre une question prioritaire de constitutionnalité (QPC) sur la méconnaissance par l'article L. 420-6 du principe de la légalité des délits et des peines : alors que les auteurs de la QPC, de même qu'un certain nombre de praticiens et de commentateurs, soutenaient que les éléments constitutifs du délit visé à l'article L. 420-6 étaient empreints d'une forte incertitude, la Cour de cassation a estimé que ce texte était rédigé de manière suffisamment claire pour exclure tout risque d'arbitraire, d'autant que le juge pénal peut, aux termes de la loi (NB art. L. 462-3 C. com.), consulter l'Autorité de la concurrence sur les affaires dont il est saisi.

L'existence de sanctions pénales pose la question de leur articulation avec les procédures dites « négociées », telle la clémence : consciente de ce que le risque de sanctions pénales pouvait dissuader certaines entreprises d'entrer en voie de clémence, l'Autorité de la concurrence, conformément à l'engagement pris dans son communiqué de procédure du 3 avril 2015 relatif au programme de clémence français, n'a transmis au parquet aucun dossier où une procédure de clémence avait été mise en œuvre. Par ailleurs, aucun dirigeant, cadre ou salarié d'une entreprise ayant obtenu la clémence n'a fait l'objet d'une condamnation pénale sur le fondement de l'article L. 420-6. Enfin, l'article 23, paragraphe 2, de la directive (UE) 2019/1 du 11 décembre 2018 (dite « directive ECN + ») prévoit que les actuels et anciens directeurs, gérants et autres membres du personnel des entreprises sollicitant le bénéfice de la procédure de clémence soient exemptés, partiellement ou totalement, des sanctions infligées dans le cadre de procédures pénales, sous réserve notamment de leur coopération active avec les autorités de concurrence. La transposition de ce texte en droit français est imminente.

Bibliographie

Blanc (D.), « Droit de la concurrence : la dépénalisation n'est pas la solution », *AJ pénal* 2008, p. 69

Buccirossi (P.), « Criminal Sanctions: An overview of EU and national case law », 2 juillet 2020, *e-Competitions Criminal sanctions*, art. n° 92771

Coulon (J.-M.) (dir.), *La dépénalisation de la vie des affaires : rapport au garde des Sceaux, ministre de la Justice*, Paris, La Documentation française, 2008

Haeri (K.), Munoz-Pons (V.) et Borrel-Prat (L.), « Développement des poursuites pénales en matière de pratiques anticoncurrentielles. Enjeux et risques pour les entreprises », *Rev. int. compliance* 2020, 110

Saint-Esteben (R.), « Une repénalisation du droit de la concurrence en France ? À propos de l'utilisation de l'article 40 du code de procédure pénale par les services d'instruction de l'Autorité », *Concurrences* n° 2-2019, art. n° 90001, p. 54

Wagner-von Papp (F.), Stephan (S.), Kovacic (W. E.), Viros (D.) et Zimmer (D.), « Individual sanctions for competition law infringements: Pros, cons and challenges », *Concurrences* n° 2-2016, art. n° 78515, p. 14

Wils (W. P. J.), « Is Criminalization of EU Competition Law the Answer? », ACLE Conference, Remedies and Sanctions in Competition Policy, Amsterdam, 17-18 février 2005

Directive (UE) 2019/1 du Parlement européen et du Conseil du 11 décembre 2018 visant à doter les autorités de concurrence des États membres des moyens de mettre en œuvre plus efficacement les règles de concurrence et à garantir le bon fonctionnement du marché intérieur, *JOUE* n° L 11 du 14 janvier 2019, p. 3

Voir aussi

Revente à perte - Prix de vente imposé

S

SELF-PREFERENCING

Eshien CHONG
Autorité de la concurrence

Premier aperçu

Les entreprises intégrées et actives sur des marchés voisins (horizontaux ou verticaux) peuvent mettre en place des mécanismes qui favorisent leurs propres opérations, notamment pour exploiter un avantage détenu sur un marché pour favoriser l'accès des clients à leurs propres produits ou services sur un autre marché. Ces comportements relèvent du *self-preferencing*.

Les entreprises peuvent favoriser leurs propres opérations de différentes manières. On peut citer comme exemples une entreprise spécialisée dans le secteur des systèmes d'exploitation qui accordera un traitement préférentiel à ses propres applications si celles-ci sont livrées préinstallées avec son système d'exploitation. La mise en œuvre de cette stratégie pourrait faciliter l'adoption par les consommateurs des applications de l'entreprise ayant développé le système d'exploitation. De même, un moteur de recherche peut se réserver un positionnement de choix, conduisant à une meilleure visibilité de ses services sur un autre marché par rapport aux services similaires des concurrents. Enfin, une entreprise peut accorder un accès privilégié aux données collectées dans le cadre de l'une de ses activités – non disponibles aux concurrents – à ses divisions internes ou filiales opérant sur un autre marché pour leur procurer un avantage concurrentiel et faciliter l'accès aux clients de ces dernières sur un autre marché.

Les entreprises ont une tendance naturelle à vouloir privilégier leurs propres opérations. Ces mécanismes mis en place par les entreprises pour favoriser leurs propres opérations sur différents marchés peuvent participer à faciliter l'intégration des produits de l'entreprise, et/ou lui permettre de mieux exploiter différentes synergies. Une entreprise qui s'appuie sur un avantage sur un marché pour mieux livrer concurrence sur un marché voisin peut aussi contribuer à rendre ce dernier marché plus concurrentiel. Ces mécanismes peuvent donc conduire à des gains d'efficiences, à des prix attractifs et/ou à des produits ou services répondant mieux aux besoins des consommateurs.

Néanmoins, dans des circonstances spécifiques, le *self-preferencing* peut conduire à des distorsions de concurrence par les mérites, notamment quand il est mis en œuvre par une entreprise dominante sur un marché : en privilégiant certaines de ses propres opérations grâce à sa position dominante et en handicapant ses concurrents sur des marchés voisins, l'entreprise est susceptible d'étendre son pouvoir de marché vers des marchés adjacents par un effet de levier et/ou de protéger sa position dominante préexistante. Le *self-preferencing* est abusif et relève alors de l'article L. 420-2 du code de commerce ou de l'article 102 TFUE, relatifs à l'abus de position dominante.

Dans le cadre de l'économie numérique, cette problématique de *self-preferencing* attire particulièrement l'attention, car les plateformes peuvent intervenir en tant que fournisseur pour les entreprises et en même temps venir concurrencer l'activité de commercialisation de ces dernières. C'est le cas par exemple lorsqu'une plateforme exploite une place de marché et distribue ses propres biens ou services sur cette place de marché. Le risque anticoncurrentiel soulevé par le *self-preferencing* dans ce secteur est préoccupant face à la nécessité d'assurer la contestabilité de certains marchés du fait de leurs caractéristiques particulières. Dans cette optique, la législation sur les marchés numériques (Digital Markets Act) introduite par la Commission européenne interdit des formes identifiées du *self-preferencing* par les grandes plateformes en ligne ayant un rôle de « contrôleur d'accès » (« *gatekeeper* »), plateformes qui ont une position économique forte et qui jouent un rôle important d'intermédiation.

■ Pour aller plus loin

Si le *self-preferencing* peut prendre diverses formes et porter atteinte à la concurrence de différentes manières, la théorie du préjudice derrière ce comportement est le plus souvent celle basée sur un abus par effet de levier.

Il ressort d'une jurisprudence constante que le fait, pour une entreprise, d'exploiter un effet de levier pour étendre son pouvoir de marché sur un marché voisin n'est pas interdit en tant que tel, même si cette pratique conduit à la marginalisation ou à la disparition des concurrents. Néanmoins, une entreprise en position dominante a une responsabilité particulière de ne pas porter atteinte à une concurrence effective par son comportement. La question centrale est alors de déterminer si les mécanismes mis en place pour favoriser ses propres opérations s'écartent d'une concurrence normale par les mérites et, le cas échéant, conduisent à des effets anticoncurrentiels. C'est ainsi que, dans l'affaire *Google Shopping* instruite par la Commission européenne – affaire emblématique du *self-preferencing* –, le Tribunal a relevé que Google, en favorisant son service de comparaison de produits et en rétrogradant ceux des concurrents sur ses pages de recherche générale – deux pratiques constitutives du *self-preferencing* –, s'est écarté d'une concurrence normale par les mérites puisque ce comportement allait à l'encontre de ce qui avait fait le succès de son moteur de recherche, à savoir un affichage des résultats de sources plurales et diverses sans limiter le champ des résultats à ses propres services ou favoriser ceux-ci. Le Tribunal a confirmé dans sa grande majorité l'analyse des effets anticoncurrentiels du comportement de Google par la Commission européenne.

Le *self-preferencing* implique souvent également un traitement différencié de ses propres opérations par rapport à celles des concurrents. À ce titre, pour qualifier d'abusif un comportement de *self-preferencing*, la démonstration d'un traitement plus favorable des opérations en interne et d'un traitement plus défavorable des concurrents revêt une importance certaine.

Bibliographie

Bougette (P.), Budzinski (O.) et Marty (F.), « Self-Preferencing and Competitive Damages: A Focus on Exploitative Abuses », *The Antitrust Bulletin*, 2022, vol. 67, n° 2, p. 190

Ibáñez Colomo (P.), « Self-Preferencing: Yet Another Epithet in Need of Limiting Principles », *World Competition*, 2020, vol. 43, n° 4, p. 417

S

SERVICE D'INTÉRÊT ÉCONOMIQUE GÉNÉRAL

Stéphane RODRIGUES
Université Paris I Panthéon-Sorbonne

Premier aperçu

Le concept de service d'intérêt économique général (SIEG) trouve sa source dans le traité de Rome de 1957 instituant la Communauté économique européenne (CEE) en son article 90, paragraphe 2. Cette disposition est restée pour l'essentiel inchangée avec l'article 106, paragraphe 2, TFUE (v. CJCE, 19 mars 1991, *France c/ Commission*, aff. C-202/88, pt 12). Sont notamment concernées les entreprises évoluant dans les secteurs d'infrastructures de réseau : communications, énergie, transport, etc.

Le concept de SIEG a été ensuite repris par le traité d'Amsterdam (1997) pour l'identifier parmi les « *valeurs communes de l'Union* » (ancien art. 16 TCE) et a été confirmé par le traité de Lisbonne (2007) avec l'article 14 Depuis lors, aucune initiative législative n'a été proposée sur le fondement de cet article. Il n'en reste pas moins qu'il présente, avec l'article 106, paragraphe 2, TFUE, « *une unité de sens : garantir que les [SIEG] soient soumis aux traités, tout en veillant à ce que leurs missions particulières ne soient pas mises en échec* » (v. conclusions AG Campos Sánchez-Bordona, 24 septembre 2020, *Poste Italiane*, aff. jtes C-434/19 et C-435/19, pt 37). Autrement dit, « *des dérogations aux règles du traité ne sont permises que si elles sont nécessaires à l'accomplissement de la mission particulière qui a été impartie à une entreprise chargée de la gestion d'un SIEG* » (v. CJUE, 3 septembre 2020, *Vereniging tot Behoud van Natuurmonumenten in Nederland e.a. c/ Vereniging Gelijkberechtiging Grondbezitters e.a.*, aff. C-817/18 P, pt 97).

Les articles 14 et 106, paragraphe 2, TFUE doivent par ailleurs être interprétés à la lumière du protocole n° 26, issu du traité de Lisbonne et relatif aux services d'intérêt général, y inclus les SIEG, pour lesquels il convient de reconnaître un « *large pouvoir discrétionnaire des autorités nationales, régionales et locales* » pour les fournir, les faire exécuter et les organiser (v. CJUE, 24 novembre 2020,

Viasat Broadcasting UK, aff. C-445/19, pt 31). L'interprétation de la notion de SIEG doit enfin tenir compte également de la charte des droits fondamentaux de l'UE, en particulier de son article 36 concernant l'accès aux SIEG (v. CJUE, 7 septembre 2016, *Association nationale des opérateurs détaillants en énergie (ANODE)*, aff. C-121/15, pt 40).

L'objectif de cette disposition est de « *concilier l'intérêt des États membres à utiliser certaines entreprises, notamment du secteur public, en tant qu'instrument de politique économique ou fiscale avec l'intérêt de [l'UE] au respect des règles de concurrence et à la préservation de l'unité du marché [intérieur]* » (v. *France c/ Commission*, préc., pt 12).

■ Pour aller plus loin

Comme l'a souligné le juge de l'Union, « *en droit [de l'UE] et aux fins de l'application des règles de concurrence du [TFUE], il n'existe ni de définition réglementaire claire et précise de la notion de mission SIEG, ni de concept juridique établi fixant, de manière définitive, les conditions qui doivent être réunies pour qu'un État membre puisse valablement invoquer l'existence et la protection d'une mission SIEG (...) au sens de l'article [106, para. 2, TFUE]* » (v. TPICE, 12 février 2008, BUPA, aff. T-289/03, pt 165). Les États membres se voient ainsi reconnaître « *un large pouvoir d'appréciation quant à la définition de ce qu'ils considèrent comme [des] SIEG et (...) la définition de ces services par un État membre ne peut être remise en question par la Commission qu'en cas d'erreur manifeste* » (v. Trib. UE, 1er mars 2017, *France c/ Commission*, aff. T-366/13, p 92). Pour autant, leur pouvoir de définition « *n'est pas illimité et ne peut être exercé de manière arbitraire aux seules fins de faire échapper un secteur particulier à l'application des règles de concurrence* » (v. Trib. UE, 15 novembre 2018, *Stichting Woonlinie e.a. c/ Commission*, aff. jtes T-202/10 RENV II et T-203/10 RENV II, pt 80).

Dans le respect de cette compétence, la Cour de justice privilégie une approche fonctionnelle en insistant sur les contraintes qui pèsent sur l'entreprise concernée (pour le SIEG postal : CJCE, 19 mai 1993, *Corbeau*, aff. C-320/91, pt 15 ; dans le même sens pour le SIEG de l'électricité : CJCE, 27 avril 1994, *Commune d'Almelo*, aff. C-393/92, pt 48 ; pour une application par le juge national : CE, 10 juillet 2020, nº 423901). Cette approche sera consacrée par le législateur de l'UE à travers notamment la notion de service universel.

Quant à la Commission, elle voit dans la notion de SIEG « *la prestation d'un service qu'un opérateur, s'il considérait son propre intérêt commercial, n'assumerait pas ou n'assumerait pas dans la même mesure ou dans les mêmes conditions* » (v. pts 45 et 47 de la communication de la Commission relative à l'application des règles de l'UE en matière d'aides d'État aux compensations octroyées pour la prestation de SIEG). Selon elle, il n'est pas opportun de recourir à un SIEG là où un service est déjà fourni par le marché ou peut l'être de façon satisfaisante et dans des conditions (prix, caractéristiques de qualité objectives, continuité et accès au service) compatibles avec l'intérêt général, tel que le définit l'État, par des entreprises exerçant leurs activités dans des conditions commerciales normales (v. pt 48 de la communication SIEG, préc., et pt 104 de l'arrêt de la Cour dans l'affaire C-817/18 P, préc.). Cette approche joue un rôle essentiel dans l'application du régime dérogatoire de l'article 106, paragraphe 2, TFUE qui exige un mandat clair des autorités publiques et qui implique que la gestion du SIEG puisse s'exercer « *dans des conditions économiquement acceptables* », sans pour autant exiger que l'équilibre financier ou la viabilité économique de l'entreprise mandatée soit menacé (v. CJUE, 3 mars 2011, *AG2R Prévoyance*, aff. C-437/09, pt 76). La notion de SIEG est enfin aussi au cœur du test dit « Altmark » pour écarter, sous certaines conditions, la qualification d'aide d'État pour les compensations de service public (v. en ce sens : aide d'État SA.49207 – France – Desserte maritime de la Corse post 2019 – Invitation à présenter des observations en application de l'article 108, paragraphe 2, TFUE, *JOUE* n° C 260 du 7 août 2020, p. 20).

Bibliographie

Charbit (N.), *Le droit de la concurrence et le secteur public*, Paris, L'Harmattan, 2002

Destailleur (Th.), « Essai de définition des services d'intérêt général par le prisme de l'obligation de service public », *CDE* 2020, p. 667

Dewost (J.-L.) (coord.), *Les services d'intérêt économique général et le marché intérieur : régimes nationaux et cadre juridique européen*, Paris, Société de législation comparée, 2012

Guinard (D.), *Réflexions sur la construction d'une notion juridique, l'exemple de la notion de services d'intérêt général*, Paris, L'Harmattan, 2012

Kovar (R.) et Simon (D.) (dir.), *Service public et Communauté européenne : entre l'intérêt général et le marché*, actes du colloque de Strasbourg, 17-19 octobre 1999, 2 tomes, Paris, La Documentation française, 1998

Louis (J.-V.) et Rodrigues (S.) (dir.), *Les services d'intérêt économique général et l'Union européenne*, Bruylant, 2006

Rodrigues (S.), « Les services d'intérêt (économique) général de Rome à Lisbonne : de l'indifférence à la reconnaissance ? », dossier de « 60 ans du traité de Rome », *Rev. UE* 2018, p. 283

Communication de la Commission relative à l'application des règles de l'Union européenne en matière d'aides d'État aux compensations octroyées pour la prestation de services d'intérêt économique général, *JOUE* n° C 8 du 11 janvier 2012, p. 4

SERVICE UNIVERSEL

Stéphane RODRIGUES
Université Paris I Panthéon-Sorbonne

■ Premier aperçu

Absent des traités fondateurs de l'UE, le concept de service universel (SU) est une notion issue du droit dérivé, qui voit le jour dans le livre vert de la Commission européenne de juin 1992 sur le développement du marché unique des services postaux (COM(91) 476 final). Il se veut une déclinaison, par le législateur de l'Union, du concept de service d'intérêt économique général (SIEG – art. 14 et 106, para. 2, TFUE) dans les secteurs dits de « réseaux », qu'il a libéralisés tout en préservant le noyau de service public qui les caractérise. L'approche jurisprudentielle le confirme, avec la mise en balance des principes de libre circulation et de libre concurrence avec ceux d'universalité du service, d'égalité de traitement des usagers, d'uniformité des tarifs et de qualité (v. CJCE, 19 mai 1993, *Corbeau*, aff. C-320/91, pt 15).

On retrouve ainsi le concept de SU encadré par la directive 97/67/CE sur le marché intérieur des services postaux. Le SU postal (SUP) doit correspondre, dans tous les États membres, à « *une offre de services postaux de qualité déterminée fournis de manière permanente en tout point du territoire à des prix abordables pour tous les utilisateurs* » (art. 3). Dès lors, sauf circonstances exceptionnelles, le ou les prestataires de SUP sont tenus de garantir tous les jours ouvrables, et pas moins de cinq jours par semaine, au minimum une levée et une distribution au domicile de chaque personne physique ou morale. Par ailleurs, le SUP doit comprendre au minimum la levée, le tri, le transport et la distribution des envois postaux jusqu'à deux kilos et des colis postaux jusqu'à dix kilos, ainsi que les services relatifs aux envois recommandés et aux envois à valeur déclarée, étant entendu que sont concernés aussi bien les services nationaux que les services transfrontaliers, et que l'ensemble de ces prestations doit respecter les principes d'égalité de traitement et de non-discrimination des usagers, de continuité du service et d'adaptabilité aux évolutions techniques et aux horaires des utilisateurs.

Une autre déclinaison du concept de SU est opérée dans le secteur des communications électroniques. Aux termes du code des communications électroniques européen (CC2E) de 2018, qui remplace la directive 2002/22/CE (anciennement dite « directive SU »), « *[l]es États membres veillent à ce que tous les consommateurs sur leur territoire aient accès, à un tarif abordable, compte tenu des circonstances nationales spécifiques, à un service d'accès adéquat à l'internet à haut débit disponible et à des services de communications vocales à un niveau de qualité spécifié sur leur territoire, y compris au raccordement sous-jacent, en position déterminée* » (art. 84, para. 1). Cette référence illustre une des caractéristiques principales du SU : son aspect évolutif. C'est ainsi que dans sa version de 2002, le SU dans ce secteur incluait certains services traditionnels (téléphones publics payants, annuaires complets et services de renseignements téléphoniques) (v. CJUE, 15 mars 2017, *Tele2 (Netherlands) BV*, aff. C-536/15, à propos de ces services), ce qui n'est donc plus le cas à ce jour, au profit en revanche de l'inclusion des services internet.

Enfin, le secteur de l'énergie met également en exergue l'adaptabilité du concept de SU. Il a été introduit, en complément au régime des obligations de service public (OSP), dans la directive de 2009 sur le marché intérieur de l'électricité, aujourd'hui remplacée par la directive (UE) 2019/944. Cette dernière impose aux États membres de veiller « *à ce que tous les clients résidentiels et, lorsqu'ils le jugent approprié, les petites entreprises bénéficient d'un service universel, à savoir le droit d'être approvisionnés, sur leur territoire, en électricité d'une qualité définie, et ce à des prix compétitifs, aisément et clairement comparables, transparents et non discriminatoires* » (art. 27, para. 1). Dans un souci d'effectivité, pour assurer la fourniture de ce SU, un fournisseur de dernier recours peut être désigné et il peut être imposé aux gestionnaires de réseau de distribution une obligation de raccordement des clients concernés (à rapprocher aussi des mesures de protection des clients vulnérables – art. 28 – et de la lutte contre la précarité énergétique – art. 29). En revanche, le législateur de l'Union n'a pas prévu d'obligations de SU dans le secteur du gaz, pour tenir compte des difficultés techniques pour l'imposer en termes de desserte territoriale, même si l'objectif de cohésion économique et sociale n'est pas ignoré par la directive 2009/73/CE.

■ Pour aller plus loin

Au-delà du contenu même du concept de SU, c'est la question de son financement qui devient centrale à l'échelle de l'UE.

Dans le cadre de sa révision de 2008 (directive 2008/6/CE), la directive postale a été complétée par de nouvelles dispositions relatives au financement du SUP. Outre une nouvelle annexe I qui fixe des orientations pour le calcul de son coût net éventuel, trois possibilités de financement sont prévues : les subventions directes de l'État, la passation de marchés publics ou l'instauration d'un fonds de compensation. Cette dernière option, qui existait déjà dans le texte de 1997, mais que très peu d'États membres ont utilisée, peut s'avérer un mécanisme de sauvegarde approprié pour pallier la disparition du secteur réservé qui était, jusqu'à présent, une source importante de financement du SUP (v. CJUE, 31 mai 2018, *Confreta e.a.*, aff. jtes C-259/16 et C-260/16, à propos de la marge de manœuvre des États membres pour définir les contributeurs au fonds de compensation).

Dans le secteur des communications électroniques, l'approche est plus restrictive. Si un fournisseur estime être soumis à une charge injustifiée, ce qui doit être constaté par l'autorité de régulation nationale (ARN) compétente, il peut demander à ce que soit instauré un mécanisme pour l'indemniser des coûts nets tels qu'ils ont été calculés, dans des conditions de transparence et à partir de fonds publics ; et/ou à ce que soit réparti le coût net des obligations de SU entre les fournisseurs de réseaux et de services de communications électroniques présents sur le territoire (v. art. 90 du CC2E). Dans ce dernier cas, le mécanisme de répartition est géré par l'ARN ou par un organisme indépendant de ses bénéficiaires sous la surveillance de cette dernière, pour veiller notamment à sa transparence et à son caractère non discriminatoire (v. CJUE, 25 novembre 2020, *Commission c/ Portugal*, aff. C-49/19, à propos du respect de ces principes de financement par les États membres).

Quant au secteur de l'électricité, la directive (UE) 2019/944 est plus élusive sur le mode de financement du SU. Elle se contente de valider la faculté des États membres d'offrir « *une compensation financière, d'autres formes de compensation ou des droits exclusifs* » pour la fourniture du SU, à condition de les octroyer « *d'une manière non discriminatoire et transparente* » (v. art. 9, para. 3).

Bibliographie

De Streel (A.) et Queck (R.), « Services d'intérêt économique général et communications électroniques », in *Les services d'intérêt économique général et l'Union européenne*, J.-V. Louis et S. Rodrigues (dir.), Bruxelles, Bruylant, 2006, p. 339

Faderne (A.), « Le service universel en France », thèse, Université de Limoges, 2022

Karayannis (V.), « Les services d'intérêt économique général dans le secteur postal : le cadre juridique européen », in *Les services d'intérêt économique général et l'Union européenne*, J.-V. Louis et S. Rodrigues (dir.), Bruxelles, Bruylant, 2006, p. 309

Laget-Annamayer (A.), « Recherche sur la régulation des services publics en réseaux : le cas des télécommunications et de l'électricité », thèse, Université Paris 5, 2001

Rodrigues (S.), *La nouvelle régulation des services publics en Europe : énergie, postes, télécommunications et transports*, Paris, Éditions Tec & Doc, 2000

Directive (UE) 2019/944 du Parlement européen et du Conseil du 5 juin 2019 concernant des règles communes pour le marché intérieur de l'électricité et modifiant la directive 2012/27/UE, *JOUE* n° L 158 du 14 juin 2019, p. 125

Directive (UE) 2018/1972 du Parlement européen et du Conseil du 11 décembre 2018 établissant le code des communications électroniques européen (refonte), *JOUE* n° L 321 du 17 décembre 2018, p. 36

Directive 2009/73/CE du Parlement européen et du Conseil du 13 juillet 2009 concernant des règles communes pour le marché intérieur du gaz naturel et abrogeant la directive 2003/55/CE, *JOUE* n° L 211 du 14 août 2009, p. 94

Directive 2009/72/CE du Parlement européen et du Conseil du 13 juillet 2009 concernant des règles communes pour le marché intérieur de l'électricité et abrogeant la directive 2003/54/CE, *JOUE* n° L 211 du 14 août 2009, p. 55

Directive 2002/22/CE du Parlement européen et du Conseil du 7 mars 2002 concernant le service universel et les droits des utilisateurs au regard des réseaux et services de communications électroniques (directive « service universel »), *JOCE* n° L 108 du 24 avril 2002, p. 51

Directive 97/67/CE du Parlement européen et du Conseil du 15 décembre 1997 concernant des règles communes pour le développement du marché intérieur des services postaux de la Communauté et l'amélioration de la qualité du service, *JOCE* n° L 15 du 21 janvier 1998, p. 14 ; telle que modifiée par la directive 2008/6/CE du Parlement européen et du Conseil du 20 février 2008, *JOUE* n° L 52 du 27 février 2008, p. 3

Comm. CE, Livre vert sur le développement du marché unique des services postaux, COM(91) 476 final, 11 juin 1992

Voir aussi

Service d'intérêt économique général

S

SUBSTITUABILITÉ

Aymeric DE MONCUIT
Mayer Brown

Premier aperçu

La substituabilité constitue la clé de voûte de la définition du marché pertinent dans la mesure où celui-ci comprend, selon le point 7 de la communication de la Commission sur la définition du marché en cause aux fins du droit communautaire de la concurrence du 9 décembre 1997, « *tous les produits et/ou services que le consommateur considère comme [...] substituables* ». Elle permet de délimiter des marchés pertinents du point de vue tant matériel (marché des produits et des services) que géographique ; son analyse peut être rétrospective, dans le cas des pratiques anticoncurrentielles et notamment d'abus de position dominante, ou prospective, en matière de contrôle des concentrations.

S'agissant de la détermination du marché du point de vue matériel, les autorités de concurrence examinent généralement la substituabilité du côté de la demande, qui constitue le critère déterminant de la délimitation d'un marché pertinent. D'après la communication sur la définition du marché précitée, celle-ci s'opère, en principe, par le recours à des méthodes quantitatives, à savoir, un test d'élasticité croisée. Ce test dit du « monopoleur hypothétique » (ou « SSNIP test » pour « *small but significant non-transitory increase in price* ») conduit à se demander si les clients de l'entreprise en cause se tourneraient vers des produits de substitution facilement accessibles ou vers des fournisseurs implantés ailleurs, en cas d'augmentation légère (de 5 à 10 %) mais permanente des prix. Si la réponse est positive, ces produits sont inclus dans la définition du marché. Toutefois, en pratique, des tests d'élasticité croisée sont rarement conduits, faute pour les autorités de concurrence de disposer de données suffisantes. Les autorités de concurrence ont donc recours à une méthode plus factuelle, de nature qualitative, celle du faisceau d'indices, seule ou au soutien des données économétriques réunies. Ce faisceau comprend, notamment, les caractéristiques du produit, l'usage et les conditions d'utilisation du produit, les différences de prix lorsqu'elles sont significatives et durables, la méthode de commercialisation des produits, la nature et les caractéristiques de la demande, la notoriété de la marque, ainsi que l'environnement juridique.

Dans certains cas, la substituabilité du côté de l'offre s'avère également pertinente pour délimiter un marché. Les autorités de concurrence examinent alors, conformément à la communication sur la définition du marché précitée, si les autres fournisseurs sont capables de « *réorienter leur production vers les produits en cause et les commercialiser à court terme sans encourir aucun coût ni risque supplémentaire substantiel en réaction à des variations légères, mais permanentes, des prix relatifs* » (pt 20).

La substituabilité est enfin appréciée dans le cadre de la délimitation du marché géographique. Les autorités de concurrence examinent, dans ce cadre, l'homogénéité des conditions de concurrence, notamment, en matière de prix et les coûts de transport. Plus les coûts de transport sont élevés, plus le marché est étroit et inversement.

« *Un marché de produits en cause comprend tous les produits et/ou services que le consommateur considère comme interchangeables ou substituables en raison de leurs caractéristiques, de leur prix et de l'usage auquel ils sont destinés* » (*ibid.*, pt 7). « *La concurrence soumet les entreprises à trois grandes sources de contraintes : la substituabilité du côté de la demande, la substituabilité au niveau de l'offre et la concurrence potentielle* » (*ibid.*, pt 13).

■ Pour aller plus loin

Le concept même de substituabilité est aujourd'hui sous le feu des critiques, certains allant jusqu'à demander son abandon, dans le cadre d'une refonte complète de la notion de marché pertinent (proposition n° 13 du rapport d'information sur le droit européen de la concurrence face aux enjeux de la mondialisation, des députés Patrice Anato et Constance Le Grip du 27 novembre 2019).

La première question qui se pose, dans le cadre du débat actuel, est celle de l'importance à accorder au critère prix pour définir un marché. Ce critère, qui joue un rôle essentiel dans la communication sur la définition du marché précitée (pts 15 et 17), apparaît aujourd'hui incapable, à lui seul, de répondre aux préoccupations liées au développement de l'économie numérique. Comme la commissaire Vestager l'a indiqué dans un discours (« Defining markets in a new age », Chillin' Competition Conference, 9 décembre 2019) lançant la révision de l'actuelle communication sur la définition du marché (Evaluation Roadmap de la Commission du 3 avril 2020, Ares (2020)1911361), le test SSNIP ne peut pas être effectué avec un produit ou un service que les consommateurs utilisent gratuitement, ce qui est le cas de nombreux produits ou services dans l'économie numérique.

Une deuxième question mise en lumière par la commissaire Vestager concerne les effets de la mondialisation sur la délimitation géographique des marchés. En effet, il est permis de se demander s'il ne faut pas accorder plus d'importance à la « concurrence potentielle » venue d'entreprises implantées en dehors de l'Union européenne dans le cadre de la définition géographique du marché. Le problème est bien illustré par l'opération *Siemens/Alstom* (Comm. eur., déc. du 6 février 2019, aff. M.8677), qui aurait été rendue nécessaire par la concurrence potentielle d'un concurrent chinois et l'émergence d'une concurrence étrangère que la Commission aurait omis de prendre en compte (v. le pt 7 du manifeste franco-allemand du 19 janvier 2019 pour une politique industrielle européenne adaptée au XXIe siècle) En effet, la communication sur la définition du marché précitée indique clairement, en son point 24, que la « *concurrence potentielle [...] n'est pas prise en considération pour la définition des marchés* ».

La troisième question porte sur les parts de marché. Celles-ci ne permettent plus, à elles seules, de mesurer le pouvoir de marché dans le secteur du numérique. Le concept même d'écosystème numérique conduit à des architectures de marché conglomérales où les parties peuvent s'étendre rapidement sur des marchés connexes et faire converger leurs technologies, comme le montrent les récentes décisions *Microsoft/Skype* (Comm. eur., déc. du 7 octobre 2011, aff. M.6281) et *Facebook/WhatsApp* (Comm. eur, déc. du 3 octobre 2014, aff. M.7217). Dans ces conditions, la pression concurrentielle de biens et services non substituables pourrait être prise en compte dans la définition des marchés pertinents (v. en ce sens le discours de la présidente de l'Autorité de la concurrence, Isabelle de Silva, du 12 septembre 2019, « The Future of Competition Law: Time to Change or Time to Adapt? », Fordham Competition Law Institute 46th Annual Conference on International Antitrust Law and Policy).

En somme, le concept même de substituabilité, originellement au cœur de la définition des marchés, est appelé à évoluer. Une révolution (de velours) se dessine à Bruxelles.

Bibliographie

ANATO (P.) et LE GRIP (C.), Rapport d'information déposé par la commission des affaires européennes sur le droit européen de la concurrence face aux enjeux de la mondialisation, 27 novembre 2019

BIDAUD (L.), *La délimitation du marché pertinent en droit français de la concurrence*, Paris, Litec, 2001

CHARPIN (A.), « L'indispensable test du monopoleur hypothétique », *RLC* 2016/47, p. 30

DURAND (B.), « La définition des marchés pertinents : Ne pas oublier le test du monopole hypothétique », *Concurrences* n° 4-2010, art. n° 32772, p. 33

Filistrucchi (L.). Geradin (D.), van Damme (E.) et Affeldt (P.), « Market Definition in Two-Sided Markets: Theory and Practice », *Journal of Competition Law & Economics*, 2014, vol. 10, n° 2, p. 293

Frot (E.), « Le concept d'élasticité de la demande en économie de la concurrence », *RLC* 2016/50, p. 35

Genevaz (S.) et Vidal (J.), « Going Digital: How Online Competition Changed Market Definition and Swayed Competition Analysis in *Fnac/Darty* », *Journal of European Competition Law & Practice*, 2017, vol. 8, n° 1, p. 30

Glais (M.), « Analyse économique de la définition du marché pertinent : son apport au droit de la concurrence », *Économie rurale* n° 277-278, 2003, p. 23

Kaplow (L.), « Why (Ever) Define Markets? », *Harvard Law Review*, 2010, vol. 124, p. 437

Kathuria (V.), « Platform Competition and Market Definition in the US Amex Case: Lessons for Economics and Law », *European Competition Journal*, 2019, vol. 15, n° 2-3, p. 254

Montet (C.), « Marché pertinent, pouvoir de marché : quelles définitions retenir ? », *RLDA* 2000/23, chron. 1427

Sousa Ferro (M.), *Market Definition in EU Competition Law*, Cheltenham, Edward Elgar Publishing, 2019

Vassallo (A. P.), « Can One (Ever) Accurately Define Markets? », *Journal of Competition Law & Economics*, 2017, vol. 13, n° 2, p. 261

Comm. eur., Evaluation Roadmap, Ares (2020)1911361, 3 avril 2020

Manifeste franco-allemand pour une politique industrielle européenne adaptée au XXIe siècle, 19 février 2019, n° 1043

Communication de la Commission sur la définition du marché en cause aux fins du droit communautaire de la concurrence, *JOCE* n° C 372 du 9 décembre 1997, p. 5

SUBVENTIONS ÉTRANGÈRES

Lise DAMELET
FTPA Avocats

■ Premier aperçu

Le 28 novembre 2022, le Conseil de l'Union européenne a définitivement approuvé la position du Parlement européen, adoptée le 10 novembre 2022, sur la proposition de règlement relatif aux subventions étrangères faussant le marché intérieur (le « *règlement* »). Cet accord définitif fait suite à un accord politique provisoire en date du 30 juin 2022 entre ces deux institutions sur la proposition présentée par la Commission européenne (la « *Commission* ») le 5 mai 2021.

Le règlement sera publié au Journal officiel de l'Union européenne et entrera en vigueur le 20e jour suivant sa publication (mi-2023).

La règlement établit un cadre légal permettant d'encadrer l'octroi de subventions étrangères accordées par des États tiers à l'Union européenne (ci-après « *État tiers* ») à des entreprises exerçant une activité économique au sein du marché intérieur, toutes nationalités confondues.

Ce cadre légal entend combler un vide juridique, débattu de longue date, qui ne pouvait jusqu'ici être appréhendé par la réglementation européenne applicable en matière (i) de contrôle des aides d'État, (ii) de contrôle des concentrations, (iii) de marchés publics (iv) de défense commerciale de l'Union européenne (notamment par le règlement antisubventions) ou encore (v) par les instruments adoptés au niveau multilatéral (notamment par l'accord de l'OMC sur les subventions et mesures compensatoires).

Le règlement est axé sur une volonté d'autonomie stratégique de l'Union européenne consistant à assurer des conditions de concurrence équitables entre les concurrents européens et étrangers au sein du marché intérieur. Jusqu'à ce règlement, seuls les États membres devaient s'astreindre au respect des règles relatives aux aides d'État, *a contrario* des États tiers. L'appréciation de la qualification des subventions étrangères versées par des États tiers emprunte, en ce sens, son architecture au contrôle des aides d'État. Les aspects procéduraux du contrôle de ces subventions, quant à eux, sont inspirés du contrôle des concentrations (notifications si franchissement de seuils exprimés en chiffre d'affaires ou en valeur, remèdes structurels et comportementaux).

Si le régime envisagé concerne tous types d'activités économiques, le règlement porte une attention particulière à l'impact de ces subventions dans le cadre d'opérations de concentration ou de procédures de passation de marchés publics.

Plus largement, ce règlement instaure différents outils de contrôle confiés à la compétence exclusive de la Commission. Ces outils sont destinés à assurer une surveillance très large des subventions étrangères tout en permettant à la Commission d'appréhender les contributions financières étrangères les plus importantes et, partant, les plus susceptibles de générer de fortes distorsions de concurrence au sein du marché intérieur.

Les outils de contrôle sont les suivants :

- une obligation de notification *ex ante* des subventions étrangères les plus importantes dans le cadre de concentrations et de marchés publics de grande ampleur ;
- une procédure d'enquête *ex officio* de la Commission pour l'ensemble des autres situations de marché, en ce inclus les concentrations et les procédures de passation de marché de moindre ampleur.

■ Pour aller plus loin

En matière de procédure et de sanction, le règlement confère de larges pouvoirs d'enquête et de sanction à la Commission, qui peut notamment :

- adopter des mesures provisoires ;
- procéder à des demandes d'information ou à des enquêtes au sein de l'Union européenne ou dans un État tiers ;
- prendre des mesures de sanction en cas de non-coopération, y compris des amendes et des astreintes.

La Commission dispose de la faculté d'enquêter sur des subventions octroyées rétroactivement sur une période pouvant aller jusqu'à cinq années avant l'entrée en vigueur du règlement et qui continuent à générer des distorsions de concurrence sur le marché intérieur après l'entrée en vigueur du texte.

Si le règlement s'inspire de la notion d'aide d'État dans la qualification par la Commission des subventions étrangères, elle repose en revanche sur une approche analytique de la compatibilité des subventions étrangères segmentée en quatre temps :

- caractérisation de l'existence d'une subvention étrangère conférant un avantage sélectif à un bénéficiaire ;
- démonstration d'une distorsion du marché intérieur (les subventions étrangères n'étant pas prohibées par principe) ;

- mise en balance des effets négatifs et positifs de la subvention étrangère ;
- éventuelle imposition de mesures réparatrices ou acceptation d'engagements du bénéficiaire de la subvention étrangère.

La caractérisation d'une subvention

Une subvention étrangère est réputée exister lorsque trois critères cumulatifs, en miroir de ceux prévalant pour la définition d'une aide d'État, sont remplis :

- une contribution financière publique : la contribution financière doit être fournie, directement ou indirectement, par les autorités publiques d'un État tiers, que ce soit par le biais d'entités publiques ou privées :
  - les formes que peuvent prendre ces subventions étrangères sont, par analogie, celles retenues pour l'analyse des aides d'État et incluent des avantages financiers directs et des avantages indirects participant à un allégement des charges normales des entreprises,
  - au même titre que ce qui prévaut en matière d'aides d'État, les contributions financières octroyées par le pays tiers incluent aussi bien les contributions financières accordées par (i) le gouvernement central et les autorités gouvernementales, (ii) les entités publiques étrangères, dont les actes peuvent être attribués au pays tiers, que (iii) toute entité privée dont les actes peuvent être attribués au pays tiers concerné ;
- une activité économique : la contribution financière doit octroyer un avantage à une entreprise exerçant une activité économique au sein du marché intérieur, étant précisé qu'au sens du règlement, une entreprise qui fusionne avec une entreprise établie dans l'Union, ou qui en acquiert le contrôle, ou une entreprise qui participe à une procédure de passation de marché public, est considérée comme exerçant une activité économique au sein du marché intérieur ;
- un avantage sélectif : l'avantage octroyé à l'entreprise bénéficiaire par les autorités publiques d'un État tiers peut être conféré à une entreprise ou à une industrie particulière ou à plusieurs entreprises ou industries concernées, le bénéfice pouvant être déterminé en droit ou en fait.

La caractérisation d'une distorsion de concurrence

Le règlement prévoit qu'une distorsion dans le marché intérieur est réputée exister dès lors (i) que la subvention est de nature à renforcer la position concurrentielle de l'entreprise concernée et (ii) que la subvention a ou est susceptible d'avoir un effet négatif sur la concurrence au sein du marché intérieur.

L'effet de la subvention est évalué sur le fondement d'indicateurs prévus par le règlement (montant, nature, situation du marché, niveau de l'activité économique du bénéficiaire au sein du marché intérieur, etc.) et notamment les objectifs poursuivis par la subvention et les conditions auxquelles elle a été octroyée. Ce dernier critère diverge de l'analyse classique opérée en matière d'aides d'État, le TFUE ne distinguant pas selon les causes ou les objectifs des interventions visées mais les définissant en fonction de leurs effets.

Le règlement prévoit à son article 5 une liste de subventions étrangères qui, par nature, sont particulièrement susceptibles de fausser la concurrence au sein du marché intérieur, et ce, sans qu'il soit nécessaire de procéder à une évaluation détaillée fondée sur des facteurs indicatifs.

Il convient néanmoins d'attendre l'application concrète de ces critères pour analyser la manière dont la Commission établira le lien entre des subventions indirectes accordées par un État tiers pendant les années précédant une opération de concentration déterminée et son financement.

Par principe, le règlement se concentre, par le biais du mécanisme de notification *ex ante*, sur les concentrations et les marchés publics les plus importants. Sont ainsi soumis à notification (à la Commission ou au pouvoir adjudicateur) :

- dans le cadre d'une opération de concentration : toute contribution publique d'un État tiers, lorsque le chiffre d'affaires généré au sein du marché intérieur par l'entreprise cible ou au moins une des parties à la concentration est égal ou supérieur à 500 millions d'euros et que la contribution financière étrangère est d'au moins 50 millions d'euros. Contrairement aux seuils prévalant en matière de contrôle des concentrations, le règlement ne prévoit pas de seuil de chiffre d'affaires mondial. Cela implique que les opérations de concentration non couvertes par le règlement sur les concentrations pourront être analysées au titre de la nouvelle réglementation applicable en matière de subventions étrangères ;
- dans le cadre d'un marché public : toute offre soumise impliquant une contribution financière publique d'un État tiers, lorsque la valeur estimée du marché public est égale ou supérieure à 250 millions d'euros et lorsque l'opérateur économique (y compris ses filiales dépourvues d'autonomie commerciale, ses sociétés mères et, le cas échéant, ses principaux sous-traitants et fournisseurs participant au même appel d'offres) a bénéficié de contributions financières totales au cours des trois exercices précédant la notification égales ou supérieures à 4 millions d'euros par État tiers.

Le règlement introduit un seuil *de minimis* de 4 millions d'euros (montant total sur une période de trois exercices consécutifs) en dessous duquel il est présumé qu'une subvention étrangère est peu susceptible de fausser la concurrence.

La mise en balance des effets négatifs et positifs de la subvention

Lorsque la Commission caractérise l'existence d'une subvention étrangère et d'une distorsion de concurrence, elle met en balance les effets négatifs de la subvention au sein du marché intérieur et ses effets positifs sur le développement de l'activité économique concernée. Cette notion d'aide au développement de l'activité économique concernée mériterait d'être précisée.

En vue de la publication de lignes directrices par la Commission conformément à l'article 46 du règlement, certaines incertitudes résultant du règlement devront être clarifiées par la pratique et la jurisprudence. La Commission devra notamment préciser la manière dont elle mettra en balance l'effet de distorsion de la mesure de subvention et les effets positifs sur l'activité économique. Le cadre d'analyse de ces mesures devrait tenir compte des cadres règlementaires existants (applicables en matière de contrôle des concentrations et en aides d'État). Rappelons que la Commission a adopté un certain nombre de textes précisant les conditions dans lesquelles des catégories d'aides d'État peuvent être jugées compatibles au regard de l'article 107, paragraphe 3, TFUE, lesquels pourraient être également utilisés pour l'application du règlement.

Les mesures d'engagement et les mesures réparatrices

Dans l'hypothèse où la Commission considère que la subvention étrangère crée une distorsion réelle ou potentielle au sein du marché intérieur, cette dernière peut imposer des mesures réparatrices pour y remédier. L'entreprise concernée peut également soumettre à la Commission des engagements (comportementaux ou structurels) de nature à contrebalancer la distorsion constatée.

Bibliographie

Alexis (A.), « Foreign subsidy controls: The new European Commission proposal », *Concurrences* n° 4-2021, art. n° 102820, p. 210

Labrousse (F.), Amory (B.), Antonini (R.), de Navacelle (Ch.), Eichhorn (K. H.) et Monard (E.), « The EU Commission adopts a proposal for a regulation on foreign subsidies that might be distorting the internal market », 5 mai 2021, *e-Competitions May 2021*, art. n° 100983

Rimsa (A.), Laprévote (F.-Ch.), D'Andrea (G.), Siragusa (M.) et Comino (A.), « The EU Commission proposes a far-reaching regulation to tackle foreign subsidies », 5 mai 2021, *e-Competitions May 2021*, art. n° 101054

Viaene (H.), Van der Putten (K.), Wiame (H.), « The EU Parliament and Council reach a political agreement on the proposed new foreign subsidies regulation », 30 June 2022, *e-Competitions June 2022*, art. n° 108375

Règlement (UE) 2016/1036 du Parlement européen et du Conseil du 8 juin 2016 relatif à la défense contre les importations qui font l'objet d'un dumping de la part de pays non-membres de l'Union européenne

Conseil de l'UE, communiqué de presse du 28 novembre 2022, Le Conseil approuve définitivement la lutte contre les subventions étrangères générant des distorsions dans le marché intérieur

Conseil de l'UE, communiqué de presse du 30 juin 2022, Subventions étrangères faussant le marché intérieur : accord politique provisoire entre le Conseil et le Parlement européen

Conseil de l'UE, communiqué de presse du 4 mai 2022, Réglementer les subventions étrangères générant des distorsions sur le marché intérieur : le Conseil adopte sa position

Proposition de règlement du Parlement européen et du Conseil relatif aux subventions étrangères faussant le marché intérieur, COM(2021) 223 final, 5 mai 2021

Position du Parlement européen sur le règlement du Parlement européen et du Conseil relatif aux subventions étrangères faussant le marché intérieur du 4 mai 2022 (en anglais), https://www.europarl.europa.eu/doceo/document/TA-9-2022-0143_EN.pdf

T

TEST SIEC (CONCENTRATION)

Julien PILLOT
INSEEC School of Business & Economics

Premier aperçu

Le test SIEC (pour « *significant impediment to effective competition* ») est mobilisé en matière de contrôle des concentrations pour s'assurer qu'une fusion-acquisition n'aboutit pas à la création d'une entité dont l'exercice du pouvoir de marché serait susceptible de faire obstacle au maintien d'une concurrence effective, et ce, conformément à l'article 2, paragraphe 3, du règlement (CE) n° 139/2004 du Conseil du 20 janvier 2004 relatif au contrôle des concentrations entre entreprises. Contrairement au test de dominance qu'il remplace, le test SIEC dépasse le cadre structurel des parts de marché pour reposer sur une approche qui vise à estimer *ex ante* la balance entre les effets à pro- et anticoncurrentiels qu'une opération de concentration pourrait provoquer sur le marché.

Pour aller plus loin

En tant qu'approche par les effets, le test SIEC cherche à déterminer *ex ante* les changements significatifs que pourrait introduire une opération de concentration sur la concurrence. Il va donc s'agir de faire la balance entre les effets pro- et anticoncurrentiels, c'est-à-dire établir le bilan concurrentiel de la concentration.

Les effets anticoncurrentiels

L'évaluation des effets anticoncurrentiels va reposer sur l'analyse de différents facteurs, parmi lesquels :

- le degré de concentration du marché : si l'opération se traduit par une augmentation substantielle du degré de concentration, cela peut manifester un pouvoir de marché dont la nouvelle entité serait susceptible d'abuser. Le degré de concentration *ex post* va être apprécié au moyen de critères tels que la part de marché cumulée des parties, le contrôle de certains inputs de production ou la puissance financière, en mobilisant l'indice d'Herfindahl-Hirschman. Cet indice pourra être estimé à la fois sur le marché pertinent et sur les principaux marchés fournisseurs et clients

(degré de concentration relative), dans la mesure où toute chose égale par ailleurs, dans une relation verticale, le pouvoir de marché est capté par les acteurs situés sur le segment le plus concentré de la filière ;
- l'existence de substituts : ce critère est d'autant plus important dans les opérations d'intégration horizontale, où les parties sont de proches concurrentes. Dans ce cas, l'autorité va apprécier la capacité des clients à pouvoir changer de fournisseur, ou à ne pas être entravés dans leur stratégie de croissance du fait d'un contrôle monopolistique que pourrait exercer la nouvelle entité sur une ressource essentielle, comme une technologie spécifique, des données, un outil de production ou un réseau de distribution par exemple.

En plus de ces éléments, l'autorité de concurrence veillera aussi à s'assurer que l'opération n'a pas pour effet de renforcer les risques de collusion, de renforcer les barrières à l'entrée, ou de réduire la dynamique d'innovation, notamment quand le projet de concentration concerne une entreprise de petite taille au regard de ses parts de marché, mais très intensive en innovation.

Les effets proconcurrentiels

L'autorité de concurrence va également apprécier les gains d'efficacité qui découlent de l'opération de concentration, parmi lesquels :
- les gains d'efficience productive, tels que les économies d'échelle ou d'envergure permises par la taille de la nouvelle entité et la rationalisation de certains coûts de production ;
- le surplus du consommateur, à travers des prix plus bas permis par les gains d'efficience productive, ou des capacités d'innovation accrues par la conjugaison des moyens des entités fusionnées.

C'est à l'issue de ce bilan concurrentiel que peut être estimé le fait qu'une opération de concentration entraverait, ou non, significativement la concurrence effective sur le marché. Le degré d'entrave considéré comme étant « significatif » est, quant à lui, laissé à l'appréciation des autorités de concurrence, qui peuvent tout à fait autoriser une opération de concentration sous réserve que les entreprises concernées cèdent certains actifs de façon à réduire de façon anticipée les risques de survenue d'un problème concurrentiel.

Bibliographie

Botteron (V.), *Le contrôle des concentrations d'entreprises : analyse comparée des tests de dominance suisse, du test SIEC européen et du test SLC américain*, Zürich, sui generis, 2021

Duso (T.), Gugler (K.) et Yurtoglu (B. B.), « How effective is European merger control? », *European Economic Review*, 2011, vol. 55, n° 7, p. 980

Inderst (R.) et Mazzarotto (N.), « Can the SIEC test be used to assess effects from buyer power? », *Journal of European Competition Law & Practice*, 2018, vol. 8, n° 3, p. 185

▶

KOKKORIS (I.) et SHELANSKI (H.), *EU Merger Control: A Legal and Economic Analysis*, Oxford University Press. 2014

LEVY (N.), « The Eu's Siec Test Five Years On: Has it Made a Difference? », *European Competition Journal*, 2010, vol. 6, n° 1, p. 211

THOMAS (S.), « The Known Unknown: In Search for a Legal Structure of the Significance Criterion of the SIEC Test », *Journal of Competition Law & Economics*, 2017, vol. 13, n° 2, p. 346

WERDEN (G. J.), « Unilateral Competitive Effects and the Test for Merger Control », *European Competition Journal*, 2008, vol. 4, n° 1, p. 95

Règlement (CE) n° 139/2004 du Conseil du 20 janvier 2004 relatif au contrôle des concentrations entre entreprises (« le règlement CE sur les concentrations »), *JOUE* n° L 24 du 29 janvier 2004, p. 1

T

TEST SLC (CONCENTRATION)

Valentin BOTTERON
Tribunal fédéral suisse

Premier aperçu

Le test SLC (pour « *substantial lessening of competition* ») est un test du contrôle des concentrations en vigueur notamment aux États-Unis, prévu dans cet ordre juridique par la section 7 du Clayton Act du 15 octobre 1914. Le test vise à empêcher ou à soumettre à conditions une concentration d'entreprises, si celle-ci peut conduire à une diminution substantielle de la concurrence ou tendre à créer un monopole. Aux États-Unis, le contrôle des concentrations est assuré par le gouvernement (par le Department of Justice) et la Federal Trade Commission (ensemble : les agences).

Le test n'exige pas la création d'une position dominante pour que la concentration puisse être contestée. Ce critère constitue cependant un indice important d'une baisse de concurrence sur le marché. Le test est essentiellement basé sur les effets de la concentration sur la concurrence et sur les prix du marché.

La diminution de la concurrence doit être substantielle. La simple possibilité que la concentration génère des effets anticoncurrentiels ne suffit pas. En outre, la diminution substantielle doit être suffisamment probable et imminente pour permettre d'interdire une concentration.

Aux États-Unis entre 1997 et 2019, les agences ont contesté 1 001 concentrations devant les tribunaux sur 49 034 notifications (2,04 %). Au total, 987 concentrations ont été bloquées, abandonnées, restructurées ou soumises à charges ou conditions (2,01 %).

Pour aller plus loin

Afin de déterminer si la concentration peut engendrer des effets anticoncurrentiels, les agences procèdent par étapes : après avoir défini les marchés des produits et les marchés géographiques affectés par la concentration, elles déterminent les effets anticoncurrentiels probables en fonction du type de concentration (horizontale, verticale ou conglomérale), et les éventuels effets proconcurrentiels qui les compenseraient. Elles envisagent ensuite des engagements que les parties pourraient prendre pour remédier aux effets anticoncurrentiels sans que leur concentration doive être interdite.

La diminution substantielle de la concurrence peut se traduire par la génération d'effets non coordonnés (effets unilatéraux) en cas de dominance individuelle résultant de la concentration, ou coordonnés lorsque la concentration modifie la structure du marché de sorte qu'il soit possible et profitable à toutes les entités qui y sont actives d'adopter un comportement anticoncurrentiel commun.

À titre de facteurs de contrepoids susceptibles d'empêcher l'adoption d'un comportement anticoncurrentiel de l'entité résultante, les agences examinent la probabilité de l'arrivée d'un nouveau concurrent sur le marché, la puissance d'achat compensatrice de cocontractants de l'entité résultante ou les gains d'efficacité propres à la concentration que les parties prévoient de réaliser.

Lorsque la concentration crée un risque de diminution substantielle de la concurrence, les agences envisagent des mesures correctives que les parties pourraient s'engager à adopter pour permettre à leur concentration d'aboutir. Il s'agit de l'adoption d'un certain comportement, tel que l'engagement à continuer d'approvisionner certains clients ou à s'abstenir de conclure des contrats d'exclusivité. Plus généralement, il s'agit de mesures structurelles comme la cession d'une partie d'entreprise à un tiers, afin d'assurer le maintien de la concurrence.

Bibliographie

Ashenfelter (O. C.) et Hosken (D.), « The Effect of Mergers on Consumer Prices: Evidence from Five Mergers on the Enforcement Margin », *The Journal of Law & Economics*, 2010, vol. 53, n° 3, p. 417

Baker (J. B.), « Market Definition: An Analytical Overview », *Antitrust Law Journal*, 2007, vol. 74, n° 1, p. 129

Bergman (M. A.), Coate (M. B.), Jakobsson (M.) et Ulrick (S. W.), « Comparing Merger Policies in the European Union and the United States », *Review of Industrial Organization*, 2010, vol. 36, p. 305

Bork (R. H.), « Legislative Intent and the Policy of the Sherman Act », *The Journal of Law & Economics*, vol. 9, 1966, p. 7

Botteron (V.), *Le contrôle des concentrations d'entreprises : analyse comparée des tests de dominance suisse, du test SIEC européen et du test SLC américain*, Zürich, sui generis, 2021

Buttigieg (E.), *Competition Law: Safeguarding the Consumer Interest – A Comparative Analysis of US Antitrust Law and EC Competition Law*, Alphen-sur-le-Rhin, Wolters Kluwer, 2009

Delrahim (M.), « It Takes Two: Modernizing the Merger Review Process », 2018 Global Antitrust Enforcement Symposium, Washington, D.C.

Farrell (J.) et Shapiro (C.), « Antitrust Evaluation of Horizontal Mergers: An Economic Alternative to Market Definition », *The B.E. Journal of Theoretical Economics*, 2010, vol. 10, nº 1

Farrell (J.) et Shapiro (C.), « Upward Pricing Pressure and Critical Loss Analysis: Response », *CPI Antitrust Journal*, février 2010

Ginsburg (D. H.), « Bork's "Legislative Intent" and the Courts », *Antitrust Law Journal*, 2014, vol. 79, nº 3, p. 941

Kwoka (J. E.), « Does Merger Control Work? A Retrospective on U.S. Enforcement Actions and Merger Outcomes », *Antitrust Law Journal*, 2013, vol. 78, nº 3, p. 619

Moresi (S.), « The Use of Upward Price Pressure Indices in Merger Analysis », *The Antitrust Source*, février 2010

Shapiro (C.), « The 2010 Horizontal Merger Guidelines: From Hedgehog to Fox in Forty Years », *Antitrust Law Journal*, 2010, vol. 77, nº 1, p. 701

T

THÉORIE DES EFFETS (OU PRINCIPE DE TERRITORIALITÉ OBJECTIVE)

Nicolas LIGNEUL
Cabinet LIGNEUL

■ Premier aperçu

Le droit de la concurrence moderne s'applique de plus en plus à des comportements de dimension internationale. L'Union européenne a donc précisé son champ d'application géographique externe. Lorsqu'un comportement anticoncurrentiel intéresse les relations externes de l'UE, le droit de l'UE doit préciser quand il lui est applicable.

Le TFUE répond spécifiquement et très partiellement à cette question. Selon son article 107, le droit de l'UE s'applique aux « *aides accordées par les États ou au moyen de ressources d'État* ». Le droit de la concurrence de l'UE n'a pas vocation à s'appliquer aux décisions adoptées par les États tiers. Si une aide est accordée par un État membre de l'UE, le droit de l'UE lui est applicable, même si le bénéficiaire de cette aide se trouve en dehors de l'UE (si les autres conditions des art. 107 et s. TFUE sont remplies).

Si la pratique anticoncurrentielle n'est pas une aide, le traité ne précise pas son champ d'application externe.

En droit des concentrations, c'est le règlement (CE) n° 139/2004 qui définit la concentration par référence à des seuils exprimés en fonction du chiffre d'affaires réalisé par les entreprises parties à l'opération de concentration. L'application de ces seuils conduit à retenir l'application du règlement pour des concentrations qui dépassent les frontières des États membres de l'UE.

Pour les ententes et les abus de position dominante, ni les traités ni le droit dérivé ne précisent le champ d'application externe du droit de la concurrence de l'UE. Le texte du traité n'exclut toutefois pas que des ententes ou des abus de position dominante adoptés en dehors de l'UE relèvent du droit de la concurrence de l'UE.

■ Pour aller plus loin

C'est donc à la jurisprudence qu'il revient de préciser le champ d'application externe du droit de l'Union européenne pour l'ensemble des pratiques anticoncurrentielles. La Cour de justice a retenu la théorie des effets malgré de fortes contestations.

La reconnaissance de la théorie des effets comme précision du champ d'application externe du droit de la concurrence de l'UE

De nombreux critères d'application du droit de la concurrence ont été proposés à la Cour de justice. Elle a progressivement étendu le champ d'application du droit de la concurrence avant de le fonder sur la théorie des effets.

La reconnaissance progressive d'un champ d'application externe du droit de la concurrence

Dès le début des années 1970, la Cour de justice a étendu le champ d'application du droit de la concurrence de l'Union à des entreprises dont le siège était à l'extérieur de l'UE (cf. CJCE, 14 juillet 1972, *SA Francolor (Matières colorantes)*, aff. 54-69 – en l'occurrence, les entreprises installées à l'extérieur de l'UE disposaient d'une filiale commune exécutant l'entente à l'intérieur de l'UE ; CJCE, 25 novembre 1971, *Béguelin*, aff. 22/71, dans lequel la Cour applique le droit des ententes à une entreprise située sur le territoire d'un État tiers ; CJCE, 6 mars 1974, *ICI et Solvents*, aff. jtes 6-73 et 7-73). La société mère peut être poursuivie, même si elle a son siège à l'extérieur de l'UE dès lors qu'elle a fourni le financement de la pratique anticoncurrentielle (cf. CJCE, 21 février 1973, *Europemballage et Continental Can*, aff. 6-72).

La Cour de justice a écarté les critères de nationalité des entreprises, du lieu du siège des sociétés concernées ou du lieu où la pratique anticoncurrentielle avait été décidée. Le droit de la concurrence de l'UE peut être appliqué même si aucune des entreprises n'a son siège en dehors de l'UE (cf. CJCE, 20 juin 1978, *TEPEA*, aff. 28/77 et CJCE, 27 septembre 1988, *Ahlström Osakeyhtiö*, aff. C-89/95 (dite « pâte de bois I »)).

Le critère retenu : la théorie des effets

Selon la théorie des effets qui a été retenue par la Cour de justice, le droit de la concurrence est applicable pour tous les comportements qui ont un effet quelconque à l'intérieur de l'UE.

En pratique, si une pratique anticoncurrentielle est commise à l'intérieur de l'UE, le droit de la concurrence de l'UE peut lui être appliqué. Si la pratique anticoncurrentielle a été commise en dehors de l'UE ou par des entreprises tierces, les effets européens doivent être sensibles (cf. CJCE, 28 avril 1998, *Javico c/ Yves Saint Laurent Parfums*, aff. C-306/96). S'ils ne se sont pas encore totalement réalisés, ils doivent au moins être normalement prévisibles (TPICE, 25 mars 1999, *Gencor*, aff. T-102/96).

Certains auteurs considèrent que seuls les « effets qualifiés » (cf. not. Blaise et Choné-Grimaldi, 2017, p. 157 ; Vogel, 2019, p. 489 ; Petit, 2020, pt 283 et s.), c'est-à-dire suffisamment caractérisés, peuvent être retenus par la jurisprudence. Malgré cette tentative de précision, la théorie des effets n'a pas échappé aux critiques.

Les critiques de la théorie des effets

La théorie des effets a fait l'objet de nombreuses contestations à la fois théoriques et pratiques

Les contestations théoriques

Les contestations théoriques de la théorie des effets ont principalement porté sur la confrontation de la théorie des effets au droit international et notamment au principe de territorialité.

Du point de vue du droit international public, la théorie des effets a parfois été qualifiée d'extraterritorialité. Or, l'extraterritorialité (en droit de l'UE, l'extraterritorialité se retrouve en dehors du droit de la concurrence ; cf. not. Dubout et coll., 2021) est traditionnellement critiquée en raison des atteintes qu'elle peut causer au principe de l'exclusivité territoriale (elle a été contestée au regard du droit international économique ; cf. Ligneul 2001, p. 198 et s.).

La Cour de justice a réagi à ces critiques en distinguant la « théorie des effets » du principe de « l'exclusivité territoriale » (CJUE, 9 juillet 2015, *InnoLux*, aff. C-231/14 P, dans lequel une entente avait été conclue en dehors de l'UE pour acheter des marchandises à des prix très faibles. Les marchandises étant revendues à l'intérieur de l'UE, la CJUE a considéré que le droit de la concurrence de l'UE pouvait être appliqué). Pour la Cour, dès lors que l'atteinte au marché européen est constatée, l'effet anticoncurrentiel existe sur le territoire de l'UE. L'atteinte au marché est spécifique au droit de la concurrence. Elle peut être située sur le territoire de l'UE. La jurisprudence a donc fait référence à la « territorialité objective », pour justifier la théorie des effets (cf. not. Trib. UE, 12 juin 2014, *Intel*, aff. T-286/09). Cela a permis de mettre fin à la contestation de la théorie des effets par le droit international public.

Les contestations pratiques

La théorie des effets est apparue peu prévisible et peu adaptée à la pratique de la régulation de la concurrence internationale. Par exemple, elle ne permet pas d'appréhender efficacement les ententes à l'exportation qui ne produisent des effets qu'à l'extérieur de l'UE.

Elle conduit aussi à une application simultanée de plusieurs droits de la concurrence, dont le droit de l'UE. Le droit des concentrations (cf. not. les affaires *Boeing-McDonnell Douglas* de 1996 : F. Romano, *RDAI* 1998, p. 509 ; *GE-Honeywell* de 2001 : L. Idot, *RIDE* 2002, p. 175 ; ou

Oracle-Sun en 2009) et celui des abus de position dominante (les exemples sont nombreux dans le domaine du numérique depuis l'affaire *Microsoft* de 2004) en ont donné de nombreuses illustrations particulièrement conflictuelles. Pour y remédier, la doctrine a proposé la création d'un droit international de la concurrence qui n'a pas pu aboutir (cf. p. ex. Ligneul, 2001; Romano, 2003 ; Taylor, 2006). L'UE s'est donc contentée d'une politique d'accords bilatéraux et d'une politique de négociations avec les autres systèmes de régulation de la concurrence, dont les résultats complètent de façon imparfaite les insuffisances de la mise en œuvre de la théorie des effets.

Bibliographie

Blaise (J.-B.) et Choné-Grimaldi (A.-S.), *Droit des affaires de l'Union européenne*, Paris, PUF, 2017

Dubout (E.), Martucci (F.) et Picod (F.) (dir.), *L'extraterritorialité en droit de l'Union européenne*, Bruxelles, Bruylant, 2021

Idot (L.), « Mondialisation, liberté et régulation de la concurrence : le contrôle des concentrations », *RIDE* 2002, p. 175

Ligneul (N.), *L'élaboration d'un droit international de la concurrence entre les entreprises*, Bruxelles, Bruylant, 2001

Petit (N.), *Droit européen de la concurrence*, 3e éd., Paris-La Défense, LGDJ, 2020

Romano (F.), *Mondialisation des politiques de concurrence*, Paris, L'Harmatan, 2003

Romano (F.), « La fusion Boeing/MDD et l'accord conclu entre l'UE et les USA sur l'application de leurs lois antitrust », *RDAI* 1998, n° 4/5, p. 509

Taylor (M.), *International Competition Law A New Dimension for the WTO?*, Cambridge University Press, 2006

Vogel (L.), *Droit européen des affaires*, 2e éd., Paris, Dalloz, 2019

Règlement (CE) n° 139/2004 du Conseil du 20 janvier 2004 relatif au contrôle des concentrations entre entreprises (« le règlement CE sur les concentrations »), *JOUE* n° L 24 du 29 janvier 2004, p. 1

T

TRANSACTION JURIDIQUE

Quentin COLOMBIER
Bredin Prat

■ Premier aperçu

L'article 2044, alinéa 1er, du code civil définit la transaction juridique comme « *un contrat par lequel les parties, par des concessions réciproques, terminent une contestation née, ou préviennent une contestation à naître* ». Cette forme de *iustitia privata* encadrée par la loi, loin d'être l'apanage du contentieux civil, s'est développée dans d'autres branches du droit français telles que le droit pénal avec la « *convention judiciaire d'intérêt public* » (art. 41-1-2 CPP), ou encore le droit de la concurrence avec l'ancienne procédure de non-contestation des griefs (art. L. 464-2 III C. com. dans son ancienne mouture).

Cette dernière disposition prévoyait en effet que « *[l]orsqu'un organisme ou une entreprise ne [contestait] pas la réalité des griefs qui lui [étaient] notifiés, le rapporteur général [pouvait] proposer à l'Autorité de la concurrence, qui [entendait] les parties et le commissaire du Gouvernement sans établissement préalable d'un rapport, de prononcer la sanction pécuniaire prévue au I en tenant compte de l'absence de contestation. Dans ce cas, le montant maximum de la sanction encourue [était] réduit de moitié* ». Ainsi, dans un objectif de simplification et d'accélération de la procédure d'instruction ainsi que de la prise de décision subséquente par le collège, cette procédure permettait aux entreprises mises en cause, en contrepartie de leur renonciation à contester les griefs qui leur étaient notifiés, d'obtenir une réduction de sanction pécuniaire.

Cette procédure a, depuis l'entrée en vigueur de la loi du 6 août 2015 pour la croissance, l'activité et l'égalité des chances économiques, été remplacée par la procédure dite « de transaction ». En effet, l'article L. 464-2 III C. com. dans sa nouvelle mouture dispose que « *[l]orsqu'une association d'entreprises ou une entreprise ne conteste pas la réalité des griefs qui lui sont notifiés, le rapporteur général peut lui soumettre une proposition de transaction fixant le montant minimal et le montant maximal de la sanction pécuniaire envisagée* ». Cette disposition ajoute que « *[s]i, dans un délai fixé par le rapporteur général, l'entreprise ou l'association d'entreprises donne son accord à la proposition de transaction, le rapporteur général propose à l'Autorité de la concurrence, qui entend l'entreprise ou l'association d'entreprises et le commissaire du Gouvernement sans établissement préalable d'un rapport, de prononcer la sanction pécuniaire prévue au I dans les limites fixées par la transaction* ».

En outre, en sus de la réduction de sanction accordée à l'entreprise ne contestant pas la réalité des griefs qui lui sont notifiés, cette même disposition prévoit encore qu'une réduction de sanction supplémentaire peut lui être accordée dès lors qu'elle « *s'engage à modifier son comportement* » (*ibid.*).

Afin de préciser les conditions de mise en œuvre de cette nouvelle procédure, l'Autorité de la concurrence a adopté, le 21 décembre 2018, un communiqué de procédure relatif à la procédure de transaction « *[revêtant] le caractère de lignes directrices* » (pt 6).

En droit de l'Union européenne, une procédure analogue existe depuis 2008, année d'entrée en vigueur du « paquet législatif sur la procédure de transaction » prenant la forme d'un règlement dont les dispositions sont précisées dans une communication de la Commission (règl. (CE) n° 622/2008 de la Commission du 30 juin 2008, lu à la lumière de la communication de la Commission relative aux procédures de transaction engagées en vue de l'adoption de décisions en vertu des articles 7 et 23 du règlement n° 1/2003 du Conseil dans les affaires d'entente).

▪ Pour aller plus loin

En droit interne, la substitution de la procédure de transaction à la procédure de non-contestation des griefs était motivée par la volonté de pallier les défauts de cette dernière, à savoir (i) du côté des entreprises, l'absence de toute « *connaissance précise du montant des sanctions encourues en cas de non-contestation de griefs devant l'Autorité de la concurrence* » – montant désormais connu en ce qu'il est enserré dans une « fourchette de sanction » proposée par le rapporteur général, et (ii) du côté de l'Autorité de la concurrence, « *le risque de recours contre [sa] décision* » (étude d'impact du 10 décembre 2014 relative au projet de loi pour la croissance et l'activité, pt 116).

Force est toutefois de constater que cet objectif n'a été que partiellement atteint. En effet, ménageant un juste équilibre entre le droit à un recours effectif protégé par l'article 13 de la Convention européenne des droits de l'homme et l'intérêt de la procédure de transaction pour l'Autorité, la cour d'appel de Paris a jugé dans son arrêt *Alcyon* que « *consentir à ne pas contester la réalité des griefs notifiés et à cantonner la discussion relative au montant de la sanction à l'intérieur d'une fourchette prévoyant un montant minimal au-dessous duquel l'Autorité ne pourra pas descendre et un montant maximal qu'elle ne pourra pas dépasser, n'implique pas pour autant que l'entreprise renonce à toute voie de recours concernant la régularité de la procédure suivie et n'induit pas davantage qu'elle reconnaît la proportionnalité de la sanction infligée, où qu'elle se situe dans la fourchette* » (CA Paris, 13 juin 2019, RG 18/20229, pt 47).

Ainsi, l'entreprise sanctionnée dans le cadre de la procédure de transaction est recevable à contester tant la régularité de la procédure que la proportionnalité de la sanction infligée, dès lors qu'elle ne remet pas en cause les limites de la fourchette de sanction qu'elle a acceptées. Telle n'a toutefois pas toujours été la position de la cour d'appel de Paris, qui avait antérieurement jugé dans son arrêt *Direct Energie* que, dans le cadre de la procédure prévue par l'article L. 464-2 III C. com., « *l'entreprise en cause accepte de ne pas contester les griefs, ainsi que le montant même de la sanction infligée, ce qui revient à une renonciation à ses droits de la défense et à son droit au recours sur ces points* » (CA Paris, 6 juillet 2017, RG 2017/07296, p. 7).

L'arrêt *Alcyon* constitue donc un revirement de jurisprudence protégeant tant le droit fondamental au recours des entreprises que l'*utilitas* de la procédure de transaction, dans la mesure où « *les contestations qui pourront être élevées devant la cour d'appel demeurent limitées* » (*Alcyon*, préc., pt 49). Au-delà, une lecture littérale de l'article L. 464-8 C. com. permettait d'anticiper cette solution, dans la mesure où cette disposition relative aux voies de recours ouvertes contre les décisions de l'Autorité de la concurrence ne prévoit aucune exception au droit au recours s'agissant de l'article L. 464-2 III C. com.

En droit de l'Union européenne, la Commission rappelle par ailleurs sur ce point dans sa communication relative aux procédures de transaction que « *[l]es décisions finales prises par la Commission en vertu du règlement (CE) nº 1/2003 sont soumises à un contrôle juridictionnel conformément à l'article 230 du traité* » (pt 41). Ainsi, en droit de l'Union, les décisions de la Commission rendues dans le cadre de la procédure de transaction sont susceptibles de faire l'objet d'un recours en annulation devant le Tribunal de l'Union, au même titre que les décisions de la Commission rendues dans le cadre de la procédure de droit commun (v., à titre d'exemple, Trib. UE, 13 décembre 2016, *Printeos c/ Commission*, aff. T-95/15).

Bibliographie

Frison-Roche (M.-A.) et Roda (J.-Ch.), *Droit de la concurrence*, 2e éd., Paris, Dalloz 2022, pt 231 et s.

Luc (I.), « La transaction devant l'Autorité française de la concurrence », *RLC* 2021/105, p. 34

Projet de loi pour la croissance et l'activité, Étude d'impact, tome 1, NOR : EINX1426821L/Bleue-1, 10 décembre 2014

Aut. conc., Communiqué de procédure du 21 décembre 2018 relatif à la procédure de transaction

Règlement (CE) nº 622/2008 de la Commission du 30 juin 2008 modifiant le règlement (CE) nº 773/2004 en ce qui concerne les procédures de transaction engagées dans les affaires d'entente, *JOUE* nº L 171 du 1er juillet 2008, p. 3

Communication de la Commission relative aux procédures de transaction engagées en vue de l'adoption de décisions en vertu des articles 7 et 23 du règlement (CE) nº 1/2003 du Conseil dans les affaires d'entente, *JOUE* nº C 167 du 2 juillet 2008, p. 1

T

TRANSFERT DE TECHNOLOGIE

Martine BEHAR-TOUCHAIS
Université Paris I Panthéon-Sorbonne

■ Premier aperçu

L'application du droit de la concurrence aux accords de transfert de technologie est un des exemples d'articulation du droit de la concurrence et du droit de propriété intellectuelle (PI).

S'applique en la matière le règlement d'exemption (UE) n° 316/2014 du 21 mars 2014 relatif à l'application de l'article 101, paragraphe 3, TFUE à des catégories d'accords de transfert de technologie. Des lignes directrices accompagnent ce règlement (lignes directrices concernant l'application de l'article 101 du TFUE à des catégories d'accords de transfert de technologie, *ci-après « LD »).*

Le règlement va s'appliquer dès lors que l'inventeur d'une technologie protégée par des droits de PI veut faire exploiter cette technologie par des tiers, en contrepartie du paiement de redevances, et conclut à cette fin des contrats de licence. Les « droits sur la technologie » concernés sont notamment des brevets, dessins et modèles, savoir-faire et droits d'auteur sur des logiciels (LD, pt 44).

Le règlement profite aux entreprises détenant un pouvoir de marché limité (part de marché n'excédant pas 20 % dans le cas d'accords entre concurrents et 30 % dans le cas d'accords entre non-concurrents) et exempte de restrictions caractérisées (art. 4).

Le règlement s'applique aux accords de recherche et de développement uniquement si les règlements d'exemption spécifiques à ces accords ne s'appliquent pas.

■ Pour aller plus loin

- Le règlement exempte de l'application de l'article 101 TFUE, mais non de l'article 102 TFUE (cf. LD, pt 2). Or, c'est souvent sur le terrain de l'abus de position dominante que les titulaires de droits de PI ont pu être condamnés, notamment si par leur refus de concéder une licence, ils empêchent un produit nouveau d'accéder au marché.
- Un accord de transfert de technologie peut affecter le marché de produits ou de services en cause situé en aval, mais aussi le marché des technologies en amont (LD, pt 20).
- Les clauses de non-contestation ou les clauses de rétrocession exclusive sont exclues du bénéfice du règlement (art. 5), car elles peuvent entraver l'innovation.
- Pour les accords entre concurrents, le régime des restrictions caractérisées est plus strict s'il s'agit d'accords de licences croisées que s'il s'agit d'accords non réciproques (LD, pt 98).
- Pour les accords entre non-concurrents, les restrictions aux ventes passives réalisées par les preneurs sur un territoire ou un groupe de clients exclusif attribué à un autre preneur sont en principe des restrictions caractérisées, mais elles peuvent néanmoins être exemptées pour une certaine durée si les restrictions sont objectivement nécessaires pour que le preneur protégé pénètre un nouveau marché (LD, pt 126).

Bibliographie

Règlement (UE) n° 316/2014 de la Commission du 21 mars 2014 relatif à l'application de l'article 101, paragraphe 3, du traité sur le fonctionnement de l'Union européenne à des catégories d'accords de transfert de technologie, *JOUE* n° L 93 du 28 mars 2014, p. 17

Communication de la Commission, Lignes directrices concernant l'application de l'article 101 du traité sur le fonctionnement de l'Union européenne à des catégories d'accords de transfert de technologie, *JOUE* n° C 89, du 28 mars 2014, p. 3

T

TRANSPARENCE

Fabrice RIEM
Université de Pau et des Pays de l'Adour

■ Premier aperçu

La transparence est l'un de ces mots « fourre-tout » désignant des situations très différentes ou des obligations appelées à remplir des fonctions elles-mêmes diverses. Elle vise tantôt les États (transparence des aides et des relations financières avec les entreprises publiques), tantôt les autorités de régulation (transparence de la méthode de détermination des amendes), tantôt encore les relations contractuelles ou le marché lui-même. Tour à tour vertueuse ou vicieuse (Behar-Touchais, 2007), elle entretient avec (le droit de) la concurrence des rapports empreints d'ambivalence.

La transparence peut être un obstacle à la concurrence. Une certaine dose d'incertitude étant requise pour un jeu normal de l'économie de marché, chaque entreprise doit déterminer de manière autonome la stratégie qu'elle entend suivre (CJCE, 14 octobre 1972, *ICI*, aff. 48/69 ; 4 juin 2009, *T-Mobile Netherlands*, aff. C-8/08). C'est ce qui explique l'interdiction de certaines pratiques « concertées » (art. 101 TFUE ; art. L. 420-1 C. com.) et des échanges d'informations qui, en accroissant la transparence du marché, annihilent cette incertitude. Ces derniers ne produisent cependant pas tous des effets négatifs. La Commission européenne s'est attachée à départager les « bons » échanges d'informations et les « mauvais » dans ses lignes directrices sur les accords de coopération horizontale. Les solutions dépendent du contexte économique et juridique, partant, de facteurs aussi variés que la structure du marché, la nature des informations, le fait que cet échange soit le support d'une entente – il risque alors « *d'augmenter la transparence sur un marché où la concurrence est déjà fortement atténuée et de faciliter la surveillance du respect de l'entente par ses membres* » (CJCE, 7 janvier 2004, *Aalborg Portland e.a.*, aff. C-204/00 P e.a., pt 281), ou non – il peut altérer le peu de concurrence qui subsiste sur un marché oligopolistique (CJCE, 28 mai 1998, *John Deere c/ Commission*, aff. C-7/95 P).

C'est dire l'importance de la structure du marché. Celle-ci peut générer naturellement une certaine transparence, laquelle constitue par ailleurs l'une des conditions permettant de caractériser une position dominante collective dont il convient aussi de tenir compte lors du contrôle des concentrations (TPICE, 6 juin 2002, *Airtours/First Choice*, aff. T-342/99). À l'inverse, sur un marché véritablement concurrentiel, la transparence peut être de nature à intensifier la concurrence entre les offreurs, la structure du marché permettant de préserver l'incertitude quant au comportement des concurrents (*John Deere c/ Commission*, préc., pt 88). C'est retrouver la théorie économique selon laquelle, dans un cadre de concurrence parfaite, les agents économiques disposent d'une information parfaite sur les alternatives qui leur sont offertes.

Sans épouser ce modèle théorique, le droit positif a consacré diverses obligations de transparence afin de garantir des conditions de concurrence égales. Dans le droit des marchés publics, la concurrence ne peut être effective que si le marché est attribué selon des critères transparents et non discriminatoires (dir. 2014/24/UE du 26 février 2014 ; CJUE 2 mai 2019, *Lavorgna Srl c/ Comune di Montelanico e.a.*, aff. C-309/18, pt 19). De même, la transparence des aides d'État est une condition de leur compatibilité avec le marché intérieur (cons. 27 et art. 5 du règl. (UE) n° 651/2014 du 17 juin 2014). Celle des relations financières entre l'État et les entreprises publiques permet de prévenir les distorsions de concurrence avec les entreprises privées (dir. 2006/111/CE du 16 novembre 2006) en évitant par exemple les subventions croisées entre les activités en monopole et les activités concurrentielles. La transparence est aussi l'une des conditions permettant de ne pas qualifier d'aide des compensations de service public au sens de la jurisprudence *Altmark* (CJCE, 24 juillet 2003, aff. C-280/00 ; CJUE, 20 décembre 2017, aff. C-81/16 P).

La prévention des pratiques déloyales dans les contrats constitue un autre objectif des règles de transparence, même si les rapports avec la concurrence semblent cette fois se déliter. Les plateformes numériques sont ainsi invitées à garantir la transparence de leurs conditions générales afin de lutter contre des comportements déloyaux (tels les changements rétroactifs de ces conditions générales) au détriment des entreprises utilisatrices (règl. (UE) 2019/1150 dit « Platform to Business »). Ces solutions ne sont pas sans évoquer le monumental droit français de la transparence et des pratiques restrictives de concurrence.

■ Pour aller plus loin

Il est difficile de trouver réglementation plus chaotique que celle inscrite dans le fameux titre IV du livre IV du code de commerce. Ces soubresauts s'expliquent par les tergiversations sur le traitement des rapports contractuels déséquilibrés entre fournisseurs et acheteurs, ainsi que par les effets délétères sur les prix produits par ces règles tatillonnes. Le législateur n'a ainsi cessé de réformer le dispositif (en dernier lieu, ord. n° 2019-359 du 24 avril 2019) dont le cœur réside cependant toujours dans la combinaison des règles sur la « *transparence dans la relation commerciale* » (chap. 1) et de celles sur les « *pratiques commerciales déloyales entre entreprises* » (chap. 2). Les premières doivent permettre de révéler et d'éviter les secondes.

Corrélativement à la libération progressive des négociations (notamment grâce à la suppression de l'interdiction *per se* des discriminations par la loi LME du 4 août 2008), l'obligation de transparence de la négociation s'est amenuisée. Par exemple, la communication des conditions générales de vente (CGV) ne pèse que sur la personne qui en établit (art. L. 441-1 II C. com.) et les parties peuvent convenir de conditions particulières de vente qui ne sont pas soumises à l'obligation de communication (L. 441-1 III C. com.).

Il reste que la persistance de pratiques interdites a conduit le législateur à conforter le rôle des CGV (art. L. 441-1 et 2 III C. com.), qui constituent le « *socle [unique] de la négociation* » (Cass. com., 20 novembre 2019, n° 18-12.823). En aval, une convention récapitulative doit formaliser le résultat de la négociation (art. L. 441-3 III C. com.) et la facture permet de vérifier la réalité des prestations (art. L. 441-9 III C. com.)

Si la transparence permet d'appréhender toute exigence du cocontractant dominant « *susceptible de relever de la notion de "déséquilibre significatif"* » (CEPC, avis n° 08-06 du 19 décembre 2008), l'opacité des conditions de vente peut aussi abriter une discrimination constitutive, le cas échéant, d'un abus de position dominante (Comm. eur., 14 mai 1997, *Irish Sugar*, aff. IV/34.621, 35.059/F-3, pt 150).

Bibliographie

Behar-Touchais (M.), « Vice et vertus de la transparence », *RLC* 2007/13, p. 164

Buy (F.), « Transparence tarifaire : La Cour d'appel d'Aix juge que des réductions de prix ne sont pas inapplicables pour la seule raison qu'elles n'ont pas été mentionnées dans la convention écrite (*Immomedia Communication & Exclusive Media / Imaye Graphic*) », *Concurrences* n° 4-2020, art. n° 97431, p. 149

Clamour (G.), Destours (S.) et Podlinski (A.), « Droit de la concurrence publique », *JCl. Collectivités territoriales*, fasc. 571, 2018

Dieny (E.), « Droit des ententes et échanges d'informations : suite... », *LEDICO* avril 2017, n° 110g0

Fourgoux (J.-L.), « Réforme : Le Gouvernement publie une ordonnance modifiant le titre IV du livre IV du C. com. simplifiant le droit des pratiques commerciales déloyales en France tout en conservant un encadrement étroit des relations contractuelles entre professionnels, ainsi que les textes de mise en conformité et en cohérence (*Loi Egalim*) », *Concurrences* n° 3-2019, art. n° 91225, p. 101

GRALL (J.-Ch.) et BUSSONNIÈRE (Th.), « Les sanctions administratives en droit de la transparence tarifaire et des pratiques restrictives de concurrence : premier bilan et perspectives », *RLC* 2016/53, n° 3031

MARTIN (A.-C.), « Transparence tarifaire – Encadrement des négociations et formalisme des conventions », *JCl. Concurrence – Consommation*, fasc. 283, 2016

PHILIPPE (J.), « La transparence, source d'accroissement et facteur de réduction de la concurrence », *RLC* 2007/13, p. 169

RIEM (F.), *La notion de transparence dans le droit de la concurrence*, Paris, L'Harmattan, 2002

VERTUT (J.-M.), « Précision et transparence : une relation aux multiples enjeux dans le cadre des pratiques restrictives de concurrence et des relations commerciales en général », *RLC* 2017/63, n° 3226

Règlement (UE) 2019/1150 du Parlement européen et du Conseil du 20 juin 2019 promouvant l'équité et la transparence pour les entreprises utilisatrices de services d'intermédiation en ligne, *JOUE* n° L 186 du 11 juillet 2019, p. 57

Ordonnance n° 2019-359 du 24 avril 2019 portant refonte du titre IV du livre IV du code de commerce relatif à la transparence, aux pratiques restrictives de concurrence et aux autres pratiques prohibées, *JORF* n° 0097 du 25 avril 2019

Règlement (UE) n° 651/2014 de la Commission du 17 juin 2014 déclarant certaines catégories d'aides compatibles avec le marché intérieur en application des articles 107 et 108 du traité, *JOUE* n° L 187, du 26 juin 2014, p. 1

Directive 2014/24/UE du Parlement européen et du Conseil du 26 février 2014 sur la passation des marchés publics et abrogeant la directive 2004/18/CE, *JOUE* n° L 94 du 28 mars 2014, p. 65

Communication de la Commission, Lignes directrices sur l'applicabilité de l'article 101 du traité sur le fonctionnement de l'Union européenne aux accords de coopération horizontale, *JOUE* n° C 11 du 14 janvier 2011, p. 1

Loi n° 2008-776 du 4 août 2008 de modernisation de l'économie, *JORF* n° 0181 du 5 août 2008

Directive 2006/111/CE de la Commission du 16 novembre 2006 relative à la transparence des relations financières entre les États membres et les entreprises publiques ainsi qu'à la transparence financière dans certaines entreprises, *JOUE* n° L 318 du 17 novembre 2006, p. 17

Voir aussi

Abus de position dominante - Amende - Déséquilibre significatif - Échanges d'informations - Entente (ou cartel) - Entreprise publique - Position dominante collective - Pratiques commerciales déloyales

VENTE LIÉE

Julien PILLOT
INSEEC School of Business & Economics

Premier aperçu

La « vente liée », ou « couplage », est une pratique commerciale qui consiste à créer un lot (*bundle*) entre deux produits ou services, et à subordonner l'acquisition du premier (le produit ou service « liant ») à l'achat simultané du second (le produit ou service « lié »). Une telle pratique est prohibée si elle est de nature à restreindre la concurrence, et ce, au titre de l'article 102 d) TFUE relatif aux abus de position dominante.

Pour aller plus loin

La jurisprudence constante de l'Union européenne caractérise une vente liée comme étant abusive lorsque quatre critères cumulatifs sont présents :

- le produit/service lié est distinct du produit/service liant. Sur ce point, il est important de rappeler que deux produits/services complémentaires peuvent être considérés comme distincts si les clients peuvent émettre le souhait de les acquérir *via* différentes sources (TPICE, 17 septembre 2007, *Microsoft c/ Commission*, aff. T-201/04, pt 922) ;
- l'entreprise détient une position dominante sur le marché du produit/service liant. Il est à noter que les effets anticoncurrentiels peuvent être retenus sur le marché du produit/service lié, là où l'entreprise ne détient pas formellement de position dominante, mais sur lequel elle étend indûment son pouvoir de marché en se servant de son produit/service liant comme d'un levier ;
- l'entreprise subordonne l'acquisition du produit/service liant à l'obtention du produit/service lié. Sur ce point, l'autorité de concurrence pourra s'appuyer sur des plaintes de clients désireux de n'obtenir de l'entreprise que l'un ou l'autre des produits/services concernés par la liaison. Les témoignages et autres devis émanant d'entreprises concurrentes intéressées par la pénétration du marché du produit/service lié pourront également être mobilisés ;

- la pratique de vente liée doit être de nature à restreindre la concurrence (*ibid.*, pts 842, 869 et 1058). À ce sujet, l'autorité de concurrence va apprécier les preuves constitutives d'une stratégie d'éviction potentielle ou effective, notamment en observant la façon dont l'entreprise dominante a pu s'extraire de la concurrence en prix, ou la façon dont ses parts de marché ont évolué (dans le sens d'une augmentation substantielle sur la durée de la pratique, ou d'une moindre réduction qu'attendu). Réciproquement, l'autorité de concurrence appréciera les difficultés de pénétration ou de maintien des concurrents sur le marché du produit/service lié. L'ancienneté et le caractère régulier de la pratique pourront également être retenus comme des éléments susceptibles tant de caractériser le comportement abusif que d'en aggraver les effets anticoncurrentiels (orientations sur les priorités retenues par la Commission pour l'application de l'article [102 TFUE] aux pratiques d'éviction abusives des entreprises dominantes (2009/C 45/02), pt 20).

Dans le cadre d'une approche basée sur les effets, il est à noter que l'autorité de concurrence pourra opérer la balance entre les effets anticoncurrentiels et les gains d'efficience permis par la pratique de vente liée. Une telle pratique peut effectivement se justifier, par exemple, par la réduction des coûts permise par les économies d'échelle liées à la concentration de la production, ou encore des gains de qualité pour le consommateur du fait d'une meilleure interopérabilité entre le produit/service liant et le produit/service lié. Dans les secteurs intangibles, des risques de sécurité liés à l'ouverture de l'interface logicielle du service liant peuvent également être retenus.

Bibliographie

Choi (J. P.) et Jeon (D.-S.), « A Leverage Theory of Tying in Two-Sided Markets with Nonnegative Price Constraints », *American Economic Journal: Microeconomics*, 2021, vol. 13, n° 1, p. 283

Derdenger (T.), « Technological Tying and the Intensity of Price Competition: An Empirical Analysis of the Video Game Industry », *Quantitative Marketing and Economics*, 2014, vol. 12, p. 127

Holzweber (S.), «Tying and bundling in the digital era », *European Competition Journal*, 2018, vol. 14, n° 2-3, p. 342

Iacobucci (E.) et Ducci (F.), «The Google search case in Europe: tying and the single monopoly profit theorem in two-sided markets », *European Journal of Law and Economics*, 2019, vol. 47, p. 15

Mandrescu (D), « Tying and bundling by online platforms – Distinguishing between lawful expansion strategies and anti-competitive practices », *Computer Law & Security Review*, 2021, vol. 40, art. 105499

SCHMIDT (H.), *Competition Law, Innovation and Antitrust: An Analysis of Tying and Technological Integration*, Cheltenham, Edward Elgar Publishing, 2009

TIROLE (J.), «The Analysis of Tying Cases: A Primer», *Competition Policy International*, 2005, vol. 1, no 1, p. 1

Comm. eur., Rapport final – Enquête sectorielle sur l'internet des objets pour les consommateurs, COM(2022) 19 final, 20 janvier 2022

Communication de la Commission, Orientations sur les priorités retenues par la Commission pour l'application de l'article [102 TFUE] aux pratiques d'éviction abusives des entreprises dominantes, *JOUE* n° C 45 du 24 février 2009, p. 7

V

VENTES ACTIVES ET VENTES PASSIVES

Aude GUYON
Fiducial Legal by Lamy

■ Premier aperçu

Introduites il y a plus de vingt ans dans le règlement d'exemption (CE) nº 2790/1999, les notions de « ventes actives » et de « ventes passives » ont été récemment redessinées avec l'adoption du nouveau règlement d'exemption (UE) nº 2022/720 (ci-après « le Règlement »), afin de tenir compte de l'évolution du commerce en ligne. Alors que l'ancien règlement d'exemption (UE) nº 330/2010 renvoyait à ses lignes directrices pour la définition de ces deux notions, la Commission européenne les a définies à l'article 1 du Règlement, notamment en affinant la ligne de partage entre « ventes actives » et « ventes passives » en matière de vente et de publicité en ligne.

Le Règlement définit les « ventes actives » comme le ciblage actif par le vendeur de clients par différents moyens de communication directe (par exemple, au moyen de visites, de lettres, de courriers électroniques, d'appels téléphoniques) ou par le biais de publicité et de promotion ciblant un territoire ou une clientèle particulière, que ce soit par l'utilisation d'internet ou non (par exemple, au travers de médias sociaux ou de services publicitaires qui permettent à l'annonceur de cibler les clients en fonction de leurs caractéristiques particulières, y compris leur localisation ou leur profil). Les « ventes actives » supposent une action volontaire du vendeur pour inciter l'achat du client.

À l'inverse, le nouveau Règlement définit les « ventes passives » comme les ventes non recherchées par le vendeur et qui font suite à des demandes spontanées de clients individuels. Tel est notamment le cas de la vente d'un bien à un client situé en dehors du territoire exclusif, qui s'est abonné lui-même à une newsletter et a ensuite passé commande, ou encore de la livraison d'un bien à un client si la vente n'est pas le résultat d'un ciblage actif du client, ou bien de la vente résultant de la participation à des marchés publics ou répondant à des procédures de passation de marchés privés.

La Commission européenne a fait évoluer les contours de ces deux notions pour prendre en compte l'importance du commerce et de la publicité en ligne.

Il est par exemple intéressant de noter que si selon les lignes directrices de 2010, l'utilisation d'un site de vente en ligne était généralement conçue comme une vente passive, quelles que soient les options linguistiques offertes sur le site, le fait de proposer sur un site de vente en ligne des langues qui ne sont pas communément utilisées sur le territoire sur lequel l'acheteur est établi constitue désormais une vente active (à l'exception de l'utilisation de l'anglais, considéré comme une langue communément utilisée dans l'Union).

Par ailleurs, en matière de promotion, l'utilisation de techniques d'optimisation afin d'améliorer la visibilité ou le référencement d'un site dans les résultats de moteurs de recherche est, en principe, une forme de vente passive dans la mesure où cette publicité vise à faire connaître le vendeur à des clients potentiels. Toutefois, sera considéré comme une vente active le référencement payant sur un moteur de recherche qui permet de cibler de territoires ou des catégories spécifiques d'acheteurs pour lesquels la publicité sera affichée.

Dans le même sens, l'exploitation d'un site internet dont le domaine de premier niveau correspond à un territoire autre que celui sur lequel le distributeur est établi sera considérée comme une vente active, alors que l'exploitation d'un site avec l'utilisation d'un nom de domaine générique sera considérée comme une vente passive.

De manière générale, la prohibition des ventes actives visant à protéger le système de distribution mis en place peut bénéficier de l'exemption prévue par le Règlement, contrairement à la restriction des ventes passives, qui est par principe interdite et ne peut être mise en œuvre que dans certaines circonstances en matière de distribution sélective.

Les restrictions aux ventes actives et passives peuvent prendre différentes formes, telles qu'une interdiction directe prévue dans un contrat de distribution, de franchise ou encore de licence. Les restrictions peuvent prendre la forme d'une obligation de transmettre au fournisseur les commandes liées à des ventes hors territoire (Comm. eur., 9 juillet 2019, *Sanrio / Hello Kitty*). Elles peuvent également résulter de mesures indirectes, comme l'autorisation obligatoire du fournisseur pour réaliser des ventes hors territoire, la menace de non-reconduction de contrats si les interdictions des ventes hors réseau n'ont pas été respectées (TPICE, 6 juillet 2000, *Volkswagen c/ Commission*, aff. T-62/98), ou l'obligation faite à l'acheteur de répercuter sur le fournisseur les bénéfices générés par les ventes hors territoire (Comm. eur., 25 mars 2019, *Nike*, aff. AT.40436).

■ Pour aller plus loin

Le nouveau Règlement apporte des précisions intéressantes en matière de restrictions des ventes actives et passives qui conduisent à redessiner et à préciser la zone de sécurité offerte en la matière.

En matière de distribution exclusive, sont désormais possibles les exclusivités partagées, les fournisseurs pouvant se réserver une clientèle ou un territoire mais aussi les allouer à titre exclusif jusqu'à cinq autres distributeurs. De surcroît, le nouveau Règlement permet dorénavant au fournisseur ou à la tête de réseau d'imposer à ses distributeurs ainsi qu'à leurs acheteurs directs les mêmes restrictions de ventes actives sur un territoire ou à une clientèle réservés à titre exclusif. L'exemption prévue par le nouveau Règlement s'applique à ces restrictions des ventes actives au deuxième niveau tant que ces restrictions ne sont pas appliquées par les distributeurs à des clients finaux.

Afin de renforcer l'étanchéité et la cohérence des réseaux de distribution sélective, le nouveau Règlement permet d'interdire à un distributeur et à ses clients les ventes actives ou passives à des distributeurs non agréés situés sur un territoire où un réseau de distribution sélective est opéré.

Enfin, si le nouveau Règlement ne qualifie pas l'interdiction de vente sur internet de restriction de vente passive comme la CJUE l'avait fait dans l'arrêt *Pierre Fabre*, est consacré comme restriction caractérisée le fait d'empêcher l'utilisation effective d'internet par l'acheteur ou ses clients. Dans la continuité de l'arrêt *Coty*, il reste néanmoins possible d'imposer à l'acheteur (et à lui seul) d'autres restrictions de ventes en ligne, telles que l'interdiction du recours à des places de marché. Le nouveau Règlement consacre ici la jurisprudence *Coty* (et, à l'échelle française, la décision *Caudalie*), qui avait été uniquement rendue en matière de distribution sélective, pour l'appliquer indépendamment du mode de distribution et de la nature des produits.

Bibliographie

Choné-Grimaldi (A.-S.) et Thill-Tayara (M.), « Regards croisés sur le nouveau règlement d'exemption relatif aux accords verticaux », *Europe* 2022, étude 6

Le Lamy droit économique, Partie 4, « Droit de la distribution – La distinction ventes actives et passives en pratique », octobre 2022

Idot (L.), « Les contraintes organisationnelles du droit des pratiques anticoncurrentielles. Simples adaptations ou réelles évolutions ? » *CDE* 2022, dossier 18

Luc (I.), « Quelques réflexions sur la révision en cours du règlement d'exemption des accords verticaux et de ses lignes directrices », in « Regards croisés sur le projet de réforme du règlement sur les restrictions verticales et de ses lignes directrices », *Concurrences* n° 3-2021, art. n° 101642, www.concurrences.com

Communication de la Commission, Lignes directrices sur les restrictions verticales, *JOUE* n° C 248 du 30 juin 2022, p. 1

Règlement (UE) n° 2022/720 de la Commission du 10 mai 2022 concernant l'application de l'article 101, paragraphe 3, du traité sur le fonctionnement de l'Union européenne à des catégories d'accords verticaux et de pratiques concertées, *JOUE* n° L 134 du 11 mai 2022, p. 4

Communication de la Commission, lignes directrices sur les restrictions verticales *JOUE* n° C 130 du 19 mai 2010, p. 1

Règlement (UE) n° 330/2010 de la Commission du 20 avril 2010 concernant l'application de l'article 101, paragraphe 3, du traité sur le fonctionnement de l'Union européenne à des catégories d'accords verticaux et de pratiques concertées, *JOUE* n° L 102 du 23 avril 2010, p. 1

Règlement (CE) n° 2790/1999 de la Commission, du 22 décembre 1999, concernant l'application de l'article 81, paragraphe 3, du traité à des catégories d'accords verticaux et de pratiques concertées, *JOCE* n° L 336 du 29 décembre 1999, p. 21

TABLE DES MATIÈRES

Revue Concurrences

Revue trimestrielle dédiée aux droits interne et européen de la concurrence

Concurrences est une revue universitaire trimestrielle dédiée aux droits interne et européen de la concurrence. Créée en 2004 par Laurence Idot, Frédéric Jenny et Nicolas Charbit, la revue est un forum de discussions entre universitaires, magistrats et praticiens du droit de la concurrence. Son rayonnement en dehors du champ des spécialistes est tel que plusieurs personnalités publiques de premier plan ont publié des points de vue dans ses colonnes : Jacques Attali, Elie Cohen, François Hollande, Christine Lagarde, Emmanuel Macron, Nicolas Sarkozy, Margrethe Vestager...

Comité scientifique et comité international

Le Comité scientifique, présidé par Laurence Idot assure l'indépendance de la revue et sélectionne les articles soumis à la revue sur des critères de rigueur de la démonstration et d'objectivité. Le Comité international, présidé par Frédéric Jenny, contribue à la diffusion de la revue à l'international et à l'organisation des conférences hors de l'Europe.

Contributeurs

Plus de 2 500 contributeurs provenant de 30 pays ont publié dans la revue Concurrences. Ces contributeurs sont universitaires, magistrats ou représentants d'autorités de concurrence, avocats ou conseils juridiques, tous spécialisés en droit ou en économie de la concurrence.

Version électronique

Depuis 2004, Concurrences a publié plus de 14 000 articles (au 20 décembre 2022). La version électronique reprend l'intégralité des articles parus dans la version imprimée depuis 2004 ainsi qu'environ 30 % d'articles supplémentaires. Ce supplément électronique correspond à des contributions publiées exclusivement sur le site de la revue notamment en raison de leur ampleur : actes de colloques, articles de fond, contributions économiques...

Institut de droit de la concurrence

L'Institut de droit de la concurrence est un groupe de réflexion créé en 2004 dédié au droit de la concurrence et de la régulation économique. L'objectif de l'Institut est de promouvoir la recherche en droit de la concurrence et de la régulation. L'Institut édite à cette fin des revues et bases de données en langues française et anglaise et organise des conférences en Europe et aux Etats Unis. Afin d'assurer indépendance, rigueur et objectivité, chacune de ces publications et conférences est placée sous la supervision d'un comité scientifique et/ou d'un comité éditorial. Grâce à ses travaux, l'Institut est devenu en quelques années un groupe de réflexion et un centre de recherches de référence en droit de la concurrence et de la régulation.

Domaines d'action

Droit de la concurrence, droit de la régulation économique, et, économie industrielle.

Comités scientifiques et éditoriaux

Eleanor Fox, Laurence Idot, Frédéric Jenny, Bill Kovacic, Bruno Lasserre, Benoit Cœuré, Damien Neven, Wouter Wils, Richard Whish...

Contributeurs

3 800 contributeurs dans 85 pays.

Partenaires

- Universités : IEJE Liège, King's College London, Paris Panthéon Assas/Sorbonne, Queen Mary College, University College London...
- Cabinets d'avocats : Baker McKenzie, Cleary Gottlieb, Jones Day, Skadden, Van Bael & Bellis, White & Case ...

Séminaires

Plus de 500 évènements et wébinaires depuis 2004 à Paris, Bruxelles, Londres, New York, Washington et Hong Kong.